我的前半生

FROM EMPEROR TO CITIZEN

爱新觉罗 · 溥仪 著

贵州出版集团
贵州人民出版社

图书在版编目（CIP）数据

我的前半生 / 爱新觉罗·溥仪著. --贵阳 ： 贵州
人民出版社，2022.12（2024.9重印）
　ISBN 978-7-221-17339-3

　Ⅰ.①我… 　Ⅱ.①爱… 　Ⅲ.①爱新觉罗·溥仪
（1906-1967）－回忆录 　Ⅳ.①K827＝7

中国版本图书馆CIP数据核字(2022)第189919号

我的前半生

WO DE QIAN BAN SHENG

爱新觉罗·溥仪/著

出 版 人	朱文迅	
责任编辑	黄彦颖	
出版发行	贵州出版集团　贵州人民出版社	
地　　址	贵阳市观山湖区中天会展城会展东路 SOHO 公寓 A 座	
印　　刷	大厂回族自治县德诚印务有限公司	
版　　次	2022 年 12 月第 1 版	
印　　次	2024 年 9 月第 5 次印刷	
开　　本	787 毫米 ×1092 毫米　1/16	
印　　张	36	
字　　数	502 千字	
书　　号	ISBN 978-7-221-17339-3	
定　　价	99.00 元	

目　录

◎ 第三章
北京的"小朝廷"（1917年~1924年）

◎ 第八章
由疑惧到认罪

◎ 第九章
接受改造

◎ 附　录

第一章

我的家世（1859年~1908年）

一　醇贤亲王的一生

公元一九〇六年，即清朝光绪三十二年的旧历正月十四，我出生于北京的醇亲王府。我的祖父奕譞，是道光皇帝旻宁的第七子，清朝的第一代醇亲王，死后谥法"贤"，所以后来称作醇贤亲王。我的父亲载沣，是祖父的第五子，因为第一和第三、四子早殇，第二子载湉被姨母慈禧太后接进宫里，当了皇帝（年号光绪）。所以，祖父死后，由父亲袭了王爵，他是第二代也是末一代的醇亲王。我是第二代醇王的长子。三岁那年的旧历十月二十日，慈禧太后和光绪皇帝病笃，慈禧突然决定立我为嗣皇帝，承继光绪，兼祧同治（载淳，是慈禧亲生子，载湉的堂兄弟）。我入宫后的两天内，光绪与慈禧相继去世。十二月初二，我登极为皇帝——清朝的第十代，也是最末一代的皇帝，年号宣统。宣统三年辛亥革命爆发，我退了位。

我的记忆是从退位时才开始的。但是，叙述我的前半生，如果先从我的祖父和我的老家醇王府说起，事情就更清楚些。

醇王府，在北京曾占据过三处地方。咸丰十年，十九岁的醇郡王奕譞奉旨与懿贵妃叶赫那拉氏的妹妹成婚，依例先行分府出宫，他受赐的府邸坐落在宣武门内的太平湖东岸，即现在中央音乐学院所在的地方。这就是第一座醇王府。后来，载湉做了皇帝，根据雍正朝的成例，"皇帝发祥地"（又称为"潜龙邸"）须升为宫殿，或者空闲出来，或者仿雍王府（雍正皇帝即位前住的）升为雍和宫的办法，改成庙宇，供奉菩萨。为了腾出这座"潜龙邸"，慈禧太后把什刹后海的一座贝子府 [1] 赏给了醇王，拨出了十六万两银子重加修缮。这是第二座醇王府，也就是被一些人惯称为"北府"的那个地方。我做了皇帝之后，我父亲做了监国摄政王，这比以前更加了一层搬家的理由。因此，隆裕太后（光绪的皇后，慈禧太后和我祖母的侄女）决定给我父亲建造一座全新的王府，这第三座府邸地址选定在西苑三海（即南海）的集灵囿紫光阁一带。正在大兴土木之际，武昌起义掀起了革命风暴，于是醇王府的三修府邸、两度"潜龙"、一朝摄政的家世，就随着清朝的历史一起告终了。

在清朝最后的最黑暗的年代里，慈禧太后给醇王府带来了荣华富贵，醇王一家给慈禧太后做了半世纪的忠仆，我的祖父更为她效忠了一生。

我祖父为道光皇帝的庄顺皇贵妃乌雅氏所出，生于道光二十二年，死于光绪十六年。翻开皇室家谱"玉牒"来看，醇贤亲王奕譞在他哥哥咸丰帝在位的十一年间，除了他十岁时因咸丰登极而按例封为醇郡王之外，没有得到过什么"恩典"，可是在咸丰帝死后那半年间，也就是慈禧太后的尊号刚出现的那几个月间，他忽然接二连三地得到了一大堆头衔：正黄旗汉军都统、正黄旗领侍卫内大臣、御前大臣、后扈大臣、管理善扑营事务、署理奉宸苑事务、管理正黄旗新旧营房事务、管理火枪营事务、管理神机营事务……这一年，他只有二十一岁。一个二十一岁的青年，能出这样大的风头，当然，这是由于摊上了一个好亲戚，妻子

---

[1] 宗室爵位分为亲王、郡王、贝勒、贝子、公、将军各等。贝子府即是贝子的府第。——作者

的姐姐当上了皇太后。但是事情也并非完全如此。我很小的时候曾听说过这样一个故事。有一天王府里演戏，演到"铡美案"最后一场，年幼的六叔载洵看见陈世美被包龙图的铡刀铡得鲜血淋漓，吓得坐地大哭，我祖父立即声色俱厉地当众喝道："太不像话！想我二十一岁时就亲手拿过肃顺，像你这样，将来还能担当起国家大事吗？"原来，拿肃顺这件事才是他飞黄腾达的真正起点。

事情发生在距今整一百年前。一八六一年，第二次鸦片战争以屈辱的议和宣告结束，逃到热河的咸丰皇帝已经卧病不起，临终之前，召集了随他逃亡的三个御前大臣和五个军机大臣，立了六岁的儿子载淳为皇太子，并且任命这八位大臣为赞襄政务大臣。第二天，咸丰帝"驾崩"，八位"顾命王大臣"按照遗命扶载淳就位，定年号为"祺祥"，同时把朝政抓在手里，发号施令起来。

这八位顾命王大臣是怡亲王载垣、郑亲王端华、协办大学士户部尚书肃顺和景寿、穆荫、匡源、杜翰、焦佑瀛等五个军机大臣。掌握了实权的是两位亲王和一位协办大学士，而肃顺更是其中的主宰和灵魂。肃顺在咸丰朝很受器重，据说他很善于擢用"人才"，后来替清廷出力镇压太平天国的汉族大地主曾国藩、左宗棠之流，就是由他推荐提拔的。因他重用了汉人，受他排挤的贵族们对他极其嫉恨。有人说他在太平军声势最盛的时期，连纳贿勒索也仅以旗人[1]为对象。又说他为人凶狠残暴，专权跋扈，对待异己手腕狠毒，以致结怨内外，种下祸根。其实，肃顺遭到杀身之祸，最根本的原因，就是由于他是取得朝廷实权的这个集团的主宰，而这个集团正对当时新形成的一个势力采取排斥的态度，换句话说，他们没有认清楚在北京正和洋人打交道

---

[1] 满族通过八旗制度进行社会生活、军事组织，八旗源于满族的狩猎组织，努尔哈赤建立黄、白、红、蓝四旗，后增加镶黄、镶白、镶红、镶蓝四旗，共八旗，满族人均被编入八旗，称为旗人。

的恭亲王这时已经有了什么力量。恭亲王奕䜣[1]，在咸丰朝本来不是个很得意的人物。咸丰把奕䜣丢在北京去办议和这件苦差事，却给奕䜣造成了机遇。奕䜣代表朝廷和英法联军办了议和，接受了空前辱国丧权的《北京条约》，颇受到洋人的信任。这位得到洋人支持的"皇叔"，岂肯屈居在肃顺这班人之下。再加上素来忌恨肃顺的王公大臣的怂恿，恭亲王于是跃跃欲试了。正在这时，忽然有人秘密地从热河离宫带来了两位太后的懿旨。

这两位太后一位是咸丰的皇后钮祜禄氏，后来尊号叫慈安，又称东太后；另一位就是慈禧，又称西太后。西太后原是一个宫女[2]，由于给咸丰生了儿子，后来提升为贵妃，儿子载淳是咸丰的独子，当了皇帝，母以子贵，她立时又成了太后。不知是怎么安排的，她刚当上太后，便有一个御史奏请两太后垂帘听政。这主意遭到肃顺等人的狠狠驳斥，说是本朝根本无此前例。这件事对没有什么野心的慈安太后说来，倒无所谓，在慈禧心里却结下了深仇。就像她当妃子时要取宠咸丰一样，既有了欲望，不达目的是誓不甘休的。她首先让慈安太后相信了那些顾命大臣心怀叵测、图谋不轨，然后又获得慈安的同意，秘密传信给恭亲王，召他来热河离宫商议对策。当时肃顺等人为了巩固既得势力，曾多方设法来防范北京的恭亲王和离宫里的太后。关于太后们如何避过肃顺等人的耳目和恭亲王取得联系的事，有种种不同的传说。有人说太后的懿旨是由一个厨役秘密带到北京的，又有人说是慈禧先把心腹太监安德海公开责打一顿，然后下令送他到北京内廷处理，懿旨就这样叫安德海带到了北京。总之，懿旨是到了恭亲王手里。恭亲王得信后，立即送来奏折，请求觐见皇帝。肃顺等人用"留守责任重大"的"上谕"堵他，没能堵住，他已跑到热河来了。肃顺又用叔嫂不通问的礼法，阻他和太后

---

[1] 奕䜣（1833年—1898年），道光帝第六子，咸丰帝异母弟，受封恭亲王，是洋务运动的主要领导者之一。

[2] 清史专家朱家溍认为应为"贵人"。

们会见，但是在慈禧的第二步安排下，这次阻拦又告失败。关于恭亲王
与太后的会见，后来有许多传说，有的说是恭亲王化妆成"萨满[1]"进
去的，有的说是恭亲王直接将了肃顺一军，说既然叔嫂见面不妥，就请
你在场监视好了，肃顺一时脸上下不来，只好不再阻拦。还有一个说法
是恭亲王祭拜咸丰灵位时，慈禧太后让安德海送一碗面赏给恭亲王吃，
碗底下藏着慈禧写给奕䜣的懿旨。总之，什么奇怪的传说都有，但是人
们却都没注意一个很重要的情况，便是我的祖父祖母当时也在热河，慈
禧做了太后，和自己妹妹见面也是一件很平常的事，这个通讯员比什么
太监、饭碗等自然更加靠得住。不管哪个传说可靠，反正恭亲王和太后
们把一切都商议好了。这个商议的内幕虽然无案可查，但是从后来的事
件发展上看，一切也就很明白：太后们回到北京，封奕䜣为议政王，八
个顾命王大臣全部被捕。两个亲王赐自尽，肃顺砍了头，其余的充军的
充军，监禁的监禁。同时，载淳的年号改为"同治"，意思是两太后一
同治政。从此开始了西太后在同光两代四十七年垂帘听政的历史（也开
始有了"洋枪队"去打太平军、有了洋务派、有了"宁赠友邦不与家
奴"的一套政策）。我的祖父在这场政变中的功勋，是为慈禧在半壁店
捉拿了护送"梓宫[2]"返京的肃顺。我祖父于是获得了前面所说的那一
串头衔。

此后，同治三年，奕譞又被赐以"加亲王衔"的荣誉，同治十一年
正式晋封为亲王。同治十三年，同治皇帝去世，光绪皇帝即位，他更被
加封亲王"世袭罔替"，意思是子孙世代承袭王爵，而不必按例降袭。
在光绪朝，恭亲王曾几度失宠，但醇亲王受到的恩典却是有增无已，极

[1] 萨满教是一种在原始信仰的基础上发展起来的民间信仰，在世界多地均
有分布。古时，我国东北到西北的许多民族中有萨满信仰，通古斯语称巫师为萨满，
故名。

[2] 指皇帝、皇后或重臣的棺材，中国古代皇帝、皇后所用的棺材常以梓木
制作。

尽人世之显赫。

然而，醇亲王对于这些恩荣和自己的处境，是个什么样的心情呢？

我在醇王府里看见过祖父留下的不少亲笔写的格言家训，有对联、有条幅，挂在各个儿孙的房中。有一副对联是："福禄重重增福禄，恩光辈辈受恩光"。当时从这一条上看，我觉得祖父似乎是心满意足的。但我现在却另有一种看法，甚至觉得前面说到的那个看戏训子的举动，祖父都是另有用意。

如果说二十一岁的醇郡王缺乏阅历，对于难于见面的懿贵妃是无从了解的话，那么经历了同治朝十三年的醇亲王，就该对于当了太后的姻姊有足够的见识了。特别是关于同治帝后之死，醇亲王身为宗室亲贵，必定是比外人知之尤详、感之尤深的。

在野史和演义里，同治是因得花柳病不治而死的，据我听说，同治是死于天花（翁同龢的日记也有记载）。按理说天花并非必死之症，但同治在病中受到了刺激，因此发生"痘内陷"的病变，以致抢救无术而死。据说经过是这样：有一天同治的皇后去养心殿探病，在同治床前说起了婆婆又为了什么事责骂了她，失声哭泣。同治劝她忍受着，说将来会有出头的日子。不料这些话都被慈禧听了去。原来慈禧早已不喜欢这个儿媳，对儿子和媳妇儿早设下了监视的耳目。这天她听说皇后去探视同治，就亲自来到养心殿东暖阁外，偷听儿子和媳妇的谈话。这对小夫妻万没料到几句私房话竟闯下滔天大祸，只见慈禧怒气冲冲地闯了进来，一把抓住皇后的头发，举手就打，并且叫内廷准备棍杖伺候。同治目睹这幕惨剧，立刻昏厥过去。虽然慈禧因此没有对皇后用刑，可是把同治病危责任全部安到皇后的头上。同治死后，慈禧下令限制皇后的饮食。两个月后，皇后也就被折磨死了。皇后死后，慈禧的怒气还不消，又革掉了皇后的父亲崇绮的侍郎职位。第二年，有个多事的御史上了一个奏折，说外边传说很多，有说皇后死于悲痛过度，有说死于绝粟，总之，节烈如此，应当表彰，赐以美谥云云。结果皇后的谥法没有争到，这位御史把自己的官也丢了。

在同治死前，慈禧同治母子不和已是一件公开的秘密。我在故宫时就听到老太监说过，同治给东太后请安，还留下说一会儿话，但在自己亲生母亲那里就不同了，不请安不去，请完安待的时间也不长。老太监说这些事的时候当然不敢加以分析，但我相信在当时的真相也是瞒不过其他人的。同治亲政时，慈禧在朝中的亲信羽翼早已形成，东太后又一向不大问事；皇帝办起事来如果不先问问西太后，根本行不通。这就是母子不和的真正原因。慈禧舍不得丢开到手的任何权利，只要可能，她还要把它扩大到可能达到的任何程度。对她说来，所谓三纲五常、祖宗法制只能用来适应自己，决不能让它束缚自己。为了保持住自己的权威和尊严，什么至亲骨肉、外戚内臣，一律顺我者昌，逆我者亡。同治帝后之死，可以说是慈禧在八个顾命王大臣事件之后进一步暴露了她的内心。我祖父如果不是看得很清楚，他绝不会一听说叫儿子去当皇帝就吓得魂不附体。参加了那次御前会议的翁同龢在日记里写过，当慈禧一向王公大臣宣布立载湉为嗣，我祖父立即"碰头痛哭，昏迷伏地，掖之不能起……"

按照祖制，皇帝无嗣就该从近支晚辈里选立皇太子。载淳死后，自然要选一个溥字辈的，但是那样一来，慈禧成了太皇太后，再去垂帘听政就不合适了。因此她不给儿子立嗣，却把外甥载湉要去做儿子。当时有个叫吴可读的御史，以"尸谏"为同治争嗣，也没能使她改变主意。她只不过许了一个愿，说新皇帝得了儿子，就过继给同治。当时一位侍读学士的后人，也是我家一位世交，给我转述过那次御前会议情形，说那天东太后没在场，只有西太后一人，她对那些跪着的王公大臣们说："我们姐儿俩已商议好了，挑个年岁大点儿的，我们姐儿俩也不愿意。"连唯一能控制她一点的东太后也没出来表示意见，别人自然明白，无论是"尸谏"还是痛哭昏迷，都是无用的了。

从那以后，在我祖父的经历上，就出现了很有趣的记载。一方面是慈禧屡赐恩荣，一方面是祖父屡次的辞谢。光绪入宫的那年，他把一切官职都辞掉了。"亲王世袭罔替"的恩典是力辞不准才接受的。这以后几年，他的唯一差事是照料皇帝读书。他干得兢兢业业，诚惶诚恐，于是慈禧又赏了他"亲王双俸""紫禁城内乘坐四人轿"。后来恭亲王失宠，革掉了议政王大臣，慈禧太后又命军机大臣们，今后凡有重大政务要先和醇亲王商议，这等于给了他更高的职务。按例，男子结婚便算成年。光绪如果结了婚，太后理应归政。这是慈禧极不情愿的事，于是就在光绪婚前，由奕譞带头向太后叩请继续"训政"。清朝创建新式海军，奕譞接受了这个重任，海军初步建成之后，他须代表太后去检阅，偏要拉着一位太监同去，因为这位李莲英大总管是慈禧的心腹人。慈禧赐他夫妇坐杏黄轿，他一次没敢坐进去。最有意思的是，他在光绪二年写了一个奏折，控告一个没有具体对象的被告，说是将来可能有人由于他的身份，要援引明朝的某些例子，想给他加上什么尊崇；如果有这样的事，就该把倡议人视为小人。他还要求把这奏折存在宫里，以便对付未来的那种小人。过了十几年之后，果然发生了他预料到的事情。光绪十五年，河道总督吴大澂上疏请尊崇皇帝本生父以称号。慈禧果然拿出他的奏折来训斥了吴大澂，吓得吴大澂忙借母丧为由，在家里待了三年没敢出来。有人猜测这个奏折是在太后的授意下由我祖父补写的。如果这个猜测属实的话，那么，给我祖父造成的心情就更糟糕了。

毫无疑问，自从光绪入宫以后，我祖父对于他那位姻姊的性格一定有更多的了解。在光绪年间，她的脾气更加喜怒无常，光是太监也不知杖毙了多少。有一个太监陪她下棋，说了一句"奴才杀老祖宗的这只马"，她立刻大怒道："我杀你一家子！"就叫人把这太监拉了出去活活打死了。慈禧很爱惜自己的头发，给她梳头的某太监有一次在梳子上找到一根头发，不由得心里发慌，想悄悄把这根头发藏起来，不料被慈禧从镜子里看到了，问他干什么，他越是心慌越回答不上来，这也惹恼了慈禧，一声令下，这位太监也是立毙杖下。掌嘴、打屁股，这几乎是家常便饭。伺候过慈禧的太监都说过，除了李莲英之外，谁轮着在慈禧的跟前站班，谁就提心吊胆。慈禧年岁渐老，有了颜面肌抽搐的毛病，她最不愿意人家看见。有个太监大概是多瞧了一眼，她立刻问："你瞧什么？"太监没答上来，就挨了几十大板。别的太监知道了，站班时老是不敢抬头，她又火了："你低头干什么？"这太监无法回答，于是也挨了几十大板。还有一回，慈禧问一个太监天气怎样，这个乡音未变的太监说："今儿个天气生冷生冷的。"慈禧对这个"生冷生冷"听着不顺耳，也叫人把这太监打了一顿。除了太监，宫女也常挨打。

奴仆挨打以致杖毙，在北京王府里不算什么稀奇事，也许这类事情并不足以刺激醇亲王。如果这都不算，那么光绪七年的关于东太后的暴卒，对醇亲王来说，就不能是一件平常事了。我听到的各种传说内容都是差不多的，说咸丰去世前就担着心，恐怕载淳即位后，野心勃勃的懿贵妃做了太后，会恃尊跋扈，那时皇后必然应付不了她，因此特意给皇后留下一道朱谕，准备在必要时，用以克制。生于侯门而毫无社会阅历的慈安，有一次无意中把这件事向慈禧泄露出来。慈禧从此下尽功夫向慈安讨好，慈安竟被她哄弄得十分相信，终于拿她当好人，当她的面烧掉了咸丰的遗诏。过了不久，东太后就暴卒宫中。有的说是吃了慈禧送去的点心，有的说喝了慈禧给慈安亲手做的什么汤。这个传说如果确实，在醇亲王的心中，慈禧的可怕就不仅是她已表现出来的性格，而是这种性格今后要更加肆无忌惮地发展。无论如何，这是一个肯定的事实：我祖父后半世的表现，更加谨小慎微，兢兢业业，把取信讨好慈禧看作是他唯一的本分。例如他负责建设海军的时候（李鸿章是会办大臣），为了让太后有个玩的地方，便将很大一部分海军经费挪出来修建了颐和园。这座颐和园修建工程最紧张的阶段，正值直隶省和京师遭受特大水灾，这时的醇亲王一声不响，御史吴兆泰因为怕激起灾民闹事，建议暂时停工，立刻被夺了官，"交部议处"这都是《东华录》上有案可查的。我祖父真是为西太后尽忠一世，他逝世那年（1890年）也正好颐和园完工。但他死后不久，他手创的所谓海军也就惨败于甲午之役。花了几千万两白银所建造的船只，除了颐和园的那个石舫，大概没有再剩下什么了。

真正支配我祖父言行的思想，我看到一条家训中露出了一点："财也大，产也大，后来子孙祸也大，若问此理是若何？子孙钱多胆也大，天样大事都不怕，不丧身家不肯罢。"问题不在钱财，而是怕招灾惹祸。他用"退省斋"给自己新盖的书斋命名，在书斋里条案正中摆着"欹器[1]"，刻着"满招损，谦受益"的铭言。他把自己住的正房命名为"思谦堂"，等等，无一不带着自我表白的心理痕迹。（这种心理更特别反应在他的演戏活动上。当时满族贵族世家普遍有在家里自己演戏的风尚。我祖父晚年自己爱演的是郭子仪的戏，有一出是"卸甲封王"。元戎郭子仪晚年位极人臣，享尽荣华富贵，但是我怀疑他的心理和我祖父有相通之处，我认为与其说他"卸甲"交出兵权是出于忠心，倒不如说是出于避嫌疑。这出"卸甲封王"我没看过，但从"打金枝"这出戏里却进一步认识了祖父所欣赏的人物。郭子仪的儿子因为公主媳妇拿架子，不给公公拜寿，打了她一下，公主一气跑到娘家找皇帝告状去了。驸马倒不在乎，可是公公吓坏了，忙把儿子绑了去请罪，这位位极人臣的王爷的胆小心理，我想是和祖父相似的。他如此愿意扮演这类人物，如果不是一种有意地迂回表白，至少也是某种郭子仪的心理反应，虽然，他并无郭子仪的功劳和本领。）

---

[1] 一种类似沙漏的计时器，有双耳，可以穿绳悬挂，底厚而收尖，空时垂直；口薄而敞开，盛满水后即倾倒。在上方匀速注水，则可以循环注水、倒水、恢复垂直的过程。《荀子》载：孔子观于鲁桓公之庙，有欹器焉。孔子问于守庙者曰："此为何器？"守庙者曰："此盖为宥坐之器。"孔子曰："吾闻宥坐之器，虚则欹，中则正，满则覆。"孔子顾弟子曰："注水焉。"弟子挹水而注之，果中而正，满而覆，虚而欹。孔子喟然而叹曰："吁！恶有满而不覆者哉！"

二　外祖父荣禄

醇贤亲王有四位"福晋[1]"，生了七子三女。他去世时，遗下三子一女，最长的是第五子，即我的父亲载沣，那年八岁，承袭了王爵。我的两个叔父，五岁的载洵和三岁的载涛，同时晋封为公爵。我家从此又开始蒙受着新的"恩光福禄"。然而，醇王府这最后十几年的恩光福禄，比过去的几十年掺和着更多的中国人民的苦难与耻辱，也同样的和慈禧这个名字不能分开。

一件大事是慈禧给我父亲母亲指婚。这次的"恩光"也可以说是戊戌政变[2]和庚子事件[3]的一件产物。首先，这是对于戊戌政变中给她立下大功的忠臣荣禄的恩典。我外祖父荣禄是瓜尔佳氏满洲正白旗人，咸丰年间做过户部银库员外郎，因为贪污几乎要被肃顺杀了头不知他用什么方法摆脱了这次厄运，又花钱买得候补道员的衔。这种做法就是后来

---

[1]　清朝贵族妇女的封号，意为夫人。清朝皇太子、亲王、世子、郡王之妻称"福晋"，妾室称"侧福晋"，婢妾俗称"庶福晋"。

[2]　1898年6月至9月，以慈禧太后为首的守旧势力向以光绪帝为首的改良派发动政变，政变的结果，仅持续了103天的戊戌变法失败，谭嗣同等戊戌六君子被杀，康有为、梁启超等主张变法的人员逃往国外，光绪帝被软禁于瀛台，以慈禧太后为首的守旧势力重新掌权。

[3]　戊戌政变后，慈禧太后不满外国人偏袒光绪帝及改良派，双方矛盾加深。同时，中国人民不满各国列强在中国的暴行，反抗活动不断，民间团体义和团以"扶清灭洋"为口号进行活动，清政府的态度模棱两可，引起外国人的紧张与不满。1900年，各方矛盾发生总爆发，为了镇压义和团的反帝斗争，加深对中国的侵略，英、美、法、俄、德、日、意、奥八国组成侵略联军，在英国海军中将西摩尔的率领下，从天津租界向北京进犯。慈禧太后带光绪帝仓皇出逃，北京沦陷，遭到联军洗劫，中国陷入更深重的灾难中。由于1900年是农历庚子年，又称"庚子国变"、"庚子国难"。

兴起的"捐班",是与"科举"同样合法的出身。同治初年,我祖父建立神机营(使用火器的皇家军队),荣禄被派去当差,做过翼长和总兵,经过一番累迁,由大学士文祥推荐授工部侍郎,以后又做过总管内务府大臣。光绪初年,升到工部尚书。后来因为反对慈禧太后自选宫监,同时又被告发贪污受贿,革职降级调出北京(这也算是惩罚)。甲午战争这年,恭亲王出办军务,荣禄借进京为慈禧太后祝寿的机会,钻营到恭亲王身边,得到了恭亲王的信赖。甲午战后他推荐袁世凯练新军时,已经当上了兵部尚书。他这时已远比从前老练,善于看准关节,特别肯在总管太监李莲英跟前花银子,因此渐渐改变了慈禧太后对他的印象。他回到北京的第二年,得到了一件复查慈禧陵寝工程雨损的差使。这个工程先经一个大臣检查过,报称修缮费需银三十万。据说这位大臣因为工程原是醇亲王奕譞生前监工督办的,不便低估原工程的质量,所以损毁情形也报得不太严重。但荣禄另是一个做法。他摸准了太后的心理,把损毁程度夸张了一番,修缮费报了一百五十万两。结果太后把那位大臣骂了一通,对已死的醇亲王的忠心也发生了疑问,自然荣禄从此又进一步得到赏识。

荣禄有了李莲英这个好朋友,加上他的妻子很会讨好太后,常被召进宫去陪伴太后聊天,所以他对慈禧的心理越摸越熟。他知道慈禧光绪母子不和的内情,也深知这场不和对自己前途的关系,当然他更愿意在这场内讧中给慈禧出主意。在光绪皇帝发出变法维新的各种上谕时,那些被罢黜和担心被挤掉位置的人只知哭哭啼啼,而他早已给慈禧安排好计策。当时有人把皇帝太后身边这两派势力称为帝党和后党。荣禄是当权派后党的头脑,翁同龢是没有实权的帝党的头脑。维新派之所以能够和皇帝接触上,是由于翁同龢对康有为的推荐,慈禧按照事先安排好的计策,先强逼着光绪叫他的老师翁同龢退休回了家。据说,翁同龢行前荣禄还握着他的手挥泪问他:"您怎么把皇帝给得罪了?"翁同龢离开北京不多天,荣禄就走马上任,做了文渊阁大学士兼直隶总督和北洋大臣，位居首辅，统辖近畿三军。荣禄得到了这个职位后，本想接着用六部九卿联名上疏的办法，废掉光绪，由太后恢复听政，但因甲午战败之后，当权派受到各方指责，有人很怕这一举动会引起民愤，不敢附议，只得作罢。但是荣禄的愿望终于在戊戌政变时乘机达到了。这件事的经过，据说是这样：先是荣禄定计要在太后和光绪在天津检阅新军时实行政变。光绪知道了这个消息，秘密通知维新派设法营救。维新派人士把希望寄托在统辖新军的直隶按察使袁世凯身上，结果反而断送了光绪。在举国以谈维新为时髦的时候，袁世凯曾参加过维新人士的团体"强学会"，翁同龢革职返乡路过天津时，袁世凯还向他表示过同情，并且申述了对皇帝的无限忠诚。因此，维新派对他抱有很大幻想，建议光绪加以笼络。光绪召见了他，破格升他为兵部侍郎，专司练兵事务，然后维新派谭嗣同[1]又私下到他的寓所，说出了维新派的计划：在慈禧和光绪阅兵时，实行兵谏，诛杀荣禄，软禁慈禧，拥戴光绪。袁世凯听了，慷慨激昂，一口承担，说："杀荣禄像杀一条狗似的那么容易！"谭嗣同有意试探地说："你要不干也行，向西太后那边告发了，也有荣华富贵。"他立刻瞪了眼："瞧你把我袁世凯看成了什么人！"可是他送走了谭嗣同，当天就奔回天津，向他的上司荣禄做了全盘报告。荣禄得讯，连忙乘火车北上，在丰台下车直奔颐和园，告诉了慈禧。结果，光绪被幽禁，谭嗣同等六位维新派人士被杀，康有为逃到日本，百日维新昙花一现，而我的外祖父，正如梁启超说的，是"身兼将相，权倾举朝"。《清史稿》里也说是"得太后信杖眷顾之隆，一时无比，事无细巨，常待一

---

[1] 谭嗣同（1865年—1898年），字复生，号壮飞，湖南浏阳人，中国近代政治家，维新派人士。在家乡时既提倡新学、呼吁变法。曾组织算学社，办时务学堂、南学会，办《湘报》，著有《仁学》。积极参与康有为等人发起的戊戌变法运动。变法失败后，谭嗣同被捕，被捕前对劝说他离开的人说："各国变法无不从流血而成，今日中国未闻有因变法而流血者，此国之所以不昌也。有之，请自嗣同始。"最终和林旭、杨深秀、刘光第、杨锐、康广仁六人被杀害，史称"戊戌六君子"。

言决焉"。

在庚子那年，慈禧利用义和团杀洋人，又利用洋人杀义和团的一场大灾难中，荣禄对慈禧太后的忠诚，有了进一步表现。慈禧为了除掉光绪这个祸根，政变后曾经用假药方散布光绪病重消息，给谋杀光绪准备条件，可是被人识破了，后来闹到洋人出面要给光绪看病，慈禧不敢惹洋人，只好让洋人看了病，也证实了阴谋。此计不成，她又想出先为同治立嗣再除光绪的办法。她选的皇储是端王载漪的儿子溥儁，根据荣禄的主意，到元旦这天，请各国公使来道贺，以示对这件举动的支持。可是李鸿章的这次外交没办成功，公使们拒绝了。这件事情现在人们已经很清楚了，不是公使们对慈禧的为人有什么不满，而是英、法、美、日各国公使不喜欢那些亲近帝俄的后党势力过分得势。当然，慈禧太后从上台那天起就没敢惹过洋人。洋人杀了中国百姓，抢了中国的财宝，这些问题对她还不大，但洋人保护了康有为，又反对废光绪和立皇储，直接表示反对她的统治，这是她最忍受不了的。荣禄劝告她，无论如何不能惹恼洋人，事情只能慢慢商量，关于溥儁的名分，不要弄得太明显。《清史稿》里有这样一段记载："患外人为梗，用荣禄言，改称大阿哥。"慈禧听从了荣禄的意见，可是溥儁的父亲载漪因为想让儿子当上皇帝，伙同一批王公大臣如刚毅、徐桐等人给慈禧出了另一个主意，利用反对洋人的义和团，给洋人压力，以收两败俱伤之效。义和团的问题，这时是清廷最头痛的问题。在洋人教会的欺凌压榨之下，各地人民不但受不到朝廷的保护，反而受到洋人和朝廷的联合镇压，因此自发地爆发了武装斗争，各地都办起了义和团，提出灭洋口号。义和团经过不断的斗争，这时已形成一支强大的武装力量，朝廷里几次派去军队镇压，都被他们打得丢盔卸甲。对团民是"剿"是"抚"，成了慈禧举棋不定的问题。载漪和大学士刚毅为首的一批王公大臣主张"抚"，先利用它把干涉废立的洋人赶出去再说。兵部尚书徐用仪和户部尚书立山、内阁学士联元等人坚决反对这种办法，认为利用团民去反对洋人必定大祸临门，所以主张"剿"。两派意见正相持不下，一件未经甄别的紧急情报让慈禧下了决心。这个情报把洋人在各地的暴行解释为想逼慈禧归政于光绪。慈禧大怒，立刻下诏"宣抚"团民，下令进攻东交民巷使馆和兵营，发出内帑赏给团民，悬出赏格买洋人的脑袋。为了表示决心，她把主"剿"的徐用仪、立山、联元等人砍了头。后来，东交民巷没有攻下，大沽炮台和天津城却先后失守，联军打向北京来了。慈禧这时又拿出了另一手，暗中向洋人打招呼，在炮火连天中派人到东交民巷去联络。北京失陷，她逃到西安，为了进一步表示和洋人作对的原来不是她，她又下令把主"抚"的刚毅、徐桐等一批大臣杀了头。在这一场翻云覆雨中，荣禄尽可能不使自己卷入旋涡。他顺从地看慈禧的颜色行事，不忤逆慈禧的意思，同时，他也给慈禧准备着"后路"。他承旨调遣军队进攻东交民巷外国兵营，却又不给军队发炮弹，而且暗地还给外国兵营送水果，表示慰问。八国联军进入北京，慈禧出走，他授计负责议和的李鸿章和奕劻，在谈判中掌握一条原则：只要不追究慈禧的责任，不让慈禧归政，一切条件都可答应。就这样，签订了赔款连利息近十亿两，让外国军队驻兵京城的《辛丑条约》。荣禄办了这件事，到了西安，"既至，宠礼有加，赏黄马褂[1]、双眼花翎[2]、紫貂，随扈还京，加太子太保[3]，转文华殿大学士"。除了《清史稿》里这些记载外，另外值得一说的，就是西太后为荣禄的女儿"指婚"，嫁与醇亲王载沣为福晋。

关于我父母亲这段姻缘，我后来听到家里的老人家说起，西太后的用意还不仅为表示对外祖父的宠信。政变以后，西太后对醇王府猜疑颇

---

[1] 黄马褂是清代的一种官服。领侍卫内大臣、护军统领皆服黄马褂。有功的大臣也特赐穿着。

[2] 清朝官员、贵族缀于礼帽后的装饰，等级较高的以孔雀翎制成，等级低的以鹖翎制成，有单眼、双眼、三眼之分。

[3] 与太子太师、太子太傅均为东宫官职，负责教习太子，称为"三师"。清朝的太子太保有衔无职，一般加给重臣和近臣，表示恩宠。

深。这种猜疑可以从砍伐白果树的故事看出来。在我祖父园寝（墓地）上有棵白果树，长得非常高大，不知是谁在太后面前说起，醇王府出了皇帝就是由于醇王坟地的风水好，有这棵白果树，"白"和"王"连起来不就是个"皇"字吗？慈禧听了，立即叫人到妙高峰把白果树砍掉了。这时我的第一位祖母、慈禧的妹妹已经故去了，我的亲祖母刘佳氏为这件事简直吓得要死。

但是，引起慈禧猜疑的，还不止这类无聊的迷信。在庚子事件前，她就觉得可怕的洋人有点倾心于光绪，对她却是不太客气。庚子后，联军统帅瓦德西提出，要皇帝的兄弟做代表，去德国为克林德公使被杀事道歉。父亲到德国后，受到了德国皇室的隆重礼遇。德国人如此"重视"光绪的兄弟，德国皇室还给予礼遇，这使慈禧大感不安，她想不到洋人不懂什么叫过嗣，只认得血缘关系，这一点更加深了她心里原存的疑忌，光绪的亲血骨肉就成了她心中的隐忧。这种来自内部的忧患，是比外部的康有为维新派更叫她担心的。为消除这个隐患，她终于想出了办法，就是把荣禄和醇王府撮合成为亲家。西太后就是这样一个人，凡是她感到对自己有一丝一毫不安全的地方，她都要仔细加以考虑和果断处理。她在庚子逃亡之前，还不忘叫人把珍妃推到井里淹死，又何尝不是怕留后患而下的毒手？维护自己的统治，才是她考虑一切的根据。就这样，我父亲于光绪二十七年在德国赔了礼回来，十月到开封迎上回京的銮驾，奏复了一番在德国受到的德国皇室的种种"礼遇"，十一月随驾走到保定，就奉到了"指婚"的懿旨。

三　慈禧太后的决定

庚子后，载漪被列为祸首之一，发配新疆充军，他的儿子也失去了大阿哥的名号。此后七年间没有公开提起过废立的事。光绪三十四年十月，西太后在颐和园度过了她的七十四岁生日，患了痢疾，卧病的第十天，突然做出了立嗣的决定。跟着，光绪和慈禧就在两天中相继去世。我父亲这几天的日记有这样的记载：

> 十九日。上朝。致庆邸急函一件……
>
> 二十日。上疾大渐。上朝。奉旨派载沣恭代批折，钦此。
>
> 庆王到京，午刻同诣仪鸾殿面承召见，钦奉懿旨：醇亲王载沣著授为摄政王，钦此。又面承懿旨：醇亲王载沣之子溥〇著在宫内教养，并在上书房读书，钦此。叩辞至再，未邀俞允，即命携之入宫。万分无法，不敢再辞，钦遵于申刻由府携溥〇入宫。又蒙召见，告知已将溥〇交在皇后宫中教养，钦此。即谨退出，往谒庆邸。
>
> 二十一日。癸酉酉刻，小臣载沣跪闻皇上崩于瀛台。亥刻，小臣同庆王、世相、鹿协揆、张相、袁尚书、增大臣崇诣福昌殿。仰蒙皇太后召见。面承懿旨：摄政王载沣之子〇〇著入承大统为嗣皇帝，钦此。又面承懿旨：前因穆宗毅皇帝未有储贰，曾于同治十三年十二月初五日降旨，大行皇帝生有皇子即承继穆宗毅皇帝为嗣。现在大行皇帝龙驭上宾，亦未有储贰，不得已以摄政王载沣之子〇〇承继穆宗毅皇帝为嗣并兼承大行皇帝之祧。钦此。又面承懿旨：现在时势多艰，嗣皇帝尚在冲龄，正宜专心典学，著摄政王载沣为监国，所有军国政事，悉秉予之训示裁度施行，俟嗣皇帝年岁渐长，学业有成，再由嗣皇帝亲裁政事，钦此。是日住于西苑军机处。

这段日记，我从西太后宣布自己的决定的头一天，即十九日抄起，是因为十九日那句"致庆邸急函"和二十日的"庆王到京"四个字，都与这个立嗣的举动大有关系，都是西太后为了宣布这个决定所做的安排的一部分。为了说清楚这件事，不得不从远处说起。

庆王就是以办理卖国外交和卖官鬻爵而出名的奕劻[1]。在西太后时代，能得到太后欢心就等于得到了远大前程。要想讨西太后的欢心，首先必须能随时摸得着太后的心意，才能做到投其所好。荣禄贿赂太监李莲英，让太太陪伴太后游乐，得到不少最好最快的情报，因此他的奉承和孝敬，总比别人更让太后称心满意。如果说奕劻的办法和他有什么不同的话，那就是奕劻在李莲英那里花了更多的银子，而奕劻的女儿即著名的四格格[2]也比荣禄太太更机灵。如果西太后无意中露出了她喜欢什么样的坎肩，或者嵌镶着什么饰品的鞋子，那么不出三天，或者说在西太后的趣味还没有消失以前，那个正合心意的坎肩、鞋子之类的玩意儿就会出现在西太后的面前。奕劻的官运就是从这里开始的。在觉得称心如意的西太后的赏识下，奕劻一再加官晋爵，以一个远支宗室的最低的爵位辅国将军，逐步进到亲王，官职做到总理各国事务衙门。他得到了这个左右逢源的差使，身价就更加不同，无论在太后眼里还是洋人的眼里，都有了特殊的地位。辛丑议和是他一生中最重要的事件。在他和李鸿章向八国联军议和的过程中，他既为西太后尽了力，使她躲开了祸首的名义，也让八国联军在条约上满了意，从此他有了外国后台。当时人们议论起王公们的政治本钱时，说某王公有德国后台，某王公有日本后台……都只不过各有一国后台而已，但是一说到庆王，都认为他的后台谁也不能比，计有八国之多。因此西太后从那以后非常看重他。光绪二十九年，他进入了军机处，权力超过了其他军机大臣，年老的礼亲王的领衔不过是挂个虚名。后来礼亲王告退，奕劻正式成了领衔军机大臣，他儿子载

---

[1] 奕劻（1838 年—1917 年），晚清重臣，首任内阁总理大臣。清高宗爱新觉罗·弘历曾孙。

[2] 满语，小姐之意，是女性的一种称谓。在后金时，君主和贝勒的女儿都称格格，清太宗开始，皇帝的女儿称为公主，王公贵族的女儿称格格，按等级不同，亲王之女为和硕格格，世子、郡王、多罗贝勒之女为多罗格格，固山贝子之女为固山格格。作为非正式称呼时，格格也可用于称呼地位较高的女性或无封号的贵族之女。

振也当了商部尚书，父子显赫不可一世。尽管有反对他的王公们暗中搬他，御史们出面参他贪赃枉法、卖官鬻爵，都无济于事，奈何他不得。有位御史弹劾他"自任军机，门庭若市，细大不捐，其父子起居饮食车马衣服异常挥霍……将私产一百二十万两送往东交民巷英商汇丰银行存储"，另有位御史奏称有人送他寿礼十万两，花一万二千两买了一名歌妓送给他儿子。结果这两个御史，一个被斥回原衙门，一个被夺了官。

西太后对奕劻是否就很满意？根据不少遗老们侧面透露的材料，只能这样说：西太后后来对于奕劻是又担心又依赖，所以既动不得他，并且还要笼络他。

使西太后担心的，主要的倒不是贪污纳贿，而是从贪污纳贿中嗅出来的袁世凯和奕劻的特殊关系。单从袁在奕劻身上花钱的情形来看，那关系就很不平常。袁世凯的心腹朋友徐世昌后来说过：庆王府里无论是生了孩子，死了人，或是过个生日等等红白大事的一切开销，全由直隶总督衙门在背后包着。奕劻正式领军机处的前不久，有一天庆王府收到袁的人家送来十万两（一说二十万两）白银，来人转述袁的话说："王爷就要有不少开销，请王爷别不赏脸。"过了不久，奕劻升官的消息发表了，人们大为惊讶袁世凯的未卜先知。

戊戌政变后，西太后对袁世凯一方面是十分重视的，几年工夫把他由直隶按察使提到直隶总督、外务部尚书，恩遇之隆，汉族大臣中过去只有曾、胡、左、李才数得上。另一方面，西太后对这个统率着北洋新军并且善于投机的汉族大臣，并不放心。当她听说袁世凯向贪财如命的庆王那里大量地送银子时，就警惕起来了。

西太后曾经打过主意，要先把奕劻开缺。她和军机大臣瞿鸿机露出了这个意思，谁知这位进士出身后起的军机，太没阅历，竟把这件事告诉了太太。这位太太有位亲戚在一家外文报馆做事，于是这个消息便辗转传到了外国记者的耳朵里，北京还没有别人知道，伦敦报纸上就登出来了。英国驻北京的公使据此去找外务部，询问有无此事。西太后不但不敢承认，而且派铁良和鹿传霖追查，结果，瞿鸿机被革了职。《清史稿》里说他罪名是"直言忤太旨"，指的就是这件事。

西太后倒奕劻不成，同时因奕劻有联络外国人的用途，所以也就不再动他，但对于袁世凯，她没有再犹豫。光绪三十三年，内调袁为外务部尚书，参加军机。明是重用，实际是解除了他的兵权。袁世凯心里有数，不等招呼，即主动交出了北洋新军的最高统帅权。

西太后明白，袁对北洋军的实际控制能力，并非立时就可以解除，袁和奕劻的关系也不能马上斩断。正在筹划着下一个步骤的时候，她自己病倒了，这时又忽然听到这个惊人消息：袁世凯准备废掉光绪，推戴奕劻的儿子载振为皇帝。不管奕劻如何会办外交和会奉承，不管袁世凯过去对她立过多大的功，也不管他们这次动手的目标正是被她痛恨的光绪，这个以袁世凯为主角的阴谋，使她马上意识到了一种可怕的厄运——既是爱新觉罗皇朝的厄运，也是她个人的厄运。因此她断然地做出了一项决定。为了实现这个决定，她先把奕劻调开，让他去东陵查看工程，然后把北洋军段祺瑞[1]的第六镇全部调出北京，开往涞水，把陆军部尚书铁良统辖的第一镇调进来接防。等到奕劻回来，这里一切大事已定：慈禧宣布了立我为嗣，封我父亲为摄政王。但是为了继续笼络住这位有八国朋友的庆王，给了他亲王世袭罔替的恩荣。

关于袁、庆的阴谋究竟确不确，阴谋的具体内容又是什么，我说不清。但是我有一位亲戚亲自听铁良事后说起过西太后的这次安排。铁良说，为了稳定段祺瑞的第六镇北洋军，开拔之先发给了每名士兵二两银子，一套新装和两双新鞋。另外，我还听见一个叫李长安的老太监说起光绪之死的疑案。照他说，光绪在死的前一天还是好好的，只是因为用了一剂药就坏了，后来才知道这剂药是袁世凯使人送来的。按照常例，皇帝得病，每天太医开的药方都要分抄给内务府大臣们每人一份，如果是重

---

[1] 段祺瑞（1865年—1936年），字芝泉，生于安徽合肥，又称"段合肥"，北洋皖系军阀的首领，受到日本支持，在袁世凯死后一度把持北京政权。

病还要抄给每位军机大臣一份。据内务府某大臣的一位后人告诉我，光绪死前不过是一般的感冒，他看过那些药方，脉案极为平常，加之有人前一天还看到他像好人一样，站在屋里说话，所以当人们听到光绪病重的消息时都很惊异。更奇怪的是，病重消息传出不过两个时辰，就听说已经"晏驾"了。总之光绪是死得很可疑的。如果太监李长安的说法确实的话，那么更印证了袁、庆确曾有过一个阴谋，而且是相当周密的阴谋。

还有一种传说，是西太后自知病将不起，她不甘心死在光绪前面，所以下了毒手。这也是可能的。但是我更相信这一点：她在宣布我为嗣皇帝的那天，还不认为自己会一病不起。光绪死后两个小时，她还授命监国摄政王："所有军国政事，悉秉承予之训示裁度施行。"到次日，才说："现予病势危笃，恐将不起，嗣后军国政事均由摄政王裁定，遇有重大事件有必须请皇太后（指光绪的皇后，她的侄女那拉氏）懿旨者，由摄政王随时面请施行。"她之所以在发现了来自袁世凯那里的危险之后，或者她在确定了光绪的最后命运之后，从宗室中单单挑选了这样的一个摄政王和这样一个嗣皇帝，也正是由于当时她还不认为自己会死得这么快。在她来说当了太皇太后固然不便再替皇帝听政，但是在她与小皇帝之间有个听话的摄政王，一样可以为所欲为。

当然，她也不会认为自己老活下去。在她看来，她这个决定总算为保全爱新觉罗的宝座而尽了力。她甚至会认为，这个决定之正确，就在于她选定的摄政王是光绪的亲兄弟。因为按常情说，在皇族之内，只有这样的人才不至于上袁世凯的当。

四　摄政王监国

我做皇帝、我父亲做摄政王的这三年间，我大概是在最后一年才认识自己的父亲的。那是我刚在毓庆宫读书不久，他第一次照章来查看功课的时候。先是有个太监进来禀报说："王爷来了。"老师立刻紧张起来，赶忙把书桌整理一下，并且把见王父时该做什么，指点了给我，然后我们都站立等候。过了一会儿，一个头戴花翎、嘴上没胡须的陌生人出现在书房门口，挺直地立在我的面前，这就是我的父亲。我按家礼给他请了安，然后一同落座。坐好，我拿起书按老师的指示念起来：

"孟子见梁惠王，王立于沼上，王立于沼上……"

不知怎的，我心慌得很，再也念不下去。梁惠王立于沼上是下不来了。幸好我的父亲原来比我还慌张，他连忙点头，声音含混地说：

"好，好，皇帝好，好好地念，念书吧！"说完，又点了一阵头，然后站起来走了。他在我这里一共待了不超过两分钟。

从这天起，我知道了自己的父亲是什么样：不像老师，他没胡子，脸上没皱纹，他脑后的花翎子总是跳动。以后他每隔一个月来一次，每次待的时间也都不过两分钟。我又知道了他说话有点结巴，明白了他的花翎子之所以跳动，是由于他一说话就点头。他说话很少，除了几个"好，好，好"以外，别的话也很难听清楚。

民国时代有不少写清室王公们轶事的报刊小品和稗史笔记，不少是可以补进《笑林广记》去的。有些关于我父亲的故事，未必可信，不过也能反映出其性格的一部分。还记得《大公报》上的一篇小品，喻其性格为"木楼座钟"。一位在我出紫禁城不久前去做内务府大臣的遗老说他："与王公大臣常相对无言，即请机宜亦嗫嚅不能立断。"虽都非亲见，倒也有些近实。

我的弟弟曾听母亲说过，辛亥那年父亲辞了摄政王位，从宫里一回来便对母亲说："从今天起我可以回家抱孩子了！"母亲被他那副轻松神气气得痛哭了一场，后来告诫弟弟："长大了万不可学阿玛（满族语父亲）那样！"这段故事和父亲自书的对联"有书真富贵，无事小神仙"，虽都不足以证明什么真正的"退隐"之志，但也可以看出他对那三年监国是够伤脑筋的。那三年可以说是他一生最失败的三年。

对他说来，最根本的失败是没能除掉袁世凯。有一个传说，光绪临终时向摄政王托付过心事，并且留下了"杀袁世凯"四字朱谕。据我所知，这场兄弟会见是没有的。摄政王要杀袁世凯为兄报仇，虽确有其事，但是被奕劻为首的一班军机大臣给拦阻住了。详情无从得知，只知道最让父亲泄气的是奕劻的一番话："杀袁世凯不难，不过北洋军如果造起反来怎么办？"结果是隆裕太后听从了张之洞等人的主意，叫袁世凯回家去养"足疾"，把他放走了。

有位在内务府干过差使的"遗少"给我说过，当时摄政王为了杀袁世凯，曾想照学一下康熙皇帝杀大臣鳌拜的办法。康熙的办法是把鳌拜召来，赐给他一个座位，那座位是一个只有三条好腿的椅子，鳌拜坐在上面不提防给闪了一下，因此构成了"君前失礼"的死罪。和摄政王一起制订这个计划的是小恭亲王溥伟[1]。溥伟有一柄咸丰皇帝赐给他祖父奕䜣的白虹刀，他们把它看成太上宝剑一样的圣物，决定由溥伟带着这把刀，做杀袁之用。一切计议停当了，结果被张之洞等人拦住了。这件未可置信的故事至少有一点是真的，就是那时有人极力保护袁世凯，也有人企图消灭袁世凯，给我父亲出谋划策的也大有人在。袁世凯在戊戌后虽然用大量银子到处送礼拉拢，但毕竟还有用银子消除不了的敌对势力。这些敌对势力，并不全是过去的维新派和帝党人物，其中有和奕劻争地位的，有不把所有兵权拿到手誓不甘休的，也有为了其他目的而把希望寄托在倒袁上面的。因此杀袁世凯和保袁世凯的问题，早已不是什么维新与守旧、帝党与后党之争，也不是什么满汉显贵之争了，而是这一伙亲贵显要和那一伙亲贵显要间的夺权之争。以当时的亲贵内阁来说，

[1] 溥伟（1880年—1936年），道光帝旻宁曾孙，恭亲王奕䜣之孙。历任官房大臣、正红旗满洲都统、禁烟事务大臣等职。1911年，武昌起义爆发之后，溥伟、良弼坚决反对袁世凯，并组织宗社党，意图阻止南北和谈。清朝灭亡后，溥伟勾结日本人，意图复辟，在东北发起满蒙独立运动。"九一八"事变之后，任沈阳四民维持会会长，促成溥仪与日本人的合作。

就分成庆亲王奕劻等人的一伙和公爵载泽等人的一伙。给我父亲出谋划策以及要权力地位的，主要是后面这一伙。

无论是哪一伙，都有一群宗室觉罗[1]、八旗世家、汉族大臣、南北谋士；这些人之间又都互有分歧，各有打算。比如载字辈的泽公，一心一意想把堂叔庆王的总揆夺过来，而醇王府的兄弟们首先所瞩目的，则是袁世凯等汉人的军权。就是向英国学海军的兄弟和向德国学陆军的兄弟，所好也各有不同。摄政王处于各伙人钩心斗角之间，一会儿听这边的话，一会儿又信另一边的主意，一会儿对两边全说"好，好"，过一会儿又全办不了。弄得各伙人都不满意他。

其中最难对付的是奕劻和载泽。奕劻在西太后死前是领衔军机，太后死后改革内阁官制，他又当了内阁总理大臣，这是叫度支部[2]尚书载泽最为愤愤不平的。载泽一有机会就找摄政王，天天向摄政王揭奕劻的短。西太后既扳不倒奕劻，摄政王又怎能搬得倒他？如果摄政王支持了载泽，或者摄政王自己采取了和奕劻相对立的态度，奕劻只要称老辞职，躲在家里不出来，摄政王立刻就慌了手脚。所以在泽公和庆王间的争吵，失败的总是载泽。醇王府的人经常可以听见他和摄政王嚷："老大哥这是为你打算，再不听我老大哥的，老庆就把大清断送啦！"摄政王总是半晌不出声，最后说了一句："好，好，明儿跟老庆再说……"到第二天，还是老样子：奕劻照他自己的主意去办事，载泽又算白费一次力气。

载泽的失败，往往就是载沣的失败，奕劻的胜利，则意味着洹上垂钓[3]的袁世凯的胜利。摄政王明白这个道理，也未尝不想加以抵制，可

[1] 宗室即直系亲属，觉罗即旁系亲属。觉罗在满语中有"远方"的意思，后来引申为"远支"。

[2] 清代管理财政事务的机构。

[3] 1908年溥仪继位后，摄政王载沣解除袁世凯的官职，袁世凯称疾返回河南，隐居于安阳洹上村，表面上过着垂钓的悠闲生活，暗中仍然关心政事，等待复出的机会。

是他毫无办法。

后来武昌起义的风暴袭来了，前去讨伐的清军，在满族陆军大臣荫昌的统率下，作战不利，告急文书纷纷飞来。袁世凯的"军师"徐世昌看出了时机已至，就运动奕劻、那桐几个军机一齐向摄政王保举袁世凯。这回摄政王自己拿主意了，向"愿以身家性命"为袁做担保的那桐发了脾气，严肃地申斥了一顿。但他忘了那桐既然敢出头保袁世凯，必然有恃无恐。摄政王发完了威风，那桐便告老辞职，奕劻不上朝应班，前线紧急军情电报一封接一封送到摄政王面前，摄政王没了主意，只好赶紧赏那桐"乘坐二人肩舆"，挽请奕劻"体念时艰"，最后乖乖地签发了谕旨：授袁世凯钦差大臣节制各军并委袁的亲信冯国璋[1]、段祺瑞为两军统领。他垂头丧气地回到府邸后，另一伙王公们包围了他，埋怨他先是放虎归山，这回又引狼入室，说袁世凯这一出来，后患无穷，只怕大清都保不住了。他后悔起来，就请这一伙王公们出主意。这伙人说，让袁世凯出来也还可以，但要限制他的兵权，不能委派他的旧部冯国璋、段祺瑞为前线军统。经过一番争论之后，有人认为冯国璋还有交情，可以保留，于是载洵贝勒也要求，用跟他有交情的姜桂题来顶替段祺瑞。王公们给摄政王重新拟了电报，摄政王派人连夜把电报送到庆王府，叫奕劻换发一下。庆王府回答说，庆王正歇觉，公事等明天上朝再说。第二天摄政王上朝，不等他拿出这一个上谕，奕劻就告诉他，头一个上谕当夜就发出去了。

我父亲并非是个完全没有主意的人。他的主意便是维持皇族的统治，首先把兵权抓过来。这是他那次出使德国从德国皇室学到的一条：军队一定要放在皇室手里，皇族子弟要当军官。他做得更彻底，不但抓到皇室手里，而且还必须抓在自己家里。在我即位后不多天，他就派自己的

---

[1] 冯国璋（1859年—1919年），字华甫，直隶河间人，北洋直系军阀的首领，与王士珍、段祺瑞并称"北洋三杰"。

兄弟载涛做专司训练禁卫军大臣，建立皇家军队。袁世凯开缺后，他代替皇帝为大元帅，统率全国军队，派兄弟载洵为筹办海军大臣，另一个兄弟载涛管军谘处（等于参谋总部的机构），后来我这两位叔叔就成了正式的海军部大臣和军谘府大臣。

据说，当时我父亲曾跟王公们计议过，无论袁世凯镇压革命成功与失败，最后都要消灭掉他。如果他失败了，就借口失败诛杀之，如果把革命镇压下去了，也要找借口解除他的军权，然后设法除掉他。总之，军队绝不留在汉人手里，尤其不能留在袁世凯手里。措施的背后还有一套实际掌握全国军队的打算。假定这些打算是我父亲自己想得出的，不说外界阻力，只说他实现它的才能，也和他的打算太不相称了。因此，不但跟着袁世凯跑的人不满意他，就连自己的兄弟也常为他摇头叹息。

李鸿章的儿子李经迈出使德国赴任之前，到摄政王这里请示机宜，我七叔载涛陪他进宫，托付他在摄政王面前替他说一件关于禁卫军的事，大概他怕自己说还没用，所以要借重一下李经迈的面子。李经迈答应了他，进殿去了。过了不大功夫，在外边等候着的载涛看见李经迈又出来了，大为奇怪，料想他托付的事必定没办，就问李经迈是怎么回事。李经迈苦笑着说："王爷见了我一共就说了三句话：'你哪天来的？'我说了，他接着就问：'你哪天走？'我刚答完，不等说下去，王爷就说：'好好，好好地干，下去吧！'——连我自己的事情都没说，怎么还能说得上你的事？"

这位王爷让兄弟们感到为难之处，也是多方面的。我祖母患乳疮时，请中医总不见好，父亲听从了叔叔们的意见，请来了一位法国医生。医生打算开刀，遭到了醇王全家的反对，只好采取敷药的办法。敷药之前，医生点上了酒精灯准备给用具消毒，父亲吓坏了，忙问翻译道：

"这这这干吗？烧老太太？"

我六叔看他这样外行，在他身后对翻译直摇头咧嘴，不让翻给洋医生听。

医生留下药走了。后来医生发现老太太病情毫无好转，觉得十分奇怪，就叫把用过的药膏盒子拿来看看。父亲亲自把药盒都拿来了，一看，原来一律原封未动。叔叔们又不禁摇头叹息一番。

有些当面恭恭敬敬呼他王爷的人，背后提起他来，却很不礼貌地把他叫作"大王爷"。醇王府的大管事张文治是最爱议论"王爷"的。有一回他说，在王府附近有一座小庙，供着一口井，传说那里住着一位"仙家"。"银锭桥案件 [1]"败露后，王爷有一次经过那个小庙，要拜一拜仙家，感谢对他的庇佑。他刚跪下去，忽然从供桌后面跳出个黄鼠狼来。这件事叫巡警知道了，报了上去，于是大臣们就传说王爷命大，连仙家都受不了他这一拜。张文治说完了故事就揭穿了底细，原来这是王爷叫庙里人准备好的。那个庙，就是醇王府花钱养着的。

醇王府的人在慈禧死后都喜欢自称是维新派，我父亲也不例外。提起父亲的生活琐事，颇有不少反对迷信和趋向时新风气的举动。我还听人说过，"老佛爷并不是反对维新的，戊戌以后办的那些事不都是光绪要办的吗？醇亲王也是位时新人物，老佛爷后来不是也让他当了军机吗？"

慈禧的维新和洋务办的是什么，不必说了。关于父亲的维新，我略知一些。他对那些曾被"老臣"们称为奇技淫巧的东西，倒是不采取排斥的态度。醇王府是清朝第一个备汽车、装电话的王府，他们的辫子剪得最早，在王公中首先穿上西服的也有他一个。但是他对于西洋事物真正的了解，就以穿西服为例，可见一斑。他穿了许多天西服后（先是在家里穿，不敢出去穿），有一次很纳闷儿地问我杰二弟："为什么你们的衬衫那么合适，我的衬衫总是比外衣长一块呢？"经杰二弟一检查，原

---

[1] 银锭桥位于北京什刹海的前海与后海之间的水道上，是一座南北向单孔石拱桥。宣统年间，摄政王载沣居住在后海北沿的醇亲王府，进宫必经银锭桥，1910 年 3 月 31 日，汪精卫在桥下埋藏炸弹，意欲刺杀载沣，因行踪被发觉而失败，称为银锭桥案件。

来他一直是把衬衫放在裤子外面的，已经忍着这股别扭劲好些日子了。

此外，他曾经把给祖母治病的巫婆赶出了大门，曾经把仆役们不敢碰的刺猬一脚踢到沟里去，不过踢完之后，脸上却一阵煞白。他反对敬神念佛，但是逢年过节烧香上供却非常认真。他的生日是正月初五，北京的风俗把这天叫作"破五"，他不许人说这两个字，并在日历的这一页上贴上红条，写上寿字，把竖笔拉得很长。杰二弟问他这是什么意思，他说："这叫长寿嘛！"

为了了解摄政王监国三年的情况，我曾看过父亲那个时候的日记。在日记里没找到多少材料，却发现过两类很有趣的记载。一类是属于例行事项的，如每逢立夏，必"依例剪平头"，每逢立秋，则"依例留分发"；此外还有依例换什么衣服，吃什么时鲜，等等。另一类，是关于天象观察的详细记载和报上登载的这类消息的摘要，有时还有很用心画下的示意图。可以看出，一方面是内容十分贫乏的生活，一方面又有一种对天文的热烈爱好。如果他生在今天，说不定他可以学成一名天文学家。但可惜的是他生在那样的社会和那样的家庭，而且从九岁起便成了皇族中的一位亲王。

五　亲王之家

我一共有四位祖母，所谓醇贤亲王的嫡福晋叶赫那拉氏，并不是我的亲祖母。她在我出生前十年就去世了。听说这位老太太禀性和她姊姊完全不同，可以说是墨守成规，一丝不苟。同治死后，慈禧照常听戏作乐，她却不然，有一次这位祖母奉召进宫看戏，坐在戏台前却闭上双眼，慈禧问她这是干什么，她连眼也不睁地说："现在是国丧，我不能看戏！"慈禧给她顶得也无可奈何。她的忌讳很多，家里人在她面前说话都要特别留神，什么"完了""死"这类字眼儿要用"得了""喜"等代替。她一生拜佛，成年放生烧香，夏天不进花园，说是怕踩死蚂蚁。她对蚂蚁仁慈如此，但是打起奴仆来，却毫不留情。据说醇王府一位老太监的终身不治的颜面抽搐病，就是由她的一顿藤鞭打成的。

她一共生了五个孩子。第一个女儿活到六岁，第一个儿子还不到两周岁，这两个孩子在同治五年冬天相隔不过二十天都死了。第二个儿子就是光绪，四岁离开了她。光绪进宫后，她生下第三个儿子，只活了一天半。第四个男孩载洸出世后，她不知怎样疼爱是好，穿少了怕冻着，吃多了怕撑着。朱门本是酒肉多得发臭的地方，朱门子弟常生的毛病则是消化不良。《红楼梦》里的贾府"净饿一天"是很有代表性的养生之道。我祖母就很相信这个养生之道，总不肯给孩子吃饱，据说一只虾也要分成三段吃，结果第四个男孩又因营养不够，不到五岁就死了。王府里的老太监牛祥曾说过："要不然怎么五爷（载沣）接了王爷呢，就是那位老福晋，疼孩子，反倒把前面几位小爷给耽误了。"

我父亲载沣虽非她的亲生子，但依宗法，嫡福晋才算正式的母亲。作为最年长的儿子，我父亲要受她的管教。她疼爱孩子是无疑的，但是这位接受了那样悲惨的教训的母亲，到死也没能明白过来，是谁害了她的亲生孩子。她对我父亲和叔父们的饮食上的限制没有了，精神上的限制仍然没有放松。据那位牛太监说："五爷、六爷在她老人家跟前连笑也要小心，如果笑出声来，就会听见老人家吆喝：笑什么？没个规矩！"

醇贤亲王的第一侧福晋颜扎氏去世很早，大约我父亲也没见过她。二侧福晋刘佳氏，即是我的亲祖母，她在那拉氏祖母去世后当了家。她虽不像那拉氏祖母那样古板，却是时常处于精神不正常的状态。造成这种病症的原因同样是与儿孙命运相关。这位祖母也夭折过一个两岁的女儿。而使她精神最初遭受刺激以致失常的，却是由于幼子的出嗣。她一共生了三个儿子，即载沣、载洵、载涛。七叔载涛从小在她自己怀里长大，到十一岁这年，突然接到慈禧太后旨意，让他过继给我祖父的堂兄弟奕谟贝子为子。接到这个"懿旨"，老太太哭得死去活来，经过人们劝解和建议，只好把七叔当作女儿陪嫁出去。到了过继那天，像嫁女一样，过了"嫁妆"，当鼓乐声一响，老太太竟昏了过去。经过这次刺激，她的精神就开始有些不正常了。

这里还有一段插话。奕谟这对老夫妇，膝下无儿无女，得着一个过继儿子，自然非常高兴，那边作为女儿陪嫁，这边就当作儿子出生，第三天大做弥月，广宴亲朋。不料这个举动叫慈禧知道了，这位贝子平时对慈禧的作为就看不惯，更不会奉承，早使慈禧心中不满，这次看到他如此高兴，心中更有了气，就决定不给他好气受。慈禧曾有一句"名言"："谁叫我一时不痛快，我就叫他一辈子不痛快。"不知道奕谟都受了她什么折磨，后来在发牢骚时画了一张画，画面只有一只脚，影射慈禧专门胡搅，搅得家事国事一团糟，并且题了一首发泄牢骚的打油诗："老生避脚实堪哀，竭力经营避脚台，避脚台高三百尺，高三百尺脚仍来。"不知怎的，被慈禧知道了，慈禧为了泄愤，突然又下一道懿旨，让已经过继过去五年多的七叔，重新过继给我祖父的八弟钟郡王奕詥。奕谟夫妇受此打击，一同病倒。不久，奕谟寿终正寝，慈禧又故意命那个抢走的儿子载涛代表太后去致祭，载涛有了这个身份，在灵前自然不能下跪。接着不到半年，奕谟的老妻也气得一命呜呼。

不知慈禧是什么想法，在第二次指定七叔过继的同时，还指定把六叔载洵过继出去，给我另一位堂祖叔敏郡王奕誌为嗣。正像谟贝子诗中所说的那样："避脚台高三百尺，高三百尺脚仍来。"刘佳氏祖母闭门家中坐，忽然又少掉了一个儿子，自然又是一个意外打击。事隔不久，又来了第三件打击。我祖母刚给我父亲说好一门亲事，就接到慈禧给我父亲指婚的懿旨。原来我父亲早先定了亲，庚子年八国联军进北京时，许多旗人因怕洋兵而全家自杀，这门亲家也是所谓殉难的一户。我父亲随慈禧、光绪在西安的时候，祖母重新给他订了一门亲，而且放了"大定"，即把一个如意交给了未婚的儿媳。按习俗，送荷包叫放小定，这还有伸缩余地，到了放大定，姑娘就算是"婆家的人"了。放大定之后，如若男方死亡或出了什么问题，在封建礼教下就常有什么望门寡或者殉节之类的悲剧出现。慈禧当然不管你双方本人以及家长是否同意，她做的事，别人岂敢说话。刘佳氏祖母当时是两头害怕，怕慈禧怪罪，又怕退"大定"引起女方发生意外，这就等于对太后抗旨，男女两方都是脱不了责任的。尽管当时有人安慰她，说奉太后旨意去退婚不会有什么问题，她还是想不开，精神失常的病患又发作了。当然，先订的婚还是退掉了。

过了六年，她的病又大发作了一次，这就是在军机大臣送来懿旨叫送我进宫的那天。我一生下来，就归祖母抚养。祖母是非常疼爱我的。听乳母说过，祖母每夜都要起来一两次，过来看看我。她来的时候连鞋都不穿，怕木底鞋的响声惊动了我。这样看我长到三岁，突然听说慈禧把我要到宫里去，她立即昏厥了过去。从那以后，她的病就更加容易发作，这样时好时犯地一直到去世。她去世时五十九岁，即我离京到天津那年。

醇亲王载沣自八岁丧父，就在醇贤亲王的遗训和这样两位老人的管教下，过着传统的贵族生活。凭着血缘，也凭着他的懦弱和从上辈继承下来的谨慎，他当了摄政王，享受着俸禄和采邑的供应，上有母亲管着家务，下有以世袭散骑郎、长史[1]为首的一套办事机构为他理财、酬应，有一大批护卫、太监、仆妇供他役使，还有一群清客给他出谋划策以及聊天游玩。他用不着操心家庭生活，也用不上什么生产知识。他和外界接触不多，除了依例行事的冠盖交往，谈不到什么社会阅历。他的环境和生活就是如此，也难怪他见了人"嗫嚅不能对"了。

我父亲有两位福晋，生了四子七女。我的第二位母亲是辛亥以后来的，我的三胞妹和异母生的两个弟弟和四个妹妹出生在民国时代。这一

---

[1] 中国古代职官名，历代执掌事务不一，多为幕僚性质。明清时期的长史在亲王、公主等府中任职，执管府中政令。

家人到现在，除了大妹和三弟早故外，父亲殁于一九五一年年初，母亲早于一九二一年逝世。父亲的日记里说是"痰厥"，其实是吞鸦片自杀的。是因为我在宫里和端康太妃争吵，不服她管教，太妃把我母亲叫进去训斥了一顿，她回到家里便吞烟自尽了。

母亲和父亲是完全不同的类型。有人说旗人的姑奶奶往往比姑爷能干，或许是真的。我记得我的妻子婉容和我的母亲瓜尔佳氏就比我和父亲懂得的事多，特别是会享受，会买东西。据说旗人姑娘在家里能主事，能受到兄嫂辈的尊敬，是由于每个姑娘都有机会选到宫里当上嫔妃（据我想，恐怕也是由于兄弟辈不是游手好闲就是忙于宦务，管家理财的责任自然落在姊妹们身上，因此姑娘就比较能干些）。我母亲在娘家时很受宠，慈禧也曾说过"这姑娘连我也不怕"的话。母亲花起钱来，使祖母和父亲非常头痛，简直没办法。父亲的收入，不算田庄，亲王双俸和什么养廉银[1]每年是五万两，到民国时代的小朝廷还是每年照付。每次俸银到手不久，就被母亲花个精光。后来父亲想了很多办法，曾经和她在财物上分家，给她规定用钱数目，全不生效。我父亲还用过摔家伙的办法，比如拿起条几上的瓶瓶罐罐摔在地上，以示愤怒和决心。因为总摔东西未免舍不得，后来专门准备了一些摔不碎的铜壶铅罐之类的东西（我弟弟见过这些"道具"），不久，这些威风也被母亲识破了，结果还是父亲再拿出钱来供她花。花得我祖母对着账房送来的账条叹气流泪，我父亲只好再叫管事的变卖古玩、田产。

母亲也时常拿出自己贵重的陪嫁首饰去悄悄变卖。我后来才知道，她除了生活享受之外，曾避着父亲，把钱用在政治活动上，通过荣禄的旧部如民国时代步兵统领衙门的总兵袁得亮之流，去运动奉天的将领。这种活动，是与太妃们合谋进行的。她们为了复辟的梦想，拿出过不少

---

[1] 养廉银是清朝特有的一种官员俸禄制度，由雍正创立，在俸禄之外另发银钱，初衷是借助高薪鼓励官员廉洁，避免贪污，因此称为养廉银。

首饰，费了不少银子。溥杰小时候曾亲眼看见过她和太妃的太监鬼鬼祟祟地商议事情，问她是什么事，她说："现在你还小呢，将来长大了，就明白我在做着什么了。"她却不知道，她和太妃们的那些财宝，都给太监和袁得亮中饱了。她对她父亲的旧部有着特殊的信赖，对袁世凯也能谅解。辛亥后，醇王府上下大小无不痛骂袁世凯，袁世凯称帝时，孩子们把报纸上的袁世凯肖像的眼睛都抠掉了，唯独母亲另有见解："说来说去不怪袁世凯，就怪孙文！"

我的弟弟妹妹们从小并不怕祖母和父亲，而独怕母亲。佣仆自然更不用说。有一天，我父亲从外面回来，看见窗户没有关好，问一个太监："怎么不关好？"这太监回答说："奶奶还没回来呢，不忙关。"父亲生了气，罚他蹲在地上。一个女仆说："要是老爷子，还不把你打成稀烂！"老爷子是指母亲而言，她和慈禧一样，喜欢别人把她当作男人称呼。

我三岁进宫，到了十一岁才认得自己的祖母和母亲，那次她们是奉太妃之召进宫的。我见了她们，觉得很生疏，一点不觉得亲切。不过我还记得祖母的眼睛总不离开我，而且好像总是闪着泪光。她经过慎重选择，说些十分单纯的问饱问暖话，这是充满着被封锁起来的慈爱的。母亲给我的印象就完全不同，我见了她的时候生疏之外更加上几分惧怕。她每次见了我总爱板着脸说些官话："皇帝要多看些祖宗的圣训""皇帝别贪吃，皇帝的身子是圣体，皇帝要早睡早起……"现在回想起来，那硬邦邦的感觉似乎还存在着，低贱的使女出身的祖母和大学士府小姐出身的母亲，流露出的人情，竟是如此的不同。

第二章

我的童年（1908年~1917年）

一　登极与退位

　　光绪三十四年旧历十月二十日的傍晚，醇王府里发生了一场大混乱。这边老福晋不等听完新就位的摄政王带回来的懿旨，先昏过去了。王府太监和妇差丫头们灌姜汁的灌姜汁，传大夫的传大夫，忙成一团，那边又传过来孩子的哭叫和大人们的哄劝声。摄政王手忙脚乱地跑出跑进，一会儿招呼着随他一起来的军机大臣和内监，叫人给孩子穿衣服，这时他忘掉了老福晋正昏迷不醒，一会儿被叫进去看老福晋，又忘掉了军机大臣还等着送未来的皇帝进宫。这样闹腾了好大一阵，老福晋苏醒过来，被扶送到里面去歇了，这里未来的皇帝还在"抗旨"，连哭带打地不让内监过来抱他。内监苦笑着看军机大臣怎么吩咐，军机大臣则束手无策地等摄政王商量办法，可是摄政王只会点头，什么办法也没有……

　　家里的老人给我说的这段情形，我早已没有印象了。老人们说，那一场混乱后来还亏着乳母给结束的。乳母看我哭得可怜，拿出奶来喂我，这才止住了我的哭叫。这个卓越的举动启发了束手无策的老爷们。军机大臣和我父亲商量了一下，决定由乳母抱我一起去，到了中南海，再交内监抱我见慈禧太后。

我和慈禧这次见面，还能够模糊地记得一点。那是由一次强烈的刺激造成的印象。我记得那时自己忽然处在许多陌生人中间，没有了嬷嬷，也没有了我习惯了的那间屋子，尤其可怕的是在一个阴森森的帏帐，露出一张瘦削的老太婆的脸，丑得要命。据说我一见慈禧这副病容，立刻号啕大哭，浑身哆嗦不住。慈禧看我哭了，叫人拿冰糖葫芦给我，不料我一把拿过来就摔到地下，连声哭喊着："要嬷嬷！要嬷嬷！"弄得慈禧很不痛快，说："这孩子真别扭，抱到哪儿玩去吧！"

我入宫后的第三天，慈禧去世，过了半个多月，即旧历十一月初九，举行了"登极大典"。这个大典被我哭得大煞风景。

大典是在太和殿举行的。所谓登极，就是我父亲扶着我坐在宝座上，接受王公大臣的朝贺。在大典之前，照章要先在中和殿接受领侍卫内大臣们的叩拜（在大典上他们站列两侧，不便与文武百官一起朝贺），然后再到太和殿受文武百官朝贺。我被他们折腾了半天，加上那天天气奇冷，因此当他们把我抬到太和殿，放到又高又大的宝座上的时候，早超过了我的耐性限度。我父亲单膝侧身跪在宝座下面，双手扶我，不叫我乱动，我却挣扎着哭喊："我不挨这儿！我要回家！我不挨这儿！我要回家！"父亲急得满头是汗。文武百官的三跪九叩，没完没了，我的哭叫也越来越响。我父亲只好哄我说："别哭别哭，快完了，快完了！"

典礼结束后，文武百官窃窃私语起来了："王爷怎么可以说什么'快完了'呢？""说要回家可是什么意思呵？"……一切的议论，都是垂头丧气的，好像都发现了不祥之兆。

后来有些笔记小品里加枝添叶地说，我是在钟鼓齐鸣声中吓哭了的，又说我父亲在焦急之中，拿了一个玩具小老虎哄我，才止住了哭。其实那次大典因为处于"国丧"期，丹陛大乐只设而不奏，所谓玩具云者更无其事。不过说到大臣们都为了那两句话而惶惑不安，倒是真事。有的书上还说，不到三年，清朝真的完了，要回家的也真回了家，可见当时说的句句是谶语，大臣们早是从这两句话得到了感应的。

事实上，真正的感应不是来自偶然而无意的两句话。如果翻看一下当时历史的记载，就很容易明白文武百官们的忧心忡忡是从哪里来的。只要看看《清鉴纲目》里关于我登极前一年的大事提要就够了：

> 光绪三十三年，秋七月。广州钦州革命党起事，攻陷阳城，旋被击败。
>
> 冬十一月。孙文、黄兴合攻广西镇南关（现改名睦南关），克之，旋败退。
>
> 谕：禁学生干预政治及开会演说。
>
> 三十四年，春正月。广东缉获日本轮船，私运军火，寻命释之。
>
> 三月。孙文、黄兴遣其党攻云南河口，克之，旋败退。
>
> 冬十月，安庆炮营队官熊成基起事，旋败死。

这本《清鉴纲目》是民国时代编出的，所根据的史料主要是清政府的档案。我从那个时期的档案里还看到不少"败死""败退"的字样。这类字样越多，也就越说明风暴的加剧。这就是当时那些王公大臣们的忧患所在。到了宣统朝，事情越加明显。后来起用了袁世凯，在一部分人心里更增加一重忧虑，认为外有革命党，内有袁世凯，历史上所出现过的不吉之兆，都集中到宣统一朝来了。

我糊里糊涂地做了三年皇帝，又糊里糊涂地退了位。在最后的日子里所发生的事情，给我的印象最深的是：有一天在养心殿的东暖阁里，隆裕太后坐在靠南窗的炕上，用手绢擦眼，面前地上的红毡子垫上跪着一个粗胖的老头子，满脸泪痕。我坐在太后的右边，非常纳闷儿，不明白两个大人为什么哭。这时殿里除了我们三个，别无他人，安静得很，胖老头很响地一边抽缩着鼻子一边说话，说的什么我全不懂。后来我才知道，这个胖老头就是袁世凯。这是我看见袁世凯唯一的一次，也是袁世凯最后一次见太后。如果别人没有对我说错的话，那么正是在这次，袁世凯向隆裕太后直接提出了退位的问题。从这次召见之后，袁世凯就借口东华门遇险[1]的事故，再不进宫了。

武昌起义后，各地纷纷响应，满族统帅根本指挥不动抵抗民军的北洋各镇新军，摄政王再也没办法，只有接受奕劻这一伙人的推荐，起用了袁世凯。待价而沽的袁世凯，有徐世昌这位身居内阁协办大臣的心腹之交供给情报，摸透了北京的行情，对于北京的起用推辞再三，一直到被授以内阁总理大臣和统制全部兵权的钦差大臣，军政大权全已在握的时候，他才在彰德"遥领圣旨"，下令北洋军向民军进攻。夺回了汉阳后，即按兵不动，动身进京，受隆裕太后和摄政王的召见。

这时候的袁世凯和从前的袁世凯不同了，不仅有了军政大权，还有了比这更为难得的东西，这就是洋人方面对他也发生了兴趣，而革命党方面也有了他的朋友。北洋军攻下汉阳之后，英国公使朱尔典得到本国政府的指示，告诉他：英国对袁"已经发生了极友好的感情"。袁到北京不久，英国驻武昌的总领事就奉朱尔典之命出面调停民军和清军的战事。袁世凯的革命党方面的朋友，主要的是谋刺摄政王不遂的汪精卫。汪精卫被捕之后，受到肃亲王善耆的很好的招待。我父亲在自己的年谱中说这是为了"以安反侧之心"，其实并非如此。我有位亲戚后来告诉过我，当时有个叫西田耕一的日本人，通过善耆那里的日本顾问关系告诉善耆，日本人是不同意杀掉汪精卫的。摄政王在几方面压力之下，没有敢对汪精卫下手。武昌事起，汪精卫得到释放，他立刻抓住机会和善

---

[1] 1912年1月16日，袁世凯从东华门离开紫禁城，马队行进到东华门外大街和王府井大街路口时，三名埋伏在酒楼上的革命党人投出炸弹，炸死侍卫长袁金标，炸伤卫兵数人，袁世凯从此称病不入朝。

奢之流的亲贵交朋友。袁世凯到北京，两人一拍即合，汪精卫与袁的长公子克定结拜为兄弟，从而变成了袁的侄辈而兼谋士，同时也变成了袁世凯和民军方面某些人物中间的桥梁。民军方面的消息经此源源地传到袁世凯这边，立宪派人物也逐渐对他表示好感。袁世凯有了许多新朋友，加上在国内外和朝廷内外的那一伙旧朋友，就成了对各方面情况最清楚而且是左右逢源的人物。

袁世凯回到北京后，不到一个月，就通过奕劻在隆裕面前玩了个把戏，把摄政王挤掉，返归藩邸。接着，以接济军用为名挤出了隆裕的内帑，同时逼着亲贵们输财赡军。亲贵感到了切肤的疼痛，皇室的财力陷入了枯竭之境，至此，政、兵、财三权全到了袁的手里。接着，袁授意驻俄公使陆征祥联合各驻外公使致电清室，要求皇帝退位，同时以全体国务员名义密奏太后，说是除了实行共和，别无出路。我查到了这个密奏的日期，正是前面提到的与袁会面的那天，即十一月二十八日。由此我明白了太后为什么听了袁世凯的话就吓得魂不附体，以致袁世凯退下去后还哭个不停。密奏中让太后最感到恐怖的，莫过于这几句："海军尽叛，天险已无，何能悉以六镇诸军，防卫京津？虽效周室之播迁，已无相容之地。""东西友邦，有从事调停者，以我只政治改革而已，若等久事争持，则难免无不干涉。而民军亦必因此对于朝廷，感情益恶。读法兰西革命之史，如能早顺舆情，何至路易之子孙，靡有子遗也……"

隆裕太后没有读过法兰西革命之史，不知道路易十六上断头台的故事。袁世凯这么一讲，她完全给吓昏了，连忙召集御前会议，把宗室亲贵们叫来拿主意。王公们听到了密奏的内容和袁世凯的危言，首先感到震动的倒不是法兰西的故事，而是袁世凯急转直下的变化。本来在民、清两军的议和谈判中，袁世凯一直反对实行共和，坚决主张君主立宪。他曾在致梁鼎芬的一封信中，表示了自己对清室的耿耿忠心，说"决不辜负孤儿寡妇（指我和太后）"。在他刚到北京不久，发布准许百姓自由剪发辫的上谕的那天，在散朝外出的路上，世续指着自己脑后的辫子笑着问道："大哥，您对这个打算怎么办？"他还肃然回答："大哥您放心，我还很爱惜它，总要设法保全它！"因此一些对袁世凯表示不信任的人很高兴，说"袁宫保决不会当曹操！"民清双方的谈判，达成了把国体问题交临时国会表决的原则协议，国会的成员、时间和地点问题，则因清方的坚持而未决。正争执中，南京成立了临时政府，选了孙中山为临时大总统。第二天，袁世凯忽然撤去唐绍仪代表的资格，改由他自己直接和民军代表用电报交涉。国体问题还远未解决，忽然出现了袁内阁要求清帝退位问题，自然使皇室大为震骇。

原来袁世凯这时有了洋人的支持，在民军方面的朋友也多到可以左右民军行动的程度。那些由原先的立宪党人变成的革命党人，已经明白袁世凯是他们的希望；这种希望后来又传染给某些天真的共和主义者。因此在民军方面做出了这个决议：只要袁赞成共和，共和很快就可成功；只要袁肯干，可以请袁做第一任大总统。这正符合了袁的理想，何况他已经察觉了退位的摄政王周围还有一个始终敌对的势力，无论他打胜了革命党还是败给革命党，这个势力都饶不了他。他决定接受这个条件，但对清室的处置，还费考虑。这时他忽然听说孙中山在南京就任了临时大总统，不免着起急来。他的心腹助手赵秉钧后来透露："项城本具雄心，又善利用时机。但虽重兵在握，却力避曹孟德欺人之名，故一面挟北方势力与南方接洽，一方面挟南方势力，以挟制北方。项城初以为南方易与，颇侧南方，及南方选举总统后，恍然南北终是两家，不愿南方势力增长，如国民大会成立，将终为其挟持，不能摆脱。乃决计专对清室着手，首先胁迫亲贵王公，进而胁迫清帝，又进而恫吓太后，并忖度其心理，诱饵之以优待条件，达到自行颁布退位，以全权组织临时政府。"这就是袁世凯突然变化的真相。

变化尽管是变化，如果想从善于流泪的袁世凯脸上，直接看到凶相，是办不到的。他最后和太后见了那次面，在东华门碰上了一个冒失的革命党人的炸弹，给了他一个借口，从此再不进宫，而由他的助手赵秉钧、胡惟德等人出面对付皇室。他自己不便于扮演的角色就由他们来扮演。

但是变化终归是变化。那些相信过袁世凯的人，又改变了看法。

"谁说袁世凯不是曹操？"

一直坚持这个说法的是恭王溥伟、肃王善耆、公爵载泽等人，还有醇王周围的年轻的贝勒们。一位贵胄学堂的学生后来说，当时的民政大臣满人桂春曾宣称，为了对付革命党在各地对满人的仇杀（这是根据谣传的），他决定组织满族警察和贵胄学堂的学生，对北京城的汉人实行报复。远在西安的总督蒙古族人升允，这时带兵勤王，离了西安，袁世凯去了一封表示赞许的电报，同时命令他停在潼关不得前进。以良弼为首的一些贵族组织了宗社党 [1]，宗社党将采取恐怖行动的传说也出现了。总之，一部分满蒙王公大臣做出了要拼命的姿态。太后召集的第一次御前会议，会上充满了愤恨之声。奕劻和溥伦由于表示赞成退位，遭到了猛烈的抨击。第二天，奕劻没有敢来，溥伦改变了口风，声明赞成君主。

这种情势没有保持多久。首先是隆裕太后自己吓慌了，其次是这些慷慨激昂的王公们也实在拿不出什么可靠的主意。参加会议的毓朗后来和他的后辈说过这个会议，溥伟也有一篇日记做了一些记载，内容都差不多。其中的一次会议是这样开的——

太后问："你们看是君主好还是共和好？"

大约有四五个人立刻应声道："奴才都主张君主，没有主共和的

---

[1] 辛亥革命爆发后，皇族中的顽固派良弼、溥伟、铁良等人组成宗社党，企图保留清朝统治，反对清帝退位，反对与革命政府议和。后良弼被革命党人炸死，袁世凯策动多方势力表态拥护共和，隆裕太后传谕解散宗社党。后来日本为分裂中国，又在东京重建宗社党，肃亲王善耆和浪人川岛浪速为首，策划分割中国的满蒙独立运动。

道理。"接着别人也表示了这个态度，这次奕劻和溥伦没参加，没有相反的意见。有人还说，求太后"圣断坚持，勿为奕劻之流所惑"。太后叹气道：

"我何尝要共和，都是奕劻跟袁世凯说的，革命党太厉害，咱没枪炮没军饷，打不了这个仗。我说不能找外国人帮忙吗？他们说去问问。过了两天说问过了，外国人说摄政王退位他们才帮忙。载沣你说是不是这样说的？"

"禀太后，是这样说的。"

溥伟愤愤地说："摄政王不是已退位了吗？怎么外国人还不帮忙？这显然是奕劻欺君罔上！"

那彦图接口道："太后今后可别再听奕劻的啦！"

溥伟和载泽说："乱党实不足惧，只要出军饷，就有忠臣去破贼杀敌。冯国璋说过，发三个月的饷他就能把革命党打败。"

"内帑已经给袁世凯全要了去，我真没有钱了！"太后摇头叹气。

溥伟拿出日俄战争中日本帝后以首饰珠宝赏军的故事，劝清太后效法。善耆支持溥伟的意见，说这是个好主意。隆裕说："胜了固然好，要是败了，连优待条件不是也落不着了吗？"这时优待条件已经由民清双方代表议出来了。在隆裕心里的天平上，这个宝贝刚刚把路易十六的命运给平衡过来。所以她说："落不着优待条件，不就是亡国了吗？"

"优待条件不过是骗人之谈，"溥伟说，"就和迎闯王不纳粮的话一样，那是欺民，这是欺君。即使这条件是真的，以朝廷之尊而受臣民优待，岂不贻笑千古，贻笑列邦？"说罢，他就地碰起头来。

"就是打仗，只有冯国璋一个也不行呀！"太后仍然没信心。溥伟就请求"太后和皇上赏兵去报国"。善耆也说，有的是忠勇之士。太后转过头，问跪在一边一直不说话的载涛：

"载涛你管陆军，你知道咱们的兵怎么样。"

"奴才练过兵，没打过仗，不知道。"载涛连忙碰头回答。

太后不作声了。停了一晌才说了一句：

"你们先下去吧。"

末了，善耆又向太后嘱咐一遍："一会，袁世凯和国务大臣就觐见了，太后还要慎重降旨。"

"我真怕见他们。"太后摇头叹气……

在这次会议上，本来溥伟给太后想出了个应付国务大臣们的办法，就是把退位问题推到遥遥无期的国会身上。可是国务大臣赵秉钧带来了袁世凯早准备好了的话：

"这个事儿叫大伙儿一讨论，有没有优待条件，可就说不准了！"

太后对于王公们主战的主意不肯考虑了。王公们曾千嘱咐万嘱咐不要把这件事和太监说起，可是太后一回宫，早被袁世凯喂饱又是赵秉钧的把兄弟的总管太监小德张却先开了口：

"照奴才看，共和也罢，君主也罢，老主子全是一样。讲君主，老主子管的事不过是用用宝。讲共和，太后也还是太后。不过这可得答应了那'条件'。要是不应呵，革命党打到了北京，那就全完啦！"

在御前会议上，发言主战的越来越少，最后只剩下了四个人。据说我的二十几岁的六叔是主战者之一，他主张来个化整为零，将王公封藩，分踞各地进行抵抗。这个主张根本没人听。毓朗贝勒也出过主意，但叫人摸不清他到底主张什么。他说：

"要战，即效命疆场，责无旁贷。要和，也要早定大计。"

御前会议每次都无结果而散。这时，袁的北洋军将领段祺瑞等人突然从前线发来了要求"清帝"退位的电报，接着，良弼被革命党人炸死了。这样一来，在御前会议上连毓朗那样两可的意见也没有了。主战最有力的善耆、溥伟看到大势已去，离了北京，他们想学申包胥哭秦庭，一个跑到德国人占领的青岛，一个到了日本人占领的旅顺。他们被留在那里没让走。外国官员告诉他们，这时到他们国家去是不适宜的。问题很清楚，洋人已决定承认袁世凯的政府了。

宣统三年旧历十二月二十五日，隆裕太后颁布了我的退位诏。一部分王公跑进了东交民巷，奕劻父子带着财宝和姨太太搬进了天津的外国租界。醇王在会议上一直一言不发，颁布退位诏后，就回到家里抱孩子去了。袁世凯一边根据清皇太后的懿旨，组织了民国临时共和政府，一边根据与南方革命党达成的协议，由大清帝国内阁总理大臣一变而为中华民国的临时大总统。而我呢，则作为大总统的邻居，根据清室优待条件开始了小朝廷的生活。

这个清室优待条件如下：

第一款　大清皇帝辞位之后，尊号仍存不废。中华民国以待各外国君主之礼相待。

第二款　大清皇帝辞位之后，岁用四百万两。俟改铸新币后，改为四百万元，此款由中华民国拨用。

第三款　大清皇帝辞位之后，暂居宫禁。日后移居颐和园。侍卫人等，照常留用。

第四款　大清皇帝辞位之后，其宗庙陵寝，永远奉祀。由中华民国酌设卫兵，妥慎保护。

第五款　德宗崇陵未完工程，如制妥修。其奉安典礼，仍如旧制。所有实用经费，并由中华民国支出。

第六款　以前宫内所用各项执事人员，可照常留用，唯以后不得再招阉人。

第七款　大清皇帝辞位之后，其原有之私产由中华民国特别保护。

第八款　原有之禁卫军，归中华民国陆军部编制，额数俸饷，仍如其旧。

二　帝王生活

"优待条件"里所说的"暂居宫禁",没规定具体期限。紫禁城里除了三大殿划归民国之外,其余地方全属"宫禁"范围。我在这块小天地里一直住到民国十三年被民国军驱逐的时候,渡过了人世间最荒谬的少年时代。其所以荒谬,就在于中华号称为民国,人类进入了二十世纪,而我仍然过着原封未动的帝王生活,呼吸着十九世纪遗下的灰尘。

每当回想起自己的童年,我脑子里便浮起一层黄色:琉璃瓦顶是黄的,轿子是黄的,椅垫子是黄的,衣服帽子的里面、腰上系的带子、吃饭喝茶的瓷制碗碟、包盖稀饭锅子的棉套、裹书的包袱皮、窗帘、马缰……无一不是黄的。这种独家占有的所谓明黄色,从小把唯我独尊的自我意识埋进了我的心底,给了我与众不同的"天性"。

我十一岁那年,根据太妃们的决定,祖母和母亲开始进宫"会亲",杰二弟和大妹也跟着进宫来陪我玩几天。他们第一次来的那天,开头非常无味。我和祖母坐在炕上,祖母看着我在炕桌上摆骨牌,二弟和大妹规规矩矩地站在地上,一动不动地瞅着,就像衙门里站班的一样。后来,我想起个办法,把弟弟和妹妹带到我住的养心殿,我就问溥杰:"你们在家里玩什么?"

"溥杰会玩捉迷藏。"小我一岁的二弟恭恭敬敬地说。

"你们也玩捉迷藏呀?那太好玩了!"我很高兴。我和太监们玩过,还没跟比我小的孩子玩过呢。于是我们就在养心殿玩起捉迷藏来。越玩越高兴,二弟和大妹也忘掉了拘束。后来我们索性把外面的帘子都放下来,把屋子弄得很暗。比我小两岁的大妹又乐又害怕,我和二弟就吓唬她,高兴得我们又笑又嚷。捉迷藏玩得累了,我们就爬到炕上来喘气,我又叫他们想个新鲜游戏。溥杰想了一阵,没说话,光瞅着我傻笑。

"你想什么？"

他还是便笑。

"说，说！"我着急地催促他，以为他一定想出新鲜的游戏了，谁知他说：

"我想的，噢，溥杰想的是，皇上一定很不一样，就像戏台上那样有老长的胡子……"

说着，他抬手做了一个持胡子的动作。谁知这个动作给他惹了祸，因为我一眼看见他的袖口里的衣里，很像那个熟悉的颜色。我立刻沉下脸来：

"溥杰，这是什么颜色，你也能使？"

"这，这，这是杏黄的吧？"

"瞎说！这不是明黄吗？"

"嗻，嗻……"溥杰忙垂手立在一边。大妹溜到他身后，吓得快要哭出来了。我还没完：

"这是明黄！不该你使的！"

"嗻！"

在嗻嗻声中，我的兄弟又恢复了臣仆的身份……

嗻嗻之声早已成了绝响。现在想起来，那调儿很使人发笑。但是我从小便习惯了它，如果别人不以这个声调回答我，反而是不能容忍的。对于跪地磕头，也是这样。我从小就看惯了人家给我磕头，大都是年岁比我大十几倍的，有清朝遗老，也有我亲族中的长辈，有穿清朝袍褂的，也有穿西式大礼服的民国官员。

见怪不怪习以为常的，还有每日的排场。

据说曾有一位青年，读《红楼梦》时大为惊奇，他不明白为什么在贾母、王凤姐这样人身后和周围总有那么一大群人，即使他们从这间屋走到隔壁那间屋去，也会有一窝蜂似的人跟在后面，好像一条尾巴似的。其实《红楼梦》里的尾巴比宫里的尾巴小多了。《红楼梦》里的排场犹如宫里的排场的缩影，这尾巴也颇相似。我每天到毓庆宫读书、给太妃请安，或游御花园，后面都有一条尾巴。我每逢去游颐和园，不但要有几十辆汽车组成的尾巴，还要请民国的警察们沿途警戒，一次要花去几千块大洋。我到宫中的御花园去玩一次，也要组成这样的行列：最前面是一名敬事房的太监，他起的作用犹如汽车喇叭，嘴里不时地发出"吃——吃——"的响声，警告人们早早回避，在他们后面二三十步远是两名总管太监，靠路两侧，鸭行鹅步地行进；再后十步左右即行列的中心（我或太后）。如果是坐轿，两边各有一名御前小太监扶着轿杆随行，以便随时照料应呼；如果是步行，就由他们搀扶而行。在这后面，还有一名太监举着一把大罗伞，伞后几步，是一大群拿着各样物件和徒手的太监：有捧马扎以便随时休息的，有捧衣服以便随时换用的，有拿着雨伞、旱伞的；在这些御前太监后面是御茶房太监，捧着装着各样点心茶食的若干食盒，当然还有热水壶、茶具等等；更后面是御药房的太监，挑着担子，内装各类常备小药和急救药，不可少的是灯芯水、菊花水、芦根水、竹叶水、竹茹水，夏天必有藿香正气丸、六合定中丸、金衣祛暑丸、香薷丸、万应锭、痧药、避瘟散，不分四季都要有消食的三仙饮，等等；在最后面，是带大小便器的太监。如果没坐轿，轿子就在最后面跟随。轿子按季节有暖轿凉轿之分。这个杂七杂八的好几十人的尾巴，走起来倒也肃静安详，井然有序。

然而这个尾巴也常被我搅乱。我年岁小的时候，也和一般的孩子一样，高兴起来撒腿便跑。起初他们还亦步亦趋地跟着跑，跑得丢盔曳甲，喘吁不止。我大些以后，懂得了发号施令，想跑的时候，叫他们站在一边等着，于是除了御前小太监以外，那些捧盒挑担的便到一边静立，等我跑够了再重新贴在我后边。后来我学会了骑自行车，下令把宫门的门槛一律锯掉，这样出入无阻地到处骑，尾巴自然更无法跟随，只好暂时免掉。除此以外，每天凡到太妃处请安和去毓庆宫上学等等日常行动，仍然要有一定的尾巴跟随。假如这时身后没有那个尾巴，倒会觉得不自然。我从前听人家讲明朝崇祯皇帝的故事，听到最后，说崇祯身边只剩下一个太监，我就觉着特别不是滋味。

耗费人力、物力、财力最大的排场，莫过于吃饭。关于皇帝吃饭，另有一套术语，是绝对不准别人说错的。饭不叫饭而叫"膳"，吃饭叫"进膳"，开饭叫"传膳"，厨房叫"御膳房"。到了吃饭的时间——并无固定时间，完全由皇帝自己决定——我吩咐一声"传膳！"跟前的御前小太监便照样向守在养心殿的明殿上的殿上太监说一声"传膳！"殿上太监又把这话传给鹄立在养心门外的太监，他再传给候在西长街的御膳房太监……这样一直传进了御膳房里面。不等回声消失，一个犹如过嫁妆的行列已经走出了御膳房。这是由几十名穿戴齐整的太监们组成的队伍，抬着大小七张膳桌，捧着几十个绘有金龙的朱漆盒，浩浩荡荡地直奔养心殿而来。进到明殿里，由套上白袖头的小太监接过，在东暖阁摆好。平日菜肴两桌，冬天另设一桌火锅，此外有各种点心、米膳、粥品三桌，咸菜一小桌。食具是绘着龙纹和写着"万寿无疆"字样的明黄色的瓷器，冬天则是银器，下托以盛有热水的瓷罐。每个菜碟或菜碗都有一个银牌，这是为了戒备下毒而设的，并且为了同样原因，菜送来之前都要经过一个太监尝过，叫作"尝膳"。在这些尝过的东西摆好之后，我入座之前，一个小太监叫了一声"打碗盖！"其余四五个小太监便动手把每个菜上的银盖取下，放到一个大盒子里拿走。于是我就开始"用膳"了。

所谓食前方丈都是些什么东西呢？隆裕太后每餐的菜肴有百样左右，要用六张膳桌陈放，这是她从慈禧那里继承下来的排场，我的比她少，按例也有三十种上下。我现在找到了一份"宣统四年二月糙卷单"（即民国元年三月的一份菜单草稿），上面记载的一次"早膳[1]"的内容如下：

---

[1] 早膳即午餐，清宫中只有两餐，早上或下午可以吃一次点心。

口蘑肥鸡　三鲜鸭子　五缕鸡丝　炖肉　炖肚肺　肉片炖白菜　黄焖羊肉　羊肉炖菠菜豆腐　樱桃肉山药　炉肉炖白菜　羊肉片川小萝卜　鸭条熘海参　鸭丁熘葛仙米　烧茨菇　肉片焖玉兰片　羊肉丝焖跑跶丝　炸春卷　黄韭菜炒肉　熏肘花小肚　卤煮豆腐　熏干丝　烹掐菜　花椒油炒白菜丝　五香干　祭神肉片汤　白煮塞勒烹白肉

这些菜肴经过种种手续摆上来之后，除了表示排场之外，并无任何用处。它之所以能够在一声传膳之下，迅速摆在桌子上，是因为御膳房早在半天或一天以前就已做好，煨在火上等候着的。他们也知道，反正从光绪起，皇帝并不靠这些早已过了火候的东西充饥。我每餐实际吃的是太后送的菜肴，太后死后由四位太妃接着送。因为太后或太妃们都有各自的膳房，而且用的都是高级厨师，做的菜肴味美可口，每餐总有二十来样。这是放在我面前的菜，御膳房做的都远远摆在一边，不过做个样子而已。

太妃们为了表示对我的疼爱和关心，除了每餐送菜之外，还规定在我每餐之后，要有一名领班太监去禀报一次我的进膳情况。这同样是公式文章。不管我吃了什么，领班太监到了太妃那里双膝跪倒，说的总是这一套：

"奴才禀老主子：万岁爷进了一碗老米膳（或者白米膳），一个馒头（或者一个烧饼）和一碗粥。进得香！"

每逢年节或太妃的生日（这叫作"千秋"），为了表示应有的孝顺，我的膳房也要做出一批菜肴送给太妃。这些菜肴可用这四句话给以鉴定：华而不实，费而不惠，营而不养，淡而无味。

这种吃法，一个月要花多少钱呢？我找到了一本《宣统二年九月初一至三十日内外膳房及各等处每日分例肉斤鸡鸭清册》，那上面的记载如下：

皇上前分例菜肉二十二斤计三十日分例共六百六十斤

汤肉五斤　　　共一百五十斤

猪油一斤　　　共三十斤

肥鸡二只　　　共六十只

肥鸭三只　　　共九十只

菜鸡三只　　　共九十只

下面还有太后和几位妃的分例，为省目力，现在把它并成一个统计表（皆全月分例）如下：

后妃名	肉斤	鸡只	鸭只
太后	1860	30	30
瑾贵妃	285	7	7
瑜皇贵妃	360	15	15
珣皇贵妃	360	15	15
瑨贵妃	285	7	7
合计	3150	74	74

我这一家六口，总计一个月要用三千九百六十斤肉，三百八十八只鸡鸭，其中八百一十斤肉和二百四十只鸡鸭是我这五岁孩子用的。此外，宫中每天还有大批为这六口之家效劳的军机大臣、御前侍卫、师傅、翰林、画师、勾字匠、有身份的太监，以及每天来祭神的萨满等等，也各有分例。连我们六口之家共吃猪肉一万四千六百四十二斤，合计用银三千一百五十二两四钱九分。分例之外，每日还要添菜，添的比分例还要多得多。这个月添的肉是三万一千八百四十四斤，猪油八百一十四斤，鸡鸭四千七百八十六只，连什么鱼虾蛋品，用银一万一千六百四十一两七钱，连分例一共是一万四千七百九十四两一钱九分。显而易见，这些

银子除了贪污中饱之外，差不多全为了表示帝王之尊而糟蹋了。这还不算一年到头不断的点心、果品、糖食、饮料这些消耗。

饭菜是大量地做而不吃，衣服则是大量地做而不穿。这方面我记得的不多，只知道后妃有分例，皇帝却毫无限制，而且一年到头都在做衣服，做了些什么，我也不知道，反正总是穿新的。我手头有一份改用银圆以后的报账单子，没有记明年代，题为"十月初六日至十一月初五日承做上用衣服用过物料复实价目"，据这个单子所载，这个月给我做了：皮袄十一件，皮袍褂六件，皮紧身二件，棉衣裤和紧身三十件。不算正式工料，仅贴边、兜布、子母扣和线这些小零碎，就开支了银圆二千一百三十七元六角三分三厘五毫。

至于后妃们的分例，也是相当可观的。在我结婚后的一本账上，有后妃们每年使用衣料的定例，现在把它统计如下：

后妃名	"皇后"	"淑妃"	四位"太妃"	合计
各种缎	29 匹	15 匹	92 匹	136 匹
各种绸	40 匹	21 匹	108 匹	169 匹
各种纱	16 匹	5 匹	60 匹	81 匹
各种绫	8 匹	5 匹	28 匹	41 匹
各种布	60 匹	30 匹	144 匹	234 匹
绒和线	16 斤	8 斤	76 斤	100 斤
棉花	40 斤	20 斤	120 斤	180 斤
金线	20 绺	10 绺	76 绺	106 绺
貂皮	90 张	30 张	280 张	400 张

我更换衣服，也有明文规定，由"四执事库"太监负责为我取换。单单一项平常穿的袍褂，一年要照单子更换二十八种，从正月十九的青白嵌皮袍褂，换到十一月初一的貂皮褂。至于节日大典，服饰之复杂就

更不用说了。

既然有这些穷奢极侈的排场，就要有一套相应的机构和人马。给皇帝管家的是内务府，它统辖着广储、都虞、掌礼、会计、庆丰、慎刑、营造七个司（每司各有一套库房、作坊等单位，如广储司有银、皮、瓷、缎、衣、茶等六个库）和宫内四十八个处。据宣统元年秋季《爵秩全览》所载，内务府官员共计一千零二十三人（不算禁卫军、太监和苏拉[1]），民国初年曾减到六百多人，到我离开那里，还有三百多人。机构之大，用人之多，一般人还可以想象，其差使之无聊，就不大为人所知了。举个例子说，四十八处之一的如意馆，是专伺候帝后妃们画画写字的，如果太后想画个什么东西，就由如意馆的人员先给她描出稿子，然后由她着色题词。写大字匾额则是由懋勤殿的勾字匠描出稿，或南书房翰林代笔。什么太后御笔或御制之宝，在清代末季大都是这样产生的。

除了这些排场之外，周围的建筑和宫殿陈设也对我起着教育作用。黄琉璃瓦唯有帝王才能使用，这不用说了，建筑的高度也是帝王特有的，这让我从小就确认，不但地面上的一切，所谓"普天之下莫非王土"，就连头上的一块天空也不属于任何别人。每一件最好的艺术品或历史文物，尽管陈设在那里无人得以欣赏，都是加强我占有一切的直观教材。在那些陈列品之间有一样东西值得一提，是"寸草为标"。据说这是乾隆皇帝留下来的一种家规的象征。这位皇帝曾经这样规定过：宫中的一切物件，哪怕是一寸草都不准丢失。为了让这句话变成事实，他拿了几根草放在宫中的案几上，叫人每天检查一次，少一根都不行，这叫作"寸草为标"。我在宫里十几年间，这东西一直摆在养心殿里，是一个景泰蓝的小罐，里面盛着三十六根一寸长的干草棍儿。这堆小干草棍儿曾引起我对那位祖先的无限崇敬，也曾引起我对辛亥革命的无限愤慨。但

---

[1] 意为担任勤务的差役，清代内廷中的苏拉是低等级的杂役人员，一般由贫苦的汉人或旗人担任，地位低于太监，但可以娶妻生子，一般接触不到皇帝。

是我并没想到，乾隆留下的干草棍儿虽然一根不曾短少，而乾隆留下的长满青草的土地，被儿孙们送给"与国"的，却要以成千方里计。

帝王生活的日常排场，一时难以说尽，所造成的浪费，已无法准确统计。据内务府编的材料，《宣统七年放过款项及近三年比较》记载：民国四年的开支竟达二百七十九万余两，以后民国八、九、十各年数字逐年缩减，最低数仍达一百八十九万余两。总之，在民国当局的纵容下，以我为首的一伙人，照旧摆着排场，按原来标准过着寄生生活，大量地耗费着人民的血汗。

宫里有些规矩，当初并非完全出于摆排场，比如菜肴里放银牌和尝膳制度，出门一次要兴师动众地布警戒，这本是为了防止暗害的。据说皇帝没有厕所，就因为有一代皇帝外出如厕遇上了刺客。但这些故事和那些排场给我的影响全是一样：使我从任何方面都确认自己是尊贵的，统治一切和占有一切的人上之人。

三　母子之间

我入宫过继给同治和光绪为子，同治和光绪的妻子都成了我的母亲。我继承同治兼祧光绪，按说正统是在同治这边，但是光绪的皇后——隆裕太后不管这一套。她使用太后权威，把敢于和她争论这个问题的同治的瑜、珣、瑨三妃，打入了冷宫，根本不把她们算作我的母亲之数。光绪的瑾妃也得不到庶母的待遇。遇到一家人同座吃饭的时候，隆裕和我都坐着，她却要站着。直到隆裕去世那天，同治的三个妃和瑾妃联合起来找王公们说理，这才给她们明确了太妃的身份。从那天起，我才管她们一律叫"皇额娘"。

我虽然有过这么多的母亲，但并没有得过真正的母爱。今天回想起来，她们对我表现出的最大关怀，也就是前面说过的每餐送菜和听太监们汇报我"进得香"之类。

事实上我小时候并不能"进得香"。我从小就有胃病，得病的原因也许正和"母爱"有关。我六岁时有一次栗子吃多了，撑着了，有一个多月的时间隆裕太后只许我吃糊米粥，尽管我天天嚷肚子饿，也没有人管。我记得有一天游中南海，太后叫人拿来干馒头，让我喂鱼玩。我一时情不自禁，就把馒头塞到自己嘴里去了。我这副饿相不但没有让隆裕悔悟过来，反而让她布置了更严厉的戒备。他们越戒备，便越刺激了我抢吃抢喝的欲望。有一天，各王府给太后送来贡品（每月初一、十五各王府按例都要送食品给太后），停在西长街，被我看见了。我凭着一种本能，直奔其中的一个食盒，打开盖子一看，食盒里是满满的酱肘子，我抓起一只就咬。跟随的太监大惊失色，连忙来抢。我虽然拼命抵抗，终于因为人小力弱，好香的一只肘子，刚到嘴又被抢跑了。

我恢复了正常饮食之后，也常免不了受罪。有一次我一连吃了六个春饼，被一个领班太监知道了。他怕我被春饼撑着，竟异想天开地发明了一个消食的办法，叫两个太监左右提起我的双臂，像砸夯似的在砖地上蹾了我一阵。过后他们很满意，说是我没叫春饼撑着，都亏那个治疗方法。

这或许被人认为是不通情理的事情，不过还有比这更不通情理的哩。我在八九岁以前，每逢心情急躁，发脾气折磨人的时候，我的总管太监张谦和或者阮进寿就会做出这样的诊断和治疗："万岁爷心里有火，唱一唱败败火吧。"说着，就把我推进一间小屋里——多数是毓庆宫里面的那间放"毛凳儿"的屋子，然后倒插上门。我被单独禁闭在里面，无论怎么叫骂，踢门，央求，哭喊，也没有人理我，直到我哭喊够了，用他们的话说是"唱"完了，"败了火"，才把我释放出来。这种奇怪的诊疗，并不是太监们的擅自专断，也不是隆裕太后的个人发明，而是皇族家庭的一种传统，我的弟弟妹妹们在王府里，都受过这样的待遇。

　　隆裕太后在我八岁时去世。我对她的"慈爱"只能记得起以上这些。

　　和我相处较久的是四位太妃。我和四位太妃平常很少见面。坐在一起谈谈，像普通人家那样亲热一会，根本没有过。每天早晨，我要到每位太妃面前请安。每到一处，太监给我放下黄缎子跪垫，我跪了一下，然后站在一边，等着太妃那几句例行公事的话。这时候太妃正让太监梳着头，一边梳着一边问："皇帝歇得好？""天冷了，要多穿衣服。""书念到哪儿啦？"全是千篇一律的枯燥话，有时给我一些泥人之类的玩意儿，最后都少不了一句："皇帝玩去吧！"一天的会面就此结束，这一天就再也不见面了。

　　太后太妃都叫我皇帝，我的本生父母和祖母也这样称呼我。其他人都叫我皇上。虽然我也有名字，也有乳名，不管是哪位母亲也没有叫过。我从父亲的日记里"贴黄"的地方，撕开那块黄绫，知道了自己的乳名叫"午格"，已是五十岁以后的事情。我听人说过，每个人一想起自己的乳名，便会联想起幼年和母爱来。我就没有这种联想。有人告诉我，他离家出外求学时，每逢生病，就怀念母亲，想起幼年病中在母亲怀里受到的爱抚。我在成年以后生病倒是常事，也想起过幼年每逢生病必有太妃的探望，却丝毫引不起我任何怀念之情。

　　我在幼时，一到冷天，经常伤风感冒。这时候，太妃们便分批出现了。每一位来了都是那几句话："皇帝好些了？出汗没有？"不过两三分钟，就走了。印象比较深的，倒是那一群跟随来的太监，每次必挤满了我的小卧室。在这几分钟之内，一出一进必使屋里的气流发生一次变化。这位太妃刚走，第二位就来了，又是挤满一屋子。一天之内就四进四出，气流变化四次。好在我的病总是第二天见好，卧室里也就风平浪静。

　　我每次生病，都由永和宫的药房煎药。永和宫是端康太妃住的地方，她的药房比其他太妃宫里的药房设备都好，是继承了隆裕太后的。端康太妃对我的管束也比较多，俨然代替了隆裕原先的地位。这种不符清室先例的现象，是出于袁世凯的干预。隆裕去世后，袁世凯向清室内务府提出，应该给同、光的四妃加以晋封和尊号，并且表示承认瑾妃列四妃之首。袁世凯为什么管这种闲事，我不知道。有人说这是由于瑾妃娘家兄弟志琦的活动，也不知确否。我只知我父亲载沣和其他王公们都接受了这种干预，给瑜、珣皇贵妃上了尊号（敬懿、庄和），瑨、瑾二贵妃也晋封为皇贵妃（尊号为荣惠、端康）；端康成了我的首席母亲，从此，她对我越管越严，直到发生了一次大冲突为止。

我在四位母亲的那种"关怀"下长到十三四岁，也像别的孩子那样，很喜欢新鲜玩意。有些太监为了讨我高兴，不时从外面买些有趣的东西给我。有一次，一个太监给我制了一套民国将领穿的大礼服，帽子上还有个像白鸡毛掸子似的翎子，另外还有军刀和皮带。我穿戴起来，扬扬得意。谁知叫端康知道了，她大为震怒，经过一阵检查，知道我还穿了太监从外面买来的洋袜子，认为这都是不得了的事，立刻把买军服和洋袜子给我的太监李长安、李延年二人叫到永和宫，每人责打了二百大板，发落到打扫处去充当苦役。发落完了太监，又把我叫了去，对我大加训斥："大清皇帝穿民国的衣裳，还穿洋袜子，这还像话吗？"我不得已，收拾起了心爱的军服、洋刀，脱下洋袜，换上裤褂和绣着龙纹的布袜。

如果端康对我的管教仅限于军服和洋袜子，我并不一定会有后来的不敬行为。因为这类的管教，只能让我更觉得自己与常人不同，更能和毓庆宫的教育合上拍。我相信她让太监挨一顿板子和对我的训斥，正是出于这个教育目的。但这位一心一意想模仿慈禧太后的瑾妃，虽然她的亲姐姐珍妃死于慈禧之手，慈禧仍然被她看作榜样。她不仅学会了毒打太监，还学了派太监监视皇帝的办法。她发落了我身边的李长安、李延年这些人之后，又把她身边的太监派到我的养心殿来伺候我。这个太监每天要到她那里报告我的一举一动，就和西太后对待光绪一样。不管她是什么目的，这大大伤害了皇帝的自尊心。我的老师陈宝琛为此愤愤不平，对我讲了一套嫡庶之分的理论，更加激起了我憋在心里的怒气。

过了不久，太医院里一个叫范一梅的大夫被端康辞退，便成了爆发的导火线。范大夫是给端康治病的大夫之一，这事本与我不相干，可是这时我耳边又出现了不少鼓动性的议论。陈老师说："身为太妃，专擅未免过甚。"总管太监张谦和本来是买军服和洋袜子的告发人，这时也变成了"帝党"，发出同样的不平之论："万岁爷这不又成了光绪了吗？再说太医院的事，也要万岁爷说了算！连奴才也看不过去。"听了这些话，我的激动立刻升到顶点，气冲冲地跑到永和宫，一见端康就嚷道：

"你凭什么辞掉范一梅？你太专擅了！我是不是皇帝？谁说了话算数？真是专擅已极！……"

我大嚷了一通，不顾气得脸色发白的端康说什么，一甩袖子跑了出来。回到毓庆宫，师傅们都把我夸了一阵。

气急败坏的端康太妃没有找我，却叫人把我的父亲和别的几位王公找了去，向他们大哭大叫，叫他们给拿主意。这些王公们谁也没敢出主意。我听到了这消息，便把他们叫到上书房[1]里，慷慨激昂地说：

"她是什么人？不过是个妃。本朝历代从来没有皇帝管妃叫额娘的！嫡庶之分要不要？如果不要，怎么溥杰不管王爷的侧福晋叫一声呢？凭什么我就得叫她，还要听她的呢？……"

这几位王公听我嚷了一阵，仍然是什么话也没说。

敬懿太妃是跟端康不和的。这时她特意来告诉我："听说永和宫要请太太、奶奶[2]来，皇帝可要留神！"

果然，我的祖母和母亲都被端康叫去了。她对王公们没办法，对我祖母和母亲一阵叫嚷可发生了作用，特别是祖母吓得厉害，最后和我母

---

[1] 位于乾清宫东侧，是皇子读书的地方。在道光帝之前叫"尚书房"，道光年间改为"上书房"。

[2] 太太指祖母，奶奶指母亲。

亲一齐跪下来恳求她息怒，答应了劝我赔不是。我到了永和宫配殿里见到了祖母和母亲，听到正殿里端康还在叫嚷，我本来还要去吵，可是禁不住祖母和母亲流着泪苦苦哀劝，结果软了下来，答应了她们，去向端康赔了不是。

这个不是赔得我很堵心。我走到端康面前，看也没看她一眼，请了个安，含含糊糊地说了一句"皇额娘，我错了"，就又出来了。端康有了面子，停止了哭喊。过了两天，我便听到了母亲自杀的消息。

据说，我母亲从小没受别人申斥过一句。她的个性极强，受不了这个刺激。她从宫里回去，就吞了鸦片烟。后来端康担心我对她追究，从此便对我一改过去的态度，不但不再加以管束，而且变得十分随和。于是紫禁城里的家庭恢复了往日的宁静，我和太妃们之间也恢复了母子关系。然而，却牺牲了我的亲生母亲。

四　毓庆宫读书

我六岁那年，隆裕太后为我选好了教书的师傅，钦天监为我选好了开学的吉日良辰。宣统三年旧历七月十八日辰刻，我开始读书了。

读书的书房先是在中南海瀛台补桐书屋，后来移到紫禁城斋宫右侧的毓庆宫——这是光绪小时念书的地方，再早，则是乾隆的皇子颙琰（即后来的嘉庆皇帝）的寝宫。毓庆宫的院子很小，房子也不大，是一座工字形的宫殿，紧紧地夹在两排又矮又小的配房之间。里面隔成许多小房间，只有西边较大的两敞间用做书房，其余的都空着。

这两间书房，和宫里其他的屋子比起来，布置得较简单：南窗下是一张长条几，上面陈设着帽筒、花瓶之类的东西；靠西墙是一溜炕。起初念书就是在炕上，炕桌就是书桌，后来移到地上，八仙桌代替了炕桌。靠北板壁摆着两张桌子，是放书籍文具的地方；靠东板壁是一溜椅子、茶几。东西两壁上挂着醇贤亲王亲笔给光绪写的诚勉诗条屏。比较醒目的是北板壁上有个大钟，盘面的直径约有二米，指针比我的胳臂还长，钟的机件在板壁后面，上发条的时候，要到壁后摇动一个像汽车摇把似的东西。这个奇怪的庞然大物是哪里来的，为什么要安装在这里，我都不记得了，甚至它走动起来是什么声音，报时的时候有多大响声，我也没有印象了。

尽管毓庆宫的时钟大得惊人，毓庆宫的人却是最没有时间观念的。看看我读的什么书，就可以知道。我读的第一本书是《孝经》，最末一本是《尔雅》，基本课本就是十三经，另外加上辅助教材《大学衍义》《朱子家训》《庭训格言》《圣谕广训》《御批通鉴辑览》《圣武记》《大清开国方略》《全唐诗》《乾隆御制诗》等等。十四岁起又添了英文课，除了《英语读本》，我只念了两本书，一本是《爱丽丝漫游奇境记》，另一本是译成英文的中国《四书》。满文也是基本课，但是连字母也没学会，就随老师伊克坦的去世而结束。总之，我从宣统三年学到民国十一年，没学过加减乘除，更不知声光化电。关于自己的祖国，从书上只看到"同光中兴"，关于外国，我只随着爱丽丝游了一次奇境。什么华盛顿、拿破仑，瓦特发明蒸汽机，牛顿看见苹果落地，全不知道。关于宇宙，也超不出"太极生两仪，两仪生四象，四象生八卦"。如果不是老师愿意在课本之外谈点闲话，自己有了阅读能力之后看了些闲书，我不会知道北京城在中国的位置，也不会知道大米原来是从地里长出来的。当谈到历史，他们谁也不肯揭穿长白山仙女的神话，谈到经济，也没有一个人提过一斤大米要几文钱。所以我在很长时间里，总相信我的祖先是由仙女佛库伦吃了一颗红果生育出来的，我一直以为每个老百姓吃饭时都会有一桌子菜肴。由于读书和生活两方面的限制，我到中年以后的常识之不足，常常引起别人的惊奇，我对这情况还是在进了战犯管理所才发现的。有一次，一位同犯问我宫里有多少太监，我说，"那很多了，叫我遣散以后还不少，以前更多了。""西太后的时候有三千吧？""大概有三千。""后来呢？""太妃各宫都还有，重华宫有，长寿宫有……""就说你那里有多少吧。""我那儿光御前小太监就有好些。""多少呢？""有两拨儿，东夹道一拨，西夹道一拨。""什么叫小太监呢？年岁有多大？""年岁比较小些。"听的人不耐烦了，说："你怎么老不说数目字呢？年岁小是多小呢？是十岁到二十岁，还是二十到三十？三十到四十？""对啦，二十到四十。"他们都乐起来。有人说："难道你小时候就没学过计数吗？"我说："我就没学过嘛！"后来管理所所长发现了这个问题，指定了溥杰教给我算术。五十岁的人学算术，那一份艰难就不用说了。我的英国老师有一段话说得不错，中国的贵族们都是用不着算术的，一切都有人替他们办了。中国人的珠算是令外国人非常惊异的技能，但是擅长这门技能的全是伺候人的人，一切有技术的人在那时是被贵族看作卑贱的等级的。

我读的古书不少，时间不短，按理说对古文总该有一定的造诣，其实不然。首先，我念书极不用功。除了经常生些小病借题不去以外，实在没题目又不高兴去念书，就叫太监传谕老师，放假一天。在十来岁以前，我对毓庆宫的书本，并不如对毓庆宫外面那棵桧柏树的兴趣高。在毓庆宫东跨院里，有棵桧柏树，夏天那上面总有蚂蚁，成天上上下下，忙个不停。我对它们产生了很大的好奇心，时常蹲在那里观察它们的生活，用点心渣子喂它们，帮助它们搬运食品，自己倒忘了吃饭。后来我又对蛐蛐、蚯蚓发生了兴趣，叫人搬来大批的古瓷盆缸喂养。在屋里念书，兴趣就没这么大了，念到最枯燥无味的时候，只想跑出来看看我这些朋友们。

十几岁以后，我逐渐懂得了读书和自己的关系：怎么做一个"好皇帝"，以及一个皇帝之所以为皇帝，都有什么天经地义，我有了兴趣。这兴趣只在"道"而不在"文"。这种"道"，大多是皇帝的权利，很少是皇帝的义务。虽然圣贤说过"民为重，社稷次之，君为轻"，"君视臣为草芥，臣视君为寇仇"之类的话，但更多的话却是为臣工百姓说的，如所谓"君君臣臣父父子子"等。在第一本教科书《孝经》里，就规定下了"始于事亲，终于事君"的道理。这些顺耳的道理，开讲之前，我是从师傅课外闲谈里听到的，开讲以后，也是师傅讲的比书上的多。所以真正的古文倒不如师傅的古话给我的印象更深。

许多旧学塾出身的人都背过书，据说这件苦差事，确实给了他们好处。这种好处我却没享受到。师傅从来没叫我背过书，只是在书房里念几遍而已。

也许他们也考虑到念书是应该记住的，所以规定了两条办法：一条是我到太后面前请安的时候，要在太后面前把书从头念一遍给她听；另一条是我每天早晨起床后，由总管太监站在我的卧室外面，大声地把我昨天学的功课念几遍给我听。至于我能记住多少，我想记不想记，就没有人管了。

老师们对我的功课，从来不检查。出题作文的事，从来没有过。我记得做过几次对子，写过一两首律诗，做完了，老师也不加评语，更谈不上修改。其实，我在少年时代是挺喜欢写写东西的，不过既然老师不重视这玩意儿，我只好私下里写，给自己欣赏。我在十三四岁以后，看的闲书不少，像明清以来的笔记、野史，清末民初出版的历史演义、剑仙快客、公案小说，以及商务印书馆出版的《说部丛书》等，我很少没看过的。再大一点以后，我又读了一些英文故事。我曾仿照这些中外古今作品，按照自己的幻想，编造了不少"传奇"，并且自制插图，自编自看。我还化名向报刊投过稿，大都遭到了失败。我记得有一次用"邓炯麟"的化名，把一个明朝诗人的作品抄寄给一个小报，编者上了我的当，给登出来了。上当的除了报纸编者还有我的英国师傅庄士敦，他后来把这首诗译成英文收进了他的著作《紫禁城的黄昏》，以此作为他的学生具有"诗人气质"的例证之一。

我的学业成绩最糟的，要数我的满文。学了许多年，只学了一个字，这就是每当满族大臣向我请安，跪在地上用满族语说了照例一句请安的话（意思是：奴才某某跪请主子的圣安）之后，我必须回答的那个："伊立（起来）！"

我九岁的时候，他们想出一条促进我学业的办法，给我配上伴读的学生。伴读者每人每月可以拿到按八十两银子折合的酬赏，另外被"赏紫禁城骑马[1]"。虽然那时已进入民国时代，但在皇族子弟中仍然被看作是巨大的荣誉。得到这项荣誉的有三个人，即溥杰、毓崇（溥伦的儿子，伴读汉文）、溥佳（七叔载涛的儿子，伴读英文，从我十四岁时开始）。伴读者还有一种荣誉，是代书房里的皇帝受责。"成王有过，则挞伯禽"，既有此古例，因此在我念书不好的时候，老师便要教训伴读的人。实际上，皇弟溥杰是受不到这个的，倒霉的是毓崇。毓庆宫里这三个汉文学生，溥杰的功课最好，因为他在家里另有一位教师教他，他每天到毓庆宫来，不过是白赔半天工夫。毓崇的成绩最坏，这倒不是他没另请师傅，而是他由于念的好也挨说，念不好也挨说，这就使他念得没有兴趣。所以他的低劣成绩，可以说是职业原因造成的。我后来看了马克·吐温的小说《王子与贫儿》，发现英国古代王子的书屋里，设有世袭罔替的"鞭童"，在王子念书不好时，专供老师打屁股之用，这真是古今中外无独有偶了。

我在没有伴读同学的时候，确实非常淘气。我念书的时候，一高兴就把鞋袜全脱掉，把袜子扔到桌子上，老师只得给我收拾好，给我穿上。有一次，我看见徐坊老师的长眉毛好玩，要他过来给我摸摸。在他遵命俯头过来的时候，给我冷不防的拔下了一根。徐坊后来去世，太监

---

[1] 又称"赏朝马"。紫禁城是宫禁重地，原本严禁骑马入内，皇帝为表示恩宠，将"紫禁城骑马"作为一种奖励，赐给朝臣。吏部每年将一品、二品官员中年六十以上者开列名单，承奏皇帝，一般皆能获得资格。皇帝也可特许不满足前述条件的大臣紫禁城骑马。从东华门入宫者在景运门外箭亭下马，从西华门入宫者在隆宗门外内务府前下马。

们都说这是被"万岁爷"拔掉寿眉的缘故。还有一次，我的陆润庠[1]师傅竟被我闹得把"君臣"都忘了。记得我那次无论如何念不下书，只想到院子里看蚂蚁倒窝去，陆老师先用了不少婉转的话劝我，什么"文质彬彬，然后君子"，我听也听不懂，只是坐在那里东张西望，身子扭来扭去。陆师傅看我还是不安心，又说了什么"君子不重则不威；学则不固"，我反倒索性站起来要下地了，这时他着急了，忽然大喝一声："不许动！"我吓了一跳，居然变得老实一些。可是过了不久，我又想起了蚂蚁，在座位上魂不守舍地扭起来。

伴读的来了之后，果然好了一些，在书房里能坐得住了。我有了什么过失，师傅们也有了规劝和警戒的方法。记得有一次我蹦蹦跳跳地走进书房，就听见陈老师对坐得好好的毓崇说："看你何其轻佻！"

我每天念书时间是早八时至十一时，后来添了英文课，在下午一至三时。每天早晨八时前，我乘坐金顶黄轿到达毓庆宫。我说了一声："叫！"太监即应声出去，把配房里的老师和伴读者叫了来。他们进殿也有一定程序：前面是捧书的太监，后随着第一堂课的老师傅，再后面是伴读的学生。老师进门后，先站在那里向我注目一下，作为见面礼，我无须回礼，因为"虽师，臣也，虽徒，君也"，这是礼法有规定的。然后溥杰和毓崇向我请跪安。礼毕，大家就座。桌子北边朝南的独座是我的，师傅坐在我左手边面西的位子上，顺他身边的是伴读者的座位。这时太监们把他们的帽子在帽筒上放好，鱼贯而退，我们的功课也就开始了。

我找到了十五岁时写的三页日记，可以看出那时念书的生活情况。辛亥后，在我那一圈儿里一直保留着宣统年号，这几页日记是"宣统十二年十一月"的。

---

[1] 陆润庠（1841年—1915年）字凤石，江苏苏州人，同治年间状元，光绪末年在苏州创办苏纶纱厂和苏经纱厂，晚年任溥仪老师，死后赠太子太傅，谥文端。

二十七日，晴。早四时起，书大福字十八张。八时上课，同溥杰、毓崇共读论语、周礼、礼记、唐诗，听陈师讲通鉴辑览。九时半餐毕，复读左传、穀梁传，听朱师讲大学衍义及写仿对对联。至十一时功课毕，请安四宫。是日庄士敦未至，因微受感冒。遂还养心殿，书福寿字三十张，复阅各报，至四时餐，六时寝。卧帐中又读古文观止，甚有兴味。

二十八日，晴。早四时即起，静坐少时，至八时上课。仍如昨日所记。至十二钟三刻余，庄士敦至，即与溥佳读英文。三时，功课毕，还养心殿。三时半，因微觉胸前发痛，召范一梅来诊，开药方如左：

薄荷八分，白芷一钱，青皮一钱五分炒，郁金一钱五分研，扁豆二钱炒，神曲一钱五分炒，焦查三钱，青果五枚研，水煎温服。

晚餐后，少顷即服。五时半寝。

二十九日，晴。夜一时许，即被呼醒，觉甚不适。及下地，方知已受煤毒。二人扶余以行，至前室已晕去。卧于榻上，少顷即醒，又越数时乃愈。而在余寝室之二太监，亦晕倒，今日方知煤之当紧（警）戒也。八时，仍旧上课读书，并读英文。三时下学，餐毕，至六时余寝。

陆润庠师傅是江苏元和人，做过大学士，教我不到一年就去世了。教满文的伊克坦是满族正白旗人，满文翻译进士出身，教了我九年多满文。和陆、伊同来的陈宝琛是福建闽县人，西太后时代做过内阁学士和礼部侍郎，是和我相处最久的师傅。陆死后添上教汉文的做过国子丞的徐坊，南书房翰林朱益藩和以光绪陵前植松而出名的梁鼎芬[1]。对我影

---

[1] 梁鼎芬（1859—1919），字星海，广东番禺人，光绪年间进士，因哭谒光绪陵，被小朝廷封为"崇陵陵工大臣"，后任溥仪老师，卒后赐谥"文忠"。

响最大的师傅首先是陈宝琛，其次是后来教英文的英国师傅庄士敦。陈在福建有才子之名，他是同治朝的进士，二十岁点翰林，入阁后以敢于上谏太后出名，与张之洞等有清流党之称。他后来不像张之洞那样会随风转舵，光绪十七年被借口南洋事务没有办好，降了五级，从此回家赋闲，一连二十年没出来。直到辛亥前夕才被起用，原放山西巡抚，未到任，就被留下做我的师傅，从此没离开我，一直到我去东北为止。在我身边的遗老之中，他是最称稳健谨慎的一个。当时在我的眼中，他是最忠实于我、最忠实于"大清"的。在我感到他的谨慎已经妨碍了我之前，他是我唯一的智囊。事无巨细，咸待一言决焉。

"有王虽小而元子哉！"这是陈师傅常微笑着对我赞叹的话。他笑的时候，眼睛在老光镜片后面眯成一道线，一只手慢慢捋着雪白而稀疏的胡子。

更叫我感兴趣的是他的闲谈。我年岁大些以后，差不多每天早晨，总要听他讲一些有关民国的新闻，像南北不和，督军火并，府院交恶，都是他的话题。说完这些，少不得再用另一种声调，回述一下"同光中兴、康乾盛世"，当然，他特别喜欢说他当年敢于进谏西太后的故事。每当提到给民国做官的那些旧臣，他总是忿忿然的。像徐世昌、赵尔巽这些人，他认为都应该列入贰臣传里。在他嘴里，革命、民国、共和，都是一切灾难的根源，和这些字眼有关的人物，都是和盗贼并列的。"非圣人者无法，非孝者无亲，此大乱之道也"，这是他对一切不顺眼的总结论。记得他给我转述过一位遗老编的对联："民犹是也，国犹是也，何分南北？总而言之，统而言之，不是东西。"他加上一个横批是："旁观者清"。他在赞叹之余，给我讲了卧薪尝胆的故事，讲了"遵时养晦"的道理。他在讲过时局之后，常常如此议论："民国不过几年，早已天怒人怨，国朝二百多年深仁厚泽，人心思清，终必天与人归。"

朱益藩师傅教书的时候不大说闲话，记得他总有些精神不振的样子，后来才知道他爱打牌，一打一个通夜，所以睡眠有点不足。他会看病，我生病有时是请他看脉的。梁鼎芬师傅很爱说话。他与陈师傅不同之处，是说到自己的地方比陈师傅要多些。有一个故事我就听他说过好几遍。他在光绪死后，曾发誓要在光绪陵前结庐守陵，以终晚年。故事就发生在他守陵的时候。有一天夜里，他在灯下读着史书，忽然院子里跳下一个彪形大汉，手持一把雪亮的匕首，闯进屋里。他面不改色地问道："壮士何来？可是要取梁某的首级？"那位不速之客被他感动了，下不得手。他放下书，慨然引颈道："我梁某能死于先帝陵前，于愿足矣！"那人终于放下匕首，双膝跪倒，自称是袁世凯授命行刺的，劝他从速离去，免生不测。他泰然谢绝劝告，表示绝不怕死。这故事我听了颇受感动。我还看见过他在崇陵照的一张相片，穿着清朝朝服，身边有一株松苗。后来陈宝琛题过一首诗："补天回日手何如？冠带临风自把锄，不见松青心不死，固应藏魄傍山庐。"他怎么把终老于陵旁的誓愿改为"不见松青心不死"，又怎么不等松青就跑进城来，我始终没弄明白。

当时弄不明白的事情很多，比如，子不语怪力乱神，但是陈师傅最信卜卦，并为我求过神签，向关帝问过未来祖业和我自己的前途；梁师傅笃信扶乩；朱师傅向我推荐过"天眼通"。

我过去曾一度认为师傅们书生气太多，特别是陈宝琛的书生气后来多得使我不耐烦。其实，认真地说来，师傅们有许多举动，并不像是书生干的。书生往往不懂商贾之利，但是师傅们却不然，他们都很懂行，而且也很会沽名钓誉。现在有几张赏单叫我回忆起一些事情。这是"宣统八年十一月十四日"的记录：

赏陈宝琛　王时敏[1] 晴岚暖翠阁手卷一卷

---

[1] 王时敏（1592年—1680年），本名王赞虞，字逊之，南直隶苏州府太仓人，明末清初画家。开创山水画的"娄东派"，与王鉴、王翚、王原祁并称"四王"，并恽寿平、吴历合称"清六家"。

伊克坦　米元章[1] 真迹一卷

朱益藩　赵伯驹[2] 王洞群仙图一卷

梁鼎芬　阎立本[3] 画孔子弟子像一卷

还有一张"宣统九年三月初十日"记的单子，上有赏伊克坦、梁鼎芬每人"唐宋名臣相册"一册，赏朱益藩"范中正夏峰图"一轴、"恽寿平仿李成山水"一轴。这类事情当时是很不少的，加起来的数量远远要超过这几张纸上的记载。我当时并不懂字画的好坏，赏赐的品目都是这些内行专家们自己提出来的。至于不经赏赐，借而不还的那就更难说了。

有一次在书房里，陈师傅忽然对我说，他无意中看到两句诗："老鹤无衰貌，寒松有本心。"他想起了自己即将来临的七十整寿，请求我把这两句话写成对联，赐给他做寿联。看我答应了，他又对他的同事朱益藩说："皇上看到这两句诗，说正像陈师傅，既然是皇上这样说，就劳大笔一挥，写出字模供皇上照写，如何？"

这些师傅们去世之后，都得到了颇令其他遗老羡慕的谥法。似乎可以说，他们要从我这里得到的都得到了，他们所要给我的，也都给我了。至于我受业的成绩，虽然毓庆宫里没有考试，但是我十二岁那年，在一件分辨"忠奸"的实践上，让师傅们大为满意。

那年奕劻去世，他家来人递上遗折，请求谥法。内务府把拟好的字眼给我送了来。按例我是要和师傅们商量的，那两天我患感冒，没有上

---

[1] 米芾（1051年—1107年），字元章，湖北襄阳人，北宋书法家、画家、书画理论家，与蔡襄、苏轼、黄庭坚合称"宋四家"。

[2] 赵伯驹（约1120年—约1182年），字千里，汴京人，南宋著名画家，工山水、花果、翎毛，尤长金碧山水。

[3] 阎立本（601年—673年），雍州万年人，唐朝宰相、画家，工篆隶书，代表作有《步辇图》《历代帝王像》。

课，师傅不在跟前，我只好自己拿主意。我把内务府送来的谥法看了一遍，很不满意，就扔到一边，另写了几个坏字眼，如荒谬的"谬"，丑恶的"丑"，以及幽王的"幽"，厉王的"厉"，作为恶谥，叫内务府拿去。过了一阵，我的父亲来了，结结巴巴地说：

"皇上还还是看在宗宗室的分上，另另赐个……"

"那怎么行？"我理直气壮地说，"奕劻受袁世凯的钱，劝太后让国，大清二百多年的天下，断送在奕劻手里，怎么可以给个美谥？只能是这个：丑！谬！"

"好，好好。"父亲连忙点头，拿出了一张另写好字的条子来，递给我："那就就用这这个，'献'字，这这个字有个犬旁，这这字不好……"

"不行！不行！"我看出这是哄弄我，师傅们又不在跟前，这简直是欺负人了，我又急又气，哭了起来："犬字也不行！不行不行！……不给了！什么字眼也不给了！"

我父亲慌了手脚，脑后的花翎跳个不停："别哭别哭，我找找找上书房去！"

第二天我到毓庆宫上课，告诉了陈宝琛，他乐得两只眼睛又眯成了一道缝，连声赞叹：

"皇上跟王爷争得对，争得对！……有王虽小而元子哉！"

南书房翰林们最后拟了一个"密"字，我以为这不是个好字眼，同意了，到后来从苏洵的《谥法考》上看到"追补前过曰密"时，想再改也来不及了。但是这次和父亲的争论，经师傅们的传播，竟在遗老中间称颂一时。梁鼎芬在侍讲日记里有这样一段文字：

> 宣统九年正月初七日，庆亲王奕劻薨。初八日遗折上，内务府大臣拟旨谥曰"哲"，上不可。……初十日，召见世续、绍英、耆龄，谕曰："奕劻贪赃误国，得罪列祖列宗，我大清国二百余年之天下，一手坏之，不能予谥！"已而谥之曰"密"。谥法考追补前

过日密。奕劻本有大罪，天下恨之。传闻上谕如此，凡为忠臣义士，靡不感泣曰：真英主也！

五 太 监

讲我的幼年生活，就不能少了太监。他们服侍我吃饭、穿衣和睡觉，陪我游戏，伺候我上学，给我讲故事，受我的赏也挨我的打。别人还有不在我面前的时间，他们却整天不离我的左右。他们是我幼年的主要伴侣，是我的奴隶，也是我最早的老师。

役使太监的历史起于何年，我说不准，但我知道结束的日子，是在二次大战取得胜利，我从帝王宝座上第三次摔下来的那天，那时可能是太监最少的时候，只有十名左右。据说人数最多的是明朝，达十万名。清朝使用太监，在职务和数量上虽有过限制，但西太后时代也还有三千多名。辛亥以后，太监大量逃亡，虽然优待条件上规定不许再招阉人，内务府仍旧偷着收用。据我最近看到的一份"宣统十四年（即一九二二年）正月行二月分小建津贴口分单"上的统计，还有一千一百三十七名。两年后，经我一次大遣散，剩下了二百名左右，大部分服侍太妃和我的妻子（她们还有近百名宫女，大体未动）。从那以后，宫中使用的差役只是数量小得多的护军和被称为"随侍"的男性仆役。

在从前，禁城以内，每天到一定时刻，除了值班的乾清宫侍卫之外，上自王公大臣下至最低贱的夫役"苏拉"，全走得干干净净，除了皇帝自家人之外，再没有一个真正的男性。太监的职务非常广泛，除了伺候起居饮食、随侍左右、执伞提炉等事之外，用《宫中则例》上的话来说，还有：传宣谕旨、引带召对臣工、承接题奏事件；承行内务府各衙门文移、收复外库钱粮、巡查火烛；收掌文房书籍、古玩字画、冠袍履带、鸟枪弓箭；收贮古玩器皿、赏用物件、功臣黄册、干鲜果品；带领御医各宫请脉、外匠营造一切物件；供奉列祖实录圣训、御容前和神前香烛；稽查各门大小臣工出入；登记翰林入值和侍卫值宿名单；遵藏御宝；登载起居注；鞭笞犯规宫女太监；饲养各种动物；打扫殿宇、收拾园林；验自鸣钟时刻；请发；煎药；唱戏；充当道士在城隍庙里念经焚香；为皇帝做替身在雍和宫里充当喇嘛，等等。

宫中太监按系统说，大致可分为两大类，一类是在太后、帝、后、妃身边的太监，一类是其他各处的太监。无论哪一类太监，都有严格的等级，大致可分为总管、首领、一般太监。太后和帝后身边都有总管、首领，妃宫只有首领。品级最高的是三品，但从李莲英起，开了赏戴二品顶戴的例，所以我所用的大总管张谦和也得到了这个"荣誉"。三品花翎都领侍，是各处太监的最高首领，统管宫内四十八处的太监，在他下面是九个区域的所谓九堂总管，由三品到五品，再下面是各处的首领太监，由四品到九品，也有无品级的，再下面是一般的太监。一般太监里等级最低的是打扫处的太监，犯了过失的太监就送到这里充当苦役。太监的月银按规定最高额是银八两、米八斤、制钱一贯三百，最低的月银二两、米一斤半、制钱六百。对于大多数太监，特别是上层太监说来，这不过是个名义上的规定，实际上他们都有各种各样的，集团的或个人的，合法的或非法的"外快"，比名义上的月银要多到不知多少倍。像隆裕太后的总管太监张兰德，即绰号叫小德张的，所谓"贵敌王侯，富埒天子"，是尽人皆知的。我用的一个二总管阮进寿，每入冬季，一天换一件皮袍，什么貂翎眼、貂爪仁、貂脖子，没有穿过重样儿的。仅就新年那天他穿的一件反毛的全海龙皮褂，就够一个小京官吃上一辈子的。宫中其他总管太监和一些首领太监，也莫不各有自己的小厨房，各有一些小太监伺候，甚至有的还有外宅"家眷"，老妈、丫头一应俱全。而低层太监则特别苦，他们一年到头吃苦受累、挨打受罪，到老无依无靠，只能仗着极有限的"恩赏"过日子，如果犯了过失撵了出去，那就唯有乞讨和饿死的一条路了。

和我接触最多的是养心殿和毓庆宫的太监。养心殿用的太监又称内殿太监，其中最亲近的是伺候我穿衣吃饭的御前小太监，他们分住在殿后东西两个夹道，各有首领一名管理。专管打扫的所谓殿上太监，也有首领一名。这两种太监统归大总管张谦和和二总管阮进寿所管。

隆裕太后在世时，曾派都领侍总管太监张德安做我的"诸达"，这个职务是照顾我的生活，教给我一切宫中礼节等等。但我对他的感情和信任却远不如张谦和。张谦和当时是个五十多岁、有些驼背的老太监，是我的实际的启蒙老师。我进毓庆宫读书之前，他奉太后之命先教我认字块，一直教我念完了《三字经》和《百家姓》。我进毓庆宫以后，他每天早晨要立在我的卧室外面，给我把昨天的功课念一遍，帮助我记忆。像任何一个皇帝的总管太监一样，他总要利用任何机会，来表示自己对主子的忠心和深挚的感情。因此，在他喋喋不休的聒噪中，我在进毓庆宫之前就懂得了袁世凯的可恨、孙文的可怕，以及民国是大清"让"出来的，民国的大官几乎都是大清皇帝的旧臣，等等。外面时局的变化，也往往从他的忧喜的感情变化上传达给我。我甚至还可以从他每天早晨给我背书的声音上，知道他是在为我担忧，还是在为我高兴。

张谦和也是我最早的游伴之一。和他一起做竞争性的游戏，胜利的永远是我。记得有一次过年的时候，敬懿太妃叫我去玩押宝，张谦和坐庄，我押哪一门，哪一门准赢，结果总是庄家的钱都叫我赢光。他也不在乎，反正钱都是太妃的。

我和别的孩子一样，小时候很爱听故事。张谦和以及许多其他太监讲的故事，总离不开两类：一是宫中的鬼话；一是"圣天子百灵相助"的神话。总之，都是鬼怪故事，如果我能都写下来，必定比一部聊斋还要厚。照他们说来，宫里任何一件物件，如铜鹤、金缸、水兽、树木、水井、石头等无一未成过精，显过灵，至于宫中供的关帝菩萨、真武大帝等泥塑木雕的神像，就更不用说了。我从那些百听不厌的故事中，很小就得到这样一个信念：一切鬼神对于皇帝都是巴结的，甚至有的连巴结都巴结不上，因此皇帝是最尊贵的。据太监们说，储秀宫里那只左腿上有个凹痕的铜鹤，在乾隆爷下江南的时候，它成了精，跑到江南去保驾，不料被乾隆射了一箭，讨了一场没趣，只好溜回原处站着。那左腿上生了红锈的凹痕便是乾隆射的箭伤。又说御花园西鱼池附近靠墙处有一棵古松，在乾隆某次下江南时，给乾隆遮了一路太阳，乾隆回京之后，赐了这松树一首诗在墙上。墙上的乾隆亲笔题诗"咏盖松"里说的是什么，这个不识字的太监就不管了。

御花园钦安殿西北角台阶上，从前放着一块砖，砖下面有一个脚印似的凹痕。太监们说，乾隆年间有一次乾清宫失火，真武大帝走出殿门，站在台阶上向失火的方向用手一指，火焰顿息，这个脚印便是真武大帝救火时踏下的。这当然是胡说八道。

我幼时住的长春宫的西厢房台阶上有一块石枕，据一位太监解释，因为附近的中正殿顶上那四条金龙，有一条常在夜间到长春宫喝大金缸里的水，不知是哪一代皇帝造了这个石枕，供那条金龙休息之用。对这种无稽之谈，我也听得津津有味。

皇帝的帽子上的一颗大珠子也有神话。说是有一天乾隆在圆明园一条小河边散步，发现河里放光，他用鸟枪打了一枪，光不见了，叫人到河里去摸，结果摸出一只大蛤蜊，从中发现了这颗大珍珠。又说这颗珠子做了帽珠之后，常常私自外出，飞去飞回，后来根据"高人"的指点，在珠子上钻了孔，安上金顶，从此才把它稳住。关于这颗珠子，《阅微草堂笔记》另有传说，自然全是胡扯。用这颗珠子做的珠顶冠，我曾经戴用过，伪满垮台时把它丢失在通化大栗子沟了。

这类故事和太监的种种解说，我在童年时代是完全相信的。相信的程度可以用下面这个故事表明。我八九岁时，有一次有点不舒服，张谦和拿来一颗紫红色的药丸让我吃。我问他这是什么药，他说："奴才刚才睡觉，梦见一个白胡子老头儿，手里托着一丸药，说这是长生不老丹，特意来孝敬万岁爷的。"我听了他这话，不觉大喜，连自己不舒服也忘了，加之这时由神话故事又联想到二十四孝的故事，我便拿了这个长生不老丹到四位太妃那里，请她们也分尝一些。这四位母亲大概从张谦和那里先受到了暗示，全都乐哈哈的，称赞了我的孝心。过了一个时期，我偶然到御药房去找药，无意间发现了这里的紫金锭，和那颗长生不老丹一模一样，虽然我感到了一点失望，但是，信不信由你，这个白胡子神仙给我送药的故事，我仍不肯认作是编造的。

太监们的鬼神故事一方面造成了我的自大狂，另一方面也从小养成了我怕鬼的心理。照太监们说，紫禁城里无处没有鬼神在活动。永和宫后面的一个夹道，是鬼掐脖子的地方；景和门外的一口井，住着一群女鬼，幸亏景和门上有块铁板镇住了，否则天天得出来；三海中间的金鳌玉蝀桥，每三年必有一个行人被桥下的鬼拉下去……这类故事越听越怕，越怕越要听。十二岁以后，我对于"怪力乱神"的书（都是太监给我买来的）又入了迷，加上宫内终年不断地祭神拜佛、萨满跳神等活动，弄得我终日疑神疑鬼，怕天黑，怕打雷，怕打闪，怕屋里没人。

每当夕阳西下，禁城进入了暮色苍茫之中，进宫办事的人全都走净了的时候，静悄悄的禁城中央——乾清宫那里便传来一种凄厉的呼声："搭闩，下钱粮[1]，灯火小——心——"随着后尾的余音，禁城各个角落里此起彼伏地响起了值班太监死阴活气的回声。这是康熙皇帝给太监们规定的例行公事，以保持警惕性。这种例行公事，把紫禁城里弄得充满了鬼气。这时我再不敢走出屋子，觉得故事里的鬼怪都聚到我的窗户外面来了。

太监们用这些鬼话来喂养我，并非全是有意地奉承我和吓唬我，他们自己实在是非常迷信的。张谦和就是这样的人，他每有什么疑难，总要翻翻《玉匣记》才能拿主意。一般的太监也都很虔诚地供奉着"殿

---

[1] "下钱粮"可能是"下千两"，意思是"下锁"，宫中忌讳"锁"字，故以"下千两"代替；"下锁"，后又讹传为"下钱粮"。总之，已经没有人说得清。——作者

神"，即长虫、狐狸、黄鼠狼和刺猬这四样动物。本来宫里供的神很多，除了佛、道、儒，还有"王爹爹、王妈妈"，以及坤宁宫外的"神杆"、上驷院的马、什么宫的蚕，天地日月星辰，兔儿爷和牛郎织女，五花八门，无一不供，但唯有殿神是属于太监的保护神，不在皇室供奉之列。照太监们的说法，殿神是皇帝封的二品仙家。有个太监告诉我说，有一天晚上，他在乾清宫丹陛上走，突然从身后来了一个二品顶戴、蟒袍补褂的人，把他抓起来一把扔到丹陛下面，这就是殿神。太监们不吃牛肉，据一个太监说，吃牛肉是犯了大五荤，殿神会罚他们在树皮上蹭嘴，直蹭到皮破血流为止。太监若是进入无人去的殿堂，必先大喊一声"开殿！"才动手去开门，免得无意中碰见殿神，要受惩罚。太监每到初一、十五，逢年过节都要给殿神上供，平常是用鸡蛋、豆腐干、烧酒和一种叫"二五眼"的点心，年节还要用整猪整羊和大量果品，对于收入微薄的底层太监说来，均摊供品的费用，虽是个负担，但他们都心甘情愿，因为这些最常挨打受气的底层太监，都希望殿神能保佑他们，在福祸难测的未来，能少受点罪。

太监们为了取得额外收入，有许多办法。戏曲和小说里描写过，光绪要花银子给西太后宫的总管太监，否则李莲英就会刁难他，请安时不给他通报，其实这是不会有的。至于太监敲大臣竹杠，我倒听了不少。据说同治结婚时，内务府打点各处太监，漏掉了一处，到了喜日这天，这处的太监便找了内务府的堂郎中来，说殿上一块玻璃裂了一条纹。按规矩，内务府司员不经传召，不得上丹陛，这位堂郎中只是站在下面远远地瞧了一下，果然瞧见玻璃上有条纹。这位司员吓得魂不附体，大喜日子出这种破相，叫西太后知道必定不得了。这时太监说了，不用找工匠，他可以悄悄想办法去换一块。内务府的人明白这是敲竹杠，可是没办法，只好送上一笔银子。银子一到，玻璃也换好了。其实玻璃并没有裂，那条纹不过是贴上的一根头发。世续的父亲崇纶当内务府大臣的时候，有一次也是由于办什么事，钱没有送周全，没吃饱的太监这天便等在崇纶上朝见太后的路上，等崇纶走过，故意从屋里泼出一盆洗脸水，把崇纶的貂褂泼得水淋淋的。那太监故作惊慌，连忙请罪。崇纶知道这不是发脾气的时候，因为太后正等着他去觐见，因此很着急地叫太监想办法。太监于是拿出了一件预备好的貂褂说："咱们这苦地方，还要托大人的福，多恩典。"原来太监们向例预备有各种朝服冠带，专供官员临时使用时租赁的，这回崇纶也只好让他们敲一笔竹杠，花了一笔可观的租衣费。

据内务府一位旧人后来告诉我，在我结婚时，内务府曾叫我的大总管（刚代替张谦和升上来的）阮进寿敲了一笔。因为我事先规定了婚费数目，不得超过三十六万元，内务府按照这个数目在分配了实用额之后，可以分赠太监的，数目不多，因此在大总管这里没通过，事情僵住了。堂郎中钟凯为此亲自到阮进寿住的地方，左一个阮老爷，右一个阮老爷，央求了半天，阮进寿也没答应，最后还是按阮进寿的开价办事，才算过了关。那位朋友当时是在场人，他过于年轻，又刚去"学习"不久，许多行话听不懂，所以阮进寿得到了多少外快，他没有弄清楚。

不过我相信，像张谦和和阮进寿这些"老爷"，比起小德张来，在各方面都差得很远。我在天津时，小德张也住在天津。他在英租界有一座豪华的大楼，有几个姨太太和一大群奴仆伺候他，威风不下于一个军阀。据说一个姨太太因为受不住他的虐待，逃到英国巡捕房请求保护。小德张钱能通神，巡捕房不但没有保护那个女人，反而给送回了阎王殿，结果竟被小德张活活打死。那女人死后，也没有人敢动他一下。

六　我的乳母

梁鼎芬给我写的"起居注"中，有一段"宣统九年正月十六日"的纪事：

> 上常笞太监，近以小过前后笞十七名，臣陈宝琛等谏，不从。

这就是说，到我十一周岁的时候，责打太监已成家常便饭，我的冷酷无情、惯发威风的性格已经形成，劝也劝不过来了。

我每逢发脾气，不高兴的时候，太监就要遭殃：如果我忽然高兴，想开心取乐的时候，太监也可能要倒霉。我在童年，有许多稀奇古怪的嗜好，除了玩骆驼、喂蚂蚁、养蚯蚓、看狗牛打架之外，更大的乐趣是恶作剧。早在我懂得利用敬事房打人之前，不少太监们已吃过我恶作剧的苦头。有一次，大约是八九岁的时候，我对那些百依百顺的太监们忽然异想天开，要试一试他们是否真的对"圣天子"听话。我挑出一个太监，指着地上一块脏东西对他说："你给我吃下去！"他真的趴在地上吃下去了。

有一次我玩救火用的唧筒，喷水取乐。正玩着，前面走过来了一个年老的太监，我又起了恶作剧的念头，把龙头冲着他喷去。这老太监蹲在那里不敢跑开，竟给冷水激晕过去。后来经过一阵抢救，才把他救活过来。

在人们的多方逢迎和百般依顺的情形下，养成了我的以虐待别人来取乐的恶习。师傅们谏劝过我，给我讲过仁恕之道，但是承认我的权威，给我这种权威教育的也正是他们。不管他们用了多少历史上的英主圣君的故事来教育我，说来说去我还是个"与凡人殊"的皇帝。所以他们的劝导并没有多大效力。

在宫中唯一能阻止我恶作剧行为的，是我的乳母王焦氏。她就是我在西太后面前哭喊着找的那位嬷嬷。她一个字不识，不会讲什么"仁恕之道"和历史上的英主圣君故事，但当她劝我的时候，我却觉得她的话是不好违拗的。

有一次，有个会玩木偶戏的太监，给我表演了一场木偶戏。我看得很开心，决心赏他一块鸡蛋糕吃。这时我的恶作剧的兴趣又来了，决定捉弄他一下。我把练功夫的铁砂袋撕开，掏出一些铁砂子，藏在蛋糕里。我的乳母看见了，就问我："老爷子，那里头放砂子可叫人怎么吃呀？""我要看看他咬蛋糕是什么模样。""那不崩了牙吗？崩了牙就吃不了东西。人不吃东西可不行呵！"我想，这话也对，可是我不能取乐了，我说："我要看他崩牙的模样，就看这一口吧！"乳母说："那就换上绿豆，咬绿豆也挺逗乐的。"于是那位玩木偶的太监才免了一次灾难。

又有一次，我玩气枪，用铅弹向太监的窗户打，看着窗户纸打出一个个小洞，觉得很好玩。不知是谁，去搬了救兵——乳母来了。

"老爷子，屋里有人哪！往屋里打，这要伤了人哪！"

我这才想起了屋里有人，人是会被打伤的。

只有乳母告诉过我，别人和我同样是人。不但我有牙，别人也有牙，不但我的牙不能咬铁砂，别人也不能咬，不但我要吃饭，别人也同样不吃饭要饿肚子，别人也有感觉，别人的皮肉被铅弹打了会一样的痛。这些用不着讲的常识，我并非不懂，但在那样的环境里，我是不容易想到这些的，因为我根本就想不起别人，更不会把自己和别人相提并论，别人在我心里，只不过是"奴才""庶民"。我在宫里从小长到大，只有乳母在的时候，才由于她的朴素的言语，使我想到过别人同我一样是人的道理。

我是在乳母的怀里长大的，我吃她的奶一直到九岁，九年来，我像孩子离不开母亲那样离不开她。我九岁那年，太妃们背着我把她赶出去了。那时我宁愿不要宫里的那四个母亲也要我的"嬷嬷"，但任我怎么哭闹，太妃也没有给我把她找回来。现在看来，乳母走后，在我身边就再没有一个通"人性"的人。如果九岁以前我还能从乳母的教养中懂得点"人性"的话，这点"人性"在九岁以后也逐渐丧失尽了。

我结婚之后，派人找到了她，有时接她来住些日子。在伪满后期，我把她接到长春，供养到我离开东北。她从来没有利用自己的特殊地位索要过什么。她性情温和，跟任何人都没发生过争吵，端正的脸上总带些笑容。她说话不多，或者说，她常常是沉默的。如果没有别人主动跟她说话，她就一直沉默地微笑着。小时候，我常常感到这种微笑很奇怪。她的眼睛好像凝视着很远很远的地方。我常常怀疑，她是不是在窗外的天空或者墙上的字画里，看见了什么有趣的东西。关于她的身世、来历，她从来没有说过。直到我被特赦之后，访问了她的继子，才知道了这个用奶汁喂大了我这"大清皇帝"的人，经受过"大清朝"的什么样的苦难和屈辱。

光绪十三年（1887年），她出生在直隶河间府任丘县农村一个焦姓的贫农家里。那时她家里有父亲、母亲和一个比她大六岁的哥哥，连她一共四口。五十来岁的父亲种着佃来的几亩洼地，不雨受旱，雨大受涝，加上地租和赋税，好年成也不够吃。在她三岁那年（即光绪十六年），直隶北部发生了一场大水灾。水灾在李鸿章的奏折里有过这样的描述。

> 讵自二十九日起至六月初六日，大雨狂风，连宵达旦，山水奔腾而上，势若建瓴，各河盛涨，惊涛骇浪，高过堤颠。永定河两岸并南北运河、大清河及任丘千里堤，先后漫溢多口，上下数百里间一片汪洋，有平地水深二丈余者。庐舍民田，尽成泽国，人口牲畜，淹毙颇多，满目秋禾，悉遭漂没，实为数十年来所未有……民间庐舍，本多用土砌筑，雨淋日久，酥裂不堪，一经灌入洪涛，无不墙倾屋圮，小民或倚树营巢，呼船渡救，或挈家登陆，迁避无方，颠沛流离，凄惨万状，几于目不忍睹，耳不忍闻。

她们一家不得不外出逃难。在逃难的路上，她的父亲几次想把她扔掉，几次又被放回了破筐担里。这一担挑子的另一头是破烂衣被，是全家仅有的财产，连一粒粮食都没有。她后来对她的继子提起这次几乎被弃的厄运时，没有一句埋怨父亲的话，只是反复地说，她的父亲已经早饿得挑不动了，因为一路上要不到什么吃的，能碰见的人都和他们差不多。这一家四口，父亲、母亲、一个九岁的儿子和三岁的女儿，好不容易熬到了北京。他们到北京本想投奔在北京一位当太监的本家。不料这位本家不肯见他们，于是他们流浪街头，成了乞丐。北京城里成千上万的灾民，露宿街头，啼饥号寒。与此同时，朝廷里却在大兴土木，给西太后建颐和园。从《光绪朝东华录》里可以找到这样的记载：这年祖父去世，西太后派大臣赐奠治丧，我父亲承袭王爵。醇王府花银子如淌水似的办丧事，我父亲蒙恩袭爵，而把血汗给他们变银子的灾民们正在奄奄待毙，卖儿鬻女。焦姓这家要卖女儿，没有人买。这时害怕出乱子的顺天府尹办了一个粥厂，他们有了暂时的栖身之地，九岁的男孩被一个剃头匠收留下当徒弟，这样好不容易地熬过了冬天。春天来了，流浪的农民们想念着土地，粥厂要关门，都纷纷回去了。焦姓这一家回到家乡，渡过了几个半饥不暖的年头。庚子年八国联军的灾难又降到河间保定两府，女儿这时已是十三岁的姑娘，再次逃难到北京，投奔当了剃头匠的哥哥。哥哥无力赡养她，在她十六岁这年，在半卖半嫁的情形下，把她给了一个姓王的差役做了媳妇。丈夫生着肺病，生活却又荒唐。她当了三年挨打受气的奴隶，刚生下一个女儿，丈夫死了。她母女俩和公婆，一家四口又陷入了绝境。这时我刚刚出生，醇王府给我找乳母，在二十名应选人中，她以体貌端正和奶汁稠厚而当选。她为了用工钱养活公婆和自己的女儿，接受了最屈辱的条件：不许回家，不许看望自己的孩子，每天吃一碗不许放盐的肘子，等等。二两月银，把一个人变成了一头奶牛。

她给我当乳母的第三年，女儿因营养不足死了。为了免于引起她的伤感以致影响奶汁质量，醇王府封锁了这消息。

第九年，有个妇差和太监吵架，太妃决定赶走他们，顺带着把我乳母也赶走了。这个温顺地忍受了一切的人，在微笑和凝视中度过了沉默的九年之后，才发现她的亲生女儿早已不在人世了！

第三章

北京的"小朝廷"（1917年~1924年）

一 袁世凯时代

紫禁城中的早晨，有时可以遇到一种奇异的现象，处于深宫但能听到远远的市声。有很清晰的小贩叫卖声，有木轮大车的隆隆声，有时还听到大兵的唱歌声。太监们把这现象叫作"响城"。离开紫禁城以后，我常常回忆起这个引起我不少奇怪想象的响城。响城给我印象最深的，是有几次听到中南海的军乐演奏。

"袁世凯吃饭了。"总管太监张谦和有一次告诉我，"袁世凯吃饭的时候还奏乐，简直是'钟鸣鼎食'，比皇上还神气！"

张谦和的光嘴巴抿得扁扁的，脸上带着忿忿然的神色。我这时不过九岁上下，可是已经能够从他的声色中感到类似悲凉的滋味。在当时的年岁上，我可以从"响城"的各种声音上想象传说中的街道是什么样子，叫卖的小贩如何在高台上表演他的嗓音，大兵们又如何用唱歌子压过小贩的叫卖……各种的音响把我带入了一幅引人入胜的市街生活的图画，军乐声有时又把我引进到耻辱难忍的幻象中：袁世凯面前摆着比太后还要多的菜肴，有成群的人伺候他，给他奏乐，扇着扇子……

但也有另外一种形式的响城，逐渐使我发生了浓厚的兴趣，使我的想象的翅膀飞得更高。陈老师给我讲的同治"中兴"、康乾盛世等景象是构成想象的主要材料。这种"响城"的声音不是我站在养心殿的宫院里听到的，而是在毓庆宫从老师们的嘴里听到的。这就是种种关于复辟的传说。

复辟——用紫禁城里的话说，也叫作"恢复祖业"，用遗老和旧臣们的话说，这是"光复故物""还政于清"——这种活动并不始于尽人皆知的"丁巳事件"，也并不终于民国十三年被揭发过的"甲子阴谋"。可以说从颁布退位诏起到"满洲帝国"成立止[1]，没有一天停顿过。起初是我被大人指导着去扮演我的角色，后来便是凭着自己的阶级本能去活动。在我少年时期，给我直接指导的是师傅们，在他们的背后，自然还有内务府大臣们，以及内务府大臣世续商得民国总统同意，请来照料皇室的"王爷"（他们这样称呼我的父亲）。这些人的内心热情，并不弱于任何紫禁城外的人，但是后来我逐渐地明白，实现复辟理想的实际力量并不在他们身上。连他们自己也明白这一点。说起来滑稽，但的确是事实：紫禁城的希望是放在取代大清而统治天下的新贵们身上的。第一个被寄托这样幻想的人，却是引起紫禁城愤愤之声的袁世凯大总统。

我到现在还记得很清楚，紫禁城里是怎样从绝望中感到了希望，由恐惧而变为喜悦的。在那短暂的时间里，宫中气氛变化如此剧烈，以致连我这八岁的孩子也很诧异。

我记得太后在世时，宫里很难看到一个笑脸，太监们个个是唉声叹气的，好像祸事随时会降临的样子。那时我还没搬到养心殿，住在太后的长春宫，我给太后请安时，常看见她在擦眼泪。有一次我在西二长街

---

[1] 严格地说，复辟活动到此时尚未停止。伪满改帝制后，虽然我的活动告一段落，但关内有些人仍不死心，后来日本发动了全面侵略，占领了平津，这些人在建立"后清"的幻想下，曾有一度活动。因为日本主子不同意，才没闹起来。——作者

散步，看见成群的太监在搬动体元殿的自鸣钟和大瓶之类的陈设。张谦和愁眉苦脸地念叨着：

"这是太后叫往颐和园搬的。到了颐和园，还不知怎么样呢！"

这时太监逃亡的事经常发生。太监们纷纷传说，到了颐和园之后，大伙全都活不成。张谦和成天地念叨这些事，每念叨一遍，必然又安慰我说："万岁爷到哪儿，奴才跟哪儿保驾，决不像那些胆小鬼！"我还记得，那些天早晨，他在我的"龙床"旁替我念书的声音，总是有气无力的。

民国二年的新年，气氛开始有了变化。阳历除夕这天，陈师傅在毓庆宫里落了座，一反常态，不去拿朱笔圈书，却微笑着瞅了我一会，然后说：

"明天阳历元旦，民国要来人给皇上拜年。是他们那个大总统派来的。"

这是不是他第一次向我进行政务指导，我不记得了，他那少有的得意之色，大概是我第一次的发现。他告诉我，这次接见民国礼官，采用的是召见外臣之礼，我用不着说话，到时候有内务府大臣绍英照料一切，我只要坐在龙书案后头看着就行了。

到了元旦这天，我被打扮了一下，穿上金龙袍褂，戴上珠顶冠，挂上朝珠，稳坐在乾清宫的宝座上。在我两侧立着御前大臣、御前行走和带刀的御前侍卫们。总统派来的礼官朱启钤走进殿门，遥遥地向我鞠了一个躬，向前几步立定，再鞠一躬，走到我的宝座台前，又深深地鞠了第三躬，然后向我致贺词。贺毕，绍英走上台，在我面前跪下。我从面前龙书案上的黄绢封面的木匣子里，取出事先写好的答词交给他。他站起身来向朱启钤念了一遍，念完了又交还给我。朱启钤这时再鞠躬，后退，出殿，于是礼成。

第二天早晨，气氛便发生了进一步的变化，首先是我的床帐子外边张谦和的书声朗朗，其次是在毓庆宫里，陈师傅微笑着捻那乱成一团的白胡须，摇头晃脑地说："优待条件，载在盟府，为各国所公认，连他总统也不能等闲视之！"

过了新年不久，临到我的生日，阴历正月十三这天（我的生日本是正月十四，因与道光皇帝忌辰同日，所以改成这天），大总统袁世凯又派来礼官，向我祝贺如仪。经过袁世凯这样连续的捧场，民国元年间一度销声匿迹的王公大臣们，又穿戴起蟒袍补褂、红顶花翎，甚至于连顶马开路、从骑簇拥的仗列也有恢复起来的。神武门前和紫禁城中一时熙熙攘攘。在民国元年，这些人到紫禁城来大多数是穿着便衣，进城再换上朝服袍褂，从民国二年起，又敢于翎翎顶顶、袍袍褂褂地走在大街上了。

完全恢复了旧日城中繁荣气象的，是隆裕的寿辰和丧日那些天。隆裕寿日是在三月十五，过了七天她就去世了。在寿日那天，袁世凯派了秘书长梁士诒前来致贺，国书上赫然写着："大中华民国大总统致书大清隆裕皇太后陛下。"梁士诒走后，国务总理赵秉钧率领了全体国务员，前来行礼。隆裕去世后，袁世凯的举动更加动人：他亲自在衣袖上缠了黑纱，并通令全国下半旗一天，文武官员服丧二十七天，还派全体国务员前来致祭。接着，在太和殿举行了所谓国民哀悼大会，由参议长吴景濂主祭；军界也举行了所谓全国陆军哀悼大会，领衔的是袁的另一心腹，上将军段祺瑞。在紫禁城内，在太监干号的举哀声中，清朝的玄色袍褂和民国的西式大礼服并肩进出。被赏穿孝服百日的亲贵们，这时脸上洋溢着得意的神色。最让他们感到兴奋的是徐世昌也从青岛赶到，接受了清室赏戴的双眼花翎。这位清室太傅在颁布退位后，拖着辫子跑到德国人盘踞的青岛当了寓公，起了一个有双关含意的别号"东海"。他在北京出现的意义，我在后面还要谈到。

隆裕的丧事未办完，南方发起了讨袁运动，即所谓"二次革命"。不多天，这次战争以袁世凯的胜利而告终。接着，袁世凯用军警包围国会，强迫国会选他为正式大总统。这时他给我写了一个报告：

大清皇帝陛下：

　　中华民国大总统谨致书大清皇帝陛下：前于宣统三年十二月二十五日奉大清隆裕皇太后懿旨，将统治权公诸全国，定为共和立宪国体，命袁世凯以全权组织临时共和政府，合满汉蒙回藏五族，完全领土为一大中华民国。旋经国民公举，为中华民国临时大总统。受任以来，两稔于兹，深虞险越。今幸内乱已平，大局安定，于中华民国二年十月六日经国民公举为正式大总统。国权实行统一，友邦皆已承认，于是年十月十日受任。凡我五族人民皆有进于文明、跻于太平之希望。此皆仰荷大清隆裕皇太后暨大清皇帝天下为公，唐虞揖让之盛轨，乃克臻此。我五族人民感戴兹德，如日月之照临，山河之涵育，久而弥昭，远而弥挚。维有董督国民，聿新治化，恪守优待条件，使民国巩固，五族协和，庶有以慰大清隆裕皇太后在天之灵。用特报告，并祝万福。

中华民国二年十月十九日
袁世凯

由于这一连串的新闻，遗老中间便起了多种议论。

"袁世凯究竟是不是曹操？"

"项城当年和徐、冯、段说过，对民军只可智取不可力敌，徐、冯、段才答应办共和。也许这就是智取？"

"我早说过，那个优待条件里的辞位的辞字有意思。为什么不用退位、逊位，袁宫保单要写成个辞位呢？辞者，暂别之谓也。"

"大总统常说'办共和'办的怎样。既然是办，就是试行的意思。"

不管怎样猜测，遗老们有不少人反正是越来越兴奋了。这年冬天，光绪和隆裕"奉安"，在梁格庄的灵棚里演出了一幕活剧。主演者是那位最善表情的梁鼎芬，那时他还未到宫中当我的师傅，配角是另一位自命孤臣的劳乃宣，是宣统三年的学部副大臣兼京师大学堂总监督，辛亥后曾躲到青岛，在德国人专为收藏这流人物而设的"尊孔文社"主持社事。在这出戏里被当作小丑来捉弄的是前清朝山东巡抚、袁政府里的国务员孙宝琦，这时他刚当上外交总长（孙宝琦的父亲孙诒经被遗老们视为同光时代的名臣之一）。那一天，这一批国务员由赵秉钧率领前来。在致祭前赵秉钧先脱下大礼服，换上清朝素袍褂，行了三跪九叩礼。孤臣孽子梁鼎芬一时大为兴奋，也不知怎么回事，在那些没穿清朝袍褂来的国务员之中，叫他一眼看中了孙宝琦。他直奔这位国务员面前，指着鼻子问：

"你是谁？你是哪国人？"

孙宝琦给这位老朋友问得怔住了，旁边的人也都给弄得莫名其妙。梁鼎芬的手指头哆嗦着，指点着孙宝倚，嗓门儿越说越响：

"你忘了你是孙诒经的儿子！你做过大清的官，你今天穿着这身衣服，行这样的礼，来见先帝先后，你有廉耻吗？你——是个什么东西！"

"问得好！你是个什么东西？！"劳乃宣跟了过来。这一唱一帮，引过来一大群人，把这三个人围在中心。孙宝琦面无人色，低下头连忙说：

"不错，不错，我不是东西！我不是东西！"

后来梁师傅一谈起这幕活剧时，就描述得有声有色。这个故事和后来的"结庐守松""凛然退刺客"，可算是他一生中最得意的事迹。他和我讲了不知多少次，而且越讲情节越完整，越富于传奇性。

到民国三年，就有人称这年为复辟年了。孤臣孽子感到兴奋的事情越来越多：袁世凯祀孔，采用三卿士大夫的官秩，设立清史馆，擢用前清旧臣。尤其令人眼花缭乱的，是前东三省总督赵尔巽被任为清史馆馆长。陈师傅等人视他为贰臣，他却自己宣称："我是清朝官，我编清朝史，我吃清朝饭，我做清朝事。"那位给梁鼎芬在梁格庄配戏的劳乃宣，在青岛写出了正续《共和解》，公然宣传应该"还政于清"，并写信给徐世昌，请他劝说袁世凯。这时徐世昌既是清室太傅同时又是民国政府的国务卿，他把劳的文章给袁看了。袁叫人带信给劳乃宣，请他到北京做参议。前京师大学堂的刘廷琛，也写了一篇《复礼制馆书》，还有一位在国史馆当协修的宋育仁，发表了还政于清的演讲，都一时传遍各地。据说在这个复辟年里，连四川一个绰号叫十三哥的土匪，也穿上清朝袍褂，坐上绿呢大轿，俨然以遗老自居，准备分享复辟果实了。

在紫禁城里，这时再没有人提起搬家的事。谨慎稳健的内务府大臣世续为了把事情弄牢靠些，还特地找了他的把兄弟袁世凯一次。他带回的消息更加令人兴奋，因为袁世凯是这样对他说的："大哥你还不明白，那些条条不是应付南边的吗？太庙在城里，皇上怎么好搬？再说皇宫除了皇上，还能叫谁住？"这都是很久以后，在内务府做过事的一位遗少告诉我的。当时世续和王爷根本不和我谈这类事情，要谈的也要经过陈师傅。师傅当时的说法是："看样子，他们总统，倒像是优待大清的。优待条件本是载在盟府……"

师傅的话，好像总没有说完全。现在回想起来，这正是颇有见地的"慎重"态度。和紫禁城外那些遗老比起来，紫禁城里在这段时期所表现的乐观，确实是谨慎而有保留的。袁世凯的种种举动——从公开的不忘隆裕"在天之灵"，到私下认定"皇上"不能离开皇宫和太庙，这固然给了紫禁城里的人不少幻想，但是紫禁城从"袁宫保"这里所能看到的也只限于此。因此，紫禁城里的人就不能表现出太多的兴奋。到了复辟年的年底，北京开始变风头的时候，证明了这种"审慎"确实颇有见地。

风头之变换，始于一个肃政史提出要追查复辟传闻。袁世凯把这一案批交内务部"查明办理"，接着，演讲过还政于清的宋育仁被步军统领衙门（等于警备司令部）递解回籍。这个消息一经传出，不少人便恐慌了，劝进文章和还政于清的言论都不见了，在青岛正准备进京赴任的劳乃宣也不敢来了。不过人们还有些惶惑不解，因为袁世凯在查办复辟的民政部呈文上，批上了"严禁复辟谣言，既往不咎"这样奇怪的话，而宋育仁被递解回籍时，袁世凯送了他三千块大洋，一路上又大受各衙门的酒宴迎送，叫人弄不清他到底是受罚还是受奖。直到民国四年，总统府的美国顾问古德诺[1]发表了一篇文章，说共和制不适中国国情，继而又有"筹安会[2]"出现，主张推袁世凯为中华帝国的皇帝，这才扫清了满天疑云，使人们明白了袁世凯要复的是什么辟。风头所向弄明白了，紫禁城里的气氛也变了。

我从响城中听见中南海的军乐声，就是在这时候。那时，三大殿正进行油缮工程，在养心殿的台阶上，可以清清楚楚地望见脚手架上油工们的活动。张谦和告诉我，那是为袁世凯登极做准备。后来，"伦贝子"（溥伦）代表皇室和八旗向袁世凯上劝进表，袁世凯许给他亲王双俸，接着他又到宫里来向太妃索要仪仗和玉玺。这些消息使我感到心酸、悲愤，也引起了我的恐惧。虽然陈师傅不肯明讲，我也懂得"天无二日，国无二君"这句老话。袁世凯自己做了皇帝，还能让我这多余的皇帝存在吗？历史上的例子可太多了，太史公就统计过"春秋之中，弑君三十六"哩！

在那些日子里，乾清门外的三大殿的动静，牵连着宫中每个人的每根神经。不论谁在院子里行走，都要关心地向那边张望一下，看看关系着自己命运的油缮工程，是否已经完工。太妃们每天都要烧香拜佛，求大清的护国神"协天大帝关圣帝君"给以保佑。仪仗是忙不迭地让溥伦搬走了，玉玺因为是满汉合璧的，并不合乎袁世凯的要求，所以没有拿去。如果袁世凯说一声全要，交泰殿的所有"御宝"都会乖乖地交出去，因为太妃们早已吓得不知如何是好了。这种空气的重压，特别可以从太监们的神色上感觉出来。早晨我卧室内的背书声不用说是起了变化，御

[1] 古德诺（1859年—1939年），美国人，曾在美国的大学教授法律，1913年任中国政府的法律顾问。此处所说的文章是发表于1915年的《共和与君主论》，文章为袁世凯称帝造势，称共和制不适用于中国。

[2] 1915年由杨度、孙毓筠、严复、刘师培、李燮和、胡瑛等人联名成立，支持袁世凯称帝，支持恢复帝制，是在袁世凯授意下建立的政治团体。

前小太监们常常交头接耳，有时竟神不守舍地传说着：

"太和殿快油漆完了！"

这时毓庆宫里最显著的变化，是师傅们对毓崇特别和气，没有人再拿他当伯禽来看待。他在太妃那里竟成了红人，常常被叫进去赏赐些鼻烟壶、扳指儿之类的玩意儿。每逢我说话提到袁世凯的时候，师傅就向我递眼色，暗示我住嘴，以免让毓崇听见，传到他父亲溥伦耳朵里去。

有一天，毓崇应召到太妃那里去了，陈宝琛看见窗外已经没有了他的影子，从怀里拿出一张纸条，神秘地对我说：

"臣昨天卜得的易卦，皇上看看。"

我拿过来，看见这一行字：

"我仇有疾，不我能即，吉！"

他解释说，这是说我的仇人袁世凯前途凶恶，不能危害于我，是个吉卦。他还烧了龟背，弄过蓍草，一切都是吉利的，告诉我可以大大放心。这位老夫子为了我的命运，把原始社会的一切算命办法都使用过了。因此，他乐观地做出结论：

"天作孽，犹可违；自作孽，不可活。元凶大憝的袁世凯作孽如此，必不得善终！'我仇有疾，终无尤也！'何况优待条件藏在盟府，为各国所公认，袁世凯焉能为害于我乎？"

为了"不我能即"和保住优待条件，师傅、王爷和内务府大臣们在算卦之外的活动，他们虽没有告诉我，我也多少知道一些。他们和袁世凯进行了一种交易，简单地说，就是由清室表示拥护袁皇帝，袁皇帝承认优待条件。内务府给了袁一个正式公文，说："现由全国国民代表决定君主立宪国体，并推戴大总统为中华帝国大皇帝，为除旧更新之计，作长治久安之谋，凡我皇室极表赞成。"这个公文换得了袁世凯亲笔写在优待条件上的一段跋语：

先朝政权，未能保全，仅留尊号，至今耿耿。所有优待条件各节，无论何时断乎不许变更，容当列入宪法。袁世凯志，乙卯孟冬。

这两个文件的内容后来都见于民国四年十二月十六日的"大总统令"中。这个"令"发表之前不多天，我父亲日记里就有了这样一段记载：

十月初十日（即阳历十一月十六日）上门。偕世太傅公见四皇贵妃，禀商皇室与袁大总统结亲事宜，均承认可，命即妥行筹办一切云。在内观密件，甚妥，一切如恒云云。

所谓密件，就是袁的手书跋语。所谓亲事，就是袁世凯叫步兵统领江朝宗向我父亲同世续提出的让他女儿当皇后。太妃们心里虽不愿意，也不得不从。其结果是，优待条件既没列入宪法，我也没跟袁家女儿结婚，因为袁世凯只做了八十三天的皇帝，就在一片反袁声中气死了。

二　丁巳复辟

袁世凯去世那天，消息一传进紫禁城，人人都像碰上了大喜事。太监们奔走相告，太妃们去护国协天大帝关圣帝君像前烧香，毓庆宫无形中停了一天课……

接着，紫禁城中就听见了一种新的响城声：

"袁世凯失败，在于动了鸠占鹊巢之念。"

"帝制非不可为，百姓要的却是旧主。"

"袁世凯与拿破仑三世不同，他并不如拿氏有祖荫可恃。"

"与其叫姓袁的当皇帝，还不如物归旧主哩。"

……

这些声音，和师傅们说的"本朝深仁厚泽，全国人心思旧"的话起了共鸣。

这时我的思想感情和头几年有了很大的不同。这年年初，我刚在奕劻谥法问题上表现出了"成绩"，这时候，我又对报纸发生了兴趣。

袁死了不多天之后，报上登了"宗社党起事未成""满蒙匪势猖獗"的消息。我知道这是当初公开反抗共和的王公大臣——善耆、溥伟、升允、铁良，正在为我活动。他们四人当初是被称作申包胥的，哭秦庭都没成功。后来铁良躲到天津的外国租界，其余的住在日本租借地旅顺和大连，通过手下的日本浪人，勾结日本的军阀、财阀，从事复辟武装活动。四人中最活跃的是善耆，他任民政部尚书时聘用的警政顾问日本人川岛浪速，一直跟他在一起，给他跑合拉纤。日本财主大仓喜八郎男爵给了他一百万日元活动费。日本军人青森、土井等人给他招募满蒙土匪，编练军队，居然有了好几千人。袁世凯一死，就闹起来了。其中有一支由蒙古贵族巴布扎布率领的队伍，一度逼近了张家口，气势十分猖獗。直到后来巴布扎布在兵变中被部下刺杀，才告终结。在闹得最凶的那些天，出现了一种很奇特的现象：一方面"勤王军"和民国军队在满蒙几个地方乒乒乓乓地打得很热闹，另一方面在北京城里的民国政府和清室小朝廷照旧祝贺往来，应酬不绝。紫禁城从袁世凯去世那天开始的兴隆气象，蒸蒸日上，既不受善耆和巴布扎布的兴兵作乱的影响，更不受他们失败的连累。

袁死后，黎元洪继任总统，段祺瑞出任国务总理。紫禁城派了曾向袁世凯劝进的溥伦前去祝贺，黎元洪也派了代表来答谢，并且把袁世凯要去的皇帝仪仗送回紫禁城。有些王公大臣们还得到了民国的勋章。有些在袁世凯时代东躲西藏的王公大臣，现在也挂上了嘉禾章，又出现于交际场所。元旦和我的生日，大总统派礼官前来祝贺，我父亲也向黎总统、段总理赠送肴馔。这时内务府比以前忙多了，要拟旨赐谥法，赏朝马、二人肩舆、花翎、顶戴，要授什么"南书房行走[1]"、乾清门各等侍卫，要带领秀女供太妃挑选，也偷偷地收留下优待条件上所禁止的新太监。当然还有我所无从了解的各种交际应酬，由个别的私宴到对国会议员们的公宴……

总之，紫禁城又像从前那样活跃起来。到了丁巳年（民国六年）张勋进宫请安，开始出现了复辟高潮。

在这以前，我亲自召见请安的人还不多，而且只限于满族。我每天的活动，除了到毓庆宫念书，在养心殿看报，其余大部分时间还是游戏。我看见神武门那边翎顶袍褂多起来了，觉着高兴，听说勤王军发动了，尤其兴奋，而勤王军溃灭了，也感到泄气。但总的说来，我也很容易把这些事情忘掉。肃亲王逃亡旅顺，消息不明，未免替他担心，可是一看见骆驼打喷嚏很好玩，肃亲王的安危就扔到脑后去了。既然有王爷和师傅、大臣们在，我又何必操那么多的心呢？到了事情由师傅告诉我的时候，那准是一切都商议妥帖了。阴历四月二十七日这天的情形就是如此。

这天新授的"太保"陈宝琛和刚到紫禁城不久的"毓庆宫行走"梁鼎芬两位师傅，一齐走进了毓庆宫。不等落座，陈师傅先开了口：

"今天皇上不用念书了。有个大臣来给皇上请安，一会奏事处太监会上来请示的。"

"谁呀？"

"前两江总督兼摄江苏巡抚张勋。"

"张勋？是那个不剪辫子的定武军张勋吗？"

"正是，正是。"梁鼎芬点头赞许，"皇上记性真好，正是那个张勋。"梁师傅向来不错过颂扬的机会，为了这个目的，他正在写我的起居注。

---

[1] 南书房行走严格来说不是官职，"行走"指本来有官职又被派到其他机构办事，"南书房行走"即被派到南书房当值。南书房原为康熙读书处，后成为翰林侍候皇帝读书以及做机要工作的场所，入职南书房是朝臣向往的待遇。

其实我并没有什么好记性，只不过前不久才听师傅们说起这个张勋的故事。民国开元以来，他和他的军队一直保留着辫子。袁世凯在民国二年扑灭"二次革命"，就是以他的辫子兵攻陷南京而告成功的。辫子兵在南京大抢大烧，误伤了日本领事馆的人员，惹起日本人提出抗议，辫帅赶忙到日本领事面前赔礼道歉，答应赔偿一切损失，才算了事。隆裕死后，他通电吊唁称为"国丧"，还说了"凡我民国官吏莫非大清臣民"的话。袁世凯死后不久，报上登出了张勋的一封通电。这封通电表示了徐州的督军会议对袁死后政局的态度，头一条却是"尊重优待清室各条"。总之，我相信他是位忠臣，愿意看看他是个什么样儿。

按照清朝的规矩，皇帝召见大臣时，无关的人一律不得在旁。因此每次召见不常见的人之前，师傅总要先教导一番，告诉我要说些什么话。这次陈师傅用特别认真的神气告诉我，要夸赞张勋的忠心，叫我记住他现在是长江巡阅使，有六十营的军队在徐州、兖州一带，可以问问他徐、兖和军队的事，好叫他知道皇上对他很关心。末了，陈师傅再三嘱咐道：

"张勋免不了要夸赞皇上，皇上切记，一定要以谦逊答之，这就是示以圣德。"

"满招损，谦受益。"梁师傅连忙补充说，"越谦逊，越是圣明。上次陆荣廷觐见天颜，到现在写信来还不忘称颂圣德……"

陆荣廷是两广巡阅使，他是历史上第一个被赏赐紫禁城骑马的民国将领。两个月前，他来北京会晤段祺瑞，不知为什么，跑到宫里来给我请了安，又报效崇陵植树一万元。我在回养心殿的轿子里忽然想起来，那次陆荣廷觐见时，师傅们的神色和对我的谆谆教诲，也是像这次似的。那次陆荣廷的出现，好像是紫禁城里的一件了不起的大事。内务府和师傅们安排了不同平常的赏赐，有我写的所谓御笔福寿字和对联，有无量寿金佛一龛，三镶玉如意一柄，玉陈设二件和尺头四件。陆荣廷走后来了一封信，请世续"代奏叩谢天恩"。从那时起，"南陆北张"就成了上自师傅下至太监常提的话头。张谦和对我说过："有了南陆北张两位忠臣，大清有望了。"

我根据太监给我买的那些石印画报，去设想张勋的模样，到下轿的时候，他在我脑子里也没成型。我进养心殿不久，他就来了。我坐在宝座上，他跪在我面前磕了头。

"臣张勋跪请圣安……"

我指指旁边一张椅子叫他坐下（这时宫里已不采取让大臣跪着说话的规矩了），他又磕了一个头谢恩，然后坐下来。我按着师傅的教导，问他徐、兖地方的军队情形，他说了些什么，我也没用心去听。我对这位"忠臣"的相貌多少有点失望。他穿着一身纱袍褂，黑红脸，眉毛很重，胖乎乎的。看他的短脖子就觉得不理想，如果他没胡子，倒像御膳房的一个太监。我注意到了他的辫子，的确有一根，是花白色的。

后来他的话转到我身上，不出陈师傅所料，果然恭维起来了。

他说："皇上真是天亶聪明！"

我说："我差得很远，我年轻，知道的事挺少。"

他说："本朝圣祖仁皇帝也是冲龄践祚，六岁登极呀！"

我连忙说："我怎么比得上祖宗，那是祖宗……"

这次召见并不比一般的时间长，他坐了五六分钟就走了。我觉得他说话粗鲁，大概不会比得上曾国藩，也就觉不到特别高兴。可是第二天陈宝琛、梁鼎芬见了我，笑眯眯地说张勋夸我聪明谦逊，我又得意了。至于张勋为什么要来请安，师傅们为什么显得比陆荣廷来的那次更高兴，内务府准备的赏赐为什么比对陆更丰富，太妃们为什么还赏赐了酒宴等等这些问题，我连想也没去想。

过了半个月，阴历五月十三这天，还是在毓庆宫，陈宝琛、梁鼎芬和朱益藩三位师傅一齐出现，面色都十分庄严，还是陈师傅先开的口：

"张勋一早就来了……"

"他又请安来啦？"

"不是请安，是万事俱备，一切妥帖，来拥戴皇上复位听政，大清复辟啦！"

他看见我在发怔，赶紧说："请皇上务要答应张勋。这是为民请命，天与人归……"

我被这个突如其来的喜事弄得昏昏然。我呆呆地看着陈师傅，希望他多说几句，让我明白该怎么当这个"真皇帝"。

"用不着和张勋说多少话，答应他就是了。"陈师傅胸有成竹地说，"不过不要立刻答应，先推辞，最后再说：既然如此，就勉为其难吧。"

我回到养心殿，又召见了张勋。这次张勋说的和他的奏请复辟折上写的差不多，只不过不像奏折说的那么斯文就是了。

"隆裕皇太后不忍为了一姓的尊荣，让百姓遭殃，才下诏办了共和。谁知办得民不聊生……共和不合咱的国情，只有皇上复位，万民才能得救……"

听他念叨完了，我说："我年龄太小，无才无德，当不了如此大任。"他夸了我一顿，又把康熙皇帝六岁做皇帝的故事念叨一遍。听他叨叨着，我忽然想起了一个问题：

"那个大总统怎么办呢？给他优待还是怎么着？"

"黎元洪奏请让他自家退位，皇上准他的奏请就行了。"

"唔……"我虽然还不明白，心想反正师傅们必是商议好了，现在我该结束这次召见了，就说："既然如此，我就勉为其难吧！"于是我就又算是"大清帝国"的皇帝了。

张勋下去以后，陆续地有成批的人来给我磕头，有的请安，有的谢恩，有的连请安带谢恩。后来奏事处太监拿来了一堆已写好的"上谕"。头一天一气下了九道"上谕"：

一、即位诏；

二、黎元洪奏请奉还国政，封黎为一等公，以彰殊典；

三、特设内阁议政大臣，其余官制暂照宣统初年，现任文武大小官

员均著照常供职;

四和五、授七个议政大臣(张勋、王士珍、陈宝琛、梁敦彦、刘廷琛、袁大化、张镇芳)和两名内阁阁丞(张勋的参谋长万绳栻和冯国璋的幕僚胡嗣瑗);

六、授各部尚书(外务部梁敦彦、度支部张镇芳、参谋部王士珍、陆军部雷震春、民政部朱家宝);

七、授徐世昌、康有为为弼德院正、副院长;

八和九、授原来各省的督军为总督、巡抚和都统(张勋兼任直隶总督北洋大臣)。

据老北京人回忆当时北京街上的情形说:那天早晨,警察忽然叫各户悬挂龙旗,居民们没办法,只得用纸糊的旗子来应付;接着,几年没看见的清朝袍褂在街上出现了,一个一个好像从棺材里面跑出来的人物;报馆出了复辟消息的号外,售价比日报还贵。在这种奇观异景中,到处可以听到报贩叫卖"宣统上谕"的声音:"六个子儿买古董咧!这玩意儿过不了几天就变古董,六个大铜子儿买件古董可不贵咧!"

这时前门外有些铺子的生意也大为兴隆。一种是成衣铺,赶制龙旗发卖;一种是估衣铺,清朝袍褂成了刚封了官的遗老们争购的畅销货;另一种是做戏装道具的,纷纷有人去央求用马尾给做假发辫。我还记得,在那些日子里,紫禁城里袍袍褂褂翎翎顶顶,人们脑后都拖着一条辫子。后来讨逆军打进北京城,又到处可以捡到丢弃的真辫子,据说这是张勋的辫子兵为了逃命,剪下来扔掉的。

假如那些进出紫禁城的人,略有一点儿像报贩那样的眼光,能预料到关于辫子和上谕的命运,他们在开头那几天就不会那样地快活了。

那些日子,内务府的人员穿戴特别整齐,人数也特别多(总管内务府大臣特别指示过),因人数仍嫌不够,临时又从候差人员中调去了几位。有一位现在还健在,他回忆说:"那两天咱们这些写字儿的散班很晚,总是写不过来。每天各太妃都赏饭。到赏饭的时候总少不了传话:

不叫谢恩了，说各位大人的辛苦，四个宫的主子都知道。"他却不知道，几个太妃正乐得不知如何是好，几乎天天都去神佛面前烧香，根本没有闲工夫来接见他们。

在那些日子里，没有达到政治欲望的王公们，大不高兴。张勋在发动复辟的第二天做出了一个禁止亲贵干政的"上谕"，使他们十分激愤。醇亲王又成了一群贝勒贝子们的中心，要和张勋理论，还要亲自找我做主。陈宝琛听到了消息，忙来嘱咐我说：

"本朝辛亥让国，就是这般王公亲贵干政闹出来的，现在还要闹，真是糊涂已极！皇上万不可答应他们！"

我当然信从了师傅。然而自知孤立的王公们并不死心，整天聚在一起寻找对策。这个对策还没想好，讨逆军已经进了城。这倒成全了他们，让他们摆脱了这次复辟的责任。

最情不自禁地是陈宝琛师傅。陈师傅本来是个最稳重、最有见识的人。在这年年初发生的一件事情上，我对他还是这个看法。在我生日的前后，劳乃宣悄悄地从青岛带来了一封信。发信者的名字已记不得了，只知道是一个德国人，代表德国皇室表示愿意支持清室复辟。劳乃宣认为，这是个极好的机缘，如果再加上德清两皇室结亲，就更有把握。朱益藩把那封信带进给了我，我顺手放在长春宫的卧室帐子里的桌上，被敬懿太妃无意发现，看作是件了不起的宝贝，特意给我送来一个带锁的匣子，嘱我好好保存，可见这封信引起了太妃多大的希望。陈师傅对于这件事，极力表示反对，说劳乃宣太荒唐，是个成事不足败事有余的人；即使外国人有这个好意，也不能找到劳乃宣这样的人。谁知从复辟这天起，这个稳重老练的老夫子，竟完全变了。

本来张勋决定最初的议政大臣名单中还有个世续，世续无论如何不肯干，声明自己只做太保，不做其他攀龙附凤的妄想。其实，世续这时看出了张勋的势派不稳，凭着四十年的宦海经验，这位老军机大臣心中犯了犹疑，不敢贸然从事。陈师傅原先要和世续一致行动，看世续不就职，他也递了奏折"恳请天恩收回成命"，经我一挽留，也就和他教导我的一样，说了一句"既然如此，也就勉为其难吧"，劲头十足地干起来了。

"独孤臣与孽子，其操心也危，其虑患也深，故达！"

复辟的第一天，我受过成群的孤臣孽子叩贺，回到毓庆宫，就听见陈师傅这么念叨。他捻着白胡子团儿，老光镜片后的眼睛眯成一道缝，显示出异乎寻常的兴奋。

然而使我感到惊奇的，倒不是他的兴奋，也不是他在"亲贵于政"问题上表现出的与王公们的对立（虽然直接冒犯的是我的父亲），而是在处理黎元洪这个问题上表现出的激烈态度。先是梁鼎芬曾自告奋勇去见黎元洪（梁黎是儿女亲家），劝黎元洪立即让出总统府，不料遭到拒绝，回来愤然告诉了陈宝琛和朱益藩。陈宝琛听了这个消息，和梁鼎芬、朱益藩一齐来到毓庆宫，脸上的笑容完全没有了，露出铁青的颜色，失去了控制地对我说：

"黎元洪竟敢拒绝，拒不受命，请皇上马上赐他自尽吧！"

我吃了一惊，觉得太过分了。

"我刚一复位，就赐黎元洪死，这不像话。国民不是也优待过我吗？"

陈宝琛这是第一次遇到我对他公开的驳斥，但是同仇敌忾竟使他忘掉了一切，他气呼呼地说："黎元洪岂但不退，还赖在总统府不走。乱臣贼子，元凶大憝，焉能与天子同日而语？"

后来他见我表示坚决，不敢再坚持，同意让梁鼎芬再去一次总统府，设法劝他那位亲家离开。梁鼎芬还没有去，黎元洪已经抱着总统的印玺，跑到日本公使馆去了。

讨逆军逼近北京城，复辟已成绝望挣扎的时候，陈宝琛和王士珍、张勋商议出了一个最后办法，决定拟一道上谕给张作霖，授他为东三省总督，命他火速进京勤王。张作霖当时是奉天督军，对张勋给他一个奉天巡抚是很不满足的。陈师傅对张作霖这时寄托了很大的希望。这个上谕写好了，在用"御宝"时发生了问题，原来印盒的钥匙在我父亲手里。若派人去取就太费时间了，于是，陈师傅当机立断，叫人把印盒上的锁头索性砸开，取出了刻着"法天立道"的"宝"。这道上谕并未送到张作霖手里，因为带信的张海鹏刚出城就被讨逆军截住了。我对陈师傅突然变得如此果断大胆，有了深刻的印象。

复辟的开头几天，我每天有一半时间在毓庆宫里。念书是停了，不过师傅们是一定要见的，因为每样事都要听师傅们的指导。其余半天的时间，是看看待发的上谕和"内阁官报"，接受人们的叩拜，或者照旧去欣赏蚂蚁倒窝，叫上驷院[1]太监把养的骆驼放出来玩玩。这种生活过了不过四五天，宫中掉下了讨逆军飞机的炸弹，局面就完全变了。磕头的不来了，上谕没有了，大多数的议政大臣们没有了影子，纷纷东逃西散，最后只剩下了王士珍和陈宝琛。飞机空袭那天，我正在书房里和老师们说话，听见了飞机声和从来没听见过的爆炸声，吓得我浑身发抖，师傅们也是面无人色。在一片混乱中，太监们簇拥着我赶忙回到养心殿，好像只有睡觉的地方才最安全。太妃们的情形更加狼狈，有的躲进卧室的角落里，有的钻到桌子底下。当时各宫人声嘈杂，乱成一团。这是中国历史上第一次出现空袭，内战史上第一次使用中国空军。如果第一次的防空情形也值得说一下的话，那就是：各人躲到各人的卧室里，把廊子里的竹帘子（即雨搭）全放下来——根据太监和护军的知识，这就是最聪明的措施了。幸亏那次讨逆军的飞机并不是真干，不过是恐吓了一下，只扔下三个尺把长的小炸弹。这三个炸弹一个落在隆宗门外，炸伤了抬"二人肩舆"的轿夫一名，一个落在御花园里的水池里，炸坏了水池子的一角，第三个落在西长街隆福门的瓦檐上，没有炸，把聚在那里赌钱的太监们吓了个半死。

---

　　[1] 清代内务府所属的二院（上驷院、奉宸苑、武备院）之一，清初沿用明代制度，设御马监，后改称阿敦衙门，康熙年间改称上驷院。上驷院掌管官内所用马驼，皇帝、后妃、皇子出入，都由上驷院供备马匹。

给张作霖发出上谕的第二天，紫禁城里听到了迫近的枪炮声，王士珍和陈宝琛都不来了，宫内宫外失掉了一切联系。后来，枪炮声稀疏下来，奏事处太监传来了"护军统领"毓逖禀报的消息："奏上老爷子，张勋的军队打了胜仗，段祺瑞的军队全败下去了！"这个消息也传到了太妃那里。说话之间，外边的枪炮声完全没有了，这一来，个个眉开眼笑，太监们的鬼话都来了，说关老爷骑的赤兔马身上出了汗，可见关帝显圣保过驾，张勋才打败了段祺瑞。我听了，忙到了关老爷那里，摸了摸他那个木雕的坐骑，却是干巴巴的。还有个太监说，今早上，他听见养心殿西暖阁后面有叮叮当当的盔甲声音，这必是关帝去拿那把青龙偃月刀。听了这些话，太妃和我都到钦安殿叩了头。这天晚上大家睡了一个安稳觉。第二天一清早，内务府报来了真的消息："张勋已经逃到荷兰使馆去了……"

我的父亲和陈师傅在这时出现了。他们的脸色发灰，垂头丧气。我看了他们拟好的退位诏书，又害怕又悲伤，不由得放声大哭。下面就是这个退位诏书：

宣统九年五月二十日，内阁奉

上谕：前据张勋等奏称，国本动摇，人心思旧，恳请听政等语。朕以幼冲，深居宫禁，民生国计，久未与闻。我孝定景皇后逊政恤民，深仁至德，仰念遗训，本无丝毫私天下之心，唯据以救国救民为词，故不得已而允如所请，临朝听政。乃昨又据张勋奏陈，各省纷纷称兵，是又将以政权之争致开兵衅。年来我民疾苦，已如火热水深，何堪再罹干戈重兹困累。言念及此，辗转难安。朕断不肯私此政权，而使生灵有涂炭之虞，致负孝定景皇后之盛德。著王士珍会同徐世昌，迅速通牒段祺瑞，商办一切交接善后事宜，以靖人心，而弭兵祸。

钦此！

三 北洋元老

这个退位诏并没有发出去，当时公布的只有裹夹在大总统命令中的一个内务府的声明。

大总统令

据内务部呈称：准清室内务府函称：本日内务府奉谕：前于宣统三年十二月二十五日钦奉隆裕皇太后懿旨，因全国人民倾心共和，特率皇帝将统治权公诸全国，定为民国共和，并议定优待皇室条件，永资遵守，等因；六载以来，备极优待，本无私政之心，岂有食言之理。不意七月一号张勋率领军队，入宫盘踞，矫发谕旨，擅更国体，违背先朝懿训。冲人深居宫禁，莫可如何。此中情形，当为天下所共谅。著内务府咨请民国政府，宣布中外，一体闻知，等因。函知到部，理合据情转呈等情。此次张勋叛国矫挟，肇乱天下，本共有见闻，兹据呈明咨达各情，合亟明白布告，

咸使闻知。

此令！

中华民国六年七月十七日

国务总理段祺瑞

由自认"临朝听政"的退位诏，一变为"张勋盘踞，冲人莫可如何"的内务府声明，这是北洋系三位元老与紫禁城合作的结果。想出这个妙计的是徐世昌太傅，而执行的则是冯国璋总统和段祺瑞总理。

紫禁城在这次复辟中的行为，被轻轻掩盖过去了。紫禁城从复辟败局既定那天所展开的新活动，不再为外界所注意了。

下面是醇亲王在这段时间中所记的日记（括弧内是我注的）：

二十日。上门。张绍轩（勋）辞职，王士珍代之。不久，徐菊人（世昌）往见皇帝，告知外边情形。……

廿一日。上门。现拟采用虚下渐停之法。回府。已有表示密电出发，以明态度云云。荫兄（载泽）来谈。

廿二日。上门住宿。近日七弟屡来电话、信札及晤谈云云。张绍轩来函强硬云云。

廿三日。上门。回府。……闻冯（国璋）已于南京继任（代理大总统）云云。张绍轩遣傅民杰来谒。六弟来函。……

廿四日。由寅正余起，南河沿张宅一带开战，枪炮互放，至未正余始止射击。张绍轩已往使馆避居。

廿五日。丙辰。上门。始明白（这三个字是后加的）宣布取消五月十三日以后办法（指宣布退位）。

廿八日。上门。差片代候徐太傅、段总理两处。

廿九日。初伏。差人赠于徐大傅洗尘肴馔。大雨。世相（续）来谈，据云已晤徐太傅，竭力维持关于优待条件。唯二十五日所宣布之件（指"退位诏"）须另缮改正，今日送交云。徐太傅差人来谒。申刻亲往访问徐大傅晤谈刻许。

六月初一日。壬戌。朔。上门。偕诣长春宫（敬懿太妃）行千秋贺祝（这后面贴着大总统令，将内务府的卸复辟之责的公函布告周知）。

初四日。徐太傅来答拜，晤谈甚详，并代段总理致意阻舆云。

十二日。小雨。民国于六月以来，关于应筹皇室经费及旗饷仍如例拨给云云。

十四日。遣派皇室代表润贝勒往迎冯总统，甚妥洽。

十五日。差人持片代候冯总统，并赠肴馔。

十六日。上门。绍宫保（英）来谈。……

十七日。上门。民国代表汤总长化龙觐见，答礼毕，仍旧例周旋之。……

十八日。亲往访徐太傅，晤谭甚详，尚无大碍。

廿一日。上门。……收六弟自津寓今早所发来函，略同十八日所晤徐太傅之意，尚好尚好。……

廿七日。七弟自津回京来谈。阅报民国竟于今日与德奥两国宣战了。由绍宫保送来五月二十二之强硬函件，存以备考。

廿九日。亲访世太傅致嘱托之意。

七月初一日。壬辰。朔。上门偕见四宫皇贵妃前云云。……接七弟电语，畅谈许久。

初四日。七弟来谈，已见冯总统，意思尚好。……

紫禁城用金蝉脱壳之计躲开了社会上的视线，紫禁城外的那些失败者则成了揭露和抨击的目标。我从报上的文章和师傅们的议论中，很快地得到了互相印证的消息，明白了这次复辟的内情真相。

参加洪宪帝制的孙毓筠在上海《中华新报》上发表的一篇文字和《上海新闻报》署名"指迷"的写的一篇通讯，是大致和师傅们的消息相符。复辟的酝酿，早发生在洪宪帝制失败的时候。当时，袁世凯的北洋系陷于四面楚歌，一度出任国务卿后又因反对袁世凯"僭越"称帝而引退的徐世昌，曾经用密电和张勋、倪嗣冲商议过，说"民党煎迫至此，不如以大政归还清室，项城仍居总理大臣之职，领握军权"。这个主意得到早有此心的张、倪二人的同意，但因后来没有得到各国公使方面的支持，所以未敢行动。袁死后，他们又继续活动，在徐州、南京先后召开了北洋系军人首脑会议。并在袁的舆榇移到彰德时，乘北洋系的首脑、督军们齐往致祭的机会，在徐世昌的主持下，做出了一致同意复辟的决议。

取得一致意见之后，复辟的活动便分成了两个中心。一个是徐州的张勋，另一个是天津的徐世昌。张勋由彰德回到徐州，把督军们邀集在一起开会（即所谓第二次徐州会议），决议先找外国人支持，首先是日本的支持。张通过天津的朱家宝（直隶省长）和天津日本驻屯军的一个少将发生了接触，得到赞助后，又通过日本少将的关系，和活动在满蒙的善耆、蒙古匪首巴布扎布，徐蚌的张、倪，天津的雷震春、朱家宝等联络上，共同约定：俟巴布扎布的军队打到张家口，雷震春即策动张家口方面响应，张、倪更借口防卫京师发兵北上，如此便一举而成复辟之"大业"。这个计划后来因为巴布扎布的军队被奉军抵住，以巴布扎布被部下刺杀而流于失败。徐世昌回到天津后，他派了陆宗舆东渡日本，试探日本政界的态度。日本当时的内阁与军部意见并不完全一致，内阁对天津驻屯军少将的活动，不表示兴趣。陆宗舆的失败，曾引起津沪两地遗老普遍的埋怨，怪徐世昌用人失当。陆宗舆不但外交无功，内交弄得也很糟。他东渡之前先到徐州访问了张勋，把徐世昌和日方协商的条件拿给张勋看，想先取得张的首肯。张对于徐答应日本方面的条件倒不觉得怎样，唯有徐世昌要日方谅解和支持他当议政王这一条，把张勋惹恼了。他对陆说："原来复辟只为成全徐某？难道我张某就不配做这个议政王吗？"从此张徐之间有了猜忌，两个复辟中心的活动开始分道扬镳。

不久，协约国拉段内阁参加已打了三年的欧战。徐世昌看出是一步好棋，认为以参战换得协约国的支持，大可巩固北洋系的地位，便怂恿段祺瑞去进行。段一心想武力统一全国，参战即可换得日本贷款，以充其内战经费，于是提交国会讨论。但国会中多数反对参战，这时想夺取实权的黎元洪总统乃和国会联合起来反对段祺瑞。所谓府院之争逐步发展到白热化，结果，国务总理被免职，跑到天津。段到天津暗地策动北洋系的督军，向黎元洪的中央闹独立，要求解散国会，同时发兵威胁京师。张勋看到这是个好机会，加之在第四次徐州会议上又取得了各省督军和北洋系冯、段代表的一致支持，认为自己确实做了督军们的盟主和复辟的领袖，于是骗得黎元洪把他认作和事佬，请他到北京担任调解。当年的六月下旬，他率领军队北上，在天津先和北洋系的首领们接触后，再迫黎元洪以解散国会为条件，然后进京，七月一日就演出了复辟那一幕。

许多报纸分析张勋的失败，是由于独揽大权，犯了两大错误，造成了自己的孤立。一个错误是只给了徐世昌一个弼德院长的空街头，这就注定了败局；另一个是他不该忽略了既有野心又拥有"研究系"谋士的段祺瑞。早在徐州开会时，冯、段都有代表附议过复辟计划，张勋后来入京过津见过段，段也没表示过任何不赞成的意思，因此他心里认为北洋系的元老徐、冯、段已无问题，只差一个王士珍态度不明。最后在北京他把王士珍也拉到了手，即认为任何问题都没有了。不料他刚发动了复辟，天津的段祺瑞就在马厂誓师讨逆，各地的督军们也变了卦，由拥护复辟一变而为"保卫共和"。这一场复辟结果成全了段祺瑞和冯国璋，一个重新当上了国务总理，一个当上了总统，而张勋则成了元凶大憝。

张勋为此曾经气得暴跳如雷。他警告段祺瑞和那些督军们说："你们不要逼人太甚，把一切都推到我一个人身上，必要时我会把有关的信电和会议记录公布出来的。"[1] 我父亲日记里说的"来函强硬"就是指这件事。张勋这一手很有效。原先充当他的后盾，出力支持他的德国人，在炮火中冒险把他从南河沿的住处救出来，也无非是防止他变成俘虏之后，把另一方的内幕兜出去。冯、段知道张勋这句危词的分量，因此也就没敢逼他。冯、段政府公布命令为清室开脱的那天，同时发布过一项通缉康有为、万绳栻等五名复辟犯的命令。但被讨逆军冯玉祥部队捕获的复辟要犯张镇芳、雷震春等人，立刻被段祺瑞要了去，随即释放。过

---

[1] 据说张勋原来保存了一整箱子关于这方面的文件，可是后来竟不知被什么人偷去，并且运往法国去了。——作者

了半年，总统明令宣布免除对一切帝制犯（从洪宪到丁巳复辟）的追究，虽然把张勋除外，但实际上他已经自由自在地走出了荷兰使馆，住在新买的漂亮公馆里。第二年，徐世昌就任总统后不到两个星期，更明令对张勋免予追究，后来张勋被委为林垦督办，他还嫌官小不干呢。

这些内幕新闻最引起我注意的，是民国的大人物，特别是当权的北洋系的元老们，都曾经是热心于复辟的人。这次他们都把张勋当作靶子来打，对我却无一不是尽力维护的。

段祺瑞在讨逆的电报里说："该逆张勋，忽集其凶党，勒召都中军警长官三十余人，列戟会议，复叱咤命令，迫众雷同。旋即挈康有为闯入宫禁，强为推戴，世中堂续叩头力争，血流灭鼻，谨、瑜两太妃痛哭求免，几不欲生，清帝子身冲龄，岂能御此强暴？竟遭诬胁，实可哀怜！"这样的绘声绘色，实在费尽了苦心。冯国璋在通电里也说：张勋"玩冲人于股掌，遗清室以至危"，又说"国璋在前清时代，本非主张革命之人，遇辛亥事起，大势所趋，造成民国"。他们为什么这样为紫禁城开脱呢？又何以情不自禁地抒发了自己的感情呢？我得到的唯一结论是：这些人并非真正反对复辟，问题不过是由谁来带头罢了。

在紫禁城看来，只要能捉老鼠，花猫白猫全是好猫，无论姓张姓段，只要能把复辟办成，全是好人。

所以在冯、段上台之后，孤臣孽子们的目光曾一度集中到这两位新的当权者身上。在张勋的内阁中当过阁丞的胡嗣瑗，曾做过冯国璋的幕府，在丁巳复辟中是他一度说动了冯的，现在又活动冯国璋去了。后来段祺瑞也和世续有过接洽。但在冯、段这一年任期中，事情都没有结果。因为冯、段上台之后闹了一年摩擦，北洋系由此开始分裂为直系（冯）和皖系（段）。在忙于摩擦中，冯没有给胡嗣瑗什么答复就下了台。段虽然也找过世续，透露出复辟也无不可的意思，但经过丁巳事件变得更加谨慎的世续，摸不透这位靠讨伐复辟而上台的总理是什么意思，所以没敢接过话头。

冯下台后，徐世昌出任总统，情形就不同了。在复辟刚失败之后，《上海新闻报》有篇评论文章，其中有一段是最能打动紫禁城里的人心的：

> 使徐东海为之，决不鲁莽如是，故此次复辟而不出于张勋，则北洋诸帅早已俯首称臣……

不但我这个刚过了几天皇帝瘾的人为之动心，就是紫禁城内外的孤臣孽子们也普遍有此想法，至少在徐世昌上任初期是如此。

有位六十多岁的满族老北京人和我说："民国七年，徐世昌一当上了大总统，北京街上的旗人的大马车、两把头又多起来了。贵族家里又大张旗鼓地做寿、唱戏、摆宴，热闹起来了。并办起了什么'贵族票友团'、什么'俱乐部'……"

有位汉族的老先生说："民国以来北京街上一共有三次'跑祖宗'[1]，一次是隆裕死后那些天，一次是张勋复辟那几天，最后一次是从徐世昌当大总统起，一直到'大婚'。最后这次算闹到了顶点……"

徐世昌是袁世凯发迹前的好友，发迹后的"军师"。袁世凯一生中的重大举动，几乎没有一件不是与这位军师合计的。据说袁逼劝隆裕"逊国"之前，他和军师邀集了冯、段等人一起商议过，认为对民军只可智取不可力敌，先答应民军条件，建立共和，等离间了民军，再让"辞位"的皇帝复位。后来袁世凯自己称帝，徐世昌颇为不满。我的一位亲戚听徐世昌一个外甥说过，"洪宪"撤销的那天他在徐家，恰好袁世凯来找徐。他听见袁一进了院子就喊大哥，他的舅舅也不像往常那样连忙出去迎接。袁进了客厅，他被堵在里边的烟室里没敢出来。从断

---

[1] 意思是穿着清朝袍褂的人在马路上出现，这种服装当时是只有从祖宗画像上才看得到的。——作者

断续续的谈话里，他听见徐世昌在劝说袁世凯"仍旧维持原议"，袁世凯最后怎样说的他没有听清。后来的事实说明，袁世凯没有照他的意见办，或者想办而没来得及办就死了，徐世昌自己从来没有放弃过复辟的念头，这几乎是当时人所共知的事实。

民国七年九月，徐世昌就任了大总统，要公开宣称他不能进占中南海，在正式总统府建成之前，他要在自己家里办公。他就任后立即赦免了张勋，提倡读经、尊孔，举行郊天典礼。根据他的安排，皇室王公有的（毓朗）当上了议员，有的（载涛）被授为"将军"。他无论在人前人后都把前清称为"本朝"，把我称作"上边"……

与此同时，紫禁城和徐太傅更进行着不可告人的活动。冯国璋任总统时，内务府大臣世续让徐世昌拿走了票面总额值三百六十万元的优字爱国公债券（这是袁世凯当总理大臣时，要去了隆裕太后全部内帑之后交内务府的，据内务府的人估计，实际数目比票面还要多）。徐世昌能当上总统，这笔活动费起了一定作用。徐当选总统已成定局的时候，由内务府三位现任大臣世续、绍英、耆龄做主，两位前任大臣增崇、继禄作陪，宴请了徐世昌，在什刹海水滨的会贤堂饭庄楼上，酒过三巡，世续问道："大哥这次出山，有何抱负？"徐太傅慨然道："慰亭（袁世凯）先不该错过癸丑年的时机（指民国二年袁扑灭"二次革命"），后不该闹什么洪宪。张绍轩在丁巳又太鲁莽灭裂，不得人心。"然后举杯，谦逊地说："咱们这次出来，不过为幼主摄政而已。"后来徐世昌送了世续一副对联："捧日立身超世界，拨云屈指数山川。"上联是恭维世续；下联则是自况其"拨云见日"之志。

这些千真万确的故事，当时我身边的人并不肯直接告诉我。我只知道人们一提起徐太傅，总要流露出很有希望的神情。我记得从徐上台起，紫禁城又门庭若市，紫禁城里的谥法、朝马似乎又增了行情，各地真假遗老一时趋之若鹜。至于和徐世昌的来往进展，师傅们则一概语焉不详。有一回，陈宝琛在发议论中间，以鄙夷的神色说："徐世昌还想当议政王，未免过分。一个'公'也就够了。"又有一次说："当初主张以汉大臣之女为皇后，是何居心？其实以清太傅而出仕民国，早已可见其人！"

从陈宝琛说了这些话后，紫禁城里再提起徐世昌，就没有过去的那股热情了。其实，徐世昌上台一年后，他自己的情形就很不如意。自从北洋系分裂为直系、皖系后，徐已不能凭其北洋元老资格驾驭各方，何况从他一上台，段祺瑞就和他摩擦，次年又发生震动全国的"五四"学生运动，更使他们自顾不暇。徐太傅即使复辟心愿有多么高，对清室的忠顺多么让陈师傅满意，他也是无能为力的了。

尽管徐太傅那里的消息沉寂下去了，然而紫禁城里的小朝廷对前途并没有绝望……

四　不绝的希望

有一天，我在御花园里骑自行车玩，骑到拐角的地方，几乎撞着一个人。在宫里发生这样的事情，应该算这个人犯了君前失礼的过失，不过我倒没有理会。我的车子在那里打了个圈子，准备绕过去了，不料这个人却跪下来不走，嘴里还说：

"小的给万岁爷请安！"

这人身上的紫色坎肩，和太监穿的一样。我瞅了他一眼，看见他嘴上还有一抹胡茬子，知道他并不是太监。我骑着车打着圈子问他：

"干什么的？"

"小的是管电灯的。"

"噢，你是干那玩意儿的。刚才没摔着，算你运气。干吗你老跪着？"

"小的运气好，今天见着了真龙天子。请万岁爷开开天恩，赏给小的个爵儿吧！"

我一听这傻话就乐了。我想起了太监们告诉我的，北京街上给蹲桥头的乞丐起的诨名，就说：

"行，封你一个'镇桥侯（猴）'吧！哈哈……"

我开完了这个玩笑，万没有想到，这个中了官迷的人后来果真找内务府要"官诰"去了。内务府的人说："这是一句笑话，你干吗认真？"他急了："皇上是金口玉言，你们倒敢说是笑话，不行！……"这件事后来怎么了结的，我就不知道了。

那时我常常听到师傅们和太监们说，内地乡下总有人问："宣统皇帝怎么样了？""现在坐朝廷的是谁？""真龙天子坐上了宝座，天下就该太平了吧？"我的英国师傅根据一本刊物上的文章说，连最反对帝制的人也对共和感到了失望，可见反对帝制的人也变了主意。其实人们念叨一下"前清"，不过是表示对军阀灾难的痛恨而已。我的师傅们却把这些诅咒的语言抬了来，作为人心思旧的证据，也成了对我使用的教材。

不过中了迷的人，在徐世昌时代的末期，倒也时时可以遇到。有个叫王九成的商人，给直系军队做军装发了财，他为了想得一个穿黄马褂的赏赐，曾花过不少工夫，费了不少钞票。太监们背后给他起了一个绰号，叫散财童子。不知他通过什么关节，每逢年节就混到遗老中间来磕头进贡，来时带上大批钞票，走到哪里散到哪里。太监们最喜欢他来，因为不管是给他引路的、传见的、打帘子的、倒茶的，以及没事儿走过来和他说句话儿的，都能得到成卷儿的钞票。至于在各个真正的关节地方花的钱，就更不用说了。最后他真的达到了目的，得到了赏穿黄马褂的"荣誉"。

为了一件黄马褂，为了将来续家谱时写上个清朝的官衔，为了死后一个谥法，那时每天都有人往紫禁城跑，或者从遥远的地方寄来奏折。绰号叫梁疯子的梁巨川，不惜投到北京积水潭的水坑里，用一条性命和泡过水的"遗折"，换了一个"贞端"的谥法。后来伸手要谥法的太多了，未免有损小朝廷的尊严，所以规定三品京堂[1]以下的不予赐谥，以为限制。至于赏紫禁城骑马，赏乘坐二人肩舆，赐写春条、福寿字、对联等，限制就更严些。那时不但是王公大臣，就是一些民国的将领们如果获得其中的一种，也会认为是难得的"殊荣"。那些官职较低或者在前清没有"前程"，又没有王九成那种本钱，走不进紫禁城的人，如当时各地的"商绅"之类，他们也有追求的目标，这便是等而下之，求遗老们给死了的长辈灵牌上"点主"，写个墓志铭，在儿女婚礼上做个证婚人。上海地皮大王英籍犹太人哈同的满族籍夫人罗迦陵，曾把清朝最末一位状元刘春霖，以重礼聘到上海，为他准备了特制的八人绿呢大轿，请他穿上清朝官服，为她的亡夫灵牌点主。当时某些所谓新文人如胡适、江亢虎等人也有类似的举动。我十五岁时从庄士敦师傅的谈话中，知道了有位提倡白话文的胡适博士。庄士敦一边嘲笑他的中英合璧的"匹克尼克来江边"的诗句，一边又说"不妨看看他写的东西，也算一种知识"。我因此动了瞧一瞧这个新人物的念头。有一天，在好奇心发作之下打了个电话给他，没想到一叫他就来了。这次会面的情形预备后面再谈，这里我要提一下在这短暂的而无聊的会面之后，我从胡适给庄士敦写的一封信上发现，原来洋博士也有着那种遗老似的心理。他的信中有一段说：

> 我不得不承认，我很为这次召见所感动。我当时竟能在我国最末一代皇帝——历代伟大的君主的最后一位代表的面前，占一席位！

总之，我在紫禁城的最后几年，尽管从最后几位大总统那里得到的

---

[1] 即三品京官。明清时将各衙门长官称为京堂，意为堂上之官。清代都察院、通政司、詹事府、大理、太常、大仆、光禄、鸿胪等寺及国子监的堂官，都可称为京堂，其中除左都御史外皆为三、四品。后来京堂便兼指三、四品京官。

希望越来越少，但随着我的年岁渐长，与社会上的间接接触渐多，我却越发相信"人心思旧"这句鬼话是真的。我心里的希望在增长，欲望日益强烈。

更重要的是，紫禁城从外国人的议论上也受到了鼓舞。庄士敦曾告诉我不少这方面的消息。据他说，很多外国人认为复辟是一般中国人的愿望。他有时拿来外文报纸讲给我听，他后来抄进了他的著作《紫禁城的黄昏》中的一段，是他曾讲过的。这是刊在一九一九年九月十九日天津《华北每日邮电》上的一篇题为《另一次复辟是不是在眼前？》的社论中的一段：

共和政府的经历一直是惨痛的。今天我们看到，南北都在剑拔弩张，这种情形只能引出这样结论：在中国，共和政体经过了试验并发现有缺点。这个国家的中坚分子——商人阶层和士绅，很厌恶种种互相残杀的战争。我们深信，他们一定会衷心拥护任何形式的政府，只要它能确保十八省的太平就行。

不要忘记，保皇党是有坚强阵容的。他们对共和政体从来不满，但由于某种原因，他们近几年保持着缄默。显然，他们同情着军阀的行动，他们有些知名之士奔走于军人集会的处所，并非没有意义。

那些暗地赞同和希望前皇帝复辟成功的人的论点是，共和主义者正在破坏这个国家，因而必然采取措施——甚至是断然措施——来恢复旧日的欣欣向荣、歌舞升平的气象。

复辟帝制绝不会受到多方面的欢迎，相反，还会受到外交上的相当大的反对，反对的公使馆也不止一个。可是，只要政变成功，这种反对就必然消失，因为我们知道：成者为王败者寇。

在王公大臣们的心里，大概没有比这样的声音更好听的了。他们从民国以来的事实，加上丁巳复辟的失败，得到的最重要的知识，就是洋人的可贵。"成功"的例子，第一个就是得到英国朱尔典好感的袁世凯，轻而易举地把政权从隆裕的手里接了过来。失败后得以保全的例子那就更多了。善耆和溥伟起事失败，跑进旅顺大连，就变成安然无事；黎元洪在辫子兵的威胁下，辫子兵的大帅在讨逆军的威胁下，先后跑进了外国使馆，也都变成安然无事。在北洋系未分裂前，眼光还放在北洋领袖们身上的王公大臣们，现在都明白了比北洋领袖和任何督军更有力量的还是洋人；和洋人拉好关系是进可以取，退可以守，这是王公大臣们一致的意见。在这一致的基础上，他们才给我请了英国的师傅，准备把我训练成一个可以直接和洋人发生接触的人，这样至少在我成年之前，"卧薪尝胆"之后，我可以像他们放在靠近洋人的地方的其他珍宝一样，必要时得到保险。

当然，尽管在外国人的报纸上有了那么多的鼓励性的话，直接决定小朝廷的安危和前途祸福的，还是那些拿枪杆子的军人。正如《华北每日邮电》所说，"奔走于军人集会的处所，并非没有意义"。我记得这年（1919年）的下半年，紫禁城里的小朝廷和老北洋系以外的军人便有了较亲密的交往。第一个对象是奉系的首领张作霖巡阅使。

起初，紫禁城收到了奉天汇来的一笔代售皇产庄园的款子，是由我父亲收转的。我父亲去函致谢，随后内务府选出两件古物，一件是《御制题咏董邦达淡月寒林图》画轴，另一件是一对乾隆款的瓷瓶，用我父亲的名义赠馈张作霖，并由一位三品专差唐铭盛直接送到奉天。张作霖派了他的把兄弟，当时奉军的副总司令，也就是后来当了伪满国务总理的张景惠，随唐铭盛一起回到北京，答谢了我的父亲。从此，醇王府代表小朝廷和奉军方面有了深一层的往来。在张勋复辟时，曾有三个奉军的将领（张海鹏、冯德麟、汤玉麟）亲身在北京参加了复辟，现在又有了张景惠、张宗昌被赐紫禁城骑马。张宗昌当时是奉军的师长，他父亲在北京做八十岁大寿时，我父亲曾亲往祝贺。民国九年，直皖战争中直系联合了奉系打败了皖系，直系首领（冯国璋已死）曹锟和奉系首领张作霖进北京之后，小朝廷派了内务府大臣绍英亲往迎接。醇王府更忙于交际。因为一度听说张作霖要进宫请安，内务府大臣为了准备赐品，特意到醇王府聚议一番。结果决定，在预定的一般品目之外，加上一把古刀。我记得张作霖没有来，又回奉天去了。两个月后，醇王身边最年轻的一位贝勒得了张作霖顾问之衔，跟着就到奉天去了一趟。皖系失败，直奉合作期间，北京的奉天会馆成了奉系的将领们聚会的地方，也是某些王公们奔走的地方。连醇王府的总管张文治也成了这里的常客，并在这里和张景惠拜了把兄弟。

这两年，和张勋复辟前的情况差不多，复辟的"谣传"弄得满城风雨。下面是登在民国八年十二月二十七日（也就是醇亲王派人到奉天送礼品、和张景惠来北京之后的两个月）英文《导报》上的发自奉天的消息：

最近几天以来，在沈阳的各阶层人士中间，尤其是张作霖将军部下中间盛传一种谣言，说将在北京恢复满清帝制以代替民国政府。根据目前的种种断言，这次帝制将由张将军发动，合作的则有西北的皇族的军事领导人，前将军张勋也将起重要作用。……说是甚至于徐总统和前冯总统，鉴于目前国家局势以及外来危险，也都同意恢复帝制，至于曹锟、李纯以及其他次要的军人，让他们保持现有地位再当上王公，就会很满足了。……

我从庄士敦那里得知这段新闻，是比较靠后一些时间。我还记得，他同时还讲过许多其他关于张作霖活动复辟的传说。大概这类消息一直传播到民国十一年，即张作霖又败回东北时为止。这些消息我从中文报纸上也看到过一些（上海报为多）。我对上面这条消息印象特别深刻，它使我从心底感到了欣喜，我从而也明白了为什么奉军首领们对紫禁城那样热诚，为什么端康"千秋"时张景惠夹在王公大臣中间去磕头，为什么人们说奉天会馆特别热闹，某些王公们那样兴致勃勃。但是我们的高兴没有维持多久，扫兴的事就来了：直奉两系的合作突然宣告破裂，双方开起火来了，结果奉军失利，跑出了山海关。

令人不安的消息接连而至：徐世昌忽然下台；直军统治了北京；在张勋复辟时被赶下台的黎元洪，二次当了总统。紫禁城里发生了新的惊慌，王公大臣们请求庄士敦带我到英国使馆去避难。庄士敦和英国公使贝尔利·阿尔斯顿勋爵商议好，英国公使馆可以拨出一些房间，必要时我可以作为庄士敦的私人客人，住到里面去。同时还和葡萄牙和荷兰公使馆商议好，可以容纳皇室其他人前去避难。我的想法和他们不同，我认为与其躲到外国使馆，还不如索性到外国去。我向庄士敦提出，请他立即带我出洋。因为我是突然之间把他找来提出的，所以这位英国师傅怔住了，他几乎是来不及思索就回答我："这是不合时宜的，陛下要冷静考虑，徐总统刚逃出北京，皇帝陛下立刻从紫禁城失踪，这会引起联想，说徐世昌和清室有什么阴谋。再说，在这种情形下，英国也不会接待陛下……"

当时我却没有这种联想的本领，因为人们不曾告诉我，张、徐之间以及张、徐与小朝廷之间暗中发生的事情，当然更想不到直奉战争之发生以及这一场胜负和东交民巷的关系。我当时一听这个要求办不到，只好作罢。后来时局稳定了下来，没有人再提出洋，就连避难问题也不提了。

这是民国十一年春夏间的事。第二年，直系的首领曹锟用五千元买一张选票的办法，贿赂议员选他当上了总统。小朝廷对这位直系首领的恐惧刚刚消失，又对另一位声望日高的直系首领吴佩孚发生了兴趣。在我民国十一年结婚之前，我知道王公大臣们安排过给吴佩孚送礼的事。我结了婚，按例算作成人，王公大臣们办事要向我直接谈了。后来到我身边来的郑孝胥，此时向我献过策，说吴佩孚是个最有希望的军人，他素来以关羽自居，心存大清社稷，大可前去游说。这年吴佩孚在洛阳做五十整寿，在我同意之下，郑孝胥带了一份厚礼前去拜寿。但吴佩孚的态度若即若离，没有明白的表示。后来康有为又去游说他，也没得到肯定的答复。事实上，吴的得意时代也太短促了，就在他做寿的第二年，直奉两系之间发生战争，吴佩孚部下的冯玉祥"倒戈"，宣布和平，结果吴佩孚一败涂地，我也在紫禁城坐不住，被冯玉祥的国民军赶了出来。

在我结婚前这几年沧海白云之间，小朝廷里王公大臣们的心情变化，并不完全一样。表现最为消极的是内务府领衔大臣世续。他从丁巳复辟起，越来越泄气，后来成了完全灰心悲观的人。他甚至和人这样说过，就算复辟成功，对我也没有什么好处，因为那些不知好歹的年轻王公，必定会闹出一场比辛亥年更大的乱子。他又说："就算王公出不了乱子，这位皇帝自己也保不了险，说不定给自己会弄个什么结局。"他最后的主张，是给我选一门理想的亲。他认为最好选一门没落贵族，因为这种人家的女儿会过日子，不至于把我的"家产"毁得太快；如果不这样，就和蒙古王公结亲，以便必要时跑到老丈人家里去过日子。如果我当时听到他的议论，准会气死，但今天我却不得不佩服他有知人之明。世续死于我结婚前一年左右，去世前一年即因病不再问事了，代替他的是绍英。绍英的见识远不如他的前任，谨慎小心、胆小怕事则有过之。在绍英心里，只有退保，决无进取打算。他要保守的与其说是我这个皇上，倒不如说是"优待条件"。因为保住了这个东西，就等于保住了他的一切——从财产生命到他的头衔。他是首先从庄士敦身上看到这种保险作用的。他宁愿把自己的空房子白给外国人住，也不收肯出高租的中国人为房客。庄士敦自己不愿意领他这份情，帮忙给找了一个外国人做了他的邻居，在他的屋顶上挂上了外国的国旗，因此他对庄士敦是感恩不尽的。

处于最年轻的王公和最年老的内务府大臣之间的是陈宝琛师傅。他不像世续那样悲观，不像绍英那样除了保守优待条件以外，别的事连想也不想，也不像年轻的王公们对军人们那么感兴趣。他并不反对和军人们联络，他甚至自己亲自出马去慰劳过冯玉祥，在商议给军人送礼时，出主意也有他一份，不过他一向对军人不抱希望。他所希望的，是军人火并到最后，民国垮了台，出现"天与人归"的局势。因此，在张勋失败后，他总是翻来覆去地给我讲《孟子》里的这一段：

> 故天将降大任于斯人也，必先苦其心志，劳其筋骨，饿其体肤，空乏其身，行拂乱其所为，所以动心忍性，曾益其所不能。

一直到我结婚前后，陈师傅始终是我的灵魂，他的教导被我奉为圭臬。他的意见代表了我周围许多遗老的想法。遗老们一贯爱说的就是遵时养晦、卧薪尝胆、"皇上春秋鼎盛，圣德日新……"之类的话。后来来了郑孝胥、罗振玉以及金梁这些被陈宝琛看作二流的遗老，陈师傅的话在我的心里又显得有些腐旧了，不过他还是对我的主要支配力量。开始削弱他的影响的是英国师傅庄士敦。

五　庄士敦

我第一次看见外国人，是在隆裕太后最后一次招待外国公使夫人们的时候。我看见那些外国妇女们的奇装异服，特别是五颜六色的眼睛和毛发，觉得他们又寒碜又可怕。那时我还没看见过外国的男人。对于外国男人，我是从石印的画报上得到最初的了解的：他们嘴上都有个八字胡，裤腿上都有一条直线，手里都有一根棍子。据太监们说，外国人的胡子很硬，胡梢上可以挂一只灯笼，外国人的腿很直，所以庚子年有位大臣给西太后出主意说，和外国兵打仗，只要用竹竿子把他们捅倒，他们就爬不起来了。至于外国人手里的棍子，据太监说叫"文明棍"，是打人用的。我的陈宝琛师傅曾到过南洋，见过外国人，他给我讲的国外知识，逐渐代替了我幼时的印象和太监们的传说，但当我听说要来个外国人做我的师傅的时候，我这个十四岁的少年仍满怀着新奇而不安之感。

我的父亲和中国师傅们"引见"雷堪奈尔德·约翰·弗莱明·庄士敦先生的日子，是一九一九年三月四日，地点在毓庆宫。首先，按着接见外臣的仪式，我坐在宝座上，他向我行鞠躬礼，我起立和他行握手礼，他又行一鞠躬礼，退出门外。然后，他再进来，我向他鞠个躬，这算是拜师之礼。这些礼都完了，在朱益藩师傅陪坐下，开始给我讲课。

我发现庄士敦师傅倒并不十分可怕。他的中国话非常流利，比陈师傅的福建话和朱师傅的江西话还好懂。庄师傅那年大约四十岁出头，显得比我父亲苍老，而动作却敏捷灵巧。他的腰板很直，我甚至还怀疑过他衣服里有什么铁架子撑着。虽然他没有什么八字胡和文明棍，他的腿也能打弯，但总给我一种硬邦邦的感觉。特别是他那双蓝眼睛和淡黄带白的头发，看着很不舒服。

他来了大概一个多月之后，一天他讲了一会书，忽然回过头去，恶狠狠地看了立在墙壁跟前的太监一眼，涨红了脸，愤愤地对我说：

"内务府这样对待我，是很不礼貌的。为什么别的师傅上课没有太监，唯有我的课要一个太监站在那里呢？我不喜欢这样。"他把"喜"的音念成 see，"我不喜欢，我要向徐总统提出来，因为我是徐总统请来的！"

他未必真的去找过总统。清室请他当我的师傅，至少有一半是为着靠他"保镖"，因此不敢得罪他。他一红脸，王爷和大臣们马上让了步，撤走了太监。我感到这个外国人很厉害，最初我倒是规规矩矩地跟他学英文，不敢像对中国师傅那样，念得腻烦了就瞎聊，甚至叫师傅放假。

这样的日子只有两三个月，我就发现，这位英国师傅和中国师傅们相同的地方越来越多。他不但和中国师傅一样恭顺地称我为皇上，而且一样地在我念得厌烦的时候，推开书本陪我闲聊，讲些山南海北古今中外的掌故。根据他的建议，英文课添了一个伴读的学生。他也和中国师傅的做法一模一样。

这位苏格兰老夫子是英国牛津大学的文学硕士。他到宫里教书是由老洋务派李经迈（李鸿章之子）的推荐，经徐世昌总统代向英国公使馆交涉，正式被清室聘来的。他曾在香港英总督府里当秘书，入宫之前，是英国租借地威海卫的行政长官。据他自己说，他来亚洲已有二十多年，在中国走遍了内地各省，游遍了名山大川，古迹名胜。他通晓中国历史，熟悉中国各地风土人情，对儒、墨、释、老都有研究，对中国古诗特别欣赏。他读过多少经史子集我不知道，我只看见他像中国师傅一样，摇头晃脑抑扬顿挫地读唐诗。

他和中国师傅们同样地以我的赏赐为荣。他得到了头品顶戴后，专门做了一套清朝袍褂冠带，穿起来站在他的西山樱桃沟别墅门前，在我写的"乐静山斋"四字匾额下面，拍成照片，广赠亲友。内务府在地安门油漆作一号租了一所四合院的住宅，给这位单身汉的师傅住。他把这个小院布置得俨然像一所遗老的住宅。一进门，在门洞里可以看见四个红底黑字的"门封"，一边是"毓庆宫行走""赏坐二人肩舆"，另一边是"赐头品顶戴""赏穿带膆貂褂"。每逢受到重大赏赐，他必有谢恩折。下面这个奏折就是第一次得到二品顶戴的赏赐以后写的：

> 臣庄士敦跪奏为叩谢天恩事。宣统十三年十二月十三日钦奉谕旨：庄士敦教授英文，三年匪懈，著加恩赏给二品顶戴，仍照旧教授，并赏给带膆貂褂一件，钦此。闻命之下，实不胜感激之至。谨恭折叩谢皇上天恩。
>
> 谨奏。

庄士敦采用《论语》"士志于道"这一句，给自己起了个"志道"的雅号。他很欣赏中国茶和中国的牡丹花，常和遗老们谈古论今。他回国养老后，在家里专辟了一室，陈列我的赐物和他的清朝朝服、顶戴等物，并在自己购置的小岛上悬起"满洲国"的国旗，以表示对皇帝的忠诚。然而最先造成我们师生的融洽关系的，还是他的耐心。今天回想起来，这位爱红脸的苏格兰人能那样地对待我这样的学生，实在是件不容易的事。有一次他给我拿来了一些外国画报，上面都是关于第一次世界大战的图片，大都是显示协约国军威的飞机、坦克、大炮之类的东西。我让这些新鲜玩意儿吸引住了。他看出了我的兴趣，就指着画报上的东西给我讲解，坦克有什么作用，飞机是哪国的好，协约国军队怎样的勇敢。起初我听得还有味道，不过只有一会儿工夫我照例又烦了。我拿出了鼻烟壶，把鼻烟倒在桌子上，在上面画起花来。庄师傅一声不响地收起了画报，等着我玩鼻烟，一直等到下课的时候。还有一次，他给我带来一些外国糖果，那个漂亮的轻铁盒子，银色的包装纸，各种水果的香味，让我大为高兴。他就又讲起那水果味道是如何用化学方法造成的，那些整齐的形状是机器制成的。我一点也听不懂，也不想懂。我吃了两块糖，想起了桧柏树上的蚂蚁，想让他们尝尝化学和机器的味道，于是跑到跨院里去了。这位苏格兰老夫子于是又守着糖果盒子，在那里一直等到下课。

庄师傅教育我的苦心，我逐渐地明白了，而且感到高兴，愿意听从。他教的不只是英文，或者说，英文倒不重要，他更注意的是教育我像个他所说的英国绅士那样的人。我十五岁那年，决心完全照他的样来打扮自己，叫太监到街上给我买了一大堆西装来。我穿上一套完全不合身、大得出奇的西服，而且把领带像绳子似的系在领子的外面。当我这样地走进了毓庆宫，叫他看见了的时候，他简直气得发了抖，叫我赶快回去换下来。第二天，他带来了裁缝给我量尺寸，定做了英国绅士的衣服。后来他说：

"如果不穿合身的西装，还是穿原来的袍褂好。穿那种估衣铺的衣服的不是绅士，是……"是什么，他没说下去。

"假如皇上将来出现在英国伦敦，"他曾对我说，"总要经常被邀请参加茶会的。那是比较随便而又重要的聚会，举行时间大都是星期三。在那里可以见到贵族、学者、名流，以及皇上有必要会见的各种人。衣裳不必太讲究，但是礼貌十分重要。如果喝咖啡像灌开水，拿点心当饭吃，或者叉子勺儿叮叮当当地响，那就坏了。在英国，吃点心、喝咖啡是 Refreshment（恢复精神），不是吃饭……"

尽管我对庄士敦师傅的循循善诱不能完全记住，我经常吃到第二块点心就把吃第一块时的警惕忘得一干二净，可是画报上的飞机大炮、化学糖果和茶会上的礼节所代表的西洋文明，还是深深印进了我的心底。从看欧战画报起，我有了看外国画报的爱好。我首先从画报上的广告得到了冲动，立刻命令内务府给我向外国定购画报上那样的洋犬和钻石，我按照画报上的样式，叫内务府给我买洋式家具，在养心殿装设地板，把紫檀木装铜活的炕几换成了抹着洋漆、装着白瓷把手的炕几，把屋子里弄得不伦不类。我按照庄士敦的样子，大量购置身上的各种零碎：怀表、表链、戒指、别针、袖扣、领带，等等。我请他给我起了外国名字，也给我的弟弟妹妹们和我的"后""妃"起了外国名字，我叫亨利，婉容叫伊丽莎白。我模仿他那种中英文夹杂着的说话方法，成天和我的伴读者交谈：

"威廉姆（溥杰的名字），快给我把 pencil（铅笔）削好……好，放在 desk（桌子）上！"

"阿瑟（溥佳的名字），today（今天）下晌叫莉莉（我三妹的名字）他们来，hear（听）外国军乐！"

说的时候，扬扬得意。听得陈宝琛师傅皱眉闭目，像酸倒了牙齿似的。

总之，后来在我眼里，庄士敦的一切都是最好的，甚至连他衣服上的樟脑味也是香的。庄士敦使我相信西洋人是最聪明最文明的人，而他正是西洋人里最有学问的人。恐怕连他自己也没料到，他竟能在我身上发生这样大的魅力：他身上穿的毛呢衣料竟使我对中国的丝织绸缎的价值发生了动摇，他口袋上的自来水笔竟使我因中国人用毛笔宣纸而感到自卑。自从他把英国兵营的军乐队带进宫里演奏之后，我就更觉中国的丝弦不堪入耳，甚至连丹陛大乐的威严也大为削弱。只因庄士敦讥笑说中国人的辫子是猪尾巴，我才把它剪掉了。

从民国二年起，民国的内务部就几次给内务府来函，请紫禁城协助劝说旗人剪掉辫子，并且希望紫禁城里也剪掉它，语气非常和婉，根本没提到我的头上以及大臣们的头上。内务府用了不少理由去搪塞内务部，甚至辫子可做识别进出宫门的标志，也成了一条理由。这件事拖了好几年，紫禁城内依旧是辫子世界。现在，经庄士敦一宣传，我首先剪了辫子。我这一剪，几天工夫千把条辫子全不见了，只有三位中国师傅和几个内务府大臣还保留着。

因为我剪了辫子，太妃们痛哭了几场，师傅们有好多天面色阴沉。后来溥杰和毓崇也借口"奉旨"，在家里剪了辫子。那天陈师傅面对他的几个光头弟子，怔了好大一阵，最后对毓崇冷笑一声，说道："把你的辫子卖给外国女人，你还可以得不少银子呢！"

顶不喜欢庄士敦的，是内务府的人们。那时宫内开支仍然十分庞大，而优待条件规定的经费，年年拖欠。内务府为了筹办经费，每年都要拿出古玩字画金银瓷器去变卖和抵押。我逐渐地从庄士敦口中，知道了里面有鬼。有一次内务府要卖掉一座有一人高的金塔，我想起了庄士敦的话，内务府拿出去的金银制品，如果当作艺术品来卖都是有很高价值的，可是每次都是按重量卖，吃了很大的亏。据庄士敦说，除非是傻子才这样干。我把内务府的人叫来，问这个金塔是怎么卖法。果然他们说是按重量卖的，我立刻大发脾气：

"这除非是傻子才干的事！你们就没有一个聪明人吗？"

内务府的人认为这是庄士敦拆他们的台，他们便想出一个办法，把金塔抬到庄士敦的家里，说是皇上请他代售。庄士敦立刻看穿了这个把戏，大怒道："假如你们不拿走，我马上奏明皇上！"结果是内务府的人乖乖地把金塔抬走了。他们拿庄士敦没有办法，因为他既是清室的保镖，又得到了我的充分信任。

在毓庆宫的最后一年，庄士敦已是我的灵魂的重要部分。我们谈论课外问题，越来越多地占用着上课时间，谈论的范围也越来越广泛。他给我讲过英国王室的生活，各国的政体国情，大战后的列强实力，世界各地风光，"日不落的大英帝国"土地上的风物，中国的内战局势，中国的"白话文运动"（他这样称呼五四新文化运动）和西方文明的关系，他还谈到了复辟的可能性和不可靠的军阀态度……

有一次他说："从每种报纸上都可以看得出来，中国人民思念大清，每个人都厌倦了共和。我想暂且不必关心那些军人们的态度，皇帝陛下也不必费那么多时间从报纸上去寻找他们的态度，也暂且不必说，他们拥护复辟和拯救共和的最后目的有什么区别，总而言之，陈太傅的话是对的，皇帝陛下圣德日新是最要紧的。但是圣德日新，不能总是在紫禁城里。在欧洲，特别是在英王陛下的土地上，在英王太子读书的牛津大学里，皇帝陛下可以得到许多必要的知识，展开宽阔的眼界……"

在我动了留学英国的念头之前，他已给我打开了不小的"眼界"。经过他的介绍，紫禁城里出现过英国海军司令、香港英国总督，每个人都对我彬彬有礼地表示了对我的尊敬，称我为皇帝陛下。

我对欧化生活的醉心，我对庄士敦亦步亦趋的模仿，并非完全使这位外国师傅满意。比如穿衣服，他就另有见解，或者说，他另有对我的兴趣。在我结婚那天，我在招待外国宾客的酒会上露过了面。祝了酒，回到养心殿后，脱下我的龙袍，换上了便装长袍，内穿西服裤，头戴鸭舌帽。这时，庄士敦带着他的朋友们来了。一位外国老太太眼尖，她首先看见了我站在廊子底下，就问庄士敦：

"那个少年是谁？"

庄士敦看见了我，打量了一下我这身装束，立刻脸上涨得通红，那个模样简直把我吓一跳，而那些外国人脸上做出的那种失望的表情，又使我感到莫名其妙。外国人走了之后，庄士敦的气还没有消，简直是气急败坏地对我说：

"这叫什么样子呵？皇帝陛下！中国皇帝戴了一顶猎帽！我的上帝！"

六 结 婚

当王公大臣们奉了太妃们之命，向我提出我已经到了"大婚"年龄的时候，如果说我对这件事还有点兴趣的话，那是因为结婚是个成人的标志，经过这道手续，别人就不能把我像个孩子似的管束了。

对这类事情最操心的是老太太们。民国十年年初，即我刚过了十五周岁的时候，太妃们把我父亲找去商议了几次，接着，召集了十位王公，讨论这件事。从议婚到成婚，经历了将近两年的时间。在这中间，由于庄和太妃和我母亲的先后去世，师傅们因时局不宁谏劝从缓，特别是发生了情形颇为复杂的争执，婚事曾有过几起几落，不能定案。

这时庄和太妃刚去世，荣惠太妃没什么主见，剩下的两个太妃，对未来"皇后"人选，发生了争执，都想找一个跟自己亲近些的当皇后。这不单是由于老太太的偏爱，而是由于和将来的地位大有关系。敬懿太妃原是同治妃，她总忘不了慈禧在遗嘱上把我定为承继同治、兼祧光绪的这句话。隆裕太后在世时满不睬这一套，不但没有因为这句话而对同治的妃有什么尊重的表示，反而把同治的妃打入了冷宫。隆裕死后，虽然太妃被我一律以皇额娘相称，但袁世凯又来干涉"内政"，指定端康主持宫中一切事务，因此敬懿依然不能因"正宗"而受到重视。她的素志未偿，对端康很不服气。所以在议婚过程中，这两个太妃各自提出了自己中意的候选人，互不相让。

最有趣的是我的两位叔父，就像从前一个强调海军，一个强调陆军，在摄政王面前各不相让的情形一样，也各为一位太妃奔走。"海军"主张选端恭的女儿，"陆军"主张选荣源的女儿。为了做好这个媒，前清的这两位统帅连日仆仆风尘于京津道上，匆匆忙忙出入于永和宫和太极殿。

究竟选谁，当然要"皇帝"说话，"钦定"一下。同治和光绪时代的办法，是叫候选的姑娘们站成一排，由未来的新郎当面挑拣，挑中了的当面做出个记号来——我听到的有两个说法，一说是递玉如意给中意的姑娘，一说是把一个荷包系在姑娘的扣子上。到我的时代，经过王公大臣们的商议，认为把人家闺女摆成一排挑来挑去，不大妥当，于是改为挑照片的办法：我看着谁好，就用铅笔在照片上做个记号。

照片送到了养心殿，一共四张。在我看来，四个人都是一个模样，身段都像纸糊的桶子。每张照片的脸部都很小，实在分不出丑俊来，如果一定要比较，只能比一比旗袍的花色，谁的特别些。我那时想不到什么终身大事之类的问题，也没有个什么标准，便不假思索地在一张似乎顺眼一些的相片上，用铅笔画了一个圈儿。

这是满洲额尔德特氏端恭的女儿，名叫文绣，又名惠心，比我小三岁，看照片的那年是十二岁。这是敬懿太妃所中意的姑娘。这个挑选结果送到太妃那里，端康太妃不满意了，她不顾敬懿的反对，硬叫王公们来劝我重选她中意的那个，理由是文绣家境贫寒，长得不好，而她推荐的这个是个富户，又长得很美。她推荐的这个是满洲正白旗郭布罗氏荣源家的女儿，名婉容，字慕鸿（后来在天津有个驻张园的日本警察写了一本关于我的书，把慕鸿写成秋鸿，以后以讹传讹，又成了鸿秋），和我同岁，看照片那年是十五岁。我听了王公们的劝告，心里想你们何不早说，好在用铅笔画圈不费什么事，于是我又在婉容的相片上画了一下。

可是敬懿和荣惠两太妃又不愿意了。不知太妃们和王公们是怎么争辩的，结果荣惠太妃出面说："既然皇上圈过文绣，她是不能再嫁给臣民了，因此可以纳为妃。"我想，一个老婆我还不觉得有多大的必要，怎么一下子还要两个呢？我不大想接受这个意见。可是禁不住王公大臣根据祖制说出"皇帝必须有后有妃"的道理，我想既然这是皇帝的特点，我当然要具备，于是答应了他们。

这个选后妃的过程，说得简单，其实是用了一年的时间才这样定下来的。定下来之后，发生了直奉战争，婚礼拖下来了，一直拖到了民国十一年十二月一日，这时徐世昌已经下台，而大规模的婚礼筹备工作已经收不住缰头，只得举行。王公们对二次上台的黎元洪总统不像对徐世昌那么信赖，生怕他对婚礼排场横加干涉，但是事情的结果，黎元洪政府答应给的支持，出乎意料的好；即使徐世昌在台上，也不过如此。民国的财政部写来一封颇含歉意的信给内务府，说经费实在困难，以致优待岁费不能发足，现在为助大婚，特意从关税款内拨出十万元来，其中两万，算民国贺礼。同时，民国政府军、宪、警各机关还主动送来特派官兵担任警卫的计划。其中计开：

淑妃妆奁进宫。步军统领衙门派在神武门、东安门等处及妆奁经过沿途站哨官员三十名，士兵三百名。

皇后妆奁进宫。步军统领衙门派在神武门、皇后宅等处及随行护送妆奁经过沿途站哨官员三十一名，士兵四百十六名（其中有号兵六名）。

行册立（皇后）礼。派在神武门、皇后宅等处及随行护送经过沿途站哨步军统领衙门官员三十四名（其中有军乐队官员三人），士兵四百五十八名（其中有军乐队士兵四十二人，号兵六人）。宪兵司令部除官员九名、士兵四十名外还派两个整营沿途站哨。

淑妃进宫。派在神武门、淑妃宅等处及随行护送经过沿途站哨步军统领衙门官员三十一名、士兵四百十六名。宪兵司令部官员三名，士兵十四名。警察厅官兵二百八十名。

行奉迎（皇后）礼。派在东华门、皇后宅等处及随行护送经过沿途站哨步军统领衙门官兵六百十名，另有军乐队一队。宪兵司令部除官兵八十四名外，并于第一、二、五营中各抽大部分官兵担任沿途站哨。警察厅官兵七百四十七名。

在神武门、东华门、皇后宅、淑妃宅等处及经过地区警察厅所属各该管区，加派警察保护。

本来按民国的规定，只有神武门属于清宫，这次破例，特准"凤舆"从东华门进宫。

婚礼全部仪程是五天：

十一月二十九日　巳刻，淑妃妆奁入宫。

十一月三十日　午刻，皇后妆奁入宫。巳刻，皇后行册立礼。丑刻，淑妃入宫。

十二月一日　子刻，举行大婚典礼。寅刻，迎皇后入宫。

十二月二日　帝后在景山寿皇殿向列祖列宗行礼。

十二月三日　帝在乾清宫受贺。

在这个仪程之外，还从婚后次日起连演三天戏。在这个礼仪之前，即十一月十日，还有几件事预先做的，即纳彩礼，晋封四个太妃（四太妃从这天起才称太妃）。事后，又有一番封赏荣典给王公大臣，不必细说了。

这次举动最引起社会上反感的，是小朝廷在一度复辟之后，又公然到紫禁城外边摆起了威风。在民国的大批军警放哨布岗和恭敬护卫之下，清宫仪仗耀武扬威地在北京街道上摆来摆去。正式婚礼举行那天，在民国的两班军乐队后面，是一对穿着蟒袍补褂的册封正副使（庆亲王和郑亲王）骑在马上，手中执节（像苏武牧羊时手里拿的那个鞭子），在他们后面跟随着民国的军乐队和陆军马队、警察马队、保安队马队。再后面则是龙凤旗伞、鸾驾仪仗七十二副，黄亭（内有皇后的金宝礼服）四架，宫灯三十对，浩浩荡荡，向"后邸"进发。在张灯结彩的后邸门前，又是一大片军警，保卫着婉容的父亲荣源和她的兄弟们——都跪在那里迎接正副使带来的"圣旨"……

民国的头面人物的厚礼，也颇引人注目。大总统黎元洪在红帖子上写着"中华民国大总统黎元洪赠宣统大皇帝"，礼物八件，计：珐琅器四件、绸缎二种、帐一件、联一副，其联文云："汉瓦当文，延年益寿，周铜盘铭，富贵吉祥"。前总统徐世昌送了贺礼二万元和许多贵重的礼物，包括二十八件瓷器和一张富丽堂皇的龙凤中国地毯。张作霖、吴佩孚、张勋、曹锟等军阀、政客都赠送了现款和许多别的礼物。

民国派来大礼官黄开文，另有陆军中将、少将和上校各一名为随员，以对外国君主之礼正式祝贺。总统府侍从武官长荫昌的举动最是出色，他穿着一身西式大礼服，向我鞠躬以后，忽然宣布："刚才那是代表民国的，现在奴才自己给皇上行礼。"说罢，跪在地下磕起头来。

当时许多报纸对这些怪事发出了严正的评论，这也挡不住王公大臣们的兴高采烈，许多地方的遗老们更如惊蛰后的虫子，成群飞向北京，带来他们自己的和别人的现金、古玩等等贺礼。重要的还不是财物，而是声势，这个声势大得连他们自己也出乎意外，以致又觉得事情像是大有可为的样子。

最令王公大臣、遗老遗少以及太妃们大大兴奋的，是东交民巷来的客人们。这是辛亥以后紫禁城中第一次出现外国官方人员。虽然说他们是以私人身份来的，但毕竟是外国官员。

为了表示对外国客人观礼的重视和感谢，按庄士敦的意思，在乾清宫特意安排了一个招待酒会，由张勋复辟时的"外务部大臣"梁敦彦给我拟了一个英文谢词，我按词向外宾念了一遍。这个谢词如下：

> 今天在这里，见到来自世界各地的高贵客人，朕感到不胜荣幸。谢谢诸位光临，并祝诸位身体健康，万事如意。

在这闹哄哄之中，我从第一天起，一遍又一遍地想着一个问题："我有了一后一妃，成了家了，这和以前的区别何在呢？"我一遍又一遍地回答自己："我成年了。如果不是闹革命，是我'亲政'的时候开始了！"

除了这个想法之外，对于夫妻、家庭，我几乎连想也没想它。只是当头上蒙着一块绣着龙凤的大红缎子的皇后进入我眼帘的时候，我才由于好奇心，想知道她长的什么模样。

按着传统，皇帝和皇后新婚第一夜，要在坤宁宫里的一间不过十米见方的喜房里度过。这间屋子的特色是：没有什么陈设，炕占去了四分之一，除了地皮，全涂上了红色。行过"合卺礼"，吃过了"子孙饽饽"，进入这间一片暗红色的屋子里，我觉得很憋气。新娘子坐在炕上，低着头，我在旁边看了一会，只觉着眼前一片红：红帐子、红褥子、红衣、红裙、红花朵、红脸蛋……好像一摊溶化了的红蜡烛。我感到很不自在，坐也不是，站也不是。我觉得还是养心殿好，便开开门，回来了。

我回到养心殿，一眼看见了裱在墙壁上的宣统朝全国各地大臣的名单，那个问题又来了：

"我有了一后一妃，成了人了，和以前有什么不同呢？"

被孤零零地扔在坤宁宫的婉容是什么心情？那个不满十四岁的文绣在想些什么？我连想也没有想到这些。我想的只是：

"如果不是革命，我就开始亲政了……我要恢复我的祖业！"

七 内部冲突

自从庄士敦入宫以来，我在王公大臣们的眼里逐渐成了最不好应付的皇帝。到了我结婚前后这段时间，我的幻想和举动，越发叫他们觉得离奇，因而惊恐不安。我今天传内务府，叫把三万元一粒的钻石买进来，明天又申斥内务府不会过日子，只会贪污浪费。我上午召见大臣，命他们去清查古玩字画当天回奏，下午又叫预备车辆去游香山。我对例行的仪注表示了厌倦，甚至连金顶黄轿也不爱乘坐。为了骑自行车方便，我把祖先在几百年间没有感到不方便的宫门门槛，叫人统统锯掉。我可以为了一件小事，怪罪太监对我不忠，随意叫敬事房笞打他们，撤换他们。王公大臣们的神经最受不了的，是我一会想励精图治，要整顿宫廷内部，要清查财务，一会我又扬言要离开紫禁城，出洋留学。王公大臣们被我闹得整天心惊肉跳，辫子都急成白的了。

我的出洋问题，有些王公大臣考虑得比我还早，这本来是他们给我请外国师傅的动机之一。我结婚后接到不少遗老的奏折、条陈，都提到过这个主张。但到我亲自提出这个问题的时候，几乎所有的人都表示了反对。在各种反对者的理由中，最常听说的是这一条：

"只要皇上一出了紫禁城，就等于放弃了民国的优待。既然民国没有取消优待条件，为什么自己偏要先放弃它呢？"

无论是对出洋表示同情的，还是根本反对的，无论是对"恢复祖业"已经感到绝望的，还是仍不死心的，都舍不得这个优待条件。尽管优待条件中规定的"四百万岁费"变成了口惠而实不至的空话，但是还有"帝王尊号仍存不废"这一条。只要我留在紫禁城，保住这个小朝廷，对恢复祖业未绝望的人固然很重要，对于已绝望的人也还可以保留饭碗和既得的地位，这种地位的价值不说死后的恤典，单看看给人点主、写墓志铭的那些生荣也就够了。

我的想法和他们不同。我首先就不相信这个优待条件能永远保留下去。不但如此，我比任何人都更能感到自己处境的危险。自从新的内战又发生，张作霖败退出关，徐世昌下台，黎元洪重新上台，我就觉得危险突然逼近前来。我想的只是新的当局会不会加害于我，而不是什么优待不优待的问题。何况这时又有了某些国会议员主张取消优待的传说。退一万步说，就算现状可以维持，又有谁知道，在瞬息万变的政局和此起彼伏的混战中，明天是什么样的军人上台，后天是什么样的政客组阁？我从许多方面——特别是庄士敦师傅的嘴里已经有点明白，这一切政局的变化，没有一次不是列强在背后起作用。与其等待民国新当局的优待，何不直接去找外国人？如果一个和我势不两立的人物上了台，再去想办法，是不是来得及？对于历代最末一个皇帝的命运，从成汤放夏桀于南巢，商纣自焚于鹿台，犬戎弑幽王于骊山之下起，我可以一直数到朱由检上煤山。没有人比我对这些历史更熟悉了。

当然，我没有向王公大臣们说起这些晦气的故事，我这样和他们辩论：

"我不要什么优待，我要叫百姓黎民和世界各国都知道，我不希望民国优待我，这倒比人家先取消优待的好。"

"优待条件载在盟府，各国公认，民国倘若取消，外国一定帮助我们说话。"他们说。

"外国人帮我们，你们为什么不叫我到外国去？难道他们见了我本人不更帮忙吗？"

尽管我说得很有道理，他们还是不同意。我和父亲、师傅、王公们的几次辩论，只产生这个效果：他们赶紧忙着筹办"大婚"。

我所以着急要出洋，除上面对王公大臣们说的理由之外，另外还有一条根本没有和他们提，特别是不敢向我的父亲提，这就是我对我周围的一切，包括他本人在内，越来越看不顺眼。

这还是在我动了出洋的念头以前就发生的。自从庄士敦入宫以后，由于他给我灌输的西洋文明的知识，也由于少年人好奇心理的发展，我一天比一天不满意我的环境，觉得自己受着拘束。我很同意庄士敦做出的分析，这是由于王公大臣们的因循守旧。

在这些王公大臣们眼里，一切新的东西都是可怕的。我十五岁那年，庄士敦发现我眼睛可能近视，建议请个外国眼科医生来检验一下，如果确实的话，就给我配眼镜。不料这个建议竟像把水倒进了热油锅，紫禁城里简直炸开了。这还了得？皇上的眼珠子还能叫外国人看？皇上正当春秋鼎盛，怎么就像老头一样戴上"光子"（眼镜）？从太妃起全都不答应。后来费了庄士敦不少口舌，加之我再三坚持要办，这才解决。

我所想要的，即使是王公大臣早得到的东西，他们也要反对，这尤其叫我生气。比如安电话那一次就是这样。

我十五岁那年，有一次听庄士敦讲起电话的作用，动了我的好奇心，后来听溥杰说北府（当时称我父亲住的地方）里也有了这个玩意儿，我就叫内务府给我在养心殿里也安上一个。内务府大臣绍英听了我的吩咐，简直脸上变了色，不过他在我面前向例没说过抵触的话，"嗻"了一声，下去了。第二天，师傅们一齐向我劝导：

"这是祖制向来没有的事，安上电话，什么人都可以跟皇上说话了，祖宗也没这样干过……这些西洋奇技淫巧，祖宗是不用的……"

我也有我的道理："宫里的自鸣钟、洋琴、电灯，都是西洋玩意儿，祖制里没过过，不是祖宗也用了吗？"

"外界随意打电话，冒犯了天颜，那岂不有失尊严？"

"外界的冒犯，我从报上也看了不少，眼睛看和耳朵听不是一样的吗？"

当时或者连师傅们也没明白，内务府请他们来劝驾是什么用意。内务府最怕的并不是冒犯"天颜"，而是怕我经过电话和外界有了更多的接触。在我身边有了一个爱说话的庄士敦，特别是有了二十来种报纸，已经够他们受的了。打开当时的北京报纸，几乎每个月至少有一起清室内务府的辟谣声明，不是否认清室和某省当局或某要人的来往，就是否认清室最近又抵押或变卖了什么古物。这些被否认的谣言，十有九件确有其事，至少有一半是他们不想叫我知道的。有了那些报纸，加上一个庄士敦，早已弄得他们手忙脚乱，现在又要添上个电话，作为我和外界的第三道桥梁，岂不更使他们防不胜防？因此他们使尽力气来反对。看师傅说不服我，又搬来了王爷。

我父亲这时已经成了彻底的维持现状派，只要我老老实实住在紫禁城里，他每年照例拿到他的四万二千四百八十两岁银，便一切满足，因此他是最容易受内务府摆布的人。但是这位内务府的支持者，并没有内务府所希望的那种口才。他除了重复师傅们的话以外，没有任何新的理由来说服我，而且叫我一句话便问得答不上来了：

"王爷府上不是早安上电话了吗？"

"那是，那是，可是，可是跟皇帝并不一样。这件事还是过两天，再说吧……"

我想起他的辫子比我剪得早，电话先安上了，不让我买汽车而他却买了，我心里很不满意。

"皇帝怎么不一样？我就连这点自由也没有？不行，我就是要安！"我回头叫太监："传内务府：今天就给我安电话！"

"好，好。"我父亲连忙点头，"好，好，那就安……"

电话安上了，又出了新的麻烦。

随着电话机，电话局送来了一个电话本。我高兴极了，翻着电话本，想利用电话玩一玩。我看到了京剧名演员杨小楼的电话号码，对话筒叫了号。一听到对方回答的声音，我就学着京剧里的道白腔调念道："来者可是杨——小——楼——呵？"我听到对方哈哈大笑的声音，问："您是谁呵？哈哈……"不等他说完，我就把电话挂上了。真是开心极了。接着，我又给一个叫徐狗子的杂技演员开了同样的玩笑，又给东兴楼饭庄打电话，冒充一个什么住宅，叫他们送一桌上等酒席。这样玩了一阵，我忽然想起庄士敦刚提到的胡适博士，想听听这位"匹克尼克来江边"的作者用什么调儿说话，又叫了他的号码。巧得很，正是他本人接电话。我说：

"你是胡博士呵？好极了，你猜我是谁？"

"您是谁呵？怎么我听不出来呢？……"

"哈哈，甭猜啦，我说吧，我是宣统阿！"

"宣统？……是皇上？"

"对啦，我是皇上。你说话我听见了，我还不知道你是什么样儿。你有空到宫里来，叫我瞅瞅吧。"

我这无心的玩笑，真把他给引来了。据庄士敦说，胡适为了证实这个电话，特意找过了庄士敦，他没想到真是"皇上"打的电话。他连忙向庄士敦打听了进宫的规矩，明白了我并不叫他磕头，我这皇上脾气还好，他就来了。不过因为我没有把这件事放在心上，也没叫太监关照一下守卫的护军，所以胡博士走到神武门，费了不少口舌也不放通过。后来护军半信半疑请奏事处来问了我，这才放他进来。

这次由于心血来潮决定的会见，只不过用了二十分钟左右时间。我问了他白话文有什么用，他在外国到过什么地方，等等。最后为了听听他对我的恭维，故意表示我是不在乎什么优待不优待的，我很愿意多念点书，像报纸文章上常说的那样，做个"有为的青年"。他果然不禁大为称赞，说："皇上真是开明，皇上用功读书，前途有望，前途有望！"我也不知道他说的前途指的是什么。他走了之后，我再没费心去想这些。没想到王公大臣们，特别是师傅们，听说我和这个"新人物"私自见了面，又像炸了油锅似的背地吵闹起来了。

总之，随着我的年事日长，他们觉得我越发不安分，我也觉得他们越发不顺眼。这时我已经出紫禁城玩过一两次，这是从我借口母亲去世要亲往祭奠开始，排除了无穷的劝阻才勉强争得来的一点自由。这点自由刺激了我的胃口，我越发感到这些喜欢大惊小怪的人物迂腐不堪。到民国十一年的夏季，上面说的几件事所积下的气愤，便促成了我下决心出洋的又一股劲头。我和王公大臣们的冲突，以正式提出留学英国而达到高峰。

这件事和安电话就不同了，王公大臣们死也不肯让步。最后连最同情我的七叔载涛，也只允许给我在天津英租界准备一所房子，以供万一必要时去安身。我因为公开出紫禁城不可能，曾找庄士敦帮忙。在上节我已说过，他认为时机不相宜，不同意我这时候行动。于是我就捺下性子等候时机，同时暗中进行着私逃的准备。我这时有了一个忠心愿意协助我的人，这就是我的弟弟溥杰。

我和溥杰，当时真是一对难兄难弟，我们的心情和幻想，比我们的相貌还要相似。他也是一心一意想跳出自己的家庭圈子，远走高飞，寻找自己的出路，认为自己的一切欲望，到了外国都可以得到满足。他的环境和我的比起来，也像他的身体和我的身体比例一样，不过只小了一号。下面是他的自传的一段摘录：

> 到二十岁离开为止，我的家庭一直是一个拥有房屋数百间、花园一大座、仆役七八十名的"王府"。家中一直使用宣统年号，逢年过节还公然穿戴清朝袍褂，带着护卫、听差大摇大摆地走在街上。平日家庭往来无白丁，不是清朝遗老就是民国新贵……

> 四岁断乳，一直到十七岁，每天早晨一醒来，老妈子给穿衣服，自己一动不动，连洗脚剪指甲自己也不干，倘若自己拿起剪刀，老妈子便大呼大叫，怕我剪了肉。平时老妈子带着，不许跑，不许爬高，不许出大门，不给吃鱼怕卡嗓子，不给……

> 八岁开读。塾师是陈宝琛介绍的一位贡生，姓赵，自称是宋太祖的嫡系后裔，工褚字。老师常声泪俱下地讲三纲五常，大义名分。十三四岁，老师开始骂民国，称革命党人"无父无君"。说中国除非"定于一"才有救，军阀混战是由于群龙无首。激发我"恢复祖业"，以天下为己任的志气。

> "英国灭了印度，印度王侯至今世袭不断，日本吞并朝鲜，李王一家现在也仍是殿下……"父亲常和我这样念叨。

> 母亲死前对我说，"你长大后好好帮助你哥哥，无论如何不可忘记你是爱新觉罗的子孙，这样你才对得起我……"

> 时常听说满族到处受排斥，皇族改姓金，瓜尔佳氏改姓关，不

然就找不到职业。听到这些，心中充满了仇恨。

十四五岁时，祖母和父亲叫我把私蓄几千元存到银行吃息钱。自己研究结果，还是送外国银行好，虽然息钱太低，可是保险。

十四岁起，入宫伴读。……

溥杰比我小一岁，对外面的社会知识比我丰富，最重要的是，他能在外面活动，只要借口进宫，就可以骗过家里了。我们行动的第一步是筹备经费，方法是把宫里最值钱的字画和古籍，以我赏赐溥杰为名，运出宫外，存到天津英租界的房子里去。溥杰每天下学回家，必带走一个大包袱。这样的盗运活动，几乎一天不断地干了半年多的时间。运出的字画古籍，都是出类拔萃、精中取精的珍品。因为那时正值内务府大臣和师傅们清点字画，我就从他们选出的最上品中挑最好的拿。我记得的有王羲之、王献之父子的墨迹《曹娥碑》《二谢帖》，有钟繇、僧怀素、欧阳询、宋高宗、米芾、赵孟頫、董其昌等人的真迹，有司马光的《资治通鉴》的原稿，有唐王维的人物，宋马远和夏珪以及马麟等人画的《长江万里图》，张择端的《清明上河图》，还有阎立本、宋徽宗等人的作品。古版书籍方面，乾清宫西昭仁殿的全部宋版明版书的珍本，都被我们盗运走了。运出的总数大约有一千多件手卷字画，二百多种挂轴和册页，二百种上下的宋版书。民国十三年我出宫后，"清室善后委员会"在点查毓庆宫的时候，发现了"赏溥杰单"，付印公布，其中说赏溥杰的东西"皆属琳琅秘籍，缥缃精品，天禄书目所载，宝籍三编所收，择其精华，大都移运宫外"，这是一点不错的。这批东西移到天津，后来卖了几十件。伪满成立后，日本关东军参谋吉冈安直又把这些珍品全部运到了东北，日本投降后，就不知下文了。

我们的第二步计划，是秘密逃出紫禁城。只要我自己出了城，进到外国公使馆，就算木已成舟，不管是王公大臣还是民国当局，就全没有办法了，这是几年来的民国历史给了我们的一个最有用的知识。更重要的是，我的庄士敦师傅给我想出了更具体的办法，他叫我先和公使团的首席公使荷兰的欧登科联络好，好使他事先有所准备。庄师傅给我出这个主意已是民国十二年的二月了。九个月前他曾反对我出洋，认为时机不好，现在他何以认为时机已经到来，以及他另外和东交民巷的公使们如何商量的，我一点都不知道。我从他的指点上获得了很大的信心，这就很够我满足的了。我先请他代往公使那里通个消息，然后我亲自给欧登科公使直接通了电话，为了把事情办得稳妥，我又派溥杰亲自到荷兰公使馆去了一趟。结果一切都是满意的。欧登科在电话里答应了我，并亲自和溥杰约定好，虽然他不能把汽车一直开进宫里，但将在神武门外等我，只要我能溜出这个大门，那就一切不成问题；从我第一天的食宿到我的脚踏上英国的土地，进入英国学校的大门，他全可以负责。当下我们把出宫的具体日期钟点都规定好了。

到了二月二十五日这天，剩下的问题就是如何走出神武门了。紫禁城里的情形是这样，我身边有一群随身太监，各宫门有各宫门的太监，宫廷外围是护军的各岗哨，神武门外，还有由民国步兵统领指挥的"内城守卫队"巡逻守卫。我认为，最重要的是身边和宫门太监，只要这几关打通，问题就不大了。我想的实在是太简单了，我打通太监的办法，也不过是花点钱而已。拿到钱的太监欢天喜地地谢了恩，我就认为万事俱备，谁知在预定时间前一小时，不知是哪个收了钱的太监报知了内务府。我还没走出养心殿，就听说王爷传下令来，叫各宫门一律断绝出入，紫禁城全部进入戒严状态。我和溥杰一听这消息，坐在养心殿里全傻了眼。

过了不大工夫，我父亲气急败坏地来了：

"听听听听说皇上，要要要走……"

看他这副狼狈的样子，做错事的倒好像是他，我忍不住笑起来了。

"没有那么回事。"我止住了笑说。

"这可不好，这可怎么好……"

"没那回事！"

我父亲疑心地瞅瞅溥杰，溥杰吓得低下了头。

"没有那事儿！"我还这样说。父亲嘟嘟囔囔说了几句，然后领走了我的"同谋犯"。他们走了，我把御前太监叫来追问，是谁说出去的。我非要把泄底的打个半死不可。可是我没办法问出来，这件事，又不能叫敬事房去查，只好一个人生闷气。

从那以后，我最怕看见高墙。

"监狱！监狱！监狱！"我站在堆秀山上望着城墙，常常这么念叨。"民国和我过不去还犹可说，王公大臣、内务府也和我过不去，真是岂有此理。我为了城外的祖业江山才要跑出去的，你们为了什么呢？……最坏的是内务府，这准是他们把王爷弄来的！"

第二天见了庄士敦，我向他发了一顿牢骚。他安慰了我几句，说不如暂时不去想这些，还是现实一些，先把紫禁城整顿整顿。

"新来的郑孝胥，是个很有为的人。"他说，"郑很有抱负，不妨听听他对整顿的想法。"

我心中又燃起另一种希望。既然紫禁城外祖业不能恢复，就先整顿城里的财产吧。我对庄师傅的建议非常满意。我那时万想不到，他后来在他那本书里写到这次逃亡时，竟然把自己说成了毫无干系，而且还是个反对者呢。

八　遣散太监

紫禁城在表面上是一片平静，内里的秩序却是糟乱一团。从我懂事的时候起，就时常听说宫里发生盗案、火警，以及行凶事件。至于烟赌，更不用说。到我结婚的时候，偷盗已发展到这种程度：刚行过婚礼，由珍珠玉翠装嵌的皇后凤冠上的全部珍宝，竟整个被换成了赝品。

我从师傅们那里知道，清宫中的财宝早已在世界上闻名。只说古玩字画，那数量和价值就是极其可观的。明清两代几百年帝王搜刮来的宝物，除了两次被洋兵弄走的以外，大部分还存放在宫里。这些东西大部分没有数目，就是有数目的也没有人去检查，所以丢没丢，丢了多少，都没有人知道。这就给偷盗者大开了方便之门。

今天想起来，那简直是一场浩劫。参加打劫行径的，可以说是从上而下，人人在内。换言之，凡是一切有机会偷的人，是无一不偷，而且尽可放胆地偷。偷盗的方式也各不同，有拨门撬锁秘密地偷，有根据合法手续，明目张胆地偷。太监大都采用前一种方式，大臣和官员们则采用办理抵押、标卖或借出鉴赏，以及请求赏赐等，即后一种方式。至于我和溥杰采用的一赏一受，则是最高级的方式。当然，那时我绝不会有这样想法，我想的只是，别人都在偷盗我的财物。我那时已经有了强烈的"寡人好货"之心了。

我十六岁那年，有一天由于好奇心的驱使，叫太监打开建福宫那边一座库房。库门封条很厚，至少有几十年没有开过了。我看见满屋都是堆到天花板的大箱子，箱皮上有嘉庆年的封条，里面是什么东西，谁也说不上来。我叫太监打开了一个，原来全是手卷字画和非常精巧的古玩玉器。后来弄清楚了，这是当年乾隆自己最喜爱的珍玩。乾隆去世之后，嘉庆下令把那些珍宝玩物全部封存，装满了建福宫一带许多殿堂库房，我所发现的不过是其中的一库。有的库尽是彝器，有的库尽是瓷器，有的库尽是名画，意大利人郎世宁给乾隆画的许多画也在内。在养心殿后面的库房里，我还发现了许多很有趣的"百宝匣"，据说这也是乾隆的玩物。这种百宝匣用紫檀木制成，外形好像一般的书箱，打开了像一道楼梯，每层梯上分成几十个小格子，每个格子里是一样玩物，例如一个宋磁小瓶，一部名人手抄的寸半本四书，一个精刻的牙球，一个雕着古代故事的核桃，几个刻有题诗绘画的瓜子，以及一枚埃及古币等等。一个百宝匣中，举凡字画、金石、玉器、铜器、瓷器、牙雕等，无一不备，名为百宝，实则一个小型的匣子即有几百种，大型的更不止千种。还有一种特制的紫檀木炕几，上面无一处没有消息，每个消息里盛着一件珍品，这个东西我没看见，我当时只把亲自发现的百宝匣，大约有四五十匣，都拿到养心殿去了。这时我想到了这样的问题：我究竟有多少财宝？我能看到的，我拿来了，我看不到的又有多少？那些整库整院的珍宝怎么办？被人偷去的有多少？怎样才能制止偷盗？

庄士敦师傅曾告诉我，他住的地安门街上，新开了许多家古玩铺。听说有的是太监开的，有的是内务府官员或者官员的亲戚开的。后来，别的师傅也觉得必须采取措施，杜绝盗患。最后，我接受了师傅们的建议，决定清点一下。这样一来，麻烦更大了。

首先是盗案更多了。毓庆宫的库房门锁给人砸掉了，乾清宫的后窗户给人打开了。事情越来越不像话，我刚买的大钻石也不见了。为了追查盗案，太妃曾叫敬事房都领侍组织九堂总管，会审当事的太监，甚至动了刑，但是无论是刑讯还是悬重赏，都未获得一点效果。不但如此，建福宫的清点刚开始，六月二十七日的夜里便突然发生了火警，清点的和未清点的，全部烧个精光。

据说火警是东交民巷的意大利公使馆消防队首先发现的。救火车开到紫禁城叫门时，守门的还不知是怎么回事。这场大火经各处来的消防队扑救了一夜，结果还是把建福宫附近一带，包括静怡轩、慧曜楼、吉云楼、碧琳馆、妙莲花室、延春阁、积翠亭、广生楼、凝辉楼、香云亭等一大片地方烧成焦土。这是清宫里贮藏珍宝最多的地方，究竟在这一把火里毁掉了多少东西，至今还是一个谜。内务府后来发表的一部分糊涂账里，说烧毁了金佛二千六百六十五尊，字画一千一百五十七件，古玩四百三十五件，古书几万册。这是根据什么账写的，只有天晓得。

在救火的时候，中国人，外国人，紫禁城里的人，城外的人，人来人往，沸腾一片，忙成一团。除了救火还忙什么，这是可以想象的。但紫禁城对这一切都表示了感谢。有一位来救火的外国太太，不知为什么跟中国消防队员发生了争执，居然动手把对方打得鼻子出了血，手里的扇子也溅上了血。后来她托人把这扇子拿给我看，以示其义勇，我还在上面题了诗，以示感谢。这场火灾过去之后，内务府除用茶点招待了救火者，还送给警察和消防队六万元"酬劳"费。

要想估计一下这次的损失，不妨说一下那堆烧剩和"摸"剩下的垃圾的处理。那时我正想找一块空地修建球场，由庄士敦教我打网球，据他说这是英国贵族都会的玩意儿。这片火场正好做这个用场，于是叫内务府赶快清理出来。那堆灰烬里固然是找不出什么字画、古瓷之类的东西了，但烧熔的金银铜锡还不少。内务府把北京各金店找来投标，一个金店以五十万元的价格买到了这片灰烬的处理权，把熔化的金块金片拣出了一万七千多两。金店把这些东西拣走之后，内务府把余下的灰烬装了许多麻袋，分给了内务府的人们。后来有个内务府官员告诉我，他叔父那时施舍给北京雍和宫和柏林寺每庙各两座黄金"坛城"，它的直径和高度均有一尺上下，就是用麻袋里的灰烬提制出来的。

起火的原因和损失真相同样的无从调查。我疑心这是偷盗犯故意放火灭迹的。过不多天，养心殿东套院无逸斋的窗户上又发生火警，幸好发现得早，一团浸过煤油的棉花刚烧着，就被发现扑灭。我的疑心立刻更加发展起来。我认为不但是有人想放火灭迹，而且还想要谋害我了。

事实上，偷窃和纵火灭迹都是事实，师傅们也没有避讳这一点，而对我的谋害则可能是我自己神经过敏。我的多疑的性格，这时已显露出来了。按清宫祖制，皇帝每天无论如何忙，也要看一页《圣训》（这些东西一年到头摆在皇帝寝宫里）。我这时对雍正的《朱批谕旨》特别钦佩。雍正曾说过这样的话："可信者人，而不可信者亦人，万不可信人之必不负于己也。不如此，不可以言用人之能。"他曾在亲信大臣鄂尔泰的奏折上批过："其不敢轻信人一句，乃用人第一妙诀。朕从来不知疑人，亦不知信人。"又说，对人"即经历几事，亦只可信其已往，犹当留意观其将来，万不可信其必不改移也"。这些话都深深印入我的脑子里。我也记得康熙的话："为人上者，用人虽宜信，然亦不可遽信"。康熙特别说过太监不可信，他说："朕观古来，太监良善者少，要在人主防微杜渐，慎之于始。"祖宗们的这些训谕，被这几场火警引进了我的思索中。

我决定遵照雍正皇帝"察察为明"的训示行事。我想出了两条办法，一条是向身边的小太监们套问，另一条是自己去偷听太监们的谈话。后来我用第二条办法，在东西夹道太监住房窗外，发现了他们背后议论我，说我脾气越来越坏，这更引起了我的猜疑。在无逸斋发生火警这天晚上，我再到太监窗下去偷听，不料听到他们的议论更发展了一步，竟说这把火是我自己放的。我觉得他们真是居心叵测，我如果不先采取措施，后害实在无穷。

这时刚刚发生了一起行凶案。有个太监因为被人告发了什么过失，挨了总管的责打，于是怀恨在心，一天早晨趁告发人还没起身，拿了一把石灰和一把刀，进了屋子，先撒石灰在那人脸上，迷了他的眼，然后用刀戳那人的脸。这个行凶的人后来未被捉住，受伤的人送进了医院。我这时想起许多太监都受过我的责打，他们会不会对我行凶呢？想到这里，我简直连觉都不敢睡了。从我的卧室外间一直到抱厦，都有值更太监打地铺睡着，这里面如果有谁对我不怀好心，要和我过不去，那不是太容易下手了吗？我想挑一个可靠的人给我守夜，挑来挑去，只挑出一个皇后来。我从这天起让婉容整夜为我守卫，如果听见了什么动静，就叫醒我。同时我还预备了一根棍子，放在床边，以便应变。一连几天，婉容整夜不能睡觉，我看这究竟不是个办法。为了一劳永逸，最后我决定，把太监全都赶走不要！

我知道这件事必定要引起一场风波。不把父亲对付好，是行不通的。我想好了一个主意，亲自去找我的父亲。他没有办法和内务府大臣以及师傅们商量，突然遇到了这个问题，他的口才就更加不行，变得更加结巴了。他非常吃力地讲出了一些零七八碎的理由，什么祖制如此咧，这些人当差多年不致图谋不轨咧，等等，来进行劝服。并且说："这这也得慢慢商议，皇帝先回到宫，过两天……"

我不管他怎么说，只用这一句话来回答：

"王爷不答应，我从今天起就再不回宫啦！"

他见我这样对付他，急得坐也不是，站也不是，又抓头，又挠腮，直在地上打转儿，桌上的一瓶汽水给他的袖子碰倒掉在地上，砰的一声炸了。瞅他这副模样，我禁不住反倒格格乐起来，并且从容不迫地打开书桌上的一本书，装作决心不想离开的样子。

父亲终于屈服了。最后决定，除了太妃身边离不开的一些以外，其他太监全部遣散。

九　整顿内务府

我遣散太监的举动，大受社会舆论的称赞和鼓励。在庄师傅的进一步指引下，我接着把"励精图治"的目标又转到内务府方面。

关于内务府，我想先抄一段内务府一位故人写给我的材料：

内务府人多不读书

内务府人多不知书，且甚至以教子弟读书为播种灾祸者。察其出言则一意模棱，观其接待则每多繁缛；视中饱如经逾格之恩，作舞弊如被特许之命。昌言无忌，自得洋洋。乃有"天棚鱼缸石榴树，地炕肥狗胖丫头"，以及"树小房新画不古，一看就知内务府"之讽，极形其鄙而多金，俗而无学也。余窃耻之，而苦不得采其源。迨及民十七八之间，遍读东华录，在嘉庆朝某事故中（林清之变或成德之案，今不能清楚矣）发现有嘉庆之文字，略叙在清代中之背反者，其中有宗室有八旗有太监，而独无内务府人，足见内务府尚不辜负历代豢养之恩，较之他辈实为具有天良者。嘉庆之慨叹，实为内务府人之表彰。于是始得解惑焉。内务府人亦常有自谓"皇上家叫我们赚钱，就为的养活我们"，此语之来，必基于此矣。至其言语举动之不成文章者，正所以表其驯贴之愚，而绝无圭角之志；其畏读书，则为预避文祸之干触，与夫遗祸于后昆；其视舞弊及中饱如奉明言者，乃用符"不枉受历代优遇豢养之恩"也欤？……而内务府人之累代子孙亦为之贻误，乃至于此，曷胜叹哉！

这位老先生当年由于家庭不许他升学深造，受过不少刺激，所以他对于内务府人不读书的感慨特别深。我那时对三旗世家所包办的内务府 [1]，最不满的还不是俗而无学，而是他们"视中饱舞弊，如奉明言"。

关于内务府中饱、舞弊的故事，在这里只举出两个例子就行了。一个是内务府每年的惊人开支，即使四百万元的优待费全部照付，也会入不敷出。民国十三年我出宫后，"清室善后委员会"在北京《京报》上揭露的当年收入抵押金银古玩款，达五百多万元，当年并无剩余，全部开支出去了。据前面那段文字的作者说，那几年每年开支都在三百六十万两上下，这是和《京报》上揭露的材料大体相符的。

另一个例子是我岳父荣源经手的一次抵押。抵押合同日期是民国十三年五月三十一日，签字人是内务府绍英、耆龄、荣源和北京盐业

---

[1] 在满清八旗中，镶黄、正黄、正白三个满军旗系皇室亲自率领的所谓亲军，内务府人均出自这最亲信的三旗，自堂郎中以下所有司员全不例外；堂郎中以上即内务府大臣，也有的是司员提上来的，也有的是从外调来的。总之，除个别大臣外，全被三旗包下来了。——作者

银行经理岳乾斋，抵押品是金编钟、金册、金宝和其他金器，抵押款数八十万元，期限一年，月息一分。合同内规定，四十万元由十六个金钟（共重十一万一千四百三十九两）做押品，另四十万元的押品则是：八个皇太后和五个皇后的金宝十个，金册十三个，以及金宝箱、金印池、金宝塔、金盘、金壶等，计重一万零九百六十九两七钱九分六厘，不足十成的金器三十六件，计重八百八十三两八钱，另加上嵌镶珍珠一千九百五十二颗，宝石一百八十四块，玛瑙碗等珍品四十五件。只这后一笔的四十万元抵押来说，就等于是把金宝金册等十成金的物件当作荒金折卖，其余的则完全白送。这样的抵押和变价，每年总要有好几宗，特别是逢年过节需要开销的时候。一到这时候，报上就会出现秘闻消息，也必有内务府辟谣或解释的声明。比如这一次抵押事先就有传闻，内务府和荣源本人也有声明，说所卖都是作废的东西，其中绝没有传说中的慈禧的册宝云云。

我在出宫之前，虽然对内务府的中饱和舞弊拿不到像上面说的这样证据，但是，每年的"放过款项"的数字告诉了我一个事实：我的内务府的开支，竟超过了西太后的内务府的最高纪录。内务府给我写过一份叫作"宣统七年放过款项及近三年比较"的材料，是内务府为了应付清理财产的上谕而编造的（后面还要谈到这次清理），据他们自己的统计，除去了王公大臣的俸银不计，属于内务府开支的，民国四年是二百六十四万两，民国八、九、十年是二百三十八万两，一百八十九万两，一百七十一万两，而西太后时代的内务府，起先每年开支不过三十万两，到西太后过七十整寿时，也不过才加到七十万两，我这个人再不识数，也不能不觉得奇怪。同时我也注意到了这个事实：有些贵族、显宦之家已经坐吃山空，日趋潦倒，甚至于什么世子王孙倒毙城门洞，郡主、命妇坠入烟花等等新闻已出现在报纸社会栏内，而内务府人却开起了古玩店、票庄（钱庄）、当铺、木厂（营造业）等大买卖。师傅们虽然帮助过内务府，反对我买汽车、安电话，可是一提起内务府这些事，谁也没有好感。伊克坦师傅在去世前（我结婚前一年）不久曾因为陈师傅不肯向我揭发内务府的弊端，说陈师傅犯了"欺君之罪"，不配当"太傅"。至于庄师傅就更不用说了，内务府在他看来就是"吸血鬼"的化身，他对内务府的看法促成了我整顿内务府的决心。

"从宫廷的内务府到每个王公的管家人，都是最有钱的。"他有一次说，"主人对自己的财产不知道，只有问这些管家的人，甚至于不得不求这些管家的人，否则就一个钱也拿不到。不必说恢复故物，就说手里的这点珍宝吧，如果不把管家的整顿好，也怕保不住！"

他又说："内务府有个座右铭，这就是——维持现状！无论是一件小改革还是一个伟大的理想，碰到这个座右铭，全是——Stop（停车）！"

我的"车"早已由师傅们加足了油，而且开动了引擎。如果说以前是由别人替我驾驶着，那么现在则是我自己坐在司机座位上，向着一个理想目标开去。现在我刚刚胜利地开过"遣散太监"的路口，无论是谁叫我"停车"，也不行了。

我下了决心。我也找到了"力量"。

我在婚礼过去之后，最先运用我当家做主之权的，是从参加婚礼的遗老里，挑选了几个我认为最忠心的、最有才干的人，作为我的股肱之臣。被选中的又推荐了他们的好友，这样，紫禁城里一共增加了十二三条辫子。这就是：郑孝胥、罗振玉、景永昶、温肃、柯劭忞、杨钟羲、朱汝珍、王国维、商衍瀛，等等。我分别给了他们"南书房（皇帝书房）行走""懋勤殿（管皇帝读书文具的地方）行走"的名衔。另外我还用了两名旗人，做过张学良老师的镶红旗蒙古副都统金梁和我的岳父荣源，派为内务府大臣。

他们那些动人的口头奏对都没留下纪录，他们写的条陈也一时找不全，现在把手头上一份金梁的条陈——日期是"宣统十六年正月"，即金梁当内务府大臣前两个月写的——抄下一段（原文中抬头和侧书都在此免了）：

臣意今日要事，以密图恢复为第一。恢复大计，旋乾转坤，经纬万端，当先保护宫廷，以固根本；其次清理财产，以维财政。盖必有以自养，然后有以自保，能自养自保，然后可密图恢复，三者相连，本为一事，不能分也。今请次第陈之：

一曰筹清理。清理办法当分地产、宝物二类。一清地产，从北京及东三省入手，北京如内务府之官地、官房，西山之园地，二陵之余地、林地；东三省如奉天之盐滩、鱼池、果园，三陵庄地，内务府庄地，官山林地，吉林黑龙江之贡品各产地，旺清一模楷林，汤原雕棚地，其中包有煤铁宝石等矿，但得其一，已足富国。是皆皇室财产，得人而理，皆可收回，或派专员放地招垦，或设公司合资兴业，酌看情形，随时拟办。……一清宝物，各殿所藏，分别清检，佳者永保，次者变价，既免零星典售之损，亦杜盗窃散失之虞。筹有巨款，预算用途，或存内库，或兴实业，当谋持久，勿任消耗。……此清理财产之大略也。

一曰重保护。保护办法当分旧殿、古物二类。一保古物，拟将宝物清理后，即请设皇室博览馆，移置尊藏，任人观览，并约东西各国博物馆，借赠古物，联络办理，中外一家，古物公有，自可绝人干涉。一保旧殿，拟即设博览馆于三殿，收回自办，三殿今成古迹，合保存古物古迹为一事，名正言顺，谁得觊觎。且此事既与友邦联络合办，遇有缓急，互相援助，即内廷安危，亦未尝不可倚以为重。……此保护宫廷之大略也。

一曰图恢复。恢复办法，务从缜密，当内自振奋而外示韬晦。求贤才、收人心、联友邦，以不动声色为主。求贤才，在勤延揽，则守旧维新不妨并用；收人心，在广宣传，则国闻外论皆宜注意；联友邦，在通情谊，则赠聘酬答不必避嫌。至于恢复大计，心腹之臣运筹于内，忠贞之士效命于外。成则国家蒙其利，不成则一二人任其害。机事唯密，不能尽言……此密图恢复之大略也。

金梁当了内务府大臣之后，又有奏折提出了所谓"自保自养二策，"他说"自养以理财为主，当从裁减入手，自保以得人为主，当从延揽入手"。"裁减之法，有应裁弊者，有应裁人者，有应裁款者"，总之，是先从内务府整顿着手。这是我完全赞同的做法。

除了这些最积极于"密图恢复"的人之外，就是那些态度消极悲观的遗老们，大多数也不反对"保护宫廷，清理财产"和裁人裁款裁弊。其中只有很小的一部分人，可以我的陈师傅为代表，一提到改革内务府的各种制度总是摇头的。这些人大抵认为内务府积弊已深，冰冻三尺，非一日之寒，从乾隆时代起，随着宫廷生活的日趋奢靡，即已造成这种局势，嘉庆和道光时代未尝不想整顿，但都办不到，现在更谈何容易？在陈师傅们看来，内务府不整顿还好，若整起来必然越整越坏；与其弄得小朝廷内部不安，不如暂且捺下，等到时来运转再说。但是像陈师傅这样的遗老，尽管不赞成整顿，却也并不说内务府的好话，甚至还可以守中立。

我在婚前不久，干过一次清理财产的傻事。那时根据庄士敦的建议，我决定组织一个机构，专门进行这项工作。我邀请庄士敦的好朋友、老洋务派李经迈来主持这件事，李不肯来，推荐了他一位姓刘的亲戚代替他。内务府并没有直接表示反对，曾搬出了我的父亲来拦阻。我没有理睬父亲的劝阻，坚持要委派李经迈的亲戚进行这件事，他们让了步，请刘上任。可是他干了不过三个月，就请了长假，回上海去了。

经过那次失败，我还没有看出内务府的神通。我把失败原因放在用人失当和我自己尚未"亲政"上面；那时正值政局急变，我几乎要逃到英使馆去，也无暇顾及此事。现在，我认为情形与前已大不相同，一则我已当家成人，任何人拦阻不了我，再则我身边有了一批人，力量强大了。我兴致勃勃地从这批人才里面，选出了郑孝胥来担当这件整顿重任。

郑孝胥是陈宝琛的同乡，在清朝做过驻日本神户的领事，做过一任广西边务督办。陈宝琛和庄士敦两位师傅过去都向我推崇过他，尤其是庄师傅的推崇最力，说郑孝胥是他在中国二十多年来最佩服的人，道德文章，全中国找不出第二位来，说到办事才干和魄力，没有比他更好的。陈师傅还告诉过我，郑孝胥曾多次拒绝民国总统的邀请，不肯做民国的官，不拿民国的钱。我从报纸上也看到过颂扬他的文字，说他十几年来以诗酒自娱，"持节不阿"，捧他为同光派诗人的后起之秀。他的书法我早看过，据说他鬻书笔润收入，日达千金。他既然放弃了功名利禄前来效力，可见是个难得的忠臣。

我和郑孝胥第一次见面是在民国十二年夏天。他从盘古开天辟地一直谈到未来的大清中兴，谈到高兴处，眉飞色舞，唾星乱飞，说到激昂慷慨处，声泪俱下，让我大为倾倒。我立时决定让他留下，请他施展他的抱负。我当时怎么说的已记不清了，只记得当时他听我谈完后大为感动，很快做出了一首"纪恩诗"：

七月十一日召见养心殿纪恩

君臣各辟世，世难谁能平？天心有默启，惊人方一鸣。
落落数百言，肝脑输微诚。使之尽所怀，日月悬殿楹。
进言何足异，知言乃圣明。自意转沟壑，岂知复冠缨。
独抱忠义气，未免流俗轻。须臾愿无死，终见德化成。

郑孝胥成了"懋勤殿行走"之后，几次和我讲过要成大业，必先整顿内务府，并提出了比金梁的条陈更具体的整顿计划。按照这个计划，整个内务府的机构只要四个科就够了，大批的人要裁去，大批的开支要减去，不仅能杜绝流失，更有开源之策。总之，他的整顿计划如果能够实现，复辟首先就有了财务上的保证。因此我破格授这位汉大臣为总理内务府大臣，并且"掌管印钥"，为内务府大臣之首席。郑孝胥得到了我这破格提拔，又洋洋自得地做了两首诗：

三月初十日夜值

大王事獯鬻，勾践亦事吴。

以此慰吾主，能屈诚丈夫。

一惭之不忍，而终身惭乎。

勿云情难堪，且复安须史。

天命将安归，要观人所与。

苟能得一士，岂不胜多许。

狸首虽写形，聊以辟群鼠。

持危谁同心，相倚譬蚩驱。

　　但是，如果认为俗而无学的内务府会败在郑孝胥的手里，那就把这有二百多年历史的宫廷管家衙门估计得太低了。尽管郑孝胥吹得天花乱坠，而且有我的支持和信赖，他的命运还是和李经迈的亲戚一样，也只干了三个月。

　　那些俗而无学的内务府人，究竟是谁把郑孝胥挤走的，我始终没有完全弄清楚。是绍英捣乱吗？可是绍英是出名的胆小怕事的人。是耆龄吗？耆龄是个不熟悉内务府差使的外行，一向不多问事。至于宝熙，来的时间很短，未必有那样大的神通。如果说一切都是下面的人自作主张，竟敢和郑大臣捣乱，也不全像。郑孝胥上任之后，遇见的第一件事，是面前出现了辛亥以来成堆的积案。郑孝胥对付的办法是先来个下马威，把原任堂郎中开除，把这个重要的位置抓过来，由他的亲信佟济煦接任。可是没想到，从此内务府就像瘫痪了一样，要钱，根本没钱——真的没有，账上是明明的这样记着；要东西，东西总是找不到存放的地方，账上也是这样记着……

　　郑孝胥为了拉拢下级司员，表示虚怀若谷，倾听下情，他规定每星期和司员们座谈一次，请司员们为改革出些主意。有一位司员建议说，宫中各处祭祀供品向例需用大批果品糕点，所费实在太大，其实只不过是个意思，不如用泥土和木雕的代替，一样的庄重。郑对这个主意大为赏识，下令执行，并且对出主意的人擢升一级。可是那些把供品作为自己合法收入的太监（裁减后还剩下百名左右），个个都把郑孝胥恨之入骨。郑孝胥上任没有几天，就成了紫禁城中最不得人心的人。

郑孝胥不想收兵，于是便接到了恐吓信。信上说：你正在绝人之路，你要当心脑袋。与此同时，被我派去整顿颐和园的庄士敦也接到了恐吓信。信上说：你如果敢去上任，路上就有人等着杀你。后来庄士敦很自得地对我说："我也没坐车，偏骑马去，看他们敢不敢杀我，结果我活着到任了。我早看透了那些人！"他指的那些人就是内务府的人。他和郑孝胥对恐吓信都表示不在乎。

事情最后的收场，还是在我这里。

我刚刚任命了郑的差使，就得到了一个很头痛的消息：民国国会里又有一批议员提出了议案，要废止优待条件，由民国接收紫禁城。早在两年前，在国会里就有过这类提案，理由根据是清室在民国六年闹过复辟，现在又不断向民国官吏赐官赐爵赐谥，俨然驾于民国之上，显然图谋复辟。现在旧案重提，说我不但给复辟犯张勋谥法，更非法的是赏给汉人郑孝胥紫禁城骑马和授内务府大臣。

报纸上登出了这个消息，这个消息就像信号一样，攻击内务府的举动接二连三地出现了。如内务府出售古玩给日本商人，内务府大臣荣源把历代帝后册宝押进四大银行等，这些过去本来不足为奇的事情，也引起了社会上啧有烦言。

同时，在清点字画中，那些被我召集到身边的股肱之臣，特别是罗振玉，也遭到了物议。这些新增加的辫子们来到紫禁城里，本来没有别的事，除了左一个条陈，右一个密奏，陈说复兴大计之外，就是清点字画古玩，替我在清点过的字画上面盖上一个"宣统御览之宝"，登记上账。谁知这一清点，引起了满城风雨。当时我却不知道，不点还好，东西越点越少，而且给遗老们增辟了各种生财之道。罗振玉的散氏盘、毛公鼎的古铜器拓片，佟济煦的珂罗版的宫中藏画集都卖了大价钱，轰动了中外。顶伤脑筋的是，民国的内务部突然颁布了针对清宫贩卖古物出口而定的"古籍、古物及古迹保存法草案"。

不久，郑孝胥的开源之策——想把四库全书运到上海商务印书馆出版，遭受当局的阻止，把书全部扣下了。

我父亲这时找到我，婉婉转转地，更加结结巴巴地向我说，郑孝胥的办法值得斟酌，如果连民国当局也不满意，以后可就更不好办了。

原来的那些内务府大臣绍英、耆龄、宝熙，还是那么恭顺，没有说出一句关于郑、金、荣三人的坏话。不过荣源因为卖册宝出了事，不露头了，金梁因为上的条陈里有劝我让醇亲王退休的话，被我父亲大骂一顿，也不知哪里去了。

这一天，绍英带着一副胆小怕事的样子出现在我面前，说现在的步军统领王怀庆对郑孝胥的做法很不满意，王怀庆说如果再叫郑孝胥闹下去，民国如果有什么举动，他就再没办法帮我的忙。一听这话，我才真怵了头。这时，郑孝胥"恳请开去差事"的奏折到了。结果是，郑孝胥回到"懋勤殿行走"，绍英依然又掌管了内务府印钥。

十　紫禁城的末日

这次整顿内务府宣告失败，并不能使我就此"停车"。车没有停，不过拐个弯儿。我自从上了车，就不断有人给我加油打气，或者指点路标方向。

遗老们向我密陈恢复"大计"，前面说的只不过是其中的一例。在我婚后，像那样想为我效力的人，到处都有。例如康有为和他的徒弟徐勤、徐良两父子，打着"中华帝国宪政党"的招牌，在国内国外活动。他们的活动情况，继续地通过庄士敦传到宫中。徐勤写来奏折吹牛说，这个党在海外拥有十万党员和五家报纸。在我出宫前两年，徐良曾到广西找军阀林俊廷去活动复辟，他给庄士敦来信说，广西的三派军人首领陆荣廷、林俊廷和沈鸿英"三人皆与我党同宗旨，他日有事必可相助对待反对党也"[1]。民国十三年春节后，康有为给庄士敦的信中说："经年奔走，至除夕乃归，幸所至游说，皆能见听，亦由各方厌乱，人有同心。"据他说陕西、湖北、湖南、江苏、安徽、江西、贵州、云南全都说好了，或者到时一说就行。他最寄予希望的是吴佩孚，说"洛（指吴，吴当时在洛阳）忠于孟德（指曹锟），然闻已重病，如一有它，则传电可以旋转"。又说湖北萧耀南说过"一电可来"的话，到他生日，"可一赏之"。现在看起来，康有为信中说了不少梦话，后来更成了没有实效的招摇行径。但当时我和庄士敦对他的话不仅没有怀疑，而且大为欢欣鼓舞，并按他的指点送寿礼、赏福寿字。我在他们指点之下，开始懂得为自己的"理想"去动用财富了。

同样的例子还有"慈善捐款"。这是由哪位师傅的指点，不记得了，但动机是很清楚的，因为我这时懂得了社会舆论的价值。那时在北京报纸的社会版上，差不多天天都有"宣统帝施助善款待领"的消息。我的"施助"活动大致有两种，一种是根据报纸登载的贫民消息，把款送请报社代发，另一种是派人直接送到贫户家里。无论哪一种做法，过一两天报上总有这样的新闻："本报前登某某求助一事，荷清帝遣人送去×元……"既表彰了我，又宣传了"本报"的作用。为了后者，几乎无报不登吸引我注意的贫民消息，我也乐得让各种报纸都给我做宣传。以至有的报居然登出这样的文章来：

---

[1] 民国十三年我出宫后，接收清宫的清室善后委员会在养心殿搜出了康有为和徐良给庄士敦的信共二封，连同金梁的条陈和江亢虎请觐见的信都发表了出来，但当时却没发表这一封，也没发表康有为向吴佩孚进行活动的往来信件。——作者

时事小言　皇恩浩荡

皇恩浩荡，乃君主时恭维皇帝的一句普通话，不意改建民国后，又闻有皇恩浩荡之声浪也。今岁入冬以来，京师贫民日众，凡经本报披露者，皆得有清帝之助款，贫民取款时，无不口诉皇恩之浩荡也。即本报代为介绍，同人帮同忙碌，然尽报纸之天职，一方替贫民之呼吁，一方代清帝之布恩，同人等亦无不忻忻然而云皇恩浩荡也。或曰清帝退位深宫，坐拥巨款，既无若何消耗，只好救济贫民，此不足为奇也。唯民国之政客军阀无不坐拥巨款，且并不见有一救济慈善者，于此更可见宣统帝之皇恩浩荡也。[1]

像这样的文章，对我的价值自然比十块八块的助款大得太多了。

我付出最大的一笔赈款，是对民国十二年九月发生的日本"震灾"。那次日本地震的损失惊动了世界，我想让全世界知道"宣统帝"的"善心"，决定拿出一笔巨款助赈。我的陈师傅看的比我更远，他在称赞了"皇恩浩荡，天心仁慈"之后，告诉我说："此举之影响，必不仅限于此。"后来因为现款困难，便送去了据估价在美金三十万元上下的古玩字画珍宝。日本芳泽公使陪同日本国会代表团来向我致谢时，宫中出现的兴奋气氛，竟和外国使节来观大婚礼时相像。

在这个时期，我的生活更加荒唐，干了不少自相矛盾的事。比如我一面责怪内务府开支太大，一面又挥霍无度。我从外国画报上看到洋狗的照片，就叫内务府向国外买来，连同狗食也要由国外定购。狗生了病请兽医，比给人治病用的钱还多。北京警察学校有位姓钱的兽医，大概看准了我的性格，极力巴结，给我写了好几个关于养狗知识的奏折，于是得到了绿玉手串、金戒指、鼻烟壶等十件珍品的赏赐。我有时从报上看见什么新鲜玩意儿，如四岁孩子能读《孟子》，某人发现一只异样的

---

[1] 作者秋隐，登于民国十二年十二月十五日《平报》。

蜘蛛，就会叫进宫里看看，当然也要赏钱。我一下子喜欢上了石头子儿，便有人买了各式各样的石头子儿送来，我都给以巨额赏赐。

我一面叫内务府裁人，把各司处从七百人裁到三百人，"御膳房"的二百厨师减到三十七个人，另一方面又叫他们添设做西餐的"番菜膳房"，这两处"膳房"每月要开支一千三百多元菜钱。

关于我的每年开支数目，据我婚前一年（即民国十年）内务府给我编造的那个被缩小了数字的材料，不算我的吃穿用度，不算内务府各处司的开销，只算内务府的"交进"和"奉旨"支出的"恩赏"等款，共计年支八十七万零五百九十七两。

这种昏天黑地的生活，一直到民国十三年十一月五日，冯玉祥的国民军把我驱逐出紫禁城，才起了变化。

这年九月由朝阳之战开始的第二次直奉战争，吴佩孚的直军起初尚处于优势，十月间，吴部正向山海关的张作霖的奉军发动总攻之际，吴部的冯玉祥突然倒戈回师北京，发出和平通电。在冯、张合作之下，吴佩孚的山海关前线军队一败涂地，吴佩孚自己逃回洛阳。后来吴在河南没站住脚，又带着残兵败将逃到岳州，直到两年后和孙传芳联合，才又回来，不过这已是后话。吴军在山海关败绩消息还未到，占领北京的冯玉祥国民军已经把贿选总统曹锟软禁了起来，接着解散了"猪仔国会"，颜惠庆的内阁宣告辞职，国民军支持黄郛 [1] 组成了摄政内阁。

政变消息刚传到宫里来，我立刻觉出了情形不对。紫禁城的内城守卫队被国民军缴械，调出了北京城，国民军接替了他们的营地，神武门换上了国民军的岗哨。我在御花园里用望远镜观察景山，看见了那边上上下下都是和守卫队服装不同的士兵们。内务府派去了人，送去茶水吃

---

[1] 黄郛（1880年—1936年），字膺白，浙江绍兴人。早年留学日本，结识蒋介石、张群等人，后在民国政府历任外交部部长、教育部部长、上海市市长等职。亲日派，北伐战争时期协助蒋介石策划反革命政变。1933年在汪精卫授意下，在华北推行对日本妥协的外交方针。1936年病逝于上海。

食，国民军收下了，没有什么异样态度，但是紫禁城里的人谁也放不下心。我们都记得，张勋复辟那次，冯玉祥参加了"讨逆军"，如果不是段祺瑞及时地把他调出北京城，他是要一直打进紫禁城里来的。段祺瑞上台之后，冯玉祥和一些别的将领曾通电要求把小朝廷赶出紫禁城。凭着这点经验，我们对这次政变和守卫队的改编有了不祥的预感。接着，听说监狱里的政治犯都放出来了，又听说什么"过激党"都出来活动了，庄士敦和陈师傅他们给我的种种关于"过激""恐怖"的教育——最主要的一条是说他们要杀掉每一个贵族——这时发生了作用。我把庄士敦找来，请他到东交民巷给我打听消息，要他设法给我安排避难的地方。

王公们陷入惶惶不安，有些人已在东交民巷的"六国饭店"定了房间，但是一听说我要出城，却都认为目前尚无必要。他们的根据还是那一条：有各国公认的优待条件在，是不会发生什么事情的。

然而必须发生的事，终归是发生了。

那天上午，大约是九点多钟，我正在储秀宫和婉容吃着水果聊天，内务府大臣们突然跟跟跄跄地跑了进来。为首的绍英手里拿着一件公文，气喘吁吁地说：

"皇上，皇上……冯玉祥派了军队来了！还有李鸿藻的后人李石曾，说民国要废止优待条件，拿来这个叫，叫签字……"

我一下子跳了起来，刚咬了一口的苹果滚到地上去了。我夺过他手里的公文，看见上面写着：

大总统指令

派鹿钟麟[1]、张璧交涉清室优待条件修正事宜，此令。

中华民国十三年十一月五日

国务院代行国务总理黄郭……

---

[1] 鹿钟麟（1884年—1966年），河北定州人，在冯玉祥所部西北军中任将领多年。1949年天津解放后参加街道居民工作，1955年任国防委员会委员，1966年病逝。

修正清室优待条件

今因大清皇帝欲贯彻五族共和之精神，不愿违反民国之各种制度仍存于今日，特将清室优待条件修正如左：

第一条、大清宣统帝即日起永远废除皇帝尊号，与中华民国国民在法律上享有同等一切之权利；

第二条、自本条件修正后，民国政府每年补助清室家用五十万元，并特支出二百万元开办北京贫民工厂，尽先收容旗籍贫民；

第三条、清室应按照原优待条件第三条，即日移出宫禁，以后得自由选择住居，但民国政府仍负保护责任；

第四条、清室之宗庙陵寝永远奉祀，由民国酌设卫兵妥为保护；

第五条、清室私产归清室完全享有，民国政府当为特别保护，其一切公产应归民国政府所有。

中华民国十三年十一月　日

老实说，这个新修正条件并没有我原先想象的那么可怕。但是绍英说了一句话，立即让我跳了起来："他们说限三小时内全部搬出去！"

"那怎么办？我的财产呢？太妃呢？"我急得直转，"打电话找庄师傅！"

"电话线断，断，断了！"荣源回答说。

"去人找王爷来！我早说要出事的！偏不叫我出去！找王爷！找王爷！"

"出不去了，"宝熙说，"外面把上了人。不放人出去了！"

"给我交涉去！"

"嗻！"

这时端康太妃刚刚去世不多天，宫里只剩下敬懿和荣惠两个太妃，这两位老太太说什么也不肯走。绍英拿这个做理由，去和鹿钟麟商量，结果允许延到下午三点。过了中午，经过交涉，父亲进了宫，朱、陈两师傅被放了进来，只有庄士敦被挡在外面。

听说王爷进来了，我马上走出屋子去迎他，看见他走进了宫门口，我立即叫道：

"王爷，这怎么办哪？"

他听见我的叫声，像挨了定身法似的，粘在那里了，既不走近前来，也不回答我的问题，嘴唇哆嗦了好半天，才迸出一句没用的话：

"听，听旨意，听旨意……"

我又急又气，一扭身自己进了屋子。后来据太监告诉我，他听说我在修正条件上签了字，立刻把自己头上的花翎一把揪下来，连帽子一起摔在地上，嘴里嘟囔着说："完了！完了！这个也甭要了！"

我回到屋里，过了不大功夫，绍英回来了，脸色比刚才更加难看，哆哆嗦嗦地说："鹿钟麟催啦，说，说再限二十分钟，不然的话，不然的话……景山上就要开炮啦……"

其实鹿钟麟只带了二十名手枪队，可是他这句吓唬人的话非常生效。首先是我岳父荣源吓得跑到御花园，东钻西藏，找了个躲炮弹的地方，再也不肯出来。我看见王公大臣都吓成这副模样，只好赶快答应鹿的要求，决定先到我父亲的家里去。

这时国民军已给我准备好汽车，一共五辆，鹿钟麟坐头辆，我坐了第二辆，婉容和文绣、张璧、绍英等人依次上了后面的车。

车到北府门口，我下车的时候，鹿钟麟走了过来，这时我才和他见了面。鹿和我握了手，问我：

"溥仪先生，你今后是还打算做皇帝，还是要当个平民？"

"我愿意从今天起就当个平民。"

"好！"鹿钟麟笑了，说："那么我就保护你。"又说，现在既是中华民国，同时又有个皇帝称号是不合理的，今后应该以公民的身份好好为国效力。张璧还说：

"既是个公民，就有了选举权和被选举权，将来也可能被选做大总统呢！"

一听大总统三个字，我心里特别不自在。这时我早已懂得"韬光养晦"的意义了，便说：

"我本来早就想不要那个优待条件，这回把它废止了，正合我的意思，所以我完全赞成你们的话。当皇帝并不自由，现在我可得到自由了。"

这段话说完，周围的国民军士兵都鼓起掌来。

我最后的一句话也并非完全是假话。我确实厌恶王公大臣们对我的限制和阻碍。我要"自由"，我要自由地按我自己的想法去实现

我的理想——重新坐在我失掉的"宝座"上。

十一　在北府里

我说了那几句漂亮话，匆匆走进了国民军把守着的北府大门。我在父亲的书房里坐定，心想我这不是在王府里，而是进了虎口。我现在第一件要办的事，就是弄清楚究竟我的处境有多大危险。我临出宫以前，曾叫人送信给宫外的那些"股肱之臣"，让他们从速设法，营救我逃出国民军的掌握。这时，不但他们的奔走情形毫无消息，就连外边的任何消息也都无法知道。我很想找人商量商量，哪怕听几句安慰话也好。在这种情势下，我的父亲让我感到了极大的失望。

他比我还要惊慌。从我进了北府那一刻起，他就没有好好地站过一回，更不用说安安静静地坐一坐了。他不是喃喃自语地走来走去，就是慌慌张张地跑出跑进，弄得空气格外紧张，后来，我实在忍不下去了，请求他说：

"王爷，坐下商量商量吧！得想想办法，先打听一下外边的消息呀！"

"想想办法？好！好！"他坐了下来，不到两分钟，忽然又站起来，"载洵也不露面了！"说了这句牛头不对马嘴的话，又来来去去地转了起来。

"得打听打听消息呵！"

"打，打听消息？好，好！"他走出去了，转眼又走进来，"外边不，不让出去了！大门上有兵！"

"打电话呀！"

"打，打电话，好，好！"走了几步，又回来问："给谁打电话？"

我看实在没办法，就叫太监传内务府大臣们进来。这时内务府大臣荣源住进了外国医院，治神经病去了（两个月后才出来），耆龄忙着搬移我的衣物，处理宫监、宫女的问题，宝熙在照顾未出宫的两位太妃，只剩下绍英在我身边。他的情形比王爷好不了多少，一个电话也没打出去。幸亏后来其他的王公大臣和师傅们陆续地来了，否则北府里的慌乱还不知要发展到什么地步。庄士敦在傍晚时分带来的消息是最好的：经过他的奔走，公使团首席公使荷兰的欧登科、英国公使麻克类、日本公使芳泽已经向摄政内阁外交总长王正廷提出了"抗议"，王正廷向他们保证了我的生命财产的安全。这个消息对北府里的人们起了镇定作用，但是对于我父亲，好像"剂量"还不足。庄士敦在他的著作里曾描写过那天晚上的情形：

　　皇帝在一间大客厅里接见了我，那间屋子挤满了满洲贵族和内务府的官员。……我的第一个任务，是说明三位公使拜访外交部的结果。他们已经从载涛那里，知道了那天早晨我们在荷兰使馆进行了磋商，所以他们自然急于要知道，和王博士（正廷）会见时的情形。他们全神贯注地听我说话，只有醇亲王一人，在我说话的时候不安地在屋里转来转去，显然是漫无目的。有好几次忽然加快脚步，跑到我跟前，说了几句前言不搭后语的话。他的口吃似乎比平时更加厉害了。他每次说的话都是那几句，意思是"请皇上不要害怕"——这句话从他嘴里说出，完全是多余的，因为他显然要比皇帝惊慌。当他把这种话说到四五次的时候，我有点不耐烦了，我说，'皇帝陛下在这里，站在我旁边，你为什么不直接和他说呢？'可是，他太心慌意乱了，以致没有注意到我说话的粗鲁。接着，他又漫无目的地转起圈子来。……

那天晚上，我父亲的另一举动，尤其令我不能满意。

庄士敦到了不久，郑孝胥带着两个日本人来了。从"东京震灾"捐款时起，东交民巷的日本公使馆就和我的"股肱"们有了交际，罗振玉和郑孝胥来到紫禁城之后，又和日本兵营有了往来。据罗振玉说，日本的竹本大佐是他先交的朋友。我出宫的头一天，由于情势紧张，罗振玉到天津找日本屯驻军司令官想办法去了，郑孝胥受我嘱托，也约会好东交民巷的竹本多吉大佐在次日见面。他们见面后，刚谈了不多的话，就听到了冯军入京的消息，于是双方商定了一条计策，由竹本的副官中平常松大尉，穿上便衣，带着一名医生，假装送我进医院，把我运出北府，接进日本兵营。郑孝胥带着中平大尉和日本医生村田到了北府，说出了他们的计策，但是遭到了王公大臣和师傅们的一致反对。他们认为这个办法很难混过大门口的士兵，即使混过了他们，街上还有国民军的步哨，万一被发现，那就更糟糕。我父亲的态度最为激烈，他的反对理由是这样："就算跑进了东交民巷，可是冯玉祥来找我要人，我怎么办？"结果是郑孝胥和日本人被送出大门去了。

我的心情从总的来说，这天晚上还算好。庄士敦的消息说明三国公使在"关心"我，郑孝胥带来的日本人，又告诉了我日本人的"热心"，我不像刚才来时那么紧张了。

到了次日，北府的门禁突然加严，只准进，不准出。后来稍放松一点，只许陈、朱两师傅和内务府大臣出进，外国人根本不许进来。

这一下子，北府里的人又全慌了神，因为既然国民军不把洋人放在眼里，那就没有可保险的了。后来两个师傅分析了一下，认为历来还没有不怕洋人的当局，王正廷既向三国公使做出保证，料想他不会推翻。大家听了，觉得有理，我却仍不放心。话是不错，不过谁知道大门口的大兵是怎么想的呢？那年头有句话："秀才遇见兵，有理讲不清！"黄郛和王正廷尽管如何保证，离我最近的手持凶器的还是门口的大兵。万一他们发作起来，就怕一切保证都不顶事。我越想越怕，后悔没有跟郑孝胥带来的日本人出去，同时心里也埋怨父亲只考虑自己，却不顾我的安危。

正在这时候，罗振玉从天津回来了。他是在冯军接管内城守卫的时候乘坐京津国际列车[1]到天津求援去的。他到了天津日本驻屯军司令部，司令部的金子参谋告诉他，鹿钟麟已进了宫，日本司令官叫他去找段祺瑞。这时段祺瑞也接到了北京竹本大佐转来郑孝胥的求援电报。段祺瑞发出了一封反对冯玉祥"逼宫"的通电。罗振玉看了那个电稿，明白了段祺瑞马上就要出山，觉得形势并不那么严重，不过他仍然要求日军司令部出面"保护"。日军司令部告诉他，北京的竹本大佐会有办法。根据日本驻屯军司令部的指示，他返回北京找到竹本大佐，竹本大佐叫他告诉我，日本骑兵将在北府附近巡逻，如国民军对北府有什么异样举动，日本兵营会立即采取"断然措施"。陈宝琛也告诉我，日本兵营想把日本军用信鸽送进北府，以备报警之用（后来因为怕国民军知道，没敢收），于是我对日本人的"感情"又发展了一步。这样一来，罗振玉在我心里得到了与郑孝胥相等的地位，而王爷就被挤得更远了。

我看到了段祺瑞指摘冯玉祥"逼宫"的通电，又听到了奉军将要和

---

[1] 内战中，火车常被军阀扣留，京津间交通很不正常，因这趟车是根据东交民巷的意思组成的，所以交战双方都不敢动它。——作者

冯军火并的消息，这两件事给我带来了新的希望。与此同时，陈宝琛给我拿来了日本兵营转来的段祺瑞的密电，上面说："皇室事余全力维持，并保全财产。但宣统帝入东交民巷之意宜中止。已命冯玉祥代表进京，适宜处置。"接着门禁有了进一步的松动，允许更多的王公大臣以至宗室人等进来，甚至连没有"顶戴""功名"的胡适也没受到阻拦，只有庄士敦还是不让进来。

不久，北府所最关心的张、冯关系，有了新的发展，传来了冯玉祥在天津被奉军扣押的消息。后来虽然证明是谣传，但是接踵而至的消息更鼓舞了北府里的人：国民军所支持的黄部摄政内阁，在北京宴请东交民巷的公使，遭到了拒绝。北府里乐观地估计，这个和我过不去的摄政内阁的寿命快完了，代替他的自然是东交民巷（至少是日本人）所属意的段祺瑞。果然，第二天的消息证实了罗振玉的情报，冯玉祥不得不同意张作霖的决定，让段祺瑞出山。过了不多天，张、段都到北京来了。那几天的情形，郑孝胥的日记里是这样记载的：

乙巳廿六日（十一月二十二日）。小雪。作字。日本兵营中平电话云：段祺瑞九点自天津开车，十二点半可到京。偕大七（郑的长子郑垂）往迎段祺瑞于车站。……三点车始到，投刺而已。……

丙午廿七日（二十三日）。……曹缦衡（段的幕僚）电话云：段欲公为阁员，今日请过其居商之。答之曰：不能就，请代辞，若晤面恐致龃龉。至北府入对。泽公、忻贝子、耆寿民（龄）询余：就段否？余曰：拟就其顾问，犹虑损名，苟不能复辟，何以自解于天下？忻贝子曰：若有利于皇室，虽为总统何害？……

丁未廿八日（二十四日）。……北府电话召。入对。上（溥仪）赐膳，裁两器、两盘、数小碟而已。段派荫昌来，守卫兵得其长官令：不禁止洋员（指庄士敦）入见。涛贝勒云：顷已见段，求撤卫兵，但留警察。使垂访池部（日公使馆书记官）。上云：今日已派柯劭忞、罗振玉商购裱褙胡同盛昱之屋，将为行在。……

戊申二十九日（二十五日）。……至吉兆胡同段宅晤段芝泉（祺瑞），谈久之。至北府，入对。……

己酉三十日（二十六日）……召见，草赐张作霖诏，罗振玉书之。诏云："奉军入京，人心大定，咸望所及，群邪敛迹。昨闻庄士敦述及厚意，备悉一切。予数年以来，固守宫中，囿于闻见，乘此时会，拟为出洋之行，唯筹备尚须时日，日内欲择暂驻之所，即行移出醇邸。俟料理粗定，先往盛京，恭谒陵寝。事竣之日，再谋游学海外，以补不足。所有详情，已属庄士敦面述。"……北府冯军撤回。冯玉祥求免职，段批假一月。闻冯已赴西山。……

段、张合作的消息一传出，北府的气氛就变了。王公们首先给张作霖秘密地写了一封信，请求他庇护。张、段入京后，王公们派了代表和郑孝胥一齐表示欢迎，然后又分头进行活动。由郑孝胥去找段祺瑞，北府的管家张文治去找他的盟兄张作霖。让北府最高兴的，是张作霖托张文治特别邀请庄士敦去一趟。结果庄士敦去了两趟。张作霖找庄士敦的目的，是想通过庄士敦探一探东交民巷对他的态度，而北府里则希望通过庄士敦探一探张作霖对我的态度。我让庄士敦带去了我的一张签名照片，一个大钻石戒指。张作霖留下照片，退了戒指，表示了同情。与此同时，段祺瑞向郑孝胥表示了，可以考虑恢复优待条件。既有了东交民巷的"同情"，又有了这两位当权人物的支持，虽然冯玉祥的国民军还在北京城里，而北府的人们已经敢于"反攻"了。

十一月二十八日，即大门上的国民军撤走、冯玉祥通电辞职的第二天，北府里用内务府的名义发出了致国民内务部的一封公函：

> ……查法理原则关于刑律之规定，凡以强暴胁迫人者，应负加害之责任，其民法原理凡出于强暴胁迫，欺罔恐吓之行为，法律上

不能发生效力。兹特专函声明：所有摄阁任意修正之五条件，清室依照法理不能认为有效。……

与此同时还发出了向外国公使们呼吁支援的公函。对摄阁成立时组成的"清室善后委员会"，虽清室代表已参加开了几次会，现在也否认了。

这天，日本人办的《顺天时报》记者来访问我，我向他发表了谈话，与出宫那天所说的完全相反：

此次国民军之行动，以假冒国民之巡警团体，武力强迫余之签字，余决不如外间所传之欣然快诺。……[1]

《顺天时报》是日本公使馆支配下的日商报纸。说到当时日本人对我的"热心"，绝不能忽略了这份报纸。它不像竹本大佐那样的一切在暗中进行，而是依仗特权公然地大嚷大叫，极尽耸动听闻之能事。从我进了北府的第二天起，《顺天时报》连续发出了对"皇室"无限"同情"，对摄政内阁和国民军无限"激愤"的消息和评论。里面大量地使用了"逼宫""蒙难"之类的字眼，以及"泰山压卵""欺凌寡妇孤儿""绑票"等的比喻，大力渲染和编造了"旗人纷纷自杀"，"蒙藏发生怀疑"等的故事，甚至还编造了"某太妃流血殉清朝"，"淑妃断指血书，愿以身守宫门"和"淑妃散发攀轮，阻止登车"的惊人奇闻。其他外文报纸虽也登过类似的文字，但比起《顺天时报》来，则大为逊色。顺便说一句，那时有些中国报纸也有抨击国民革命军的，尤其是张作霖、段祺瑞到北京之后，锋芒尤甚。有些"名流"，也在报上发过议论，如与我

---

[1] 这是记者报道的文字，登在民国十四年十一月二十九日的《顺天时报》上，基本和我当时的思想一致。——作者

有一面之识的胡适博士，曾发表过一封致王正廷的公开信，表示了他对"以武力胁迫"清室修改条件的"义愤"。胡适那些天经常和郑孝胥等人厮混，似乎颇能获得一部分"遗老"的谅解。他曾到"北府"来求见我，但被我拒绝了。因为我这时需要的不是洋博士，而是真正的洋人。当我用黑眼珠瞅着洋人的时候，其余的人——包括曾引起过我好奇心的胡适在内，就只好受白眼珠的待遇了。

十二　三岔口上的抉择

北府里的人虽然有共同的兴奋，却没有共同的想法。金梁后来在他补写的《遇变日记》里说："盖自段、张到京后，皆空言示好，实无办法。众为所欺，以为恢复即在目前，于是事实未见，而意见已生。有主张原订条件一字不能动者，有主必还宫复号者，有主改号逊帝者，有主岁费可减，必有外人保证者，有主移住颐和园者，有主在东城购屋者。实则主权在人，无异梦想，皆不知何所见而云然也。"这段话说的的确是实情。

一九二四年十一月五日的这场旋风，把我一下子抛出了紫禁城，落到一个三岔口上。我面前摆着三条路：一条是新"条件"给我指出的，放弃帝王尊号，放弃原来的野心，做个仍然拥有大量财宝和田庄的"平民"；另一条，是争取"同情者"的支援，取消国民军的新条件，全部恢复袁世凯时代的旧条件，或者"复号还宫"，让我回到紫禁城，依然过着从前那样的生活；还有一条，是最曲折的道路，它通向海外，然后又指向紫禁城，不过那时的紫禁城必须是辛亥以前的紫禁城。这条路当时的说法则是"借外力谋恢复"。

我站在这个三岔路口上，受着各种人的包围，听尽了他们的无穷无尽的争吵。他们对于第一条路，都认为不屑一顾，而在其他两条路线的选择上，则又互不相让。即使是同一条路线的拥护者，也各有不同的具体主张和详细计划。他们每个人都争先恐后地给我出主意，抢着给我带路。

这种"带路权"的争夺战，从我进"北府"大门那天起，经过我居住天津的七年，一直到离津去东北前，是一直没有停止过的。只说在"北府"的这二十四天，也曾有过几次起伏，变过几次阵容，转移过几次重心。

在刚进北府的那几天，争论的中心是"留在北府呢，还是设法溜出去，躲进东交民巷"。前面已说过，主张溜走的一方是处于孤势的郑孝胥和不公开表态的庄士敦，另一方则是以我父亲为首的王公大臣以及师傅们。这场冲突是以郑孝胥的失败而告终。门禁开始放松以后，则以"出洋不出洋，争取不争取恢复原优待条件"为中心展开了第二次交锋。主张立即出洋的一方是金梁和罗振玉（庄士敦仍是不公开表态的一个），另一方仍以我父亲为首，有师傅们参加。他们这次的矛头主要对着"急先锋"金梁，也取得了胜利。不过，这是一个表面的胜利。到第三个回合，即郑、罗、庄联合了起来，并争得了陈宝琛的参与，问题重心转到了"我的当前处境危险不危险，要不要先跑进东交民巷"的时候，那些王公大臣便惨败了。

以我父亲为首的王公大臣们，一心一意地想恢复原状，争取复号还宫。他们对国民军怀着仇恨，却希望我加以忍受和等待。国民军取消了我的皇帝尊号，他们认为我还可以在家里做皇帝，反正他们不取消我的尊号。国民军的统治刚露出了不稳征兆（张、冯不和，黄内阁被拒于使团），他们的幻想就抬头了。他们一面劝我静待佳音，一面对于一切主张出洋以及出府的人，大肆攻击。他们在第一个回合上取得了胜利，让我去不成东交民巷，在第二个回合上，又让金梁败得很狼狈。金梁从报上看到了我对鹿钟麟的谈话以后，门禁刚一松动，便带着一份奏折和替我拟好的"宣言书"来了。他大大地夸奖了我的谈话，请我对外宣布

"敝屣一切，还我自由，余怀此志久矣"！叫我放弃帝号和优待费，把钱拿出来办图书馆和学校，以"收人心，抗舆论"，同时要"托内事于忠贞之士，而先出洋留学，图其远者大者，尽人事以待天命，一旦有机可乘，立即归国"。他的论点是："盖必敝屣今日之假皇帝，始可希望将来之真皇帝。"他说过之后，又写成一个《请速发宣言疏》。这一番话，尽管令我动心，但是我父亲知道之后，对他大怒，把他称作"疯子"，请他以后不要再上门来。

其实，金梁并不是坚决的"出洋派"。他的主张曾让我一时摸不着头脑。段祺瑞上台后，还原的呼声甚嚣尘上之际，他托人递折子给我，再不提"敝屣一切"和放弃优待条件、帝号的话，说如果能争回帝号，我亦不可放弃。他同时上书张作霖说："优待条件事关国信，效等约法，非可轻易修改。"他对别人解释说，他原并不是主张放弃帝号的，不过此事不宜由我去争而已。他的解释没有得到我父亲的谅解，也引不起我的兴趣，北府的大门也进不来了。

我父亲赶走金梁之后，为了防范别人对我的影响，每逢有他认为靠不住的人来访我，他不是加以拦阻，就是立在一边看守着，因此另一个主张出洋的罗振玉被他弄得无法跟我说话。我父亲的"王爷"威风只有对庄士敦不敢使用，但是门口上的大兵无形中帮了父亲的忙，庄士敦从第二天起就进不来了。所以我父亲这一次在对付出洋派上，又成了胜利者。

我父亲这一派人接连得到的两次胜利，却是十分不巩固的胜利。他的封锁首先引起我心中更大的反感。尽管我对自己的前途还没有个明确的打算，但这一点是从进了北府大门就明确了的：无论如何我得离开这个地方。我不能出了一座大紫禁城，又钻进一座小紫禁城，何况这里并不安全。

后来，我向父亲表示了不满，我不希望在我接见人的时候总有他在场，更不希望想见我的人受到阻拦。父亲让了步，于是情况有了变化，各种带路人都带着最好的主意来了。这时又出现了一个新的出洋派。我的老朋友胡适博士来了。

不久以前，我刚在报上看到胡适一封致王正廷的公开信，大骂国民军，表示了对于"以武力胁迫"修改优待条件这种行为的"义愤"。虽然陈宝琛仍然把他视同蛇蝎，但郑孝胥已经和他交上了朋友，有些遗老也认为他究竟比革命党和国民军好。他走进北府，没有受到阻拦，我见到他，表示了欢迎，并且称赞他在报上发表的文章。他又把国民军骂了一通，说："这在欧美国家看来，全是东方的野蛮！"

胡适这次见我，并不是单纯的慰问，而是出于他的"关心"。他问我今后有什么打算。我说王公大臣们都在活动恢复原状，我对那些毫无兴趣，我希望能独立生活，求些学问。

"皇上很有志气！"他点头称赞，"上次我从宫里回来，就对朋友说过，皇上很有志气。"

"我想出洋留学，可是很困难。"

"有困难，也不太困难。如果到英国，庄士敦先生可以照料。如果想去美国，也不难找到帮忙的人。"

"王公大臣们不放我，特别是王爷。"

"上次在宫里，皇上也这样说过。我看，还是要果断。"

"民国当局也不一定让我走。"

"那倒好说，要紧的还是皇上自己下决心。"

尽管我对这位"新人物"本能地怀着戒心，但他的话确实给了我一种鼓励。我从他身上觉察出，我的出洋计划，一定可以得到社会上不少人的同情。因此，我越发讨厌那些反对我出洋的王公大臣们了。

我认为，那些主张恢复原状的，是因为只有这样，才好保住他们的名衔。他们的衣食父母不是皇上，而是优待条件。有了优待条件，绍英就丢不了"总管内务府印钥"，荣源就维持住乐在其中的抵押、变价生涯，醇王府就每年可以照支四万二千四百八十两的岁费，这是不管民国政府拖欠与否，内务府到时都要凑足送齐的。除了这些人以外，下面的那些喽啰，不断地递折子、上条陈，也各有其小算盘。我六叔载洵有个叫吴锡宝的门客，写了一个"奏为陈善后大计"的折子，一上来就抱怨说，他早主张要聘用各国法学家研究法律，以备应付民国违法毁约的举动，因为没听他的主意，所以今天手忙脚乱，驳辩无力。接着他提出五条大计，说来说去都没离了用法律和法学家，其原因，他自己就是一名律师。还有一个名叫多济的旗人，是挂名的内务府员外郎，他坚决主张无论如何不可放弃帝号，不但如此，我将来有了儿子还要叫作"宣统第二"。他又主张今后我应该把侍奉左右的人都换上八旗子弟。看来他也打好主意，让他的儿子做"多济第二"，来继承员外郎这份俸银。

我见过了胡适，庄士敦也回到我身边，向我转达了张作霖的关怀。我觉得胡适说得不错，出洋的问题不至于受到当局的阻拦。我和庄士敦计议如何筹备出洋的事，张作霖又做了表示，欢迎我到东北去住。我想先到东北住一下也好，我到了东北，就随时可以出洋了。我刚拿定了主意，这时又出了新问题。

国民军的警卫从大门撤走之后，形势本来已经缓和，我已敢放胆向记者骂国民军了，忽然郑孝胥面容严肃地出现在我面前，问我看过报没有。

"看了，没有什么呀！"

"皇上看看《顺天时报》。"他拿出报来，指着一条《赤化运动之平民自治歌》标题给我看。这条消息说，冯军入京以后，"赤化主义"乘机活动，最近竟出现数万张传单，主张"不要政府真自治、不要法律大自由"云云。那时我从郑、陈、庄诸人的嘴里和《顺天时报》上，常听到和看到什么共产党是过激主义、赤化主义，赤化、过激就是洪水猛兽、共产共妻，冯玉祥的军队就和赤化过激有关，等等的鬼话。现在根据郑孝胥的解释，那是马上要天下大乱的，"赤化主义"对我下毒手，则更无疑问。

　　我被郑孝胥的话正闹得心惊胆战，愁容满面的罗振玉出现了。我一向很重视罗振玉从日本方面得来的消息。他这次报告我说，日本人得到情报，冯玉祥和"过激主义"分子将对我有不利行动。"现在冯军占了颐和园"，他说，"出事可能就在这一两天。皇上要趁早离开这里，到东交民巷躲避一下才好。"

　　这时庄士敦也来了，带来了外国报上的消息，说冯玉祥要第三次对北京采取行动。

　　这样一来，我沉不住气了，连陈宝琛也着了慌。陈宝琛同意了这个意见：应该趁冯玉祥的军队不在的时候，抓机会躲到东交民巷去，先住进德国医院，因为那位德国大夫是认识我的。我和陈、庄二师傅悄悄地商议了一个计策，这个计策不但要避免民国当局知道，也要防备着我的父亲。

　　我们按照密议的计划进行。第一步，我和陈师傅同出，去探望比我晚几天出宫的住在麒麟碑胡同的敬懿、荣惠两太妃，探望完了，依旧回北府，给北府上下一个守信用的印象。这一步我们做到了。第二天，我们打算再进行第二步，即借口去裱褙胡同看一所准备租用的住房，然后从那里绕一下奔东交民巷，先住进德国医院。第三步则是住进使馆。只要到了东交民巷，第三步以及让婉容她们搬来的第四步，就全好办了。但是在执行这第二步计划的时候，我们刚上了汽车，我父亲便派了他的大管家张文治，偏要陪我们一起去。我和庄士敦坐在第一辆汽车上，张文治跟在陈宝琛后边，上了另一辆车。

　　"事情有点麻烦。"庄士敦坐进了汽车，皱着眉头，用英文对我说。

　　"不理他！"我满肚子的气，让司机开车。车子开出了北府。我真想一辈子再不进这个门呢。

　　庄士敦认为，不理这个张文治是不行的，总得设法摆脱他。在路上，他想出了个办法：我们先到乌利文洋行停一停，装作买东西，打发张文治回去。

乌利文洋行开设在东交民巷西头一入口的地方，是外国人开的出售钟表、相机的铺子。我们到了乌利文，我和庄士敦进了铺子。我看了一样又一样的商品，最后挑了一只法国金怀表，磨蹭了一阵，可是张文治一直等在外面，没有离开的意思。到了这时，庄士敦只好拿出最后一招，对张文治说，我觉得不舒服，要去德国医院看看。张文治狐疑不安地跟我们到了德国医院。到了医院，我们便把他甩在一边。庄士敦向医院的棣柏大夫说明了来意，把我让到一间空病房里休息，张文治一看不是门道，赶紧溜走了。我们知道他必是回北府向我父亲报信去了，庄士敦不敢放松时间，立刻去英国使馆办交涉。谁知他这一去就杳无音信，等得我好心焦。我生怕这时张文治把我父亲引了来，正在焦躁不安的功夫，陈宝琛和郑孝胥相继到了。

郑孝胥的日记里，有这样一段记载：

　　壬子初三日。弢庵（陈宝琛）、叔言来。昨报载：李煜瀛见段祺瑞，争皇室事，李忿言："法国路易十四，英国杀君主，事尤数见，外交干涉必无可虑。"张继出告人曰："非斩草除根，不了此事。"平民自治歌有曰："留宣统，真怪异，唯一污点尚未去。"余语弢庵曰："事急矣！"乃定德国医院之策。午后，诣北府，至鼓楼，逢弢庵之马车，曰："已往苏州胡同矣！"驰至苏州胡同，无所见，余命往德国医院。登楼，唯见上（溥仪）及弢庵，云庄士敦已往荷兰、英吉利使馆。余定议奉上幸日本使馆，上命余先告日人。即访竹本，告以皇帝已来。竹本白其公使芳泽，乃语余："请皇帝速来。"于是大风暴作，黄沙蔽天，数步外不相见。余至医院，虑汽车或不听命，议以上乘马车；又虑院前门人甚众，乃引马车至后门，一德医持钥从，一看护引上下楼，开后门，登马车，余及一僮骖乘。德医院至日使馆有二道，约里许：一自东交民巷转北，一自长安街转南。余叱御者曰："再赴日使馆。"御者利北道稍近，驱车过长安街。上惊叫曰："街有华警，何为出此！"然车已迅驰，余曰："咫尺即至！马车中安有皇帝？请上勿恐。"既转南至河岸，复奏上曰："此为使馆界矣！"送入日使馆。竹本、中平迎上入兵营。发庵亦至。方车行长安街，风沙悍怒，几不能前，昏晦中入室小憩。上曰："北府人知我至医院耳，庄士敦、张文治必复往寻，宜告之。"余复至医院，摄政王、涛贝勒皆至。因与同来日馆，廷臣奔视者数人。上命余往告段祺瑞，命张文治往告张作霖。……

关于庄士敦，郑孝胥在日记里只简单地提了一句，原因是他在德国医院没有看见庄士敦，庄士敦那时已经带着愤懑到日本使馆去了。我在日本使馆里和这位一去不回的庄师傅相见时，很觉奇怪。他对我解释说："我到英国公使那里去了，麻克类说那里地方很小，不便招待……既然陛下受到日本公使先生的接待，那是太好了，总之，现在一切平安了。"在那匆匆忙忙之中，我没再细问——既然我保险了，过去的事情我也就没有兴趣再去知道了。后来我才弄明白，引起他愤懑的，并非像他那天和我解释的"麻克类说，那里地方很小，不便招待"，以致有失面子，更不像后来在自己的著作《紫禁城的黄昏》一书中所说，只有日本公使馆才愿意给我以有效保护（也许英国公使馆有这个看法——他在书中是这样说的），而他在这次争夺战中成了败北者，才是使他愤懑的根本原因。

郑孝胥对自己在这次出逃中所起的作用，得意极了。这可以从他写的两首七言诗中看出来：

十一月初三日奉乘舆幸日本使馆

陈宝琛、庄士敦从幸德国医院，孝胥踵至，遂入日本使馆。

乘日风兮载云旗，纵横无人神鬼驰，

手持帝子出虎穴，青史茫茫无此奇！

是日何来蒙古风？天倾地坼见共工，
休嗟猛士不可得，犹有人间一秃翁。

这位俨然以"猛士"自居的人后来藏了一幅画：在角楼的上空云雾中，有一条张牙舞爪的龙。陈宝琛虔诚地在画上题了"风异"二字，并作诗一首恭维他："风沙叫啸日西垂，投止何门正此时；写作昌黎诗意读，天昏地黑虺龙移。"庄士敦颇知凑趣，也用英文把事件经过写在上面。

让郑孝胥如此得意忘形的原因之一，是他在这场争夺垄断的战斗中，胜过了他的暗中对手罗振玉。罗不但没有赶上这个机会，而且竹本大佐这个值钱的关系，也被郑轻轻拿在手里，成了郑的本钱。郑、罗二人之间的冲突，原来是掩盖在他们与王公们的争夺战后面。而从这时起，开始了他们之间的争夺战了。

不过庄士敦却在旁不免暗笑。在他的一九三二年出版的书里，他肯定了郑孝胥的日记所叙述的正确性之后说："不过有一点除外，那就是郑孝胥错误地认为，竹本大佐在同意用他自己的住处接待皇帝之前，已经和日本公使商量过了。日本使馆内文武官员之间的关系，并不像其他使馆文武官员之间的关系那么亲近和友好，竹本大佐是否认为自己应当听从日本公使的命令，是大可怀疑的。因此，他并不认为必须把他和郑孝胥先生谈的话向芳泽谦吉先生汇报，而且他也没有这样做。事实上，他本人急于要接待皇帝，不希望日本公使把他的贵客夺走。……"

事实上，后来是夺走了。这刚开始不久的争夺战，不仅展开在王公大臣和郑、罗之间，也不仅在郑与罗之间，原来还发生在日本人之间。这一场争夺战中的真正胜利者，有一段谈话刊在第二天的《顺天时报》上：

日使对容留逊帝之谈话

日本芳泽公使，昨日对于往访记者所谈逊帝溥仪迁入日本使馆之经过，并公使所持之态度如下：

上星期六午后三时，忽有某氏（公使不欲宣布其姓名）来访余（公使自称，下同），告以逊帝现已入德国医院，并谓此不过暂时办法，万难期其久居，且于某某方面亦曾恳谈逊帝迁居事，咸以迁居日本使馆为宜，故逊帝遣某来为之先容，万希俯允所请等语。余当时在大体上因无可推辞，然以事出突然，故答以容暂考虑，再为答复等语。某氏辞去约二十分钟，余即接得报告，谓逊帝已至日本兵营，要求与余面会。余当即亲赴兵营迎近，一面为之准备房屋。午后五点迎入本馆后，即派池部书记官赴外交部谒沈次长，说明逊帝突然来馆之始末，并请转达段执政，以免有所误会。当蒙其答复，极为谅解。……

十三 由"使馆区"到"租界"

在那个时代，"使馆区"和"租界"正是"好客"的地方。我进了日本公使馆才知道，我并不是唯一的客人，当时还住着一个名叫王毓芝的人物，他是贿选大总统曹锟的心腹谋士。曹锟没有来得及逃往使馆区，被国民军软禁了起来。王毓芝的腿快，做了这里的客人。我还记得，七年前我第二次做皇帝的时候，被张勋赶走的黎元洪也在这里住过，我第二次退位以后，被段祺瑞赶走的张勋做过荷兰使馆的客人。每逢使馆里到了必须接待来客的时候，使馆区里的饭店和医院总免不了跟着热闹一番，因为每次总有一批神经脆弱而又身价够不上进使馆的人们往这里跑，把这里塞得满满的，甚至于连楼梯底下都有人愿意付租金。辛亥、丁巳和我这次被赶出紫禁城，有不少的满族贵族都争先恐后地到这里做客。有一次饭店老板贴出了一张很不礼貌的告示："查本店寄居者过多，楼梯下亦已住满，卫生状况殊为不佳，且有随地吐痰、极不文明者……兹规定，如再有人吐痰于地，当罚款十元，决不宽贷！"尽管如此，还是有人趋之若鹜，流连忘返。

我在这里遇到的热情是空前的，也许还是绝后的。有一件小事我在前面没有说到，是我从北府出来的时候，在我汽车上还有北府的两名警察，他们按照当时"要人"们乘车的习惯，站在车外踏脚板上，一边一个，一直陪我到了德国医院。后来知道我不回去了，他们不能回去交差，便要求留在日本使馆。他们得到了准许，作为我的随侍被收留了。后来我派人再去北府接婉容和文绣的时候，那边的警察再不肯放走她们。使馆里派了一名书记官特意去交涉，也没有成功，最后还是芳泽公使亲自去找了段执政，婉容和文绣才带着她们的太监、宫女来到了我的身边。

使馆主人看我周围有那么一大群人，三间屋子显然住不开，特意腾出了一所楼房，专供我使用。于是我那一班人马——南书房行走和内务府大臣以及几十名随侍、太监、宫女、妇差、厨役等等又各得其所。在日本公使馆里，"大清皇帝"的奏事处和值班房又全套恢复了。

更重要的是，芳泽公使给我取得了执政府的谅解。执政府除了向芳泽公使做了表示之外，并且派了陆军中将曲同丰，亲自到日本兵营的竹本大佐那里，再次表明："执政府极愿尊重逊帝的自由意志，并于可能范围内，保护其生命财产及其关系者之安全。"

以我父亲为首的王公们曾来劝我回去，说北府现在已经安全，有段祺瑞和张作霖在，国民军绝不敢任意行事，还说段和张都向他们做了保证。但我相信罗振玉他们的话，段和张的保证都是因为我进了使馆才说的，我如果还在北府，而国民军还在北京，什么保证都靠不住。我拒绝了他们。事实上，王公们也正在向使馆区里找住处，后来有的进了德国兵营，有的进了六国饭店。我父亲一面劝我，又一面在西什库教堂租库房，存放他的珍贵财物，后来北府里的弟妹们也都跑到西什库教堂住去了。

看见日本使馆对我的殷勤照料，连许多不知名的遗老也活跃起来了。他们从各地给段执政打电报，要求恢复优待；他们给我寄钱（这叫作"进奉"），供我使用；有的人从外地跑到北京，给我请安，密陈大计。蒙古王公好像吃了兴奋剂似的，发出通电并上呈文给执政府，质问对他们的优待怎么办，执政府连忙答复说照旧不变。王公大臣们的腰板也硬起来了，拒绝出席"清室善后委员会"的会议。这个刚成立不久的委员会，由代表民国方面的李石曾（委员长）、易培基（代表汪精卫）、俞同奎、沈兼士、范源濂、鹿钟麟、张璧和代表清室方面的绍英、载润、耆龄、宝熙等组成，并请了罗振玉列席。委员会要清点财物，划分公产私产以决定处理，绍英等四人不但不去参加，并再次向当局声明不承认这个组织。宝熙后来通过他的门生从宫里弄出十几箱东西运到了日本使馆，罗振玉立刻反对说："这岂不是从强盗手里讨施舍？如果要就全要，否则就全不要！"原来他另有打算，想把宫里的东西弄到他可以支配的地方去。那时我不知道这个底细，只觉得他说的有理，有骨气。至于后来又弄了没弄，弄出了什么来，我就全不知道了。

这些表示骨气的，请安的，送进奉的，密陈各种"中兴大计"的，敢于气势汹汹质问执政府的遗老遗少们，出进日本使馆的一天比一天多。到了旧历的元旦，我的小客厅里陡然间满眼都是辫子。我坐在坐北朝南、以西式椅子代替的宝座上，接受了朝贺。

许多遗老对使馆主人怀着感激之情。他们从使馆的招待上看出了希望，至少得到了某种心理上的满足。王国维在奏折里说："日使……非徒以皇上往日之余尊，亦且视为中国将来之共主，凡在臣僚，谁不庆幸？"

旧历元旦那天，小客厅里是一片庆幸的脸色。那天有段插曲值得一提。正当第三班臣僚三跪九叩行礼如仪之际，突然在行列里发出一声干号，把人们都吓了一跳，接着，有一个用袖掩面的人推开左右，边号边走，夺门而出。当时我还以为是谁碰瞎了眼睛，众人也愕然不知所措。有人认出这是前内务府大臣金梁，他干号个什么，没有一个人知道。到第二天，《顺天时报》上刊出了他写的诗来，人们这才恍然大悟，原来昨天这一幕怪剧，是为了写这首诗而做的苦心准备。诗曰：

元旦朝故主，不觉哭失声；虑众或骇怪，急归掩面行。闭门恣痛哭，血泪自纵横。自晨至日午，伏地不能兴；家人惊欲死，环泣如送生。急梦至天上，双忠（文忠、忠武[1]）下相迎；携手且东指，仿佛见蓬瀛；波涛何汹涌，风日倏已平。悠悠如梦觉，夕阳昏复明，徐生唯一息，叩枕徒哀鸣。

过了旧历元旦，眼看我的生日又要到了，而且是二十（虚岁）整寿。我本来不打算在别人家做寿，不料主人偏要凑趣，硬要把使馆里的礼堂让出来，作为接受朝贺之用。礼堂布置起来了，地板上铺上了豪华的地毯，作为宝座的太师椅上铺了黄缎子坐垫，椅后一个玻璃屏风贴上了黄纸，仆役们一律是清朝的红缨大帽。到了生日这天，从天津、上海、广东、福建等地来的遗老竟达一百以上，东交民巷各使馆的人员也有人参加，加上王公大臣、当地遗老，共有五六百人之多。因为人多，只得仍照例写出秩序单，分班朝贺。下面就是当时的礼单：

一班　近支王公世爵，载涛领衔；
二班　蒙古王公、活佛喇嘛，那彦图领衔；
三班　内廷司员、师傅及南书房翰林，陈宝琛领衔；
四班　前清官吏在民国有职务者，志琦领衔；

---

[1] 文忠、忠武分别为梁鼎芬和张勋的谥号。

五班　前清遗臣，郭曾炘领衔；

六班　外宾，庄士敦领衔。

那天我穿的是蓝花丝葛长袍，黑缎马褂，王公大臣和各地遗老们也是这种装束。除了这点以外，仪节上就和在宫里的区别不大了。明黄色、辫子、三跪九叩交织成的气氛，使我不禁伤感万分，愁肠百结。仪式完毕之后，在某种冲动之下，我在院子里对这五六百人发表了一个即席演说。这个演说在当时的上海报纸上刊载过，并不全对，但这一段是大致不差的：

余今年二十岁，年纪甚轻，不足言寿，况现在被难之时，寄人篱下，更有何心做寿，但你们远道而来，余深愿乘此机会，与尔等一见，更愿乘此机会，与尔等一谈。照世界大势，皇帝之不能存在，余亦深知，决不愿冒此危险。平日深居大内，无异囚犯，诸多不能自由，尤非余所乐为。余早有出洋求学之心，所以平日专心研究英文，原为出洋之预备，只以其中牵掣太多，是以急切不能实行。至优待条件存在与否，在余视之，无关轻重，不过此事在余自动取消则可，在他人强迫则不可。优待条件系双方所缔结，无异国际之条约，断不能一方面下令可以更改。此次冯玉祥派兵入宫，过于强迫，未免不近人情，此事如好好商量，并不难办到。余之不愿拥此虚名，出于至诚，蓄之久矣，若胁之兵威，余心中实感不快。即为民国计，此等野蛮举动，亦大失国家之体面，失国家之信用，况逐余出宫，另有作用，余虽不必明言，大约尔等亦必知之。余此时系一极无势力之人，冯玉祥以如此手段施之于余，胜之不武，况出宫时所受威胁情形，无异凌辱，一言难尽。逐余出宫，犹可说也，何以历代祖宗所遗之衣物器具文字，一概扣留，甚至日用所需饭碗茶盅及厨房器具，亦不许拿出，此亦为保存古物乎？此亦可值金钱乎？此等举动，恐施之盗贼罪囚，未必如此苛刻。在彼一方面，言丁巳复辟为破坏优待条件，须知丁巳年余方十二岁，有无自动复辟之能力，姑不具论，但自优待条件成立以来，所谓岁费，曾依时付过一次否？王公世爵俸银，曾照条件支给否？八旗生计，曾照条件办理否？破坏之责，首先民国，今舍此不言，专借口于丁巳之复辟，未免太不公允！余今日并非发牢骚，不过心中抑郁，不能不借此机会宣泄，好在将有国民会议发现，如人心尚有一线光明，想必有公平之处置，余唯有静以俟之。余尚有一言郑重声明，有人建议劝余运动外交，出为干涉，余至死不从，余决不能假借外人势力干涉中国内政。

在我做生日的前后，许多报纸上出现了抨击我这伙人的舆论，反映了社会上多数人的义愤。这种义愤无疑是被我投靠日本人，被小朝廷在当局的姑息和外人的包庇下的嚣张举动刺激出来的。这时"清室善后委员会"在清查宫内财物时发现了一些材料，如袁世凯做皇帝时写在优待条件上的亲笔跋语，内务府抵押、变卖、外运古物的文据等，公布了出来，于是舆论大哗。当然最引人愤慨的，还是小朝廷和日本人的关系以及遗老们发起的要求恢复优待条件的运动（在我过生日的时候，报上刊登的已有十五个省三百余人十三起联名呈请）。为了对付小朝廷，北京出现了一个叫"反对优待清室大同盟"的团体，展开了针锋相对的活动。这些社会义愤在报纸上表现出的有"别馆珍闻"的讽刺小品，也有严肃激昂的正面指责；有对我的善意忠告，也有对日本使馆和民国当局的警告式的文字。今天看来，哪怕我从这些文章中接受一条意见，也不会把我的前半生弄成那样。记得有几篇是揭发日本人的阴谋的，现在我把它找出来了。这是一份登在《京报》上的"新闻编译社"的消息，其中有一段说到日本人对我的打算，它和后来发生的事情竟是那么吻合，简直令我十分惊讶：

其极大黑幕，为专养之以俟某省之有何变故，某国即以强力护送之到彼处，恢复其祖宗往昔之地位名号，与民国脱离，受某国之保护，第二步再实施与某被合并国家同样之办法。

这个文章后面又说"此次溥仪之恐慌与出亡，皆有人故意恫吓，入其圈套，即早定有甚远之计划"，"其目前之优待，供应一切，情愿破钞，侍从人员，某国个个皆买其欢心，不知皆已受其牢笼，为将来之机械也"。这些实在话，在当时我的眼里，都一律成了诬蔑、陷害，是为了把我骗回去加以迫害的阴谋。当时有些文章，显然其作者既不是共产党人也不是国民党人，例如下面《京报》的一篇短评，或者还是一位讲究封建忠义之士的手笔，对我的利益表现了关心，说的又是实在事：

遗老与爱新觉罗氏有何仇恨胡为必使倾家败产而后快？

点查清宫之结果，而知大宗古物多数业已抵卖，即历代之金宝金册皆在抵押中，虽以细人非至极穷，尚或不至卖其祀庙坟墓之碑额，奈何以煌煌历代皇后金册，亦落于大腹长袖者手？……吾敬为一班忠臣设计，应各激发忠义，为故主之遗嗣图安宁，勿徒硁硁自诩，以供市井觅利者流大得其便宜货，使来路不明之陈设品遍置堂室也。

看了这样的文章，我已经不是像在宫里时那样，感到内务府人的不可信任，我对于这份《京报》和短评作者，只看成是我的敌人。至于那些指责文章，更不用说，在我心里引起的反应唯有仇恨。

我在日本使馆住着，有几次由于好奇，在深夜里带上一两名随侍，骑自行车外游（后来使馆锁了大门，不让出去了）。有一次我骑到紫禁城外的筒子河边上，望着角楼和城堞的轮廓，想起了我刚离开不久的养心殿和乾清宫，想起了我的宝座和明黄色的一切，复仇和复辟的欲望一齐涌到我的心头，不由得心如火烧。我的眼睛噙着泪水，心里发下誓愿，将来必以一个胜利的君王的姿态，就像第一代祖先那样，重新回到这里来。"再见！"我低低地说了这两个双关含意的字，然后跳上车子疾驶而去……

在使馆的三个月里，我日日接触的，是日本主人的殷勤照拂，遗老们的忠诚信誓和来自社会的抗议。我的野心和仇恨，在这三种不同的影响下，日夜滋长着。我想到这样待下去是不行的，我应该为我的未来进行准备了，原先的打算又回到我的心中——我必须出洋到日本去。

使馆对我的想法表示了支持。公使正面不做什么表示，而池部书记官公开表现了极大的热情。罗振玉在他的自传《集蓼编》中提过这个池部，他说："予自随待入使馆后，见池部君为人有风力，能断言，乃推诚结纳，池部君亦推诚相接，因密与商上行止，池部君谓：异日中国之乱，非上不能定，宜早他去，以就宏图，于是两人契益深。……"

关于郑孝胥和罗振玉这两位"宠臣"的事，这里要补述一下。这时以我为目标的争夺战，在日使馆中又进入了新的阶段，这次是以郑孝胥的失败和罗振玉的胜利而收场的。

郑孝胥曾经拍过胸脯，说以他和段的关系，一定可以把优待条件恢复过来，段的亲信幕僚曾毓隽、梁鸿志都是他的同乡，王揖唐和章士钊跟他半师半友，这些人从旁出力，更不在话下。后来段祺瑞许下的空口愿不能兑现，使郑孝胥大为狼狈。对郑孝胥的微词就在我耳边出现了。从天津来的旧臣升允首先表示了对郑的不满，他向我说了不少郑孝胥"清谈误国""妄谈诳上""心怀叵测""一手遮天"之类的话。当时我并不知道，在前一个回合中失败的罗振玉，和这些反郑的议论有什么关系。经过升允这位先朝老臣的宣传，我对郑孝胥是冷淡下来了，而对罗振玉增加了好感。

罗振玉在我面前并没有十分激烈地攻击郑孝胥，他多数时间是讲他自己，而这样做法比攻击别人的效果还大。我从他的自我表白中得到的印象，不仅他是这场风险中救驾的大功臣，而且相形之下，郑孝胥成了个冒功取巧的小人。据罗振玉自己说，段祺瑞从天津发出反对冯玉祥赶我出宫的电报，乃是他的活动结果之一。他回到北京，找到了他的好朋友竹本大佐，因此才有了迎我入日本兵营的准备。后来北府门前国民军的撤走，据他说也是他找执政府交涉的结果。甚至我到东交民巷前决定的"先随便出入，示人以无他"的计策，也是他事先授给陈宝琛的。

罗振玉后来在《集蓼编》中，关于我进日本使馆的这一段，对郑孝胥一字未提，只是在叙述我进日本使馆后的情形时，说了一句："自谓能令段祺瑞恢复优待者，以不能实其言，亦不告而南归矣！"事实上，那时我一心想出洋，郑孝胥并没有支持我，在庄士敦已经不宣传去伦敦做客的情形下，主张"东幸"的罗振玉自然更受到我的重视，我对郑孝胥因此不再感兴趣。于是郑孝胥终于有一天郁郁地向我请假，说要回上海料理私事去，我当时还不明白他的意思，所以没挽留他，他一气就跑了。我叫人写信召他，他也拒绝了。后来我到了天津，他才又应召回来。

生日过后不多天，罗振玉来告诉我说：他和池部已商量妥当，出洋的事应该到天津去做准备，在这里住着是很不方便的；到天津，最好还是在日本租界里找一所房子，早先买好的那房子在英租界，地点很不合适。我听他说得有理，也很想看看天津这个大都市，他的主意正中下怀，便立即同意了。我派"南书房行走"朱汝珍去天津日租界找房子，结果看中了张园。不多天，罗振玉又说，张园那里已经准备好，现在国民军在换防，铁路线上只有少数的一些奉军，正是个好机会，可以立即动身。我向芳泽公使谈了，他表示同意我去天津。为了我这次转移，他派人通知了段祺瑞。段表示同意，还要派军队护送。芳泽没有接受他的好意，他决定由天津日本总领事馆的警察署长和便衣警察来京，由他们先护送我去，然后婉容她们再去。事情就这样谈妥了。

民国十四年二月二十三日下午七时，我向芳泽公使夫妇辞行。我们照了相，我向他们表示了谢意，他们祝我一路平安，然后由池部和便衣日警们陪着，出了日本公使馆的后门，步行到了北京前门车站。我在火车上找到了罗振玉父子。火车在行进的一路上，每逢到站停车，就上来几个穿黑便衣的日本警察和特务，车到了天津，车厢里大半都被这样的人占满了。日本驻天津总领事吉田茂和驻屯军的军官士兵们，大约有几十名，把我接下了车。

第三天，《顺天时报》上便出现了日本公使馆的声明：

本公使馆滞在中之前清宣统皇帝，于二十三日夜，突然向天津出发，本馆即于二十四日午后，将此旨通知段执政及外交总长，备做参考。原宣统皇帝怀有离京之意，早为执政之政府所熟知，而无何等干涉之意，又为本馆所了解，但豫想迨实行之日，当尚有多少时日，不意今竟急遽离开北京，想因昨今一二新闻，频载不稳之记事，致促其行云云。

第四章

天津的"行在"（1924年~1930年）

一 罗振玉的努力

到了天津，才知道并不像罗振玉所说的那样，"住处准备妥当"，因此我先在大和旅馆住了一天。次日婉容、文绣和日本使馆里的那一套人马都来了，才一同搬进匆忙布置起来的张园。

张园是一座占地约有二十亩的园子，中间有一座天津人称之为八楼八底的楼房。这是前清驻武昌第八镇（相当于师）统制张彪做游艺场用的地方。武昌起义时，张彪吓得连官印也不要了，带着他的金银财宝和家眷溜到天津，在日本租界里当了寓公。我刚住进了张园，这位前清的"名将"，坚决不收房钱，每天清晨都要带着一把扫帚，亲自来给我扫院子，大概是表示自己一贯矢忠之意。后来不知是经谁的劝阻，他才丢下那把扫帚。我在这里住了五年。后来张彪死了，他的儿子拿出房东的面孔要房租，我也嫌他的房子不好，于是又搬到了陆宗舆的"静园"。

我到天津来的目的原是为了出洋，结果却一连住了七年。这是我在各派遗老、各种主意之间摇摆的七年。这时，王公们对我的左右力量，早已大为减弱；我父亲起初不大来天津，后来虽然常来（住在我原先买的英租界戈登路的房子里），对我也不发生什么作用。在这期间，庄士敦老师离开了我，又到威海卫当专员去了。威海卫被中国政府收回后，一九二六年他与北洋政府办理庚款问题时，到天津和我见过一次面。他曾为我奔走于吴佩孚等人之间，毫无结果。后来他回英国接受爵士爵位，做了伦敦大学的汉学教授兼英国外交部顾问。这七年间，在我身边进行钩心斗角的人物，大致可分为这几派：起初把希望放在恢复优待条件方面，后来又退缩为维持原状的，是以陈宝琛为首的一批"旧臣"，可以称之为"还宫派"；把希望放在出洋以取得外国（主要是日本）援助上的，是以罗振玉为首，其中有遗老遗少，也有个别王公如溥伟之流，按当时的说法，可以称之为"联日派"或"出洋派"；把希望放在联络、收买军阀方面，即所谓"用武人"一派，这派人物颇复杂，有前清遗老，也有民国的政客，中心人物却是我自己。后来又回到我身边的郑孝胥，起先并不属于哪一派，好像哪一派的主张他都赞成过，也反对过，他更提出过任何一派不曾提过的如所谓"用客卿"（外国人）、"门户开放"（同任何肯帮助复辟的国家勾结）等主张，因而也受过各派人的反对。当他后来一拿定了投靠日本这个主意，就战胜了一切对手。他不但胜过了他们，而且连他的老对手、"联日派"的老首领罗振玉，在这个阶段的争夺中又被他将多年经营来的成果，轻轻攫取到手。不过这也是后话，现在还是先把罗振玉说一说。

罗振玉到宫里来的时候，五十出头不多，中高个儿，戴一副金丝近视镜（当我面就摘下不戴），下巴上有一绺黄白山羊胡子，脑后垂着一条白色的辫子。我在宫里时，他总是袍褂齐全，我出宫后，他总穿一件大襟式马褂，短肥袖口露出一截窄袍袖。一口绍兴官话，说话行路慢条斯理，节奏缓慢。他在清末做到学部参事，是原学部侍郎宝熙的旧部，本来是和我接近不上的，在我婚后，由于升允的推荐，也由于他的考古学的名气，我接受了陈宝琛的建议，留作南书房行走，请他参加了对宫中古彝器的鉴定。和他前后不多时间来的当时的名学者，有他的姻亲王国维和以修元史闻名的柯劭忞。陈宝琛认为南书房有了这些人，颇为清室增色。当然，罗振玉在复辟活动方面的名气比他在学术上的名气，更受到我的注意。他在辛亥革命那年东渡，在日本做了十年寓公，考古写书，自名"仇亭老民"。升允和善耆到日本活动，寻求复辟支援时，和他搅在一起，结了缘。后来，升允灰了心，在青岛住了一阵后，跑到天津日本租界里当寓公；善耆定居在旅顺大连，受日本人的豢养。罗振玉比他们都活跃，他一九一九年回国，先住在天津，结交日本人，后来在大连码头开设了一个叫墨缘堂的古玩铺，一边走私贩卖古玩、字画，一边继续和日本人拉拉扯扯，广泛寻求复辟的同情者。

罗振玉在古玩、字画、金石、甲骨方面的骗钱行径，是由来已久的。他出身于浙江上虞县一个旧式书商之家，成年后在江西一个丘姓巨绅家教书。这位巨绅是个藏书家。罗振玉任西席的第三年，东翁突然去世，他利用女东家的无知，一方面装作十分哀痛的样子，拒绝接受这一年的束脩，要用以充做奠仪，另一方面表示，愿留下东家的几件旧书和字画，作为纪念。女东家认为这位先生心眼太好，就请他自己到藏书楼任意挑选。于是这位书贾世子就精选出几筐"纪念品"，内有百余卷唐人写经，五百多件唐宋元明的字画，满载而归。在这个基础上，他由刻《三字经》《百家姓》的书铺变成了古玩字画商，生意越做越好，古玩字画的鉴赏家的名声越来越大，后来更通过售卖古籍文物的路子，和日本人拉上了关系。他在日本的那些年，靠日本书商关系结交了一批朝野名流，有许多日本人把他看成了中国古文物学术的权威，常拿字画请他鉴定。他便刻了一些"罗振玉鉴定""罗振玉审定"的图章，日本古玩商拿字画请他盖一次，付他三元日金，然后再拿去骗人。后来他竟发展到仿刻古人名章印在无名字画上，另加上"罗振玉鉴定"章，然后高价出卖。他时常借口忙，把人家拿来请他鉴定的珍贵铜器，拖压下来，尽量多拓下一些拓片出卖。他的墨缘堂出售的宋版书，据说有一些就是用故宫的殿版《图书集成》里的扉页纸伪造的。殿版纸是成化纸或罗纹纸，极像宋版书用纸。据说内务府把那批殿版书交罗振玉代卖时，他把那一万多卷书的空白扉页全弄了下来，用仿宋体的刻版印了"宋版"书。我当时对这事是根本不知道的。有人说，罗振玉人品固然不佳，才学还好。据我看，他的才学究竟有多少，也很值得怀疑。在伪满时有一次他拿来一批汉玉请我观赏。我对汉玉说不上有什么研究，只是因为十分爱好，收藏了不少，所谓不怕不识货，就怕货比货。当然，所谓汉玉，并不是非汉朝的不可，这只不过是对古玉的惯称。我看过罗振玉拿来的汉玉，不禁对他的"才学"暗吃一惊，因为全部都是假货。

罗振玉并不经常到宫里来，他的姻亲王国维能替他"当值"，经常告诉他当他不在的时候，宫里发生的许多事情。王国维对他如此服服帖帖，最大的原因是这位老实人总觉得欠罗振玉的情，而罗振玉也自恃这一点，对王国维颇能指挥如意。我后来才知道，罗振玉的学者名气，多少也和他们这种特殊瓜葛有关。王国维求学时代十分清苦，受过罗振玉的帮助，王国维后来在日本的几年研究生活，是靠着和罗振玉在一起过的。王国维为了报答他这份恩情，最初的几部著作，就以罗振玉的名字付梓问世。罗振玉后来在日本出版、轰动一时的《殷墟书契》，其实也是窃据了王国维甲骨文的研究成果。罗、王二家后来做了亲家，按说王国维的债务更可以不提了，其实不然，罗振玉并不因此忘掉了他付出过的代价，而且王国维因他的推荐得以接近"天颜"，也要算做欠他的情分，所以王国维处处都要听他的吩咐。我到了天津，王国维就任清华大学国文教授之后，不知是由于一件什么事情引的头[1]，罗振玉竟向他追

----

[1] 我在特赦后，听到一个传说，因已无印象，故附记于此，聊备参考。据说绍英曾托王国维替我卖一点字画，罗振玉知道了，从王手里要了去，说是他可以办。罗振玉卖完字画，把所得的款项（一千多元）作为王国维归还他的债款，全部扣下。王国维向他索要，他反而算起旧账，王国维还要补给他不足之数。王国维气愤已极，对绍英的催促无法答复，因此跳水自尽。据说王遗书上"义无再辱"四字即指此而言。——作者

起债来，后来不知又用了什么手段再三地去逼迫王国维，逼得这位又穷又要面子的王国维，在走投无路的情况下，于一九二七年六月二日跳进昆明湖自尽了。

王国维死后，社会上曾有一种关于国学大师殉清的传说，这其实是罗振玉做出的文章，而我在不知不觉中，成了这篇文章的合作者。过程是这样：罗振玉给张园送来了一份密封的所谓王国维的"遗折"，我看了这篇充满了孤臣孽子情调的临终忠谏的文字，大受感动，和师傅们商议了一下，发了一道"上谕"说，王国维"孤忠耿耿，深堪恻悯……加恩谥予忠悫，派贝子溥忻即日前往奠缀，赏给陀罗经被并洋二千元……"罗振玉于是一面广邀中日名流、学者，在日租界日本花园里为"忠悫公"设灵公祭，宣传王国维的"完节"和"恩遇之隆，为振古所未有"，一面更在一篇祭文里宣称他相信自己将和死者"九泉相见，谅亦匪遥"。其实那个表现着"孤忠耿耿"的遗折，却是假的，它的翻造者正是要和死者"九泉相见"的罗振玉。

那时我身边的几个最善于钩心斗角的人，总在设法探听对手的行动，手法之一是收买对手的仆役，因而主人的隐私，就成了某些仆人的获利资本。在这上面最肯下功夫的，是郑孝胥和罗振玉这一对冤家。罗振玉假造遗折的秘密，被郑孝胥通过这一办法探知后，很快就在某些遗老中间传播开了。这件事情的真相当时并没有传到我耳朵里来，因为，一则谥法业已赐了，谁也不愿担这个"欺君之罪"，另则这件事情传出去实在难听，这也算是出于遗老们的"爱国心"吧，就这样把这件事情给压下去了。一直到罗振玉死后，我才知道这个底细。近来我又看到那个遗折的原件，字写得很工整，而且不是王国维的手笔。一个要自杀的人居然能找到别人代缮绝命书，这样的怪事，我当初却没有察觉出来。

罗振玉给王国维写的祭文，很能迷惑人，至少是迷惑了我。他在祭文里表白了自己没有看见王国维的"封奏"内容之后，以臆测其心事的手法渲染了自己的忠贞，说他自甲子以来曾三次"犯死而未死"。在我出宫和进日本使馆的时候，他都想自杀过，第三次是最近，他本想清理完未了之事就死的，不料"公竟先我而死矣，公死，恩遇之隆，为振古所未有，予若继公而死，悠悠之口或且谓予希冀恩泽"，所以他就不便去死了，好在"医者谓右肺大衰，知九泉相见，谅亦匪遥"。这篇祭文的另一内容要点，是说他当初如何发现和培养了那个穷书记[1]，这个当时"黯然无力于世"的青年如何在他的资助指点之下，终于"得肆力于学，蔚然成硕儒"。总之，王国维无论道德、文章，如果没有他罗振玉就成不了气候。那篇祭文当时给我的印象，就是这样。

我对罗振玉本人的文章，一直没有弄清底细，对他的道德，却逐渐发生了怀疑。早在北京日本使馆的时候，他曾主张把故宫的古物弄到东交民巷一个外国仓库里，筹备什么和外国人合办的博物馆，就有人背后和我说他存心不良，一贯骗人，我没有相信。到天津之后，我发现张园并没有像他说的已经收拾好，我心里开始有些不快了。以后陈宝琛、胡嗣瑗、郑孝胥屡次含含蓄蓄地说他善于招摇，言过其实，他和日本方面的关系，未必尽如其言。每逢罗振玉提出出洋计划，陈、胡等人必有一番驳辩，不是说罗振玉的办法冒险，就是说罗振玉虚构、夸大日本人的支持。我处在这种的争吵中，对罗振玉又想利用他为我活动复辟，又怀疑他靠不住。我对陈宝琛这一派则是又相信他们对我的忠诚，又觉得他们不免胆小，暮气沉沉。

这两伙人起初的争论焦点，是出洋不出洋的问题。我从北京日本使馆跑到天津日本租界后，社会上的抨击达到一个新高潮。天津出现了一个"反清大同盟"专门和我作对。罗振玉这一伙人乘此机会便向我说，无论为了安全还是为了复辟，除了出洋别无他路可走。这一伙人的声势阵容，一时颇为浩大，连广东一位遗老陈伯陶也送上奏折说，"非外游不足以保安全，更不足以谋恢复"，并主张游历欧美之后可定居日

---

[1] 王国维在光绪年间为汪康年的司书，后入罗所办的"东文学社"求学。

本，以待时机变化。陈宝琛这一伙则认为这完全是轻举妄动。他们认为一则冯玉祥未必能站得住脚，危险并不那么大；另则出洋到日本，日本未必欢迎。倘若在日本住不成，而国内又不能容，更不用想段祺瑞和张作霖之流会让我回到紫禁城，恢复以前的状况。我对陈宝琛等人的意见不感兴趣，但他们提出的警告却引起了我的注意，对罗振玉的主张犯了犹豫。

一九二六年，政局曾经一度像陈宝琛这一伙所希望的那样发生了变动，张作霖转而和吴佩孚联合，张、冯终于发生冲突，冯军遭到了奉军的攻击。冯玉祥撤走了天津的军队，北京的冯军处于包围之中。段祺瑞与张作霖勾结，被冯军发现，段祺瑞逃走了，随后冯军也在北京站不住脚，退往南口，奉军张宗昌进了北京。七月间，张、吴两"大帅"在北京的会面，引起"还宫派"无限乐观，还宫派活跃起来了。我身边的陈宝琛亲自到北京，找他的旧交，新任的内阁总理杜锡珪去活动，在外面的康有为也致电吴佩孚、张作霖、张宗昌等人，呼吁恢复优待条件。康有为给吴佩孚写了一封长信，信中历数清朝的"功德"，并以"中华之为民国，以清朝让之，非民国自得之也"为理由，请吴佩孚乘机复辟。他对吴说，张作霖等人都没问题，外交方面也有同心，甚至"国民党人私下亦无不以复辟为然"，"全国士大夫无不疑民国而主复辟"，因此，"今但待决于明公矣"！

其实，这时已到了北洋军阀的回光返照时期。虽然北方各系军人忽然又合作了，张作霖又被公推为安国军总司令了，但一九二四年开始了国共第一次合作，一九二五年开始了国民革命军的北伐，到一九二六年，北伐军前锋势如破竹，孙传芳、吴佩孚、张作霖的前线军队，不住地溃败下来，他们正自顾不暇，哪有心思管什么优待条件？陈宝琛没有活动出什么结果，吴佩孚给康有为的回信也很简单，敷衍说："金石不渝，曲高无和必矣。"过了一年，康有为便抱着未遂之志死在青岛了。

还宫希望破灭了，陈宝琛这一伙泄了气，罗振玉这边又活跃起来。

一九二六年三月，当我正因北伐军的迫近而陷入忧虑之际，溥伟派人从旅顺给我送来奏折和致罗振玉的一封信，说他已和日方官绅接洽好，希望我迁到旅顺去住，"先离危险，再图远大"，"东巡西幸亦必先有定居"。我因为对罗振玉的闲话听得多了，已经对他有些不放心，不过我对溥伟的印象颇好。我到天津不久，溥伟从旅顺跑来给我请安，这位初次见面的"恭亲王"，向我说了一句很令我感动的话："有我溥伟在，大清就不会亡！"我看了他劝我到旅顺的信，自然有些动心。因为他通过了罗振玉来劝我，所以我对罗的怀疑也消除了不少。后来，北伐军占领了武昌，北方军队全线动摇，罗振玉更向我宣传革命军全是"洪水猛兽"，"杀人放火"，倘若落在他们手里，绝无活路。我听了这些话，已经决定随他去大连了，但由于陈宝琛的劝告，又决定暂缓。陈宝琛从日本公使馆得到的消息，事情似乎并不那么令人悲观。我观望了不久，果然，国民党的清党消息来了，蒋介石在成批地屠杀被指做"洪水猛兽"的共产党人，在这前后时间里，还接二连三地传来了英国军舰炮轰南京，日本出兵山东，阻挡南方军队北上的消息。这些消息让我相信了陈宝琛那伙人的稳健，觉得事情确不像罗振玉这伙人说得那么严重。蒋介石既然和袁世凯、段祺瑞、张作霖一样的怕洋人，我住在外国租界，不是和以前一样的保险吗？

"还宫"和"出洋"这两派人的最终理想，其实并不矛盾，他们是一致希望复辟的。陈宝琛这一伙人在还宫希望破灭之后，重弹起"遵时养晦"的老调，主张采取"静待观变"的政策，但是他们在"联日"方面，也并非反对罗振玉那伙人的主张。例如一位南书房行走叫温肃的遗老（张勋复辟时做过十二天的都察院副都御史），曾上奏说，"陈宝琛有旷世之才，与芳泽甚密"，"行在"设在天津，可由陈与芳泽就近联系"密商协助饷械，规定利权"，以"厚结外援，暗树势力"，"津京地近，往返可无痕迹"。有一个比温肃更讨厌罗振玉的张琨（前清顺天府文安县知县，候补知州），他对于出洋之所以不太支持，原因不过如此："出洋如为避祸，以俟复辟转圜则可，若再以彼道义之门、治平之范，弃其学而学焉，则大不可也。"可见他并不完全反对罗振玉的出洋理由。甚至陈宝琛也曾一度让步说，倘若非要出洋不可，只望我选可靠的扈从人员。原来问题的真正焦点，还是在于反对罗振玉这个人。现在我能记得起的最坚决反对出洋的遗老，是极个别的，甚至也有人说过"日本唯利是图，不会仗义协助复辟"的话，他们认为复辟只能放在"遗臣遗民"身上，在他们的遗臣遗民里，是要把罗振玉剔除出去的。

两伙人既然不是什么主张、办法上的争执，而是人与人的争执，因此在正面的公开条陈议论之外，暗地里钩心斗角就更为激烈。在这方面，罗振玉尽管花样再多，结果仍是个失败者。

有一天，罗振玉得到我的召见允许，到我的小召见室里来了。他拿着一个细长的布包儿，对我说：

"臣罪该万死，不当以此扰乱天心，然而臣若为了私交，只知隐恶扬善，则又不忠不义。"

"你说的什么呀？"

我莫名其妙地望着他，只见他慢慢腾腾，就像个老太监洗脸梳头似的，动手解那个包儿。包儿打开了，里面是一副对联，他不慌不忙地把它展开，还没展完，我就认出来，这是我写给陈宝琛的。

"臣在小市上发现的宸翰御墨，总算万幸，被臣请回来了……"

那时我还不知道，罗振玉这些人一贯收买敌对者的仆役，干些卑鄙的勾当，我只想到陈宝琛居然对皇上的"恩赐"如此不敬，居然使我的御笔摆到小市的地摊上！我心中十分不快，一时烦恼之至，不知说什么是好，只好挥挥手，叫罗振玉赶快走开。

这时陈宝琛到北京去了。胡嗣瑗知道了这件事，他坚持说，这绝不是陈宝琛的过失，他不相信陈家的仆人敢把它拿到小市上去，但又说陈家的仆人偷出去卖倒是可能。至于不卖小市又卖给谁？为什么会到了罗振玉手里？他却不说出来。在我追问之下，他只说了一个叫我摸不着头脑的故事。

"嘉庆朝大学士松筠，皇上必能知道，是位忠臣。松筠的故事，皇上愿意听，臣就讲一讲。嘉庆二十四年，仁宗睿皇帝要御驾巡幸出关，大学士松筠知道了，心中不安，一则仁宗圣躬违和，如何能经这番奔波？另则和珅虽然伏诛，君侧依然未净，只怕仁宗此去不吉。松筠心中有话不能向上头明说，只好在奏折上委婉其词，托词夜观天象，不宜出巡。仁宗阅奏大怒，下谕一道，说自古以孝治天下，朕出关祭祀祖宗，岂有不吉之理？因此松筠夺官，降为骁骑校。仁宗后来在热河行宫龙驭上宾，宣宗（道光）即位还朝，一进西直门，看见了松筠，带着兵丁泼街，想起了松筠进谏大行皇帝的那些话，明白了话中的含意，才知道这才是忠心耿耿的重臣，立即官复原职……"

说到这里，胡嗣瑗停住了。我着急地问：

"你说的什么呀？这跟陈宝琛有什么关系？"

"臣说的是陈宝琛，跟松筠一样，有话不好明说。"

"那么我是仁宗还是宣宗？"

"不，不……"胡嗣瑗吓得不知说什么是好了。我不耐烦地说：

"你是个干脆人，别也学那种转弯抹角的，干脆说吧！"

"嗻，臣说的陈宝琛，正是忠心耿耿，只不过他对上头进谏，一向是迂回的，皇上天亶聪明，自然是能体察到的。"

"行啦，我知道陈师傅是什么人。"

我虽然还不明白松筠的故事的含义，也乐意听胡嗣瑗说陈师傅的好话，至少这可以除去那副对联所引起的我心里的不舒服，但愿它真是贼偷去的就好了。

罗振玉经过一连串的失败，特别是在后面将要讲到的另外一件事上，更大大失掉了我的信任，他终于在一九二八年末搬到旅顺另觅途径去了。

这里暂且不叙遗老们之间的争斗，先谈一谈使我留津而不想出洋的另外的原因，这就是我对军阀的希望。

二　我和奉系将领之间

八月初五日，早七时起，洗漱毕，萧丙炎（遗老）诊脉。八时，郑孝胥讲《通鉴》。九时，园中散步，接见康有为。十时余，康辞去，适张宪及张庆昶至，留之早餐，赐每人福寿字一张，在园中合摄一影。张宪为李景林部之健将，张庆昶为孙传芳部之骁将。十二时辞去。接见济煦，少时即去。余用果品并用茶点，适英国任萨姆女士（婉容之教师）至，与之相谈。皇后所召之女画士亦至，余还寝室休息。在园中骑车运动，薄暮乘汽车出园，赴新购房地，少时即返。八时余晚餐，休息，并接见结保川医士。十一时寝。

八月初六日，早八时余起。十时召见袁励准。十一时早餐，并见结保川。十二时接见康有为，至一时康辞去，陈师傅来见。三时休息。鲁军军长毕庶澄及其内兄旅长常之英来谒，少时辞去。少顷吴忠才至，托其南下时代向吴佩孚慰问。六时毕翰章来谒，六时余辞去。余在园内散步，适荣源至，稍谈，余即入室休息。

从这仅存的一九二七年的一页日记中，可以看出当时我的日常生活和接见的人物。从一九二六到一九二八年，毕庶澄、张宗昌等人是张园的经常客人。除他们之外，我还接见过张学良、褚玉璞、徐源泉、李景林等奉系将领。第一个和我见面的是李景林。我到天津时，正是刚战胜吴佩孚的奉军占领着天津，奉系的直隶督办李景林立即以地方官的身份来拜访我，表示了对我保护之意。尽管他和当时任何的中国将军一样，他们的军法政令是进不了"租界"的。

我在天津的七年间，拉拢过一切我想拉拢的军阀，他们都给过我或多或少的幻想。吴佩孚曾上书向我称臣，张作霖向我磕过头，段祺瑞主动地请我和他见过面。其中给过我幻想最大的，也是我拉拢最力、为时最长的则是奉系将领们。这是由张作霖向我磕头开始的。

我到天津的这年六月，荣源有一天很高兴地向我说，张作霖派了他的亲信阎泽溥，给我送来了十万元，并且说张作霖希望在他的行馆里和我见一见。这件事叫陈宝琛知道了，立刻表示反对，认为皇上到民国将领家去见人，而且去的地方是租界外面，那是万万不可的。我也觉得不能降这种身份和冒这个险，所以拒绝了。不料第二天的夜里，荣源突然把阎泽溥领了来，说张作霖正在他住的地方等着我，并且说中国地界内绝无危险，张作霖自己不便于走进租界，所以还是请我去一趟。经过荣源再三宣传张作霖的忠心，加之我想起了不久前他对我表示过的关怀，我又早在宫里就听说过，除了张勋（二张还是儿女亲家）之外，张作霖是对于清朝最有感情的。因此，我没有再告诉别人，就坐上汽车出发了。

这是初夏的一个夜晚，我第一次出了日本租界，到了张作霖的"行馆"曹家花园。花园门口有个奇怪的仪仗队——穿灰衣的大兵，手持古代的刀枪剑戟和现代的步枪，从大门外一直排列到大门里。汽车经过这个行列，开进了园中。

我下了汽车，被人领着向一个灯火辉煌的大厅走去。这时，迎面走来了一个身材矮小、便装打扮、留着小八字胡的人，我立刻认出这是张作霖。我迟疑着不知应用什么仪式对待他——这是我第一次外出会见民国的大人物，而荣源却没有事先指点给我——出乎意外的是，他毫不迟疑地走到我面前，趴在砖地上就向我磕了一个头，同时问："皇上好？"

"上将军好？"我就着劲，扶起他，一同走向客厅门。我心里很高兴，而且多少——虽然这已不像一个皇上的心理——有点感激他刚才那个举动，这把我从"降贵纡尊"中感到的不自在消除了。当然，我更高兴的是，这个举足轻重的人物看来是并不忘旧的。

客厅里摆的是硬木桌椅、西式沙发、玻璃屏风，非常讲究而又不伦不类。我们在一个圆桌边对面坐下，张作霖一支接一支地抽着纸烟，打开了话匣子。他一张嘴先痛骂冯玉祥"逼宫"，说冯玉祥那是为了要拿宫中的宝物，而他是非常注意保护古代文化和财宝的，由于这个缘故，他不但把奉天的宫殿保护得很好，而且这次把北京的一套四库全书也要弄去，一体保护。他带着见怪的口气说，我不该在他带兵到了北京之后，还向日本使馆里跑，而他是有足够力量保护我的。他问我出来之后的生活，问我缺什么东西，尽管告诉他。

我说，张上将军对我的惦念，我完全知道，当时因为冯玉祥军队还在，实是不得已才进了日本使馆的。我又进一步说，奉天的宗庙陵寝和宫殿，我早已知道都保护得很好，张上将军的心意，我是明白的。

"皇上要是乐意，到咱奉天去，住在宫殿里，有我在，怎么都行。"

"张上将军真是太好了……"

但是这位张上将军却没有接着再说这类话，就把话题转到我的生活上去了："以后缺什么，就给我来信。"

我缺什么？缺的是一个宝座，可是这天晚上我无法把它明说出来，这是显然的事。

我们谈话时，没有人在场，和我们在一起的只有一屋子的苍蝇。我立刻意识到，深夜里还有苍蝇飞，这在租界里是没有的现象。

后来，有个副官进来说："杨参谋长（宇霆）求见。"张作霖挥挥手说："不着忙，待会儿再说！"我忙站起来说："上将军很忙，我就告辞了。"他连忙说："不着忙，不着忙。"这时似乎有个女人的脸在屏风后闪了一下（后来听说是张作霖的五姨太太），我觉得他真是忙，再度告辞，这回他不拦阻了。

我每逢外出，驻张园的日本便衣警察必定跟随着，这次也没例外。

我不知道张作霖看没看见站在汽车旁边的那个穿西服的日本人，他临送我上车时，大声地对我说：

"要是日本小鬼欺侮了你，你就告诉我，我会治他们！"

汽车又通过那个奇怪的仪仗队，出了曹家花园，开回到租界上。第二天日本总领事有田八郎向我提出了警告：

"陛下如再私自去中国地界，日本政府就再不能保证安全！"

虽然张作霖说他会治日本小鬼，虽然日本领事提出这样的抗议，但是当时任何人都知道日本人和张作霖的关系，如果不是日本人供给张作霖枪炮子弹，张作霖未必就能有这么多的军队。所以由这次会见在我心里所升起的希望，并没有受到这个抗议的影响，更不用说陈宝琛那一派的反对了。

我的复辟希望更被后来的事实所助长，这就是以提出"田中奏折[1]"出名的田中内阁，于一九二七年上台后所表现的态度。田中奏折迟于一九二九年才揭发出来，其实它的内容在一九二七年就露出来了。这里我引述一段《远东国际军事法庭判决书》[2]上对当时情势的叙述：

> 田中首相所提倡的"积极政策"是借着与满洲当局、特别是与东北边防军总司令及满洲、热河的行政首长张作霖的合作，以扩大和发展日方认为已在满洲取得了的特殊权益。田中首相还曾声明说：尽管日本尊重中国对满洲的主权，并愿尽可能地实行对华"门

[1]《田中奏折》是日本首相田中义一呈给日本天皇的秘折，从军事、经济、铁路、金融、机构设置等方面对日本的侵略做了详细部署，暴露日本帝国主义试图用武力侵吞中国乃至亚洲的野心。奏折说道：唯欲征服支那（支那为对中国的蔑称），必先征服满蒙。如欲征服世界，必先征服支那。倘支那完全可被我国征服，则其他如小中亚细亚及印度南洋等，异服之民族必畏我敬我而降于我，是世界知东亚为我国之东亚，永不敢向我侵犯。

[2] 公布于一九四八年。

户开放政策"，但日本具有充分的决心，绝对不允许发生扰乱该地的平静和损害日本重大权益的情势。田中内阁强调必须将满洲看作和中国其他部分完全不同的地方，并声明如果争乱从中国其他地方波及满洲和蒙古时，日本将以武力来保护它在该地的权益。

给我磕头的张作霖，在得到田中内阁的支持之后，成了北方各系军人的领袖，做了安国军总司令，后来又做了军政府的大元帅。当蒋介石的军队北上的时候，"保护"满蒙地区"权益"的日本军队，竟开到远离满蒙数千里的济南，造成了惊人的"济南惨案"。日本军队司令官冈村宁次还发了一份布告警告过蒋介石。天津日本驻屯军参谋官为表示对我的关切，曾特地抄了一份给我。蒋介石为了讨好帝国主义，刚杀过了共产党和工人、学生，看见了这份布告，又恭恭敬敬地退出了济南，并禁止民众有任何反日行动。

在此同时，我和奉系将领之间也进入了紧张的接触。

公开的酬酢往来，是从我见过张作霖之后开始的。我父亲的大管家张文治，在奉军将领中有不少的把兄弟，这时又和张宗昌换了帖，成了奉军将领的引见人之一。前内城守卫队军乐队长李士奎，这时也成了奉军人物，褚玉璞和毕庶澄就是他引进的。胡若愚还给我带来了张学良。不过，这位少帅只来了一次，也不吃，也不喝，显然是发现我这里没有什么好玩的，以后再也不来了。这些将领们到张园来，已和从前进紫禁城时不同，他们不用请安叩头，我不用赏朝马肩舆，他们只给我鞠个躬，或握一下手，然后平起平坐。我给他们写信，也不再过分端皇帝架子。我和奉军将领交往的亲疏，决定于他们对复辟的态度。最先使我发生好感的是毕庶澄，因为他比别人更热心于我的未来事业，什么"人心思旧""将来唯有帝制才能救中国，现在是群龙无首"，说的话跟遗老遗少差不了多少。他是张宗昌的一名军长，兼渤海舰队司令，曾请我到他的军舰参观过。我对他抱着较大的希望，后来听到他被褚玉璞枪毙的消息时，我曾大为伤感。他死后，我的希望便转移到了张宗昌身上。

张宗昌，字效坤，山东掖县人。我在天津见到他的时候，他有四十多岁，一眼看去，是个满脸横肉的彪形大汉，如果一细看，就会发现这个彪形大汉的紫膛面皮上，笼着一层鸦片中毒的那种青灰色。他十五六岁时流浪到营口，在"宝棚"当过赌佣，成天与地痞流氓、赌棍小偷鬼混，在关东当过胡匪的小头目，以后又流落到沙俄控制的海参崴，给华商总会当门警头目。由于他挥霍不吝和善于逢迎勾结，能和沙俄宪兵警察紧密合作，竟成了海参崴流氓社会的红人，成了包娼、包赌、包庇烟馆的一霸。武昌起义后，南方革命军派人到中俄边境，争取胡子头目刘弹子（玉双）投效革命，双方谈判成功，将刘部编为一个骑兵团，授刘为骑兵团长。张是中间的介绍人，一同到了上海，不知道他怎么一弄，自己成了革命军的团长，刘弹子反而成了他下面的一名营长。"二次革命"爆发，他投了反革命的机，以屠杀革命军人之功，得到了冯国璋的赏识，当上了冯的卫队营营长，以后层层运动，又得到了十一师师长的位置。不久在江苏安徽战败，逃亡出关，投奔张作霖，当了旅长。从此以后，他即借奉军之势，从奉军进关那天起，步步登高，由师长、军长而山东军务督办、苏皖鲁剿匪总司令，一直做到了直鲁联军司令，成了割据一方的土皇帝。

张宗昌在山东的三年时间，把山东搜刮得民穷财尽，无人不骂，山东地方上有不少关于他的歌谣，其中有几个是：

> 张宗昌，坐山东，山东百姓受了坑。
> 不怕风来不怕雨，怕的是兵来一扫清！
> 张督办，坐济南，也要银子也要钱，
> 鸡纳税来狗纳捐，谁要不服就把眼剜！
> 也有葱，也有蒜，锅里煮的张督办！
> 也有蒜，也有姜，锅里煮的张宗昌！

由于他流氓成性，南方报纸曾给了他一个"狗肉将军"的绰号，后来看他打仗一败即跑，又给了他一个"长腿将军"的别名。张宗昌又以"三不知"出名，即一不知钱多少，二不知姨太太多少，三不知兵多少。张宗昌的军队向来不发饷，平日只靠打仗发洋财过日子。无论是胜仗败仗都可大抢一气。但是，后来对南方作战步步失利，士兵连败仗也不愿打了，张宗昌在退出山东之前，为挽回士气，不得不发一次饷，经过层层扣剥，每个兵只分了五角钱。拿到钱的士兵说："咱们只给张宗昌打五角钱的仗！"张宗昌只有一支队伍不扣饷，就是他的白俄军队，这支最遭山东人痛恨的抢掠奸淫、酗酒杀人、无恶不作的军队所造下的孽，却和张园有着一定的关系。这在下一节里就谈到。

一九二八年四月二日，在蒋介石和张学良夹击之下，张宗昌兵败滦河，逃往旅大，后来又逃到日本门司，受日本人的庇护。一九三二年他以回家扫墓的名义回到山东，暗地里运动刘珍年部下倒戈，打算以倒戈队伍为基础，重整旗鼓，夺取当时山东省主席韩复榘的地盘，恢复其对山东的统治。一九三二年九月三日，他在济南车站被一个叫郑继成的当场打死。这位凶手自首说是为叔父报仇（他的叔父是被张宗昌枪毙的冯玉祥部下军长郑金声），实际是山东省主席韩复榘主使下的暗杀。据说张被打死后，他的尸首横在露天地里，他的秘书长花钱雇不到人搬运他的尸体，棺材铺的老板也不愿意卖给他棺材，后来还是主持谋杀的省当局，叫人收了尸。这个国人皆曰可杀的恶魔，曾是张园的熟客，是一个被我寄托以重大希望的人物。

我在北府时，张宗昌就化装来看过我，向我表示过关心。我到天津后，只要他来天津，必定来看我。每次来都在深夜，因为他白天要睡觉，晚上抽了大烟，精神特别足。谈起来，山南海北，滔滔不绝。

一九二六年，张吴联合讨冯，与冯军激战于南口，冯军退后，首先占领南口的是张宗昌的队伍。我一听到这个好消息，立刻给张宗昌亲笔写了一封半信半谕的东西：

字问

效坤督办安好

久未通信，深为想念，此次南口军事业已结束，讨赤之功十成八九，将军以十万之众转战直鲁，连摧强敌，当此炎夏，艰险备尝，坚持讨逆，竟于数日内，直捣贼穴，建此伟大功业，挽中国之既危，灭共产之已成。今赤军虽已远飏，然根株不除，终恐为将来之患，仍望本除恶务尽之意，一鼓而荡平之，中国幸甚，人民幸甚。现派索玉山[1]赠予将军银瓶一对，以为此次破南口之纪念，望哂纳。

汉卿、芳宸、蕴山[2]均望致意

丙寅七月十三日

我得到张宗昌胜利的消息，并不慢于报纸上的报道，因为我有自己的情报工作。有一些人为我搜集消息，有人给我翻译外文报纸。我根据中外报纸和我自己得到的情报，知道了张宗昌的胜利和声势，简直是令我心花怒放。同时，我又很关心冯玉祥是不是真的垮了，我的情报多次说冯要派人杀我，这也是我要张宗昌"除恶务尽"的原因之一。我希望张宗昌得到全面胜利，为我复辟打下基础。但是这位"狗肉将军"在飞黄腾达的时候，总不肯明确地谈这些事，好像只有变成了"长腿将军"的时候，才又想起它来。

一九二八年，蒋介石、冯玉祥、阎锡山等人宣告合作，向北方的地盘上扑了过来，津浦线的这一路，绕过了给张宗昌帮忙的日本人，把张宗昌的根据地山东吞没了。张宗昌兵败如山倒，一直向山海关跑。这时张作霖已被日本人炸死，"少帅"张学良拒绝张宗昌出关。张宗昌的军

---

[1] 前禁卫军团长。

[2] 张学良字汉卿，李景林字芳宸，褚玉璞字蕴山。

队被困在芦台、滦州一线，前后夹击，危在旦夕。这一天，他的参谋金卓来找我，带来了他的一封信，向我大肆吹嘘他还有许多军队、枪炮，规复京津实非难事，唯尚无法善其后，须先统筹兼顾，接着又说他正在训练军队，月需饷银二百五十万元，他"伏乞睿哲俯赐，冀令使疆场小卒，知所依附"。担当联络的金卓，一再陈说张宗昌胜利在望，只等我的支援。这时陈宝琛、胡嗣瑗听说我又要花钱了，都来劝阻我，结果只写了一个鼓励性的手谕。不久，张宗昌完全垮台，到日本去了。他离我越远越有人在我们中间自动地来递信传话，张宗昌的信也越来越表现了他矢忠清室之志，但都有一个特点，就是向我要钱。带信人除了前面说过的金卓（后来在伪满给我当侍从武官）之外，还有后来当了伪满外交大臣的谢介石、德州知县王继兴、津浦路局长朱曜、陈宝琛的外甥刘骧业（日本留学生，并到日本去替我卖字画，不少字画一去不复返）、安福系政客费毓楷和自称是张的秘书长的徐观晟等人。他们给我带来关于张宗昌的各种消息。我已不记得给他们拿去了多少钱，我现在找到了一部分当时的来信和去信的底稿，挑两件抄在下面：

朕自闻滦河熸师，苦不得卿消息，昕夕忧悬。昨据朕派遣在大连之前外务部右丞谢介石专人奏陈，悉卿安抵旅顺，并闻与前俄谢米诺夫将军订彼此互助之约，始终讨赤，志不稍挫，闻之差慰。胜负兵家之常，此次再起，务须筹备完密，不可轻率进取。谢米诺夫怀抱忠义与卿相同，彼此提挈呼应，必奏敷功。方今苍生倒悬，待援孔亟，朕每念及，寝食难安，望卿为国珍重以副朕怀。今命谢介石到旅顺慰劳，并赏卿巨鉴一部，其留心阅览，追踪古人，朕有厚望焉。

皇上圣鉴：敬陈者，宗昌月前观光东京，得晤刘骧业，恭读手谕，感激莫名，业经复呈，计达天聪。宗昌自来别府，荏苒经年，对于祖国民生之憔悴，国事之蜩螗，夙夜焦灼，寝馈难安。一遵我皇上忧国爱民之至意，积极规划，罔敢稍疏。唯凡举大事，非财政充裕，不能放手办理，即不能贯彻主张，一木难支，众擎易举，当在圣明洞鉴之中。去秋订购枪械一批，价洋日金贰百壹拾万元，当交十分之五，不料金票陡涨，以中国银币折合约需叁百万元。目前军事方面筹划妥协，确有彻底办法，不动则已，动出万全。唯枪械一项，需款甚巨，四处张罗，缓不济急。筹思再四，唯有恳乞俯鉴愚忱，颁发款项壹百万元。万一力有不及，或先筹济叁伍拾万，以资应用，而利进行。感戴鸿慈，靡有涯既。兹派前德州知事王继兴，驰赴行宫，代陈一切。人极稳妥，且系宗昌至戚。如蒙俞允，即由该知事具领携回，一俟款到，即行发动。此款回国后两月内即可归还。时机已迫，望若云霓，披沥上陈，无任屏营待命之至，伏乞睿鉴。恭请

圣安

张宗昌谨呈

上面说的那笔钱，我没有给那位德州县知事。经陈宝琛、胡嗣瑗的劝止，我也没有再去信。但同时，我仍不能忘情于奉系，虽然这时张作霖已经死了。

张作霖之死尽人皆知是日本人谋杀的。我后来听说，日本人杀张，是由于张越来越不肯听话，张的不听话，是由于少帅的影响，要甩掉日本，另与美国结成新欢。因此日本人说他"忘恩负义，不够朋友"。他的遇害虽然当时也把我吓了一跳，有的遗老还提醒我注意这个殷鉴，但是后来我没有理会那些遗老的话，因为我自认是与张作霖不同的人。张是个带兵的头目，这样的人除了他还可以另外找得到。而我是个皇帝，这是日本人从中国人里再找不出第二个来的。那时在我身边的人就有这样一个论点："关东之人恨日本刺骨，日本禁关东与党军（指张学良与

国民党）协和，力足取之，然日本即取关东不能自治，非得皇上正位则举措难施"。我深信日本是承认这一点的。"我欲借日本之力，必先得关东之心"，这是随之而来的策略，因此，我就从奉系里寻找张作霖的旧头目们，为我复辟使用。有个叫商衍瀛的遗老，是广东驻防旗人，从前做过翰林，当时是东北红卍字会的名人，这时出来给我活动奉系的将领。因为张学良已明白表示了要与蒋介石合作，所以商衍瀛进行的活动特别诡秘。简要地说，这个最后的活动并没有结果，只留下了下面一点残迹：

上　谕

数日来肝火上升，每于夜间耳鸣头闷，甚感疲怠，是以未能见卿。卿此去奉，表面虽为地款，实则主要不在此耳，此不待言而明也。余备玉数种，分与相（张作相）、惠（张景惠）等人，到行带去。

再如降乩时，可否一问，余身体常不适，及此次肝热，久不能豫。

俟后为款事，自当随时与办事处来函。唯关于大局事，若有来函，务须格外慎密。

商衍瀛的奏折及我的批语

臣商衍瀛跪奏

皇上圣躬欠安，务求静养，时局变幻不出三个月内。今日皇上之艰难，安知非他日之福？望圣躬勿过忧劳，以待时机之复。奉谕各节，臣当敬谨遵谕办理。古玉敬谨分赐。臣拟明日出关。再往吉林，哈尔滨，如蒙俞允，即当就道，臣恭请

圣安

宣统二十一年二月初九日

此去甚是。唯须借何题目，免启学良之疑。卿孤忠奋发，极慰朕志。当此时局扰乱，甚易受嫌，卿当珍重勤密，以释朕怀。

三　谢米诺夫和"小诸葛"

我在拉拢、收买军人方面，花了多少钱，送了多少珠宝玉器，都记不起来了，只记得其中比较大的数目，是白俄谢米诺夫拿去的。

谢米诺夫是沙俄的一个将军，被苏联红军在远东击溃以后，率残部逃到中国满蒙边境一带，打家劫舍，奸淫烧杀，无恶不作。这批土匪队伍一度曾想侵入蒙古人民共和国，被击溃后，想在中蒙边境建立根据地，又遭到中国当地军队的扫荡。到一九二七年，实际上成了人数不多的股匪。这期间，谢米诺夫本人往来于京、津、沪、旅顺、香港以及日本等地，向中国军阀和外国政客活动，寻找主顾，终于因为货色不行，变成了纯粹的招摇撞骗。第二次世界大战之后，谢米诺夫被苏联军队捉了去，我在苏联被拘留时期曾听到过关于他被处绞刑的消息。我在天津的七年间，和这个双手沾满了中苏蒙三国人民鲜血的刽子手一直没有断过往来。我在他身上花了大量的钱，对他寄托了无限的希望。

谢米诺夫起先由升允和罗振玉向我推荐过，我由于陈宝琛的反对，没有见他。后来，郑孝胥经罗振玉的介绍，和谢会了面，认为谢是大可使用的"客卿"人才，给他用"客卿"的计划找到了第一个目标。他向我吹嘘了一通，主张不妨先把谢给张宗昌撮合一下。那时正是我对张宗昌抱着希望的时候，因此同意了郑孝胥的办法。就这样，在郑孝胥的直接活动下，张宗昌接受了谢米诺夫提供的外国炮灰，扩大了白俄军队。后来张、谢之间还订了一项《中俄讨赤军事协定》。

经过郑孝胥的怂恿，一九二五年的十月，我在张园和谢米诺夫会了面，由他带来的蒙古人多布端（汉名包文渊）当翻译。我当时很满意这次谈话，相信了他的"犯难举事、反赤复国"的事业必能实现，立时给了五万元，以助其行。后来郑孝胥、谢米诺夫、毕翰章、刘凤池等人在一起照了相，结成盟兄弟，表示一致矢忠清室。

那时正是继十四国进军苏联失败，世界上又一次出现大规模反苏反共高潮之时。我记得谢米诺夫和郑孝胥对我谈过，英美日各国决定以谢米诺夫作为反苏的急先锋，要用军火、财力支持谢米诺夫，"俄国皇室"对谢米诺夫正抱着很大希望。皇室代表曾与郑孝胥有过来往，但详情我已不记得。我记得的是，谢米诺夫和多布端有个计划与我有莫大关系，是要使用他们在满蒙的党羽和军队，夺取满蒙地区建立起"反赤"根据地，由我在那里就位统治。为了供应谢米诺夫活动费，我专为他立了一个银行存折，由郑孝胥经手，随时给他支用。存款数字大约第一次是一万元。谢米诺夫曾经表示，他本来并不需要我供给他活动费，因为他将要得到白俄侨民捐助的一亿八千万（后来又说是三亿）卢布，以后还会有美英日各国的财政支援；但是，这些钱一时还拿不到手，故此先用一点我的钱。后来他屡次因为"钱没到手"，总是找郑孝胥支钱，而每次用钱都有一套动人的用途。记得有一次他说，日本驻津司令官高田丰树给他联络好了张作霖，他急待去奉天商讨大计，一时没有川资；又一次说，苏联的驻沪领事奉上级命令找了他，为了取得妥协，表示愿把远东某个地区给他成立自治区，他因此需要一笔路费，以便动身到东京研究这件事。谢米诺夫究竟拿去了多少钱，我已经无法计算，只记得直到"九一八"事变前两三个月，还要去了八百元。

在谢米诺夫和我的来往间，出现了不少的中间联络人物。其中有个叫王式的，据这个人自称，不但谢米诺夫对他十分信赖，而且日本要人和中国军阀都与他有密切关系。我从他嘴里最常听到的是这几句话"这是最紧要的关头""这是最后的机会""此真千载一时之机，万不可失""机不可失，时不再来"等等，总是把我说得心眼里发痒。下面是他写的两个奏折：

臣王式跪

奏为外交军事，具有端倪，旋乾转坤在此一举，恭折仰祈圣鉴事。窃臣于五月十二日面奉谕旨，致书俄臣谢米诺夫，询其近状。臣行抵上海即驰书东京，并告以遣使赴德及联络军队二事，旋得其复函，言即将来华，不必东渡。既又接其电报，约会于大连。臣得电驰往与之晤见。据称：自昔年面奉温诏并赏厚币，即感激天恩，誓图报称。后在沪上与臣相见，彼此以至诚相感，面订互助之口约，始终不渝。东旋以后，谋与彼邦士大夫游，渐复与彼执政贵族日益亲近，屡以言餂之，迄不得其要领。至今年春末，始获得苏俄扰乱满蒙及朝鲜日本之确据，出以示彼，日本方有所觉悟，毅然决然为其招募朝鲜子弟八千人，一切饷糈器械，悉已完备，更欲为其招募俄国白党万余人，现散处于满蒙一带者，其饷糈器械等等亦已筹备。英人闻此更首先与苏俄绝交，愿以香港汇丰银行所存八千万元，俟调查实在即予提取，故特电英国政府派遣参谋部某官至奉天，候其同往察看。法意二国亦有同情均愿加入；美国则愿先助美金五百万元，后再接济，共同在满蒙组织万国反赤义勇团，推其为盟主，共灭赤俄。今闻臣张宗昌已归顺朝廷，曾遣臣金卓至大连，订期面商，加入团中，两月之间成军可必，成军之后即取东三省，迎銮登极，或俟赤俄削平，再登大宝。所拟如此，不敢擅专，嘱臣请旨遵行。臣又闻日臣田野丰云，彼国政府虑赤祸蔓延将遍中国，中国共和以来乱益滋甚，知中国必不能无君，张学良勾结南京伪政府，必不能保三省治安，必不能为中国之主，故朝野一致力助谢米诺夫，使谢米诺夫力助皇上，光复旧物，戡定大乱，共享承平。臣闻其言，十七年积愤为之顿释……臣道出大连，有沈向荣者现充张宗昌部下三十军军长，来见臣于逆旅之中，谓已纠集南北军长十人，有众十万，枪炮俱全，布列七省，愿为皇上效力，待臣返大连共同讨论，听臣指挥。此真千载一时之机，万不可失。伏愿皇上效法太祖皇帝，罗举七大恨，告庙誓众，宣布中外，万众一心，扫荡赤化。皇上纯孝格天，未始非天心厌乱，特造此机，使皇上恢践帝宫，复亿万年有道之基也。不然此机一失，人心懈矣。……倘蒙皇上召见臣，更有谢米诺夫、周善培诸臣密陈之言，并臣与郑孝胥、罗振玉、荣源诸臣所商筹款之法，谨当缕陈，请旨定夺，谨奏。

奏为兴复之计，在此一举，坐失时机，恐难再得，恭折仰祈圣鉴事。窃臣于本月初一日谨将俄臣谢米诺夫、日臣田野丰在大连所拟办法及臣沈向荣在彼俟臣进行诸事，已恭折具呈御览。唯谢米诺夫因英人在奉天久待，无可托词，故需款至急，皇上行在帑藏难支，臣断不敢渎请，连日商诸臣罗振玉愿将其在津房产抵押，约可得洋四万元以充经费，不足之数臣拟俟皇上召见，面陈一切未尽之言，并有至密之事请旨定夺后，即赴大连上海再行设法……不然田野丰已有微词，倘日人稍变初衷，谢米诺夫即萌退志，各国不能越俎，张宗昌即不能支持，纵使谢米诺夫他日再起，我亦不能再责其践盟，九仞之山将全功尽弃。……更有日人要求之事，谢米诺夫预定之谋，内部小有参商之处，均当面请乾断，唯祈训示祗遵，谨奏。

宣统二十年八月初九日

王式写这几个奏折的日子，正是郑孝胥出门，不在张园的时候。由于陈宝琛、胡嗣瑗这一派人的阻拦，他进不了张园的门，并且遇到了最激烈的攻击。

攻击王式最激烈的是胡嗣瑗。胡嗣瑗在清末是个翰林，张勋复辟时与万绳栻同任内阁阁丞，在我到天津之后到了张园，被人起了个外号叫"胡大军机"，因为凡是有人要见我或递什么折子给我，必先经他过滤一下，这是由于我相信他为人"老实"而给他的职务，名义是管理"驻津办事处"。他最反对我和郑、罗等人接触。他看见了王式的折子，就给我上奏折，逐条分析王式和谢介石等的言行前后矛盾之处，指出这纯粹是一场骗局。罗振玉这时曾出来为郑孝胥和他自己申辩，但是处境颇为孤立，甚至连一向不说同乡半句微词的陈宝琛，也在我面前说："苏龛（郑字），苏龛，真乃疏忽不堪！"原先主张过我出洋联日的陈毅，这时也变了声调，向我慨叹中兴之难，劝我近贤远佞。就这样驳斥罗、郑的话钻进了我的心里：谢米诺夫受到英、日、美各国这么大的支持，为什么非要我的一点钱不可呢？谢介石曾说谢米诺夫因为等不到我的支援，想要自杀，何以他的宏图壮举能如此轻易放弃？更重要的是，这时我也实在一下子拿不出多少钱来，我比在紫禁城时代多少懂得了些钱的数目，也不是一张口就可以拿出多少古董金银去换钞票的时候了。因此，我没有给钱，只写了些不值钱的鼓励性的"手谕"，这一下子，王式也不来了。但是胡嗣瑗毕竟不是郑孝胥的对手，等到郑从外面回来，王式和谢米诺夫等人又得救了。我又拿出了钱供客卿们花用。记得后来郑孝胥还推荐过一个叫阿克第的奥国人和一个叫罗斯的英国人。阿克第是奥国从前的贵族，在天津奥国租界工部局任过职，据他自称在欧洲很有地位，可以为我在欧洲展开活动，取得复辟的声援。因此我派他做我的顾问，叫他到欧洲去活动，并且一次支给了这位客卿半年俸金一千八百元。罗斯是个记者，说要复辟必得有报，要我拿两万元给他办报。我给了他三千元，后来报是出来了，叫作《诚报》，可是没几天就关了门。

　　事实就是如此，尽管有个"胡大军机"拦关，还是有不少人只要是拿着"联络军人、拥护复辟"这张"门票"，便可走进张园。特别是从一九二六年起，一批批的光杆儿司令和失意政客涌进了租界，我的门客更是有增无减。

　　这些人物里最值得一说的是"小诸葛"刘凤池。我和刘的相识，是由于张勋手下的奉系老军阀许兰洲的介绍。刘是许的旧部下，在许的嘴里，刘是个"现代的诸葛亮，得此一人，胜于卧龙凤雏，复辟大业，已有九成把握"。刘凤池那年大约四十岁左右，他见了我，在吹嘘了自己的通天手眼之后，立时建议我拿出些古玩字画和金表给他，去联络台上人物。"那些福寿字、春条，对这类人是不行的"，这句话我还是从他嘴里第一个听到，虽然有点不舒服，但又赏识这个人直率。我认为他敢于讲别人不敢讲的，可见他的话一定可靠。于是我慷慨解囊，叫他一批一批地拿去那些最值钱的东西。后来，他竟指名要这要那，例如有一次他说要去活动张作霖的部下邹作华，给我来信说：

> 姓邹者才甚大，张作霖胜，彼功甚大，张待之甚厚，小物品不能动其心也，应进其珍珠、好宝石或钻石，按万元左右贵重物予之，当有几十倍之大利在也。

为了拉拢奉系的荣臻、马占山、张作相，他指明要各送十颗朝珠；为了拉拢一个姓穆的，他指明要珠顶冠上的那颗珠子。这种信，三五天必有一封，内中不少这类词句："要真才就得多花钱，求俭遭人轻，做大事不拘小节"，"应送端砚、细瓷，外界不易得之物"。如果他报告的活动情况都如实的话，差不多奉系的旅长以上（甚至包括团长，如富双英当团长时），以及拥有四十万众的红枪会首领、占山为王的草莽英雄等，都拿到了我的珍珠、古瓷、钻石，都在我"不拘小节"之下大受感动，只待我一声令下，就可以举事了。但是他拿了无数的东西，人马却总不见动静。后来，我在陈宝琛劝阻之下，发生了动摇，钱给的就不太积极，于是"小诸葛"无论面谈和来信中多了一种词句："已耗费若干，旅费及招待，尚不在数"，"已倾家荡产，实难再代垫补"，"现在情况万分紧急，成败在此一举，无论如何先接济二万元"，"需款万分紧急，望无论如何将此款赐下，以免误此良机"。我后来觉出了事情不对，不肯再给钱，不久便接到了他这样的信："皇上若每日不知研究，亦不十分注意时局，敢望其必成乎？若不猛进，亦不期望必成，又何必设此想乎？……试将中国史记打开，凡创业中兴之主，有如此之冷淡者乎？……"

写了这个惹了我一肚子气的信，他又来信说某人已任命他为参谋长，又某人请他当副司令，并且说他自己握有兵权，可为我直接效劳了，但是，需要我给一点联络费……后来，又写信说不但没得到我的接济，"反遭疑，甚感伤心"，不得已，卖掉了自己的菊花青马，英雄失了坐骑，心痛不已。

我已忘记这个"小诸葛"是如何离开我的了，只记得他后来向我哭穷，只要十块钱救济。这和最初我给他的任何一笔款比来，不过是千分之一而已。后来听说他在东北各地招摇，给奉系万福麟枪毙了。

像刘凤池这类人物，我还可以举出一串名字，比如毕翰章之类的人们，都用过差不多的手法，吊起了我的重登大宝的胃口，骗走了不少现款、古玩、珍珠、宝石等。这些人最后和我的分手，是各式各样的，有的不告而别，有的被"胡大军机"或其他人硬给拦住，也有的是我自己不叫进门。其中有个绰号"费胖子"的安福系小政客费毓楷，他曾向我报告，他和炸死张作霖的日本河本大佐取上了联系，已组织好张学良的侍卫，即将举行暴动，在东北实行武装复辟，迎我"正位"。这个动人的然而难于置信的大话叫陈宝琛知道了，自然又加劝阻，连我岳父荣源也反对我再和他来往。费胖子最后和张园分手时，比别人多了一场戏。他遭到拒绝进园，立刻大怒，气势汹汹地对拦门的荣源嚷："我出这么大的力，竟不理我了，好，我要到国民政府，去控告你们皇上颠覆民国的罪状！"荣源和三教九流颇有来往，听了毫不在乎，反而笑道："我劝你算了吧，你写的那些东西都还存在皇上的手里呢！"费胖子听了这话，只好悻悻而退。

这些人物在我身边真正的绝迹，已经是接近"九一八"事变的时候，也就是在北方军阀全换上了青天白日旗之后，再过了一段时间。这时我对他们已经真正放弃幻想，同时由于其他后面谈到的原因，我已把希望放在别处去了。

四 东陵事件

一九二八年，对我是充满了刺激的一年，也是使我忧喜不定的一年。在这一年里，一方面日本的田中内阁发表了满蒙不容中国军队进入的声明，并且出兵济南，拦阻南方的军队前进，另一方面张作霖、吴佩孚、张宗昌这些和我有瓜葛的军队，由节节败退而溃不成军，为我联络军阀们的活动家刚报来了动人的好消息，我马上又读到那些向我效忠的军人逃亡和被枪毙的新闻。我听说中国的南北政府都和苏联绝交了，英苏也绝交了，国民党大肆清党，郑孝胥、陈宝琛以及日本人和我谈的那个"洪水猛兽"，似乎对我减少了威胁，但又据这些人说，危险正逼近到我的身边，到处有仇恨我的人在活动。我看到了报纸上关于广东有暴动的消息，同时，一直被我看成"过激""赤化"分子的冯玉祥，已和蒋介石合作，正从京汉线上打过来。一九二八年下半年，使人灰心丧气的消息越来越多，张作霖死了，美国的公使在给张学良和蒋介石撮合……除了这些上面已说过的事件之外，这年还发生了最富刺激性的孙殿英东陵盗墓事件。

东陵在河北省遵化县的马兰峪，是乾隆和西太后的陵寝。孙殿英是一个赌棍和贩毒犯出身的流氓军人，在张宗昌部当过师长、军长。一九二七年孙受蒋介石的改编，任四十一军军长。一九二八年，孙率部到蓟县、马兰峪一带，进行了有计划的盗墓。他预先贴出布告，说是要举行军事演习，封锁了附近的交通，然后由他的工兵营营长颛孙子瑜带兵挖掘，用三个夜晚的时间，把乾隆和慈禧的殉葬财宝，搜罗一空。

乾隆和慈禧是清朝历代帝后中生活最奢侈的。我从一份文史资料中，看到过一段关于他们的陵墓的描述：

> 墓中隧道全用汉白玉砌成，有石门四进，亦全系汉白玉雕制，寝宫为八角形，上覆圆顶，雕塑着九条金龙，闪闪发光。寝宫面积约与故宫的中和殿相等。乾隆的棺梓是用阴沉木制成的，安放在一个八角井的上边。两座坟墓中的殉葬器物，除金银元宝和明器外，都是些罕见的珍宝。慈禧的殉葬物品，多是一些珠宝翠钻之类，她的凤冠是用很大的珍珠以金线穿制而成的；衾被上有大朵的牡丹花，亦全用珍珠堆制；手镯系用大小钻石镶成一大朵菊花和六小朵梅花，澄澈晶莹，光彩夺目；手里握着一柄降魔杵，长约三寸余，为翡翠制；她的脚上还穿着一双珠鞋。另外，在棺中还放置着十七串用珠宝缀成的念珠和几双翠质手镯。乾隆的殉葬品都是一些字画、书剑和玉石、象牙、珊瑚雕刻的文玩及金质佛像等物，其中绢、丝制品都已腐朽，不可辨认。

我听到东陵守护大臣报告了孙殿英盗掘东陵的消息，当时所受到的刺激，比我自己被驱逐出宫时还严重。宗室和遗老们全激动起来了，陈宝琛、朱益藩、郑孝胥、罗振玉、胡嗣瑗、万绳栻、景方昶、袁励准、杨钟羲、铁良、袁大化、升允……不论是哪一派的，不论已经消沉的和没有消沉的，纷纷赶到我这里，表示了对蒋介石军队的愤慨。各地遗老也纷纷寄来重修祖陵的费用。在这些人的建议和安排下，张园里摆上了乾隆、慈禧的灵位和香案祭席，就像办丧事一样，每天举行三次祭奠，遗老遗少们络绎不绝地来行礼叩拜，痛哭流涕。清室和遗老们分别向蒋介石和平津卫戍司令阎锡山以及各报馆发出通电，要求惩办孙殿英，要求当局赔修陵墓。张园的灵堂决定要摆到陵墓修复为止。

起初，蒋介石政府的反应还好，下令给阎锡山查办此事。孙殿英派到北平来的一个师长被阎锡山扣下了。随后不久，消息传来，说被扣的师长被释放，蒋介石决定不追究了。又传说孙殿英给蒋介石新婚的夫人宋美龄送去了一批赃品，慈禧凤冠上的珠子成了宋美龄鞋子上的饰物。我心里燃起了无比的仇恨怒火，走到阴阴森森的灵堂前，当着满脸鼻涕眼泪的宗室人等，向着空中发了誓言：

"不报此仇，便不是爱新觉罗的子孙！"

我此时想起溥伟到天津和我第一次见面时说的："有溥伟在，大清就一定不会亡！"我也发誓说：

"有我在，大清就不会亡！"

我的复辟、复仇的思想，这时达到了一个新的顶峰。

在那些日子里，郑孝胥和罗振玉是我最接近的人，他们所谈的每个历史典故和当代新闻，都使我感到激动和愤慨不已，都增强着我的复辟和复仇的决心。和国民党的国民政府斗争到底，把灵堂摆到修复原墓为止，就是他们想出的主意。但是后来形势越来越不利，盗墓的人不追究了，北京、天津一带面目全非，当权的新贵中再没有像段祺瑞、王怀庆这类老朋友，我父亲也不敢再住在北京，全家都搬到天津租界里来了。于是我的心情也由激愤转成忧郁。蒋宋两家的结亲，就使张园里明白了英美买办世家和安清帮兼交易所经纪人的这种结合，说明蒋介石有了比段祺瑞、张作霖、孙传芳、吴佩孚这些倒台的军人更硬的后台。这年年末，蒋介石的国民政府得到了包括日本在内的各国的承认，他的势力和地位已超过了以往的任何一个军阀。我觉得自己的前途已十分黯淡，认为在这样一个野心人物的统治下，不用说复辟，连能否在他的势力范围内占一席地，恐怕也成问题。

我在心里发出了狠毒的诅咒，怀着深刻的忧虑，为蒋介石的政府和自己的命运，一次又一次地卜过卦，扶过乩。我曾卜占"国民政府能长久否？"得"天大同人变离，主申年化冲而散"的一个卦文，其意思是：蒋介石政府将众叛亲离，在一九三二年灭亡。当然，蒋介石的政府如果垮台，可以发泄我的仇恨，使我痛快。但是，我更关心的是我自己的命运。我屡次叫荣源扶乩，有一次他得到这样一个乩文：

> 今上乃重兴之主，清仍有天下，然予（按指荣源）乃朝廷勋戚大臣，必须直谏君，于致光武，务必劝诫奢华，弥问世事，晦迹韬光，暗成事业，亲君子，远小人，去伪忠，此皆要图，子忠实君子，吾所凤知，故愿直言，将来再兴，务必改元，宣统二字，乃宁日一乱丝充满天下尽，贼犯紫微，务用隆武，隆若不用，可改兴武，此天机也，国事且不泄。

但是任何一个欲望强烈和报仇心切的人，都不会只记得"成事在天"而忘了"求事在人"这句话。我自己几年来的阅历，特别是蒋介石的发家史，给了我一条重要的信念，这就是若求成事必须手握兵权，有了兵权实力，洋人自然会来帮助。像我这样一个正统的"大清皇帝"，倘若有了军队，自然要比一个红胡子或者一个流氓出身的将帅更会受到洋人的重视。因此，我决定派我身边最亲信的亲族子弟去日本学陆军。我觉得这比我自己出洋更有必要。

促成我这个想法的，还有一个原因，就是溥杰正为了要投笔从戎，在家里闹得马仰人翻。他从军的动机本来也颇可笑，与其说是受到母亲遗嘱的影响，立志要恢复清朝，还不如说是由于他羡慕那些手握虎符的青年将帅，自己也想当军官，出出风头。张学良在张作霖死后，临国奉天之前对溥杰说过："你要当军官，我送你进讲武堂（奉军的军官学校）。"于是他便和张学良的家眷乘船离了天津。我父亲看到了他留下的信，急得要命，要我无论如何想个办法把他追回来。天津日本总领事答应了我的请求，发了电报给大连。在大连码头上，溥杰刚从船上走下来，就给日本警察截住了。他被我派去的人接回到天津，见了我就诉说他投军的志向，是为了恢复祖业。他的话触动了我送他去日本学陆军的心思。

我决定了派溥杰和我的三妹夫润麟一同到日本去学陆军。为了准备他们的留学，我请天津日本总领事介绍了一位家庭教师，教他们日文。日本总领事推荐了一位叫远山猛雄的日本人，后来知道，这是一个日本黑龙会的会员，认识不少日本政客。这个人后来也为了我的复辟理想，替我到日本奔走过。我到东北以后，因为他不是军部系统的，受到排挤，离开了我。这位远山教师教了溥杰和润麟不多日子的日文，就为他们的留学问题回到日本去活动了一趟，据说是暂时还不能入日本士官学校，但是可以先进专供日本贵族子弟读书的学习院，并且还得到了日本的大财阀大仓喜八郎的帮助。一九二九年三月，即"东陵事件"发生后七个月，我这两个未来的武将就和远山一起到日本去了。

五　领事馆、司令部、黑龙会

敬陈管见，条列于后：

……对日本宜暗中联合而外称拒绝也。关东之人恨日本刺骨，日本禁关东与党军和协，而力足以取之。然日本即取关东不能自治，非得皇上正位则举措难施。今其势日渐紧张，关东固无以图存，日人亦无策善后，此田中之所以屡示善意也。

我皇上并无一城一旅，不用日本何以恢复？机难得而易失，天子不取，后悔莫追。故对日本只有联合之诚，万无拒绝之理。所难者我借日本之力而必先得关东之心。若令关东之人，疑我合日谋彼，则以后欲由东三省拥戴，势有所难。此意不妨与日本当机要人明言之，将来皇上复位，日本于三省取得之权，尚须让步方易办理。……

这是一九二八年我收到的一份奏折中的一段。这段话代表了张园里多数人的想法，也是我经过多年的活动后，日益信服的结论。

前面已经说过，我自从进了北府，得到了日本人的"关怀"以来，就对日本人有了某些信赖。我在日本公使馆里住了些日子，到了天津之后，我一天比一天更相信，日本人是我将来复辟的第一个外援力量。

我到天津的第一年，日本总领事吉田茂曾请我参观了一次日本侨民小学。在我往返的路上，日本小学生手持纸旗，夹道向我欢呼万岁。这个场面使我热泪满眶，感叹不已。当军阀内战的战火烧到了天津的边缘，租界上的各国驻军组织了联军，声言要对付敢于走近租界的国民军的时候，天津日本驻屯军司令官小泉六一中将特意来到张园，向我报告说："请宣统帝放心，我们绝不让中国兵进租界一步。"我听了，大为得意。

每逢新年或我的寿辰，日本的领事官和军队的将佐们必定到我这里来祝贺。到了日本"天长节"，还要约我去参观阅兵典礼。记得有一次"天长节"阅兵，日本军司令官植田谦吉邀请了日租界不少高级寓公，如曹汝霖、陆宗舆、靳云鹏等人都去了。我到场时，植田司令官特意骑马过来行致敬礼。当阅兵完毕，我们这些中国客人凑在一起，竟然随着日本人同声高呼"天皇万岁"。

日军司令部经常有一位佐级参谋来给我讲说时事，多年来十分认真，有时还带来专门绘制的图表等物。第一个来讲的大概是名叫河边的参谋，他调走之后继续来讲的是金子定一，接金子的是后来在伪满当我的"御用挂"的吉冈安直。这个人在伪满与我相处十年，后面我要用专门的一节来谈他。

日军参谋讲说的时事，主要是内战形势，在讲解中经常出现这样的分析："中国的混乱，根本在于群龙无首，没有了皇帝。"并由此谈到日本的天皇制的优越性，谈到中国的"民心"唯有"宣统帝"才能收拾。中国军队的腐败无力是不可或缺的话题，自然也要用日本皇军做对比。记得济南惨案发生后，吉冈安直至少用了一个小时来向我描述蒋介石军队的无能。日本布告的抄件，就是那次他给我拿来的。这些讲话加上历次检阅日军时获得的印象，使我深信日本军队的强大，深信日本军人对我的支持。

有一次我到白河边上去游逛，眺望停在河中心的日本兵舰。不知兵舰舰长怎么知道的，突然亲自来到岸上，虔敬地邀请我到他的舰上参观。到了舰上，日本海军将校列队向我致敬。这次由于仓促间双方都没有准备翻译，我们用笔谈了一阵。这条兵舰舰名"藤"，船长姓蒲田。我回来之后，蒲田和一些军官向我回访，我应他的请求送了他一张签名照片，他表示这是他的极大的荣幸。从这件事情上，我觉得日本人是从心眼里对我尊敬的。我拉拢军阀、收买政客、任用客卿全不见效之后，日本人在我的心里的位置，就更加重要了。

起初，"日本人"三个字在我心里是一个整体。这当然不包括日本的老百姓，而是日本公使馆、天津日本总领事馆和天津日本"驻屯军"司令部里的日本人，以及和罗振玉、升允来往的那些非文非武的日本浪人。我把他们看成整体，是因为他们同样地"保护"我，把我当作一个"皇帝"来看待，同样地鄙夷民国，称颂大清，在我最初提出要出洋赴日的时候，他们都同样地表示愿意赞助。一九二七年，我由于害怕北伐军的逼近，一度接受罗振玉劝告，决定赴日。经过日本总领事的接洽，日本总领事馆向国内请示，田中内阁表示了欢迎，并决定按对待君主之礼来接待我。据罗振玉说，日本军部方面已准备用军队保护我启程。只是由于形势的缓和，也由于陈宝琛、郑孝胥的联合劝阻，未能成行。后来，南京的国民党政府成立了，官方的"打倒帝国主义""废除不平等条约"之类的口号消失了，我逐渐发现，尽管日本人的"尊敬""保护"仍然未变，但是在我出洋之类的问题上，他们的态度却有了分歧。这种分歧甚至达到了令我十分愤慨的程度。

一九二七年下半年，有一天罗振玉向我说："虽然日租界比较安全，但究竟是鱼龙混杂。据日本司令部说，革命党（这是一直保留在张园里

的对于国民党和共产党的笼统称呼）的便衣（这是对于秘密工作者的称
呼，而且按他们解释，都是带有武器的）混进来了不少，圣驾的安全，
颇为可虑。依臣所见，仍以暂行东幸为宜，不妨先到旅顺。恭亲王在那
边有了妥善筹备，日本军方也愿协助，担当护驾之责。"这时我正被"革
命党便衣"的谣言弄得惶惶不安，听了罗振玉的话，特别是溥伟又写来
了信，我于是再一次下了出行的决心。我不顾陈宝琛和郑孝胥的反对，
立刻命令郑孝胥去给我找日本总领事，我要亲自和他见面谈谈。

郑孝胥听了我的吩咐，怔了一下，问道："皇上请加藤，由谁做翻
译呢？是谢介石吗？"

我明白了他的意思。谢介石是个台湾人，由于升允的引见，在北京
时就出入宫中，张勋复辟时做了十二天的外务部官员，后来由日本人的
推荐，在李景林部下当秘书官，这时跟罗振玉混在一起，不断地给我送
来什么"便衣队行将举事"，革命党将对我进行暗杀等等情报。劝说我
去旅顺避难的，也有他一份。郑孝胥显然不喜欢罗振玉身边的人给我当
翻译，而同时，我知道在这个重要问题上，罗振玉也不会喜欢郑孝胥的
儿子郑垂或者陈宝琛的外甥刘骧业当翻译。我想了一下，便决定道："我
用英文翻译。加藤会英文。"

总领事加藤和副领事冈本一策、白井康都来了。听完我的话，加藤
的回答是：

"陛下提出的问题，我还不能立即答复，这个问题还须请示东京。"

我心里想：这本是日本司令部对罗振玉说没有问题的事，再说我又
不是到日本去，何必去请示东京？天津的高级寓公也有到旅顺去避暑的，
他们连日本总领事馆也不用通知就去了，对我为什么要多这一层麻烦？
我心里的话没完全说出来，加藤却又提出了一个多余的问题：

"请问，这是陛下自己的意思吗？"

"是我自己的。"我不痛快地回答。我又说，现在有许多对我不利的
消息，我在这里不能安心。据日本司令部说，现在革命党派来不少便衣，

总领事馆一定有这个情报吧？

"那是谣言，陛下不必相信它。"加藤说的时候，满脸的不高兴。他把司令部的情报说成谣言，使我感到很奇怪。我曾根据那情报请他增派警卫，警卫派来了，他究竟相信不相信那情报？我实在忍不住地说：

"司令部方面的情报，怎么会是谣言？"

加藤听了这话，半天没吭气。那两位副领事，不知道他们懂不懂英文，在沙发上像坐不稳似的蠕动了一阵。

"陛下可以确信，安全是不会有问题的。"加藤最后说，"当然，到旅顺的问题，我将遵命去请示敝国政府。"

这次谈话，使我第一次觉出了日本总领事馆和司令部方面之间的不协调，我感觉到奇怪，也感觉到很气人。我把罗振玉、谢介石叫了来，又问了一遍。他们肯定说，司令部方面和接近司令部方面的日本人，比如工藤、佃信夫、岩田等人，都是这样说的。这些日本人都是黑龙会的人物，我从谢介石这里知道，日本军官里有不少黑龙会人物，日本军队的情报特务工作，总离不开黑龙会的骨干。他并且说：

"司令部的情报是极其可靠的。关于革命党的一举一动，向来都是清清楚楚的。不管怎么说，即使暗杀是一句谣言，也要防备。"

过了不多几天，我岳父荣源向我报告说，外边的朋友告诉他，从英法租界里来了冯玉祥的便衣刺客，情况非常可虑。我的"随侍"祁继忠又报告说，他发现大门附近，有些形迹可疑的人，伸头向园子里张望。我听了这些消息，忙把管庶务的佟济煦和管护军的索玉山叫来，叫他们告知日警，加紧门禁，嘱咐护军留神门外闲人，并禁止晚间出入。第二天，我听一个随侍说，昨晚上还有人外出，没有遵守我的禁令，我立刻下令给佟济煦记大过一次，并罚扣违令外出者的饷银[1]，以示警诫。总

---

[1] 这时张园管束"底下人"的办法，根据师傅们的谏劝和佟济煦的恳求，已经取消了鞭笞，改为轻者罚跪，重者罚扣饷银。为了管束，我还亲自定了一套"规则"，内容见第六章。——作者

之，我的神经紧张起来了。

有一天夜里，我在睡梦中忽然被一声枪响惊醒，接着，又是一枪，声音是从后窗外面传来的。我一下从床上跳起，叫人去召集护军，我认为一定是冯玉祥的便衣来了。张园里的人全起来了，护军们被布置到各处，大门上站岗的日本巡捕（华人）加强了戒备，驻园的日本警察到园外进行了搜索。结果，抓到了放枪的人。出乎我的意料，这个放枪的却是个日本人。

第二天，佟济煦告诉我，这个日本人名叫岩田，是黑龙会分子，日本警察把他带到警察署，日本司令部马上把他要去了。我听了这话，事情明白了七八分。

我对黑龙会的人物，曾有过接触。一九二五年冬季，我接见过黑龙会的重要人物佃信夫。事情的缘起，也是由于罗振玉的鼓吹。罗振玉对我说，日本朝野对于我这次被迫出宫和避难，都非常同情，日本许多权势人物，连军部在内，都在筹划赞助我复辟，现在派来了他们的代表佃信夫，要亲自和我谈一谈。他说这个机会决不可失，应当立刻召见这位人物。佃信夫是个什么人，我原先并非毫无所闻，内务府里有人认识他，说他在辛亥之后，常常在各王府跑出跑进，和宗室王公颇有些交情。罗振玉的消息打动了我，不过我觉得日本总领事是日本正式的代表，又是我的保护人，理应找他来一同谈谈，于是叫人通知了有田八郎总领事，请他届时出席。谁知那位佃信夫来时一看到有田在座，立刻返身便走，弄得在座的陈宝琛、郑孝胥等人都十分惊愕。后来郑孝胥去责问他何敢如此在"圣前非礼"，他的回答是："把有田请来，这不是成心跟我过不去吗？既然如此，改日再谈。"现在看来，罗振玉这次的活动以及岩田的鸣枪制造恐怖气氛，就是那次佃信夫的活动的继续。这种活动，显然有日军司令部做后台。

后来我把陈宝琛、郑孝胥找来，要听听他们对这件事的看法。郑孝胥说："看起来，日本军、政两界，都想请皇上住在自己的势力范围之内加以保护。他们虽然不合作，却也于我无损。不过罗振玉做事未免荒唐，他这样做法，有败无成，万不可过于重用。"陈宝琛说："不管日军司令部也罢，黑龙会也罢，做事全不负责任。除了日本公使和总领事，谁的话也别听！"我考虑了一下，觉得他们的话很有道理，便不想再向总领事要求离津了。从此，我对罗振玉也不再感兴趣了。第二年，他便卖掉了天津的房子，跑到了大连。

说也奇怪，罗振玉一走，谣言也少了，连荣源和祁继忠也没有惊人的情报了。事隔很久以后，我才明白一点其中的奥妙。

这是我的英文翻译告诉我的。他和荣源是连襟，由于这种关系，也由于他和日军司令部翻译有事务上的交往，探听到一点内幕情况，后来透露了给我。原来，日军司令部专门设了一个特务机关，长期做张园的工作，和这个机关有关系的，至少有罗振玉、谢介石、荣源这几个人。我的英文翻译曾由这三个人带到这个特务机关的一处秘密地方，这地方对外的名称，叫作"三野公馆"。

那天我和加藤谈过话以后，翻译员正准备离园回家，聚在楼下的荣源、罗振玉和谢介石三人拦住了他，打听楼上会谈的结果。翻译员这次接到这件从来没有过的任务（用英文给日本人当翻译），本来已觉得奇怪，当他应命到达张园的时候，先就碰见了荣源等人，嘱咐他谈完以后告诉一下会谈情形（这按说也是不准的）。翻译员当时不安地回答："我不过是个陪坐的罢了，白井副领事是会用中国话翻译的。"荣源说："上头说了，让您用英文翻译。""何必用英文呢。幼安（谢介石字）先生不是在这儿吗？用日文翻译不是更好吗？"谢介石哼了一声说："我才不跟他们说话哩！"罗振玉这时忙插嘴说："上头是怕别人传话不切实。还是请您下来的时候透透信吧。"翻译员觉得事情有点蹊跷，不便拒绝，又不想遵命，心里打定主意，翻译完了还是溜走忙自己的事去。谁知还没走出大楼，就又给这三位拦住了。这位年轻人觉得脸上也磨不开，又觉得所谈的事情似乎很简单，就简单地告诉他们了。

这三位听完那结果，还是不放他走，再三向他叮问，等到确实知道了加藤说的仍然不过那几句话以后，三个人激动起来。荣源骂了一句："领事官都是些不阴不阳的东西，向来没有痛快过！"谢介石冷笑道："我早知道他们要捣乱，找了他们就不会有好事，他们嘴里说得出什么好话来？你瞧，真事都成了造谣！"罗振玉捋着胡子，顿足叹息："是何居心！是何居心！"

翻译员看得不耐烦，告辞要走，罗振玉立刻拦着说："您别走，跟我们一起走走，耽误您一会儿，回头送您回家。"说着，那两位也站起来说："对，一块儿去，当面把这事情告诉他！"说着，就不由分说，带着翻译员往外走。翻译员跟在他们后面，心里充满了好奇。他和荣源是近亲，悄悄问他："上哪儿去？"荣源激情未消地说："咱们上三爷公馆去！"不等他问下去，已经走到汽车跟前，那两位把他拥了进去，车就开了。

汽车走了不太久，在离日本花园不远的地方，一个路南的绿油大门前停下了。一直到此为止，这位翻译员还以为去的地方是荣源荣三爷的公馆，因为他听荣源的一个"看烟"（专门伺候抽大烟的）太监说过，"三爷在外边还另有公馆呢！"他也听说荣源在日租界有座小楼，住着一个广东籍的"外家"，国民饭店里有个房间，包着一个"暗门子"（暗娼），这些地方也是荣源和银行界、金店业给张园办抵押、谈交易的地方，盐业银行的岳乾斋经理，在北京领业源开红货铺子的张德甫，都提过这些地方，只是没有人说过日本花园附近的这个绿大门。翻译觉得他这位风流亲戚对他公开了自己的秘密香艳窝，这回可有了开玩笑的资料，谁知一进大门，就知道不对了。

罗振玉上前按铃后，一个号房式人物应声打开了半扇门，显然罗振玉是熟客，号房倒身让过他们，随即关上门，钻进号房去了。罗振玉带头，几个人绕过影壁，面前展开一个颇大的院子，院子里正有二三十个穿日本军衣的人持枪练劈刺。奇怪的不仅如此，而是这群人看见了客人，忽然在一声号令下，全跑进一道月亮门里去了。更奇怪的是，翻译员从一阵人声中，听出了这些穿日本军装的是说着中国话的。

这当然不是荣三爷的公馆了。

院子北边是一座楼房，罗振玉带着他们绕过了陈列着盛开的夹竹桃的正门，从大楼侧门进去，里面是一条光线不太足的甬道。一个楼梯旁，摆着硬木八仙桌和几把硬木椅子，坐着几个彪形大汉，桌子堆着笔墨、算盘和一些蓝布皮的旧式账簿。罗振玉过去和其中的一个嘀咕了几句，这时不知从哪里走过一个穿长衫的茶房式人物，领着他们上了楼梯，经过一条光线仍嫌不足的甬道，把他让进了一间狭长的屋子。屋里陈设颇像一个中等旅店房间，一张床，一个梳妆台，一把梳妆椅。比旅馆多的是床上有个盛鸦片烟具用的那种带镜子的红漆盘，还有抽大烟用的一对大圆枕头。荣源进了屋，一歪身倒在床上，点上他的埃及纸烟，罗振玉坐在他的对面，谢介石坐在椅子上。看起来，他们都很熟悉这个地方。翻译员很留心地听他们谈话，确信了日本人要把"宣统帝"送到旅顺，为满蒙方面的某种举动做准备。当然，这次举动在张园的人听来，就是复辟。罗振玉这些人认为必须把加藤对我去旅顺问题的不同回答，告诉那个人，为了让那人亲自听听第一手的消息，所以特意把翻译员带了来。至于这位人物叫什么名字，这个地方是什么地方，他们都绝口不提。

那天的天气非常热，翻译员很想到卫生间洗一把脸，而这间狭长的屋子既没有茶，也没有水。后来他打听厕所在哪里，谢介石告诉他在楼下某个地方。他下楼去了。谁知又发现一个不解的现象：原在楼梯的那几个大汉，连同桌椅、账本，等等，全不见了。

翻译员越发觉得蹊跷，心中不安起来。他本来是专门给我担任对各欧美国家驻津领事馆和兵营方面的翻译的，日本人很不愿意接近他，他早已感觉出他们对他的戒心，如今他来到这个会见东京来人的地方，并非是由日本人的邀请，日本人是什么态度呢？他忐忑不安地回到楼上。这时只见罗振玉等人垂头丧气地告诉他：那位人物不来了，咱走吧！

翻译员如释重负，跟着走出大门（一路上除了那个号房式人物，谁也没碰上）。罗振玉要用汽车送他，他也不坐了，赶忙雇了洋车回自己的家。

过了不久，我要给离任回国的驻屯军司令官高田丰树送一份礼物，顺手抓了在跟前的这位翻译，叫他送去。他奉命去找司令部的通译官吉田忠太郎。吉田的中国话很好，中国风俗习惯也很熟悉。因为他长得很像"群英会"上的蒋干，所以我这位爱看戏的翻译员背后就叫他"蒋干"。他回忆这段经过说：

"我到了'蒋干'那里，说了没几句，突然进来了一个矮胖子，气冲斗牛地对着吉田嚷了起来，像要打架似的。他们的日本话里，似乎屡次说到荣源的名字。那矮胖子嚷得很凶，'蒋干'却笑嘻嘻的，像听了什么笑话。那胖子足吵了一个小时才走。我就问'蒋干'，荣源是不是惹了他？'蒋干'说：'荣源真是个色鬼，昨晚上不知怎么弄的，三爷公馆叫人，弄错了，把大熊的女人叫了去，荣源见了就不饶，哈哈！'"

"这段话，又勾起了我的好奇心。这个三爷公馆究竟是个什么地方呢？我不敢问'蒋干'，我办完了事，把礼物交代清楚，离了他的地方，决心再到那个三爷公馆那外面看看。我到了日本花园附近，果然找到了那个绿大门。走到跟前一细看，原来门角上钉着一个小小的原色木牌，上面明白地写着四个墨笔字：'三野公馆'。原来这是跟荣源很熟的那个三野友吉的公馆！"

这段经历，是我决定不去旅顺之后他才告诉我的。当时我听了，对日本人这种相互不协调，感到了气愤，觉得日本人真是不统一，但也没有想到其他的问题。三野友吉这人我是认识的，他是司令部的一个尉级参谋，常作为司令官的随从到张园来祝寿、贺年和做客。我觉得我和司令官有交往，我的下边人和司令部的下边人有交往，这是很自然的事。却没有去想：这个尉官何以能拥有一座"公馆"？而罗、荣、谢等人竟是这种奇怪的公馆的常客，这又是件什么事？

翻译员后来还有一段经历，当时并没有告诉我。他曾经向荣源探问过三野公馆的事：

"你在三野公馆惹了大熊的女人，'蒋干'告诉我了！你是怎么惹的她？"

"你也知道？"荣源躺在大烟榻上，兴高采烈地聊起了他怎样惹那女人，那女人的草屐子上的绊儿怎么给挣断……说得兴头很足。我这位翻译看出机会来了，就乘他的兴头问道：

"三野公馆是个什么地方？"

"是个好地方。"

"什么好地方？"

"你别急，也许将来有机会带你去开眼。"

"得啦，要是你三爷的乌龙院，小生可是不敢去的！"

"怎么是我的乌龙院？"

"不是你三爷的公馆吗？"

"你别胡嚷啦，那是三野友吉的公馆！"

"三野不过一个小参谋，干吗要那么大的一座公馆？"

"唔，你既然不知道，"荣源警惕起来，抽了几口烟才说："我也不便往下说，以后有机会咱再谈。"

以后，他再也没说。

这位翻译员后来实在憋不住了，在一次宴会上，借了一个题目和白井康谈天，一下子扯到那个三野公馆，说他曾到那里去过一次，就在上次见过面之后。白井康听了他的话，非常诧异地看了他几眼，一言未答。他心中很懊丧，以后总躲着这个白井康。可是在又一次宴会上，白井康主动地找他攀谈。也不记得是借了个什么题目，忽然扯出了这么一句："那个三野公馆已经不存在了！"

现在回想起来，白井康所充当的这种角色，一定很没滋味。上次园后放枪事件发生后，告诉张园"那是岩田打鸟"的，也是他。

　　自然，后来我终于渐渐明白了，在司令部和领事馆的互相遮盖之下的钩心斗角，其激烈与错综复杂，是不下于我身边"遗老"中间所发生的。我也弄明白了许多"并行活动"，现象并非全是偶然巧合，比如：司令部派了参谋每周给我演讲，领事馆就介绍了远山猛雄做皇室教师；领事馆每次邀请我必同时请郑孝胥，司令部的邀请中就少不了罗振玉；领事馆在张园派驻了日本警官，而司令部就有专设的三野公馆为荣源、罗振玉、谢介石等人预备了女人、鸦片，等等。

　　至于黑龙会，我了解得最晚，还是郑孝胥告诉我的。这个日本最大的浪人团体，前身名为"玄洋社"，成立于中法战争之后，由日本浪人平冈浩太郎所创立，是在中国进行间谍活动的最早的特务组织，最初在福州、芝罘（烟台）、上海都有机关，以领事馆、学校、照相馆等为掩护，如上海的"东洋学校"和后来的"同文书院"都是。"黑龙会"这个名字的意思是"超越黑龙江"，出现于一九〇一年。在日俄战争中，这个团体起了很大作用，传说在那时黑龙会会员已达几十万名，拥有巨大的活动资金。头山满是黑龙会最出名的领袖，在他的指挥下，他的党羽深入到中国的各阶层，从清末的王公大臣如升允之流的身边，到贩夫走卒如张园的随侍中间，无一处没有他们在进行着深谋远虑的工作。日本许多著名的人物，如土肥原、广田、平沼、有田、香月等人都是头山满的门生。据郑孝胥说，头山满是个佛教徒，有一把银色长须，面容"慈祥"，平生最爱玫瑰花，终年不愿离开他的花园。就是这样的一个佛教徒，在玫瑰花香气的氤氲中，持着银须，面容"慈祥"地设计出骇人的阴谋和惨绝人寰的凶案。

　　郑孝胥后来能认识到黑龙会和日本军部系统的力量，是应该把它归功于罗振玉的。郑、罗、陈三人代表了三种不同的思想。罗振玉认为军部人物以及黑龙会人物的话全是可靠的（他对谢米诺夫和多布端的信任，也一半是出于谢、多二人和黑龙会的关系），陈宝琛则认为除了代表日本政府的总领事馆以外，别的日本人的话全不可信。郑孝胥公开附和着陈宝琛，以反对罗振玉。他心里起初也对司令部和黑龙会存着怀疑，但他逐渐地透过罗振玉的吹嘘和黑龙会的胡作非为，看出了东京方面某种势力的动向，看出了日本当局的实在意图，最后终于看出了这是他可以仗恃的力量。因此，他后来决定暂时放下追求各国共管的计划，而束装东行，专门到日本去找黑龙会和日本参谋总部。

六　郑孝胥的理想

郑孝胥在北京被罗振玉气跑之后，转年春天回到了我的身边。这时罗振玉逐渐遭到怀疑和冷淡，敌对的人逐渐增多，而郑孝胥却受到了我的欢迎和日益增长的信赖。陈宝琛和胡嗣瑗跟他的关系也相当融洽。一九二五年，我派他总管总务处，一九二八年，又派他总管外务，派他的儿子郑垂承办外务，一同做我对外联络活动的代表。后来他与我之间的关系，可以说是到了荣禄与慈禧之间的那种程度。

他比陈宝琛更随和我。那次我会见张作霖，事前他和陈宝琛都表示反对，事后，陈宝琛鼓着嘴不说话，他却说："张作霖有此诚意表示，见之亦善。"他和胡嗣瑗都是善于争辩的，但是胡嗣瑗出口或成文，只用些老古典，而他却能用一些洋知识，如墨索里尼创了什么法西斯主义，日本怎么有个明治维新，英国《泰晤士报》上如何评论了中国局势等等，这是胡嗣瑗望尘莫及的。陈宝琛是我认为最忠心的人，然而讲到我的未来，绝没有郑孝胥那种令我心醉的慷慨激昂，那种满腔热情，动辄声泪俱下。有一次他在给我讲《通鉴》时，话题忽然转到了我未来的"帝国"：

"帝国的版图，将超越圣祖仁皇帝一朝的规模，那时京都将有三座，一在北京，一在南京，一在帕米尔高原之上……"

他说话时是秃头摇晃，唾星四溅，终至四肢颤动，老泪横流。

有时，在同一件事上说的几句话，也让我觉出陈宝琛和郑孝胥的不同。在康有为赐谥问题上，他两人都是反对的，陈宝琛在反对之余，还表示以后少赐谥为妥，而他在发表反对意见之后，又添了这么一句："戊戌之狱，将来自然要拿到朝议上去定。"好像我不久就可以回紫禁城似的。

郑孝胥和罗振玉都积极为复辟而奔走活动，但郑孝胥的主张更使我动心。虽然他也是屡次反对我出洋和移居旅顺、大连的计划的。

郑孝胥反对我离开天津到任何地方去，是七年来一贯的。甚至到"九一八"事变发生，罗振玉带着关东军的策划来找我的时候，他仍然不赞成我动身。这除了由于他和罗振玉的对立，不愿我被罗垄断居奇，以及他比罗略多一点慎重之外，还有一条被人们忽视了的原因，这就是：他当时并不把日本当作唯一的依靠；他所追求的东西，是"列强共管"。

在天津时代，郑孝胥有个著名的"三共论"。他常说："大清亡于共和，共和将亡于共产，共产则必然亡于共管。"他把北伐战争是看作要实行"共产"的。这次革命战争失败后，他还是念不绝口。他说："又闹罢工了，罢课了，外国人的商业受到了损失，怎能不出头来管？"他的"三共论"表面上看，好像是他的感慨，其实是他的理想，他的愿望。

如果考查一下郑、罗二人与日本人的结交历史，郑到日本做中国使馆的书记官是一八九一年，罗卖古玩字画、办上海《农报》，由此结识了给《农报》译书的日人藤田剑峰是在一八九六年，郑结交日人比罗要早五年。但是罗振玉自从认识了日本方面的朋友，眼睛里就只有日本人，辛亥后，他把复辟希望全放到日本人的身上，而郑孝胥却在日本看见了"列强"，从那时起他就认为中国老百姓不用说，连做官的也都无能，没出息，中国这块地方理应让"列强"来开发，来经营。他比张之洞的"中学为体，西学为用"更发展了一步，不但要西洋技术，西洋资本，而且主张要西人来做官，连皇家的禁卫军也要由客卿训练、统领。

不然的话，中国永远是乱得一团糟，中国的资源白白藏在地里，"我主江山"迟早被"乱党""乱民"抢走，以致毁灭。辛亥革命以后，他认为要想复辟成功，决不能没有列强的帮忙。这种帮忙如何才能实现呢？他把希望寄托在"共管"上。

那时关于"列强"共管中国的主张，经常可以从天津外文报纸上看到。郑孝胥对这类言论极为留意，曾认真地抄进他的日记、札记，同时还叫他的儿子郑垂译呈给我。这是一九二七年六月九日登在日文报纸《天津日日新闻》上的一篇：

英人提倡共管中国

联合社英京特约通信。据政界某要人表示意见谓：中国现局，日形纷乱，旅华外国观察家曾留心考察，以为中国人民须候长久时期，方能解决内部纠纷，外国如欲作军事的或外交的干涉，以解决中国时局问题，乃不可能之事。其唯一方法，只有组织国际共管中国委员会，由英、美、法、日、德、意六国各派代表一名为该会委员，以完全管理中国境内之军事。各委员之任期为三年，期内担任完全责任，首先由各国代筹二百五十兆元以为行政经费，外交家或政客不得充当委员，委员人才须与美国商（务）部长胡佛氏相仿佛。此外，又组织对该委员会负责之中外混合委员会，使中国人得在上述之会内受训练。

郑孝胥认为，这类的计划如果能实现，我的复位的时机便到了。

那年夏天我听了罗振玉的劝说，打算到日本去，郑孝胥就根据那篇文章勾起的幻想，向我提出了"留津不动，静候共管"的劝告。这是他记在日记里的一段：

五月戊子二十四日（六月二十三日）。诣行在。召见，询日领事约谈情形（即去日事）。因奏曰：今乘舆狩于天津，皇帝与天下犹未离也。中原士大夫与列国人士犹得常接，气脉未寒，若去津一步，则形势大变，是为去国亡命，自绝于天下。若寄居日本，则必为日本所留，兴复之望绝矣！自古中兴之主，必借兵力。今则海内大乱，日久莫能安戢，列国逼不得已，乃遣兵自保其商业。他日非为中国置一贤主，则将启争端，其祸益大。故今日皇上欲图中兴，不必待兵力也，但使圣德令名彰于中外，必有人人欲以为君之日。

他提出过不少使"圣德令名彰于中外"的办法，如用我的名义捐款助赈，用我的名义编纂《清朝历代政要》，用我的名义倡议召开世界各国弭兵会议，等等。有的我照办了，有的无法办，我也表示了赞许和同意。

我委任奥国亡命贵族阿克第男爵到欧洲为我进行游说宣传，临行时，郑孝胥亲自向他说明，将来如蒙各国支持"复国"，立刻先实行这四条政策："一、设责任内阁，阁员参用客卿；二、禁卫军以客将统帅、教练；三、速办张家口—伊犁铁路，用借款包工之策；四、国内设立之官办商办事业，限五年内一体成立。"

郑孝胥的想法，以后日益体系化了。有一次，他说："帝国铁路，将四通八达，矿山无处不开，学校教育以孔教为基础……"我问他："列强真的会投资吗？"他说："他们要赚钱，一定争先恐后。臣当年承办瑷珲铁路，投资承包的就是如此，可惜朝廷给压下了，有些守旧大臣竟看不出这事大有便宜。"那时我还不知道，作为辛亥革命风暴导火线的铁路国有化政策，原来就是郑孝胥给盛宣怀做幕府时出的主意。假若我当时知道这事，就准不会再那样相信他。当时听他说起办铁路，只想到这样的问题："可是辛亥国变，不就是川、湘各地路矿的事闹起来的吗？"他附和说："是的，所以臣的方策中有官办有商办。不过中国人穷，钱少少办，外国人富，投资多多办，这很公平合理。"我又曾问过他："那些外国人肯来当差吗？"他说："待如上宾，许以优待，享以特权，绝无不来之理。"我又问他："许多外国人都来投资，如果他们争起来怎么办？"他很有把握地说："唯因如此，他们更非尊重皇上不可。"

这就是由共管论引申出来的日益体系化的郑孝胥的政策，也是我所赞许的政策。我和他共同认为，只有这样，才能取回我的宝座，继续大清的气脉，恢复宗室觉罗、文武臣僚、士大夫等等的旧日光景。

郑孝胥在我出宫后，曾向段祺瑞活动"复原还宫"，在我到天津后，曾支持我拉拢军阀、政客的活动，但是，在他心里始终没忘掉这个理想。特别是在其他活动屡不见效的情况下，他在这方面的愿望尤其显得热烈。这在使用谢米诺夫这位客卿的问题上，分外地可以看出来。

当我把接见谢米诺夫的问题提出来时，陈宝琛担心的是这件事会引起外界的责难，郑孝胥着急的却是怕我背着他和罗振玉进行这件事。他对陈宝琛说："反对召见，反而使皇上避不咨询，不如为皇上筹一妥善谨密之策，召见一次。"结果，谢米诺夫这个关系便叫他拉到手上了。

使他对谢米诺夫最感兴趣的，是谢和列强的关系。当谢米诺夫吹嘘列强如何支持他，而各国干涉中国的政局之声又甚嚣尘上的时候，郑孝胥认为时机来了，兴高采烈地给张宗昌和谢米诺夫撮合，让谢米诺夫的党羽多布端到蒙古举兵起事，并且亲自跑上海、青岛。他进行了些什么具体活动，我现在已记不清了，只记得他十分得意地写了不少诗。他的日记里有这样自我欣赏的描写："晨起，忽念近事，此后剥极而复，乃乾旋坤转之会，非能创能改之才，不足以应之也。""如袁世凯之谋篡，张勋之复辟，皆已成而旋败，何者？无改创之识则枘凿而不合矣！"（一九二五年十一月）"诸人本极畏事，固宜如此！""夜与谢米诺夫、包文渊、毕翰章、刘凤池同至国民饭店……皆大欢畅，约为同志，而推余为大哥。"（一九二六年五月）

英国骗子罗斯，以办报纸助我复辟为名，骗了我一笔钱，后来又托郑孝胥介绍银行贷款，郑孝胥因罗是谢米诺夫和多布端的朋友，就用自己的存折作押，给他从银行借了四千元。郑垂觉得罗斯不可靠，来信请他父亲留心，他回信教训儿子说："不能冒险，焉能举事？"后来果然不出他儿子所料，罗斯这笔钱到期不还，银行扣了郑的存款抵了账。尽管如此，当罗斯底下的人又来向郑借钱的时候，由于谢米诺夫的关系，经多布端的说情，他又掏出一千元给了那个骗子。当然，我的钱经他手送出去的，那就更多。被他讥笑为"本极畏事，固宜如此"的陈宝琛，后来在叹息"苏龛（郑字），苏龛，真乃疏忽不堪！"之外更加了一句："慷慨，慷慨，岂非慷他人之慨！"

后来，他由期待各国支持谢米诺夫，转而渴望日本多对谢米诺夫加点劲，他又由期待各国共管，转而渴望日本首先加速对中国的干涉。当他的路线转而步罗振玉后尘的时候，他的眼光远比罗振玉高得多，什么三野公馆以及天津日军司令部和领事馆，都不在他眼里；他活动的对象是直接找东京。不过他仍然没忘了共管，他不是把日本看作唯一的外援，而是第一个外援，是求得外援的起点，也可以说是为了吸引共管的第一步，为"开放门户"请的第一位"客人"。

他提出了到东京活动的建议，得到了我的赞许。当时加藤总领事认为不太合适，曾经劝阻过。他说："这并无妨，我以私人名义作为游历去的。"这次去日本也得到了芳泽公使的同意，所以加藤就再没说什么。和他同去的，有一个在日本朝野间颇有"路子"的日本人太田外世雄。他经过这个浪人的安排，和军部以及黑龙会方面都发生了接触，后来，他很满意地告诉我，日本朝野大多数都对我的复辟表示了"关心"和"同情"，对我们的未来的开放政策感到了兴趣。总之，只要时机一到，我们就可以提出请求支援的要求来。

关于他在日本活动的详细情形，我已记不清了。我把他的日记摘录几段如后，也可以从中看出一些他在日本广泛活动的蛛丝马迹：

八月乙丑初九日（阴历，下同）。八点抵神户。福田与其友来迎。每日新闻记者携具来摄影。偕太田、福田步至西村旅馆小憩，忽有岩田爱之助者，投刺云：兵库县得芳泽公使来电嘱招待，兵库县在东京未回，今备汽车唯公所用。遂同出至中华会馆。又至楠公庙，复归西村馆，即赴汽车站买票，至西京，入京都大旅馆。来访者有：大阪时事报社守田耕治、大田之友僧足利净圆，岩田之友小山内大六，为国杂社干事。与岩田、福田、太田同至山东馆午饭。夜竹本多吉来访，谈久之。去云：十点将复来，候至十二点，竟不至。

丙寅初十日。……将访竹本，遇于门外，遂同往。内藤虎来谈久之。太田之友松尾八百藏来访，密谈奉天事。

己巳十三日。福田以电话告：长尾昨日已归，即与太田、大七走访之。长尾犹卧，告其夫人今日勿来，遂乘电车赴大阪。……岩田爱之助与肃邸四子俱来访。宪立（定之）密语余奉天事，消息颇急，欲余至东京日往访藤田正实、宇垣一成。朝日、每日二社皆摄影，复与肃四子共摄一影，乃访住友经理小仓君。……

庚午十四日。长尾来谈，劝取奉天为恢复之基。……

壬申十六日。长尾雨山以电话约勿出，当即来访，遂以汽车同游天满宫金阁寺而至岚山。高峰峭立，水色甚碧，密林到顶，若无路可入者。入酒家，亦在林中，隐约见岩岫压檐而已，饮酒食鱼，谈至三时乃去。

癸酉十七日。……长尾来赠画扇，遂至圆山公园，左阿、婺家、狩野、内藤、近重、铃木皆至，顷之高濑亦至，唯荒木、内村在东京未归。……

丙子二十日。作字。雨。诣长尾辞行。……太田来云，东京备欢迎者甚众，将先往约期。

辛巳二十五日。十一时至东京下火车。至车站投刺者数十人。小田切、高田丰村、冈野皆来帝国旅馆。雨甚大。岩田、水野梅晓亦来。冈野自吴佩孚败后遁而为僧。夜宿于此。

壬午二十六日。……水野谈日政府近状颇详，谓如床次、后藤、细川侯、近卫公，皆可与谈。

癸未二十七日。……遂过水野，复同访床次。床次脱离民主党而立昭和俱乐部，将为第三党之魁。岩田来。小田切来。太田、白井、水野、佃信夫来。山田来。汪荣宝来。……夜赴近卫公之约，坐客十余人，小田切、津田、水野、太田皆在座。近卫询上近状，且极致殷勤。……

甲申二十八日。……川田瑞穗者称，长尾雨山之代理人，与松本洪同来约九月初八日会宴，坐客为：平沼骐一郎，枢密院副议长；桦山资英，前内阁秘书长；牧野谦次郎，能文，早稻田教授；松平康国，早稻田教授；国分青崖，诗人；田边碧堂，诗人；内田周平，能汉文。此外尚十余人。……岩田与萧邸第十八子宪开来访，今在士官学校。……津田静枝海军大佐邀至麻布区日本料理馆，为海军军令部公宴。主席者为米内少将，坐客为：有田八郎，水野梅晓，中岛少将，园田男爵（东乡之婿），久保田久晴海军中佐等。……

九月丙戌朔。太田来。参谋本部总长铃木，次长南，以电话约十时会晤。与大七、大田同往。铃木询上近状，且云：有恢复之志否？南次长云：如有所求，可以见语。对曰：正究将来开放全国之策，时机苟至，必将来求。吉田茂外务次官约午饭，座中有：清浦子爵奎吾，冈部长景子爵，高田中将，池田男爵，有田，岩村，水野，太田等。……

丁亥初二日。……岩田偕宪开、李宝琏、刘牧蟾来访。李刘皆在士官学校。……

庚寅初五日。……水野、太田来。与水野同访后藤新平，谈俄事良久。……

癸巳初八日。……工藤邀同至白井新太郎宅，晤高山中将，野中、多贺二少将，田锅、松平皆在座，颇询行在情形。

　　戊戌十三日。太田送至神户登长崎丸，长尾雨山自西京来别。富冈、福田皆来。十一点半展轮。……

　　他在日本，被当作我的代表，受到各种热心于恢复清朝的人物的接待。其中有不少原是我的旧交，例如高田丰村是前天津驻屯军司令官，有田八郎和吉田茂做过天津总领事，白井是副领事，竹本多吉是在北京时把我接进日本兵营的那位大佐。岩田爱之助就是在我窗外放枪的那位黑龙会会员，佃信夫则是不肯在总领事有田面前谈"机密"的那位黑龙会重要人物。不管他们在中国时怎样不和，这时却彼此融洽无间地共同接待着"郑大臣"。除了这些过去曾直接出头露面的以外，那些原居于幕后的大人物，如后来做过首相、陆相等要职的近卫（文麿）、宇垣（一成）、米内（光政）、平沼（骐一郎）、铃木（贯太郎）、南（次郎），以及在第二次世界大战后上台的吉田茂等人，还有一些出名的政客、财阀，此时全都出了面。也许郑孝胥和这些人会谈时，他的"开放全国之策"引起的反应使他太高兴了，所以在伪满成立以后，第一批"客人"已经走进了打开的"门户"，他仍然没有忘记共管的理想，一有机会便向外面宣传"门户开放，机会均等"。这犹如给强盗做底线的仆人，打开了主人家的大门，放进了一帮强盗，当了一帮强盗的大管事，尤感不足，一定还要向所有各帮强盗发请帖，以广招徕。这自然就惹恼了已经进了门的强盗，一脚把他踢到一边。

七　"行在"生活

　　我在张园里住了一段时间以后，就觉得这个环境远比北京的紫禁城舒服。我有了这样的想法：除非复辟的时机已经成熟，或者发生了不可抗拒的外力，我还是住在这里的好。这也是出洋念头渐渐冲淡的一个原因。

张园（和后来的静园）对我说来，没有紫禁城里我所不喜欢的东西，又保留了似乎必要的东西。在紫禁城里我最不喜欢的，首先是连坐车、上街都不自由的那套规矩，其次是令我生气的内务府那一批人。如今我有了任意行事的自由，别人只能进谏而无法干涉。在紫禁城里，我认为必要的东西，是我的威严，在这里也依然存在。虽然我已不穿笨拙的皇帝龙袍，经常穿的是普通的袍子马褂，更多的是穿西装，但是这并不影响别人来给我叩拜。我住的地方从前做过游艺场，没有琉璃瓦，也没有雕梁画栋，但还有人把它称作"行在"（我也觉得抽水马桶和暖气设备的洋楼远比养心殿舒服），北京的宗族人等还要轮流来这里给我"值班"，从前张园游艺场售票处的那间屋子，犹如从前的"乾清门侍卫处"。虽然这里已没有了南书房、懋勤殿、内务府这些名堂，但在人们的心目中，张园那块"清室驻津办事处"的牌子就是它们的化身。至于人们对我的称呼，园子里使用的宣统年号，更是一丝不苟地保留着，这对我说来，都是自然而必要的。

在张园时代，内务府大臣们只剩下荣源一个人，其余的或留京照料，或告老退休。我到天津后最初发出的谕旨有这两道："郑孝胥、胡嗣瑗、杨钟羲、温肃、景方昶、萧丙炎、陈曾寿、万绳栻、刘骧业皆驻津备顾问。""设总务处，著郑孝胥、胡嗣瑗任事，庶务处著佟济煦任事，收支处著景方昶任事，交涉处著刘骧业任事。"陈宝琛、罗振玉、郑孝胥是每天必见的"近臣"，他们和那些顾问每天上午都要来一次，坐在楼外西边的一排平房里等着"召见"。在大门附近有一间屋子，是请求"觐见"者坐候传唤的地方，曾经坐过的人，有武人、政客、遗老、各式"时新"人物、骚人墨客以及医卜星相。像青年党党魁曾琦、网球名手林宝华、《新天津报》主笔刘冉公、国民党监察委员高友唐……都曾加入张宗昌、刘凤池的行列，在这里恭候过"奏事官"的"引见"。驻园的日警，天津人称之为"白帽"的，驻在对面平房里，每日登记着这些往来的人物。每逢我外出，便有一个日警便衣跟随。

张园里的经济情况，和紫禁城比起来，自然差得多了，但是我还拥有一笔可观的财产。我从宫里弄出来的一大批财物，一部分换了钱，存在外国银行里生息，一部分变为房产，按月收租金。在关内外我还有大量的土地，即清朝入关后"跑马圈地"弄来的所谓"皇产"，数字我不知道，据我从一种历史刊物上看到的材料说，仅直隶省的皇产，不算八旗的，约有十二万垧。即使把这数字打几个折扣，也还可观。为了处理这些土地的租赁与出售，民国政府直隶督办和清室专设了一个"私产管理处"，两家坐地分赃，卖一块分一笔钱，也是一项收入。此外，前面我已说过，我和溥杰费了半年多工夫运出来的大批珍贵字画古籍，都在我手里。

我到天津之后，京、奉、津等地还有许多地方须继续开支月费，为此设立了"留京办事处""陵庙承办事务处""驻辽宁办事处""宗人府""私产管理处（与民国当局合组的）""东陵守护大臣"和"西陵守护大臣"等去分别管理。我找到了一份材料，这上面只算北京和东西陵这几处的固定月费、薪俸、饭食，就要开支一万五千八百三十七元八角四分[1]，至于天津一地的开支，每月大约需一万多元[2]，最大宗的开支

---

[1] 这个数字包括以下各项：敬懿、荣惠两太妃 8000 元；醇亲王 2800 元；寿皇殿总管太监等饭食 72 元；太庙首领太监等钱粮 19.44 元；东陵奉祀 960 元；西陵奉祀 832 元；东西陵守护大臣 200 元；醇贤亲王园寝祭品每季 266.4 元；园寝翼领官兵口分 144 元；太妃邸内管领值班饭食 80 元；太妃邸内护军住班饭食 32 元；留京办事处长官及留用司员薪水 1932 元；宗人府办公经费 500 元；以上共 15837.84 元。

[2] 员工薪资约为 4000 元，婉容、文绣月银 1800 元，房租约 200 元，其他开支，据"驻津办事处"的司房写的一份"谨将各项用项缮呈御览"的表格，其中核计出的每月平均开支如下：膳房 536.511 元；电灯 234.947 元；番菜膳房 215.115 元；邮费 1.877 元；茶房 168.782 元；自来水 61.341 元；办事人员饭食 236.194 元；车费 110.642 元；电话 113.947 元；旅费 38.364 元；奖赏 142.902 元；购物 4128.754 元；马乾 85 元；杂费 236.825 元；合计 6311.201 元。

即收买和运动军阀的钱，尚不在此数。每月平均开支中的购买一项，约占全月开支三分之二，也没有包括汽车、钻石之类项目。天津时期的购买用品的开支比在北京时大得多，而且月月增加，像钢琴、钟表、收音机、西装、皮鞋、眼镜，买了又买，不厌其多。婉容本是一位天津大小姐，花钱买废物的门道比我多。她买了什么东西，文绣也一定要。我给文绣买了，婉容一定又要买，而且花的钱更多，好像不如此不足以显示皇后的身份。文绣看她买了，自然又叽咕着要。这种竞赛式的购买，弄得我后来不得不规定她们的月费定额，自然，给婉容定的数目要比文绣的大一些，记得起初是婉容一千，文绣八百，后来有了困难，减到三百与二百。至于我自己花钱，当然没有限制。

由于这种昏天黑地的挥霍，张园又出现了紫禁城时代的窘状，有时竟弄得过不了节，付不出房租，后来连近臣和"顾问"们的俸银都开支不出来了。郑孝胥在一九二六年的日记里曾有这一段话："行在有三人皆自甘报效者：张彪不受房租，王九成愿供来米粮及牛羊豕肉（其实没办到），郑孝胥求逐日进讲《通鉴纪事本末》，此亦张园之掌故也。"

我花了无数的钱，买了无数用不着的东西，也同时买来了一个比庄士敦给我的更强烈的观念：外国人的东西，一切都是好的，而对照之下，我觉得在中国，除了帝制之外，什么都是不好的。

一块留兰香牌口香糖，或者一片拜耳的阿司匹林，这几分钱的东西就足够使我发出喟叹，认为中国人最愚蠢，外国人最聪明。当然，我想到的中国人，并没有包括我自己，因为我自认自己是凌驾于一切臣民之上的。我认为就连那些聪明的外国人也是这样看我的。

那时我在外国租界里，受到的是一般中国人绝对得不到的待遇。除了日本人，美国、英国、法国、意大利等各国的总领事、驻军长官、洋行老板，对我也极为恭敬，称我"皇帝陛下"，在他们的国庆日请我去阅兵，参观兵营，参观新到的飞机、兵舰，在新年和我的生日都来向我祝贺……

庄士敦没走以前，给我介绍了英国总领事和英国驻军司令，以后他们辗转介绍，历任的司令官都和我酬酢往还不断。英王乔治五世的第三子过津时访问过我，带去了我送他父亲的照片，后来英王来信向我致谢，并把他的照片交英国总领事送给我。通过意大利总领事，我还和意大利国王互赠过照片。

我看过不少兵营，参加过多次外国军队的检阅。这些根据我的祖先——西太后承认的"庚子条约"而驻在中国土地上的外国军队，耀武扬威地从我面前走过的时候，我却觉得颇为得意，认为外国人是如此的待我，可见他们还把我看作皇帝。

天津有一个英国人办的名叫"乡艺会"（Country Club）的俱乐部，是只准许外国大老板进出的豪华游乐场所，中国人是根本走不进那个大门的，只有对我是个例外[1]。我可以自由出入，而且可以带着我的家人们，一起享受当"特殊华人"的滋味。

为了把我自己打扮得像个西洋人，我尽量利用惠罗公司、隆茂洋行等等外国商店里的衣饰、钻石，把自己装点成《老爷杂志》上的外国贵族模样。我每逢外出，穿着最讲究的英国料子西服，领带上插着钻石别针，袖上是钻石袖扣，手上是钻石戒指，手提"文明棍"，戴着德国蔡司厂出品的眼镜，浑身发着密丝佛陀、古龙香水和樟脑精的混合气味，身边还跟着两条或三条德国猎犬和奇装异服的一妻一妾……

我在天津的这种生活，曾引起过陈宝琛、胡嗣瑗这派遗老不少的议论。

他们从来没反对我花钱去买东西，也不反对我和外国人来往，但是当我到中原公司去理发，或者偶尔去看一次戏，或者穿着西服到外面电影院看电影，他们就认为大失帝王威仪，非来一番苦谏不可了。有一次，

---

　　[1]　在后期也准许中国人去，但仅限买办资本家之流，由外国会员带去。这个地方在解放后被人民政府接收，改为人民俱乐部了。——作者

胡嗣瑗竟因我屡谏不改，上了自劾的请求告退的奏折：

　　奏为微臣积年溺职，致圣德不彰，恐惧自陈，仰恳恩准即予罢斥事。窃臣粗知廉耻，本乏才能，国变以还，宦情都尽，只以我朝三百年赫赫宗社，功德深入人心，又伏闻皇上天亶聪明，同符圣祖，虽贼臣幸窃成柄，必当有兴复之一时。辄谬与诸遗臣密围大计，丁巳垂成旋败，良由策划多歧。十年来事势日非，臣等不能不尸其咎。而此心耿耿，百折莫回者，所恃我皇上圣不虚生，龙潜成德也。洎乘舆出狩，奔向北来，猥荷录其狂愚，置之密勿，时遭多难，义不敢辞。受事迄今，愆尤山积，或劾其才力竭蹶矣，或斥其妒贤嫉能矣，或病其性情褊急矣，或诋其贪糜厚禄矣。经臣再三求退，用恤人言，乃承陛下屡予优容，不允所请。臣即万分不肖，具有天良，清夜扪心，能勿感悚？……前者臣以翠华俯临剧场，外议颇形轻侮，言之不觉垂涕。曾蒙褒赉有加，奉谕嗣后事无大小，均望随时规益，等因，钦此！仰见皇上如天之度，葑菲不遗，宜如何披露腹心，力图匡护。讵近来商场酒肆又传不时游幸，罗振玉且扬言众中，谓有人亲见上至中原公司理发，并购求玩具，动费千数百金等语。道路流传，颇乖物听。论者因疑左右但知容悦，竟无一效忠骨鲠之臣。臣既未能执奏于事前，更不获弁明于事后，则臣之溺职者又一也。……是臣溺职辜恩，已属百喙难解，诚如亮言，宜责之以彰其慢者也，若复靦颜不去，伴食浮沉，上何以弼圣功，下何以开贤路？长此因循坐误，更何以偷息于人间？如鲠在喉，彷徨无已，唯有披沥愚悃，恳恩开去管理驻津办事处一差，即行简用勤能知大体人员，克日接管其事，则宗社幸甚！微臣幸甚！……

胡嗣瑗说的"俯临剧场"，是指我和婉容到开明戏院看梅兰芳先生演《西施》的那一次。他老先生在戏园里看见了我，认为我失了尊严，回来之后就向我辞职。经我再三慰留，以至拿出了两件狐皮筒子赏他，再次表示我从谏的决心，他才转嗔为喜，称赞我是从谏如流的"英主"，结果双方满意，了事大吉。这次由中原公司理发引起的辞职，也是叫我用类似办法解决的。我初到天津那年，婉容过二十整寿生日的时候，我岳父荣源要请一洋乐队来演奏，遗老丁仁长闻讯赶忙进谏，说"洋乐之声，内有哀音"，万不可在"皇后千秋之日"去听。结果是罢用洋乐，丁仁长得到二百块大洋的赏赐。以物质奖赏谏臣，大概就是由这次开的头。

从此以后，直到我进了监狱，我一直没有在外面看过戏，理过发。我遵从了胡嗣瑗的意见，并非是怕他再闹，而确实是接受了他的教育，把到戏园子看戏当作有失身份的事。有一个例子可证明我的"进步"。后来有一位瑞典王子到天津，要和我见面，我因为在报上看见他和梅兰芳的合照，便认为他失了身份，为了表示不屑，我拒绝了他的要求，没和他见面。

陈宝琛一派的胡嗣瑗、丁仁长这些遗老，到了后期，似乎对于复辟已经绝望，任何冒险的想法都不肯去试一试，这是他们和郑孝胥、罗振玉等不同之处，但他们对于帝王的威严，却比郑孝胥等人似乎更重视，这也是使我依然信赖这些老头子的原因。尽管他们的意见常常被我视为迂腐，遇到他们有矢忠表现的时候，我总还采纳他们的意见。因此在那种十分新奇的洋场生活中，我始终没忘记自己的身份，牢固地记住了"皇帝"的"守则"。

一九二七年，康有为去世，他的弟子徐良求我赐以谥法。按我起初的想法，是要给他的。康在去世前一年，常到张园来看我，第一次见到我的时候，曾泪流满脸地给我磕头，向我叙述当年"德宗皇帝隆遇之恩"，后来他继续为我奔走各地，寻求复辟支持者，叫他的弟子向海外华侨广泛宣传："欲救中国非宣统君临天下，再造帝国不可。"他临死前不久，还向吴佩孚以及其他当权派呼吁过复辟。我认为从这些举动上看来，给以谥法是很应当的。但是陈宝琛出来反对了。这时候在他看来，分辨忠奸不仅不能只看辫子，就连复辟的实际行动也不足为据。他说："康有为的宗旨不纯，曾有保中国不保大清之说。且当年忤逆孝钦太皇太后（慈禧），已不可赦！"胡嗣瑗等人完全附和陈宝琛，郑孝胥也说光绪当年是受了康有为之害。就这样，我又上了一次分辨"忠奸"的课，拒绝了赐谥给康有为。据说后来徐良为此还声言要和陈、郑等人"以老拳相见"哩。

一九三一年，文绣突然提出了离婚要求，在得到解决之后，遗老们还没有忘记这一条：要发个上谕，贬淑妃为庶人。我自然也照办了。

说起文绣和我离婚这一段，我想起了我的家庭夫妇间的不正常的生活。这与其说是感情上的问题，倒不如说是由于张园生活上的空虚。其实即使我只有一个妻子，这个妻子也不会觉得有什么意思。因为我的兴趣除了复辟，还是复辟。老实说，我不懂得什么叫爱情，在别人是平等的夫妇，在我，夫妇关系就是主奴关系，妻妾都是君王的奴才和工具。

这里是文绣在宫里写的一篇短文，这篇短文中多少流露出了她当时的心情：

哀苑鹿

春光明媚，红绿满园，余偶散步其中，游目骋怀，信可乐也。倚树稍憩，忽闻囿鹿，悲鸣宛转，俛而视之，奄奄待毙，状殊可怜。余以此鹿得入御园，受恩侍豢养，永保其生，亦可谓之幸矣。然野畜不畜于家，如此鹿在园内，不得其自由，犹狱内之犯人，非遇赦不得而出也。庄子云：宁其生而曳尾于涂中，不愿其死为骨为贵也。

文绣从小受的是三从四德的教育，不到十四岁，开始了"宫妃"生活，因此"君权"和"夫权"的观念很深。她在那种环境中敢于提出离婚，不能说这不是需要双重勇敢的行为。她破除万难，实现了离婚的要求，离婚之后，仍受到不少压力。有人说，她提出离婚是受了家里人的教唆，是为了贪图一笔可观的赡养费。事实上，她家里的人给她精神上的迫害不见得比外来的少。据说她拿到的五万元赡养费，经过律师、中间人以及家里人的克扣、占用、"求助"，剩不了好多，而她精神上受的损害更大。她的一个哥哥曾在天津《商报》上发表了一封公开信给她，其中竟有这样的话：

> 我家受清帝厚恩二百余载，我祖我宗四代官至一品。且慢云逊帝对汝并无虐待之事，即果然虐待，在汝亦应耐死忍受。……汝随侍逊帝，身披绫罗，口餍鱼肉，使用仆妇，工资由账房开支，购买物品物价由账房开支，且每月有二百元之月费，试问汝一闺阁妇女，果有何不足？纵中宫待汝稍严，不肯假以辞色，然抱衾与裯，自是小星本分，实命不犹，抑又何怨？

这封信曾在遗老们中间传诵一时。文绣后来的情形不详，只听说她在天津当了小学教师，殁于一九五〇年，终身未再结婚。

如果从表面现象上看，文绣是被"中宫"挤跑了的。这虽非全部原因，也是原因之一。婉容当时的心理状态，可以从她求的乩辞上窥得一斑（文内金荣氏指婉容，端氏指文绣）：

婉容求的乩文

吾仙师叫金荣氏听我劝，万岁与荣氏真心之好并无二意，荣氏不可多疑，吾仙师保护万岁，荣氏后有子孙，万岁后有大望，荣氏听我仙师话，吾保护尔的身体，万岁与端氏并无真心真意，荣氏你自管放心好了。

　　顺便提一下，这种令人发笑的扶乩、相面、算卦、批八字等等活动，在那时却是不足为怪的社会现象，在张园里更是日常生活不可少的玩意儿。在我后来住的静园里，就有房东陆宗舆设的"乩坛"。简直可以说，那时乩坛和卜卦给我的精神力量，对我的指导作用，是仅次于师傅和其他近臣们对我的教育。我常常从这方面得到"某年入运""某岁大显"之类预言的鼓舞。北京商会会长孙学仕自称精通麻衣，曾预言我的"御容"何时将入运，何时又将握"大权"。日本领事馆里的一位日本相法家也说过我某某年必定成大事的话。这些都是我开倒车的动力。

第五章

到东北去（1931年~1932年）

一　不静的"静园"

一九二九年七月，我从日租界宫岛街的张园，迁到协昌里的"静园"。这是租的安福系政客陆宗舆的房子，原名"乾园"，我给它改了名字，是含有一层用意的。

北伐后，国民党的势力伸到了北方，和我有交情的军阀纷纷垮台，被我寄托过希望的东三省，宣布"易帜"。张园上下因此一度感到一片悲观失望。一部分遗老门客作鸟兽散了，和我厮守着的近臣们，除了郑孝胥和罗振玉等人之外，几乎再没有别人谈论什么复辟。像陈宝琛这样的人，从前嘴边上挂着的"天与人归""卧薪尝胆"的话，也不说了。人们唯一考虑的问题，是得到了江山的新王朝，将会怎样对待我这个末代皇帝。我自己陷入了深沉的忧虑之中。但是，这种情形并没有继续多久。我们很快就看到，五色旗才摘下来，打着青天白日旗的人又彼此厮杀起来，今天甲乙联合反丙，明天乙丙又合作倒甲，情形和从前并没有什么两样。蒋介石所达到的"统一"，越看越不像那么回事，蒋介石脚底下的江山，越看越不像料想中的那么稳固。张园有了绝路逢生之感，不免渐渐重温旧梦，觉得"定于一"的大业，似乎仍然非我莫属。不但遗老和门客们后来恢复了这个论调，就连每周"进讲"时局的日本参谋们，也不避讳这种观点。我把新居取名"静园"的意思，并非是求清静，而是要在这里"静观变化，静待时机"。

静园里日日望着，月月盼着。一九三一年的夏天，真盼来了消息。

"九一八"事变前的两个月，在日本东京"学习院"读书的溥杰正待回国度假，忽然接到鹿儿岛来的一封信。鹿儿岛驻军某联队的吉冈安直大队长，曾经是天津日军司令部的参谋，常到张园来讲说时局，与溥杰也认识，这时他向溥杰发出邀请，请溥杰到鹿儿岛做几天客，然后再回国。溥杰应邀到了鹿儿岛，受到了吉冈少佐夫妇的殷勤招待。到了告别的时候，吉冈单独对溥杰神秘而郑重地说："你到了天津，可以告诉令兄：现在张学良闹的很不像话，满洲在最近也许就要发生点什么事情。……请宣统皇帝多多保重，他不是没有希望的！"七月十日溥杰到了天津，把这个消息告诉了我。七月二十九日，日本华族水野胜邦子爵前来访问，在郑孝胥和溥杰的陪侍下，我接见了他。在这次平常的礼貌的会见中，客人送了我一件不平常的礼物：一把日本扇子，上面题着一联诗句："天莫空勾践，时非无范蠡"。

原来溥杰回国之前，水野子爵亲自找过他，接洽送扇子的事，因此，溥杰明白了这两句诗的来历，并且立即写信报告了我。这是发生在日本南北朝内乱中的故事。受控制于镰仓幕府的后醍醐天皇，发动倒幕失败，被幕府捕获，流放隐岐。流放中，有个武士把这两句诗刻在樱树干上，暗示给他。后来，这位日本"勾践"果然在一群"范蠡"的辅佐下，推翻了幕府，回到了京都。以后即开始了"建武中兴"。水野说的故事到此为止，至于后醍醐天皇回京都不过三年，又被新的武士首领足利尊氏赶了出来，他就没再说。当然，那时我也不会有心思研究日本历史。重要的是，这是来自日本人的暗示。那时正当"山雨欲来风满楼"之际，东北局势日益紧张，我的"重登大宝"的美梦已连做了几天晚上。这时来了这样的暗示——无论它是出于单纯的私人关怀，还是出于某方的授意——对我说来，事实上都是起着行动信号的作用。

"九一八"前后那几天的静园动态，郑孝胥日记里留下了一些记载：

乙亥初六日（九月十七日）。诣行在。召见，商派刘骧业、郑垂往大连。……

丙子初七日（九月十八日）。诣行在。召见，咨询出行事宜。

丁丑初八日（九月十九日）。日本《日日新闻》送来号外传单云：夜三时二十三分奉天电云：中日交战。召见刘骧业、郑垂，命刘骧业先赴大连。作字。遇弢庵（陈宝琛），谈预料战事恐复成日俄之战。午原（刘骧业）来，求作书二纸，遗满铁总裁内田及日军司令本庄。大七（郑垂）往行日领馆。云：昨日军已占奉天，华军自退，长春亦有战事。……

戊寅初九日（九月二十日）。诣行在。进讲。报言日军据沈阳，同时据长春、营口、安东、辽阳。东三省民报送致十八号，报中毫无知觉。……

己卯初十日（九月二十一日）。诣行在。进讲。蒋介石返南京，对日本抗议，张学良令奉军勿抵抗。……佟楫先（济煦）来，自言欲赴奉天，谋复辟事。余曰：若得军人商人百余人倡议，脱离张氏，以三省、内蒙为独立国，而向日本上请愿书，此及时应为之事也。……

我从一听见事变的消息时起，每分钟都在想到东北去，但我知道不经日本人的同意是办不到的。郑孝胥对我说，沈阳情况还不明朗，不必太着忙，日本人迟早会来请皇上，最好先和各方面联络一下。因此我决定派刘骧业，去找日本人在东北的最高统治者内田和本庄。另叫我的管家头目佟济煦，去东北看看遗老们那边的情形。这时商衍瀛也想去找那些有过来往的东北将领。这些办理"及时应为之事"的人走后，过了不久，郑孝胥的话应验了，关东军派人找我来了。

九月三十日下午，日本天津驻屯军司令部通译官吉田忠太郎来到静园，说司令官香椎浩平中将请我到司令部谈一件重要的事情。他告诉我不要带随从，单独前往。我怀着喜事临门的预感，到了海光寺日本兵营，香椎正立在他的住宅门外等着我。我进了他的客厅，在这里我看见了两个人恭恭敬敬地站着，一个是长袍马褂的罗振玉，另一个是穿西服的陌生人，从他鞠躬姿势上就可以看出是个日本人。香椎介绍说，他是关东军参谋板垣大佐派来朝见我的，名叫上角利一。介绍了之后，香椎就出去了。

屋子里只剩下我们三个人。罗振玉恭恭敬敬地给我请过安，拿出一个大信封给我。这是我的远支宗室，东北保安副总司令张作相的参谋长熙洽写来的。张作相是兼职的吉林省主席，因为到锦州奔父丧，不在吉林，熙洽便利用职权，乘机下令开城迎接日军，因此，他的日本士官学校时代的老师多门师团长的军队，不费一枪一弹，就占领了吉林。他在信里说，他期待了二十年的机会，今天终于来到了，请我勿失时机，立即到"祖宗发祥地"主持大计，还说可以在日本人的支持下，先据有满洲，再图关内，只要我一回到沈阳，吉林即首先宣布复辟。

罗振玉等我看完了信，除了重复了一遍信中的意思，又大讲了一番他自己的奔走和关东军的"仗义协助"。照他说，东北全境"光复"指日可待，三千万"子民"盼我回去，关东军愿意我去复位，特意派了上角来接我。总之是一切妥善，只等我拔起腿来，由日本军舰把我送到大连了。他说得兴高采烈，满脸红光，全身颤动，眼珠子几乎都要从眼眶子里跳出来了。他的兴奋是有来由的。他不仅有熙洽的欲望，而且有吕不韦的热衷。他现在既相信不久可以大过其蟒袍补褂三跪九叩之瘾，而且看到利润千万倍于"墨缘堂"的"奇货"。他这几年来所花费的"苦功"，后来写在他的自传《集蓼编》里了：

予自辛亥避地海东，意中日唇齿，彼邦人士必有明辅车之相
依，燎原之将及者，乃历八年之久，竟无所遇，于是浩然有归志。
遂以己未（1919年）返国，寓天津者又十年，目击军人私斗，连
年不已，邪说横行，人纪扫地，不忍见闻。事后避地辽东又三年。
衰年望治之心日迫，私意关内麻乱，无从下手，唯有东三省尚未糜
烂，莫如吁恳皇上先拯救满蒙三千万民众，然后再以三省之力，戡
定关内。唯此事非得东三省有势力明大义者，不能相期有成。乃以
辛未（1931年）春赴吉林，与熙君格民（洽）密商之。熙君凤具
匡复之志，一见相契合，勉以珍重待时。又以东三省与日本关系甚
深，非得友邦谅解，不克有成。故居辽以后，颇与日本关东军司令
官相往还，力陈欲谋东亚之和平，非中日协力从东三省下手不可；
欲维持东三省，非请我皇上临御，不能洽民望。友邦当道闻之，颇
动听。

关于罗振玉在一九二八年末搬到旅顺大连以后的活动，他曾来信大
略向我说过，那时在郑孝胥和陈宝琛等人的宣传下，我对这个"言过其
实，举止乖戾"的人，并没抱太大的希望。正巧在几个月之前，他刚刚
又给我留下了一个坏印象。几个月以前，他忽然兴冲冲地从大连跑来，
拿着日本浪人田野丰写的"劝进表"对我说，田野丰在日本军部方面手
眼通天，最近与一个叫高山公通的军界宿耆共同活动，得到军部的委托，
拟定了一个计划，要根据所谓"赤党举事"的情报，派谢米诺夫率白俄
军在日军支援下乘机夺取"奉天"，同时将联络东北当地官吏"迎驾归
满，宣诏收复满蒙，复辟大清"。为了实现这个计划，希望我拿出一些
经费给他。我听了这个计划，很觉蹊跷，未敢置信。过了两天，日本驻
北京的武官森赳忽然来找郑孝胥，要我千万不要相信田野丰的计划，郑
孝胥连忙告诉了我，并且把罗振玉又攻击了一顿。这件事情才过去不久，
现在罗振玉又来和我谈迎驾的问题，我自然不能不有所警惕。

我瞧瞧罗振玉，又瞧瞧生疏的上角利一，心中犹豫不定。显然，罗振玉这次的出现，与以往任何一次不同，一则谈话的地点是在日军司令部，同来的还有关东军板垣大佐的代表；二则他手里拿着熙洽的亲笔信；再则，前一天我从大连报纸上看到了"沈阳各界准备迎立前清皇帝"的新闻，天津报上不断登载的中国军队节节退让，英国在国际联盟祖护日本的消息。看来日军对东北的统治是可能实现的，这一切都是我所希望的。但是，我觉得这件事还是和陈宝琛、郑孝胥他们商量一下的好。

我向罗振玉和上角说，等我回去考虑一下再答复他们。这时，不知躲在哪里的香椎出场了，他向我表示，天津的治安情形不好，希望我能考虑关东军板垣大佐的意见，动身到东北去。他这几句话，使我在坐进汽车之后，越想越觉得事情不像是假的。我的疑惑已经完全为高兴所代替了。不料回到了静园，马上就碰见了泼冷水的。

头一个表示反对的是陈宝琛，追随他的是胡嗣瑗、陈曾寿（婉容的师傅）。他们听了我的叙述，立即认为罗振玉又犯了鲁莽乖戾的老病，认为对于关东军的一个大佐的代表，并不能贸然置信。他们说，东北的局势变化、国际列强的真正态度，以及"民心"的趋向等等，目前还未见分晓，至少要等刘骧业探得真相之后，才能决定行止。听了这些泄气话，我颇不耐烦地直摇头：

"熙洽的信，决不会说谎。"

八十四岁的陈宝琛听了我的话，样子很难过，任了一阵之后，很沉痛地说：

"天与人归，势属必然，光复故物，岂非小臣终身之愿？唯局势混沌不分，贸然从事，只怕去时容易回时难！"

我看和这几个老头子说不通，叫人马上催郑孝胥来。郑孝胥虽然七十一岁了，却是劲头十足的，他的"开门户""借外援""三共论"以及"三都计划"等等，已使我到了完全倾倒的程度。不久前，我按他的意思，给他最崇拜的意大利首相墨索里尼写了一块"国士无双"的横幅。

他曾说："意大利必将成为西方一霸，大清帝国必将再兴于东方，两国分霸东西，其天意乎？"为了嘉勉我未来的黑衣宰相，这年春天我特授意我的父亲，让我的二妹和郑孝胥的长孙定了亲，给以"皇亲"的特殊荣誉。我估计他现在听到熙洽和关东军请我出关"主持大计"的消息，必定是与陈宝琛的反应不同，该是大大高兴的。没料到，他并没表现出我所料想的那种兴奋。

"辗转相垂，至有今日。满洲势必首先光复，日本不迎圣驾，也不能收场。"他沉吟一下说，"不过，何时启驾，等佟济煦回来之后再定，更为妥帖。"

这意思，竟跟陈宝琛一样，也以为时机未臻成熟。

其实，郑孝胥脑袋里所想的，并不是什么时机问题。这可以由他不多天前的一篇日记来证明：

> 报载美国罗斯安吉（洛杉矶）十月四日合众社电：罗斯安吉之出版人毕德，为本社撰一文称：世界恢复之希望[1]端赖中国。氏引英国著名小说家韦尔斯之最近建议，"需要一世界之独裁者将世界自经济萧条中救出"，氏谓此项计划，无异幻梦，不能实现。毕德建议美政府，应考虑极端之独裁办法，以拯救现状。第一步，应组一国际经济财政银行团，以美国为领袖，供给资金，唯一目的，为振兴中国。氏主张美政府应速草一发展中国计划。中国工业交通之需要如能应付，将成为世界之最大市场，偿还美国之投资，当不在远。此时集中注意于中国，美国社会经济制度皆有改正，繁荣可以恢复，人类将受其福利云。
>
> 今年为民国二十年。……彼以双十为国庆，适二十年整矣。此

---

[1] 按资本主义世界从一九二九年起发生了经济大恐慌，报上经常有谈论如何把资本主义世界从危机中拯救出来之类的文章。——作者

> 试巧合，天告之也：民国亡，国民党灭，开放之期已至！谁能为之主人者？计亚洲中有资格者，一为日本天皇，一为宣统皇帝，然使日本天皇提出开放之议，各国闻之者，其感念如何？安乎？不安乎？日本皇帝自建此议，安乎？不安乎？若宣统皇帝，则已闲居二十年，其权力已失，正以权力已失，而益增其提议之资格。以其无种族国际之意见，且无逞强凌弱之野心故也。

可见，他不但看到满洲，而且看到全中国，全国的"开放之期已至"，更何况东北！那时他考虑的主要问题，不在于去东北的时机，而在于如何应付罗振玉的新挑战。

挑战是从我去日军司令部的前几天就开始了的。那天，我接到了从东北来的两封信，一封是罗振玉的，一封是给溥伟当秘书的周善培（在清末给岑春煊做过幕僚）的，都要求我"给以便宜行事"的"手谕"，以便为我活动。照他们的话说，时机已至，各方面一联络即成，目前只差他们的代表身份证明了。我把这事告诉了郑孝胥，他慌忙拦阻道："此事万不可行！此类躁进之人见用，必有损令名！"

郑孝胥怕我被罗振玉垄断了去，对这一点，我当时自然理会不到，我只觉得既然都主张等一下去东北的人，而去东北的人也快回来了，不妨就等一等。这时的陈曾寿唯恐我变了主意，忙给我上了一个奏折。这个奏折可说是代表了陈宝琛这派人当时思想的一个典型材料：

> 奏为密规近日情势，宜慎赴机宜，免误本谋，恭摺仰祈圣鉴事。窃闻凡事不密则害成。所当暗中着着进行，不动声色，使人无从窥其际。待机会成熟，然后一举而起。故不动则已，动则必期于成。若事未实未稳，已显露于外，使风声四播，成为众矢之的，未有不败者也。今皇上安居天津，毫无举动，已远近传言，多所揣测。若果有大连之行，必将中外喧腾，指斥无所不至，则

日本纵有此心，亦将阻而变计。彼时进既不能，退又不可，其为危险岂堪设想。且事之进行，在人而不在地。苟机有可乘，在津同一接洽；若机无可图，赴连亦属罔济。且在津则暗中进行，而易泯群疑，赴连则举世惊哗，而横生阻碍。在津则事虽不成，犹有余地以自处；赴连则事苟无着，即将悬寄而难归。事理昭然，有必至者。抑在今日局势未定，固当沉机以观变，即将来东省果有拥戴之诚，日本果有敦请皇上复位之举，亦当先察其来言者为何如人。若仅出于一部分军人之意，而非由其政府完全谅解，则歧异可虑，变象难测。万一其政府未能同意，中道改计，将若之何？是则断不可冒万险以供其军人政策之尝试。若来者实由其政府举动，然后探其真意所在。如其确出仗义扶助之诚，自不可失此良机；如其怀有利用欺诱之意，则朝鲜覆辙具在，岂可明知其为陷阱而甘蹈之。应付之计，宜与明定约言，确有保障而后可往。大抵路、矿、商务之利，可以酌量许让。用人行政之权，必须完全自主。对外可与结攻守之同盟，内政必不容丝毫之干预。此当预定一坚决不移之宗旨，以为临事应付之根本者也。昔晋文公借秦力以复国，必有栾、郤、狐，先为之内主；楚昭王借秦兵以却吴，亦有子西等旧臣收合余烬，以为先驱。自古未有专恃外力，而可以立国者。此时局势，亦必东省士绅将帅先有拥戴归向之表示，而后日本有所凭借，以为其扶助之资。此其时机，似尚未至。今日东省人士犹怀观望之心，若见日本与民国政府交涉决裂，当有幡然改图者矣。今列强外相群集于日内瓦，欲借国联局面施其调停。日本不肯开罪于列强，闻已提出条款大纲，若民国政府应允，即许退兵。在民国政府虽高唱不屈之论，实则色厉内荏，恐终出于屈服之途。日本苟尝所欲，必将借以收场。若交涉不能妥协，则或别有举动。此时形势犹徘徊歧路之间，万不可冒昧轻动，陷于进退维谷之地也。观今日民国情形，南京与广东虽趋合并，而彼此仇恨已深，同处一堂，互相猜忌，其合必不能久。彼等此时若与日本决裂，立将崩溃。如允日本要求，则与其平日夸示国人者完全背驰，必将引起内乱，无以自立。日本即一时撤兵，仍将伺隙而动。故此时我之所谋，即暂从缓动，以后机会甚多。若不察真相，轻于一试，一遭挫折，反永绝将来之望，而无以立足矣。皇上天纵英明，饱经忧患，必能坚持定见，动合机宜，不致轻为所摇。臣愚见所及，是否有当，理合恭折密陈，伏祈圣鉴。谨奏。

在这各种不同的想法里，静园里越加不能安静了。与此同时，又发生了一件出乎意料的事情。

二　日本人意见分歧

还不等静园里商量出一致意见来，日本驻津总领事馆的后藤副领事，第二天便找上了门。他们对我去日本兵营的事全知道了。总领事馆表示，他们对我的心情和处境是完全理解的，但我最好是慎重从事，现在不要离开天津；他们负有保护的责任，不得不作这个劝告。

从这天起，这位后藤副领事不是直接来见我，就是找陈宝琛舅甥或是郑孝胥父子，进行劝阻。另一方面，日本驻屯军的通译官吉田，却一再向我宣传，说日本军方决心支持我上台，我最好立刻动身出行。

这时我对于日本军政双方有了新的看法，和陈宝琛那一伙人的看法有了分歧。陈宝琛一向认为文人主政是天经地义，所以他只肯联络日本芳泽公使，他的外甥只肯和领事馆以及东京的政友会人物来往。这时他坚决主张，如果东京方面没有表示，千万别听军人们的话。我的看法则不同，认为现在能决定我的命运的不是日本政客，而是军人。我并没有什么高深的见解和情报，我是从当前摆着的事实上看出来的。我看到日本人一方面在外交上宣称，准备和南京政府通过和平途径解决"中日纠纷"，另一方面关东军却一路不停地前进，攻击退却着的中国军队。我那时虽然还不太明白，这和蒋介石、汪精卫们一边嚷着抵抗，一边把国土让给敌人，原都是用以欺世的两面手法，但我能看出决定问题的还是日本军人。陈宝琛指出国际列强的暧昧态度可虑，这也和我的感觉不同。我去过日本兵营后不多天，英国驻津军队司令官牛湛德准将忽然来到静园访问。他对"九一八"事变给我造成的机会，表示了"私人的祝贺"，并且说："如果陛下能在伟大的满洲重新登极，陛下的仆人牛湛德，愿意充当龙旗下的一名士兵。"这话使我更加相信郑孝胥说的英方祖日的消息。牛湛德来访之后，庄士敦也突然和我久别重逢，据他说这回是代表英国外交部，来办理废款和归还威海卫的余留问题，顺便前来看望看望我。他为我的"前途"表示高兴，同时请我为他的著作《紫禁城的黄昏》书稿作一篇序文，他说，他将在这书的最末添上一章，叫作"龙归故里"。

刘骧业和佟济煦先后从东北带来的消息，对我也是一种鼓舞。佟济煦先回来说，他和沈阳的遗老袁金铠等人见了面，都认为时机已至，不必迟疑。接着刘骧业也来了，虽然他没有能见到内田康哉和本庄繁，这有点令人失望，但他见到了板垣和金梁，证实了罗振玉和上角利一并不是骗人的。金梁对他表示得尤其乐观："奉天一切完备，唯候乘舆临幸。"他也去过吉林，证实罗振玉说得不错，日本军队已控制了全省，熙洽等人随时准备响应复辟。

除了这些之外，当时出现的一些谣言也在促使我急于动身。那时天津的新闻界消息非常灵通，我去日本兵营的事，很快就传到了社会上，有的报纸甚至报道了我已乘轮到了东北。与此同时，不知从哪里传来谣言，说中国人要对我有不利的举动。因此我更觉得不能在天津待下去了。

但是，尽管我一心想走，我毕竟是日本行政当局的客人，必须和总领事馆说通了才能行。我派郑垂去拜会日本总领事桑岛，说既然时机不至，我就不一定一直去奉天，不妨先到旅顺暂住，这总比在天津安全一些。桑岛立刻表示，到旅顺去也不必要。他叫郑垂转告我，满铁总裁内田康哉也不同意我现在动身，内田是日本政界的老前辈，日本军部对他也是尊重的，因此还是慎重从事的好，至于安全，他愿负完全责任。最后说，他要和驻屯军司令官香椎交换一下意见。第二天，副领事来找郑垂说，桑岛和香椎商量过了，意见一致，都不主张我现在离开天津。

我听了这消息觉得非常糊涂，为了弄清真相，不得不把那位司令部的通译官请来。不料吉田的回答却是，所谓总领事和司令官的会商，根本没这么回事，香椎司令官主张我立刻随上角利一走。他给我出了个主意，由我亲笔写信给司令部，把坚决要走的态度告诉他。我在糊里糊涂中写了这封信。可是不知怎么弄的，日本总领事又知道了，连忙来找陈宝琛、郑孝胥探听有没有这回事，那封信是真的还是假的……

我对日本军政两界的这种摩擦非常生气，可是又没什么办法可想。这时二次去东北的刘骧业来了信，说是探得了关东军司令官本庄的真正意思：现在东北三省尚未全部控制，俟"三省团结稳固，当由内田请上临幸沈阳"。既然决定命运的最高权威有了这样的表示，我只好遵命静候。

从那以后，我多少明白了一点，不仅天津的领事馆与驻屯军之间意见分歧，就连关东军内部步调也不太一致。我对某些现象不由得有些担心：前恭亲王溥伟在日本人的保护下祭祀沈阳北陵，辽宁省出现了"东北地方维持会"的组织，旧东北系重要人物臧式毅在受着关东军的"优待"，前民国执政段祺瑞的行踪消息，又出现于报端，传闻日本人要用他组织北方政权。假如我当时知道日本人曾一度想用段祺瑞，又一度要用"东北行政委员会"的空架子，又一度要用溥伟搞"明光帝国"（这是很快就知道的），以及其他的一些可怕的主意，我的心情就更加难受了。

我给了罗振玉和上角利一"暂不出行"的答复之后，度日如年地等着消息。在等待中，我连续发出"谕旨"，让两个刚从日本士官学校毕业的侄子宪原、宪基到东北宣抚某些蒙古王公，赏赐首先投靠日本占领军的张海鹏、贵福等人以美玉。我根据日本武官森纠的请求，写信给正和张海鹏对抗的马占山和具有民族气节的另一些蒙古王公，劝他们归降。我封张海鹏为满蒙独立军司令官，马占山为北路总司令，贵福为西路总司令，赐宪原、宪基等以大佐军衔。我预备了大批写着各种官衔的空白封官谕旨，以备随时填上姓名……

特别应当提到的一件事，是我按照郑孝胥的意见，直接派人到日本去进行活动。自从罗振玉遭到我的拒绝，怏怏离去之后，郑孝胥一变表面上的慎重态度，由主张观望变成反对观望，主张积极行动了。这时他认为在日本和铃木、南次郎以及黑龙会方面所谈的那个时机已经到来，是提出要求的时候了，同时，他大概也看出了有人在和我竞争着，所以主张派人到东京去活动。我对这种突然的变化不但不惊异，反而十分高兴。我背着陈宝琛，采纳了郑孝胥的意见，派了日本人远山猛雄去日本，找刚上台的陆相南次郎和"黑龙会"首领头山满进行联络。我根据郑孝胥起的草，用黄绢亲笔给这两个大人物各写了一封信。后来，一九四六年在东京国际法庭上南次郎拿出了这封信，给律师作为替他辩护的证据。我因为害怕将来回到祖国会受到审判，否认了这封信，引起了一场轩然大波。可惜此信的原文现在没有得到，只好暂时从日本书籍上转译如下：

　　此次东省事变，民国政府处措失当，开衅友邦，涂炭生灵，予甚悯之。兹遣皇室家庭教师远山猛雄赴日，慰视陆军大臣南大将，转达予意。我朝以不忍目睹万民之疾苦，将政权让之汉族，愈趋愈綦，实非我朝之初怀。今者欲谋东亚之强固，有赖于中日两国提携，否则无以完成。如不彻底解决前途之障碍，则殷忧四伏，永无宁日，必有赤党横行，灾难无穷矣。

辛未九月一日（十月十一日）

宣统御玺

今上御笔

郑孝胥（签字）

我就这样地一边等待，一边活动着。这封信由远山猛雄带走了三个多星期之后，我终于等到了郑孝胥在自己的日记里所写的这一天：

九月辛酉二十三日（十一月二日）。诣行在。召对。上云："商衍瀛来见，言奉天吉林皆望速幸；吉田来言，土肥原至津，与司令部秘商，谓宜速往。"对曰："土肥原为本庄之参谋，乃关东军中之要人，果来迎幸，则不宜迟。"明日以告领事馆。夜召土肥原。……

三 夜见土肥原

在这里所处理的时期之初，土肥原是日本陆军大佐，一九四一年四月升到将官阶级，在"九一八"事变前约十八年间居住中国，被视为陆军部内的中国通。他对于在满洲所进行的对华侵略战争的发动和进展，以及嗣后受日本支配的伪满洲国之设立，都具有密切关系。日本军部派对中国其他地区所采取的侵略政策，土肥原借着政治的谋略、武力的威胁、武力的行使，在促使事态的进展上担任了显著的任务。

土肥原当军部派其他指导者设计、准备和实行将东亚及东南亚置于日本支配之下时，曾和他们保持密切联络而行动。

正当他的对华的特殊知识和他的在华行使阴谋的能力已无需要时，他就以现地将官的地位来担当实现他本人曾经参与的阴谋目的。他不但曾参加对中国的侵略战争的实行，并且也参加了对苏联以及对各国，即一九四一年至一九四五年日本曾对其实行侵略战争的各国，除法国以外的侵略战争的实行。

——《远东国际军事法庭判决书》

土肥原和板垣，在"远东国际军事法庭"审判的二十五名战犯中，是被判定犯罪条款最多的两人。他们两人罪状相同，都犯了七条"破坏和平罪"[1]，犯了"违反战争法规惯例及违反人道之犯罪"中最重的一条，即"命令准许违约行为"之罪。远东国际军事法庭对这批战犯拖到一九四八年十一月才判决，土肥原与板垣和其他五名战犯都被判处了绞刑。

土肥原，是个完全靠侵略中国起家的日本军人。他在陆军士官学校十六期步兵科和陆军大学毕业后，做过日本参谋本部部员，第十三步兵联队长，一九一三年起他来到中国，在关东军中服务，给东北军阀的顾问坂西利八郎中将当了十多年的副官。他和张作霖的关系特别深，一九二四年直奉战争中，他策动关东军帮助过张作霖。一九二八年关东军决定消灭张作霖，在皇姑屯炸死张作霖的阴谋，也有他参加。不久，他即因功晋级大佐，担任了沈阳特务机关长的职务，从此开始了判决书上所述的那些罪行，开始了飞黄腾达。其实土肥原的许多"杰

[1] 即十八年间一贯为控制东南亚及太平洋的阴谋、对华实行侵略战争、对美实行侵略战争、对英实行侵略战争、对荷兰实行侵略战争、对法实行侵略战争、制造张鼓峰事件、制造诺门坎事件。

作"《判决书》里都没有提到，例如一九三一年十一月的天津骚动事件、一九三二年热河战争的爆发、一九三五年五月的丰台事变和冀东伪组织的成立、十一月香河流氓暴动和冀察的特殊政权的出现，都离不开土肥原的策划活动。可以说，在那段时间里，土肥原走到哪里，灾难就降临哪里。大约他的失败只有过一次，即在他拉拢之下叛国的马占山，后来反正抗日。但是这并没有影响他后来的升迁，他被调去当旅团长的时间不长，又调回任关东军的特务机关长。一直到"七七"事变，日本人要成立的伪组织都成立起来了，骚乱、暴动等等手段也被武装进攻代替了，土肥原才脱去了白手套，拿起了指挥刀，以师团长、军团长、方面军总司令等身份，统率着日兵在中国大陆和东南亚进行屠杀和掠夺。就这样，在尸骨和血泊中，他从"九一八"事变起不过十年间，由大佐升到大将。

那时关于他有种种充满了神秘色彩的传说，西方报纸称他为"东方的劳伦斯"[1]，中国报纸上说他惯穿中国服装，擅长中国方言。根据我的了解，他在中国的活动如果都像鼓动我出关那样做法，他并不需要传说中的劳伦斯的诡诈和心机，只要有一副赌案上的面孔，能把谎话当真话说就行了。那次他和我会见也没有穿中国服装，只不过一套日本式的西服；他的中国话似乎并不十分高明，为了不致把话说错和听错，他还用了吉田忠太郎充当我们的翻译。

他那年四十八岁，眼睛附近的肌肉现出了松弛的迹象，鼻子底下有一撮小胡子，脸上自始至终带着温和恭顺的笑意。这种笑意给人的唯一感觉，就是这个人说出来的话，不会有一句是靠不住的。

他向我问候了健康，就转入正题，先解释日军行动，说是只对付张学良一个人，说什么张学良"把满洲闹得民不聊生，日本人的权益和生命财产得不到任何保证，这样日本才不得已而出兵"。他说关东军对满

---

[1] 著名的英国老特务。——作者

洲绝无领土野心，只是"诚心诚意地，要帮助满洲人民，建立自己的新国家"，希望我不要错过这个时机，很快回到我的祖先发祥地，亲自领导这个国家；日本将和这个国家订立攻守同盟，它的主权领土将受到日本的全力保护；作为这个国家的元首，我一切可以自主。

他的诚恳的语调，恭顺的笑容和他的名气、身份完全不容我用对待罗振玉和上角利一的态度来对待他。陈宝琛所担心的——怕罗和上角不能代表关东军，怕关东军不能代表日本政府——那两个问题，我认为更不存在了。土肥原本人就是个关东军的举足轻重的人物，况且他又斩钉截铁地说："天皇陛下是相信关东军的！"

我心里还有一个极重要的问题，我问道：

"这个新国家是个什么样的国家？"

"我已经说过，是独立自主的，是由宣统帝完全做主的。"

"我问的不是这个，我要知道这个国家是共和，还是帝制？是不是帝国？"

"这些问题，到了沈阳都可以解决。"

"不，"我坚持地说，"如果是复辟，我就去，不然的话我就不去。"

他微笑了，声调不变地说：

"当然是帝国，这是没有问题的。"

"如果是帝国，我可以去！"我表示了满意。

"那么就请宣统帝早日动身，无论如何要在十六日以前到达满洲。详细办法到了沈阳再谈。动身的办法由吉田安排吧。"

他像来时那样恭敬地向我祝贺一路平安，行了礼，就告辞了。土肥原走后，我接见了和土肥原一齐来的金梁，他带来了以袁金铠为首的东北遗老们的消息，说他们可以号召东北军旧部归服。总之，我认为完全没问题了。

土肥原去后，吉田告诉我，不必把这件事告诉总领事馆；关于动身去大连的事，自有他给我妥善安排。我当时决定，除了郑孝胥之外，再不找别人商量。

但是，这回消息比上次我去日本兵营传得还快，第二天报上登出了土肥原和我见面的新闻，而且揭露出了土肥原此行的目的。陈宝琛那几天本来不在天津，得到了消息，匆忙地从北京跑回来，一下火车直奔郑孝胥家里，打探了消息，然后奔向静园。这时正好刘骧业从日本东京发来一封电报，说日本军部方面认为我出山的时机仍然未至。看了这个电报，我不得不把会见土肥原的情形告诉了他，并且答应和大伙再商量一下。

这天是十一月五日，静园里开了一个别开生面的"御前会议"。记得被我召来的除陈宝琛、郑孝胥、胡嗣瑗之外，还有在天津当寓公的袁大化和铁良（升允此时刚刚去世）。在这次会议上，陈宝琛和郑孝胥两人展开了激烈的辩论。

"当前大局未定，轻举妄动有损无益。罗振玉迎驾之举是躁进，现在启驾的主意何尝不是躁进！"陈宝琛瞅着郑孝胥说。

"彼一时，此一时。时机错过，外失友邦之热心，内失国人之欢心，不识时务，并非持重！"郑孝胥瞅着陈宝琛说。

"日本军部即使热心，可是日本内阁还无此意。事情不是儿戏，还请皇上三思而定。"

"日本内阁不足道，日本军部有帷幄上奏之权。三思再思，如此而已！"

"我说的请皇上三思，不是请你三思！"

"三思！三思！等日本人把溥伟扶上去，我们为臣子的将陷皇上于何地？"

"溥伟弄好弄坏，左不过还是个溥伟。皇上出来只能成，不能败。倘若不成，更陷皇上于何地？更何以对得起列祖列宗？"

"眼看已经山穷水尽了！到了关外，又恢复了祖业，又不再愁生活，有什么对不起祖宗的？"

在郑孝胥的飞溅的唾星下，陈宝琛脸色苍白，颤巍巍地扶着桌子，探出上身，接近对面的秃头顶，冷笑道：

"你，有你的打算，你的热衷。你，有何成败，那是毫无价值可言！……"

一言不发的袁大化，低头不语的铁良，以及由于身份够不上说话只能在旁喘粗气的胡嗣瑗，觉着不能再沉默了，于是出来打圆场。铁良说了些"从长计议"的话，透出他是支持陈宝琛的，袁大化嘟囔了几句，连意思都不清楚。胡嗣瑗想支持陈宝琛，可是说不明白。我在会上没有表示态度，但心里认为陈宝琛是"忠心可嘉，迂腐不堪"。

我觉得最好的办法，还是不要表示自己的想法，不透露自己的意图。对身边的人如此，对社会上更要如此。在这里我要插叙一下，大约是土肥原会见后的两三天，我接见高友唐的一段事。

那几天要求见我的人非常多，我认为全部加以拒绝，只能证实报纸上的推测，那对我会更加不利。至于这个高友唐，更有接见的必要。他以前也是张园的客人，张园把他看作遗老，因为他是清朝仕学馆出身，做过清朝的官，后来办过几种报纸，当了国民党的监察院委员，曾自动为我向南京要求过"岁费"（没有结果）。我想他可能透点什么消息给我，所以接见了他。没想到他是给蒋介石来做说客的。他说国民党政府给他来了电报，叫他告诉我，国民政府愿意恢复优待条件，每年照付优待费，或者一次付给我一笔整数也可以，请我提出数目；至于住的地方，希望我选择上海，我如果要出洋，或者要到除了东北和日本以外的任何地方，都可以。

听了他的话，我冷笑说：

"国民政府早干什么去了？优待条件废了多少年，孙殿英渎犯了我的祖陵，连管也没有管，现在是怕我出去丢蒋介石他们的人吧，这才想起来优待。我这个人是不受什么优待的，我也不打算到哪儿去。你还是个大清的旧臣，何必替他们说话！"

高友唐是用遗老身份，以完全为我设想的口气，向我说话的。他说国民政府的条件对我很有利，当然，他们常常说话不算数，但是，如果我认为有必要，可以由外国银行作保。他说："如果有外国人作保，蒋介石这回是绝不敢骗人的。"他似乎颇能懂得我的心理，说优待条件恢复了，当然也恢复帝号，假使想回北京，也可以商量。

我对他的话并不相信。我早听说蒋介石的手腕厉害，有人说他为了和英美拉拢而娶宋美龄，连他的发妻都不要了，根本不讲信义，这种人是专门欺软怕硬的。因为他怕日本人，现在看见日本人和我接近，就什么条件都答应下来，等我离开了日本人，大概就该收拾我了。就算他说的都算数，他给了我一个帝号，又哪比得上土肥原答应的帝位呢？他能给我的款子，又怎么比得上整个的东北呢？蒋介石再对我好，他能把江山让给我吗？想到这里，我就不打算再跟高友唐说下去了。

"好吧，你的话我都知道了，这次谈话可以告一段落。"

高友唐看我沉思之后说了这么一句，却误认为事情有希望，连忙说："好，好，您再想想，等过几天我再来。"

"嗯，再来吧。"

他满怀希望地走了。后来听说他向我七叔活动之后从北京回来，遇上了"天津事变"，被截在租界外边。等他设法进了日租界，我已经不在静园了。

那两天里陆陆续续还来了些探听消息的或提出忠告的人，我也收到了不少的来信。人们对我有忠告，有警告，甚至有姓爱新觉罗的劝我不要认贼作父，要顾惜中国人的尊严。我已经被复辟的美梦完全迷了心窍，任何劝告都没有生效。我决定对外不说任何真心话。有个天津小报的记者，叫刘冉公的，也是张园和静园常来的客人，时常在他的报上写文章恭维我，这时跑来打听我有没有出关的意思。他见我极力否认，于是又替我尽了辟谣的义务。他却没想到，就在他的报上登出了为我辟谣新闻的同一天，我登上了去营口的日本轮船。

在我离津前两天发生的一件事，不可不说。那天我正在唾星喷射之下听着进讲：

"勿失友邦之热心，勿拒国人之欢心……此乃英雄事业，绝非书生文士所能理解……"

"不好了！"我的随侍祁继忠，忽然慌慌张张地跑了进来，"炸弹！两个炸弹！……"

我坐在沙发上，吓得连站也站不起来了。在混乱中，好容易才弄明白，刚才有个陌生人送来一份礼品，附着一张原东北保安总司令部顾问赵欣伯的名片。来人放下了礼品，扬长而去。祁继忠按例检视了礼品，竟在水果筐子里发现了两颗炸弹。

静园上下惊魂未定，日本警察和日军司令部的军官来了，拿走了炸弹。第二天，吉田翻译官向我报告说，那两颗炸弹经过检验，证明是张学良的兵工厂制造的。

"宣统帝不要再接见外人了。"吉田忠告我，"还是早些动身的好。"

"好！请你快些安排吧。"

"遵命！请陛下不要对不相干的人说。"

"不说。我这回只带郑孝胥父子和一两个随侍。"

那两天我接到了不少恐吓信。有的信文很短，而措辞却很吓人。有一封只有这么一句话："如果你不离开这里，当心你的脑袋！"更惊人的，是祁继忠接到了一个电话。据祁继忠说，对方是维多利亚餐厅的一个茶房，他警告我这几天不要去那里吃饭，因为有些"形迹可疑的人"到那里打听我。这个关心我的朋友还说，他见那些形迹可疑的人，好像衣服里面藏有电刀。更奇的是，他居然能认出那些人都是张学良派来的。

那个茶房是怎样的人，我已说不清了，关于祁继忠这人，我却永远忘不了他。他是我从北京带到天津的男仆，宫里遣散太监后，他来到宫里，那时候还是个少年，很受我的宠信。在天津时代，他是我最喜欢的随侍之一，在伪满时，我送他到日本士官学校培养。可是后来，我发现了他竟是"内廷秽闻"中的人物，那时正巧听说他在日本和同学吵架，我就借了个破坏日满邦交的题目，请日本人把他开除出了学校。后来他经日本人介绍到华北当上伪军军官，以后又摇身一变成了华北伪军少将，解放后因反革命案被镇压。我离开天津去东北，他是随我同去的三个随侍之一，我的举动他无一不知。我到很晚才明白过来，日本人和郑孝胥对我当时的动静那么清楚，对我的心情掌握的那么准确及时，而演给我看的那出戏——虽然演员们演的相当笨拙——效果又是那么好，祁继忠实在是个很有关系的人。

紧接着炸弹、黑信、电话而至的，是"天津事件"的发生。日本人组织的汉奸便衣队，其首领之一，是从前那位北京警察总监张璧。他们十一月八日这天对华界大肆骚扰（这也是土肥原导演的"杰作"），日租界宣布戒严，断绝了与华界的交通。静园门外开来担任"保护"之责的铁甲车。于是静园和外界也隔绝了。能拿到通行证的，只有郑氏父子二人。

后来我回想起来，土肥原这样急于弄我到东北去，如果不是关东军少壮派为了急于对付他们内部的反对派，或其他别的原因，而仅仅是怕我再变了主意的话，那就把外界对我的影响估计得太高了。事实上，不但我这时下定决心，就连陈宝琛影响下的胡嗣瑗、陈曾寿等人，态度上也起了变化。他们不再坚持观望，开始打算主动和日本进行接触。不过他们仍怕军人靠不住，认为还是找日本政府的好。这些人的变化，和我一样是既怕错过机会，又怕羊肉没吃成反而惹上一身膻。对于和日本人交涉的条件，他们关心的是能不能当上大官，因此主张"用人权"必须在我，至于什么民族荣誉、经济利权等等，是完全可以当作换取自己地位的代价送出去的。陈曾寿在我会见土肥原后立刻递上了这样一个奏折：

奏为速赴机宜，以策万全，恭折仰祈圣鉴事。今日本因列强反对而成僵局，不得不变动东三省局面以自解于列强，乃有此劝进之举，诚千载一时之机会。遇此机会而无以赴之，则以后更有何机之可待？唯赴机若不得其宜，则其害有甚于失机者。今我所以自处之道，可两言而决：能与日本订约，酌让路、矿、商务之利，而用人行政之权，完全自主，则可以即动，否则万不可动，如是而已。现报纸喧腾，敌人疑忌，天津已有不能安处之势。欲动则恐受赚于日本，欲静又失此良机，进退两难，唯有请皇上密派重臣径赴日本，与其政府及元老西园寺等商洽，直接订约后再赴沈阳，则万全而无失矣。臣愚昧之见，是否有当，伏祈圣鉴。

四　白河偷渡

动身日期是十一月十日。按照计划，我必须在这天傍晚，瞒过所有的耳目，悄悄混出静园的大门。我为这件事临时很费了一番脑筋。我先是打算不走大门，索性把汽车从车房门开出去。我命令最亲近的随侍大李去看看能不能打开车房门，他说车房门久未使用，门外已经被广告招贴糊住了。后来还是祁继忠想出了个办法，这就是把我藏进一辆跑车（即只有双座的一种敞篷车）的后厢里，然后从随侍里面挑了一个勉强会开车的，充当临时司机。他自己坐在司机旁边，押着这辆"空车"，把我载出了静园。

在离静园大门不远的地方，吉田忠太郎坐在一辆汽车上等着，一看见我的汽车出了大门，他的车便悄悄跟在后面。

那时正是天津骚乱事件的第三天。日本租界和邻近的中国管区一带整日戒严。这次骚乱和戒严，究竟是有意的布置还是偶合，我不能断定，总之给我的出奔造成了极为顺利的环境。在任何中国人的车辆不得通行的情况下，我这辆汽车走到每个路口的铁丝网前，遇到日本兵阻拦时，经后面的吉田一打招呼，便立刻通过。所以虽然祁继忠找来的这个二把刀司机技术实在糟糕（一出静园大门车就撞在电线杆子上，我的脑袋给厢盖狠狠碰了一下，一路上还把我颠撞得十分难受），但是总算顺利地开到了预定的地点——敷岛料理店。

汽车停下之后，祁继忠把开车的人支到一边，吉田过来打开了车厢，扶我出来，一同进了敷岛料理店。早等候在这里的日本军官，叫真方勋大尉，他拿出了一件日本军大衣和军帽，把我迅速打扮了一下，然后和吉田一同陪我坐上一部日军司令部的军车。这部车在白河岸上畅行无阻，一直开到一个码头。车子停下来之后，吉田和真方勋扶我下了车。我很快就看出来，这不是日租界，不觉有点发慌。吉田低声安慰我说："不要紧，这是英租界。"我在他和真方勋二人的夹扶下，快步在水泥地面上走了一段，一只小小的没有灯光的汽船出现在眼前。我走进船舱，看见了郑孝胥父子俩如约候在里面，心里才稳定下来。坐在这里的还有三个日本人：一个是上角利一；一个是从前在升允手下当侍卫官的工藤铁三郎，是土肥原手下的浪人；还有一个叫大谷的，现在忘了他的来历。我见到了船长西长次郎，知道了船上还有十名日本士兵，由一个名叫诹访绩的军曹带领着，担任护送之责。这条船名叫"比治山丸"，是日军司令部运输部的。为了这次特殊的"运输"任务，船上堆了沙袋和钢板。过了二十年之后，我从日本的《文艺春秋》杂志上看到了工藤写的一篇回忆录。据他说当时船上暗藏了一大桶汽油，准备万一被中国军队发现，无法脱逃的时候，日本军人就放火烧，让我们这几个人证与船同归于尽。那时我的座位距离汽油桶大概不会超过三米远，我还认为离着"幸福"是越来越近了呢！

吉田和真方勋大尉离开了汽船，汽船离了码头。电灯亮了，我隔窗眺望着河中的夜景，心中不胜感慨。白天的白河我曾到过几次，在东北海军毕庶澄的炮舰上和日本的驱逐舰上，我曾产生过幻想，把白河看作我未来奔向海洋彼岸，寻找复辟外援的通路。如今我真的航行在这条河上了，不禁得意忘形，高兴得想找些话来说说。

可是我高兴得未免太早，郑垂告诉我："外国租界过去了，前边就是中国人的势力。军粮城那边，可有中国军队守着哩！"

听了这话，我的心一下子提到了嗓子眼。看看郑氏父子和那几个日本人，全都板着脸，一语不发。大家在沉默中过了两个小时，突然间从岸上传来一声吆喝："停——船！"

像神经一下子被切断了似的，我几乎瘫在地上。舱里的几个日本兵呼噜呼噜地上了甲板，甲板上传来低声的口令和零乱的脚步声。我探头到窗外，看见每个沙包后都有人伏着，端枪做出准备射击的姿势。这时我觉出船的行速在下降，航向好像是靠近河岸。我正不解其故，忽然电灯全熄了，岸上响起了枪声，几乎是同时，机器声突然大作，船身猛然加速，只觉一歪，像跳起来似的掠岸而过，岸上的喊声、枪声，渐渐远了。原来日本人早准备好了这一手，先装作听命的样子，然后乘岸上不备，一溜烟逃过去了。

过了一会，灯光亮起来，舱里又有了活气。半夜时到了大沽口外。在等待着商轮"淡路丸"出口外接我们的时候，日本兵拿出了酱汤、咸白菜和日本酒。郑孝胥活跃起来了，高谈其同文同种的谬论，把这一场惊险经历描绘成"英雄事业"的一部分。他和日本兵干杯，诗兴大发，即兴吟了一首诗道：

> 同洲二帝欲同尊，七客同舟试共论；
> 人定胜天非浪语，相看应在不多言。

因为这天晚上吃了大米和大麦合制的日本饭，郑孝胥后来刻了两个图章给我，一个是"不忘在莒"，一个是"潭沱麦饭"。前者是借鲁昭公奔莒的故事，暗示我安不忘危，别忘了我和他在一起的这一晚；后者是借刘秀败走滹沱河，大树将军冯异为他烤衣服、做麦饭充饥的故事。郑孝胥把我比作刘秀，他自己自然是比作大树将军了。

郑孝胥这天晚上的高兴，除了由于他成了一个胜利者外，大概还有另一层不便说出的原因，这就是他从日本军政的表面摩擦和分歧中，比任何人更早地看出了他们的一致。在我会见土肥原后的第二天（十一月三日），他的日记上写道：

> 大七（即郑垂）至日本领事馆，后藤言：土肥原谓此来即为迎上赴奉天，领事馆可佯为不知。

二次大战后被发现的日本外务省的档案，其中有十一月六日外相币原给天津桑岛总领事的一封密电稿，说明了白河偷渡的戏剧性：

> 关于拥戴宣统帝的运动。认为如果过度拘束皇帝的自由，对内、外的关系反会不好。曾把这种意见在外务方面协议过，外务方面虽然也同意，但关于满洲目前的局势，各方面都有拥戴皇帝的运动，因此，对于帝国国策的执行上，难保不受到连累。同时，皇帝身边的保护也属必要，所以做了相当的警备。再外务方面也表示，现在满洲方面的政局，也稍安稳，东三省的民众总的意志，也想拥戴皇帝。如果对于国策的执行没有妨碍，听其自然也无不可。

五　在封锁中

在淡路丸上，郑孝胥讲了一整天治国平天下的抱负。十三日早晨，我们到达了辽宁省营口市的"满铁"码头。

为什么去沈阳要从营口登陆，这个问题我根本不曾考虑过，我想到的只是东北民众将如何在营口码头上来接我。在我的想象中，那里必定有一场民众欢呼的场面，就像我在天津日租界日侨小学里看到的那样，人们摇着小旗，向我高呼万岁。但是船身越靠近码头，越不像那么回事。那里并没有人群，更没有什么旗帜。等到上了岸，这才明白，不但迎接的人很少，而且全是日本人。

经过上角利一的介绍，才知道这都是板垣派来的人，为首的叫甘粕正彦。此人在中国知道他的不多，在日本却大有名气。他原是个宪兵大尉。日本关东大地震时，日本军部趁着震灾造成的混乱，迫害进步人士，遭难的大杉荣夫妇和七岁的孩子就是死在他手里的。震灾后，这个惨案被人揭发出来，在社会舆论压力之下，军部不得不让他充当替罪羊，交付军事法庭会审，处以无期徒刑。过了不久，他获得了假释，被送往法国去念书。他在法国学的是美术和音乐，几年之后，这位艺术家回到日本，随即被派到关东军特务机关。据二次大战后日本出版的一本书上说，作为"九一八"事变信号的柳条沟铁道的爆炸，就是他的一件杰作。在营口码头上，我怎么也不会想到，这个彬彬有礼的戴细腿近视眼镜的人，会有这么不平凡的经历。如果没有他的杰作，也许我还不会到东北来哩。

甘粕正彦把我和郑氏父子让进预备好的马车，把我们载到火车站。坐了大约一个多钟头的火车，又换上了马车。一路上没听到任何解释，稀里糊涂地到了汤岗子温泉疗养区。我怀着狐疑的心情走进了对翠阁温泉旅馆。

对翠阁旅馆是日本"满铁"的企业，日本风格的欧式洋楼，设备相当华丽，只有日本军官、满铁高级人员和中国的官僚有资格住。我被带进了楼上的非常讲究的客房，在这里见着了罗振玉、商衍瀛和佟济煦。罗振玉给我请安后即刻告诉我，他正在和关东军商洽复辟建国的事，又说在商谈结束前，不宜把我到达这里的消息泄露出去，而且除了他之外别人也不宜出头露面。他这话的真正用意我没有领会，我却自以为弄清了一个疑团：怪不得没有热烈欢迎的场面，原来人们还都不知我来。我相信和关东军的谈判是容易的，不久就可以宣布我这大清皇帝在沈阳故宫里复位的消息，那时就不会是这样冷冷清清的了。我想得很高兴，全然没有注意到郑氏父子的异样神色。我痛痛快快地吃了一餐别有风味的日本饭菜，在窗口眺望了一会这个风景区的夜色，就心旷神怡地睡觉去了。

过了一宿，我才明白这次又乐得太早了。

漱洗之后，我招呼随侍祁继忠，说我要出去溜达一下，看看左近的风景。

"不行呵，不让出去啦！"祁继忠愁眉苦脸地说。

"怎么不行？"我诧异地问。"谁说的？到楼下去问问！"

"连楼也不让下呵！"

我这时才知道，对翠阁旅馆已经被封锁起来，不但外面的人不准进到旅馆范围里来，就是住在楼下的人也休想上楼（楼上只有我们这几个人住）。尤其令人不解的是，为什么连楼上的人也不许下去呢？找罗振玉，罗振玉已不知何往。郑孝胥父子都很生气，请我找日本人问问这是怎么回事。陪我们住在这里的日本人，带头的是上角利一和甘粕正彦。祁继忠把上角找来了，他笑嘻嘻地用日本腔的中国话说：

"这是为了安全的，为了宣统帝安全的。"

"我们在这里住到什么时候？"郑孝胥问。

"这要听板垣大佐的。"

"熙洽他们呢？不是罗振玉说熙洽要接我到奉天吗？"

"这，也要听板垣大佐的。"

"罗振玉呢？"郑垂问。

"到沈阳找板垣大佐去了。现在还在讨论着新国家的问题，讨论出一致的意见，就来请宣统帝去的。"

"糟！"郑垂一甩手，愤愤地走到一边去了。这个"君前失礼"的举动很使我看不惯，不过这时更引起我注意的，却是上角说的"新国家"问题还在讨论。这可太奇怪了，不是土肥原和熙洽都说一切没问题，就等我来主持大计了吗？上角现在说"还在讨论"，这是什么意思呢？我提出了这个问题，上角利一含糊其词地回答说：

"这样的大事，哪能说办就办的？宣统帝不要着急，到时候自然要请宣统帝去的。"

"到哪里去呢？"郑垂匆匆地走过来插嘴，"到奉天吗？"

"这要听板垣大佐的。"

我很生气地躲开了他们，到另一间屋子叫来了佟济煦，问他从沈阳拍来电报说"万事俱妥"是什么意思。佟济煦说这是袁金铠说的，不知这是怎么闹的。我又问商衍瀛，他对这件事怎么看，他也没说出个什么道理来，只抱怨这地方没有"乩坛"，否则的话，他一定可以得到神仙的解答。

这时我还不知道，日本人正在忙乱中。日本在国际上处势孤立，内部对于采取什么形式统治这块殖民地，意见还不统一，关东军自然还不便于立刻让我出场。我只感觉出日本人对我不像在天津那么尊敬了，这个上角也不是在天津驻屯军司令部里的那个上角了。我在不安的预感中，等待了一个星期，忽然接到了板垣的电话，请我搬到旅顺去。

为什么不去沈阳呢？上角利一笑嘻嘻地解释说，这还要等和板垣大佐谈过才能定。为什么要到旅顺等呢？据上角说，因为汤岗子这地方附近有"匪"，很不安全，不如住旅顺好，旅顺是个大地方，一切很方便。我听着有理，于是这天晚上搭上火车，第二天一早到了旅顺。

在旅顺住的是大和旅馆。又是在对翠阁的一套做法，楼上全部归我们这几个人占用，告诉我不要下楼，楼下的人也不准上来。上角和甘粕对我说的还是那几句：新国家问题还在讨论，不要着急，到时候就有人请我到沈阳去。在这里住了不多天，郑孝胥父子便获得了罗振玉一样的待遇，不但外出不受阻拦，而且还可以到大连去。这时郑孝胥脸上的郁郁不乐的神色没有了，说话的调子也和罗振玉一样了，说什么"皇上天威，不宜出头露面，一切宜由臣子们去办，待为臣子的办好，到时候皇上自然就会顺理成章地面南受贺"。又说在事成之前，不宜宣扬，因此也不要接见一切人员，关东军目前是这里的主人，我在"登极"之前，在这里暂时还算是客人，客随主便，也是理所当然。听了他们的话，我虽然心里着急，也只好耐下心等着。

事实上，这些口口声声叫我皇上的，这些绞着脑汁、不辞劳苦、为我奔波着的，他们心里的我，不过是纸牌上的皇帝，这种皇帝的作用不过是可以吃掉别人的牌，以赢得一笔赌注而已。日本人为了应付西方的摩擦和国内外的舆论压力，才准备下我这张牌，自然他们在需要打出去之前，要严密加以保藏。郑罗之流为了应付别的竞争者，独得日本人的犒赏，也都想独占我这张牌，都费尽心机把持我。于是就形成了对我的封锁，使我处于被隔离的状态中。在汤岗子，罗振玉想利用日本人规定的限制来断绝我和别人的来往，曾阻止我和郑孝胥与日本关东军的接触，以保障他的独家包办。到了旅顺，郑孝胥和日本人方面发生了关系，跟他唱上了对台戏，于是他只好亡羊补牢，设法再不要有第三个人插进来。在防范我这方面，罗和郑联合起来，这就出现了郑罗二人一方面联合垄断我，一方面又钩心斗角地在日本人方面争宠。

这些事实的内幕，我当时自然不明白。我只觉出了罗振玉和郑孝胥父子跟日本人沆瀣一气，要把我和别人隔离开。他们对于佟济煦和只知道算卦求神的商衍瀛，不怎么注意，对于从天津来的要见我的人，却防范得很厉害，甚至连对婉容都不客气。

我在离开静园以前，留下了一道手谕，叫一名随侍交给胡嗣瑗，命他随后来找我，命陈曾寿送婉容来。这三个人听说我在旅顺，就来到了大连。罗振玉派人去给他们找了地方住下，说关东军有命令，不许他们到旅顺来。婉容对这个命令起了疑心，以为我出了什么岔子，便大哭大闹，非来不可，这样才得到允许来旅顺看了我一次。过了大概一个月，关东军把我迁到善耆（这时已死）的儿子宪章家里去住，这才让婉容和后来赶到的二妹、三妹搬到我住的地方来。

我本来还想让胡嗣瑗、陈曾寿两人也搬到我身边，但郑孝胥说关东军规定，除了他父子加上罗振玉和万绳栻这几个人之外，任何人都不许见我。我请求他去和甘粕、上角商量，结果只准许胡嗣瑗见一面，条件是当天必须回大连。胡嗣瑗在这种情形下，一看见我就咧开大嘴哭起来了，说他真想不到在我身旁多年，今日落得连见一面都受人限制，说得我心里很不自在。一种孤立无援的恐惧在压迫着我，我只能安慰胡嗣瑗几句，告诉他等我到了可以说话的时候，一定"传谕"叫他和陈曾寿到我身边来。胡嗣瑗听了我的话，止住了哭泣，趁着室里没人，一五一十地向我叙说了郑罗二人对他们的多方刁难，攻击他们是"架空欺罔、挟上压下、排挤忠良"。

胡嗣瑗和陈曾寿住在大连，一有机会就托人带奏折和条陈来，在痛骂郑罗"虽秦桧、仇士良之所为，尚不敢公然无状、欺侮挟持一至于此"之外，总要酸劲十足和焦急万分地一再说些"当兹皇上广选才俊，登用贤良之时，如此掣肘，尚有何希望乎？"这类的话。胡嗣瑗曾劝我向日本人要求恢复天津的形势，身边应有亲信二三人，意思是他仍要当个代拆代行的大军机。陈曾寿则对我大谈"建国之道，内治莫先于纲纪，外交莫重于主权"，所谓"纲纪最要者，魁柄必操自上，主权最要者，政令必出自上"，总之一句话，我必须有权能用人，因为这样他才能做大官。这些人自然斗不过郑罗，在后来封官晋爵的时候，显贵角色里根本没有他们。后来经我要求，给了陈曾寿一个秘书职务，但他不干，请假走了，直到以后设立了内廷局叫他当局长，他才回来。胡嗣瑗曾和陈曾寿表示决不做官，"愿以白衣追随左右"，我给他弄上个秘书长的位置，他才不再提什么"白衣"。由于他恨极了当国务总理的郑孝胥，后来便和罗振玉联合起来攻郑。结果没有攻倒，自己反倒连秘书长也没有做成，这是后话，暂且不提。

我到旅顺的两个月后，陈宝琛也来了。郑孝胥这时成了关东军的红人，罗振玉眼看就要败在他手里，正当他接近全胜，他和关东军的交易接近成熟的时候，看见威望超过他的"帝师"出现在大连，立刻引起了他的警惕。他生怕他这位同乡会引起日本人更大的兴趣，急忙想撵陈回去。所以陈宝琛在旅顺一共住了两宿，只和我见了两面，就被郑孝胥借口日本人要在旅馆开会给送走了。

同时，天津和北京的一些想做官的遗老们借口服侍我，跑到旅顺来，也都被郑孝胥和甘粕正彦挡了驾。就连恭亲王溥伟想见我也遇到拦阻。我过生日的时候，他们再找不到借口，才无可奈何地让一部分人见了我，给我祝寿。其中有宝熙、商衍瀛、沈继贤、金卓、王季烈、陈曾寿、毓善等人，后来在伪满成立时都成了大小新贵。

当时互相倾轧、你争我夺的不但有遗老，在日本浪人和特务之间也不例外，得势的当然是板垣手下的上角和甘粕这一伙。当过我父亲家里家庭教师的远山猛雄本想到我身边沾沾光，由于不是军部系统的，最后都给上角和甘粕挤走了。

发生在郑与罗之间的斗争是最激烈的。这是这对冤家最后的殊死战，因此都使用出了全身的力气。罗振玉利用他和板垣、上角利一这些人的势力，对郑孝胥一到东北即行封锁，是他的头一"招"。他自恃有首倡"迎立"之功，相信只要能把我垄断在手，用我这张牌去和日本人谈判，一定可以达到位居首辅的目的。可是他在谈判中，一上来就坚持要大清复辟。日本方面对他这个意见不感兴趣。他跟我一样地不明白，复辟的做法和日本人宣传的"满洲民众要求独立自治"的说法，是配不上套的。这时日本人在国际上十分孤立，还不能把这场傀儡戏立刻搬上台去，因此关东军并不急于定案，暂时仍用什么"自治指导部""维持会"等名目支撑着。罗振玉认为郑孝胥被他封锁住，其他人更无法靠近我的身边，无从代表我和日本人去说话，他大可用独家经理的身份，不慌不忙地和日本人办交涉。复辟大清和另立国家之争正悬而未决，我和郑孝胥到了旅顺，出乎罗振玉的意外，他对郑孝胥的封锁失了效，关东军方面请郑孝胥去会谈。罗振玉既不知道郑孝胥和东京军部的关系，也想不到郑孝胥在离津之前就认识了上角利一。就像我出宫那年，罗振玉与日本竹本大佐的关系变成了郑孝胥的关系一样，这回罗振玉带来的上角也很快变成了郑孝胥的朋友，成了郑与关东军之间的桥梁。郑氏父子到了营口、旅顺，和甘粕正彦谈了几次心，关东军因此了解到他父子远比罗振玉"灵活"，不像罗振玉那样非有蟒袍补褂、三跪九叩不过瘾，因此乐于以他为交易对手。郑孝胥被看中了之后，第一次和板垣会面（一九三二年一月二十八日在旅顺），听到板垣要叫我当"满蒙共和国大总统"，先很惊讶，后来明白了日本军方决不肯给我一顶皇帝帽子，便马上改了主意，由他儿子郑垂出面找军方选中的殖民地总管驹井德三，表示日本如果认为"帝国"称呼不适于这个新国家的话，只要同意他任未来的内阁首揆，一切没有问题，他可负责说服"宣统帝"接受其他的元首称号。顺便说一句，这时抢这个首揆椅子的，却大有人在。不但有罗振玉，还有张景惠、臧式毅、熙洽等人。熙洽几次派人送钱给我，共有十几万元，求我授他"总理"之职。郑孝胥自然很着急，所以忙不迭地叫郑垂从旁抢先递"价码"。驹井德三把这袖筒里来的价码告诉了本庄和板垣，于是郑孝胥便成了奉天关东军司令官的客人。就这样，关东军的第一交易对手由罗振玉变成了郑孝胥。

自然，这些真相是我在封锁中所看不透的。我所见到的是另外一样……

六　所见与所思

我到旅顺以后，感到最惶惑不安的，倒不是因为受到封锁、隔离，而是从上角这几个日本人口中听到，关东军似乎连新国家的国体问题还没定下来。

这对我说来，比没有人在码头上迎接我更堵心。没有人迎接，还可以用"筹备不及""尚未公布"的话来解释。"国体未定"又是怎么回事呢？国体既然未定，土肥原干吗要请我到满洲来呢？

郑孝胥和上角向我解释说，土肥原没有说谎，关东军支持我复位和主持大计的话全不错，不过这是满洲的事，当然还要和满洲人商量，没有商量好以前，自然叫作"未定"。

我已经不像在汤岗子那样容易相信这些人了，但我又找不到任何别人商议事情。这还是我第一次离开我的师傅。在没师傅指点的情形下，我只好采取商衍瀛的办法，找神仙帮忙来解答问题。我拿出从天津带来的一本《未来预知术》，摇起了金钱神课。记得我摇出了一课"乾乾"卦，卦辞还算不坏。于是我就这样的在郑孝胥、罗振玉和诸葛亮[1]的一致劝导下，耐着性子等待下去。

有一天，上角来问我，是不是认识马占山。我说在天津时，他到张园来过，算是认识吧。上角说，板垣希望我能写一封信，劝马占山归顺。我说在天津时已写过一封，如果需要，还可以再写。这第二封劝降书并没有用上，马占山就投降了。虽然我的信未发生作用，可是关东军请我写信这件事给了我一种安慰，我心里这样解释：这显然是日本人承认我的威信，承认这块江山必须由我统治才行。我是谁呢，不就是大清的皇帝吗？这样一想，我比较安心了些。

这样等了三个月，到我过生日的第二天，即一九三二年二月十九日，忽然来了一个消息，刚刚复会的"东北行政委员会"通过了一项决议，要在满洲建立一个"共和国"。所谓东北行政委员会是二月十八日复会的，这个委员会由投降的原哈尔滨特区长官张景惠、辽宁（这时被改称

---

[1]《未来预知术》是一本在香港出版的迷信书，伪托诸葛亮所作，内容中却有汉代以后的诗文典故。

奉天）省主席臧式毅、黑龙江省代理主席马占山和被这委员会追认的吉林省主席熙洽组成，张景惠为委员长。二月十九日，这个委员会在板垣导演下通过了那项决议，接着又发表了一个"独立宣言"。这些消息传来之后，除了郑氏父子以外，我身边所有的人，包括罗振玉在内无不大起恐慌，人人愤慨。

这时占据着我全心的，不是东北老百姓死了多少人，不是日本人要用什么办法统治这块殖民地。它要驻多少兵，要采什么矿，我一概不管，我关心的只是要复辟，要他们承认我是个皇帝。如果我不为了这点，何必千里迢迢跑来这里呢？我如果不当皇帝，我存在于世上还有什么意义呢？陈宝琛老夫子以八十高龄的风烛残年之身来到旅顺时，曾再三对我说："若非复位以正统系，何以对待列祖列宗在天之灵！"

我心中把土肥原、板垣恨得要死。那天我独自在前肃亲王的客厅里像发了疯似的转来转去，纸烟被我捏断了一根又一根，《未来预知术》被我扔到地毯上。我一下子想起了我的静园，想到假如我做不成皇帝，还不如去过舒适的寓公生活，因为那样我还可以卖掉一部分珍玩字画，到外国去享福。这样一想，我有了主意，我要向关东军表明态度，如果不接受我的要求，我就回天津去。我把这主意告诉了罗振玉和郑孝胥，他们都不反对。罗振玉建议我先送点礼物给板垣，我同意了，便从随身带的小件珍玩中挑了几样叫他去办。恰好这时板垣来电话请郑罗二人去会谈，于是我便叫陈曾寿为我写下必须"正统系"的理由，交给他们带给板垣，叫他们务必坚持，向板垣说清楚我的态度。

我写的那些理由共十二条（后四条是陈曾寿续上的）：

一、尊重东亚五千年道德，不得不正统系。

二、实行王道，首重伦常纲纪，不得不正统系。

三、统驭国家，必使人民信仰钦敬，不得不正统系。

四、中日两国为兄弟之邦，欲图共存共荣，必须尊崇固有之道德，使两国人民有同等之精神，此不得不正统系。

五、中国遭民主制度之害已二十余年，除少数自私自利者，其多数人民厌恶共和，思念本朝，故不得不正统系。

六、满蒙人民素来保存旧习惯，欲使之信服，不得不正统系。

七、共和制度日炽，加以失业人民日众，与日本帝国实有莫大之隐忧；若中国得以恢复帝制，于两国人民思想上、精神上保存至大，此不得不正统系。

八、大清在中华有二百余年之历史，（入关前）在满洲有一百余年之历史，从人民之习惯，安人民之心理，治地方之安靖，存东方之精神，行王政之复古，巩固贵国我国之皇统，不得不正统系。

九、贵国之兴隆，在明治大帝之王政。观其训谕群工，莫不推扬道德，教以忠义。科学兼采欧美，道德必本诸孔孟，保存东方固有之精神，挽回孺染欧风之弊习，故能万众人心亲上师长，保护国家，如手足之捍头目。此予之所敬佩者。为趋步明治大帝，不能不正统系。

十、蒙古诸王公仍袭旧号，若行共和制度，欲取消其以前爵号，则因失望而人心涣散，更无由统制之，故不能不正统系。

十一、贵国扶助东三省，为三千万人民谋幸福，至可感佩。唯予之志愿，不仅在东三省之三千万人民，实欲以东三省为张本，而振兴全国之人心，以救民于水火，推至于东亚共存共荣，即贵国之九千万人民皆有息息相关之理，两国政体不得歧异。为振兴两国国势起见，不得不正统系。

十二、予自辛亥逊政，退处民间，今已二十年矣，毫无为一己尊崇之心，专以救民为宗旨。只要有人出而任天下之重，以正道挽回劫运，予虽为一平民，亦所欣愿。若必欲予承之，本个人之意见，非正名定分，实有用人行政之权，成一独立国家，不能挽回二十年来之弊政。否则有名无实，诸多牵制，毫无补救于民，如水益深，如火益热，徒负初心，更滋罪戾，此万万不敢承认者也。倘专为一己尊荣起见，则二十年来杜门削迹，一旦加之以土地人民，无论为总统，为王位，其所得已多，尚有何不足之念。实以所主张者纯为人民，纯为国家，纯为中日两国，纯为东亚大局起见，无一毫私利存乎其间，故不能不正统系。

郑孝胥知道，这次沈阳之行是决定自己命运的关键。因为关东军在叫东北行政委员会通过"国体"之前，要先排定一下"开国元勋"们的位置。因此，他在动身之前，对我尽量表示顺从，以免引起我对他发生戒心。但是等到他的目的已经达到，从沈阳返回来的时候，那情形就变了。这种变化，从他的日记里也可以看出来：

（正月）辛亥十五日（二月二十日）。旅顺电话：命赴行在……与大七同赴行在。召见，商对日本司令部措辞大略。奏曰："共和制谢以未达，如议君主立宪，则告以事体繁杂，须研究讨论，果无流弊乃试行；预备以三年为期，三年之内，唯以独裁君主集权政府办理一切政务。如议国号年号，则告以国号不可改，年号或可酌改。"上颔之……得旅顺电话云：派郑孝胥、郑垂、罗振玉、上角，明日同往奉天。

壬子十六日。奉上谕："郑孝胥、罗振玉、郑垂：卿等赴奉，当示朕无私天下之心，其次，关于我方既定办法，绝不变更，且详为释导，以破群疑，钦此！"附九时半快车赴奉天，寓大和旅馆。即至司令部晤板垣。夜板垣宴于粹山酒馆。晤张景惠及诸代表。

癸丑十七日。与张燕卿密谈，使告各方代表以将来论功行赏之大意。板垣示官制及"人民保障"诸法。至行政委员会旁听。是日议国体。吉林蒙古皆主君主、奉黑龙江、哈尔滨皆主先行，未定试行之制，将来改为君主……夜附十时半快车。（郑住大连）

> 甲寅十八日……九时半至旅顺复命。召对。极言当借力
> 试行……

郑孝胥在日记里没记的，陈曾寿（此时住大连）的日记里记下了：

> 十七日……苏厂（郑）、叔言（罗）自奉归。此次郑氏父子充
> 代表赴奉，系日军部邀请，上加派。雪堂（罗）到奉后，苏厂出
> 席，上所命传之语，一字不提。言："皇上的事，由我包办，无所
> 不可。"郑垂向板垣言："皇上是一张白纸，由你们军部爱怎么样画
> 均可。"

当天我还不知道这回事，但是郑孝胥由主张坚决保留国号变为向我"极言当借力试行"，即所谓借日本之力，试行先当一下没有"宝座"的"满洲国执政"，这个变化就足够让我生气的了。当我听他说完了板垣执意不肯同意"大清复辟"之后，立刻跳起来说：

"什么执政？叫我当共和国的执政？"

"这事已成定局，臣再三向军方争论无效。军方表示，执政即元首……"

我不理他，转身问罗振玉，这是怎么回事。罗振玉说："臣就见了板垣一面，是郑孝胥跟板垣谈的。"

后来据陈曾寿说，郑孝胥父子根本没把我的十二条"正统系"给板垣拿出来，而且还向板垣保证"皇上的事，我全可以包下来。""皇上如同一张白纸，你们军部怎么画都行。"等等。当时我还不知道这回事，只认为他们不会办事，都受了日本人的骗。

"你们都没用！"我大声喊道，"你们为什么不说，我的要求达不到，我就回天津！"

"皇上还是再三思考为好。"郑孝胥说，"复辟必须依赖日本，眼前

与日本反目，将来的希望也完了。将来复辟不是没有希望呵！"

他又讲了一些历史故事，劝我答应，可是那些故事我早就听够了，再说无论是刘秀还是重耳，也都没有放弃君主称号的。最后他说：

"下午板垣就来觐见，请皇上对板垣说吧！"

"让他来！"我气呼呼地回答。

七　会见板垣

板垣征四郎是一九二九年调到关东军当参谋的，据远东国际军事法庭揭露，他在一九三〇年五月就对人说，他对解决"满洲问题"已有了一个"明确的想法"，他认为必须以武力解决中日间的问题。至少在"九一八"事变前一年，他就主张驱逐张学良，在东北建立一个"新国家"。判决书上说：他"自一九三一年起，以大佐地位在关东军参谋部参加了当时以武力占领满洲为直接目的的阴谋，他进行了支持这种目标的煽动，他协助制造引起所谓'满洲事变'的口实，他压制了若干防止这项军事行动的企图，他同意了和指导了这种军事行动。嗣后，他在鼓动'满洲独立'的欺骗运动中以及树立傀儡伪'满洲国'的阴谋中，都担任了主要的任务。"

他于一九三四年任关东军副参谋长，一九三七年"七七"事变后是师团长，一九三八年做了陆军大臣，一九三九年任中国派遣军的参谋长，以后做过朝鲜司令官、驻新加坡的第七方面军司令官。在华北内蒙古树立伪政权、进攻中国内地、树立汪精卫伪政权、发动哈桑湖对苏联进攻等等重大事件中，他都是重要角色。

二月二十三日下午，我会见了板垣，由关东军通译官中岛比多吉任翻译。板垣是个小矮个，有一个剃光的头，一张刮得很干净的青白色的脸，眉毛和小胡子的黑色特别显眼。在我见过的日本军官中，他的服装算是最整洁的了，袖口露出白得刺眼的衬衫，裤腿管上的圭角十分触目，加上他的轻轻搓手的习惯动作，给了我一个颇为斯文和潇洒的印象。板垣先对我送他礼物表示了谢意，然后表明，他奉关东军本庄司令官之命，向我报告关于"建立满洲新国家"的问题。

他慢条斯理地从什么"张氏虐政不得人心，日本在满权益丝毫没有保障"谈起，大谈了一阵日军行动的"正义性"，"帮助满洲人民建立王道乐土的诚意"。我听着他的话，不断地点头，心里却希望他快些把我关心的答案说出来。好不容易，他总算谈到了正题：

"这个新国家名号是'满洲国'，国都设在长春，因此长春改名为新京，这个国家由五个主要民族组成，即满族、汉族、蒙古族、日本族和朝鲜族。日本人在满洲花了几十年的心血，法律地位和政治地位自然和别的民族相同，比如同样地可以充当新国家的官吏。……"

不等中岛翻译完，他从皮包里又拿出了《满蒙人民宣言书》以及五色的"满洲国国旗"，放到我面前的茶几上。我气得肺都要炸了。我的手颤抖着把那堆东西推了一下，问道：

"这是个什么国家？难道这是大清帝国吗？"

我的声音变了调。板垣照样地不紧不慢地回答："自然，这不是大清帝国的复辟，这是一个新国家，东北行政委员会通过决议，一致推戴阁下为新国家的元首，就是'执政'。"

听到从板垣的嘴里响出个"阁下"来，我觉得全身的血都涌到脸上来了。这还是第一次听日本人这么称呼我呢！"宣统帝"或者"皇帝陛下"的称谓原来就此被他们取消了，这如何能够容忍呢？在我的心里，东北二百万平方里的土地和三千万的人民，全抵不上那一声"陛下"呀！我激动得几乎都坐不住了，大声道：

"名不正则言不顺，言不顺则事不成！满洲人心所向，不是我个人，而是大清的皇帝，若是取消了这个称谓，满洲人心必失。这个问题必须请关东军重新考虑。"

板垣轻轻地搓着手，笑容满面地说：

"满洲人民推戴阁下为新国家的元首，这就是人心所归，也是关东军所同意的。"

"可是日本也是天皇制的帝国，为什么关东军同意建立共和制呢？"

"如果阁下认为共和制不妥，就不用这个字眼。这不是共和制，是执政制。"

"我很感谢贵国的热诚帮助，但是别的都可说，唯有这个执政制却不能接受。皇帝的称谓是我的祖宗所留下的，我若是把它取消了，即是不忠不孝。"

"所谓执政，不过是过渡而已，"板垣表示十分同情，"宣统帝是大清帝国的第十二代皇帝陛下，这是很明白的事，将来在议会成立之后，我相信必定会通过恢复帝制的宪法，因此目前的执政，不过是过渡时期的方法而已。"

我听到"议会"这两字，像挨了一下火烫似的，连忙摇头说："议会没有好的，再说大清皇帝当初也不是什么议会封的！"

我们争来争去，总谈不到一起。板垣态度平和，一点不着急，青白脸上浮着笑容，两只手搓来搓去；我不厌其烦地重复着那十二条不得不正统系的道理，翻来覆去地表示，不能放弃这个皇帝的身份。我们谈了三个多钟头，最后，板垣收拾起了他的皮包，表示不想再谈下去了。他的声调没变，可是脸色更青更白了，笑容没有了，一度回到他口头上的宣统帝的称呼又变成了阁下："阁下再考虑考虑，明天再谈。"他冷冷地说完，便告辞走了。

这天晚上，根据郑氏父子和上角的意见，我在大和旅馆里专为板垣举行了一个宴会。

照他们的话说，这是为了联络感情。

我在宴会上的心情颇为复杂。我所以敢于拒绝执政的名义，多少是受了胡嗣瑗、陈曾寿这些人的影响，即认为日本人把东北弄成目前这种局面，非我出来就不能收拾，因此，只要我坚持一下，日本人就会让步。但是，在我拒绝了板垣之后，郑孝胥就提醒我，无论如何不能和日本军方伤感情，伤了感情一定没有好处，张作霖的下场就是殷鉴。我一听这话，又害怕起来。我原来认为，土匪出身的张作霖和我这"自与常人殊"的"龙种"按理不能并列，现在我看出了，在日本人心里并不把我当作"龙种"看待，因此我不得不时时注意着板垣的那张青白脸。那张脸竟是个没有春夏秋冬的脸。他大口喝酒，对任何人的敬酒都表现十分豪爽，绝口不提白天的争论，就好像根本不曾发生过什么似的。这天晚上犹如约定好了一样，宴会上的人除了风花雪月，烟酒饮食，没有人说别的。一直到晚上十点钟结束宴会，我还没看出板垣脸上的气候。

可是用不着我再费多少时间去试探，第二天早晨，板垣把郑孝胥、罗振玉、万绳栻和郑垂都叫到大和旅馆，让他们向我传达了他的"气候"：

"军部的要求再不能有所更改。如果不接受，只能被看作是敌对态度，只有用对待敌人的手段做答复。这是军部最后的话！"

听到了这个回答，我怔住了。我的腿一软，跌坐在沙发上，半晌说不出话来。

罗振玉垂头丧气，不发一言，万绳栻惊慌不安地立在一旁，别人也都不言语。静了一回，只听见郑孝胥说："臣早说过，不可伤日本的感情……不过现在还来得及，臣已经在板垣面前极力担承，说皇上必能乾纲独断。"

我没有作声。

"不入虎穴焉得虎子？"郑垂走了过来，满面春风地说，"识时务者为俊杰。咱君臣现在是在日本人掌心里，不能吃眼前亏，与其跟他们决裂，不如索性将计就计，以通权达变之方，谋来日之宏举。"

昨晚在宴会上郑垂是最活跃的一个，他和板垣一再干杯，宴会后又拉着板垣喝酒。今天他的通权达变、将计就计论说得如此娓娓动听，我没把它和昨晚的特殊举动联系起来，只奇怪他和他老子去沈阳之前，还说过非大清复辟不干，怎么变得这么快呢？

郑孝胥看我不作声，又换上了激昂的声调说："日本人说得出做得出，眼前这个亏不能吃，何况日本人原是好意，让皇上当元首，这和做皇帝是一样。臣伺候皇上这些年，还不是为了今天？若是一定不肯，臣只有收拾铺盖回家。"听了他这话，我发了慌。他儿子接着说："现在答应了日本军部，将来把实力培植起来，不愁没有办法按着咱的意思去办。"这时罗振玉垂头丧气地说："事已如此，悔之不及，只有暂定以一年为期，如逾期仍不实行帝制，到时即行退位，看以此为条件，板垣还怎么说。"我再没有办法，叹一口气，便叫郑孝胥去和板垣说说看。

过了不多时，郑孝胥头顶闪着光回来了，说板垣已经同意，并且今晚要"为未来的执政举行一个小规模的宴会！"

我就是这样，一方面是浑身没有一根骨头是硬的，一方面还幻想着未来的"复位登极"，公开走上了这条卑鄙无耻的道路，确定了头号汉奸的身份，给血腥的统治者充当了遮羞布。在这块布底下，从一九三二年二月二十三日这天起，祖国的东北完全变成了殖民地，三千万同胞开始了染满血泪的苦难生活。同时，我也给本庄、板垣之流增添了信心，奠定了他们"发家"的基石。郑孝胥日记里这样记下了本庄、板垣等人的命运关头：

上乃决，复命万绳栻往召板垣。遂改"暂为维持"四字。板垣退而大悦。昨日本庄两次电话来询情形，板垣今日十一时当去。暂许之议，十时乃定。危险之机，间不容发。盖此议不成，则本庄、板垣皆当引咎辞职，而日本陆军援立之策败矣。

第六章

伪满十四年（1932年~1945年）

一　傀儡戏开场

在板垣的宴会上，我的思想是紊乱而又矛盾的。我不知道对自己的命运是应该高兴，还是应该忧愁。那天晚上，板垣召来了一大批日本妓女，给每个赴宴者配上一名，侑酒取乐。他自己左拥右抱，把斯文正经丢得一干二净。他时而举杯豪饮，时而纵声大笑，毫不掩饰其得意的心情。起初，在他还能矜持的时候，曾十分恭敬地向我祝酒，脸上带着暗示的笑容，祝我"前途顺利，达成夙愿"，这时，我觉得似乎可以高兴一点。到后来，随着饮量的增加，他的脸色越来越发青，情形就不对了。有个日本妓女用生硬的中国话问了我一句："你是做买卖地干活！"板垣听见了，突然怪声大笑起来。这时我又想，我实在没有什么值得高兴的。

我这种忧喜不定、前途茫茫的心情，一直保持到胡嗣瑗、陈曾寿等人回到我身边的时候。这些老头子得到关东军的准许，能回到我的身边来，都是很高兴的。这种高兴与其说是由于君臣重聚，倒不如说是出于官爵财禄的热衷。他们一面因我纡尊降贵屈为执政而表示悲愤，一面向我列举历史故事，说明创业的君王每每有暂寄篱下，以求凭借之必要。有了这些教导，加上商衍瀛拿来的"老祖降坛训诫"，我的心情居然逐渐稳定下来。二月二十六日，我命随侍们给我准备香案，对祖宗祭告了一番，祭文如下：

> 二十年来，视民水火，莫由拯救，不胜付托，丛疚滋深。今以东三省人民之拥戴，邻邦之援助，情势交迫，不得不出任维持之责。事属创举，成败利钝，非所逆睹。唯念自昔创业之君，若晋文之于秦穆，汉光武之于更始，蜀先主之于刘表、袁绍，明太祖之于韩林儿，当其经纶未展，不能不有所凭借，以图大举。兹本忍辱负重之心，为屈蠖求伸之计，降心迁就，志切救民；兢兢业业，若履虎尾。敢诉愚诚，昭告于我列祖列宗之灵，伏祈默佑。

二月的最末一天，在关东军第四课的导演下，沈阳的所谓"全满洲会议"通过决议，宣告东北独立，拥我出任"新国家执政"。上角利一和郑孝胥告诉我，这个会议的"代表"们就要来旅顺向我请愿，须先准备一下答词。答词要准备两个，第一个是表示拒绝，等"代表"们二次恳请，再拿出第二个来表示接受。三月一日，张燕卿、谢介石等九人到达旅顺。郑孝胥先代我接见，拿出了第一个答词：

> 予自经播越，退处民间，闭户读书，罕间外事。虽宗国之岾危，时轸于私念，而拯救之方略未讲。平时忧患余生，才微德鲜。今某某等前来，猥以蒧蒧之躬，当兹重任，五中惊震，倍切惭惶。事未更则阅历之途浅，学未裕则经国之术疏，加以世变日新，多逾常轨，际遇艰屯，百倍畴昔。人民之疾苦已臻其极，风俗之邪议未知所届。既不可以陈方医变症，又不可以推助徇末流。所谓危急存亡之秋，一发千钧之会，苟非通达中外，融贯古今，天生圣哲，殆

难宏济，断非薄德所能胜任。所望另举贤能，造福桑梓，勿以负疚之身，更滋罪戾。

然后由我接见。彼此说了一通全是事先别人已嘱咐好的话，无非是一方"恳请"，一方"婉辞"。历时不过二十分钟，各自退场。三月五日，按关东军第四课的计划，"代表"人数增到二十九名，二次出场"恳请"。这次"代表"们完成了任务。我的答词最后是这样的：

承以大义相责，岂敢以暇逸自宽，审度再三，重违群望……勉竭愚昧，暂任执政一年；一年之后，如多陨越，敬避贤路。傥一年之内，宪法成立，国体决定，若与素志相合，再当审慎，度德量力，以定去就。

走完"过场"，我于次日和婉容以及郑孝胥等人回到汤岗子。张景惠、赵欣伯等人早已在此等候，表示"恭迎"。我们在此过了一夜，次日一同前往长春。

三月八日下午三时，火车到达长春站。车还未停，就听见站台上响起军乐声和人们的呼叫声。我在张景惠、熙洽、甘粕、上角等一帮人的簇拥下走上站台，看见到处是日本宪兵队和各色服装的队列。在队列里，有袍子马褂，有西服和日本和服，人人手中都有一面小旗。我不禁激动起来，心想我在营口码头上没盼到的场面，今日到底盼来了。我在队列前走着，熙洽忽然指着一队夹在太阳旗之间的黄龙旗给我看，并且说："这都是旗人，他们盼皇上盼了二十年。"听了这话，我不禁热泪盈眶，越发觉得我是大有希望的。

我坐上了汽车，脑子里只顾想我的紫禁城，想我当年被冯玉祥的国民军赶出城的情形，也想到"东陵事件"和我发过的誓言，我的心又被仇恨和欲望燃烧着，全然没有注意到长春街道的景色是什么样子，被恐怖与另一种仇恨弄得沉默的市民们，在用什么样的眼色看我们。过了不多时间，车子驶进了一个古旧的院落。这就是我的"执政府"。

这所房子从前是道尹衙门，在长春算不上是最宽敞的地方，而且破旧不堪，据说因为时间过于仓促，只好暂时将就着。第二天，在匆忙收拾起的一间大厅里，举行了我的就职典礼。东北的日本"满铁"总裁内田康哉、关东军司令官本庄繁、关东军参谋长三宅光治、参谋板垣等重要人物都来了。参加典礼的"旧臣"除了郑、罗、胡、陈等人外；还有前盛京副都统三多，做过绍兴知府以杀害秋瑾出名的赵景祺，蒙古王公贵福和他的儿子凌升以及蒙古王公齐默特色木丕勒等。此外还有旧奉系人物张景惠、臧式毅、熙洽、张海鹏，在天津给我办过离婚案件的律师林迁琛、林棨。曾给张宗昌做过参谋的金卓这时也跑来做了我的侍从武官。

那天我穿的是西式大礼服，行的是鞠躬礼。在日本要人的旁观下，众"元勋"们向我行了三鞠躬，我以一躬答之。臧式毅和张景惠二人代表"满洲民众"献上了用黄绫包裹着的"执政印"。郑孝胥代念了"执政宣言"，其文曰：

> 人类必重道德，然有种族之见，则抑人扬己，而道德薄矣。人类必重仁爱，然有国际之争，则损人利己，而仁爱薄矣。今立吾国，以道德仁爱为主，除去种族之见，国际之争，王道乐土，当可见诸实事。凡我国人，望其勉之。

典礼完毕，接见外宾时，内田康哉致了"祝词"，罗振玉代读我的"答词"。然后到院子里升旗、照相。最后举行庆祝宴会。

当天下午，在"执政办公室"里，郑孝胥送上一件"公事"：

"本庄司令官已经推荐臣出任国务总理，组织内阁，"他微弓着身子，秃头发光，语音柔和，"这是特任状和各部总长名单[1]，请签上御名。"

这原是在旅顺时日本人甘粕正彦早跟我说好了的。我默默地拿起笔，办了就职后的第一件公事。

我走出办公室，遇上了胡嗣瑗和陈曾寿。这两个老头脸色都不好看，因为知道了特任官名单里，根本没有他们的名字。我对他们说，我要把他们放在身边，让胡嗣瑗当我的秘书处长，陈曾寿当秘书。胡嗣瑗叹着气谢了恩，陈曾寿却说他天津家里有事，求我务必准他回去。

第二天，罗振玉来了。他在封官中得的官职是一名"参议"，他是来辞这个不称心的官职的。我表示了挽留，他却说："皇上屈就执政，按说君辱就该臣死，臣万不能就参议之职。"后来他做了一任"监察院院长"，又跑回大连继续卖他的假古董，一直到死。

但是我的思想反而跟他们不同了。长春车站上的龙旗和军乐，就职典礼时的仪节以及外宾接见时的颂词，给我留下了深刻的印象，使我不禁有些飘飘然。另一方面，我已公开露了头，上了台，退路是绝对没有了。即使板垣今天对我说，你不干就请便吧，我也回不去了。既然如此，就只好"降心迁就"到底。再说，如果对日本人应付得好，或许会支持我恢复皇帝尊号的。我现在既然是一国的元首，今后有了资本，就更好同日本人商量了。由于我专往称心如意的方面想，所以不仅不再觉着当"执政"是受委屈的事，而且把"执政"的位置看成了通往"皇帝宝座"

---

[1] 名单内容：国务总理郑孝胥，民政部总长臧式毅，外交部总长谢介石，军政部总长张景惠，财政部总长熙洽，实业部总长张燕卿，交通部总长丁鉴修，司法部总长冯涵清，文教部总长郑孝胥（兼），奉天省长臧式毅（兼），吉林省长熙洽（兼），黑龙江省省长程志远（兼），立法院院长赵欣伯，监察院院长于冲汉，最高法院院长林棨，最高检察厅厅长李槃，参议府议长张景惠（兼），参议府副议长杨玉麟，参议府参议张海鹏、袁金铠、罗振玉、贵福，执政府秘书处处长胡嗣瑗，执政府秘书处秘书万绳栻、商衍瀛、罗福葆、许宝蘅、林廷琛，内务处处长宝熙，内务官特任张燕卿、金璧东、王季烈、佟济煦、王大忠、商衍瀛，警备处处长佟济煦，侍从武官长张海鹏，国务院秘书官郑垂，国务院秘书官郑禹。

的阶梯。

在这样自我安慰和充满幻想的思想支配下,如何好好地利用这个"阶梯",顺利地登上"宝座",就成了我进一步思索的中心问题。我想了几天之后,有一天晚上,把我思索的结果告诉了陈曾寿和胡嗣瑗:

"我现在有三个誓愿,告诉你们:第一,我要改掉过去的一切毛病,陈宝琛十多年前就说过我懒惰轻佻,我发誓从今永不再犯;第二,我将忍耐一切困苦,兢兢业业,发誓恢复祖业,百折不挠,不达目的誓不甘休;第三,求上天降一皇子,以承继大清基业。此三愿实现,我死亦瞑目。"

典礼后一个月左右,"执政府"迁到新修缮的前吉黑榷运局的房子。为表示决心,我亲自为每所建筑命名。我把居住楼命名为"缉熙",系取自《诗经·大雅·文王》"于缉熙敬止"句。我更根据祖训"敬天法祖、勤政爱民",以"勤民"命名我的办公楼。我从此真的每天早早起来,进办公室"办公",一直到天晚,才从"勤民楼"回到"缉熙楼"来。为了誓愿,为了复辟,我一面听从着关东军的指挥,以求凭借,一面"宵衣旰食",想把"元首"的职权使用起来。

然而,我的"宵衣旰食"没有维持多久,因为首先是无公可办,接着我便发现,"执政"的职权只是写在纸上的,并不在我手里。

二　尊严与职权

在《满洲国组织法》里,第一章"执政"共十三条,条条规定着我的权威。第一条是"执政统治满洲国",第二至第四条规定由我"行使立法权""执行行政权""执行司法权",以下各条规定由我"颁布与法律同一效力之紧急训令""制定官制、任命官吏""统率陆海空军",以及掌握"大赦、特赦、减刑及复权之权",等等。实际上,我连决定自己出门行走的权力都没有。

有一天，我忽然想到外面去逛逛，便带着婉容和两个妹妹来到以我的年号命名的"大同公园"。不料进了公园不久，日本宪兵队和"执政府警备处"的汽车便追来了，请我回去。原来他们发现了我不在执政府里，就告诉了日本宪兵司令部，宪兵司令部便出动了大批军警到处搜寻，弄得满城风雨。事后执政府顾问官上角利一向我说，为了我的安全和尊严，今后再不要私自外出。从那以后，除了关东军安排的以外，我再没出过一次大门。

我当时被劝驾回来，听日本人解释说，这都是为了我的安全和尊严，觉得很有道理。可是等我在勤民楼办了一些日子的"公事"之后，我便对自己的安全和尊严发生了怀疑。

我自从发过誓愿之后，每天早起，准时到勤民楼办公。从表面上看来，我是真够忙的，从早到晚，总有人要求谒见。谒见者之中，除少数前来请安的在野旧臣或宗室觉罗之外，多数是当朝的新贵，如各部总长、特任级的参议之流。这些人见了我，都表白了忠心，献纳了贡物，可就是不跟我谈公事。我每次问起"公事"时，他们不是回答"次长在办着了"，就是"这事还要问问次长"。次长就是日本人，他们是不找我的。

胡嗣瑗首先表示了气愤。他向郑孝胥提出，各部主权应在总长手里，重要公事还应由执政先做出决定，然后各部再办，不能次长说什么是什么。郑孝胥回答说："我们实行的是责任内阁制，政务须由'国务会议'决定。责任内阁对执政负责，每周由总理向执政报告一次会议通过的案件，请执政裁可。在日本就是如此。"至于总长应有主权问题，他也有同感。他说此事正准备向日本关东军司令官提出，加以解决。原来他这个总理与国务院的总务厅长官之间，也存在着这个问题。

郑孝胥后来跟关东军怎么谈的，我不知道。但是胡嗣瑗后来对我说的一次国务会议的情形，使我明白了所谓"责任内阁制"是怎么一回事，总长与次长是什么关系。

那是一次讨论关于官吏俸金标准问题的国务会议。一如往昔，议案是总务厅事先准备好了，印发给各部总长的。总长们对于历次的议案，例如接管前东北政府的财产、给日本军队筹办粮秣、没收东北四大银号以成立中央银行等等，都是毫不费劲立表赞同的，但是这次的议案关系到自己的直接利害，因此就不是那么马虎了。总长们认真地研究了议案，立刻议论纷纷，表示不满。原来在《给与令草案》中规定，"日系官吏"的俸金与"满系"的不同，前者比后者的大约高出百分之四十左右。财政总长熙洽最沉不住气，首先发表意见说："这个议案，简直不像话。咱们既然是个复合民族国家，各民族一律平等，为什么日本人要受特殊待遇？如果说是个亲善国家的国民，就该表示亲善，为什么拿特别高的俸金？"实业总长张燕卿也说："本庄繁司令官说过，日满亲善，同心同德，有福同享，有难同当。假若待遇不同，恐非本庄司令官的本意。"其他总长，如交通总长丁鉴修等人，也纷纷表示希望一视同仁，不分薄厚。总务厅长官驹井德三一看情形不好，便止住了总长们的发言，叫议案起草人人事课长古海忠之为草案做解答。古海不慌不忙，谈出了一番道理，大意是，要想讲平等，就要先看能力平等不平等，日本人的能力大，当然薪俸要高，而且日本人生活程度高，生来吃大米，不像"满"人吃高粱就能过日子。他又说："要讲亲善，请日本人多拿一些俸金，这正是讲亲善！"总长们听了，纷纷表示不满。驹井不得不宣布休会，改为明天再议。

第二天复会时，驹井对大家说，他跟次长们研究过，关东军也同意，给总长们把俸额一律提高到与次长们同一标准。"但是，"他又补充说，"日系官吏远离本乡，前来为满洲人建设王道乐土，这是应该感激的，因此另外要付给日籍人员特别津贴。这是最后决定，不要再争执了。"许多总长听了这番话，知道再闹就讨没趣了，好在已经给加了钱，因此都不再作声，可是照洽自认为与本庄繁有点关系，没把驹井放在眼里，当时又顶了两句："我不是争两个钱，不过我倒要问，日本人在哪儿建设王道乐土？不是在满洲吗？没有满洲人，能建设吗？"驹井听了，勃然大怒，拍着桌子吼道："你知道满洲的历史吗？满洲是日本人流血换来的，是从俄国人手里夺回来的，你懂吗？"熙洽面色煞白，问道："不让说话吗？本庄司令官也没对我喊叫过。"驹井依然喊叫道："我就是要叫你明白，这是军部决定的！"这话很有效，熙洽果然不再说话，全场一时鸦雀无声。

这件事情发生后，所谓"内阁制"和"国务会议"的真相，就瞒不住任何人了。

"国务院"的真正"总理"不是郑孝胥，而是总务厅长官驹井德三。其实，日本人并不隐讳这个事实。当时日本《改造》杂志就公然称他为"满洲国总务总理"和"新国家内阁总理大臣"。驹井原任职于"满铁"，据说他到东北不久即以一篇题为《满洲大豆论》的文章，得到了东京军部和财阀的赏识，被视为"中国通"。他被军部和财阀选中为殖民地大总管，做了实际上的总理，他眼中的顶头上司当然是关东军司令官，并不是我这个名义上的执政。

我和郑孝胥是名义上的执政与总理，总长们是名义上的总长，所谓国务会议也不过是走走形式。国务会议上讨论的议案，都是"次长会议"上已做出决定的东西。次长会议又称"火曜会议"，是总务厅每星期二召集的各部次长的会议，这才是真正的"内阁会议"，当然这是只对"太上皇"关东军司令官负责的会议。每次会议有关东军第四课参加，许多议案就是根据第四课的需要拟订的。

这些事情，后来对谁都不是秘密了，按说我是应该能够清醒过来的，但我却不是这样的人。我身边有个爱说话的胡嗣瑗，由于他的时常提醒，我总也忘不了唯我独尊的身份，更忘不了早在张园就确立的一种思想，即"日本非我皇上正位，则举措难施"。日本人表面上对我的态度，也经常给我一种错觉，使我时常信以为真，认为我毕竟不同于熙洽，日本人不尊重我不行。例如在"协和会"的建立问题上，我就是这样想的。

我就职一个多月以后的一天，郑孝胥向我做例行报告，提到关东军决定要成立一个政党，定名为"协和党"。这个党的任务是"组织民众协力建国"，培育民众具有"尊重礼教、乐听天命"的精神。我每逢听到有人提到"党"，总有谈虎色变的感觉，因此听了郑孝胥的报告，比听到驹井拍桌子的消息更紧张，连忙打断他的话，摇手反对道："要什么党？要党有什么好处？辛亥亡国不就是'党'闹的吗？孔子说，君子矜而不争，群而不党，难道这些你全忘了吗？"郑孝胥耷拉着脸说："皇上的话很对，可是这是军部决定的。"他以为这句话可以堵上我的嘴了，没想到这次我把这件事看作生命攸关的问题，说什么也不肯同意。我对于他口口声声地说"军部决定的"，早已厌烦之至，不愿意再听，就生气地说："你不去对日本人说，就给我把他们叫来！"

郑孝胥走后，我把这件事告诉了胡嗣瑗。这位秘书处长对我的做法大加恭维，并且说：

"依臣管见，不见得如郑孝胥所说，事事皆军部做主。罗振玉说过，郑孝胥是依恃军部，跋扈犯上。皇上若是向军部据理而争，军部未必敢于专横。何况党之不利于我，犹不利于日本，日本军方焉能不明此理？"

我听他说得有理，就更有了主意。两天后，关东军第四课的参谋片仓衷、参谋长桥本虎之助、高参板垣征四郎先后来向我做解释，都没有说服我。事情就拖下来了。

过了三个月，即这年的七月间，我相信我是胜利了。关东军决定不成立"协和党"，只成立一个"协和会"，作为"翼赞"政府的组织。这个会包括所有居民在内，具体地说，凡年满二十岁的男子均为会员，妇女均为其附属的"妇女会"会员，十五至二十岁的青年均为附属的"青年团"团员，十至十五岁的少年为附属的"少年团"团员。

事实上，关东军把"党"改为"会"，并非是对我有什么让步，而是认为这比弄个不伦不类的政党更便于统治东北人民，通过这样一个网罗一切人口的组织，更便于进行奴化宣传、特务监视和奴役人民。我眼中看不到这样的事实，只觉得日本人毕竟是要听我的。

有了这样的错觉，就无怪要再碰钉子了。这是订立《日满密约》以后的事。

三　订立密约以后

早在旅顺的时候，郑孝胥就跟本庄繁谈妥了由我出任执政和他出任国务总理的条件。这件事情，郑孝胥直到本庄繁卸任前夕才让我知道。

一九三二年八月十八日，郑孝胥来到勤民楼，拿出一堆文件来对我说：

"这是臣跟本庄司令官办的一项协定，请上头认可。"

我一看这个协定，就火了。

"这是谁叫你签订的？"

"这都是板垣在旅顺谈好的条件，"他冷冷地回答，"板垣跟上头也早说过。"

"板垣跟谁说过？我就没听他说过。就算他说过，你签字之先也要告诉我呀！"

"这也是板垣嘱咐的，说恐怕胡嗣瑗他们不识大局，早拿来反而添麻烦。"

"究竟是谁当家？是你，是我？"

"臣岂敢。这些协定实在是权宜之计，皇上欲求凭借，岂能不许以条件？这原本是既成事实，将来还可以另订条约，规定几年将权益收回。"

他说的其实不错，日本在协定中所要的权利，本来是它已到了手的东西。这个协定共有十二条款，另有附则、附表、附属协定，主要内容是："满洲国"的"国防、治安"全部委托日本；日本管理"满洲国"

的铁路、港湾、水路、空路，并可增加修筑；日本军队所需各种物资、设备由"满洲国"负责供应；日本有权开发矿山、资源；日本人得充任"满洲国"官吏；日本有权向"满洲国"移民等等。在这协定中最后规定它将为日后两国间正式条约的基础。郑孝胥说的道理也不错，既然要"凭借"，岂可不付代价？但是尽管事情是如此明白，我却不能不感到气恼。我恼的是郑孝胥过于擅自专断，竟敢任意拿"我的"江山去跟日本人做交易，我也恼日本人的过分讹诈，"皇帝宝座"没给我，反而要去了这么多的东西。

我在气恼而又无可奈何之下，追认了既成的事实。郑孝胥拿了我签过字的密约去了，胡嗣瑗照例就跟着走了进来。我把这件事告诉了他，他立刻气愤地说：

"郑孝胥真不像话！陈宝琛早说过他惯于慷他人之慨！他如今竟敢如此擅断！"

"现在木已成舟！"我颓丧地说。

"或许并不尽然，且看东京方面的消息吧。"

许多天以前，我们便知道了关东军司令官将要换人和日本要承认"满洲国"的消息。胡嗣瑗非常重视这件事，照他的看法，日本调换关东军司令官，很可能要改变一点态度，应该乘此机会派人到日本去活动一下。他说，不给日本好处是不行的，像矿山、铁路、资源以及国防都可以叫日本经管，但是在官制方面，任免权必须在我。我采纳了他的主意，并且按他的推荐派出了当过律师的林廷琛和台湾人蔡法平，到东京找他的台湾籍朋友许丙，通过许丙找军部上层人物去活动。林、蔡二人在东京见到了陆军总参谋长真崎甚三郎、前天津日本驻屯军司令香椎浩平，还有即将继任关东军司令官的武藤信义等人，向他们提出了我的具体要求：

一、执政府依组织法行使职权；

二、改组国务院，由执政另提任命名单；

三、改组各部官制，主权归各部总长，取消总务厅长官制度；

四、练新兵，扩编军队；

五、立法院克期召集议会，定国体。

这也是胡嗣瑗为我拟定的。照他的意思，并不指望日本全部接受，只要它同意定国体和由我决定官吏的任免，便算达到了目的。但是条件还是多提一些，以备对方还价。

过了两天，胡嗣瑗兴致勃勃地告诉我，东京来了好消息。据林、蔡二人的来信说，东京元老派和军部中某些人都同情于我，不满意本庄对我的态度；表示愿意支持我的各项要求。胡嗣瑗说，由此看来，继任的司令官到任后，情形会有变化，我将按规定行使自己的职权，治理自己的国家。但要治理好，非有个听话的总理不能办事。我听他说的有理，便决定把郑孝胥换掉。我和他研究了一下，觉得臧式毅比较合适，如果任命他为总理，他必定会感恩报德，听我指挥的。商量已定，便命胡嗣瑗与许宝衡去找臧式毅谈。

臧式毅的态度尚在犹豫，郑孝胥的儿子郑垂来了。

"听说上头派人到东京找武藤信义去了。"他站在我面前，没头没脑地来了这么一句。说罢，盯着我，看我的反应。不用说，他是看出了我不想承认这件事的，于是跟着又说下去："东京在传说着这件事，说上头打算改组国务院。臣听了，不得不跟上头说说。但愿是个谣传。"

"你怎么但愿是谣传？"

"但愿如此。这个打算是办不到的。即使办到了，一切由满人做主，各部长官也驾驭不了。不管是臧式毅还是谁，全办不了。"

"你要说的就是这个吗？"

"臣说的是实情……"

"说完了你就去吧！"

"是。"

郑垂走了，我独自一人在办公室里生气。过了一会，胡嗣瑗知道了，又翘起了胡子。

"郑氏父子，真乃一狼一狈。郑垂尤其可恨。上回熙洽送来红木家具，他劝上头节俭，无非是嫉妒，怕熙洽独邀天眷，这次他又提防起臧式毅来了！"

"真不是人！"我越听越恨，决心也更大了，便问胡嗣瑗，臧式毅那边说好了没有。

"他不肯。"

事实上，臧式毅比我和胡嗣瑗都明白，没有关东军说话，他答应了只有找麻烦。

郑孝胥知道了臧式毅不敢，就更有恃无恐，居然对我使起当年奕劻对付我父亲的办法，以退为进，向我称病请假了。不过他没料到，我有了东京的好消息，也是有恃无恐的。我看他请假，就看作是个机会，毫不挽留地说：

"你也到了养老的时候了。我不勉强你，你推荐个人吧。"

他的秃头一下子黯然无光了。

"臣的意思，是养几天病。"

"那，也好。"

郑孝胥一下去，我立即命胡嗣瑗去找臧式毅，让他先代理总理职务，以后再找机会去掉郑孝胥。可是过了五天，不等臧式毅表示态度，郑孝胥就销假办公了。

胡嗣瑗知道了郑孝胥已回到国务院，对我叹气说："他用密约换的国务总理大印，自然是舍不得丢了。"言下颇为辛酸。

我也有辛酸处，这当然不为总理的那颗印，而是我这执政的权威无论对谁都使不上。这次失败给了我很重要的教训。这是由胡嗣瑗的那句辛酸话启发的。

"郑孝胥用密约换得总理大印，密约白白地变成了他的本钱，这真太岂有此理了。密约为什么不能是我的本钱，向日本人换得我的所需呢？"

我决定等新的关东军司令官到任时，再亲自提出那五项要求。胡嗣瑗拥护这办法，并且提醒我别忘了请日本人撤换郑孝胥。他是自从郑孝胥上台当总理，就耿耿于怀地打了这个主意的。

这是九月上旬的事。九月中旬，日本新任关东军司令官兼第一任驻"满"大使武藤信义来到了长春。十五日这天，在勤民楼内，武藤与郑孝胥签订了《日满议定书》，这就是以那个密约为基础的公开协议。

> 因日本国确认满洲国根据其住民之意旨，自由成立而成一独立国家之事实，因满洲国宣言中华民国所有之国际约款，其应得适用于满洲国者为限，即应尊重之。满洲政府及日本政府为永远巩固满日两国间善邻之关系，互相尊重其领土权，且确保东洋之和平起见，为协定如左：
>
> （一）满洲国将来满日两国间，未另订约款之前，在满洲国领土内，日本国或日本国臣民依据既存之日中两国间之条约协定，其他约款及公私契约所有之一切权利利益，即应确认尊重之。
>
> （二）满洲国及日本国确认对于缔约国一方之领土，及治安之一切之威胁，同时亦为对于缔约国他方之安宁及存立之威胁，相约两国协同当防卫国家之任，为此所要之日本国军驻扎于满洲国内。
>
> ……[1]

举行完了仪式，喝过了香槟酒，我就急不可待地跟武藤单独进行了会谈。我这时是信心十足的。因为林廷琛和蔡法平不多天前刚从日本回来，他们告诉我，武藤在东京不但已经同意了我的要求，而且连恢复我的尊号都答应予以考虑哩。

---

[1] 我手头无原件，这是引用《东方杂志》第 29 卷第 4 号上的。——作者

武藤是日本大正时代晋升的陆军大将，做过参谋本部次长、教育总监、军事参议官，第一次世界大战率日军占领过苏联的西伯利亚。他这次以大将资格来东北，身兼三职——关东军司令长官（从前都是中将衔）、关东厅长官（"九一八"事变前日本设在辽东半岛的殖民总督）和"驻满洲国大使"，到任不久就晋升为元帅，是这块土地上的事实上的最高统治者，"满洲国"的太上皇。日本报纸称他为"满洲的守护神"。在我的眼里，这个六十五岁的白发老头，确实像一个神似的那么具有威灵。当他十分有礼貌地向我鞠躬致敬时，我就有了一种得天独厚的感觉。等我把话说完，他很礼貌地回答道：

"对于阁下的意见，我必带回去认真地加以研究。"

他带走了胡嗣瑗写的那几条要求。可是一天一天过去，不见他的研究结果。

按规定，我每月有三次和关东军司令兼大使会见。十天后，我和他第二次会见时，催问他研究的结果，他仍是说："研究研究。"

他每次跟我见面，礼貌总是周到的，向我深深鞠躬，微笑，一口一个"阁下"，并且用一种崇敬神情谈起我的每位祖先，不过就是对我的各项要求绝口不提。如果我把话题转到这方面来，他则顾左右而言他。我被这样置之不理的应付了两次，就再没有勇气问他了。

一直到一九三三年七月武藤去世时为止，我和他每次见面只能谈佛学，谈儒学，谈"亲善"。在这期间，我的权威在任何人眼里都没增加，而他的权威在我心里则是日增一日，有增无减。

四 《国联调查团报告书》

一九三二年五月，国联调查团来到了东北。十月，发表了所谓"满洲问题"的调查报告。郑氏父子对于这个调查团曾抱有很大幻想，报告书公布的时候，他们简直以为实现国际共管的理想是指日可待的。他父子俩后来失宠于日人，终于被抛弃，与这种热衷于共管有很大关系。我当时并没有他们想得那么多，没有他们那样兴奋，但却从他们的议论中，知道了不少国际上的事情。我与他们的感受也不同。他们因调查团的态度而发生了共管的幻想，而我却由此发生了对日本强大的感觉。由于这种感觉，我越发认为自己的命运是无法跟它分开了。

关于西方列强在"满洲事件"上的态度，我早就听郑氏父子等人不断说过这类的话："别看日内瓦、巴黎（国联）开会开得热闹，其实哪一国也不打算碰日本，欧战以后有实力的是美国，可是连美国也不想跟日本动硬的。"精通英文、日文的郑垂不时地把外国报纸上的舆论告诉我，说美国不少报纸言论是祖日的。他曾有根有据地说了一些非公开消息，例如美日曾有密约，美对日本在东北的行动有谅解，等等。他还很具体地告诉我，早在事变前美国方面的重要人物就劝过蒋介石，把满洲卖给日本，让日本去碰苏联，以收其利 [1]。

"调查团要来了，"郑孝胥是这样告诉我的，"国民党请他们来调查，想请他们帮忙对付日本，其实他们是不对付日本的。他们关心的一是门

---

[1] 事实上，喜欢吹牛的郑氏父子并没有撒谎。在当时的《东方杂志》上，就可以找到《纽约论坛报》《纽约日日新闻》等报纸上的祖日言论的译文。比如，前者有这样的话："日人军事行动，乃对中国废除不平等条约政策所不能免之反响"，后者："日本继承俄国在满洲开发，至于今日，其功绩之伟大，为世人公认。"国联通过派遣调查团的决议，确曾遭受到美国的反对，理由是："此种行动足以刺激日本国民的情绪"，国联在一次会议上，打算做出要求日军退出满洲的决议时，美国国务卿凯塞尔就公开表示，对此并未附议。这些事实的记载可以从当时的许多报刊上看到。后来美国国务院发表了一些秘密文件，其中《一九三一年美国外交文件》一书，公布了那年十一月二十七日美驻日大使福白斯交给日本外务大臣币原的一份觉书，透露了美国政府当时"曾劝中国政府采取妥协步调"。至于日美对东北问题的秘密谈判，则在一九三五年十二月号的《国际事件》(International Affairs, 1935 Dec.) 上据西·莱特的一篇文章《美国人对远东问题的观点》(Q. Wright: American View of the Far Eastern Problem) 中揭露了出来。——作者

户开放、机会均等，二是对付赤俄。他们在东京跟内田康哉（这时已出任日本外相）谈的就是这个。用不着担心，到时候应付几句就行了。依臣看来，国民党也明知道调查团办不了什么事，说不定国民党看到了国际共管满洲的好处。"

后来事实证明，郑氏父子说的话大都正确。

沈阳事变发生后，蒋介石一再电张学良转命东北驻军："为免事件扩大，绝对不抵抗。"四天后，即九月二十二日，蒋在南京全市国民党员大会上宣称："以公理对强权，以和平对野蛮，忍辱含愤，暂取逆来顺受态度，以待国际公理之判断。"同时，对内却毫无和平与公理，用最野蛮的办法加紧进行内战。九月三十日，国民党向国联请求派中立委员会到满洲调查。经过几番讨论，到十二月十日才得到日本同意，做出组织调查团的决议。调查团由五国委员组成，即英国的李顿爵士、美国的佛兰克洛斯·麦考益少将、法国的亨利·克劳德中将、意大利的格迪伯爵和德国的恩利克希尼博士。团长是李顿。一九三二年二月三日调查团启程，先在日本、上海、南京、汉口、九江、宜昌、重庆等地转了一圈，又在北平住了十天，到东北的时候已是五月份了。在这期间，南京政府宣传着"等待公理的判断"，而日军则攻占了锦州，发动了淞沪战争，成立了"满洲国"。除了这些被"等待"来的结果之外，还有一个在各国干预下产生的《淞沪停战协定》。根据这个协定，南京政府的军队从此不得进驻淞沪地区。

五月三日这天，我和调查团的会见，用了大约一刻钟左右的时间。他们向我提出了两个问题：我是怎么到东北来的？"满洲国"是怎么建立起来的？在回答他们的问题之前，我脑子里闪过一个大概他们做梦也没想到的念头。我想起当年庄士敦曾向我说过，伦敦的大门是为我打开着的，如果我现在对李顿说，我是叫土肥原骗来又被板垣威吓着当上"满洲国元首"的，我要求他们把我带到伦敦，他们肯不肯呢？我这个念头刚一闪过，就想起来身边还坐着关东军的参谋长桥本虎之助和高参板垣征四郎。我不由地向那青白脸瞄了一眼，然后老老实实按照他预先嘱咐过的说："我是由于满洲民众的推戴才来到满洲的，我的国家完全是自愿自主的……"

调查团员们一齐微笑点头，再没问什么。然后我们一同照相，喝香槟，祝贺彼此健康。调查团走后，板垣的青白脸泛满了笑意，赞不绝口地说："执政阁下的风度好极了，讲话响亮极了！"郑孝胥事后则晃着秃头说："这些西洋人跟臣也见过面，所谈都是机会均等和外国权益之事，完全不出臣之所料。"

这年十月，日本《中央公论》上刊出了驹井的一篇文章，郑垂把译文送来不久，《调查团报告书》也到了我手里，这两样东西，给了我一个统一的印象，正如郑氏父子所判断的，调查团所关心的是"机会"与"门户"问题。

驹井的文章题为《满洲国是向全世界宣称着》，内容是他与李顿等人会见的情形。现在郑垂的译文已不可得，只有借助于一篇不高明的译文，是陈彬龢编印的《满洲伪国》里的。文章中说，李顿第一个向他提出问题："满洲国的建设不稍嫌早些吗？"他回答了一大套非但不早，且嫌其晚的鬼道理，然后是——

其次麦考益将军问："满洲国宣扬着门户开放主义，果真实行了吗？"我立即回答说："门户开放和机会均等是满洲立国的铁则。门户开放政策，在昔围绕着中国的诸国中，美国是率先所说的精神。但这主义政策是列国之所倡，中国本身是抱着门户闭锁主义，我们果在中国的何处可以看到门户开放的事实？现在我们以极强的钥匙使满洲国门户开放，我们只有受诸君感谢，而没有受抗议的道理。……不过我须附带声明的，就是关于国防事业断不能门户开放，即在世界各国亦断无此例。"

李顿再询问："满洲国实行着机会均等吗？"

我略不踌躇地说："机会均等，贵国在中国已有其先例，即前清末叶，中国内政极度糜烂，几全失统一之际，罗浮脱·赫德提议清廷说，倘然长此以往，中国将完全失其作用于国际间，不如依赖西洋人，海关行政，亦有确定之必要。于是清朝立即任命罗浮脱·赫德为总税司，海关行政方得确立。由于海关上使用着许多英、法、日等国人，在中国被认为是最确实的行政机关，因此列强借款给中国，中国道得在财政上有所弥补。英国人曾以海关为施行机会均等之所，但是我们日本人，要想做这海关的事务员，则非受等于拒绝的严格的英语试验不可。

"……我们满洲国，是满洲国人和日本人协力而建设的国家，因之新国家的公文，均以满洲国语和日本语发表。所以任何国人，金能完全使用满日两国语言，并能以满洲国所给与之待遇为满足，则我们当大大的欢迎。这就是我所说的机会均等。"

我继续着问："你们各位还有旁的询问吗？"

旁的人都说："此外已无何等询问的必要了，我们已能充分理解了满洲国的立场，愉快之至！"

国联调查委员在离开新京时，我送到车站上，那时候李顿握了我的手小声地说："恭祝新满洲国之健全的发达！"同时用力地握了下手就分别了。

这次谈话，使郑孝胥父子感到了极大的兴奋，郑垂甚至估计到，国联很可能做出一个国际共管满洲的决议来。后来调查团的报告书公布出来，使郑氏父子更有了信心。调查团的报告书中所代表的国联，正是以郑氏父子所希望的那种中国的管理者的态度出现的。报告书明白地说："目前极端之国际冲突事件，业经中国再度要国联之干涉。……中国遵循与国际合作之道，当能得最确定及最迅速之进步，以达到其国家之理想。"这位管理者明确地表示：日本"为谋满洲之经济发展，要求建设一能维持秩序之巩固政权，此项要求，我等亦不以为无理"。但是，这位管理者认为最重要的是，"唯有在一种外有信仰内有和平，而与远东现有情形完全不同之空气中，为满洲经济迅速发展所必要之投资始可源源而来"。这就是说，要有列强各国共同认定的那种"信仰"才行，这就是郑氏父子所向往的由各国共同经营，利益均沾的局面。

郑氏父子关于反苏问题的估计，也得到了证实。调查团说，它理解日本称满洲为其生命线之意义，同情日本对"其自身安全之顾虑"，因此，"日本之欲谋阻止满洲被利用为攻击日本之根据地，以及为在某种情形之下满洲边境被外国军队冲过时，日本欲有采取适当军事行动之能力，吾人均可承认"。不过调查团又认为，这样做法日本的财政负担必大，而且日本在满军队受时怀反侧之民众包围，其后又有包含敌意之中国，日本军队能否不受重大困难，亦殊难言。因此可以考虑另外的办法，则"日本甚或又因世界之同情与善意，不须代价而获安全保障较现时以巨大代价换得者为更佳"。调查团于是提出意见说，问题的解决，恢复原状和维持现状都不是令人满意的办法，认为只要"由现时（满洲国）组织毋须经过极端之变更或可产生一种满意之组织"，这就是实行"获得高度自治权"的"满洲自治"，由各国洋人充当这个自治政府的顾问；由于日本人在东北的权益大些，日本人比例也大些，但其他外国也要有一定比例。为实现这个新政体，"讨论和提出一种特殊制度之设立，以治理东三省之详密议案"，要先成立一个由国联行政院掌握最高决定权的、由中日双方和"中立观察员"组成的顾问委员会。调查团并且认为"国际合作"的办法不但适于"满洲"，也适于对全中国使用。其根据理由也是郑氏父子屡次表示过的，是因为中国只有劳动力，而资本、技术、人才全要靠外国人，否则是建设不起来的。

在刚看到报告书的那几天，郑孝胥曾兴致勃勃地告诉过我，"事情很有希望"，说胡适也在关内发表论文，称誉报告书为"世界之公论"。可是后来日本方面的反响到了，他父子大为垂头丧气。尽管调查团再三谈到尊重日本在满洲的权益，甚至把"九一八"事变也说成是日本的自卫行为，日本的外务省发言人却只表示同意一点，就是："调查团关于满洲的建议，大可施于中国与列强间的关系而获得研益，如制定国际共管计划者，是也！”至于对“满洲”本身的共管方案，根本不加理睬。郑孝胥后来的失宠和被弃，即种因在对于“门户开放、机会均等”的热衷上。

在国联调查团的报告书发表之前，我曾经设想过，假如真的像郑氏父子希望的那样，将东北归为国际共管，我的处境可能比日本独占情形下好得多。但是，我还有两点不同的考虑：一是怕“共管”之中，南京政府也有一份，如果这样，我还是很难容身；另一点是，即使南京管不上我，国际共管也未必叫我当皇帝，如果弄出个“自治政府”来，那还有什么帝制？更重要的是，日本的横蛮，在国际上居然不受一点约束，给我的印象极为深刻。因此，事后我一想起了调查团会见时我心里闪过的那个念头，不禁暗暗想道：“幸亏我没有傻干，否则我这条命早完了。……现在顶要紧的还是不要惹翻了日本人，要想重登大宝，还非靠日本人不可呀！”

五　第三次做“皇帝”

京津旧臣，闻皇上就任执政，疑尊号自此取消，同深悲愤。即曾任民国官吏如曹汝霖、汪荣宝等，亦以名义关系甚重为言。臣以皇上屡次坚拒，及最后不得已允许之苦心，详为解释，闻者始稍知此中真相，而终无以尽祛其疑。

这是我就任执政一个月后，请假回天津的陈曾寿寄来的“封奏”中的一段。从京津寄来的这类封奏还有好几件，都曾给了我无限烦恼。

按照约定，我当执政一年期满，如果关东军不实行帝制，我是可以辞职的。但是我没有这样干。我没有这样的胆量，而且即便关东军让我辞职，我能到哪里去呢？

在就职一周年的头几天，出乎我的意料，在一次例行会见中，武藤先向我提起了这个问题。他说，日本现在正研究着满洲国国体问题，到时机成熟，这个问题自然会解决的。

过了不久，即三月二十七日，日本为了更便于自由行动，退出了国际联盟。同时，攻入长城各口的日军加紧军事行动，形成了对平津的包围形势。五月末，忙于打内战的南京政府进一步对日本妥协，签订了《塘沽协定》，将长城以南、冀东地区划为非武装区，撤走中国军队，使日本势力进一步控制了华北。在这种形势下，热心复辟的人们得到了巨大的鼓舞，都以为时机已成熟了，纷纷活动起来。熙洽在三月间曾指使他的心腹林鹤皋，邀集了一批满族"遗民"和前东三省的议员们，在长春聚会，打算弄出一个"劝进表"来，当时被日本宪兵制止了，这时又恢复了活动。华北一些前直系人物和一些日本特务浪人酝酿"拥戴"吴佩孚出山，平津某些与谋的遗老为此派了人来跟郑孝胥联络，研究在华北、东北实现复辟。七月间，总务厅长官驹井德三下台，拿了一百万元退职金，另又要去了一笔巨额机密费，去找黄郛活动华北独立。他临走时向郑孝胥表示还要到上海，为我将来在全国复辟之事进行活动。总之，在那些日子里，经常可以听见关于复辟或帝制的传说，这些传说鼓舞着我，鼓舞着跟我一样的野心家们。郑孝胥这年重阳节写了一首诗，其中有这样的句子："燕市再游非浪语，异乡久客独关情；西南豪杰休相厄，会遣遗民见后清。"他这种将在"燕市"恢复"后清"的"志气"，使我对他减弱不少恶感。

我的"皇帝梦"又做起来了。我非常关心各方面的消息，我进一步把希望放在屠杀自己同胞的日本军队身上。日军全部占领了热河之后，我曾大摆庆功宴席，慰问武藤和参加作战的日军将领们，祝他们"武运长久""再接再厉"。后来有一路日本军队占领了距北京只有百里之遥的密云，即按兵不动，我对此不禁大感失望。这时郑孝胥告诉我，日军占领华北以至华南只是迟早间的事,当务之急还是应该先办满洲国体问题。他又说,此事之决定,不在关东军而在东京方面,他已听说东京元老派许多人都是主张我正位的。听了他的话,我觉得应该派个人到东京从侧面去活动一下,至少应该打探些消息来。

接受这个使命的是我的警卫官工藤忠。此人即陪我从天津到东北来的工藤铁三郎。他在清末时即跟随升允,在升允后来的复辟活动中,他是积极的赞助者。我在旅顺时,他不像上角和甘粕那样以军方代理人的面目出现,而是处处站在我一边说话,甚至背地里还表示过对关东军的不满。有一次,我看到杯子里的茶水似乎颜色不对,怕有人下了毒,要叫人拿去化验一下,这时工藤立即端起杯子把茶喝了一口。我当了执政之后,他是唯一呼我为"皇上"的日本人,并且时常表示不满意关东军的跋扈,时常表示相信我定能恢复"大清皇帝"的名位。他所表现出的忠心,简直不下于最标准的遗老,因此我赐他改名为"忠",拿他当自己家里人看待。他也感激涕零地表示誓死效忠,永世不变。他接受了我的使命,去了不多时间就回来了。他在日本见到了南次郎和黑龙会的重要人物,探听出军部方面当权人物是同意实行帝制的。根据他的消息,我相信时机是快到了。

一九三三年的十月间,工藤的消息得到了证实。继任的关东军司令官菱刈隆正式通知说,日本政府准备承认我为"满洲帝国皇帝"。

我得到了这个通知,简直乐得心花怒放。我考虑到的第一件事情,就是必须准备一套龙袍。

龙袍从北京的太妃那里拿来了,但是关东军却对我说,日本承认的是"满洲国皇帝",不是"大清皇帝",因此我不能穿清朝龙袍,只能穿关东军指定的"满洲国陆海空军大元帅正装"。

"这怎么行?"我对郑孝胥说,"我是爱新觉罗的后人,怎能不守祖制?再说北京的宗室觉罗都要来,看着我穿洋式服装登极算什么?"

"皇上说的是。"郑孝胥不住地点头,望着摊在桌上的龙袍。这位一心想做"后清"丞相的人，大概正盘算着正一品珊瑚顶和三眼花翎，最近以来对我顺从得多了。他点头说："皇上说的是，可是关东军方面怎么说？"

"给我交涉去。"

郑孝胥走后，我独自欣赏着荣惠太妃保存了二十二年的龙袍，心中充满了感情。这是光绪皇帝穿过的，真正的皇帝龙袍。这是我想了二十二年的龙袍。我必须穿它去登极，这是恢复清朝的起点。……

我的头脑还没冷过来，郑孝胥就回来了。他报告说，关东军坚持登极时要穿元帅正装。

"你是不是交涉过？"

"臣岂敢不去。这是板垣亲自对臣说的。"

"这怎么行？"我跳起来，"登极之前要行告天礼，难道叫我穿元帅服磕头祭天吗？"

"臣再去跟板垣说说。"

郑孝胥走后，胡嗣瑗过来提醒我，要争的不是服制，更重要的是跟军部说，要任免官吏的决定权。如果这问题解决了，赵武灵王的胡服骑射，也没什么不好。

其实胡嗣瑗同我一样，都不明白日本要这个帝制，不过为了使我更加傀儡化，为了更便利于统治这块殖民地。皇帝的名义哪里会给我带来什么权力，我这样的人又哪里会学什么骑射？除了依附在日本关东军的皮靴上，我简直什么也不会，什么也不想。所以后来关东军同意了我穿龙袍去祭天，我也就不再去争什么别的了。

一九三四年三月一日的清晨，在长春郊外杏花村，在用土垒起的"天坛"上，我穿着龙袍行了告天即位的古礼。然后，回来换了所谓大元帅正装，举行了"登极"典礼。这时执政府改称为"宫内府"，我住的地方因要避开日本天皇的"皇宫"称呼，称为"帝宫"。其中的房屋后来除增建了一所"同德殿"之外，其余的只是修缮了一下，楼名依旧未变。登极典礼是在勤民楼举行的。

那天勤民楼的大厅里铺着大红地毯，在北墙跟用丝帷幕装设成一个像神龛似的地方，中间放一特制的高背椅，上刻有作为徽号的兰花，所谓"御纹章"。我立在椅前，两旁站列着宫内府大臣宝熙、侍从武官长张海鹏、侍从武官石丸志都磨和金卓、侍卫处长工藤忠、侍卫官熙仓奂（熙洽之子）和润良（婉容之兄）等人，以"总理大臣"郑孝胥为首的文武百官列队向我行三鞠躬礼，我以半躬答之。接着是日本大使菱刈隆向我呈递国书和祝贺。这些仪式完了，北京来的宗室觉罗（载、溥、毓字辈差不多全来了），以及前内务府的人又向我行三跪九叩之礼。当然，我是坐在椅子上受礼的。

关内各地遗老，如陈夔龙、叶尔恺、刘承干、朱汝珍、萧丙炎、章梫、黎湛枝、温肃、汪兆镛等等，都寄来祝贺的表章。上海的大流氓头子常玉清，也寄来奏折向我称臣。

六月六日，日本天皇的兄弟秩父宫雍仁代表天皇前来祝贺，赠我日本大勋位菊花大绶章，赠婉容宝冠章。

胡嗣瑗再三提醒我去要的权力一样也未到手，而我已经昏昏然了。七月间，我父亲带着弟、妹们来长春看我。我对他的接待，足可以说明我的自我陶醉程度。

他到达长春的时候，我派出了宫内府以宝熙为首的官员和由佟济煦率领的一队护军，到长春车站列队迎接。我和婉容则在"帝宫"中和门外立候。婉容是宫装打扮，我是身穿戎装，胸前挂满了勋章。我的勋章有三套：一套是日本赠的；一套是"满洲帝国"的；另一套则是我偷着派人到关内定制的"大清帝国"的。后一套当然不能当着关东军的面使用，只能利用这个机会佩戴。

我父亲的汽车来了，我立正等着他下了车，向他行了军礼，婉客行了跪安。然后我陪他进了客厅，此时屋内没有外人，我戎装未脱，给他补请了跪安。

这天晚上，大摆家宴。吃的是西餐，位次排列完全是洋规矩，由我与婉容分坐在男女主人位子上。另外，又按照我的布置，从我进入宴会厅时起，乐队即开始奏乐。这是宫内府的乐队，奏的什么曲子我已忘了，大概是没有做出什么规定，他们爱奏什么就奏什么，反正喇叭一吹起来，我就觉得够味。

在宴会进行到喝香槟的时候，溥杰按我的布置，起立举杯高呼："皇帝陛下万岁，万岁，万万岁！"我的家族一起随声附和，连我父亲也不例外。我听了这个呼声，到了酒不醉人人自醉的地步了。

第二天，宫内府大臣宝熙告诉我，关东军司令部派了人来，以大使馆名义向我提出抗议，说昨天武装的护军去车站，是违反"满洲帝国"已承担义务的前东北当局与日本签订的协议的，这个协议规定，铁路两侧一定范围内是"满铁"的附属地，除日本外任何武装不准进入。关东军司令官——不，日本大使要求保证今后再不发生同类事件。

这件事本来是足以令我清醒过来的，可是日本人这时还很会给我面子，首先是没有公开抗议，其次是在我派人道歉和做了保证之后，就没再说什么。但更主要的是它给我规定的许多排场，很能满足我的虚荣心，以致我又陷入了昏迷之中。

最使我陶醉的是"御临幸"和"巡狩"。

按照关东军的安排，我每年要到外地去一两次，谓之"巡狩"。在"新京"（长春），我每年要去参加四次例行仪式，一次是去"忠灵塔"祭祀死于侵略战争的日军亡魂，一次是到"建国忠灵庙"祭祀伪满军亡魂，一次是到关东军司令部祝日皇寿辰"天长节"，一次是到"协和会"参加年会。这样的外出都称之为"御临幸"。就以去"协和会"为例，说说排场。

先说"卤簿"——即所谓"天子出，车驾次第"，是这样的：最先头的是军警的"净街车"，隔一段距离后是一辆红色的敞篷车，车上插一小旗，车内坐着"警察总监"，再后面，是我坐的"正车"，全红色，车两边各有两辆摩托伴随，再后面，则是随从人员和警卫人员的车辆。这是平时用的"略式卤簿"。

在出门的前一天，长春的军警、宪兵先借题逮捕"可疑分子"和"有碍观瞻"的"游民"。市民们根据这个迹象就可以判断是我要出门了。到了正日子，沿途预先布满了军警，面向外站着，禁止路人通行，禁止两旁店铺和住家有人出入，禁止在窗口上探头张望。在"协和会"的大门内外全铺了黄土。车驾动身前，广播电台即向全市广播："皇帝陛下启驾出宫。"用中国话和日本话各说一遍。这时"协和会"里的人全体起立，自"总理"以下的特任官们则列队楼外"奉迎"。车驾到达，人们把身子弯成九十度，同时乐队奏"国歌"。我进入屋内，先在便殿休息一下，然后接见大臣们。两边侍立着宫内府大臣、侍从武官长、侍卫处长、掌礼处长和侍从武官、侍卫官等，后来另添上"帝室御用挂"吉冈安直。用的桌椅以及桌布都是从宫内府搬来的，上有特定的兰花"御纹章"。自总理以下有资格的官员们在我面前逐个行过礼，退出。走完这个过场，我即起身离便殿，此时乐声大作，一直到我进入会场，走上讲台为止。在这段时间内，会场上的人一直是在台下弯成九十度的姿势。关东军司令官此时在台上的一角，见我上台，向我弯身为礼，我点头答礼。我上台后，转过身来向台下答过礼，台下的人才直起身子来。此时宫内府大臣双手捧上"敕语"，我接过打开，向全场宣读。台下全场的人一律低头站着，不得仰视。读完，在我退出会场时，又是乐声大作，全体九十度鞠躬。我回到便殿稍息，这时特任官们又到楼外准备"奉送"。把我送走后，全市街道上的扩音器则又放出"皇帝陛下启驾还宫"的两国话音。我到了家，扩音器还要说一次："皇帝陛下平安归宫。"

据说，这是仿效用于日本天皇的办法。在我照片上做的文章也是从日本搬来的。我的照片被称作"御容"，后来推广适应日本人习惯的那种不中不日的"协和语"，改称之为"御真影"。按规定，在机关、学校、军队和一切公共团体的特定处所,如机关的会议室,学校的校长室里,设立一个像神龛似的东西,外垂帷幕,里面悬着我的照片和"诏书"。任何人走进了这间屋子,都必须先向这个挂帷幕的地方行礼。在居民家里,虽无强制悬御真影的法令规定,但协和会曾强行派售过我与婉容的照片,并指定要悬在正堂上。

这种偶像崇拜教育的施行重点,是在军队和学校里。每天早晨,伪满各地的军队与学校都须举行朝会,要行两次遥拜礼,即先面向东方的"皇居"(东京日本天皇的地方),再向长春或帝宫方向,各行一个九十度鞠躬的最敬礼。此外逢到"诏书奉戴日"即颁布每个诏书的日子,还要读诏书。关于诏书我在后面还要谈到。

此外还有其他许多规定,还有外地"巡狩"时的种种排场,在这里我不一一赘述了。总之,日本军国主义者把这一套玩意儿做得极为认真。据我的体验,这不仅是为了训练中国人,养成盲目服从的习惯和封建迷信思想,就是对下层的日本人也是一样。日本关东军曾经几次利用我去鼓励它的臣民。有一次我到阜新煤矿,日本人曾把日本工头召来,让我对他说几句勉励话。这工头受此"殊荣",竟感动得流出眼泪。当然,我这时更觉得有身价了。

使我终于产生最大的错觉,自认有了极高的权威的,是在一九三五年四月访问日本之后。

其实这次访日,全是关东军安排的。他们说,为了答谢日本天皇派御弟秩父宫来对我"即位"的祝贺,也是为了对"日满亲善"的躬亲示范,需要这样办一办。

日本政府以枢密顾问官林权助男爵为首组织了十四人的接待委员会,派了战舰比睿丸来迎接,白云、丛云、薄云等舰护航。我从大连港起舰时,有球摩、第十二、第十五驱逐舰队接受我的检阅,到达横滨港时,有百架飞机编队的欢迎。记得我在这次晕头转向、受宠若惊的航程中,写下了一首谄媚的四言诗:

海平如镜，万里远航。

两邦携手，永固东方。

在航行的第四日，看了一次七十条舰艇的演习，又在晕船呕吐之中写了一首七言绝句：

万里雄航破飞涛，碧苍一色天地交。

此行岂仅览山水，两国申盟日月昭。

总之，还未上岸，我已受宠若惊。我不仅对日本所示之威力深感惊异，我还把这看作是对我的真心尊敬，真心帮助。过去的一些不愉快，只怪自己误会了。

到了日本东京，裕仁亲自到车站迎接我，并为我设宴。在我拜会他们后他又回拜了我。我接见了日本元老重臣，受了祝贺，又同裕仁一起检阅了军队。我还参拜了"明治神宫"，慰问了日本陆军医院那些侵略中国挨了打的伤兵伤官。我到裕仁的母亲那里，献了殷勤。日本报纸曾报道过我和她散步的情形，说有一次上土坡，我用手搀扶了日本皇太后，这和我在长春宫内府中，搀我父亲上台阶有着同样的心情。其实，我还从来没有搀扶过自己的父亲，如果问到我搀扶裕仁的母亲的心情，坦白地说，那纯粹是为了巴结。

最后一天，雍仁代表他哥哥裕仁到车站向我送别，他致欢送词说：

"皇帝陛下这次到日本来，对于日满亲善，是有重大贡献的。我国天皇陛下对此感到非常满意。务请皇帝陛下抱定日满亲善一定能做到的确实信念而回国，这是我的希望。"

我又十分巴结地回答道：

"我对这次日本皇室的隆重接待和日本国民的热诚欢迎，实是感激已极。我现在下定决心，一定要尽我的全力，为日满的永久亲善而努力。

我对这件事，是抱有确实信心的。"

临登船出发时，我请担任接待的林权助代向日本天皇和裕仁母亲致谢，这时我居然两眼含满了无耻的眼泪，这样一弄，把那个老头子也给逗哭了。回想起来，我连一点中国人味也没有了。

日本皇室这次对我的招待，使我头脑更加发热，感到自从当了皇帝之后，连空气都变了味。我脑子里出现了一个逻辑：天皇与我平等，天皇在日本的地位，就是我在满洲国的地位。日本人对我，当如对其天皇者同。

在这种昏昏然中，我一回到长春，立即发表了充满谀辞的"回銮训民诏书"，同时请来新任的关东军司令长官南次郎大将，向他发表了我的感想。次日（即四月二十九日），兴高采烈地参加了裕仁的生日的庆祝会，再次日，便急不可待地下谕，把在长春的所有简任职以上的官吏，不论中国人日本人全召来，听我训话，发表访日感想。我在事先完全没有和日本人商议，也没预备讲话稿，到了时候却口若悬河。我讲了访日的经过，绘形绘声地描述了日本天皇对我的招待，讲了日本臣民对我的尊敬。然后大发议论。

"为了满日亲善，我确信：如果日本人有不利于满洲国者，就是不忠于日本天皇陛下，如果满洲人有不利于日本者，就是不忠于满洲国的皇帝；如果有不忠于满洲国皇帝的，就是不忠于日本天皇，有不忠于日本天皇的，就是不忠于满洲国皇帝……"

我想的实在太天真了。

我回到长春不到一个月，关东军司令官南次郎在一次例行会见中，告诉我"郑孝胥总理倦勤思退"，需要让他养老，换一位总理大臣。关于日本不满意郑孝胥的事，我已略有所闻，正想找机会赶走他，现在南次郎提出这事，我立时不假思索地说，让郑退休，我完全同意，总理之职可以由臧式毅继任。我以为听了我两次"日满亲善论"的南次郎一定会遵命的，谁知竟碰了钉子，他向我摇头说："不，关东军已考虑妥了合适的人选，皇帝陛下不必操心，就让张景惠当总理大臣好了。"

郑孝胥不久前在他主办的"王道书院"里发了一次牢骚。他向听课的人说："满洲国已经不是小孩子了，就该让它自己走走，不该总是处处不放手。"这话惹恼了日本主子，因此就把他一脚踢开。他后来连存在银行里的"建国功劳金"也取不出来，想迁离长春也不得准许，在宪兵队的监视下，只能在家里写写字，作作诗。这个连骨头都被"共管"虫子蛀透了的"诗人兼书法家"，三年之后，终于怀着未遂之愿暴死于长春。他的儿子郑垂也是暴卒的，早于他三年。据传说，他父子都是死于日本人的暗害。即使传闻不确，他的下场也足以打破我的恢复祖业的幻想了，而我到一年之后，即日本全面侵华的前夕，才渐渐明白过来。

六　幻想的破灭

日本自一九三三年初退出国际联盟之后，更加肆无忌惮地进行扩军备战，特别是加紧了全面侵华的部署和后方的准备。在"七七"事变之前，日本在华北连续使用武力和制造事变，国民党南京政府步步屈服，签订了出让华北控制权的"何（应钦）梅（津）协定""秦（德纯）土（肥原）协定"等密约，听任"冀东防共自治政府""内蒙古自治军政府"等等伪组织的存在和活动，再三地向日本表白"不但无排日之行动与思想，亦本无排日必要的理由"，并且对国人颁布了"效睦邻邦命令"，重申抗日者必严惩之禁令。这样，日本在关内的势力有了极大的加强，人人可以看出，只要时间一到，五省即可彻底变色。我在前面说过，这正是关内关外复辟迷们跃跃欲试的时候，正是我第三次"登极"前后得意忘形的时候。然而，日本在张牙舞爪于关内的同时，它在"满洲国"内也正采取着步步加紧的措施，这些措施终于临到我这"皇帝"的头上。

在东北彻底殖民地化的过程中，公平地说，汉奸们是得到不少便宜的。例如改帝制，这个措施不仅使复辟迷们得到了一定心理满足，而也成了一次发财的机缘，自郑孝胥以下的大汉奸都得到一笔自五万至六十万不等的"建国功劳金"，总数共为八百六十万元（以后每逢一次大规模的掠夺，如"粮谷出荷""献金报国"等等，必有一次"奖金"分给上自"总理大臣"下至保甲长）。我现在不想对日本的各种措施做全面的叙述，只把我恢复祖业思想的幻灭以及深感恐惧的事情说一说。

按情理说，日本关东军在决定帝制时正式告诉我不是恢复清朝，在"登极"时不准我穿龙袍，在决定"总理大臣"人选时根本不理睬我的意见，我就该明白了我的"尊严"的虚假性，但是我却由于过分"陶醉"，竟没有因此而清醒过来。使我开始感到幻灭滋味的，还是"凌升事件"。

凌升是清末蒙古都统贵福之子，原为张作霖东三省保安总司令部和蒙古宣抚使署顾问。他是在旅顺的"请愿代表"之一，因此被列入"建国元勋"之内。事件发生时他是伪满兴安省省长。一九三六年春天，他突然遭到了关东军的拘捕。拘捕的原因，据关东军派来的吉冈安直说，他有反满抗日活动，但是据佟济煦听来的消息，却是他在最近一次省长联席会上发过牢骚，以致惹恼了日本人。据说他在这次会上，抱怨日本关东军言行不一，说他在旅顺时曾亲耳听板垣说过，日本将承认"满洲国"是个独立国，可是后来事实上处处受关东军干预，他在兴安省无权无职，一切都是日本人做主。开过这个会，他回到本省就被抓去了。我听到这些消息，感到非常不安，因为半年前我刚刚与他结为亲家，我的四妹与他的儿子订了婚。我正在犹豫着，是不是要找关东军说说情的时候，新任的司令官兼第四任驻"满"大使植田谦吉先找我来了。

"前几天破获了一起案件，罪犯是皇帝陛下认得的，兴安省省长凌升。他勾结外国图谋叛变，反对日本。军事法庭已经查实他的反满抗日罪行，宣判了死刑。"

"死刑？"我吃了一惊。

"死刑。"他向他的翻译点头重复一遍,意思是向我说清楚。然后又对我说:"这是杀一儆百,陛下,杀一儆百是必需的!"

他走后,关东军吉冈安直参谋又通知我,应该立刻跟凌升的儿子解除四妹的婚约。我连忙照办了。

凌升被处决时,使用的是斩首之刑。一同受刑的还有他的几个亲属。这是我所知道的第一个被日本人杀害的显要官员,而且还是刚跟我做了亲家的。我从凌升跟我攀亲的举动上,深信他是最崇拜我的,也是最忠心于我的人,而关东军衡量每个人的唯一标准却是对日本的态度。不用说,也是用这统一标准来看待我的。想到这里,我越发感到植田"杀一儆百"这句话的阴森可怕。

我由此联想到不久前的一件事。一九三五年末,有一些人为图谋复辟清朝而奔波于关内关外,如康有为的徒弟任祖安,我从前的奏事官吴天培等,引起了关东军的注意。关东军曾就此向我调查。"凌升事件"提醒了我,日本人是不喜欢这类事的,还是要多加小心为是。

日本人喜欢什么?我自然地联想到一个与凌升命运完全不同的人,这就是张景惠。这实在是日本人有意给我们这伙人看的两个"榜样"。一福一祸,对比鲜明。张景惠之所以能得日本人的欢心,代替了郑孝胥,是有他一套功夫的。这位"胡子"出身的"总理大臣"的为人,和他得到日本人的赏识,可以从日本人传诵他的"警句"上知道。有一次总务厅长官在国务会议上讲"日满一心一德"的鬼道理,作为日本掠夺工矿原料行为的"道义"根据,临末了,请"总理大臣"说几句。张景惠说:"咱是不识字的大老粗,就说句粗话吧:日满两国是两只蚂螂(蜻蜓)拴在一根绳上。"这"两只蚂螂一根绳"便被日本人传诵一时,成为教训"满"籍官员的"警句"。日本在东北实行"拓殖移民"政策的时候,在"国务会议"上要通过法案,规定按地价四分之一或五分之一的代价强购东北农田,有些"大臣"如韩云阶等一则害怕造成"民变",另则自己拥有大量土地,不愿吃亏,因此表示了反对。这时张景惠却出来说话了:"满洲国土地多得不得了,满洲人是老粗,没知识,让日本人来开荒教给新技术,两头都便宜。"提案就此通过了。"两头便宜"这句话于是又被日本人经常引用着。后来,"粮谷出荷"加紧推行,东北农民每季粮食被征购殆尽,有些"大臣"们因为征购价过低,直接损害到他们的利益,在"国务会议"上借口农民闹饥荒,吵着要求提高收购价格。日本人自然又是不干,张景惠于是对大家说:"日本皇军卖命,我们满洲出粮,不算什么。闹饥荒的勒一下裤腰带,就过去了。""勒腰带"又成了日本人最爱说的一句话,当然,不是对他们自己说的。关东军司令官不断地对我称赞张景惠为"好宰相",是"日满亲善身体力行者"。我当时很少想到这对我有什么意义,现在有了凌升的榜样,在两者对比之下,我便懂得了。

"凌升事体"过去了,我和德王的一次会见造成了我更大的不安。

德王即由日本操纵成立了"内蒙古自治军政府"伪组织的德穆楚克栋鲁普。他原是一个蒙古王公。我在天津时,他曾送钱给我,送良种蒙古马给溥杰,多方向我表示过忠诚。他这次是有事找关东军,乘机取得关东军司令官的允许,前来看望我的。他对我谈起这几年的经历和成立"自治军政府"的情形,不知不觉地发开了牢骚,埋怨他那里的日本人过分跋扈,说关东军事先向他许了很多愿,到头来一样也不实现。尤其使他感到苦恼的是自己样样不能做主。他的话勾起了我的牢骚,不免同病相怜,安慰了他一番。不想第二天,关东军派到我这里专任联络的参谋,即以后我要谈到的"帝室御用挂"吉冈安直,走来板着脸问我:

"陛下昨天和德王谈了些什么?"

我觉得有些不妙,就推说不过是闲聊而已。

他不放松我,追问道:"昨天的谈话,对日本人表示不满了没有?"

我心里怦怦跳了起来。我知道唯一的办法就是坚不承认,而更好的办法则是以进为退,便说:"那一定是德王故意编排出什么假话来了吧?"

吉冈虽然再没穷追下去，我却一连几天心惊肉跳，疑虑丛生。我考虑这件事只有两个可能，不是日本人在我屋里安上了什么偷听的机器，就是德王在日本人面前说出了真话。我为了解开这个疑团，费了好大工夫，在屋里寻找那个可能有的机器。我没有找到什么机器，又怀疑是德王成心出卖我，可是也没有什么根据。这两种可能都不能断定，也不能否定，于是都成了我的新魔障。

这件事发生之后，我懂得的事就比"凌升事件"告诉我的更多了。我再不跟任何外来人说真心话，我对每位客人都有了戒心。事实上，自从我访日回来发表讲演之后，主动来见的人即逐渐减少，到德王会见之后，更近于绝迹。到了一九三七年，关东军更想出了一个新规矩，即每逢我接见外人，须由"帝室御用挂"在旁侍立。

进入了一九三七年，我一天比一天感到紧张。

在"七七"事变前这半年间，日本加紧了准备工作。为了巩固它的后方基地的统治，对东北人民的抗日爱国活动，进行了全面的镇压。一月四日，以"满洲国皇帝敕令"颁行了"满洲帝国刑法"，接着便开始了"大检举""大讨伐"，实行了"保甲连坐法"，"强化协和会"，修"警备道"，建"碉堡"，归屯并村。日本这次调来大量队伍，用大约二十个日本师团的兵力来对付拥有四万五千余人的抗日联军。与此同时，各地大肆搜捕抗日救国会会员，搜捕一切被认作"不稳"的人。这一场"大检举"与"大讨伐"，效果并不理想，关东军司令官向我夸耀了"皇军"威力和"赫赫战果"之后不到一年，又以更大的规模调兵遣将（后来知道是七十万日军和三十万伪军），举行了新"讨伐"，同时据我的亲信、警卫处长佟济煦告诉我，各地经常有人失踪，好像反满抗日的分子老也抓不完。

我从关东军司令官的谈话中，从"总理大臣"的例行报告中，向来是听不到什么真消息的，只有佟济煦还可以告诉我一些。他曾经告诉过我，关东军司令官对我谈的"讨伐"胜利消息，不一定可靠，消灭的

"土匪"也很难说是什么人。他说，他有个被抓去当劳工的亲戚，参加修筑过一件秘密工程，据这个亲戚说，这项工程完工后，劳工几乎全部遭到杀害，只有他和少数几个人幸免于难，逃了出来。照他看来，报纸上有一次吹嘘某地消灭了多少"土匪"，说的就是那批劳工。

佟济煦的故事说过不久，给我当过英文翻译的吴沆业失踪了。有一天溥杰来告诉我，吴是因为在驻东京大使馆时期与美国人有来往被捕的，现在已死在宪兵队。还说，吴死前曾托看守带信给他，求他转请我说情，但他当时没有敢告诉我。我听了，赶紧叫他不要再说下去。

在这段时间里，我经手"裁可"的政策法令，其中有许多关于日本加紧备战和加强控制这块殖民地的措施，但无论是"第一五年开发产业计划"，还是"产业统制法"，也无论是为适应进一步控制需要而进行的"政府机构大改组"，还是规定日本语为"国语"，都没有比溥杰的结婚更使我感到刺激的。

溥杰在日本学习院毕业后，就转到士官学校学陆军。一九三五年冬他从日本回到长春，当了禁卫军中尉，从这时起，关东军里的熟人就经常向他谈论婚姻问题，什么男人必须有女人服侍啦，什么日本女人是世界上最理想的妻子啦，不断地向他耳朵里灌。起初，我听他提到这些事时不过付之一笑，并没拿它当回事。不料后来关东军派到我身边来的吉冈安直果真向我透露了关东军的意思，说为了促进日满亲善，希望溥杰能与日本女人结婚。我当时未置可否，心里却十分不安，赶忙找我的二妹一起商量对策。我们一致认为，这一定是一项阴谋，日本人想要笼络住溥杰，想要一个日本血统的孩子，必要时取我而代之。为了打消关东军的念头，我们决定赶快动手，抢先给溥杰办亲事。我把溥杰找来，先进行了一番训导，警告他如果家里有了个日本老婆，自己就会完全处于日本人监视之下，那是后患无穷的，然后告诉他我一定要给他找一个好妻子，他应该听我的话，不要想什么日本女人。溥杰恭恭敬敬地答应了，我便派人到北京去给他说亲。后来经我岳父家的人在北京找到一位对象，溥杰也表示满意，可是吉冈突然找到溥杰，横加干涉地说，关东军希望他跟日本女子结婚，以增进"日满亲善"，他既身为"御弟"，自应做出"亲善"表率，这是军方的意思，本庄繁大将在东京将要亲自为他做媒，因此他不可再去接受北京的亲事，应该等着东京方面的消息。结果，溥杰只得服从了关东军。

一九三七年四月三日，溥杰与嵯峨胜侯爵的女儿嵯峨浩在东京结了婚。过了不到一个月，在关东军的授意下，"国务院"便通过了一个"帝位继承法"，明文规定：皇帝死后由子继之，如无子则由孙继之，如无子无孙则由弟继之，如无弟则由弟之子继之。

溥杰和他的妻子回东北后，我拿定了一个主意：不在溥杰面前说出任何心里话，溥杰的妻子给我送来的食物我一口也不吃。假若溥杰和我一起吃饭，食桌上摆着他妻子做的菜，我必定等他先下箸之后才略动一点。

后来，溥杰快要做父亲的时候，我曾提心吊胆地为自己的前途算过卦，我甚至也为我的弟弟担忧。我相信那个帝位继承法，前面的几条都是靠不住的，靠得住的只是"弟之子继之"这句话。关东军要的是一个日本血统的皇帝，因此我们兄弟两个都可能做牺牲品。后来听说他得的是个女儿，我这才松了一口气。

当时我曾想过，假若我自己有了儿子，是不是会安全？想的结果是，即使真的有了儿子，也不见得对我有什么好处，因为关东军早叫我写下了字据：若有皇子出生，五岁时就必须送到日本，由关东军派人教养。

可怕的事情并没有就此终结。六月二十八日，即"七七"事变九天前，又发生了一起有关"护军"的事件。

所谓护军，是我自己出钱养的队伍，它不同于归"军政部"建制的"禁卫军"。我当初建立它，不单是为了保护自己，而是跟我当初送溥杰他们去日本学陆军的动机一样，想借此培养我自己的军事骨干，为建立自己所掌握的军队做准备。我这支三百人的队伍全部都是按照军官标准来训练的。负责管理护军的佟济煦早就告诉过我，关东军对这支队伍是不喜欢的。我对佟济煦的预感，过去一直未能理解，直到出了事情这才明白。六月二十八日那天，一部分护军到公园去游玩，因租借游艇，与几个穿便衣的日本人发生了口角。这时一群日本人一拥而上，不容分说，举手就打。他们被逼急了，便使出武术来抵抗。日本人见不能奈何他们，就放出狼狗来咬。他们踢死狼狗，冲出重围，逃回队里。他们没想到，这一来便闯下了祸。过了不大时间，宫内府外边便来了一些日本宪兵，叫佟济煦把今天去公园的护军全部交出来。佟济煦吓得要命，忙把那些护军交日本宪兵带走。日本宪兵逼他们承认有"反满抗日"活动，那些护军不肯承认，于是便遭到了各种酷刑虐待。到这时那些护军才明白过来，这一事件是关东军有意制造的：那些穿便衣的日本人原是关东军派去的，在双方斗殴中受伤者有两名关东军参谋，被踢死的狼狗即关东军的军犬。我听到护军们被捕，原以为是他们无意肇祸，忙请吉冈安直代为向关东军说情。吉冈去了一趟，带回来关东军参谋长东条英机的三个条件，即：一、由管理护军的佟济煦向受伤的关东军参谋赔礼道歉；二、将肇事的护军驱逐出境；三、保证以后永不发生同类事件。我按照东条的条件一一照办之后，关东军接着又逼我把警卫处长佟济煦革职，由日本人长尾吉五郎接任，把警卫处所辖的护军编制缩小，长武器一律换上了短枪。

从前，我为了建立自己的实力，曾送过几批青年到日本去学陆军，不想这些人回来之后，连溥杰在内，都由军政部派了差，根本不受我的支配。现在，作为骨干培养的护军已完全掌握在日本人手里，我便不再做这类可笑的美梦了。

"七七"事变爆发，日军占领了北京之后，北京的某些王公、遗老曾一度跃跃欲试，等着恢复旧日冠盖，但是我这时已经明白，这是绝不可能的了。我这时的唯一的思想，就是如何在日本人面前保住安全，如何应付好关东军的化身——帝室御用挂吉冈安直。

七 吉冈安直

关东军好像一个强力高压电源，我好像一个精确灵敏的电动机，吉冈安直就是传导性能良好的电线。

这个高颧骨、小胡子、矮身材的日本鹿儿岛人，从一九三五年起来到我身边，一直到一九四五年日本投降，和我一起被苏军俘虏时止，始终没有离开过我。十年间，他由一名陆军中佐，步步高升到陆军中将。他有两个身份，一个是关东军高级参谋，另一个是"满洲国帝室御用挂"。后者是日本的名称，据说意思好像是"内廷行走"，又像是"皇室秘书"，究竟应当译成什么合适，我看这并没有什么关系，因为它的字面含意无论是什么，都不能说明吉冈的实际职能。他的实际职能就是一根电线。关东军的每一个意思，都是通过这根电线传达给我的。我出巡、接见宾客、行礼、训示臣民、举杯祝酒，以至点头微笑，都要在吉冈的指挥下行事。我能见什么人，不能见什么人，见了说什么话，以及我出席什么会，会上讲什么，等等，一概听他的吩咐。我要说的话，大都是他事先用日本式的中国话写在纸条上的。

日本发动了全面侵华战争，要伪满出粮、出人、出物资，我便命令张景惠在一次"省长会议"上，按吉冈的纸条"训勉"省长们"勤劳奉仕，支持圣战"。日本发动了太平洋战争，兵力不足，要伪满军队接替一部分中国战场上的任务，我便在军管区司令官宴会上，按纸条表示了"与日本共生共死，一心一德，断乎粉碎英美势力"的决心。

此外，日本在关内每攻占一个较大的城市，吉冈必在报告了战果之后，让我随他一同起立，朝战场方向鞠躬，为战死的日军官兵致默哀。经他几次训练，到武汉陷落时我就再用不着他提醒，等他一报告完战果我就自动起立，鞠躬静默。

随着"成绩"不断进步，他也不断给我加添功课。例如这次武汉陷落，他又指示我给攻占武汉的大刽子手冈村宁次写亲笔祝词，赞颂他的武功，并指示我给日本天皇去贺电。

后来修建了"建国神庙"，我每月去那里为日本军队祷告胜利，也是在这"电线"的授意下进行的。

在"七七"事变前，我的私事家事，关东军还不多过问，可是事变后，情形不同了。

"七七"事变前，我在关内的家族照例每年要来一些人，为我祝寿，平时也不免来来往往。"七七"事变后，关东军做出规定，只准列在名单上的几个人在一定时间到长春来。而且规定除了我的近支亲族之外，其余的人只能向我行礼，不准与我谈话。

同时，外面给我寄来的信件，也一律先送吉冈的喽啰——宫内府的日系官吏看，最后由吉冈决定是否给我。

当然，关东军也了解我不至于反满抗日，但是，他们仍旧担心我会跟关内勾结起来恢复清朝，而这是不符合他们的要求的。

在那时，要想瞒过吉冈私自会见外人或收一封信，简直是办不到的。那时在宫内府设有"宪兵室"，住有一班穿着墨绿色制服的日本宪兵，不仅一切出入的人都逃不出他们的视线，就连院子里发生什么事也逃不过他们的耳朵。加之宫内府自次长以下所有的日本人都是吉冈的爪牙，这就造成了对我的严格控制。

吉冈之所以能作为关东军的化身，干了十年之久，是有他一套本领的。

有的书上说，吉冈原是我在天津时的好友，后来当了关东军参谋，正好这时关东军要选一名帝室与关东军之间的"联络人"，以代替解职的侍从武官石丸志都磨，于是便选上了他。其实在天津时，他不过有一段时间常给我讲时事，谈不上是我的什么好友。他被派到我这里当"联络人"，也不是当了关东军参谋才恰逢其时的。如果说他是溥杰的好友，倒有一半是真的。伪满成立之后，溥杰进了日本陆军士官学校，吉冈正在这个学校担任战史教官。他几乎每个星期日都请溥杰去他家做客，殷勤招待。他们两人成了好友之后，他即向溥杰透露，关东军有意请他到满洲，担任军方与我个人之间的联络人。溥杰来信告诉了我，后来又把我回信表示欢迎的意思告诉了他。他这时表示，这是他的荣幸，不过假如他不能得到关东军高级参谋的身份，就不想干，因为从前干这差事的中岛比多吉和石丸志都磨没在满洲站住脚，就是由于没有在关东军里扎下根。

后来，不知他怎么活动的，他的愿望实现了，关东军决定任他为高级参谋，派他专任对我的联络职务。他在动身来满洲之前，请溥杰写信把这消息告诉我，同时说："如果令兄能预先给我准备好一间办公的屋子，我就更感到荣幸了。"我知道了这件事，满足了他的"荣幸"感。过了许久我才明白，原来他这是有意给关东军看的。他在关东军的眼里既有与我的不平凡关系，在我的眼中又有关东军高参这张老虎皮，自然就左右逢源，得其所哉了。

吉冈很喜欢画水墨画。有一次他画了一幅墨竹，请郑孝胥题诗，请我题字（什么字，早已忘了），然后带到日本，送给裕仁的母亲日本皇太后。不久，日本报纸上刊登了这幅画，并称誉吉冈为"采笔军人"。吉冈的艺术声名是否由此出现的，我不知道，但我敢断定他指望这幅画带给他的，并不是什么艺术上的称号，却是比这称号更值钱的身价。我从日本访问回来，日本皇太后和我有了经常的往来，不断互相馈赠些小礼物，中间人就是这位吉冈。从那次他送了墨竹之后，东京与长春的往来就更频繁了。

他大约每年都要往返东京几次，每次临走之前，总要叫我做点点心之类的食品，由他带去送给日本皇太后，回来时，再带回日本皇太后的礼物，其中必不可少的是日本点心。好在那位老太太和我都有现成的做点心师傅，彼此送来送去，都不费什么事。不过由于我的疑心病，吉冈每次带回来的点心，我总是叫别人先吃了才敢动。

当然，吉冈每年一次往返于日满皇室之间，这绝不是他的擅自专断，但每次往返的内容，我相信主要是他的独创设计。比如有一次，他看见了我的四用联合收音机，忽然像发现了奇迹似的问我：

"这个机器能 Record（录音）？"

他的中国话不大好，但我们交谈起来还不困难，因为他还会点英文。我们两人的英文程度差不多，平时说话中国话夹着英文，加上笔谈帮忙，倒也能把意思说清楚。

"Record 是大大的好。"我说，并且拿出一片录音片试给他看。

"好，好！"他高兴地笑着，看我安好片子，便说："我教陛下几句日本话吧！嗯！"接着就用日本话说出："我祝天皇陛下身体健康！"

我照他说的日本话说一遍："我祝天皇陛下身体健康……"，这句话录到唱片上了。他把那唱片放送了两遍，满意地拿了起来。

"好，这次我到东京，嗯！把它贡给天皇陛下！"

吉冈说话，总带几个"嗯！哈！"眼眉同时挑起。这个毛病，越到后来越多，我也觉着越不受用。和这种变化同时发生的，还有他对于我们之间的关系的解释。

一九三四年我访问日本，日本皇太后给我写了几首和歌，那时吉冈的话是我最顺耳的时候。

"皇太后陛下等于陛下的母亲，我如同陛下的准家属，也感到荣耀！"

他那时对溥杰说："我和你有如手足的关系。我和皇帝陛下，虽说不能以手足相论，也算是手指与足指关系。咱们是准家族呀！"

但是到了一九三六年前后，他的话却有了变化：

"日本犹如陛下的父亲，嗯，关东军是日本的代表，嗯，关东军司令官也等于是陛下的父亲，哈！"

日本军队前线景况越坏，我在关东军和吉冈面前的辈分也越低，后来他竟是这样说的：

"关东军是你的父亲，我是关东军的代表，嗯！"

吉冈后来每天进"宫"极为频繁，有时来了不过十分钟，就走了，走了不到五分钟，又来了。去而复返的理由都是很不成道理的，比如刚才忘了说一句什么话，或者忘了问我明天有什么事叫他办，等等。因此我不能不担心，他是否在用突然袭击的办法考查我。

为了使他不疑心，我只好一听说他到，立即接见，尽力减少他等候的时间。甚至正在吃饭，也立刻放下饭碗去见他。对于他，我真算做到了"一饭三吐哺、一沐三握发"的程度。

八 几个"诏书"的由来

在伪满学校读过书的人，都被迫背过我的"诏书"。在学校、机关、军队里，每逢颁布一种诏书的日子，都要由主管人在集会上把那种诏书念一遍。听人讲，学校里的仪式是这样的：仪式进行时，穿"协和服"[1]的师生们在会场的高台前列队肃立，教职员在前，学生在后。戴着白手套的训育主任双手捧着一个黄布包，高举过顶，从房里出来。黄布包一出现，全场立即低下头。训育主任把它捧上台，放在桌上，打开包袱和里面的黄木匣，取出卷着的诏书，双手递给戴白手套的校长，校长双手接过，面向全体展开，然后宣读。如果这天是五月二日，就念一九三五年我第一次访日回来在这天颁布的"回銮训民诏书"（原无标点）：

---

[1] 协和服是伪满公教人员统一的制服，墨绿色，荐任官以上还有一根黄色的绳子套在颈间，称为"协和带"。学校里的校长和训育主任，一般都有这根所谓"协和带"。——作者

朕自登极以来，亟思躬访日本皇室，修睦联欢，以伸积慕。今次东渡，宿愿克遂。日本皇室，恳切相待，备极优隆，其臣民热诚迎送，亦无不殚竭礼敬。衷怀铭刻，殊不能忘。深维我国建立，以达今兹，皆赖友邦之仗义尽力，以奠丕基。兹幸致诚悃，复加意观察，知其政本所立，在乎仁爱，教本所重，在乎忠孝；民心之尊君亲上，如天如地，莫不忠勇奉公，诚意为国，故能安内攘外，讲信恤邻，以维持万世一系之皇统。朕今躬接其上下，咸以至诚相结，气同道合，依赖不渝。朕与日本天皇陛下，精神如一体。尔众庶等，更当仰体此意，与友邦一心一德，以奠定两国永久之基础，发扬东方道德之真义。则大局和平，人类福祉，必可致也。凡我臣民，务遵朕旨，以垂万禩。

钦此！

诏书共有六种，即：

一九三四年三月一日的"即位诏书"；

一九三五年五月二日的"回銮训民诏书"；

一九四〇年七月十五日的"国本奠定诏书"；

一九四一年十二月八日的"时局诏书"；

一九四二年三月一日的"建国十周年诏书"；

一九四五年八月十五日的"退位诏书"。

"即位诏书"后来为第五个即"建国十周年诏书"所代替。一九四五年八月十五日的"退位诏书"，那是没有人念的。所以主要的是四个诏书。学生、士兵都必须背诵如流，背不来或背错的要受一定惩罚。这不但是日本在东北进行奴化的宣传材料，也是用以镇压任何反抗的最高司法根据。东北老百姓如果流露出对殖民统治有一丝不满，都可能被借口违背诏书的某一句话而加以治罪。

从每一种诏书的由来上，可以看出一个人的灵魂如何在堕落。前两个我在前面说过了，现在说一下第三个，即"国本奠定诏书"是怎么出世的。

有一天，我在缉熙楼和吉冈呆坐着。他要谈的话早已谈完，仍赖在那里不走。我料想他必定还有什么事情要办。果然，他站起了身，走到摆佛像的地方站住了，鼻子发过了一阵嗯嗯之声后，回头向我说：

"佛，这是外国传进来的。嗯，外国宗教！日满精神如一体，信仰应该相同，哈？"

然后他向我解释说日本天皇是天照大神的神裔，每代天皇都是"现人神"，即大神的化身，日本人民凡是为天皇而死的，死后即成神。

我凭着经验，知道这又是关东军正在通过这条高压线送电。但是他说了这些，就没电了。我对他的这些神话，费了好几天工夫，也没思索出个结果来。

事实是，关东军又想出了一件事要叫我做，但由于关东军司令官植田谦吉正因发动的张鼓峰和诺门坎两次战事不利，弄得心神不宁，一时还来不及办。后来植田指挥的这两次战役都失败了，终于被调回国卸职。临走，他大概想起了这件事，于是在辞行时向我做了进一步的表示：日满亲善，精神如一体，因此满洲国在宗教上也该与日本一致。他希望我把这件事考虑一下。

"太上皇"每次嘱咐我办的事，我都顺从地加以执行，唯有这一次，简直叫我啼笑皆非，不知所措。这时，胡嗣瑗已经被挤走，陈曾寿已经告退回家，万绳栻已经病故，佟济煦自护军出事以后胆小如鼠，其他的人则无法靠近我。被视为亲信并能见我的，只有几个妹夫和在"内廷"念书的几个侄子。那时，在身边给我出谋献策的人没有了，那些年轻的妹夫和侄子们又没阅历，商量不出个名堂来，我无可奈何地独自把植田的话想了几遍。还没想出个结果，新继任的司令官兼第五任大使梅津美治郎来了。他通过吉冈向我摊了牌，说日本的宗教就是满洲的宗教，我应当把日本皇族的祖先"天照大神"迎过来立为国教。又说，现在正值日本神武天皇纪元二千六百年大庆，是迎接大神的大好时机，我应该亲自去日本祝贺，同时把这件事办好。

后来我才听说，在日本军部里早就酝酿过此事，由于意见不一，未做出决定。据说，有些比较懂得中国人心理的日本人，如本庄繁之流，曾认为这个举动可能在东北人民中间引起强烈的反感，导致日本更形孤立，故搁了下来。后来由于主谋者断定，只要经过一段时间，在下一代的思想中就会扎下根，在中年以上的人中间，也会习以为常，于是便做出了这个最不得人心的决定。他们都没有想到，这件事不但引起了东北人民更大的仇恨，就是在一般汉奸心里，也是很不受用的。以我自己来说，这件事就完全违背了我的"敬天法祖"思想，所以我的心情比发生"东陵事件"时更加难受。

我当了皇帝以后，曾因为祭拜祖陵的问题跟吉冈发生过争执。登极即位祭祖拜陵，这在我是天经地义之事，但是吉冈说，我不是清朝皇帝而是满蒙汉日朝五民族的皇帝，祭清朝祖陵将引起误会，这是不可以的。我说我是爱新觉罗的子孙，自然可以祭爱新觉罗的祖先陵墓。他说那可以派个爱新觉罗的其他子孙去办。争论结果，当然是我屈服，打消了北陵之行，然而我却一面派人去代祭，一面关上门在家里自己祭。现在事情竟然发展到不但祭不了祖宗，而且还要换个祖宗，我自然更加不好受了。

自从我在旅顺屈服于板垣的压力以来，尽管我每一件举动都是对民族祖先的公开背叛，但那时我尚有自己的纲常伦理，还有一套自我宽解的哲学：我先是把自己的一切举动看作是恢复祖业、对祖宗尽责的孝行，以后又把种种屈服举动解释成"屈蠖求伸之计"，相信祖宗在天之灵必能谅解，且能暗中予以保佑。可是现在，日本人逼着我抛弃祖宗，调换祖宗，这是怎么也解释不过去的。

然而，一种潜于灵魂深处的真正属我所有的哲学，即以自己的利害为行为最高准则的思想提醒了我：如果想保证安全、保住性命，只得答应下来。当然，在这同时我又找到了自我宽解的办法，即私下保留祖先灵位，一面公开承认新祖宗，一面在家里祭祀原先的祖宗。因此，我向祖宗灵位预先告祭了一番，就动身去日本了。

这是我第二次访问日本，时间在一九四〇年五月，待了一共只有八天。

在会见裕仁的时候，我拿出了吉冈安直给我写好的台词，照着念了一遍，大意是：为了体现"日满一德一心、不可分割"的关系，我希望，迎接日本天照大神，到"满洲国"奉祀。他的答词简单得很，只有这一句：

"既然是陛下愿意如此，我只好从命！"

接着，裕仁站起来，指着桌子上的三样东西，即一把剑、一面铜镜和一块勾玉，所谓代表天照大神的三件神器，向我讲解了一遍。我心里想：听说在北京琉璃厂，这种玩意儿很多，太监从紫禁城里偷出去的零碎，哪一件也比这个值钱，这就是神圣不可侵犯的大神吗？这就是祖宗吗？

在归途的车上，我突然忍不住哭了起来。

我回到长春之后，便在"帝宫"旁修起了一所用白木头筑的"建国神庙"，专门成立了"祭祀府"，由做过日本近卫师团长、关东军参谋长和宪兵司令官的桥本虎之助任祭祀府总裁，沈瑞麟任副总裁。从此，就按关东军的规定，每逢初一、十五，由我带头，连同关东军司令和"满洲国"的官员们，前去祭祀一次。以后东北各地也都按照规定建起这种"神庙"，按时祭祀，并规定无论何人走过神庙，都要行九十度鞠躬礼，否则就按"不敬处罚法"加以惩治。由于人们都厌恶它，不肯向它行礼，因此凡是神庙所在，都成了门可罗雀的地方。据说有一个充当神庙的"神官"（即管祭祀的官员），因为行祭礼时要穿上一套特制的官服，样子十分难看，常常受到亲友们的耻笑，有一次他的妻子的女友对他妻子说："你瞧你们当家的，穿上那身神官服，不是活像《小上坟》里的柳录景吗？"这对夫妻羞愧难当，悄悄丢下了这份差事，跑到关内谋生去了。

关东军叫祭祀府也给我做了一套怪模怪样的祭祀服，我觉着穿着实在难看，便找到一个借口说，现值战争时期，理应穿戎服以示支援日本盟邦的决心，我还说穿军服可以戴上日本天皇赠的勋章，以表示"日满一德一心"。关东军听我说得振振有词，也没再勉强我。我每逢动身去神庙之前，先在家里对自己的祖宗磕一回头，到了神庙，面向天照大神的神龛行礼时，心里念叨着："我这不是给它行礼，这是对着北京坤宁宫行礼。"

我在全东北人民的耻笑、暗骂中，发布了那个定天照大神为祖宗和宗教的"国本奠定诏书"。这次不是郑孝胥的手笔（郑孝胥那时已死了两年），而是"国务院总务厅"嘱托一位叫佐藤知恭的日本汉学家的作品。其原文如下：

> 朕兹为敬立建国神庙，以奠国本于悠久，张国纲于无疆，诏尔众庶曰：我国自建国以来，邦基益固，邦运益兴，烝烝日跻隆治。仰厥渊源，念斯丕绩，莫不皆赖天照大神之神庥，天皇陛下之保佑。是以朕向躬访日本皇室，诚恫致谢，感戴弥重，诏尔众庶，训以一德一心之义，其旨深矣。今兹东渡，恭祝纪元二千六百年庆典，亲拜皇大神宫，回銮之吉，敬立建国神庙，奉祀天照大神，尽厥崇敬，以身祷国民福祉，式为永典，令朕子孙万世祇承，有孚无穷。庶几国本奠于惟神之道，国纲张于忠孝之教。仁爱所安，协和所化，四海清明，笃保神庥。尔众庶其克体朕意，培本振纲，力行弗懈，自强勿息。钦此！

诏书中的"天照大神之神庥，天皇陛下之保佑"，以后便成了每次诏书不可少的谀辞。

为了让我和伪大臣们接受"神道"思想，日本关东军不怕麻烦，特地把著名神道家筧克彦（据说是日本皇太后的神道讲师）请来，给我们讲课。这位神道家讲课时，总有不少奇奇怪怪的教材。比如有一幅挂图，上面画着一棵树，据他讲，这棵树的树根，等于日本的神道，上面的枝，是各国各教，所谓八纮一宇，意思就是一切根源于日本这个祖宗。又一张纸上，画着一碗清水，旁边立着若干酱油瓶子、醋瓶子，说清水是日本神道，酱油醋则是世界各宗教，如佛教、儒教、道教、基督教、回教等等。日本神道如同纯净的水，别的宗教均发源于日本的神道。还有不少奇谭，详细的已记不清了。总之，和我后来听到的关于一贯道的说法，颇有点相像。我不知日本人在听课时，都有什么想法，我只知道我自己和伪大臣们，听课时总忍不住要笑，有的就索性睡起觉来。绰号叫于大头的伪军政部大臣于深澂，每逢听"道"就歪着大头打呼噜。但这并不妨害他在自己的故乡照样设大神庙，以示对新祖宗的虔诚。

一九四一年十二月八日，日本对美英宣战，在关东军的指示下，伪满又颁布了"时局诏书"。以前每次颁发诏书都是由国务院办的，但这次专门召开了"御前会议"，吉冈让我亲自宣读。这是十二月八日傍晚的事。这诏书也是佐藤的手笔。

奉天承运大满洲帝国皇帝诏尔众庶曰：

盟邦大日本帝国天皇陛下兹以本日宣战美英两国，明诏煌煌，悬在天日，朕与日本天皇陛下，精神如一体，尔众庶亦与其臣民咸有一德之心，夙将不可分离关系，团结共同防卫之义，死生存亡，断弗分携。尔众庶咸宜克体朕意，官民一心，万方一志，举国人而尽奉公之诚，举国力而援盟邦之战，以辅东亚戡定之功，贡献世界之和平，钦此！

这些恭维诌媚的词令，和"天照大神之神麻，天皇陛下之保佑"一样，以后都成了我的口头禅。

我每逢见来访我的关东军司令官，一张嘴便流利地说出：

"日本与满洲国乃是一体不可分的关系，生死存亡的关系，我一定举国力为大东亚圣战的最后胜利，为以日本为首的大东亚共荣圈奋斗到底。"

一九四二年，做了日本首相的前关东军参谋长东条英机，到伪满作闪电式的访问。我见了他，曾忙不迭地说：

"请首相阁下放心，我当举满洲国之全力，支援亲邦日本的圣战！"

这时已经把"盟邦"改称为"亲邦"。这是伪满"建国十周年"所带来的新屈辱，是写在"建国十周年诏书"里的。

在这个"十周年"（一九四二年）的前夕，吉冈曾和我说：

"没有日本，便不会有满洲国，嗯，所以应该把日本看成是满洲国的父亲。所以，嗯，满洲国就不能和别的国家一样，称日本国为盟邦友邦，应称作亲邦。"

与此同时，国务院最末一任总务厅长官武部六藏，把张景惠和各部伪大臣召到他的办公室里，讲了一番称日本为亲邦的道理。接着"建国十周年诏书"就出来了：

我国自肇兴以来，历兹十载，仰赖天照大神之神麻，天皇陛下之保佑，国本奠于惟神之道，政教明于四海之民。崇本敬始之典，万世维尊。奉天承运之作，垂统无穷。明明之鉴如亲，穆穆之爱如子。夙夜乾惕，惟念昭德，励精自懋，弗敢豫逸。尔有司众庶，亦成以朕心为心，忠诚任事，勤勉治业，上下相和，万方相协。自创业以至今日，始终一贯，奉公不懈，深堪嘉慰。宜益砥其所心，励其所志，献身大东亚圣战，奉翼亲邦之天业，以尽报本之至诚，努力国本之培养，振张神人合一之纲纪，以奉答建国之明命。钦此！

从此"亲邦"二字便成了"日本"的代名词。

我自认是它的儿子还嫌不够，武部六藏和吉冈安直竟又决定，要我写一封"亲书"，由总理张景惠代表我到日本去"谢恩"。我在这里把"谢恩"二字加引号，并非是杜撰，而是真正引用原文的。张景惠的正式身份，乃是"满洲帝国特派赴日本帝国谢恩大使"，这也是写在"亲书"里的。

到了一九四四年，日本的败象越来越清楚，连我也能察觉出来，日本军队要倒霉了。有一次吉冈跑来，转弯抹角地先说了一通"圣战正在紧要关头，日本皇军为了东亚共荣圈各国的共存共荣，作奋不顾身的战争，大家自应尽量供应物资，特别是金属……"最后绕到正题上，"陛下可以率先垂范，亲自表现出日满一体的伟大精神……"

这回他没有嗯、哈，可见其急不可待，连装腔作势也忘了。而我是浑身毫无一根硬骨头，立即遵命，命令首先把伪宫中的铜铁器具，连门窗上的铜环、铁挂钩等等，一齐卸下来，交给吉冈，以支持"亲邦圣战"。过了两天，我又自动地拿出许多白金、钻石首饰和银器交给吉冈，送关东军。不久吉冈从关东军司令部回来，说起关东军司令部里连地毯都捐献了，我连忙又命把伪宫中所有地毯一律卷起来送去。后来我去关东军司令部，见他们的地毯还好好地铺在那里，究竟吉冈为什么要卷我的地毯，我自然不敢过问。

以后我又自动地拿出几百件衣服，让他送给山田乙三，即最末一任的关东军司令长官。

当然，经我这一番带头，报纸上一宣扬，于是便给日伪官吏开了大肆搜刮的方便之门。听说当时在层层逼迫之下，小学生都要回家去搜敛一切可搜敛的东西。

吉冈后来对溥杰和我的几个妹夫都说过这样的话："皇帝陛下，在日满亲善如一体方面，乃是最高的模范。"然而，这位"最高模范"在无关紧要之处，也曾叫他上过当。例如捐献白金的这次，我不舍得全给他们，但又要装出"模范"的样儿，于是我便想出这样一个办法，把白金手表收藏起来，另买了一块廉价表带在手腕上。有一天，我故意当着他的面看表，说："这只表又慢了一分钟。"他瞅瞅我这只不值钱的表，奇怪起来："陛下的表，换了的，这个不好……""换了的。"我说，"原来那只是白金的，献了献了的！"

一九四五年，东北人民经过十几年的搜刮，已经衣不蔽体，食无粒米，再加上几次的"粮谷出荷""报恩出荷"的掠夺，弄得农民们已是求死无门。这时，为了慰问日本帝国主义，又进行了一次搜刮，挤出食盐三千担，大米三十万吨，送到日本国内去。

本来这次关东军是打算让我亲自带到"亲邦"进行慰问的。日本这时已开始遭受空袭，我怕在日本遇见炸弹，只得推说："值此局势之下，北方镇护的重任，十分重大，我岂可以在这时离开国土一步？"不知道关东军是怎么考虑的，后来决定派一个慰问大使来代替我。张景惠又轮上这个差使，去了日本一趟。他此去死活，我自然就不管了。

九　家门以内

我不能过问政事，不能随便外出走走，不能找个"大臣"谈谈，所以当关东军那边的电流通不过来的时候，我就无事可干。我发展了迟眠晏起的习惯，晚上总要在后半夜，甚至过三点才睡，早晨要十一点才起。每日两餐，早餐在中午十二点至一两点，晚饭在九至十一点，有时是十二点。四点到五六点睡中觉。我的日常生活，除了吃睡之外，用这八个字就可以概括了，即：打骂、算卦、吃药、害怕。

这四样东西是相互有着关联的。随着日本崩溃的迹象越来越明显，我越是恐怖，就怕日本在垮台之前，会杀我灭口。在这种心理支配下，我对日本人是伺候颜色、诌媚逢迎，对家门以内则是脾气日趋暴躁，动辄打人骂人。我的迷信思想也更加发展，终日吃素念经，占卜打卦，求神佛保佑。在这种精神不宁和不正常的生活习惯下，本来就糟蹋坏了的身体，这时越发虚弱，因此又挤命打针吃药。总而言之，这四样东西构成了我昏天暗地、神神癫癫的生活。

我的残暴多疑，早在紫禁城时代就种下了根子，到了天津，向前发展了一步。在天津，我给佣人们立下了这样的"家规"：

一、不准彼此随便说话，以防结党营私。

二、不准互相包庇袒护。

三、不准舞弊赚钱。

四、当同事犯有过错时须立即报告。

五、上级对下级犯过的人，须在发现之后立即加以责打。

如果放松看管，罪加一等。

因为我的性格中，既有统治阶级所具有的冷酷无情、残忍凶暴的一面，又有一种害怕因果报应，极其浓厚的迷信思想。所以，在定好这些杜渐防微的种种条款后，还在后面附加了一项预备好的誓词，叫他们对天盟誓。誓词是：

"如果我违背了上述规则，甘心承受'天罚'，定让我遭'天打五雷轰'的恶报！"

到了伪满以后，我在狼的面前是羊，在羊的面前却是只狼。在我的大门内，我的残忍暴虐行为，越发有了发展，例如除了打手心、打耳光和用板子打屁股，又有了"灌凉水""跪铁链""过电""站木笼"之类的刑罚。打人的花样也很多，最常用的是叫别人代替我打。受到这种委派的人往往不是一两个，而是全体在场的人。在动手打的时候，必须打得很重，否则我便疑心他们朋比为奸，可能临时转移目标，让所有人改打这个不肯使劲打人的人。有时，我心里不高兴，对屋里的人都不满意，我就下令叫他们都跪下，呈一环形，命令他们彼此互打耳光。

我的打骂对象除了我的妻子、弟弟和妹夫之外，几乎包括家里的一切人。那时我有几个侄子，在宫里念书，同时又是陪我说话、伺候我的人，是我培养的亲信，可是我一样地打骂他们。他们那时最怕我说的一句话，就是："叫他下去！"意思就是到楼下去挨打。

我这些举动，除了说明我的蛮横、狂妄、暴虐和喜怒无常的可耻性格之外，实在不能说明别的问题。有一次，一个童仆在我的椅子上坐了一下，别人根据我订立的家规，把他告发了。我认为这是冒犯了我，立即命人重重责打了他一顿。其实这个宝座，不是我也坐得心惊肉跳吗？

在长春，我因患痔疮，买了不少坐药。有个小侄子见到这种药很稀奇，无意中说了一句，"很像个枪弹"，立刻触了我的忌讳，"这不是咒我吃枪弹吗！"在我的授意之下，其他的侄子们给了他一顿板子。

在我这种统治下，境遇最惨的是一批童仆。这是从长春的一个所谓慈善团体要来的孤儿，大约有十几个，他们大都是父母被日本人杀害之后遗留下来的。日本人怕这些后代记仇，便叫汉奸政权用慈善团体名义收养起来，并给他们改了姓名，进行奴化教育，用奴役劳动摧残他们。当他们听说被送到我这里来的时候，有的还抱过很大希望，认为生活一定比在慈善会里好些，事实上不但没有什么改善，反而更糟。他们在这里，吃的是最坏的高粱米，穿的是破烂不堪的衣服，每天要干十五六小时的活，晚上还要坐更守夜。冬天，因为又冷又饿，又累又困，有的在打扫工作中，不知不觉地伏在暖气上睡去，以致烤得皮焦肉烂。他们挨打更是经常的。干活睡觉要挨打，扫地不干净要挨打，说话大声要挨打。心里不高兴的随侍，还常拿他们出气。为了处罚他们，负责管理他们的随侍，特地设了禁闭室。这些孤儿在种种折磨下，长到十七八岁，还矮小得像十来岁的孩子。

有一个叫孙博元的童仆，就是被生生折磨死的。这孩子在伪宫里实在受不了，他幻想着外面世界也许好些，屡次想找机会逃走。第一次逃走被发觉抓回来，挨了一顿毒打。第二次又逃走，他以为通暖气管的地道通到外面，便钻了进去，可是在里面转来转去，转了两天两夜也没找到出口。他又渴又饿，不得不出来找水喝，因此被人发现又抓住了。我听到了随侍的报告，便命令："让他先吃点东西，然后再管教他！"可是这时他早被随侍们管教得奄奄一息了。我听说他快死了，吓得要命，怕他死了变成冤鬼前来索命，便命令把医生叫来抢救，可是已经来不及了。这孩子终于在我的"家规"下，丧失了幼小的生命！

这件事发生后，我并没有受到良心的责备，只是由于害怕因果报应，花了几天工夫在佛坛前磕头念经，超度亡魂，同时责令打过他的随侍们，在半年以内，每天要用竹板打自己的手心，以示忏悔。好像这样措置之后，我就可以摆脱一切干系似的。

我对仆人们的苛刻待遇，后来竟因神经过敏而发展到极无聊的地步。我经常像防贼似的防备厨子买菜时赚我几角钱。我甚至于派人秘密跟踪，看他是怎么买的，或者向我的妹妹们调查，肉多少钱一斤，鸡多少钱一只。有时候认为菜做得不好，或者发现有点什么脏东西，立刻下令罚钱。当然有时因为做得好，也赏钱。我在自己的屋子外面无权无力，只能在日本人决定的法令上画可，在自己的屋子里面，却作威作福，我行我法。

到了伪满末期，日本的败象越来越明显。无论是无线电中的盟国电台消息，还是吉冈安直流露出的颓丧心情，都逐日加深着我的末日情绪。我的脾气变得更坏了，在家门里发的威风也更凶了。一九四四年初，一位按例来给我祝寿的长辈，竟平白无故地成了我发威风的对象。

那天为了庆祝我的生日，宫内府弄了一个滑冰晚会，找了些会滑冰的人来表演。在大家看滑冰的时候，这位关内来的长辈看见了吉冈安直和日本官吏们，为了表示礼貌，在我的面前跟他们招呼为礼。这样的事在一般人看来本是极为平常的，可是在当时我那一群人眼中却成了"大不敬"的失仪行为。因为"天子"乃是"至尊"，在"天子"面前没有谁更尊贵的，所以任何人不能有互相致敬、受礼的表示。家里的人都知道我是绝对不容许有这类事发生的，而且按照我的教诲，如有人发现任何不敬行为,不向我报告就要算作不忠。因此,这件当时并未被我发现的"不敬"行为,过了不大功夫,即在滑冰表演结束后举行家宴的时候,就有个侄子在宴席上报告了我。我这时正在高兴,加以想到他是个老人,不想深究,便示意叫这忠心的侄子退下。却不料那位刚犯了"大不敬"的老人,现在又犯了好奇心,想知道那个侄子俯在我耳边说什么,便探过头去问那个侄子,又一次犯了"大不敬"。我不禁勃然大怒,猛地拍了一下桌子,喝道:"给你脸,不作脸,你还有个够吗?"这位老人这才明白了他的"过失",吓得面如土色,身不由己地向我双膝跪倒,诚惶诚恐地低下头来。而我却越想越气,索性离了席,对他嚷叫起来:"你的眼里还有我吗?你眼里没有我,就是没有德宗景皇帝,就是没有穆宗毅皇帝!……"弄得全场鸦雀无声,可谓大煞风景。

我所以如此气恼,说穿了不过是因为被伤害了虚荣心。我甚至觉得这个老人竟不如日本人。连日本人对我使颜色都是背着人进行的,可他倒当着人的面冒犯我!

我的迷信活动,第五章里已经说过,自幼在宫里受的神话鬼话教育,早在脑中生了根。比如,在天津时,我住的静园外面正对着一个大烟筒,我在自己的楼上设置了许多木刻的剑头符咒等,以便镇压大烟筒的不祥,因为它高于住楼,据说所在地又不知犯了什么风水忌讳,虽然我当时不完全明白这个镇物的用意,但是我却很放心地住进这个大楼,认为纵有什么不祥也给这个镇物给镇住了,我在这里可以居住平安。在天津时,社会上的一些鬼名堂,又让我发展了一步。比如我岳父荣源迷扶乩,总和我宣传这一套,我也信了。有一次,我也想弄一弄,于是他便拿来一套家伙——沙盘、乩笔等。我和他扶了半天,也不见动。荣源后来告诉我:在别处,还是灵的,据他请来的大仙说,那次因为是皇帝扶的,大仙不敢上来,又说那位大仙因为迟到,还受了"上级"(我忘了是玉皇大帝还是谁了)的"处分"。我也就信了,而且内心很得意。

我不但是一只狼,而且是一只带念珠的狼。我念佛、吃素,成天算卦拜神，迷信到了发狂的地步。

从前在北京、天津，我求签问卜所得到的解释，大都是关于复辟成功的乐观希望的。到了东北以后，我的迷信活动，就不再包含什么幻想和希望，而是充满了忧郁、悲哀，充满了阴森森的鬼气。

在长春我供的佛神和牌位，大概有这些角色：各种佛、天神地祇、关圣帝君、王爹爹王妈妈、神杆、满族历代祖先、清朝历代帝后、长白山天女、大成至圣先师孔子历代帝王师、醇贤亲王侧福晋、醇亲王福晋、福神喜神财神贵神、太岁、灶神、四太妃。

我除了供祖宗，还杂七杂八地供了这些神与佛。我看了大量的迷信鬼神书，看得入了迷。我在书上看了什么六道轮回，说一切生物都有佛性，我就生怕吃的肉是死去的亲人变的，所以除了每天早晚念两次经外，每顿饭又加念一遍"往生咒"，给吃的肉主超生。开头是在开饭的时候，当着人面，我自己默默地念，后来我索性让人先出去，等我一个人嘟嘟囔囔地念完，再让他们进来。所以后来每逢吃饭，他们便自动等在外面，听我嘟囔完了才进来。记得有一次，我正在同德殿的地下防空洞里吃饭，忽然响起了空袭警报，我念了咒还不算，还把要吃的一个鸡蛋拿起来，对它磕三个头，才敢把这个"佛性"吃下肚去。这时，我已经索性吃素，除鸡蛋外，荤腥一概不动。我不许人们打苍蝇，只许向外轰。我知道苍蝇会带病菌传病给人，苍蝇落过的饭菜，我一律不吃，如果在我的嘴唇上落一下，我就拿酒精棉花擦一下（我身上总带着一个盛酒精药棉的小铁盒），如果发现菜里有苍蝇腿要罚厨师的钱，尽管如此，我却不准任何人打死一只苍蝇。有一次我看见一只猫抓住了一只老鼠，为了救这只老鼠，我就下令全体家人一齐出动去追猫。

我越看佛书越迷，有时做梦，梦见游了地狱，就越发相信。有一次，我从书上看到，念经多日之后，佛就会来，还要吃东西。我便布置出一间屋子，预备了东西。在念过经之后，对众人宣布道：佛来了！我便跪着爬进屋去。当然里面是空的，可是因为我自己也相信了自己的胡说八道，所以战战兢兢地向空中碰起头来。

我家里的人都叫我弄得神神颠颠的。在我的影响下，家中终日佛声四起，木鱼铜磬响声不绝，像居身于庙里一样。

我还常常给自己问卜算卦，而且算起来就没完，不得上吉之卦，决不罢休。后来我日益害怕关东军害我，发展到每逢吉冈找我一次，我要打卦卜一次吉凶。避凶趋吉，几乎成了支配我一举一动的中心思想。弄得行路、穿衣、吃饭，脑子里也是想着哪样吉，哪样不吉。至于吉凶的标准，也无一定之规，往往是见景生情，临时自定。比如走路时，前面有块砖头，心里便规定道："从左面走过去，吉祥，从右边，不吉祥。"然后便从左面走过去。什么迈门槛用左腿右腿，夹菜是先夹白先夹绿，真是无穷无尽。婉容也随我入了迷，她给自己规定，对于认为不吉的，就眨巴眨巴眼，或是吐吐唾沫。后来弄成了习惯，时常无缘无故地眨巴一阵眼，或者是嘴里"啐啐啐"连着出声，就像患了精神病似的。

在我的教育管制之下，我的侄子们——二十左右的一群青年，个个像苦修的隐士，有的每天"入定"，有的新婚之后不回家，有的在床头上悬挂"白骨图"，有的终日掐诀念咒，活像见了鬼似的。

我还每天"打坐"。"打坐"时，不准有一点声音。这时所有的人连大气都不敢出。我的院子里养了一只大鹤，它不管这套，高起兴来就要叫一下子。我交代给仆人负责，如果鹤叫一声，就罚他五角钱。仆人们被罚了不少钱之后，研究出一个办法：鹤一伸脖子他就打它脖子一下，这样就不叫了。

因为怕死，所以最怕病。我嗜药成瘾，给了我的家人和仆人不少罪受，也给自己找了不少罪受。我嗜药不仅是吃，而且还包括收藏。中药有药库，西药有药房。我有时为了菜的口味差一些，硬叫扣出厨子几角钱来，但为买些用不着的药品，可以拿出几千元、几万元去向国外订购。我的一些侄子，上学之外要为我管药房、药库。他们和我专雇的医生每天为我打补针，总要忙上几小时。我每天要打赐保命和葡萄糖之类的补品，打针的时候，我的侄子要从大量的注射剂中拣可用的药。因为存药太多，大都过了期，注射液类药往往都有毛状沉淀物。他们把这工作叫作"拣毛"，拣一次毛，就要两个钟头。然后由另一个侄子执行注射，医生则是一旁守候。就这样，要消磨掉好几个人半天的时间，而这大半是在夜里人家该休息的时候。

从前我在紫禁城里时常"疑病"，现在用不到疑心，我真的浑身是病了。记得有一次例行"巡幸"，到安东去看日本人新建的水力发电站。到了那里，由于穿着军服，还要在鬼子面前撑着架子，走了不多远，我就喘得透不过气来，回来的时候，眼看就要昏过去了，随行的侄子们和医生赶快抢着给我打强心剂和葡萄糖，这才把我抢救过来。

这种虚弱的身体，加上紧张的心情，让我总觉得死亡迫在眉睫。

有一天，我到院子里去打网球，走到院墙边，忽然看到墙上有一行粉笔写的字：

"日本人的气，还没受够吗？"

看到这行粉笔字，我连网球也忘记打了，赶紧叫人擦了去。我急忙回到我的卧室，心里怦怦跳个不停，觉得虚弱得支持不住了。

我怕日本人发现这行粉笔字之后，会不分青红皂白地在我这"内廷"来个"大检举"，那不定会闹成什么样子。令我更惊慌的是，显然在我这内延之中，有了"反满抗日分子"。他敢于在大庭广众之下写字，就不敢杀我吗？

由于我整天昏天黑地、神神癫癫，对家庭生活更没有一点兴趣。我先后有过四个妻子，按当时的说法，就是一个皇后，一个妃，两个贵人。如果从实质上说，她们谁也不是我的妻子，我根本就没有一个妻子，有的只是摆设。虽然她们每人的具体遭遇不同，但她们都是同样的牺牲品。

长时期受着冷淡的婉容，她的经历也许是现代新中国的青年最不能理解的。她如果不是在一出生时就被决定了命运，也是从一结婚就被安排好了下场。我后来时常想到，她如果在天津时能像文绣那样和我离了婚，很可能不会有那样的结局。当然，她究竟和文绣不同。在文绣的思想里，有一个比封建的身份和礼教更被看重的东西，这就是要求有一个普通人的家庭生活。而婉容，却看重了自己的"皇后"身份，所以宁愿做个挂名的妻子，也不肯丢掉这块招牌。

自从她把文绣挤走之后，我对她便有了反感，很少和她说话，也不大留心她的事情，所以也没有从她嘴里听说过她自己的心情、苦闷和愿望。只知道后来她染上了吸毒（鸦片）的嗜好，有了我所不能容忍的行为。

这种事情，无论如何不能由她负责任，至少不该全部都由她自己负责。事实上，当时我把全部责任都放在她身上，我根本没有责怪过自己，当然更谈不上责怪那个吃人的制度。

事实上是，她的吸毒是由于她的父兄给出的主意，甚至在私通问题上，也受过她哥哥（已死）的鼓励。直到很晚我才知道，早在她那次离津去大连的路上，她的哥哥就由于换取某种利益，把自己的妹妹卖给一个同行的日本军官了。

一九三五年，由于她有了身孕并且将近临产，我才发现了问题。我当时的心情是难于描述的，我又愤怒，又不愿叫日本人知道，唯一的办法就是在她身上泄愤。我除了把和她有关系的人和有嫌疑的人，一律找词驱逐之外，还决定和她离婚，用当时我的说法，是把她"废"掉。由于当宫内府次长的日本人和关东军都不准许，我不敢冒犯日本人，于是又做出一个成心给婉容看的举动，即另选一个"贵人"。

婉容也许至死还做着一个梦，梦见她的孩子还活在世上。她不知道孩子一生下来就被填进锅炉里烧化，她只知道他的哥哥在外边代她养育着孩子，她哥哥是每月要从她手里拿去一笔养育费的。

"八一五"后她和我分手时，烟瘾已经很大，又加病弱不堪，第二年就病死在吉林了。

一九三七年，我为了表示对婉容的惩罚，也为了有个必不可少的摆设，我另选了一名牺牲品——谭玉龄，她经北京一个亲戚的介绍，成了我的新"贵人"。她原姓他他拉氏，是北京一个初中的学生，和我结婚时是十七岁。她也是一名挂名的妻子，我像养一只鸟儿似的把她养在"宫"里，一直养到一九四二年死去为止。

她的死因，对我至今还是一个谜。她的病，据中医诊断说是伤寒，但并不认为是个绝症。后来，我的医生黄子正介绍市立医院的日本医生来诊治。吉冈这时说是要"照料"，破例地搬到宫内府的勤民楼来了。就这样，在吉冈的监督下，日本医生给谭玉龄进行了医治，不料在进行治疗的第二天，她便突然死去了。

令我奇怪的是，日本医生开始治疗时，表现非常热心，在她身边守候着，给她打针，让护士给她输血，一刻不停地忙碌着。但是在吉冈把他叫到另外一间屋子里，关上门谈了很长时间的话之后，再不那么热情了，他没有再忙着注射、输血，变成了沉默而悄悄地。住在勤民楼里的吉冈，这天整夜不住地叫日本宪兵给病室的护士打电话，讯问病况。这样过了一夜，次日一清早，谭玉龄便死了。不由我不奇怪，为什么吉冈在治疗的时候，找医生谈那么长时间的话呢？为什么谈过话之后，医生的态度便变了呢？

我刚听到了她的死讯，吉冈就来了，说他代表关东军司令官向我吊唁，并且立即拿来了关东军司令官的花圈。我心里越发奇怪，他们怎么预备的这样快呢？

由于我犯了疑心，就不由得回想起谭玉龄的生前。在生前她是时常和我谈论日本人的。

她在北京念过书，知道不少关于日本人在关内横行霸道的事。自从德王那件事发生后，我有时疑心德王乱说，有时疑心日本人偷听了我们的谈话。谭玉龄的死，我不由得又想起了这些。

吉冈在谭玉龄死后不久的一个举动，更叫我联想到，即使不是吉冈使了什么坏，她的死还是和关东军有关的。谭玉龄刚死，吉冈就给我拿来了一堆日本姑娘的相片，让我挑选。

我拒绝了。我说谭玉龄遗体未寒，无心谈这类事。他却说，正是因为要解除我的悲痛，所以他要早日为我办好这件大事。我只得又说，这确是一件大事，但总得要合乎自己的理想，不能草率从事，况且语言不通，也是个问题。

"语言通的，嗯，这是会满洲语言的，哈！"

我怕他看出我的心思，忙说："民族是不成问题的，但习惯上、兴趣上总要合适才好。"

我拿定了主意，决不要日本妻子，因为这就等于在我床上安上了个耳目。但这话不好明说，只得推三阻四，找各式借题来抵挡。

不想这个"御用挂"，真像挂在我身上一样，死皮赖脸，天天纠缠。我怕惹恼他，又不好完全封口。后来，也许是他明白我一定不要日本人，也许关东军有了别的想法，又拿来了一些旅顺日本学校的中国女学生的相片。我二妹提醒我说，这是日本人训练好的，跟日本人一样。可是我觉得这样总拖也不是个办法，因为如果关东军硬给我指定一个，我还是得认可。我最后决定挑一个年岁幼小的，文化程度低些的。在我看来，这样的对象，即使日本人训练过，也还好对付；而且只要我功夫做好，也会把她训练回来。决定后，我向吉冈说了。

就这样，一个后来被称作"福贵人"的十五岁的孩子，便成了我的第四名牺牲品。她来了不到两年，也就是她还不到成年的年岁，伪满就垮了台。在大崩溃中，我成了俘虏，她被遣送回长春老家去了。

十　大崩溃

在战犯管理所的时候，有个前伪满军的旅长对我说过一个故事。太平洋战争发生的那一年冬天，他在关东军的指挥下，率伪满军前去袭击抗联部队。他的队伍在森林里扑了一个空，只找到了一个藏在地下小屋里的生病的抗联战士。这个人衣服破烂，头发、胡子挺长，就像关了很久的囚犯似的。他望见这俘虏的外貌，不禁嘲弄地说：

"看你们苦成这副模样，还有什么干头！你知道不知道，大日本皇军把新加坡、香港都占领啦……"

"俘虏"突然笑起来。这位"满洲国"少将拍着桌子制止道："笑什么？你知道你这是受审判吗？"那战士对他的回答，叫他大吃一惊——

"谁审判谁？你们的末日不远了，要不了多长时间，你们这群人，都要受人民的审判！"

伪满的文武官员，一般说来都知道东北人民仇恨日寇和汉奸，但却不理解他们何以有这么大的胆量，何以那么相信自己的力量，同时又确信强大的统治者必败无疑。我从前一直把日本帝国主义的力量看作强大无比，不可动摇。在我心里，能拿来和日本做比较的，连大清帝国、北洋政府和国民党的中华民国都够不上，至于"老百姓"，我连想也没想过。

究竟是谁强大无比，是谁软弱无力？其实早有无数的事实告诉过我，但是我极不敏感，一直到从吉冈嘴里透露了出来的时候，我还是模模糊糊。

有一次，关东军安排我外出"巡幸"（一年有一次），去的地点是延吉朝鲜族地区。我的专车到达那里，发现大批的日本宪兵和六个团的伪军，把那里层层围了起来。我问吉冈这是什么意思，他说是"防土匪"。"防土匪何用这么多兵力？""这土匪可不是从前那种土匪，这是共产军哪！""怎么满洲国也有共产军？共产军不是在中华民国吗？""有的，有的，小小的有的……"吉冈含含混混回答着，转移了话题。

又一次，关东军参谋在例行的军事形势报告之外，特地专门向我报告了一次"胜利"。在这次战役中，抗联的领袖杨靖宇将军牺牲了。他兴高采烈地说，杨将军之死，消除了"满洲国的一个大患"。我一听

"大患"二字，忙问他："土匪有多少？"他也是这么说："小小的，小小的有。"

一九四二年，华北和华中的日本军队发动了"大扫荡"，到处实行三光政策，制造无人区。有一次，吉冈和我谈到日军对华北"共产军"的种种战术，如"铁壁合围""梳篦扫荡"等等，说这给"大日本皇军战史上，增添了无数资料"。我听他说的天花乱坠，便凑趣说："共产军小小的，何犯上用这许多新奇战术？"不料这话引起了他的嘲弄：

"皇帝陛下倘若有实战体验，必不会说这话。"

我逢迎道："愿闻其详。"

"共产军，这和国民党军不一样。军民不分，嗯，军民不分，举例说，嗯，就像赤豆混在红砂土里……"他看我茫然无知的样子，又举出中国的"鱼目混珠"的成语来做比喻，说日本军队和八路军、新四军作战时，常常陷入四面受敌的困境。后来，他竟不怕麻烦，边说边在纸上涂抹着解释："共产军"不管到哪里，百姓都不怕他；当兵一年就不想逃亡，这实在是大陆上从来没有的军队；这样队伍越打越多，将来不得了。"可怕！这是可怕的！"他不由自主地摇头感叹起来。看见这位"大日本皇军"将官居然如此评论"小小的"敌人，我惶惑得不知说什么才合适，拼命地搜索枯肠，想起了这么两句：

"杀人放火，共产共妻，真是可怕！"

"只有鬼才相信这个！"他粗暴地打断了我的话。过了一会儿，他又用嘲弄的眼神看着我说：

"我这并不是正式评论，还是请陛下听关东军参谋长的报告吧。"

说着，他把刚才涂抹过的纸片都收了起来，放进口袋。

我逐渐地觉出了吉冈的"非正式评论"，比关东军司令官和参谋长的"正式评论"比较近乎事实。植田谦吉发动诺门坎战役时，为了证实他的"正式评论"，曾把我和张景惠等都请了去，参观日本飞机超过苏联飞机的速度表演。事实上，那次日军被打得落花流水，损失了五万多人，植田也因之撤职。吉冈在非正式评论时说："苏军的大炮比皇军的射程远多了！"

藏在吉冈心底的隐忧，我渐渐地从收音机里，越听越明白。日军在各个战场失利的消息越来越多，报纸上的"赫赫战果""堂堂入城"的协和语标题，逐渐被"玉碎"字样代替。物资匮乏情况严重，我在封锁重重中也能觉察出来。不但是搜刮门环、痰桶等废铜烂铁的活动，伸进"帝宫"里来，而且"内延"官员家属因缺乏食物，也纷纷来向我求助了。"强大无比"的日本统治者开始露馅，"无畏的皇军"变成样样畏惧。因为怕我知道军队供应质量低劣，关东军司令官特地展览了一次军用口粮请我去参观；因为怕我相信从收音机里听到的海外广播，送来宣传日军战绩的影片给我放映……不用说我不相信这些，就连我最小的侄子也不相信。

给我印象最深的，是日本军人流露出来的恐惧。

占领了新加坡之后到东北来任关东军某一方面军司令长官的山下奉文，当时趾高气扬不可一世的狂态还留在我的记忆里，可是到了一九四五年，当他再次奉调南洋，临行向我告别时，却对我捂着鼻子哭了起来，说："这是最后的永别，此一去是不能再回来了！"

在一次给"肉弹"举行饯行式时，我又看到了更多的眼泪。肉弹是从日本军队中挑选出来的士兵，他们受了"武士道"和"忠君"的毒害教育，被挑出来用肉体去和飞机坦克碰命，日本话叫作"体挡"。吉冈从前每次提到这种体挡，都表示无限崇敬。听那些事迹，我确实很吃惊。这回是关东军叫我对这批中选的肉弹鼓励一下，为他们祝福。那天正好是阴天，风沙大作。饯行地点在同德殿的院里，院里到处是一堆堆的防空沙袋，更显得气象颓丧。肉弹一共有十几个人，排成一列站在我面前，我按吉冈写好的祝词向他们念了，然后向他们举杯。这时我才看见，这些肉弹个个满脸灰暗，泪流双颊，有的竟哽咽出声。

仪式在风沙中草草结束了，我心慌意乱，又急着要回屋里去洗脸，吉冈却不离开，紧跟在我身后不去。我知道他一定又有话说，只好等着他。他清了清嗓子，嗯了几声，然后说：

"陛下的祝词很好，嗯，所以他们很感动，嗯，所以才流下了日本男子的眼泪……"

听了这几句多余的话，我心说："你这也是害怕呵！你怕我看出了肉弹的马脚！你害怕，我更害怕啦！"

一九四五年五月，德国战败后，日本四面受敌的形势就更明显了，苏联的出兵不过是个时间上的问题。日本过去给我的印象不管如何强大，我也明白了它的孤立劣势。

最后崩溃的日子终于来了。

一九四五年八月九日的早晨，最末一任的关东军司令官山田乙三同他的参谋长秦彦三郎来到了同德殿。向我报告说，苏联已向日本宣战了。

山田乙三是个矮瘦的小老头，平时举止沉稳，说话缓慢。这天他的情形全变了，他急促地向我讲述日本军队如何早有十足准备，如何具有必胜之信心。他那越说越快的话音，十足的证明连他自己也没有十足的准备和信心。他的话没说完，忽然响起了空袭警报。我们一齐躲进了同德殿外的防空洞，进去不久，就听见不很远的地方响起了爆炸声。我暗诵佛号，他默不作声。一直到警报解除，我们分手时为止，他再没提到什么信心问题。

从这天夜里起，我再没有脱衣服睡觉。我的袋里总放着一支手枪，并亲自规定了内廷的戒严口令。

次日，山田乙三和秦彦三郎又来了，宣布日军要退守南满。"国都"要迁到通化去，并告诉我必须当天动身。我想到我的财物和人口太多，无论如何当天也搬不了。经我再三要求，总算给了三天的宽限。

从这天起，我开始受到了一种新的精神折磨。这一半是由于吉冈态度上有了进一步的变化，一半是由于我自己大大地犯了疑心病，自作自受。我觉出了吉冈的变化，是由于他在山田乙三走后，向我说了这么一句话：

"陛下如果不走，必定首先遭受苏联军的杀害！"

他说这句话的时候，样子是恶狠狠的。但是让我更害怕的，是我从他的话里猜测到，日本人正疑心我不想走，疑心我对他们怀有贰心。

"他们怕我这个人证落在盟军手里，会不会杀我灭口？"这个问题一冒头，我的汗毛都竖起来了。

我想起了十多年的故技，我得设法在吉冈面前表现"忠诚"。我灵机一动，叫人把国务院总理张景惠和总务厅长官武部六藏找来。我向他们命令道：

"要竭尽全力支援亲邦进行圣战，要抗拒苏联军到底，到底……"

说完，我回头去看吉冈的脸色。但这个形影不离的"御用挂"，却不知道什么时候出去了。

我莫名其妙地起了不祥的预感。整天在屋子里转来转去，不知如何是好。我被死的恐惧折磨得不成人样了。

十一日这天，我走进了同德殿，"福贵人"正收拾东西，抬头看见我，脸上现出一种异象，对我就像看见一个生人似的。我吓一跳，忙问：

"你怎么啦？你瞅什么？"

"没什么，没什么……皇上的头发怎么这样乱哪？"

我向镜子里照了一下，原来一向用油抹得亮光光的头发乱成一团。

"头发算什么？咱们要遭殃啦！"

我在她屋子还是坐立不宁，来回乱转。这时忽然我从窗子看见刚给伪宫增设的日本兵端着枪进了同德殿。我的魂简直飞出了窍，以为是来实现灭口毒手了。我觉着反正没处可躲了，索性迎上他们问：

"干什么？"

这个东张西望的日本兵看见了我，像放了心似的，支吾道："好像有坏人进来，看看的没有……"他转身走了。

我对"福贵人"说："这是来查看我是不是跑了，真可怕！"我拿起电话找吉冈，电话怎么也叫不通。我又以为日本人已经扔下我走了，这叫我同样地害怕。我发着抖说："真没想到，这就要完啦？"

"皇上不会遇上危险的，皇上平时处处为百姓，吃斋念佛，自有菩萨保佑。"

"叫你跟我受苦啦。上'缉熙楼'去吧，要死咱就一块儿死吧。"

后来我给吉冈打电话，电话通了，吉冈的声音很微弱，说他病了。我连忙表示对他的关怀，说了一堆好话，听他说了"谢谢陛下"，我放了电话，松了一口气。这时我感到肚子很饿，原来一天没吃一点东西了。我叫剩下来的随侍大李给我"传膳"，大李说厨师全走了。我只好胡乱吃点饼干。

十一日晚上九点多，吉冈来了。这时我的弟弟、妹妹、妹夫和侄子们都已先去了火车站，家里只剩下我和两个妻子。吉冈对我和随行的一些随侍们用命令口气说：

"无论是步行，或是上下车辆，由桥本虎之助恭捧'神器'走在前面。无论是谁，经过'神器'，都须行九十度鞠躬礼。"

我知道这真到了出发的时候了。我恭恭敬敬地站着，看祭祀长桥本虎之助捧着那个盛着'神器'的包袱，上了头辆汽车，然后自己进了第二辆。汽车开出了"帝宫"，我回头看了一眼，在"建国神庙"上空，升起了一股火苗。

在通往通化大栗子沟的路上，火车走了三夜两天。本来应从沈阳走，为了躲避空袭，改走了吉林—梅河口的路线。两天里只吃了两顿饭和一些饼干。沿途到处是日本兵车，队伍不像队伍，难民不像难民。在梅河口，车停下来，关东军司令官山田来到了车上。他向我报告日军打了胜仗，击毁了多少苏军飞机和坦克。但是在吉林站上，我却看到一幅相反的景象：成批的日本妇女和孩子叫嚷着拥向火车，向拦阻她们的宪兵哀求着，哭号着……在站台尽头处，日本士兵和宪兵厮打着……

大栗子沟是一座煤矿，在一个山弯里，与朝鲜一江之隔，清晨，白雾弥漫着群山，太阳升起之后，青山翠谷，鸟语花香，景色极美，在当时，这一切在我的眼里却都是灰暗的。我住的地方是日本矿长的住宅，有七八间房，这种日本式的房间隔音不好，所以成天闹哄哄的。

八月十三日到了这里，过了两天惊惶不安的生活，八月十五日日本就宣布投降了。

当吉冈告诉了我"天皇陛下宣布了投降，美国政府已表示对天皇陛下的地位和安全给以保证"，我立即双膝跪下，向苍天磕了几个头，念诵道："我感谢上天保佑天皇陛下平安！"吉冈也随我跪了下来，磕了一阵头。

磕完头，吉冈愁眉苦脸地说，日本关东军已和东京联系好，决定送我到日本去。"不过，"他又说，"天皇陛下也不能绝对担保陛下的安全。这一节要听盟军的了。"

我认为死亡已经向我招手了。

张景惠、武部六藏和那一群"大臣""参议"找我来了。原来还有一场戏要演，他们拿来了那位汉学家的新手笔——我的"退位诏书"。我站在犹如一群丧家犬的大臣、参议面前，照着念了一遍。这个第六件诏书的字句已不记得了，只记得这件事：这篇诏书原稿上本来还有那少不了的"仰赖天照大神之神麻，天皇陛下之保佑"，可是叫桥本虎之助苦笑着给划掉了。桥本担任过守护天皇的近卫师团长，后来又做了守护天照大神的祭祀长，可算是最了解天皇和天照大神的人了。

我假如知道，我这时的身价早已降在张景惠那一批人之下，心情一定更糟。日本人在决定我去东京的同时，布置了张景惠和武部六藏回到长春，安排后事。他们到了长春，由张景惠出面，通过广播电台和重庆的蒋介石取得了联系，同时宣布成立"治安维持会"，准备迎接蒋介石的军队接收。他们打算在苏军到达之前，尽快变成"中华民国"的代表。

但没有料到苏军来得如此神速，而共产党领导的抗联军队也排除了日军的抵抗，逼近了城市。苏军到了长春，苏联指挥官对他们说了一句："等候盼咐吧。"张景惠他们以为维持会被承认了，不禁对苏联又生了幻想，张景惠回家对他老婆说："行啦，这又捞着啦！"第二天，伪大臣们应邀到达了苏军司令部，等着苏军司令的委派，不料苏联军官宣布道："都到齐啦，好，用飞机送你们到苏联去！"

八月十六日，日本人听说在长春的禁卫军已和日军发生了冲突，就把随我来的一连禁卫军缴了械。这时吉冈通知我，明天就动身去日本，我当然连忙点头称是，装出高兴的样子。

吉冈叫我挑选几个随行的人。因为飞机小，不能多带，我挑了溥杰、两个妹夫、三个侄子、一个医生和随侍大李。"福贵人"哭哭啼啼地问我："我可怎么办呢？"我说："飞机太小，你们坐火车去吧。""火车能到日本吗？"我不假思索地说："火车能到。顶多过三天，你和皇后他们就见着我了。""火车要是不来接呢？我在这里一个亲人也没有呀！""过两天就见着了，行了行了！"

我心乱如麻，反复思索着如何能逃脱死亡，哪还有心顾什么火车不火车呢？

飞机飞行的第一个目标是沈阳，我们要在那里换乘大型飞机。从通化出发，和我在一起的是吉冈、桥本、溥杰和一名日本神官（随桥本捧"神器"的），其他人和一名日本宪兵在另一架飞机上。这天上午十一时，我先到了沈阳机场，在机场休息室里，等候着那另一架飞机。

等候了不久，我忽然从窗口看见天空出现了大批机群，接着是一片震耳的飞机马达声。先头的飞机盘旋了一下，低头下降了，接着又是一架，又是一架。着陆的飞机一停下，马上从里面走出一队队的手持冲锋枪的苏联士兵。他们走下飞机，立即将机场上的日本军队缴了械。不大的时间，机场上到处是苏联的飞机，也到处是苏联的军人。这是苏军受降的军使来到了。

　　这时我的心情，觉得平稳起来。我明白，我可以不去日本了！这是我的第一个念头。跟着第二个念头是：日本人看他们把我带走的计划失败，会不会趁现在苏联人未进门，先把我杀了？

　　这时，迟到的那架飞机也来了，我的妹夫侄子们到了我的身边，只有吉冈等日本人不在这里。我蓦地把身上的手枪掏了出来。家人们看见我这举动还以为我要自杀，就要上来夺，我忙向他们摆摆手，布置他们都掏出枪来，分别站在门口和窗口防备日本人。这样一直到旋梯口的日本兵也被缴械，换上苏联兵站哨时为止。

　　一个苏联兵士走进来，看看我们都站着，他做了一个手势，让我们坐下。我看他好像找水，就亲自倒水给他。这是我平生第一次给别人倒水喝。我当时还以为人家和我一样，时时防备别人下毒，因此我倒了两杯，打算自己喝一杯，以示无妨，可是不等我喝完，他已经喝完了那一杯。

　　这时，那个桥本虎之助慌慌张张跑进来，直奔那堆和他形影不离的神器，伸手一掏，把那个天照大神的铜镜掏出来，鬼鬼祟祟地掖在怀里，又慌慌张张地出去了。后来，据一个苏联军官说，他从桥本身上检查出了这个铜质的镜子，莫名其妙，不知是干什么用的，桥本也不肯说明，在一旁急得手舞足蹈，又想要回，又不敢动手去夺，围着那军官直转。那军官后来明白了这不过是一面镜子，就扔还给他。

　　我们在屋里待了不久，吉冈和桥本陪着一位苏联将军进了屋子。这个将军朝我笑笑，和我握了一下手，就靠近一张圆桌子坐下来了。

　　原来桥本还会俄文，他和溥杰两人，成了我们一俄一日的翻译，他们俩人和吉冈也随苏军将军围桌而坐。我独自坐在靠窗的沙发上，听他们开始了谈话。

　　吉冈后背正冲着我，我看不见他的脸，只听他说话声音直哆嗦。溥杰后来告诉我，吉冈的脸色苍白，说话时满脸是泪。他简直是用哀求的声音向那位苏联将军说：

"请允许让溥仪，随我们一同到日本去吧……"

溥杰把这话一翻译完，我的心几乎要跳出腔子来。我很想说我不去日本，又怕开口之后，苏联军不理，反而答应了吉冈的要求，那么我到了日本更要倒霉。我急得没法，只好在吉冈的背后，向苏联将军又打手势又努嘴，想叫苏联人明白，我不赞成吉冈的话。苏联将军对吉冈的要求和我的哑谜全无反应。等吉冈说完，桥本翻译完，他宣布道：

"所有的人，今后的一切行动，须全听从苏军的命令。"

这一下子，我心里的一块石头落了地。吉冈却低下脑袋，再也不发一声。

将军站起了身，又和我握一下手，走了。

过一会儿，又进来一位将军，还带进不少的苏联军官。这位将军宣布道：谁有武器，就交出来。我们立刻把手枪、子弹都拿出来，放在桌上，由苏联兵收了去，也没有搜身。我的侄子给我携带的一只盛着珠宝首饰的大黑皮箱，也没有检查。

这时吉冈、桥本在门外，向里面伸头探脑，想进又不敢进，不进来却又像对我舍不得撒手。我想向苏联军官们暗示一下："那里还有日本鬼子，你们快带走吧。"我没法子说话，就向他们挤挤眼示意，可是没有人理。有一个年轻的军官大概以为我是和他开玩笑，也向我挤挤眼。我干着了一阵儿急，也没办法。

后来我们被领出去搭乘苏联的巨型运输机。在飞机降落休息时，我看见了有一位少将在那里散步，我走到他跟前，想试一试能不能交谈。我用英文问了他好，巧得很，他也会说英文。他问明了我的身份，很有兴趣地和我交谈起来。我的英文很不够用，也凑凑合合表示了我的意思：我不愿意和日本人在一起，希望能把我们分开。他答应可以为我向上级转达，就去了。

这时，过来不少苏联兵。我一看，里面还有中国人，吓我一跳，我以为是蒋介石的人，后来听他们说，才知道是苏联籍的汉族人和其他东方民族的人，都是苏联军队的军官和兵士。有的还和我握握手，很好奇的样子看着我。我们言语不通，互相瞧着打手势的时候，那个少将请示回来了，笑道：

"你看，苏维埃的兵士和皇帝握了手了，哈哈！"

他告诉我，我的要求已经得到了准许。他说：

"由你叫吧，你叫谁谁就跟你一起。好，开始！"

我把我们那一堆中国人一个一个地叫了过来，中国人都过来了，可有个日本宪兵，也偷偷摸摸地想混过来，我发现了，忙嚷道：

"他不是！他不是！"

于是，这家伙又给苏联士兵赶回去了。吉冈安直远远站在那里，瞪着眼。

这天晚上，苏联军官把我们送到苏军的一个临时医院（中国人开的）里，休息了一夜，次日上午便从通辽乘飞机飞往苏联。

第七章

在苏联

一　疑惧和幻想

飞机飞到赤塔，天差不多快黑了。我们是第一批到苏联的伪满战犯，和我同来的有溥杰、两个妹夫、三个侄子、一个医生和一个佣人。我们这一家人乘坐苏军预备好的小汽车，离开了机场。从车中向外瞭望，好像是走在原野里，两边黑乎乎的看不到尽头。走了一阵，穿过几座树林，爬过几道山坡，道路变得崎岖狭仄，车子速度也降低下来。忽然间车停了，车外传来一句中国话：

"想要解手的，可以下来！"

我不觉大吃一惊，以为是中国人接我们回去的。其实说话的是一位中国血统的苏联军官。在我前半生中，我的疑心病可把自己害苦了，总随时随地无谓地折磨自己。明明是刚刚坐着苏联飞机从中国飞到苏联来，怎么会在这里向中国人移交呢！这时我最怕的就是落在中国人手里。我认为落在外国人手里，尚有活命的一线希望，若到了中国人手里，则是准死无疑。

我们解完手，上了汽车，继续走了大约两小时，进入一个山峡间，停在一座灯火辉煌的楼房面前。我们这一家人下了车，看着这座漂亮的建筑，有人小声嘀咕说："这是一家饭店呵！"大家都高兴起来了。

走进了这座"饭店"，迎面走过来一位四十多岁穿便服的人，后面跟着一群苏联军官。

他庄严地向我们宣布道：

"苏联政府命令：从现在起对你们实行拘留。"

原来这是赤塔市的卫戍司令，一位苏联陆军少将。他宣布完了命令，很和气地告诉我们说，可以安心地住下，等候处理。说罢，指着桌上一个盛满了清水的瓶子说：

"这里是有名的矿泉，矿泉水是很有益于身体健康的饮料。"

这种矿泉水乍喝有点不大受用，后来却成了我非常喜欢的东西。我们就在这个疗养所里开始了颇受优待的拘留生活。每日有三顿丰盛的俄餐，一次俄式午茶。有服务员照顾着，有医生、护士经常检查身体，治疗疾病，有收音机，有书报，有各种文娱器材，还经常有人陪着散步。对这种生活，我立刻感到了满意。

住了不久，我便生出一个幻想：既然苏联和英美是盟邦，我也许还可以从这里迁到英美去做寓公。这时我还带着大批的珠宝首饰，是足够我后半生花用的。要想达到这个目的，首先必须确定我能在苏联住下来。因此，我在苏联的五年间，除了口头以外，共三次上书给苏联当局，申请准许我永远留居苏联。三次上书，一次是在赤塔，两次是在两个月以后迁到离中国不远的伯力。这三次申请，全无下文。

伪满的其他"抑留者"，在这个问题上，自始至终与我采取了完全相反的态度。

我到赤塔后不几天，张景惠、臧式毅、熙洽等这批伪大臣便到了。大约是第二天，张、臧、熙等人到我住的这边来看我。我以为他们来给我请安的，不料却是向我请愿。张景惠先开的口：

"听说您愿意留在苏联，可是我们这些人家口在东北，都得自己照料，再说，还有些公事没办完。请您跟苏联人说一说，让我们早些回东北去，您瞧行不行？"

他们有什么"公事"没办完，我不知道，也不关心，因此对于他们的请求，毫无兴趣。

"我怎么办得到呢？连我是留是去，还要看人家苏联的决定。"

这些家伙一听我不管，就苦苦哀求起来："您说说吧，您一定做得到。""这是大伙儿的意思，大伙儿推我们做代表来请求溥大爷的。""大伙儿的事，不求您老人家，还能求谁呢？"

他们现在不能再叫我"皇上""陛下"，就没口地乱叫起来。我被缠得没法，只好找负责管理我们的苏联中校渥罗阔夫。

渥罗阔夫听了我告诉他的伪大臣们的要求，便说："好吧，我代为转达。"

在我提出要求留苏申请的时候，他也是这样回答的。以后的情况也相同，没有下文。

但是这些大臣和我一样的不死心，迁到伯力市郊之后，我申请留在苏联，他们就申请回到东北，还是逼着我替他们说话。

那时我还不明白，他们比我了解国民党的政治内幕，知道国民党那些人对他们的特殊需要，因此相信回去不仅保险，还能捞一把。也许这个诱惑太大了，便有人想回去想得几乎发了疯。在伯力市郊的时候，有一次，一个充当打扫职责的伪满俘虏，大约是发羊角风之类的病，倒在地下胡说八道。有一位崇信乩坛的伪大臣，认定这是大神附体，便立刻跪在这个俘虏面前大叩其头，并且嘴里还念念叨叨，恭请"大神"示知，他什么时候能离苏回家。

在苏联，除了苏联翻译人员经常给大家讲新闻，我们还可以经常看到旅顺苏军发行的中文《实话报》，听到国内的战事消息。我对这些很不关心，认为无论谁胜谁败对我反正是一样，都会要我的命。我唯一的希望就是永远不回国。那些伪大臣们却很留心国内的形势。他们把希望放在蒋介石的统治上，他们相信，有美国的帮助，蒋介石是可以打败人民解放军的，所以起初听到人民解放军的胜利消息，谁也不相信。到后来，事实越来越真，于是他们又发起慌来。中华人民共和国宣告成立时，有个自认为经验丰富的人，提出打个贺电的意见，这个意见得到了广泛的响应。

二　放不下架子

在苏联的五年拘留生活中，我始终没有放下架子。我们后来移到伯力收容所，这里虽然没有服务员，我照样有人服侍。家里人给我叠被、收拾屋子、端饭和洗衣服。他们不敢明目张胆地叫我"皇上"，便改称我为"上边"。每天早晨，他们进我的屋子，照例先向我请安。

刚到伯力郊外的时候，有一天，我想散散步，从楼上下来。楼梯底下椅子上坐着一个从前的"大臣"，他见了我，眼皮也没抬一下。我心里很生气，从此就不想下楼了。每天待在楼上，大部分时间都花在念经上。不过一般说起来，那些伪大臣大多数对我还是保持尊敬的。举例说，在苏联的五年，每逢过旧历年，大家包饺子吃，第一碗总要先盛给我。

我自己不干活，还不愿意我家里这些人给别人干活。有一次吃饭，我的弟弟和妹夫给大家摆台子，就叫我给禁止住了。我的家里人怎么可以去伺候别人！

一九四七年至一九四八年间，我家里的人一度被送到同一城市的另一个收容所里，这是我第一次跟家里人分开，感到了很大的不方便。苏联当局很照顾我，容许我单独吃饭。可是谁给我端饭呢？幸而我的岳父自告奋勇，他不仅给我端饭，连洗衣服都愿替我代劳。

为了使我们这批寄生虫，做些轻微的劳动，收容所给我们在院子里划出了一些地块，让我们种菜。我和家里人们分得一小块，种了青椒、西红柿、茄子、扁豆等等。看到青苗一天天在生长，我很觉得新奇，于是每天提个水壶接自来水去浇，而且浇得很有趣味。这是以前从来没有过的。但主要的兴趣，还是在于我很爱吃西红柿和青椒。当然，我常常想到，这到底不如从菜铺里买起来方便。

为了我们学习，收容所当局发给了我们一些中文书籍，并且有一个时期，叫我的弟弟和妹夫给大家照着本子讲《列宁主义问题》和《联共党史》。讲的人莫名其妙，听的人也糊里糊涂。我自己心里只是纳闷，这和我有什么关系？假如不让我留在苏联，还要把我送回去，我就是能背下这两本书，又有什么用？

"学习"这两个字，那时对我说起来，还不如青椒、西红柿现实一些。每次学习，我坐在讲桌旁边一个特殊的座位上，总是一边听"教员"结结巴巴地讲我不懂而且也不想懂的"孟什维克[1]""国家杜马[2]"，一边胡思乱想："如果能住在莫斯科，或者伦敦，这些珠宝首饰够我用几年？""苏联人不吃茄子，这回收下的茄子，怎么个吃法？"……

不过，我还能装出很像用心听的样子，可有的人就不同了，他们索性打起鼾来。晚饭后，是自由活动时间，却另是一个样：走廊的一头是几桌麻将；另一头靠窗的地方，有人向窗外天空合掌，大声念着"南无阿弥陀佛！观世音菩萨！"楼上日本战犯那里传来"呜呜呜"的日本戏调子；更稀奇的是有人摆起测字摊，四面围着一群人，讯问什么时候可以回家，家里发生什么事没有。还有些人在卧室里偷着扶乩，问的全是有关回家的问题。最初几天，门外的苏联哨兵被吵声惊动，曾经十分惊

---

[1] 俄语音译，意为少数派。一九〇三年俄国社会民主工党召开第二次代表大会，以列宁为首的马克思主义者与马尔托夫等人在制定党章时发生分歧。选举中央领导机关成员时，拥护列宁的人得到多数票，称布尔什维克（意为多数派），马尔托夫等得到少数票，称孟什维克。会后，孟什维克逐渐发展成右倾机会主义派别，其观点叫作孟什维克主义。

[2] 杜马是俄语音译，意为议会。

奇地瞅着这群人，直摇脑袋，后来连他们也习惯了。

在这种时候，我多半是在自己的屋子里，摇我的金钱课，念我的金刚经。……

三　我不认罪

既然放不下架子，又不肯学习，我的思想根本不起变化，认罪自然更谈不到。

我知道，在法律面前，我是犯有叛国罪的。但我对这件事，只看作是命运的偶然安排。"强权就是公理"和"胜者王侯败者寇"，这就是我那时的思想。我根本不去想自己该负什么责任，当然更想不到支配我犯罪的是什么思想，也从来没有听说过什么思想必须改造。

为了争取摆脱受惩办的厄运，我采取的办法仍然是老一套。既然在眼前决定我命运的是苏联，那么就向苏联讨好吧。于是我便以支援战后苏联的经济建设为词，向苏联献出了我的珠宝首饰。

我并没有献出它的全部，我把其中最好的一部分留了下来，并让我的侄子把留下的那部分，藏进一个黑色皮箱的箱底夹层里。因为夹层小，不能全装进去，就又往一切我认为可以塞的地方塞，以致连肥皂里都塞满了，还是装不下，最后只好把未装下的扔掉。

有一天，苏联的翻译和一个军官走进大厅，手里举着一个亮晃晃的东西向大家问道：

"这是谁的？谁放在院子里的废暖气炉片里的？"

大厅里的抑留者们都围了过去，看出军官手里的东西是一些首饰。有人说："这上面还有北京银楼的印记呢，奇怪，这是谁搁的呢？"

我立刻认出来，这是我叫侄子们扔掉的。这时他们都在另一个收容所里，我也就不去认账，连忙摇头道：

"奇怪，奇怪，这是谁搁的呢？……"

不料那翻译手里还有一把旧木梳，他拿着它走到我跟前说：

"在一块的还有这个东西。我记得，这木梳可是你的呢！"

我慌张起来，连忙否认说："不是不是！木梳也不是我的！"

弄得这两个苏联人没办法，怔了一阵，最后只好走了。他们可能到现在还没弄清楚，我这个人到底是什么心理。其实我只有一个心理，这就是怕承认了这件事会引起他们对我的猜疑，所以我采取了一推二赖的办法。我推得竟这样笨，不由得不使他们发怔了。

我不但扔了一些首饰，还放在炉子里烧了一批珍珠。在临离开苏联之前，我叫我的佣人大李把最后剩下的一些，扔进了房顶上的烟囱里。

我对日本人是怨恨的。苏联向我调查日寇在东北的罪行时，我以很大的积极性提供了材料。后来我被召到东京的"远东国际军事法庭"去做证，我痛快淋漓地控诉了日本战犯。但我每次谈起那段历史，从来都不谈我自己的罪过，而且尽力使自己从中摆脱出来。因为我怕自己受审判。

四　远东国际军事法庭

我到东京"远东国际军事法庭"去做证，是在一九四六年的八月间。我共计出庭了八天，据说这是这个法庭中做证时间最长的一次。那些天的法庭新闻，成了世界各地某些以猎奇为能事的报纸上的头等消息。

证实日本侵略中国的真相，说明日本如何利用我这个清朝末代皇帝为傀儡，以进行侵略和统治东北四省，这是对我做证的要求。

被告日本战犯们的辩护律师在法庭上所做的努力，是要从质问中取得相反的证言，以证明我不是个傀儡。这种努力当然是失败了。

然而，我今天回想起那一次做证来，仍然感到很大的遗憾。由于那时我害怕将来会受到祖国的惩罚，心中顾虑重重，虽然我确实说出了日本侵略者的一部分罪恶事实，但是为了掩护自己，我又掩盖了一部分与自己罪行有关的历史真相。

例如，日本帝国主义者和以我为首的那个集团的秘密勾结，这本是在"九一八"以前就开始了的，日本人对我这伙人的豢养、培植，本来也是公开的事实。"九一八"事变后我这伙人的公开投敌，就是这场长期勾结和豢养的结果，这是帝国主义进行侵略活动的惯用手法之一。但是，我为了摆脱自己，把这一切都回避了。

不仅如此，我还力图把我历史道路上的几个关键事件，歪曲成为我希望别人能相信的那个样子。例如，我到东北，是被强迫的；我出任"执政"，乃是深入虎穴，以备将来"里应外合，收复失地"，等等。

外国的帝国主义和里边的反动势力的勾结，就和任何黑帮搭伙一样，内部摩擦是不可免的，俗语说，"狗咬狗，一嘴毛"。而我把这类冲突，说成好像是善与恶的冲突。

我在法庭上曾有几次表现了激动。谈到了迎接"天照大神"那回事，一个日本律师向我提出，我攻击了日本天皇的祖宗，这很不合乎东方的道德，我激昂地大声咆哮："我可是并没有强迫他们把我的祖先当他们的祖先！"引起了哄堂大笑，而我犹愤愤不已。提起了谭玉龄之死，我把自己的怀疑当作了已肯定了的事实，并且悲愤地说："连她，也遭到了日本人的杀害！"固然，这里面有我的（虽然纯粹的私人的）怨恨，但同时我也愿意人们把我看成一个被迫害者。

法庭上所要知道的只是我是否是一个傀儡，从而由这方面证实日本战犯是东北的侵略者，至于我为什么要当这个傀儡，他们并不关心。这傀儡毕竟不是戏台上的，毕竟是个活人，是人就有其一定的灵魂，而法庭也不管这个。但是，我仍然要把自己的灵魂封得严严的，以致前后矛盾，暧昧含混，并且给辩护律师造成反扑的机会，我却仍然一步不肯放松，到做证结束为止。

第一次出庭是八月十六日。上午九时半开庭，检察官凯南（美国人）先进行讯问。他问了我的姓名、出生地、出生以来的经历，一直问到我如何离开的天津，我开始警惕了。我只讲了那时发生的"恐怖事件"，讲了"来历不明"的炸弹，当凯南问我有没有著名的日本人来访问我时，我只提到了香椎浩平，我说：

"香椎强迫我去旅顺，我不得已才去的。"

"到了旅顺之后，做了什么？"凯南问。

"什么也没有做。后来，板垣来了。"

我讲了在会见中板垣对我说的要建立"一个独立国家的新政权"的话，我承认板垣对我提出了由我充当"新国家的元首"的要求。

"你接受了吗？"

"我拒绝了。"

"为什么拒绝呢？"

"板垣希望新政权要用日本人做官，要求和满洲国人享同等待遇。"

关于我根据"不得不正统系"的理由，向板垣争皇帝来当的事，我根本一字不提。后来检察官问到板垣的反应和最后的结果，我描述了郑孝胥和万绳栻转达的板垣的恐吓之后说：

"我不得已而屈服了。因为首先是板垣说过，如果拒绝，将采取断然手段，其次是郑孝胥等人的劝告，第三是怕日本防我拒绝后泄露秘密，杀我以灭口。"

凯南问了一下我所知道的东三省人口、面积等，就宣布休庭。我回到苏联陪同人员给我准备的安歇地方，思忖了这天的讯问，觉得自己还是太老实。我认为我必须说的，应该还要多一点儿。八月十九日，我第二次出庭，当凯南再问起我接受板垣要求的理由时，我又说：

"当时我年轻，也没有政治经验，由于郑孝胥等人的劝说，如果拒绝也许要遭到杀害，我有了恐惧心理。另一方面，我又为满洲的人民着想，在中国军队用武力尚不能抵抗日军之前，我可以在满洲秘密地训练军队，培养人才。如果得到了机会，就和中国军队互相呼应，收复失地。我就是在这种理想之下跳入虎穴的。"

这番话引起了座无虚席的大厅里一阵低语声。检察官却未因此而对我这类的表白发生什么兴趣，他把问题转向我在伪满时实际作用方面的问题上去，而这也正是我要说的。在一系列的问题下，我讲了自己在颁布法令、签订条约、决定政策、任命官吏等重大事情上的无能为力；讲了处于日本人直接监视下和李顿调查团的会见；讲了连会见自己的亲属也没有自由；讲了"火曜会议"；讲了日本总务长官日本人次长和关东军参谋第四课操纵一切的真实情况。我讲到了谭玉龄的死，大厅里陷入一片沉寂；我讲到了"天照大神"的可耻的来历，引起了一个日本律师的争辩。我最后回答了关于日本的鸦片政策，显然引起了各类人物的注意。这一天的法庭历时比上次长得多，到结束时，我觉得有一种胜利者的滋味。第二天，我第三次出庭的前一段时间里，检察官凯南继续讯问我日本在伪满的各种有关掠夺、奴化、奴役、备战等政策的时候，我满怀信心地继续提供出了我所知道的一切事实材料。但是，凯南结束了讯问，到了被告们的律师走上来开始了质问，样样问题都触及了我个人的时候，情形就越来越不对了。

第一个上来质问的是日本律师团的首席，提过东方道德问题的鹈泽聪明博士。他问：

"证人在一九〇九年继承清朝皇帝之位后，是在北京的天坛，行过祭天告祖之礼的吗？"

"那是不消说的。"我答，"当时我还年幼，那是由我父亲代祭的。"

鹈泽得到了我的答复，一下子扯到我一九三四年当伪满皇帝，也曾在长春南郊举行同样的告天之礼，以此证明我是成心要做皇帝。这时凯南检察官提出了抗议，说这是超出了范围的讯问，但是韦伯庭长驳回了抗议，说这种讯问是针对证人是否真正帝王问题的，可以问。于是，那位对东方文化具有热忱的博士就问我在辛亥退位后，是否也曾经希望过重现康乾盛世的事业。我明白了他的意图，含混地答道：

"由伟大的人物办卓越的政治，这希望是自然的。如果孔子出世治世，世界自然要好些。"

"离题太远了！"庭长插言："双方的问答，不论何方所谈，都离题太远了！"

在哄堂大笑中，瘦小的白发博士严肃地继续问我：

"郑孝胥和罗振玉等人，是否想把清初的王道政治，在现代的条件下加以重现呢？"

"这不只他们吧，人们都愿意出现好政治。"我越发觉得他在弄圈套。这时，庭长不耐烦了，阻止道：

"离题太远了，对法庭没有价值。"

这位先生最后又解释一番，他这是为了使法庭重视东方文化，等等；才告结束。这个圈套虽然消失了，但我知道从律师团那边来的名堂只是开头。果然，跟着就来了猛烈的火力。

担任"主攻"的是梅津美治郎的律师布累尼克。这位美国律师的讯问历时三天，占了全部反讯问时间的一半。东京的报纸把他的讯问形容为"令人恐怖的冲锋肉搏式的"。当律师们发现了无法证明我在伪满不是个傀儡的时候，布累尼克律师首先声言，他要使我丧失我的证人资格。他明白地说，我的证言基础既然是说我的行为出于被迫，那么，他如果证明了我的行为实非被迫，就推翻了我的证言，宣告我是个说话不可靠的人。因此，正如我前面所说的，我由于不肯把某些历史真相赤裸裸地泄露出来，就在他一系列的逼问下，陷入了几乎不可自拔的困境。我在法庭上的其余六天，真像俗语说的是过了六天的"热堂"。

布累尼克律师开头先让我确认一些事实：我退位后仍保留着帝号，我历史曾有过一次复辟（我说"是张勋搞的"），我曾因民国当局不履行《优待条件》而不满（我说"不太知道"），等等。然后，又为了给他的某种逻辑创造前提而拿出一些莫名其妙的，或无中生有的"历史"，叫我承认："一九二四年满洲不是土匪横行吗？""一九二四年满洲治安混乱，外国不是为了保护本国的权益而必须出兵吗？""那时不是俄国侵略北满吗？""张作霖张学良统治之下，算是善政吗？"我一概回答以"不知道"，但是他仍然不放松，像连珠炮似的放出了一连串问题：

布："是不是可以说：当时满洲如果没有个善良的统治者出现，是可以统治好的？"

我："张学良统治时期的满洲是中国领土，与满洲国情形根本不同，但如果你说张学良统治下的情形不够理想，那我也可以承认不够理想。"

布："证人自己是否有过要在满洲施行善政的理想？"

我："唔——请再说一遍，没听明白。"

布：（又说了一次）

我："这种事情嘛，我，连想也没想过。"

布："证人对满洲的情况，一向是如何了解的？"

我："那很难说，可能有各种方式。"

布："比较经常的呢？看不看报纸呢？"

我："报是人人看的。"

布："当时的报纸上的满洲消息，治安情况如何呢？"

我："隔了那么多年，我怎么能记得？"

布："那么，你看过李顿报告书吗？"

我："记不清了。"

布："三百年前，你的祖先不是想到中国建立王朝的吗？"

我："那是因为明朝已经处于混乱中，吴三桂邀请满族入关的。"

布："证人没想到过自己的复辟的可能性吗？"

我："我没这种想法。我想的是要以人民的幸福列为第一位。"

布："一九三一年以前，没有向任何人提到过希望复辟的话吗？"

我："我一点也想不起来了。我想似乎没有向任何人提过。"

布："究竟说了还是没说？"

我："忘了。"

布："是有说与没说的两种可能吗？"

我："记不起的事，我说不出来。"

在我步步设防之下，第二天，布累尼克把问题追到我为了当皇帝，曾派郑孝胥和板垣办交涉的事上来了。

布："在会见板垣之前，为了商量让证人当执政或皇帝，曾派郑孝胥和罗振玉去找板垣吗？"

我："根本没这回事！连执政都是后决定的，更谈不到皇帝的问题。"

布："当时罗振玉是什么身份？"

我："私人朋友，没什么身份。"

布："他作为你的代理人，是否有关于政治和复辟问题的发言权呢？"

我："他的个人行为，我不能负责。"

布："板垣有没有和你说过，他是听了罗振玉说你要复辟，才找到你的？"

我："不记得了。也许罗振玉说过，但他不能代表我。"

我开始感到了情势越来越严重了。我料想很可能是郑孝胥和罗振玉之流留下的什么文字落到日本人的手里，现在又转到了律师的皮包中。但是我没料到，还有比郑孝胥之流的文字对我更不利的东西，已到了他们的手里，这却是我自己亲笔写的证据。

"在一九三一年九月之后，在会见板垣之前，你曾经给日本政府高级官员两封信，希望复辟，是事实吗？"

自从这个问题提了出来，虽然我还是用"没有这回事"一推了事，但是我知道危机是到了。我心中慌乱起来，我要在庭长给律师决定的交验证据实物的时间（下午）到来之前，努力扎好阵脚。所以，当他们在反讯问中提出了就任执政的动机，我就又说了一遍是要利用这个机会以图谋恢复失地。我又说：

"我接受了板垣的要求，到了长春，我又想出一个新方法，就是伪装自己，取信日本人，以便能掌握军队。这是个冒险的办法，能成功则为爱国者，否则，即身败名裂……"

这时，布累尼克突然又出我意料地提到从前庄士敦介绍的英国记者伍德海作的一本书中的记载，说我在长春时告诉过他我是凭着两点理由而就任执政的，一是由于民国当局毁弃了《优待条件》而生的仇恨，一是由于清朝"让政"之后，二十年来的民国搞得很糟，因此，我要出来改变这种局面，"以救民于水火"。这也是实有其事的。现在律师根据这本书证明我现在是对法庭撒谎的。我听了慌忙说：

"伍德海的事，我全不记得了，但是可以肯定那会儿是反宣传。因为我在那样环境下，如果不对日本人做出那种欺骗来，是什么也干不了的！"

法庭的空气，逐渐地紧张起来，到了下午，当那个证据——我给南次郎的亲笔用黄绢写的那封信——被拿了出来，而且传到我的手要我辨认的时候，这种紧张就达到了极点，而我的神经也快要拉断了——我把那黄绢一下子扔到地上，大声嚷道：

"各位法官，这完全是捏造的！"

"上面的宣统御墨也是假的吗？"布累尼克似乎有点慌张。

"完全是假的！"

这时候最高兴的是检察官凯南——我现在心里对他真是充满了歉意——立时提出：这封信应当作为集团阴谋的证据。庭长同意了这个要求。

布累尼克显然不甘失败，他又追问我这是谁的笔迹。（我说不知道。）是不是副署人郑孝胥写的？（我说不像，而且他的签字也是假的。）印鉴归谁管？（我说小印鉴在我自己手里，这个上面盖的是大的，我不知道，在天津我是个平民，没盖过皇帝玉玺。这时我暗暗庆幸：幸亏中国皇帝向来没有那种签名的外国规矩）在天津用过"皇帝的黄纸"写信吗？（我说向来用中国普通信纸。我又庆幸：中国皇帝向来不使用那种带着皇冠徽号的御用信笺信封）……他问来问去，不得要领，于是使出了他的撒手锏：

"一九三一年，中国政府把你当作卖国贼通缉，你知道吗？"

这简直是向我的要害刺来了。布累尼克大概看出了这种战术的效用，也许是太控制不住自己，所以，后来他竟对我更直接地咆哮起来：

"你把一切罪行都推到日本人身上，可是你也是一名战犯，你知道中国也要审判利敌行为的人吗？"

这正是我最最担心的，正是我掩盖某些真相的根本原因。但是我越是担心，越把那一部分掩盖得严密，或者歪曲得不像样儿。同时，我越是觉得没办法应付他的追问，反而越是有了办法，这就是万变不离其宗，说什么我也是那几句：不知道，记不得，记不得，不知道！

前后有六位律师上阵，都想尽办法地打算叫我认输，可是都在我的"不知道、记不得"面前弄得束手无策。他们曾拿出了庄士敦的《紫禁城的黄昏》中的一段——说我预先就告诉了庄士敦要去东北——依然不能改变我的答案。他们翻来覆去讯问我是不是在受着威胁，是不是与"某方"做了某种约定。他们再次用李顿调查报告书上的材料证明东北从前有土匪，用只有他们自己才讲得通的道理来说苏联对满洲的"侵略"，以便根据某种特殊的逻辑，使我得出满洲民众有"望治之心"，我有治乱之意，日本有出兵之权。总之，我的回答有真有假，他们的问题也有是有非。质问与答辩，乱成一团，不得结果。后来，法庭庭长说，问题既然在于我当时是不是傀儡，而我为什么要当傀儡，就没有再问的必要。因此，虽然后来原告被告双方都有专家进行了黄绢上的笔迹的鉴定（根据庄士敦书上我写的一个扇面的照片），而且据说得出了两种不同的结论，可是法庭没有再给继续争辩的时间，这件事情也就不了了之。

第八天临退庭的时候，检察官照例地问我下次要谈什么。这时我想起还漏了一件事要说，就声明："我还要谈谈日本天皇的问题。"可是这次退庭之后，就再没有召我出庭。

关于南次郎那封信的问题，在一九五三年以前，我只对五妹夫悄悄地说出过事情的真相，其余的人（无论是中国人和外国人）我对谁也没有坦白过。

一九五三年我向抚顺战犯管理所自动做了交代，以后，曾在东京法庭上被我严密地封锁起来的内心世界，逐渐地全展露出来了。

那是一个痛苦的过程，然而也是一个获得新生的，通向我今天的幸福的唯一道路。

第八章

由疑惧到认罪

一 我只想到死

押送伪满战犯的苏联列车，于一九五〇年七月三十一日到达了中苏边境的绥芬河车站。负责押送的阿斯尼斯大尉告诉我，向中国政府的移交，要等到明天早晨才能办。他劝我安心地睡一觉。

从伯力上车时，我和家里的人分开了，被安置在苏联军官们的车厢里。他们给我准备了啤酒、糖果，一路上说了不少逗趣的话。尽管如此，我仍然觉得他们是在送我去死。我相信只要我一踏上中国的土地，便没有命了。

在对面卧铺上，阿斯尼斯大尉发出了均匀的呼吸声。我睁着眼睛，被死亡的恐惧搅得不能入睡。我坐起来，默诵了几遍《般若波罗蜜多心经》，刚要躺下，站台上传来了越来越近的脚步声，好像走来了一队士兵。我凑近车窗，向外张望，却看不见人影。皮靴步伐声渐渐远去了，只剩下远处的灯光在不祥地闪烁着。我叹了口气，缩身回到卧铺的犄角上，望着窗桌上的空酒杯出神。我记起了阿斯尼斯喝酒时说的几句话："天亮就看见你的祖国了，回祖国总是一件值得庆贺的事。你放心，共产党的政权是世界上最文明的，中国的党和人民气量是最大的。"

"欺骗！"我恶狠狠地瞅了躺在对面卧铺上的阿斯尼斯一眼，他已经打起鼾来了。"你的话，你的酒，你的糖果，全是欺骗！我的性命跟窗外的露水一样，太阳一出来便全消失了！你倒睡得瓷实！"

那时在我的脑子里，只有祖宗而无祖国，共产党只能与"洪水猛兽"联系着，决谈不上什么文明。我认为苏联虽也是共产党国家，对我并无非人道待遇，但苏联是"盟国"之一，要受到国际协议的约束，不能乱来。至于中国，情况就不同了。中国共产党打倒了蒋介石，不承认任何"正统"，对于我自然可以为所欲为，毫无顾忌。我在北京、天津、长春几十年间听到的宣传，所谓"共产党"不过全是"残酷""凶恶"等等字眼的化身，而且比蒋介石对我还仇恨百倍。我到了这种人手里，还有活路吗？"好死不如赖活"的思想曾支配了我十来年，现在我认为"赖活"固然是幻想，"好死"也是奢望。

我在各种各样恐怖的设想中度过了一夜。当天明之后，阿斯尼斯大尉让我跟他去见中国政府代表的时候，我只想着一件事：我临死时有没有勇气喊一声"太祖高皇帝万岁"？

我昏头涨脑地随阿斯尼斯走进一间厢房。这里坐着两个中国人，一位穿中山装，一位穿草绿色的没有衔级的军装，胸前符号上写着"中国人民解放军"七个字。他们俩站起身跟阿大尉说了几句话，其中穿中山装的转过身对我打量了一下，然后说：

"我奉周恩来总理的命令来接收你们。现在，你们回到了祖国。……"

我低头等着那军人给我上手铐。可是那军人对我瞅着，一动不动。

"他知道我跑不了的。"一个多小时之后，我这样想着，跟阿斯尼斯走出车厢，上了站台。站台上站着两排持枪的兵，一边是苏联军队，一边是个个都佩戴着那种符号的中国军队。我们从中间走过，上了对面的列车。在这短暂的片刻时间内，我想起了蒋介石的八百万军队，就是由戴这种符号的人消灭的。我现在在他们眼里，大概连个虫子也不如吧？

进了车厢，我看见了伪满那一伙人，看见了我家里的人。他们规规矩矩地坐着，身上都没有镣铐和绳索。我被领到靠尽头不远的一个座位上，有个兵把我的皮箱放上行李架。我坐下来，想看看窗外的大兵们在干什么，这时我才发现，原来车窗玻璃都被报纸糊上了；再看看车厢两头，一头各站着一个端冲锋枪的大兵。我的心凉下来了。气氛如此严重，这不是送我们上刑场又是干什么呢？我看了看左近的犯人，每个人的脸上都呈现出死灰般的颜色。

过了不大功夫，有个不带任何武器的人，看样子是个军官，走到车厢中央。

"好，现在你们回到祖国了。"他环视着犯人们说，"中央人民政府对你们已经做好安排，你们可以放心。……车上有医务人员，有病的就来报名看病……"

这是什么意思呢？祖国，安排，放心，有病的看病？呵，我明白了，这是为了稳定我们的心，免得路上出事故。后来，几个大兵拿来一大筐碗筷，发给每人一副，一面发一面说："自己保存好，不要打了，路上不好补充。"我想，看来这条通往刑场的路还不短，不然为什么要说这个呢。

早餐是酱菜、咸蛋和大米稀饭。这久别的家乡风味勾起了大家的食欲，片刻间一大桶稀饭全光了。大兵们发现后，把他们自己正要吃的一桶让给了我们。我知道车上没有炊事设备，他们要到下一个车站才能重新做饭，因此对大兵们的这个举动，简直是百思不得一解，最后只能得出这样一个结论：反正他们对我们不会有什么好意。

吃过这顿早饭之后，不少人脸上的愁容舒展了一些。后来有人谈起，他们从大兵们让出自己的早饭这件事上，觉出了押送人员很有修养、很有纪律，至少在旅途中不会虐待我们。我当时却没有这种想法，我想的正相反，认为共产党人对我是最仇恨的，说不定在半路上就会对我下手，施行报复。就像中了魔一样，我往这上头一想，就觉得事情好像非发生不可，而且就像是出不了这天夜里似的。有的人吃过早饭打起盹来，我却坐立不安，觉得非找人谈谈不可。我要向押送人员尽早地表白一下，我是不该死的。

坐在我对面的是个很年轻的公安战士。这是我面前最现成的谈话对象。我仔细地打量了他一番，最后从他的胸章上找到了话题。我就从"中国人民解放军"这几个字谈起。

"您是中国人民解放军（我这是头一次使用"您"字），解放，这两个字意思好极了。我是念佛的人，佛经里就有这意思。我佛慈悲，发愿解放一切生灵……"

年轻的战士瞪起两只大眼，一声不响地听着我叨叨。当我说到我一向不杀生，连苍蝇都没打过的时候，他脸上的表情，是令人捉摸不透的。我不由得气馁下来，说不下去了。我哪里知道，这位年轻的战士对我也是同样地摸不着头脑呢！

我的绝望心情加重了。我听着车轮轧着铁轨的闹声，觉着死亡越来越近了。我离开了座位，漫无目的地在通道上走着，走到车的另一头，在厕所门边站了几秒钟，又转身往回走。我走到中途，听见旁边的侄子小秀在和什么人低声说话，好像说什么"君主""民主"。我忽然站住向他嚷道：

"这时候还讲什么君主？谁要说民主不好，我可要跟他决斗！"

人们全给我弄呆了。我继续歇斯底里地说："你们看我干什么？反正枪毙的不过是我，你们不用怕！"

一位战士过来拉我回去，劝我说："你该好好休息一下。"我像鬼迷了似的拉住这位战士，悄悄对他说："那个是我的侄子，思想很坏，反对民主。还有一个姓赵的，从前是个将官，在苏联说了不少坏话……"

我回到座位上，继续絮叨着。那战士要我躺下来，我不得已，躺在椅子上，闭上眼，嘴里仍停不下来。后来，大概是几夜没睡好的缘故吧，不知道是从什么时候起，我竟睡着了。

一觉醒来，已是第二天的清晨。我想起了昨天的事，很想知道被我检举的那两个人命运如何。我站起来寻找了一下，看见小秀和姓赵的还都坐在原来的位子上，小秀神色如常，姓赵的却似乎有点异样。我走近他，越看越觉得他的神色凄惨；他正端详着自己的两手，翻来覆去地看。我断定他自知将死，正在怜惜自己。这时我竟又想起了死鬼报冤的故事，生怕他死后找我算账。想到这里，我身不由己走到他面前，跪下来给他磕了一个头。行过这个"攘灾"礼，我一面往回走，一面嘟嘟囔囔念起"往生神咒"。

列车速度降低下来，终于停了。不知是谁低低说了一声："长春！"我像弹簧似的一下子跳起，扑向糊着报纸的窗户，恨不得能钻个窟窿看看。我什么也看不见，只听到不远的地方有许多人唱歌的声音。我想，这就是我死的地方了。这里曾是我做皇帝的地方，人们已经到齐，在等着公审我了。我在苏联曾从《实话报》上看到过关于斗争恶霸的描写，知道公审的程序，首先是民兵夹着被审者上场。这时正好车门那边来了两个大兵，让我受了一场虚惊。原来他们是来送早餐稀饭的。与此同时，列车又开动了。

列车到了沈阳。我想这回不会再走了，我一定是死在祖宗发祥的地方。车停下不久，车厢里进来一位陌生的人，他拿着一张字条，当众宣布说："天气太热，年纪大些的现在随我去休息一下。"然后念起名单来。我听到那名单里不仅有我，而且里面还有我的侄子小秀，我奇怪了。我今年四十四岁，如果勉强可以算是年纪大的，可是三十几岁的小秀是怎么算进去的呢？我断定，这必是一个骗局。我是皇帝，其他的都是大臣，小秀则是叫我检举连累的，全都完了。我同名单上的人们一起坐进了一部大轿车，随车的也是端冲锋枪的大兵。我对小秀说："完啦！我带你见祖宗去吧！"小秀脸色一下子变得煞白。拿名单的那个人却笑道："你怕什么呀？不是告诉过你这是休息吗？"我没有理他，心里只顾说："骗局！骗局！骗局！"

汽车在一座大楼门前停下了，门口又是端着冲锋枪的大兵。一个不带武器的军人迎着我们，领我们进了大门，说了一声："上楼！"我已经是豁出去了，既然得死，那就快点吧。我把上衣一团，夹在胳臂下就上了楼。我越走越快，竟超过了带头的那位，弄得他不得不赶紧抢到我前面去。到了楼上，他快步走到一个屋门口，示意叫我进去。这是间很大的屋子，当中摆着长桌、椅子，桌上是些水果、纸烟、点心。我把衣服往桌上一扔，随手拿起一个苹果，咬了一口，心里说，这是"送命宴"，快吃快走。我咬了一半苹果，后面的人才陆续到达。片刻间，屋里坐满了人，除了点名来的我们十几个之外，还来了不少穿中山服和军装的人。

在离我身边不远的地方，出现了一位穿中山装的中年人，开始讲话了。我费劲地咽着嘴里的东西，他的话竟一句也没听见。我好容易吃完那个苹果，便站起来打断了他的话：

"别说了，快走吧！"

有些穿中山装的笑了起来。那讲话的人也笑道：

"你太紧张了。不用怕。到了抚顺，好好休息一下，老老实实地学习……"

听清了这几句话，我怔在那里了。难道是不叫我死吗？这是怎么回事？这时正好带我们来的那人走了过来，手里拿着那张点名的名单，向刚才讲话的那人汇报说，除熙洽因病未到外，其余需要休息的都来了。我一听，这更不是瞎猜了。为了证实这一点，我不顾一切地，上前一把将那个名单抢了过来。这个举动虽然引起了一阵哄堂的笑声，但是我却弄明白了那确实是个名单，不是什么死刑判决书之类的东西。正在这时，张景惠的儿子小张也来了。他是跟另一批伪满战犯首先回国的，他把那一批人的现状告诉了我们，又把一些人的家属情况说了。大家听说先来的一批人都活着，而且家里情况很好，子女们读书的读书，工作的工作，每个人的脸上都放了光。这时我的眼泪有如泉水，汹涌而至……

固然，我所得到的这种轻松感，历时并没有多久，只不过是从沈阳到抚顺这段路上的一个小时，但它毕竟是起了松弛神经的作用，否则我真会发起疯来的。因为从伯力上火车以后，五天来我想到的只是死。

二 初到抚顺

火车到达抚顺以前，一路上可以听到各式各样关于美妙前景的估计。车上的气氛全变了，大家抽着从沈阳带来的纸烟，谈得兴高采烈。有人说他到过抚顺最豪华的俱乐部，他相信那里必定是接待我们的地方；有人说我们在抚顺不会住很久，休息几天，看几天共产党的书，就会回家；有人说，他到了抚顺首先给家里拍个平安电报，叫家里给准备一下；还有人说，可能在抚顺的温泉洗个澡就走。形形色色的幻想，不一而足。说起原来的恐惧——原来大家都跟我一样——又不禁哈哈大笑。可是，当到了抚顺，下了火车，看见了四面的武装哨兵时，谁的嘴角也不再向上翘了。

下了车，我们在武装哨兵的监视戒备下，被领上了几辆大卡车。从这时起，我的头又发起昏来。在糊里糊涂中，不知道过了多少时间，只知道后来车停下时，我已置身在一座深灰色大砖墙的里面。又是大墙！而且是上面装着铁丝网、角上矗立着岗楼。我下了车，随着人们列队走了一小段路，停在一排平房的面前。这排房子的每个窗口，都装着铁栏。我明白了，这是监狱。

我们被大兵领进了平房的入口，经过一条狭长的甬道，进了一间大屋子。我们在这里经过检查，然后由不带武器的军人分批领出去。我和另外几个人跟着一个军人在南道里走了一大段，进了一间屋子。我还没看清楚屋里的形势，身后就响起了门外拉铁闩的刺耳声。这间屋子里有一条长长的板炕，一条长桌和两条长凳。跟我一起进来的是伪满的几名将官，当时还不熟悉。我不想跟他们说话，不知道他们是同我一样的恐慌，还是由于在我面前感到拘谨，也一律一声不响，低着脑袋站在一边。这样怔了一阵，忽然那刺耳的铁闩声又响了，房门被拉开，一位看守人员走进来，让我跟他到另一间屋子去。我没想到在这间屋子里又看见了我的三个侄子、二弟溥杰和我的岳父荣源。原来还是让我们住在一起的。他们刚刚领到新被新褥和洗漱用具，而且给我也带了一套来。

最先使我受到安慰的，是荣源凭着他的阅历做出的一番分析。

"这是一所军事监狱，"他摸着窗栏说，"全是穿军装的，没有错。不像马上……出危险，不然何必发牙刷、毛巾呢。刚才检查的时候，留下了金银财物，给了存条，这也不像是对……，这是对待普遍犯人的。再说伙食也不错。"

"伙食不错，别是什么催命宴吧？"侄子小固毫无顾忌地说。

"不，那种饭有酒，可是这里并没有酒。"他很有把握地说，"我们看下顿，如果下顿仍是这么好，就不是了。没听说连吃几顿那个的。"

第二天，我开始有点相信岳父的话了，倒不是因为伙食和昨天不相上下，而是因为军医们给我们进行了身体检查。检查非常仔细，连过去生过什么病，平常吃什么、忌什么都问到了。同时还发了新的黑裤褂和白内衣，令人更惊异的是还给了纸烟。显然，这不像是对待死囚的。

过不多天，一个粗短身材、年岁在四十上下的人走进我们的屋子。他问了我们每个人的名字，在苏联都看过什么书，这几夜睡的好不好。听了我们的回答之后，他点点头，说："好，马上就发给你们书籍、报纸，你们好好学习吧。"几个钟头之后，我们便收到了书籍、报纸，还有各类的棋和纸牌。从这天起，我们每天听两次广播，广播器就设在甬道里，一次是新闻，一次是音乐或戏曲节目。除此之外，每天下午还有一个半小时的院中散步。就在第一次外出散步时，侄子小固打听出这个叫我们"好好学习"的人是这个战犯管理所的所长。

给我们送书来的那人姓李，后来知道是位科长。

那时我们除了对所长之外，管所方人员一律叫"先生"（因为那时不知道别的称呼）。这位李先生给我拿来了三本书——《新民主主义论》《中国近百年史》和《新民主主义革命史》。他说现在书还不够，大家可以轮流看，或者一人念大家听。这些书里有许多名词，我们感到很新鲜，然而更新鲜的则是叫我们这伙犯人念书。

对这些书最先发生兴趣的是小固，他看的比谁都快，而且立刻提出了疑难问题要别人解答。别人答不上来，他就去找管理所的人问。荣源讥笑了他，说："你别以为这是学校，这可是监狱。"小固说："所长不是说要我们学习吗？"荣源说："学习，也是监狱。昨天放风时我听人说，这地方从前就是监狱。从前是，现在有书有报还是。"溥杰跟着说，日本监狱据说也给书看，不过还没听说过中国有这么"文明的监狱"。荣源仍是摇头晃脑地说："监狱就是监狱，文明也是监狱。学那行子，还不如念念佛。"小固要和他争辩，他索性闭上眼低声念起佛来。

这天我们从院子里散步回来，小固传播了刚听来的一条新闻：前伪满总务厅次长老谷拿一块表送给看守员（这时我们还不知道这个职务名称，我们当面称先生，背后叫"管人的"），结果挨了一顿训。这条新闻引起了几个年轻人的议论。小秀说，上次洗澡的热水，并不是热水管子里的；锅炉还没修好，那水是"管人的"先生们用水桶一担一担挑来的。"给犯人挑水，还没听说过。"小瑞也认为这里"管人的"跟传说中的"狱卒"不同，不骂人、不打人。荣源这时正为吃晚饭做准备，刚捻完"往生神咒"，冷笑了一下，低声说：

"你们年轻人太没阅历，大惊小怪！那送表的一定送的不是时候，叫别人看见了，当人面他怎么能要？不打、不骂，你就当他心里跟咱没仇？瞧着吧，受罪在后头！"

"挑水又怎么说？"小固顶撞地说，"给咱挑水洗澡，就是叫咱受罪？"

"不管怎么说,"荣源的声音压得更低了,"共产党,不会喜欢咱这种人!"

说着,他摸了一阵口袋,忽然懊恼地说:"我把烟忘在外边窗台上了。真可惜,从沈阳带回来的只剩这一包了。"他不情愿地打开一包所里发给的低级烟,还嘟囔着,"这里'管人的'大都吸烟,我那包算白送礼了!"

真像戏里所说的,"无巧不成书",他的话刚说完,房门被人拉开了,一个姓王的看守员手里举着一样东西问道:"这屋里有人丢了烟没有?"大家看得清楚,他手里的东西正是荣源那包沈阳烟。

荣源接过了烟,连声地说:"谢谢王先生,谢谢王先生!"听看守员的脚步声远了,小固先禁不住笑起来,问他刚才念的是什么咒,怎么一念就把烟给念回来了。荣源点上了烟,默默地喷了一阵,恍然大悟似的拍了一下大腿:

"这些'管人的'准是专门挑选来的!为了跟咱们斗心眼儿,自然要挑些文明点儿的!"

小固不笑了,溥杰连忙点头,另外两个侄子也被荣源的"阅历"镇住了。我和溥杰一样,完全同意荣源的解释。

过了不多天,发生了一件事,使荣源的解释大为逊色。这天我们从院子里散步回来,溥杰一面急急忙忙地找报纸,一面兴奋地说,他刚听见别的屋子里的人都在议论今天报上登的一篇文章,这篇文章使他们猜透了新中国叫我们学习的意思。大家一听,都拥到了他身边,看他找的是什么文章。文章找着了,我忘了那文章的题目,只记得当溥杰念到其中新中国迫切需要各项人才,必须大量培养、大胆提拔干部的一段时,除了荣源之外,所有的脑袋都挤到了报纸上面。据溥杰听到别的屋子里的人判断,政府让我们学习,给我们优待,就是由于新国家缺少人才,要使用我们这些人。今天想起来,这个判断要多可笑有多可笑,可是在当时它确实是多数人的想法。在我们这间屋子里,尽管荣源表示了怀疑,其他人却越想越觉着像是这么回事。

我记得从那天起，屋里有了一个显著的变化，大家都认真地学习起来。从前，除了小固之外，别人对那些充满新名词的小册子都不感兴趣，每天半天的读书，主要是为了给甬道里的看守人员看。现在，不管看守人员在不在，学习都在进行着。那时还没有所方干部给讲解，所谓学习也只不过是抠抠名词而已。当然，荣源仍旧不参加，在别人学习的时候，他闭着眼念他的经。

这种盲目的乐观，并没有持续多久，当所方宣布调整住屋，把我和家族分开时，它就像昙花一现似的消失了。

三　我离开了家族

为什么把我和家族分开？我到很晚才明白过来，这在我的改造中，实在是个极其重要的步骤，可是在当时，我却把这看作是共产党跟我势不两立的举动。我认为这是要向我的家族调查我过去的行为，以便对我进行审判。

我被捕之后，在苏联一贯把自己的叛国行为说成是迫不得已的，是在暴力强压之下进行的。我把跟土肥原的会谈改编成武力绑架，我把勾结日本帝国主义的行为和后来种种谄媚民族敌人的举动全部掩盖起来。知道底细的家族成员们一律帮我隐瞒真相，哄弄苏联人。现在回到了中国，我更需要他们为我保密，我必须把他们看管好，免得他们失言，说出不该说的话来。特别是小秀，更需加意防范。

到抚顺的第一天，我就发现小秀因为火车上的那点"眦毗之仇"，态度有些异样。那天我进了监房不久，忽然觉着有什么东西在脖子上爬，忙叫小秀给我看看。要是在以往，他早就过来了，可是那天他却装作没听见，一动不动。不但如此，后来小瑞过来，从我脖子后头找到一个小毛虫，扔在地上，小秀在旁边还哼了一声："现在还放生，放了生叫它害别人！"我听了，浑身都觉着不是劲。

过了几天，小瑞给我整理被褥，我叫他把被子抖一抖。这个举动很不得人心，把屋里抖得雾气腾腾。溥杰鼓着嘴，躲到一边去了，小固捂着鼻子对小瑞说："行行好吧。呛死人啦！"小秀则一把抓过被子，扔到铺上说："这屋子里不只你们住着，别人也住着！为了你们就不顾别人，那可不行。"我沉下了脸，问道："什么你们我们？你还懂规矩吗？"他不回答我，一扭头坐在桌子旁，闷着头不说话。过了一会儿，我看见他噘着嘴使劲在纸上画，想看看他画什么，不料刚走过去，他拿起纸来就扯了。恍惚之间，我看到了一行字："咱们走着瞧！"

我想起了火车上的那回事，尝到了自作自受的后悔滋味。从这天起，我尽力向他表示好感，拿出和颜悦色对他。我找了个机会，单独向他解释了火车上那回事，并非出于什么恶意，我对他一向是疼爱的。此后，一有机会我就对三个侄子大谈伦常之不可废，大难当前，和衷共济之必要。当小秀不在跟前的时候，我更嘱咐别人："对小秀多加小心！注意别让他有轨外行动！多哄哄他！"

经过一番努力，小秀没发生什么问题，后来报上那篇文章在我们脑子里引起了幻想，小秀的态度也完全正常了。可是我对他刚放下心，就调整监房了，看守员叫我一个人搬到另一间屋子里去。

小瑞和小固两人替我收拾起铺盖、皮箱，一人替我拿一样，把我送到新屋子。他们放下东西走了。我孤零零地站在一群陌生人面前，感到非常别扭，简直坐也不是，站也不是。这屋子里原来住着八个人，见我进来，都沉默不语，态度颇为拘谨。后来，大概是经过一致默契，有人把我的铺盖接过去，安放在靠近墙头的地方。以后我才明白，这个地方是冬暖夏凉的地方，冬天得暖气，夏天有窗户。我当时对这些好意连同他们的恭敬脸色全没注意，心里只想着这次分离对我的危险。我默默地坐了一会儿，觉得这里连板炕都似乎特别硬。我站起来，抱着胳臂踱开了。

我踱了一阵，想出一个主意，就走到房门前，敲了几下门板。

"什么事？"一位矮墩墩的看守员打开门问。

"请问先生，我能不能跟所长先生谈一件事？"

"哪类的事？"

"我想说说，我从来没跟家里人分开过，我离开他们，非常不习惯。"

他点点头，叫我等一等。他去了一会儿，回来说所长准许我搬回去。

我高兴极了，抱起铺盖，看守员帮我提上箱子，便往回里走。在甬道里，我碰见了所长。

"为照顾你和年岁大些的人，所里给你们定的伙食标准比较高些，"所长说，"考虑到你们住一起用不同的伙食，恐怕对他们有影响，所以才……"

我明白了所长原来是这样考虑的，不等他说完，就连忙说："不要紧，我保险他们不受影响。"我差点说出来："他们本来就该如此！"

所长微微一笑："你想的很简单。你是不是也想过，你自己也要学一学照顾自己？"

"是的，是的，"我连忙说，"不过，我得慢慢练，一点一点地练……"

"好吧，"所长点头说，"你就练练吧。"

我回到家里人住的那间屋子，觉得分别了半天，就像分别了一年似的。见了面，大家都很高兴。我告诉了他们所长说要我"练一练"的话，大家从这句话里觉出政府似乎不急于处理我的意思，就更高兴了。

然而家里人并没有让我去练，我自己也不想去练。我只考虑所长那番话的意思，迟早还会叫我们分开，因此必须好好地想出个办法来应付这个问题。我竟没想到，所长给的时间是这样短，才过了十天，我的办法还没想好，看守员就又来叫我收拾铺盖了。

　　我决定趁小瑞给我收拾东西的时间，对家族嘱咐几句。因为怕门外的看守员听见，不好用嘴说，就写了一个纸条；又因屋子里这时多了两个汪伪政权的人，所以纸条写得特别含蓄。大意是：我们相处得很好，我走后仍要和衷共济，我对你们每人都很关怀。写罢，我交给溥杰，叫他给全体传阅。我相信他们看了，必能明白"和衷共济"的意思是不要互相乱说。我相信两个汪伪政权的人对我的举动并没有发生怀疑。

　　我的侄子又给我抱着铺盖提着箱子，把我送进上次那间屋子，人们又把我的铺盖接过去，安放在那个好地方。跟上次一样，我在炕上坐不住，又抱着胳臂踱了一阵，然后去敲门板。

　　还是那个矮墩墩的看守员打开了门。我现在已知道他姓刘，而且对他有了一些好感。这是由吃包子引起的。不久前，我们第一次吃包子，大家吃得特别有味，片刻间全吃光了。刘看守员觉着这件事很新鲜，笑着走过来，问我们够不够。有人不说话，有人吞吞吐吐地说"够了"。他说："怎么忸忸怩怩的，要吃饱嘛！"说着，一阵风似的走了，过了一会儿，一桶热腾腾包子出现在我们的房门口。我觉得这个人挺热心，跟他说出我的新主意，谅不至于出岔子。

　　"刘先生，我有件事……"

　　"找所长？"他先说了。

　　"我想先跟刘先生商量一下，我，我……"

　　"还是不习惯？"他笑了。这时我觉出背后也似乎有人在发笑，不禁涨红了脸，连忙辩解说：

　　"不，我想说的不是再搬回去。我想，能不能让我跟家里人每天见一面。只要能见见，我就觉着好得多了。"

　　"每天在院里散步，不是可以见吗？这有什么问题？"

　　"我想跟他们在一起说说话儿，所长准许吗？"按照规定，不同监房是不得交谈的。

　　"我给你问问去。"

我得到了准许。从这天起，我每天在院子里散步时都能和家里人见一次面，说一会儿话儿。几个侄子每天都告诉我一点关于他们屋里的事情，所里的人跟他们说了什么，他们也照样告诉我。从接触中，小固还是那样满不在乎，小秀也没什么异样，小瑞仍然恭顺地为我洗衣服、补袜子。

我所担心的问题得到了解决，不想新的问题出现了。这就是，过去四十多年的"饭来张口、衣来伸手"的生活习惯，现在给我带来极大的苦恼。

四十多年来，我从来没叠过一次被，铺过一次床，倒过一次洗脸水。我甚至没有给自己洗过脚，没有给自己系过鞋带。像饭勺、刀把、剪子、针线这类东西，从来没有摸过。现在一切事都要我亲自动手，使我陷入了十分狼狈的境地。早晨起来，人家早已把脸洗完了，我才穿上衣服，等到我准备去洗脸了，有人提醒我应该先把被叠好；等我胡乱地卷起被子，再去洗脸，人家早洗完了；我漱口的时候，已经把牙刷放进嘴里，才发现没有蘸牙粉，等我把这些事情都忙完了，人家早饭都快吃完了。我每天总是跟在别人后面，忙得昏头涨脑。

仅仅是忙乱，倒还罢了，更恼人的是同屋人的暗笑。同屋的八个人，都是伪满的将官，有"军管区司令""旅长"，也有"禁卫军团长"，他们从前在我面前都是不能抬头的人物。我初到这间屋子的时候，他们虽然不像我的家族那样偷着叫我"上边"，但"你"字还不敢用，不是称我为"先生"，就是索性把称呼略掉，以表示对我的恭敬。这时他们的耻笑虽不是公然的，但是他们那种故作不看、暗地偷看的表情，常常让我感到格外不好受。

让我感到很不好受的还不仅限于此。我们从到抚顺的第一天起，各个监房都建立了值日制度，大家每天轮流打扫地板、擦洗桌子和倒尿桶。没跟家族分开时，这些事当然用不着我来干。我搬进了新屋之后，难题就来了，轮到我值日那天该怎么办呢？我也去给人倒尿桶？我跟日本关东军订立密约的时候，倒没觉得怎样，而现在把倒尿桶却当成了上辱祖宗、下羞子侄的要命事。幸好所方给我解了围，第二天，所方一位姓贾的干部走来对大家说："溥仪有病，不用叫他参加值日了！"我听到这句话，犹如绝路逢生，心中第一次生出了感激之情。

值日的事解决了，不想又发生了一件事。有一天，我们正在院子里三三两两地散步，所长出现了。我们每次散步他必定出现，而且总要找个犯人谈几句。这次我发现他注意到了我。他把我从上到下打量了一阵，打量得我心里直发毛。

"溥仪！"他叫了一声。我从回国之后，开始听别人叫我的名字，很觉不习惯，这时仍感到刺耳，觉得还不如听叫号码好受。来这里的初期，看守员一般总是叫号码的（我的号码是"981"）。

"是，所长。"我走了过去。

"你的衣服是跟别人一块发的，怎么你这一身跟别人的不一样？"他的声调很和气。

我低头看看自己的衣服，再看看别人，原来别人身上整整齐齐，干干净净，而我的却是褶褶囊囊，邋里邋遢：口袋扯了半边，上衣少了一只扣子，膝盖上沾了一块蓝墨水，不知怎么搞的，两只裤腿也好像长短不一，鞋子还好，不过两只鞋只有一根半鞋带。

"我这就整理一下，"我低声说，"我回去就缝口袋、钉扣子。"

"你衣服上的褶子是怎么来的呢？"所长微笑着说，"你可以多留心一下，别人怎么生活。能学习别人的长处，才能进步。"

尽管所长说得很和婉，我却觉得很难堪，很气恼。我这是第一次被人公开指出我的无能，这是我第一次不是被当作尊严的形象而是作为"废物"陈列在众目注视之下。"我成了大伙研究的标本啦！"我难受地转过身，避开"大臣"和"将官"们的目光，希望天色快些暗下来。

我溜到墙根底下，望着灰色的大墙，心中感慨万千：我这一生一世总离不开大墙的包围。从前在墙里边，我还有某种尊严，有我的特殊地位，就是在长春的小圈子里，我也保持着生活上的特权，可是如今，在这个墙里，那一切全没有了，让我跟别人一样，给我造成了生存上的困难。总之一句话，我这时不是因感到自己无能而悲哀，而是由于被人看作无能而气恼。或者说，我不是怪自己无能，而是怨恨我一向认为天生应该由人来服侍的特权的丧失。我因免于值日而对所方发生的感激之情，这时一下子全消失了。

这天晚上，我发现了别人临睡时脱下衣服，都整整齐齐地叠好、放在枕头底下，而我却一向是脱下来顺手一团，扔到脚底下的。我想起所长说的话，确有几分道理，应该注意一下别人的长处——我如果早知道这点的话，今天不是就不会碰到这种难堪了吗？我对伙伴们产生了不满，他们为什么对我这样"藏奸"，不肯告诉我呢？

其实，那些伪将官们连向我说话还感到拘谨，我既然不肯放下架子去请教，谁还敢先向我指指点点呢？

我就是这样的在抚顺度过了两个多月。十月末，管理所迁往哈尔滨，我们便离开了抚顺。

四　搬到哈尔滨

在开往哈尔滨的列车上，只有几个年轻些的人还有点兴趣谈天说笑，愿意跟看守员打打"百分"，其他的人则很少说话，即使说起来声调也不高。车厢里大部分时间都是沉寂的。有不少人夜里睡不着，白天吃不下。我虽然不像回国时那样恐怖，却仍是比任何人都紧张。

这时，正是朝鲜战场上的美国军队逼近了鸭绿江，中国人民志愿军出国抗美援朝不久。有一天夜里，我见溥杰跟我一样睡不着觉，便悄悄地问他对战局的看法。他死阴活气地回答说："出国参战，简直是烧香引鬼。眼看就完啦！"我领会他所谓"完啦"的意思：一方面指中国必然吃败仗，至少东北要被美国军队占领；一方面担心共产党看到"大势已去，江山难保"，先动手收拾我们这批人，免得落到美国人手里去。后来才知道，这是当时犯人们的共同想法。

到了哈尔滨，看到管理所的房子，我越发绝望了。管理所的房子原是伪满遗留下来的监狱，看见了它，大有"以其人之道，还治其人之身"的滋味。这所监狱是经日本人设计，专门关押"反满抗日犯"的地方，共两层，中心是岗台，围着岗台的是两层扇面形的监房，监房前后都是直径一寸的铁栏杆。由洋灰墙隔成一间间小屋，每屋可容七八人。我这屋里住了五个人，不算拥挤，不过由于是日本式的，只能睡地铺。我在这里住了大约两年，后来听说拆掉了。刚住进去的时候，我还不知道伪满时关在这里的"犯人"很少有活着出去的，不过单是听到那铁栏杆的开关声，就已经够我受的了，这种金属响声总让我联想到酷刑和枪杀。

我们受到的待遇仍和抚顺一样，看守员仍旧那样和善，伙食标准丝毫没有变化，报纸、广播、文娱活动一切如常。看到这些，我的心情虽然有了缓和，却仍不能稳定下来。记得有一天夜里，市区内试放警报器，那凄厉的响声，在我脑子里久久不能消失。一直到我相信了中朝人民军队确实连获胜利之前，我总认为自己不死于中国人之手，就得死在美国飞机的轰炸中。总之，我那时只想到中国必败、我必死，除此以外，别无其他结果。

我还清清楚楚地记得，我们从报上看到了中国人民志愿军在朝鲜前线取得第一次战役胜利的消息，当时谁也不相信；到了年末，第二次战役大捷的消息来了，中朝人民军队把美国军队赶到三八线附近，我们还抱有很大的怀疑。过了年，有一天一位所方干部站在岗台上，向大家宣读了中朝军队光复汉城[1]的新闻号外，各监房爆发出激烈的掌声。那时

---

[1] 汉城，即首尔，韩国首都。2005 年 1 月，韩国政府宣布首都的中译名正式更改为"首尔"。

我心中仍旧半信半疑。二月间，报上公布了"惩治反革命条例"，所方恐怕引起我们惊慌不安，停止我们阅报，我们不了解内情，便断定是在朝鲜前线打了败仗，怀疑以前的捷报全是假的。我由此认为自己的厄运快来了。

一天半夜，我突然被铁门声惊醒，见栏杆外来了好些人，从隔壁监房里拥着一个人走出去。我认为这必是美国军队逼近了哈尔滨，共产党终于对我们下手了，不由地浑身战栗起来。好容易度过了这一夜，天亮后听同屋子的人议论，才明白这是个天大的误会。原来前"四平省长"老曲半夜小肠疝气病发作，看守员发现后，报告了所长，所长带着军医和护士们来检查了一下，最后送他进了医院。我当时由于恐惧和联想，弄得神魂颠倒，所以只看见军装的裤腿，竟没看见医生和护士们的白衣衫。

这个误会的解除并没给我带来多大的安慰。我怕听的除了夜里的铁门声之外，还有白天的汽车声。每逢听见外面有汽车响，我就疑心是来装我们去公审的。

我白天把精力放在倾听、观察铁栏杆外边的一切动静上，夜里时常为噩梦惊醒。和我同屋的四个伪满"将官"，情形不比我好多少。他们跟我一样，饭量越来越小，声气越来越低。我记得那些日子，每逢楼梯那边有响声，大家都一齐转头向栏杆外窥探，如果楼梯上出现一个陌生面孔，各个监房里一定自动停止一切声息，好像每个人都面临着末日宣判一样。正在大家最感绝望的时候，公安机关的一位首长来到监狱，代表政府向我们讲了一次话。听了这次讲话我们才重新看到了生机。

这位首长站在岗台前对着各个监房讲了一个多小时。他代表政府明确地告诉我们，人民政府并不想叫我们死，而是要我们经过学习反省，得到改造。他说共产党和人民政府相信在人民的政权下，多数的罪犯是可能改造成为新人的。他说共产主义的理想，是要改造世界，就是改造社会和改造人类。他说完，所长又讲了一会儿。记得他说过这样一段话：

"你们只想到死，看什么都像为了让你们死才安排的。你们可以想想，如果人民政府打算处决你们，又何必让你们学习？"

"你们对于朝鲜战争有很多奇怪的想法。有人可能认为，志愿军一定打不过美国军队，美国军队一定会打进东北，因此担心共产党先下手杀了你们；有人还可能迷信美国的武力，认为美国侵略者是不可战胜的。我可以明确地告诉你们：中朝人民一定会打败美帝国主义，中国共产党的改造罪犯的政策也一定得到胜利。共产党人从来不说空话，事实就是事实！"

"你们也许会说，既然不想杀我们，就把我们放出去不好吗？不好！如果不经改造就放你们出去，不仅你们还会犯罪，而且人民也不答应，人民见了你们不会加以饶恕。所以，你们必须好好地学习、改造。"

我对那位首长和所长的话虽然不完全懂，甚至不完全相信，但关于政府不想处决我们的这段话，却是越想越有道理。是呵，如果是存心杀掉我们，在抚顺时何必为我们扩建监狱的澡堂？到哈尔滨又何必抢救垂危的病人？又何必一直对我和年纪大的给以伙食方面的照顾？

对于像治病、洗澡之类的这些生活待遇，后来才知道，在新中国的监狱里不是什么稀奇事，但在当时，我们确实感到很新奇，把它看作是对我们的特殊照顾。因此听到了政府人员正面说出不想消灭我们的话来，我们顿时觉得轻松了不少。

关于首长和所长说的学习、改造，在当时我们没有一个人加以理睬。在我看来，叫我们看书看报不过是为了让我们消磨时间，免得胡思乱想。说看几本书就可以改变一个人的思想，我觉得实在不可思议。对于美国军队可以打败的话，我更不相信。同屋的四个自命懂得军事的"将官"，则一致认为，美国或许没有胆量冒天下之大不韪，不敢拿出原子弹，然而美国仅仅用常规武器就足以称霸世界、无敌于天下；说可以打败美国军队，只不过是句空话。可是后来，我们渐渐觉得，共产党人不大像是说空话的人。过了不久我们重新看到了报纸，觉得那些有关朝鲜战场的消息不像是假的。那些"将官"们也说，历来编造战报，双方死伤人数可以造假，而地域的得失却不能做长时间的谎报，特别是美军总司令表示愿意谈判的消息，更是不能编造的。美国军队也要谈判停战问题，还能说是无敌的吗？"将官"怀疑起来了，不用说，我更解释不通了。

"兵不厌诈，"一个当过"旅长"的战犯说，"也许这里面还有问题呢！我不相信美国是'纸老虎'。"

可是不管怎么不信，朝鲜战争越来越不像我们原先那样想的，美国越弄越不像个真老虎。这种出乎意料的情况越明显，我反而越感到了安心，因为我认为如果共产党没有溃败，就不至于急于消灭我这个累赘。

这时的学习也与以前不同了。以前的学习是自流的，所方并不过问，现在是所方管学习的干部亲自领导我们学习。他给我们做了"什么是封建社会"的专题讲话，然后由我们讨论。每人还要写学习笔记。

有一天，讲课的干部对我们说：

"我已经讲过，改造思想首先要了解自己原来是什么思想。每个人的思想是跟他的出身、历史分不开的，因此，要从自己的出身、历史上去研究。为了进行思想改造，每个人要客观地无保留地反省一下自己的历史，写一份自传。……"

我心里对自己说："这就是改造吗？这是不是借口改造来骗我的供词呢？共产党看战局稳定下来，大概就要慢慢收拾我了吧？"

这就是我当时的思想。我正是在这种对立的思想支配下，写下了我的第一份自传的。

五 写自传与献"宝"

我认为写自传是审判的前奏。既然要审判，那就是说生死尚未定局，在这上面我要力争一条活路。

对于应付审判，我早有了既定的打算。刚到哈尔滨那天，我们走下汽车，还没进入监房，这时侄子小固凑近我，在我耳边悄悄地说："问起来，还是在苏联那套说法！"我略略点了一下头。

所谓在苏联的那套说法，就是隐瞒我投敌的行径，把自己说成是一个完全善良无辜的、爱国爱民的人。我明白现在的处境与在苏联时不同，我必须编造得更加严密，决不能有一点点漏洞。

小固那天的话，是代表同他住在一起的侄子们和随侍大李的。那几句话说明了他们早已有了准备，同时也说明了他们对我的忠心，一如往昔。不过要想不出漏洞，光是忠心还不够，我觉得还必须再嘱咐一下。特别是要嘱咐一下大李，因为他是我的自传中最关键的部分——我从天津怎样到的东北——的实际见证人。我从静圆溜走前，事先他给我准备的行李衣物，我钻进汽车的后备厢后，是他给我盖的厢盖。这些事一旦被泄露出去，那个土肥原强力绑架的故事就不会有人相信了。

这件事只能在休息时间，利用我和我的家族合法的见面机会去办。这时情况与以前已经有些不同了，一些年纪较轻的犯人开始干起杂活，如挑水、送饭、帮厨之类。我的家族除了荣源这时已死，黄医生因风湿性关节炎经常休息外，其余都参加了这种服务性的劳动。我在休息时间，不大容易全看到他们，不是这个在帮厨，就是那个在送开水。不过，也有个好处，这就是他们行动比较自由，可以为我传话找人。我就是利用这种便利让小瑞把大李给我悄悄找来的。

大李来了，恭顺地走近了我，带着听候吩咐的样儿。我压低嗓音问他：

"你还记得从天津搬家的事吗？"

"是说到关外吧？是我收拾的东西，是吧？"

"如果所方问起我是怎么从天津走的，你就说全不知道。你收拾东西，是在我走后，知道吗？"

"走后？"

"对啦，走后，你是听了胡嗣瑗的吩咐，把我用的衣物行车送到旅顺的。"

大李点点头，表示心领神会，悄悄走了。

第二天，小瑞在院子里告诉我，大李请他转报，昨天晚上他和所方贾科员谈天，他告诉贾科员我在东北时待底下人很厚道，从不打人骂人。又说我在旅顺时，成天锁门，不见日本人。我听了这话，觉着这个大李做得太过分了，为什么提旅顺的事呢！我叫小瑞告诉他：别多嘴，如果问起旅顺的情形，就说什么也不知道。

我对大李的忠诚很满意。我对重要的问题有了把握，又向侄子们分别嘱咐过了，这才动手写起我的自传。在这份自传里，我写下了我的家世，写下了西太后如何让我做了皇帝，我在紫禁城如何度过了童年，我如何"完全不得已"地躲进了日本公使馆，我如何在天津过着"与世无争"的生活，然后是按外界传说写成的"绑架"和"不幸的"长春岁月。记得我在最后是这样结束的：

> 我看到人民这样受苦受难，自己没一点办法，心中十分悲愤。我希望中国军队能打过来，也希望国际上发生变化，使东北得到解救。这个希望，终于在一九四五年实现了。

这份自传经过再三地推敲和修改，最后用恭楷缮清，送了上去。从这篇文字上我相信任何人都可以看出，我是个十分悔罪的人。

送出自传之后，我又想，仅仅这篇文字还不够，还必须想个办法让政府方面相信我的"诚实"和"进步"才行。怎么办呢？依靠大李他们替我吹嘘吗？这显然不够，最重要的是我自己还必须有实际上的成绩。

一想到成绩，我不禁有些泄气。自从回国以来，即使火车上的那段不算，抚顺的那段也不算，单说自从到了哈尔滨，我参加了监房内的值日以来，那成绩就连我自己也不满意，更不用说所方了。

原来犯人们自从听了公安机关的首长和所长的讲话之后，每个人都在设法证明自己有了"觉悟"，都把所谓的"觉悟"看作活命的手段。现在回想起来，感到非常可笑，人们当时竟把事情看得那么简单：好像只要作假做得好，就可以骗得过政府。在我存有这种妄想的时候，最使我引为悲哀的，就是我处处不如别人。

当时大家都从学习、值日和生活这三方面，努力表现自己，希图取信所方。我们这个组，在学习方面"成绩"最好的要算我们的组长老王。他原是伪满军法少将，在北平学过几年法政，文化程度比较高，对新理论名词懂得比较快。其他三名"将官"起初跟我一样，连"主观""客观"都闹不清，可是"进步"也比我快。在开讨论会时，他们都能说一套。最要命的是学完"什么叫封建社会"的专题后，每人要写一篇学习心得（或称学习总结），把自己对这个问题的领会、感想，用自己的话说出来。在讨论时，我还可以简单地说一说，知道多少说多少，写心得可就不这么容易了。老实说，这时我对于学习还没感到有什么需要，学习对于我，非但没解决什么认识上的问题，反而让我对于书上关于封建社会的解释感到害怕。例如，封建帝王是地主头子，是最大的地主，这些话都像是对我下判决似的。如果我是最大的地主，那么不但从叛国投敌上说该法办，而且从土地改革的角度上说也赦不了，那不是更没活路了吗？我在这种不安的情绪中，简直连一个字也写不下去。在我勉强安下心东抄西凑地写完这篇心得后，又看了看别人写的，觉得我的学习成绩是决不会使所方满意的。

到哈尔滨后，我自动地参加了值日，这是唯一可以证明"进步"的地方。在这里，所方再没有人宣布我"有病"，而我也发现这里每间屋的屋角上都有抽水马桶，没有提马桶这个难题了。值日工作只是接递外面送来的三顿饭、开水和擦地铺，我不再感到怵头，当轮到我的时候，就动手干起来了。我有生以来第一次为别人服务，就出了一个岔子，在端饭菜的时候，几乎把一碗菜汤全洒在人家头上。因此，以后每逢轮到我，总有人自动帮忙。他们一半是好意，一半也是不甘再冒菜汤浇顶的危险。

生活上的情形，就更不能跟别人比了。我的服装依旧不整洁，我的衣服依旧靠小瑞给我洗缝。自从所长当众指出我的邋里邋遢以后，我心里总有一种混杂着羞耻和怨恨的感情。我曾试着练习照顾自己，给自己洗衣服，可是当我弄得满身是水，仍然制服不了肥皂和搓板的时候，心中便充满了怨气；而当我站在院里等待小瑞，别人的目光投向我手中待洗的衣袜时，我又感到羞耻。

交上自传不久，我忽然下定决心，再试一次。我觉得这件事再困难也要干，否则所方看我一点出息都没有，还怎么相信我呢？我以满头大汗的代价，洗好了一件白衬衣。等晾干了一看，白衬衣变成了花衬衣，好像八大山人的水墨画。我对着它发了一阵呆，小瑞过来，把"水墨画"从晾衣绳上拉下来，夹在怀里悄悄地说："这不是上头干的事，还是给瑞干吧。"

他的话很顺耳——我边散步边思索着，不错，这不是我干的，而且也干不好。可是，我不干这个，干什么才能向所方表现一下自己呢？我必须找一件可以干，而且干得出色的事情才行。

我正苦苦地思索着，忽然旁边几个人的议论引起了我的注意。

这是我五妹夫老万那屋里的几个。他们正谈论着关于各界人民捐献飞机大炮支援志愿军的事。那时按规定，不同监房的人不得交谈，但听别人的谈话并不禁止。那堆人里有个姓张的前伪满大臣，在抚顺时曾跟我同过屋，他有个儿子从小不肯随他住在伪满，反对他这个汉奸父亲，连他的钱也不要。他现在估计这个儿子一定参加了抗美援朝。他每提起儿子，总是流露出不安的心情，现在又是如此。

"如果政府还没有没收我的财产，我要全部捐献给抗美援朝。我儿子既然不要，我只好这样。"

有人笑道："这岂不是笑话！我们的财产本来就该没收的。"

"那怎么办呢？"老张愁眉苦脸地说，"也许我那孩子就在朝鲜拼命呢！"

"你想的太多，毫无根据。"另一个说，"你以为汉奸的儿女可以参军吗？"

这句话别人听了显然不是味儿，一时都不再作声，可是老张还想他的主意：

"咱们随身带的财物，政府并没充公，是代为保存的。我把它捐出去好不好！"

"那有多一点？"又有人笑他，"除了皇上和总理大臣，谁的东西都值不了多少钱！……"

这句话把我提醒了。不错，我还有许多珠宝首饰呢，这可是任何人都无法跟我较量的。

不说藏在箱子底的那些，就说露在外面的一点也是很值钱的。其中那套乾隆皇帝当太上皇时用的"宝"，就是无价之宝。这是用田黄石刻的三颗印，由三条田黄石链条连接在一起，雕工极为精美。我不想动用藏在箱底的财宝，决定把这三颗印拿出来以证明我的"觉悟"。

决定了就赶快做。我记得从前有一次，所方人员在岗台上宣布志愿军取得第五次战役胜利的消息时，不知是哪个犯人听完之后立刻向干部要求到朝鲜去参战，接着有好些人都提出这个要求，还有人立时扯本子写申请书。当然，所方没有接受。我后来不免有些嫉妒地想：这些人既表现了"觉悟"，又实际担不上什么风险，心眼真是不少。我想起那回事，决定这回不能落后于人，不要让他们抢先办了，显得我是跟着学的。正好，这天政府负责人员来巡视，我透过栏杆，看出来人正是在沈阳叫我不要紧张的那位。根据所长陪伴的形势，我断定他必是所长的上级，虽然他并没穿军装。我觉得向这样人拿出我的贡品，是效果更好的。等他巡视到我们监房跟前的时候，我向他深鞠一躬，说道：

"请示首长先生，我有件东西，想献给人民政府……"

我拿出了乾隆的田黄石印给他，他却不接过去，只点点头：

"你是溥仪吧？好，这件事你跟所方谈吧。"

他又问了几句别的话，就走开了。我想，他如果看到我的东西，知道它的价值，就不会如此冷淡了。没有办法，我只好找所方办这件事。我写了一封信，连同那套石印，交给看守员请他转送给所长。

这套田黄石印送出之后，犹如石沉大海，一连多日没有消息。我不禁起了疑心，是不是看守员偷着匿起来了呢？

我犯了老毛病，疑心什么就相信是什么。这天晚上，别人下棋的下棋，打扑克的打扑克，我却独自寻思田黄石印的去向，已经完全肯定是被贪污了。我考虑着是否直接问一下所长。这时矮墩墩的刘看守员从外面经过，站住了。

"你怎么不玩？"他问。

"我不会。"我答。这是实话。

"你学嘛，打百分一学就会。"

"我学也学不会。"这也是实话。

"哪里的话！我不信还有学不会打扑克的。等一等，"他热情地说，"我交了班来教你。"

过了一会儿，他果真带着一副扑克牌来了。他一屁股坐在栏杆外面，兴致勃勃地洗起牌来。我那套田黄石印就是交给他的。我心里对他原有的好印象全没有了。我当时的心情——现在想起来还是难受的——竟是充满了厌恶。

"我就不相信这个学不会，"刘看守员发着牌说，"再说，不会玩怎么行？你将来重新做人，重新生活，不会玩那可怎么生活！"

我心想："你可真会说，装得真像呵！"

"溥仪并不笨。"高个子老王也凑过来，嘴里叼着个小烟袋，笑着说。这就是在抚顺给荣源找回沈阳烟的那个看守员，他的烟瘾很大，终日不离烟袋，那烟袋只有一拃长。他到痰盂那里敲掉了烟灰，又开始装新的一袋，一边装一边说："溥仪不笨，只要学，什么都学的会。"

他点上了烟。隔壁有个人对他说："王先生，你的烟挺香呵！"

"怎么，大概你的烟卷又没啦？"他挪过一步对隔壁看看。不知是谁笑着又说："我抽烟太没计划。"王看守员笑笑，解下了小烟荷包，扔了过去："好吧，拿纸卷一支过过瘾。"

王看守员每逢犯人抽光了规定的纸烟，总要解下烟荷包让人卷烟过瘾。这种举动原来使我很不理解，而现在则有了解释："你们全是骗人！我就不信你们这一套！"

事实上，一心想骗人的不是别人，正是我自己，而弄得别人不能相信的，也是我自己。过了不久，所长在院子里对我说：

"你的信和田黄石的图章，我全看到了。你从前在苏联送出去的那些东西，现在也在我们这里。不过，对于人民说来，更有价值的是人，是经过改造的人。"

六　小家族起变化

所长这段话的含意，我是过了许多年以后才明白的。当时我只是想，他既然说"需要改造"，那么我眼前就没有什么危险。

可是万没想到，在我觉得已经没了危险的时候，危险就来了。

有一天，我的眼镜腿掉了，我请看守员代我送到大李那里去修理。

大李是个很巧的人，他常给人修理些小玩意，像眼镜、钟表、自来水笔等等，到他手里都能整旧如新。我的眼镜每逢有了毛病，他总是很认真地给我修好。没想到，这一次他的态度变了。

我们这个管理所的建筑有个特点，楼上楼下的声响可以互相听到。看守员拿了我的眼镜下楼不久，我就听见了大李嘟嘟囔囔的声音。语音虽不清楚，但可以听出是不高兴。过了一会儿，看守员把眼镜带回来了，无可奈何地对我说："你是不是自己想想办法？他说没办法修。"

我听到大李的嘟囔声时，就满肚子是气，心想他竟然敢对我端架子，太可恶了。我倒要看看他是不是敢端下去。我对看守员说："我自己会就不找他了。上次就是他修好的，还是请江先生跟他再说说吧。"这位江看守员年纪很轻，个子瘦小，平常很少说话。我们同屋的人都说他为人老实。他果然很老实，听了我的话又下楼去了。

这回大李没推，给我修理了。可是拿回来一看，修得非常马虎，只是用一根线系了一下，连原来的螺丝都不见了。

我仔细地琢磨了一下，终于明白了大李是变了，而且不是从今天开始的。我记起了不久前的一天，我因为多日不见大李，散步时想问他在忙什么，就叫小瑞去找，不料小瑞回来说："大李说他忙，没工夫。"刚才从他拒绝修眼镜的嘟囔声音里，我模糊地听到这样一句话："我不能老伺候他，我没工夫！"

修眼镜的事过去不久，便到了一九五二年的新年。所方让我们组织一个新年晚会，自己演唱一些小节目，作为娱乐。舞台就是岗台前的空地。我在"三人快板"这个节目上，又发现了不祥之兆。

这是小秀、小固和大李三个人自编自演的。他们那间屋子里，除了小瑞，全都上了台。他们三个人用问答的形式，数说着发生在犯人中的引人发笑的故事，讽刺了某些犯人不得人心的行为。比如被人们称作大下巴的前伪满司法大臣张焕相，他最爱对人发脾气，吵起来弄得四邻不安，他在吃饭时常洒一地饭粒，别人如果给他指出来，他就洒得更多。又比如有些人当看守员经过的时候拼命提高嗓门读书，其实不是为自己读，而是做给所方看。他们一面念着快板，一面模仿着被讽刺者的姿态，引起了一阵阵的笑声。我一听就知道这主要是小固编的。起初我也觉得很好笑，可是听到后来就笑不起来了。他们讽刺起一些迷信鬼神的人。他们说，这种人不明白从前算卦、求神并没有挽救了自己，进了管理所还偷偷地念咒求神。这段快板的讽刺对象，显然也把我包括了进去，因为我这时还没有完全停止念咒求神的活动。这段快板，说的虽然并非毫无道理，可是，我怎么可以被讽刺呢？不错，从前我确实是上过卦、乩、经、咒的当，我们现在关在监狱里，渐渐明白了求神不如求人的道理，可是又何必当众影射我？这简直是"没上没下"了！

问题还不仅限于此。接着，他们又讽刺了一种人，这种人进了监狱，明白了许多道理，政府拿他当人看待，"但是他仍要给别人当奴才"，"百依百顺地伺候别人"，结果不能帮助"别人"改造，只能"帮助别人维持主人架子，对抗改造"。我一听立刻就明白了这个被讽刺的人是谁，这个"别人"又是谁。同时也明白了小瑞不参加这个节目演出的原因。我心里疼惜起小瑞来，我更担心小瑞会撑不下去。

事实上，小瑞跟别人一样，也有了一些变化。最近大李、小秀和小固在院子里不露面了，小瑞也减少了露面的次数，我的脏衣服逐渐积压起来，多日送不出去。

开过这次晚会，小瑞索性不来拿我的衣服去洗了。紧接着，又出了一件大事。

这天该我值日，我蹲在栏杆边上等着接饭菜。送饭菜的是小瑞。他把一样样饭菜递完，最后拿出一张叠成小块的纸条，放在我手里。我怔了一下，忙悄悄地藏起来，然后回身送饭，尽力不动声色。饭后，我装作上厕所，在屋角矮墙后的马桶上，偷偷地打开纸条。只见那上面写着：

我们都是有罪的，一切应该向政府坦白。我从前给您藏在箱底的东西，您坦白了没有？自己主动交代，政府一定宽大处理。

一股怒火，陡然在我胸中升起。但是过了不大时间，这股怒火就被一股冷气压熄了。我看到了众叛亲离的预兆。

纸条扔到马桶里被水冲走了，纸条所带来的心思却去不掉。我默默地回想着这几个青年人的过去和现在，觉得他们的变化简直不可思议。小秀不必说了，其余的几个是怎么变的呢？

大李，他的父亲原在颐和园当差，侍奉过西太后，由于这个关系，在宫里裁汰太监时，他得以进宫当差，那年他才十四岁。后来随我到天津，和另外几个童仆一起，在我请来的汉文教师教导下念书。他正式做了我的随侍，是我认为最可靠的仆人之一。我离大栗子沟时，挑了他做跟随。在苏联，他曾因一个日本人不肯让路而动过拳头，对我却始终恭顺，俯首帖耳地听我训斥。他为我销毁珠宝，做得涓滴不留，一丝不苟。对这样的一个人，我实在想象不出他发生变化的理由。现在事实就是如此，在他的眼里，已经没有了"上边"和"下边"了。

小固，是恭亲王溥伟的儿子，溥伟去世后，我以大清皇帝的身份赐他袭爵，把他当作未来"中兴"的骨干培养，他也以此为终身志愿，到了苏联还写过述志诗以示不忘。他在我的教育下，笃信佛教，曾入迷到整天对着骷髅像参"白骨禅"，而且刚到哈尔滨那天，还不忘表示过忠诚。没想到这样的人，竟会编出那样的快板来讽刺我，显然，他的忠诚是不存在了。

最不可思议的是小瑞的变化。如果说大李是"非我族类，其心必异"，小秀是由于"睚眦之仇"，小固是看穿了"白骨禅"之类的欺骗，那么小瑞是为了什么呢？

小瑞是清朝惇亲王的后人，他家这一支自从他祖父载濂、叔祖父载漪和载澜被列为"庚子肇祸诸臣"之后，败落了下来。他十九岁那年被我召到长春，与其他的贫穷"宗室子弟"一起念书。在那批被称为"内廷学生"的青年中，他被我看作是最听话、最老实的一个。我觉得他天资低些，心眼少些，而服侍我却比心眼多的更好。在苏联，他表现出的忠诚，五年如一日。记得我曾经试验过他一次，我对他说："你如果真的忠于皇上，心里有什么，都该说出来。你有没有不敬的想头？"他听了，立刻满脸通红，连声说"有罪有罪"，经我一追问，这老实人说出了一件使他不安已久的事。原来有一次我为了一件事不称心，叫几个侄子一齐跪了一个钟头，他那时心里喊了一声冤枉，埋怨我不好伺候。他说出了这个秘密，满脸流汗，惶恐万状。如果我这时下令叫他痛打自己一顿，他必是乐于执行的。我只点点头说："你只要知罪就行了，姑且宽赦你这一回！"他忙磕头谢恩，好像从地狱回到天堂一样的快乐。从苏联临回国时，我断定性命难保，曾和妹夫、弟弟们商量"立嗣"问题，决定叫小瑞做我的承继人。他听到这个决定后的表现就更不用说了。如果说，在苏联时我有时还叫别人干点什么，那么回国之后，别人就不用想插手，因为我身边的事全被他包办下来了。这样的一个人，今天却教训起我来，说我"有罪"了！

　　这些不可思议的变化，其实只要细想一下，是可以看出一些端倪来的。新年晚会那天，小固有一段快板诗，里面反映了他们的思想变化。大概意思是说他从少年时期到了伪满，终日在"内廷"里听着反宣传，受着奴化教育，久而久之认为日本人是天底下最强大的，中国老百姓是天生无能、该受摆布的，以及人是生来要分等级的等等。他们回国之后，才明白过去是受了骗。回国的第一天，在绥芬河车站上发现火车司机是中国人，这就大大出乎他们的意料之外。以后，几乎天天发现有出乎意料的事情。他们最感到意外的，是所方人员的态度和抗美援朝的胜利。……

　　小固的这段唱词，我当时只当作是一般的开场白，未加注意。然而这不正是他们对我"背叛"的原因吗？他们不是发现被我欺骗了吗？

但这都不是我当时能理解的。我最不明白的是，他们离开了我以后，与所方人员——所长、干部、看守员、炊事员、医生、护士们接触时，都强烈感觉出与前不同的地位：在这里，虽然是个犯人，却是个有人格的人，而从前虽然被看作是个贵族，被看作是"一人之下、万人之上"的人，实际上却是个不折不扣的奴才。他们越想越觉得自己的青春时代过得不光彩。我们回国，列车在沈阳站停下时，正赶上与我们同车的一位女工[1]下车，这位女工因保护祖国财产而负伤，在站上她受到了各界人士们的热烈欢迎。他们听车上的公安战士们讲述了那位青年女工的故事，第一次知道了原来还有这样不同的青年生活在人间。以后，他们又听到了志愿军的英雄事迹，祖国建设事业中的英雄事迹，这给他们打开了视野。他们经过不断地对比，不由得不开始思索起许多问题：为什么从前不知道世界上还有这样的人？为什么同样是青年人，人家会那样生活，而自己却只知参禅、磕头？为什么人家那样尊严地、光荣地生活着，而自己却受到无理打骂还要谢恩认罪？为什么人家这样有本事，而自己却什么也不懂？……

这样想着想着，他们就变了。他们开始认真地学习，开始向所方讲出了过去的一切。

我消灭了纸条，靠墙坐着，忧闷地想：共产党真厉害，不知是使了什么法儿，让他们变成这个样儿。我唯一感到一点安慰的，是妹夫和弟弟们还没有什么异状，不过这点安慰，却抵不上我的忧虑：小瑞会不会向所方检举我？

一想到检举，我心里除了气恼、忧虑，更感到了左右为难。我藏在皮箱底层的东西，都是经过精选的白金、黄金、钻石、珍珠之类的首饰，共计四百六十八件。我把它看作后半生生活的依靠，如果没有了它，即

---

[1] 指赵桂兰，1949 年 12 月，化工厂女工赵桂兰为保护工厂，用身体压住一瓶即将爆炸的雷汞，因此失去了左手。

使放了我，我也无法活下去。"自食其力"这四个字，在我脑子里根本就不存在。把珠宝交出去吗？我隐瞒了这么长时间，忽然拿了出来，这就证明了我过去全是骗人。继续隐瞒下去吗？除了小瑞，其他人也都知道这个秘密。即使小瑞不说，其他人说不说，我更没有把握。如果被别人揭发出来，那就更糟！

"主动交代，可以宽大处理。"这句话在我心里浮现出来，随后又渐渐消失了。

那时在我看来，"共产党"三个字和"宽大"总像调和不起来似的。尽管进入管理所以来受到的待遇大大出乎意料，尽管从报上屡次看到从宽处理"五反"案件的消息，但是我还是不能相信。在"三反"、"五反"运动开始不久，有个别罪大恶极的贪污犯被判处了死刑，接着，报上揭露了许多资本家盗窃国家资财、窃取经济情报、走私、行贿，以及偷漏国税等等罪行，这时我不由得把这些案件拿来跟我的加以比较。我对"首恶必办，胁从不问，立功受奖"这几句话也另有自己想法。我认为即使那些宽大事例全是真的，也不会适用于我，因为我是"首恶"，属于必办之类的。

"坦白从宽"吗？——我苦笑了一下。在我的设想中，管理所长听我说出了这件事，知道受了骗，立刻会勃然大怒，狠狠地责罚我，而且追究我还有什么别的欺骗行为。我当初对待处于自己权威下的人，就是如此。

我不能去坦白，——我对自己说，小瑞他们还不至于真的能"绝情绝义"到检举我的地步。我把这件事拖下来了。

过了一个星期，又轮到小瑞给我们送饭。我偷偷地注意到，他的神色十分严肃，连看也不看我一眼。不但如此，他还对我的皮箱狠狠地盯了一阵。

不好，——我心里嘀咕着，他别是要有什么举动吧？

过了不到两个小时，我们刚刚开始学习，小瑞忽然匆匆地又来了。

他在我们房外停了一下，然后匆匆地走开。我看得清清楚楚，他的两眼刚才正是搜索那只皮箱的。

我断定他刚才一定到所长那里去过。我沉不住气了。"与其被揭发出来，倒不如主动交代的好。"我心里说。

我抓住了组长老王的手，忙不迭地说：

"我有件事情要向政府坦白。我现在就告诉你……"

七 坦白从宽

"我溥仪没有良心。政府给我如此人道待遇，我还隐瞒了这些东西，犯了监规，不，这是犯了国法，这东西本来不是我的，是人民的。我到今天才懂得，才想起了坦白交代。"

在所长的接待室里，我站在所长面前，低着头。在靠窗的一张桌子上，那四百六十八件首饰，发射着令人惋惜的光彩。假如我的"主动坦白"可以挽救我，假如宽大政策对我有效验的话，那么光彩就让它光彩去吧。

所长注视了我一阵，点点头说："坐下来吧！"从这一声里，我听出了希望。

"你为了这件事，经过了很多思想斗争吧？"所长问。

我避开了那个纸条，说我一直为这件事心中不安。在我说的那些话里，只有最后一句是真的："我不敢坦白，我怕坦白了也得不到宽大处理。"

"那为什么呢？"所长的嘴角上漾着笑意，"是不是因为你是个皇帝？"

我怔了一下，承认了："是的，所长。"

"也难怪你会这样想，"所长笑起来了，"你有你的独特历史，自然有许多独特想法。我可以再告诉你一次：共产党和人民政府的政策是说到做到的，不管从前是什么身份，坦白的都可以从宽，改造好的还可以减刑，立功的还可以受奖。事在人为。你这些东西当初没交出来，犯了监规，并且藏在箱底里一年多，如今你既然自己来坦白，承认了错误，这说明你有了悔悟，我决定不给你处分。"

说罢，他命令门外的看守员去找保管员来。保管员到了，他命令道：

"你把那堆东西点收下来，给溥仪开一个存条。"

我感到太出乎意料了。我连忙站起来：

"不，我不要存条。政府不肯没收，我也要献出来。"

"还是给你存起来吧。你在这里点交。"所长站起来要走，"我早已告诉过你，对我们说来，更有价值的是经过改造的人。"

我带着四百六十八件首饰的存条，回到了监房。同伴们正开讨论会，讨论着正在学习的《中国怎样降为殖民地半殖民地》这本书里的问题。他们看见我回来了，停下讨论，给了我前所未有的待遇，庆贺我有了进步。

"老溥，佩服你！"他们现在已经不叫我溥先生，而是一视同仁地以"老"字相呼了。刚一听到这称呼，我比听叫"先生"更觉着不是滋味，不过今天被他们叫得很舒服。"老溥，从你这件举动上，给了我启发！""老溥，没看出你真有勇气。""老溥，我有你这例子，更相信宽大政策了。我向你表示感谢。"等等。

我这里该补充说明一件事。自从我的衣物自洗自缝以来，我的外形比以前更加狼狈不堪了，而同伴们对我的尊敬也随着"先生"的称呼去了一大半，有人甚至于背后叫起我"八杂市"（哈尔滨从前一个专卖破烂的地方）来。在学习上表现出的无知，也时常引起他们的毫无顾忌的笑声。总之，我明白了自己在他们心目中的身份。现在他们再三对我表扬，我顿时有了扬眉吐气之感。

这天休息时，我在院子里听见前伪满驻日大使老元对别人谈论这件事。老元这人心眼极多，可以说眼珠一转就够别人想一天的。这个多心眼的人说出一段话，大大触动了我的心事：

"老溥是个聪明人，一点不笨。他争取了主动，坦白那些首饰，做得极对。其实，这种事瞒也瞒不住，政府很容易知道的。政府掌握着我们的材料，比我们想象的还要多。你们想想报上的那些三反、五反的案子就知道。千百万人都给政府提供材料，连你忘了的都变成了材料，飞到政府手里去了。"

照他这话说来，我在自传里扯的谎，看来也瞒不住了。

如果我说了出来，会不会像交出珠宝一样的平安无事呢？一个是政治问题，一个是经济问题，能一样对待吗？所长可没说。可是似乎用不着说，犯了法就是犯了法，经济上犯罪也是犯罪，三反、五反案件重的重办、轻的轻办，坦白的从宽，应该全是一样的。

话是这样说，事情不到临头，我还是下不了决心。跟上回不同的是，报上一出现"宽大"二字，我比以前更加想看个究竟了。

三反、五反运动接近了尾声，结案的消息多了起来，而且尽是"宽大处理"的。老王是干过"法官"的，我曾跟他研究过报上的那些案件。每次研究，我总在心里跟我自己的事情联系起来，反复考虑，能否援用这项政策。后来所方叫我们写日寇在东北的罪行材料时，我想的就更多了。

政府为了准备对日本战犯的处理，开始进行有关调查，号召伪满战犯提供日寇在东北的罪行材料。那天所方干部宣布这件事的时候，有人提出一个问题："除了日寇的，别的可不可以写？"干部回答："当然可以写，不过主要的是日寇罪行。"我听了，不由得犯了嘀咕：他要写什么别的？别的当然是中国人的，中国人最大的罪犯当然是我！我家里的人会不会也要写点"别的"？

伪满战犯对于写日寇在东北的罪行，都很积极。我们这个组，头一天就写出了十多份。

组长老王收齐了写好的材料，满意地说："我们的成绩不错！明天一定还可以写出这么多。"有人接口说："如果让东北老百姓写，那不知可以写出多少来。"老王说："那还用说，政府一定会向东北人民调查的！你看呢，老溥？"我说："我看是一定的，可不知道这次除了日寇，还调查别人不？""不调查别人，可是准有人要写到我们。老百姓恨我们这些人不下于恨日本人呢！"

吃晚饭的时候，是大李来送饭。我觉着他好像特别有气似的，他不等我把饭菜接过来，放在地上就走了。他走开以后，我立刻想起了我离开静园的时候，是他帮助我钻进车厢里去的。

第二天，我们又写了一天材料。我知道的不多，写的也少了。老王收材料时，仍很满意，因为别人写的还是不少。他说："你们瞧吧，以此推想，东北人民写的会有多少！政府掌握了多少材料！干过司法工作的就知道，有了证据就不怕你不说。从前，旧社会司法机关认为顶难的就是证据，可是在人民政府这里，老百姓都来提供材料，情形就不同了。"我听了这话，心里又是一跳。

"政府掌握了材料！"这话我不是第一次听说了。今天早晨，我们议论报上一条关于捕获暗藏的反革命分子的消息时，我不由得又想起了这句话。报上这条消息中说，一九三五年杀害了红军将领方志敏的刽子手，已经在湖南石门的深山中捕获了。这个刽子手在湖南解放后，先藏在常德县，后来躲到石门的深山里，继续干反革命活动，但是终于给公安机关侦查出来。怎么查出来的，报上没说。我心想，这大概又是掌握了材料，大概共产党从一九三五年就把这个刽子手的材料记下来了。我跟老王学得了一句司法术语，这叫"备案存查"。

第三天，当我写下了最后的一条材料，忽然听到楼梯口上有人声。我扭过头来，看见有个陌生的中年人出现在岗台的附近，后面随着所长。根据经验，我判断出这是上级机关来人视察。这位视察人员挨次察看了每间监房，听着看守长报告每个监房犯人的名字，面上毫无表情。他没穿军衣，我却觉得他像一位军人，这与其说是由于他的精确适度的每个动作和他的端正的体型，毋宁说是由于他的严肃的面容。他大约不到五十岁。

"你在干什么？"他在我们的监房外停下了，这样问着，眼睛看着我。我没料到他的声调很温和，而且他脸上浮着一丝笑容。

我站了起来，报告说我正写日寇的罪行。他对我的回答感兴趣："你知道些什么日寇罪行？"

我把刚写好的，从前听佟济煦说的那段屠杀建筑秘密工程工人的故事说了。

也许是我的神经过敏，也许事实就是如此，我觉得他脸上的那一丝笑容突然消失了，他的目光变得非常严峻。我万没料到这个故事引起了他这么强烈的反应。

"我当时听了很刺激，我原没想到日本人这样残忍。"我不安地说。

"你为什么不向日本人抗议呢？"他逼视着我的眼睛。

我觉出他在生气，赶紧低下了头，轻声说：

"我……不敢。"

"你不敢，害怕，是吗？"他不要我回答，自顾说下去，"唉，害怕，害怕就能把一个人变成这样！"末后这句，又恢复了平静的声调。

我低声说："这都是由于我的罪过造成的，我只有向人民认罪，我万死不足以蔽其辜！"

"也不要这样，把一切揽到自己头上。你只能负你自己那部分责任。应当实事求是。是你的，你推不掉，不是你的，也不算在你的账上。"

我仍继续说，我的罪是深重的，我感激政府对我的待遇，我已认识自己的罪恶，决心改造好。我不知道他是否在听我的话，只见他察看我们的监房各处，并且叫一个犯人拿过漱口杯看了一看。等我说完，他摇摇头，说道：

"应当实事求是。只要真正认罪，有了悔改表现，一定可以得到宽大。共产党说话算数，同时重视事实。人民政府对人民负责。你应当用事实和行动而不是用嘴巴来说明自己的进步。努力吧。"

他对我写的那堆东西看了一眼，然后向隔壁的监房走去了。

我的心沉重得厉害。我拿起写好的那堆材料重看了一遍，似乎今天我才感到这类事情的严重性。

从这以后，那双严峻的目光似乎总也离不开我，那几句话也总冲击着我的心："是你的，你推不掉！""应当实事求是！""用事实和行动而不是用嘴巴来说明自己的进步！"我觉得自己正处在一个无法抗拒的冲力面前。是的，这是一种不追究到底誓不罢休的冲力。就是由于这股冲力，一九三五年杀害方志敏的刽子手藏在深山中也没能逃脱掉。我觉得在这股冲力面前，日寇在东北的罪行必将全部结算清楚，伪满大小汉奸的旧账都无法逃掉。

这天是星期日，我在院子里晾晒洗好的衣服，忽然看见大李和小瑞，还有一位所方干部从远处走过来。他们三个人在花台附近立了一会儿，分手走开了。小瑞向我晾衣服的地方走来，我想跟他招呼一下，他却看也不看我一眼，一直走了过去。我不禁狐疑起来："这是怎么回事？难道——他们真往绝处走吗？"

我回到屋里，找出了一些旧报纸，专挑上面关于宽大处理三反、五反案件的消息和文章来阅读。看了一阵，老王过来说：

"你干什么？研究五反？"

"不研究了。"我放下报纸，下了决心，"我想起过去的一些事，以前认识不到它的性质，现在看起来正是罪恶，把这些写到感想里你看好不好？"

"怎么不好？当然好啦！"他又放低声音说："再说政府掌握咱们很多材料，还是先说了好。"

我拿起笔来了。在这份学习感想中，有一段的大意是：帝国主义侵略中国，离不开利用封建和买办的势力，我的经历就是个典型例子。以我为招牌的封建势力在复辟的主观幻想下，勾结日本帝国主义，而日本帝国主义则用这招牌，把东北变成了它的殖民地。我把在天津张园、静园的活动，我把我那一伙人与日本人的关系，以及我和土肥原见面的详情，原原本本地写了出来。

两天之后，组长老王告诉我，所方看到了我写的东西，认为我有了重大的进步，值得在本组里表扬。

"拿出一件真正的物证，比说一万句空话还有用。"干过"法官"的老王说。

八　糊纸盒

一九五二年末，我们搬出了那所带铁栏杆的房子，住进房间宽敞的新居。这里有新板铺，有桌子、板凳，有明亮的窗户。我觉着所长说的"改造"，越发像是真的，加上我交代了那段历史之后，不但没受到惩办，反而受到了表扬，于是我便开始认真地学习起来。我当时的想法，认为改造就是念书；把书念会了，把书上的意思弄明白了，就算是改造成功了。我当时并没有想到，事情并不这么简单；改造并不能仅仅靠念书，书上的意思也并不单靠念一念就能明白。例如对于《什么叫封建社会》这本书，是我早在一九五〇年底到一九五一年初念过的，但是如果我没有经过那一段劳动（生活和生产方面的劳动），我到现在也不会明白封建制度造了什么孽。什么叫封建社会？我在念了那本书的两年多之后，即一九五三年春天糊纸盒的时候，才真正找到了自己的答案。

一九五三年春，所方和哈尔滨一家铅笔厂联系好，由犯人们包糊一部分装铅笔的纸盒。从这时起，我们每天学习四个小时，劳动四个小时。所方说这是为了调剂一下我们的生活，又说，我们这些人从来没劳动过，干点活儿，会对我们有好处。这句话对我的特殊意义，是我当时完全意识不到的。

我从前不用说糊铅笔盒，就是削铅笔也没动过手。我对铅笔的有关知识至多是记得些商标图案——维纳斯牌是个缺胳臂的女人，施德楼牌是一只公鸡等等；我从来没留心它的盒子，更不知糊一个盒子要这么费事。我糊了不大功夫，起先感到的那点新鲜味全没有了，心里像也抹上糨糊似的，弄得糊里糊涂。别人糊出了好几个，我的一个仍拿不出手去，简直说不上是个盒子还是什么别的东西。

"你这是怎么糊的？"前伪满军医院长老宪把我的作品拿在手里端详着，"怎么打不开？这叫什么东西？"

老宪是肃亲王善耆的儿子，从小跟他的几个兄弟姊妹受日本浪人川岛浪速的教育。他在日本长大，学过医。金碧辉（日名川岛芳子）是他的妹妹，做过伪哈尔滨市长的金碧东是他的兄弟，一家满门都是亲日派汉奸。在苏联他跟我第一次见面，曾经跪在我面前哭着说："奴才这可看见主人了！"现在跟我住在一起，却是最喜欢找我的碴儿。原因是他为人尖酸刻薄，又极容易跟人争执，却又争不过人，而我各方面都不如别人能干，向来没勇气和人争论，所以成了他的发泄对象。

我这时心里混合着妒忌、失望和对于讥笑的担心，而老宪的多事偏又引起了人们的注意，纷纷过来围观那个作品，发出了讨厌的笑声。我走过去，一把从老宪手中夺下来，把它扔进了废料堆里。

"怎么？你这不是任意报废吗？"老宪对我瞪起了眼。

"谁报废？我糊的差点，不见得就不能用。"我叽咕着，又从废料堆里把我的作品捡回来，把它放在成品堆里。这样一摆，就更显得不像样了。

"你放在哪里，也是个废品！"

听了他这句双关话，我气得几乎发抖。我一时控制不住，破例地回敬了一句："你有本事对付我，真是欺软怕硬！"这句话碰了他的伤疤，他立刻红了脸，嚷道："我欺谁？我怕谁？你还以为你是个皇上，别人都得捧着你才对吗？……"幸亏这时没有人理他，组长也出来阻止，他才没嚷下去。

可是事情并没有就此结束。老宪可不是个善罢甘休的人。

第二天糊纸盒的时候，老宪选了我旁边的一个位置坐下，从一开始糊起，总是用一种挑剔的眼光瞧我的活。我扭了一下身子，把后背给了他。

我这天的成绩，虽说比不上别人，总算有了些进步。到了晚上，所方用我们昨天生产所得的酬劳，买了些糖果发给我们。这是我头一次享受自己的劳动果实（虽然我的成绩是最次的），我觉得我分得的糖果，比过去任何一次吃到的都要甜。这时候，老宪说话了：

"溥仪今天成绩不坏吧？"

"还好，没有废品。"我顶撞地说。

"嘻，还是虚心些的好。"他的脸上皮笑肉不笑。

"说没有废品就算不虚心？"我心中直冒火，糖果也不觉着甜了。我最讨厌老宪的地方，就是他专爱挑人家高兴的时候找碴子。"如果再出废品，再随你扣帽子吧。"

我想堵他这一句就不再理他。不料他走到我那堆成品里顺手拿出了一个，当着众人举了起来说：

"请看！"

我抬头一看，几乎把嘴里的糖果吸到肺里去。原来我糊倒了标签。

我气极了，真想过去把那盒子抓过来扔到那张凹凸不平的脸上。我控制了自己，半晌只说了这么一句话：

"你想怎么就怎么吧！"

"呵，好大口气！还是臭皇帝架子。"他提高嗓门，"我对你批评，是对你好意。你不想一想。"他听见门外看守员的脚步声，嗓门更响了："你还幻想将来当你的皇帝吧？"

"你简直胡说八道！"我激怒地回答，"我比你笨，不如你会说会做，我天生的不如你。这行了吧？"

别人都离开了座位，过来劝架。我们这时住的房间很大，一共有十八个人，除我之外，有三个伪大臣，十四个伪将官。组长是老韦，也是伪将官。张景惠是三名伪大臣之一，他老得糊涂，平时不学习、不劳动，也不爱说话。这天晚上除了张景惠之外，其余的都为了"纸盒事件"参与了议论。有人批评老宪说，既然是好意批评就不应大喊大叫地说话；有人批评我说，盒子糊坏了，就应承认，不该耍态度；蒙古族的老郭认为老宪的态度首先不好，不怪溥仪生气；向来和老宪要好的一个伪禁卫军团长则表示反对，说是老郭用"带色眼镜"看人；又有人说，这问题可以放到星期六的生活检讨会上去谈，一时七嘴八舌，彼此各不相让。正在闹得不可开交的时候，我看见"禁卫军团长"拉了吵得嘴角起沫的老宪衣襟一下，而且别人也都突然静了下来。我回头一看，原来管学习的李科员走了进来。

原先管学习的李科长，已经调走了，新来的这位又姓李，大家因为对从前那位叫惯了"学习主任"，所以现在对这位李科员也叫"学习主任"。他问组长大家吵什么，老韦说：

"报告主任，是由一个废纸盒引起的……"

李科员听完，把我糊倒标签的纸盒拿起来看了看，说道：

"这算是什么大事，值得争吵？标签倒了，在上面再糊个正的不就行了吗？"

李科员的这席话把大伙说得个个哑口无言。

事情这还不算完。

过了几天，负责分配纸盒材料的小瑞向我们转达，另外几组要发起一个劳动竞赛，问我们参加不参加。我们表示了响应。小瑞又告诉了一个消息，说小固在他们那个组里创造了一个用一道手续糊盒的"底盖一码成的快速糊盒法"，效率比以前提高了一倍还多。我们组里一听，觉得参加竞赛是不能用老办法了，得想个提高效率的新办法才行。那时我们常从报上看到关于技术革新创造的记载，如郝建秀工作法、流水作业法等等，有人从这方面得到了启发，提出了流水作业法，就是每人专搞一门专业，抹糨糊的专抹糨糊，粘盒帮的专粘盒帮，贴纸的专贴纸，糊标签的专糊标签，组成一道流水作业线。大家一致同意试试这办法，我也很高兴，因为这样分工序的办法，干的活儿比较简单，混在一起也容易遮丑。谁知道这样干了不久，问题就暴露出来了，在流水作业线里，东西到了我这儿很快地积压起来，水流不过去了。而且，这又是老宪发现的。

"由于个人的过失，影响了集体，这怎么办？"他故意表示很为难的样子。

这次我一句也没和他吵。我面对着一大沓等着糊亮光纸的半成品，像从前站在养心殿门外等着叫"起儿"的人们那样待着。当我听到我下手工序的一个伙伴也说我的操作不合乎标准，废品率必然会提高的时候，我知道无论是公正的老郭，还是李科员出来，都不会反对老宪的挑剔了。结果是，我退出了流水作业线，另外去单干。

这是我和家里人分开之后，再一次感到了孤寂的滋味，而这次被排除出整体之外，好像脱光了身子站在众人面前，对比特别强烈，格外觉着难受。特别是老宪，那张橘皮脸上露出幸灾乐祸和报复的满足，走过我面前时还故意咳嗽一声，气得我的肺都要炸了。我很想找个同情者谈谈，但是组里每个人都是忙忙碌碌的，都没有谈话的兴趣。碰巧这时我又患了感冒，心里特别不痛快。

这天夜里，我做起了噩梦，梦见那张凹凸不平的橘皮脸直逼着我，恶狠狠地对我说："你是个废物！你只能去当要饭花子！"接着我又梦见自己蹲在一座桥上，像童年时太监们向我描绘的"镇桥猴"那样。突然有个人伸出一只手压在我头上，把我惊醒过来。我在朦胧中看见一个穿白衣服的人立在我面前，用手摸我的脑门，说："你发高烧，感冒加重了，不要紧，让我给你检查一下吧。"

我觉得头昏昏的，太阳穴的血管突突直跳，定了定神，才明白了是怎么回事。原来看守员发现我在说梦话，又说又闹，叫不醒我，就报告了看守长，看守长把军医温大夫找来了。大夫看过了体温计，护士给我注射了一针药。我渐渐睡着了，不知他们什么时候离去的。

我病了半个月，经过大夫、护士每天的治疗，渐渐恢复起来。在这半个月里，我每天大部分时间睡在床上，不学习，不劳动，整天想心事。我在这半个月里想的比过去几年想的还多。我从纸盒一直回想到西太后那张吓得我大哭的脸。

我从前一回忆起那个模糊的印象，只觉得西太后很可怕，而现在，我觉得她可恨了。她为什么单单挑上我来当那皇帝呢？我本来是个无知的、纯洁的孩子，从任何方面来说，我至少不会比溥杰的天分还差，可是由于做了皇帝，在那密不通风的罐子中养大，连起码的生活知识也没有人教给我，我今天什么也不懂，什么也不会，我的知识、能力不但比不上溥杰，恐怕也比不上一个孩子。我受到人们的嘲笑，受到像老宪这样人的欺负，如果让我独自去生活，我真不知怎么能活下去。我今天弄成这样，不该西太后和那些王公大臣们负责吗？

我从前每逢听到别人笑我，或者由于被人指出自己无能，心里总是充满了怨恨，怨恨别人过于挑剔，甚至怨恨着把我关起来的人民政府，但我现在觉得这都不是应该怨恨的，事实证明我确实是可笑的、无能和无知的。从前我怨恨侄子们太不顾面子，把我的尊严竟全盘否定了，但我现在承认，实在没有什么可以给自己作脸的事。比如有一次吃包子，我觉得很香，王看守员问我："你喜欢韭菜？"我说没吃过，不知道。别人都笑起来说："你吃的不是韭菜吗？"既然我小到尝不出韭菜，大到迎"天照大神"代替自己的祖宗，我还有什么"圣明"？又如何能不让别人笑骂呢？蒙古人老正是民国初年发动蒙古叛乱的巴布扎布的儿子，有一天他对我说，当年他全家发过誓要为拥戴我复辟而死，他母亲简直拿我当神仙那么崇拜。他说："真可惜，她已经死了，不然我一定要告诉她，宣统是个什么样的废物！"既然我本来不是神仙，我本来无能无知，又如何怪别人说这类话呢？

我只有怪西太后和那一伙人，只有怪我为什么生在那个圈子里。我对紫禁城发生了新的怨恨。我想到这里，觉得连老宪都算不上什么冤家了。

我差不多痊愈了，这天所长找我去谈话，问了我的身体情况，追问到我和老宪争吵的情形，问我是不是感到了什么刺激。我把经过简单地说了，最后说：

"我当时确实很受刺激，可是我现在倒不怎么气了，我只恨自己实在无能。我恨北京宫里的那些人。"

"很好，你已经认识到了自己的弱点，这是一个进步。无能，这不用发愁，只要你肯学，无能就会变成有能。你找到了无能的原因，这更重要。你还可以想想，从前的王公大臣那些人为什么那样教育你？"

"他们光为了他们自己。"我说，"不顾我，自私而已。"

"恐怕不完全如此，"所长笑着说，"你能说陈宝琛跟你父亲，是成心跟你过不去吗？是成心害你吗？"

我答不上来了。

"你可以慢慢想想这问题。如果明白了，那么你这场病就生得大有价值。"

从所长那里回来之后，我真的放不下这个问题了。到我参加病后的第一次生活检讨会时，我把过去的生活已经想了好几遍。我没有得到什么答案，怨气却越聚越多。

在这次生活检讨会上，有人批评了老宪，说他完全不是与人为善的态度，总是成心打击我。接着，差不多一半以上的人都对他发表了类似的意见，甚至有人把我生病的责任也放在他身上，并据以证明他在大家的改造中起了坏作用。老宪慌张了起来，脸色发灰，结结巴巴地做了检讨。我在会上一言没发，继续想着我的怨恨。有人提出，我应该发表一下意见。老宪的脸更加发灰了。

"我没什么意见，"我低声说，"我只恨我自己无能！"

大家一时都怔住了。老宪大大张开了嘴巴。我忽然放大了嗓音，像喊似的说：

"我恨！我恨我从小生长的地方！我恨那个鬼制度！什么叫封建社会？从小把人毁坏，这就是封建社会！"

我的嗓子突然被一阵痉挛哽住，说不下去了，别人唧唧哝哝地说什么，我也听不见了。……

九　检察人员来了

从一九五三年末起，我们连着学习了三个月的《帝国主义论》。一九五四年三月，学习结束后，管理所迁回抚顺。过了不久，检察机关的工作团来到管理所，开始了对战犯的调查。

后来才知道，政府为了这次调查日本战犯和伪满战犯的罪行，做了很周密的准备，组织了庞大的力量。一大批日本战犯调到抚顺来了。几年前政府人员就准备了大量材料。大约二百名左右的检察工作人员集中起来，事先受到了政策和业务的专门训练。

日本战犯住在"三所""四所"和"七所"里，那边的情形不清楚，我们一所伪满战犯这边三月末开过了一个大会，开始了调查。调查工作——从犯人这方面说是检举与认罪——一直进行到年底，才基本结束。

在大会上，工作团的负责人员讲了话。他说，你们经过了这几年的学习和反省，现在已经到了认罪的时候了，政府有必要来查清你们的罪行，你们也应该对过去有个正确的认识，交代自己的罪行，并且检举日本帝国主义战犯和其他汉奸的罪行；无论是坦白交代和检举他人，都要老老实实，不扩大、不缩小；政府对你们最后的处理，一方面要根据罪行，一方面要根据你们的态度；政府的政策是坦白从宽、抗拒从严。

所长同时宣布了监规：不准交换案情，不准跟别的监房传递字条信件，等等。从这天起，每日休息时间各组轮流到院子里去，想跟别组的人会面也办不到了。

开过大会，各组回到各自的屋子开讨论会，每个人都表示了要彻底坦白、检举，低头认罪，争取宽大。有人说："我一直在盼这天，只要能审判，就有期限了。"也有的人，比如老宪说了他相信宽大政策，却又神色不安，显然是言不由衷。

看到老宪面色发灰，我并没什么幸灾乐祸的想法，反而被他传染上了不安的情绪。自从在学习心得里交代了历史关键问题之后，当时我对宽大政策有了信任，现在又觉得政策还没兑现，不知将来处理的时候，是不是仍如所长说过的，对我并不例外。如果像老宪这样一个"军医院长"也值得担心，我这"皇帝"又该如何呢？

但是，无论如何，最大的问题我都已经交代出来了。我的情形可能跟老宪不同，他也许在考虑是不是交代，而我的问题只能是如何让检察人员相信，我早已就是认了罪的。

为了取得检察人员的信任，我决定详细而系统地把自己的历史重写一遍，同时把自己知道的日本战犯的罪行尽量写出来。我在小组会上做了这样的保证。

完全实现这个保证，却不是那么容易。

我写到伪满末期，写到苏联对日本宣战那一段，想起了一件事。那时我担心日本人在这紧张时机对我怀疑，把我踢开，总想着法儿取宠关东军。在得到苏军宣战消息后的一天夜里，我没经任何人的指点，把张景惠和总务厅长官武部六藏叫了来，给他们下了一道口头"敕令"，命他们紧急动员，全力支持日本皇军抵抗苏军的进攻。这件事情我该如何写？不写，这件事难保别人不知，写吧，这件并非日本人授意的举动（那时吉冈正称病不露面），是否会引起检察人员的怀疑，不相信我是处处受着吉冈安直摆布的呢？如果检察人员发生了误会，我所交代的全部历史就变成不可信的了。

我最后决定，不能写的太多，坏事少写一件不算什么，把这件事也算到吉冈安直的账上去吧。

写完了，我又考虑写得太少也不好。于是我把能写的尽量写详细。写完了坦白材料，我又尽量地写检举材料。

材料都交上去了。我等待着检察人员的传讯。

在等待中，我不住地猜想着审问时候的场面。检察人员跟所方人员一样不一样？凶不凶？是不是要动刑？

在我脑子里，审问犯人是不可能不厉害的。我在紫禁城和宫内府里对待犯过失的太监、仆役，就向来离不开刑具。

我怕死，更怕受刑。不用说皮肉受苦，即使有人像我从前对待别人那样打我一顿耳光，也不如死了的好。我曾经认为，住共产党的监狱如果受不到野蛮的虐待是不可能的。进了管理所之后受到的待遇，是出乎意料的。这里不打人、不骂人，人格受到尊重。三年多来，一贯如此，按说我不该再有什么怀疑，可是一想到审问，总还是不放心，因为我认为审问就是审问，犯人不可能跟问官一致，问官不可能相信犯人，结果自然会僵住，自然是有权威的问官要打人，这本是无可非议的。

我在这些念头的折磨下，过了十多天寝食不安的日子。终于等到了这一天，看守员来通知我去谈话。

我被领进中央甬道里的一间屋子。这间屋子大约有两丈见方。当中有一张大书桌，桌前有个茶几，放着茶碗茶壶和烟灰碟。一位中年人和一位青年坐在桌后。他们示意，让我在茶几旁的椅子上坐下。

"你叫什么名字？"那中年人问。

"爱新觉罗·溥仪。"

他问了年龄、籍贯和性别。那个青年的笔尖，随着我们的谈话"嚓、嚓"地在纸上动着。

"你写的坦白材料我们看了，"那中年人说，"想听你当面谈谈。你可以抽烟。"

就这样开始了。中年的检察员从我幼时问起，问到我被捕。我都说完了，他对我点点头，样子好像还满意。

"好吧，就谈到这里。以后赵讯问员可能有问题问你。"

总之，这种讯问的气氛是颇出乎意料的。我心里少了一个问题。

第二次讯问，当我发现屋里只有赵讯问员一个人的时候，不禁有点失望。我坐在这位讯问员面前，注视着他的年轻的面庞，心中不住地想：他行吗？他弄得清楚吗？他能明白我说的话是真的？他正当血气方刚之年，有没有脾气？如果别人瞎检举我，他信谁的？……

"有个问题要问你一下，"他打断了我的思路，问起我在伪满时颁布敕令和诏书的手续问题。我照着事实做了回答。在谈到一项敕令时，他问我在颁布前几天看到的，我想不起来了。

"大概是一两天前，也许，三天，不，四天吧？"

"不用立刻回答，"他说，"你想想，几时想起几时说。现在谈另一个问题……"

在这另一个问题上，我又记不起来，僵在那里了。我心里不免暗暗着急："我又想不起来啦，好像我不肯说似的，他该火了吧？"但是他并没发火，还是那句话："这且放一边，你想起来再说。"

后来，我终于对这个年轻人完全服了。

已不记得那是第几次讯问了。他拿出一份我写的检举材料，放在我面前，问我：

"你写的这个检举材料上说，在日本战犯、前伪满总务厅次长古海忠之的策划下，日本侵略者在一年中掠去东北粮食一千六百万吨。这件事说的太不具体。是一年吗？是哪一年？一千六百万吨的数字怎么知道的？你再详细说说。"

我怎么能知道呢？这不过是我从同屋的两个伪大臣谈天中无意中听来的，我自然不敢把这件事说出来，只有学一下苏东坡的"想当然耳"，说日寇对东北财富，无不尽力搜刮，粮食是产多少要多少。说到这里，讯问员拦住了我：

"东北年产粮食多少，你知道吗？"

我张口结舌，半晌说不出话来。

"你这条检举的根据是什么？"

我看是混不下去了，只好说出了这条马路情报的来源。

"那么，你相信不相信这个材料？"

"我……，没什么把握。"

"哦，连你自己也不信！"讯问员睁大了眼，"那么你为什么还要写？"

我正在讷讷然，不知说什么是好，他却把自来水笔的笔帽套好，收拾着桌上的纸张和书本——有厚厚的伪满的《年鉴》《政府公报》，显然是不再需要我的答案。这次讯问是他用这句话结束的：

"无论对人对己，都要实事求是。"

我望着这个比我年龄小十几岁的人，没有话说。我从心底承认了他的话。因为我就害怕着别人给我编造和夸大呀。

我走出讯问室，心底蓦地冒出一个问题："是不是每个讯问员都是像这小伙子似的认真呢？倘若有一个不是这样，而正巧收到了诬赖我的检举材料，那怎么办呢？"

这个问题很快就得到了答案。同屋的老元后来告诉我们一件同样的经历。他曾按估算写了日本从东北掠夺钢铁的数字，讯问员不相信，给他一支铅笔，叫他算一算生产这些钢铁需要多少矿石，东北各矿年产多少矿石……"他带着东北资源档案哩！"老元最后这样说。

因此我也明白了为什么赵讯问员的桌子上放着那些《年鉴》、《公报》之类的材料。不过工作团为了查证每件材料，使用了几百名调查人员，花了一年多的时间，跑遍了各地城乡，翻遍了数以吨计的档案，这还是到了我在检察员的总结意见书上签字时才知道的。

我在年轻的讯问员那里碰了一个钉子，由于他的实事求是的精神感到高兴，又因自己的愚蠢而担心他把我看作不老实的人。因此我赶紧写了一个自我检讨书给他送去。

"情形不像很严重。"交出了检讨书，我这样地想。

十　东北人民的灾难和仇恨

关于日本侵略者在东北造下的灾难，我过去从来没听人具体地谈过，也从来没有在这方面用过心。我多少知道一些东北人民的怨恨，但是我只想到那是东北人与日本人之间的事，与我无关。历史过去了十来年，到今天我才如梦初醒，才感觉到真正的严重性。

工作团的人员给我们专门讲过一次，关于日本侵略者在东北罪行的部分调查结果。我当时听了还有点疑惑。他列举了一些不完全的统计数字，例如惨案数字，某些惨案中的集体屠杀的数字，种植鸦片面积、吸鸦片的烟民及从鸦片贩卖中获得利润的数字，等等，都是骇人听闻的。那些屠杀、惨案的情节更是令人发指。我听的时候一面感到毛骨悚然，一面却在想："果真是如此吗？如果是真的，我不知道，怎么我的弟弟、妹夫、侄子和随侍他们也没有人向我说过呢？"

一直到后来参加了日本战犯的学习大会，我才不再怀疑这些血淋淋的事实。

我们这是第一次看见日本战犯。后来从报上才知道，抚顺的日本战犯是在中国羁押的日本战犯的一部分。根据这次大会和后来日本战犯的释放、宣判以及以后陆续得到的消息，我们发现这些罪犯在学习中发生了意想不到的变化。关于这点，我后面还要说到。现在说一说这个大会。这个大会虽然有所方和工作团的人员在场，事实上是由他们自己的"学委会"组织起来的。"学委会"是在大多数日本战犯思想有了觉悟后，自己选出来管理自己的生活和学习的组织。在这次大会上，有几个日本战犯讲了自己的学习体会，坦白交代了许多罪行，有的人则对别人进行了检举。他们用事实回答了一个学习的中心问题：日本帝国主义是不是在中国犯了罪。我们全体伪满战犯参加大会旁听。在那些坦白与检举中，给我们印象最深、使我们感到震动最大的是前伪满总务厅次长古海忠之和一个伪满宪兵队长的坦白。

古海忠之是日本军部跟前的红人，他和武部六藏（总务厅长官）秉承关东军的意旨，以伪满政权的实际统治者的地位，策划和执行了对全东北的掠夺和统治。他具体地谈出了强占东北农民土地的移民开拓政策，掠夺东北资源的"产业开发五年计划"，毒害东北人民的鸦片政策，以及如何榨取东北的粮食和其他物资以准备太平洋战争等等的内幕。他谈出了许多秘密会议的内情，谈出了许多令人咋舌的数字；他所谈到的那些政策的后果，每个例子都是一个惨案。例如一九四四年从各县征用了一万五千多名劳工，在兴安岭王爷庙修建军事工程，由于劳动与生活条件恶劣，在严寒中缺吃少穿，死掉了六千多人。又例如为了准备对苏作战，修改流入兴凯湖的穆棱河河道，工人由于同样原因致死的有一千七百多人。

我记得最清楚的是他谈的鸦片政策。

一九三三年初，日军在热河发动军事行动之前，为了筹办军费，决定采用鸦片政策。当时尚未控制东北的鸦片生产情况，手中现货不足，乃向国外贩进二百多万两，同时用飞机在热河广散传单，鼓励种植鸦片。后来，大约是一九三六年，在伪满七省扩大种植面积，大力生产，以后又以法律形式确定了鸦片的专卖垄断。为了鼓励吸毒，各地广设"禁烟协会"、鸦片馆，并设"女招待"，大事吸引青年。一九四二年，日本"兴亚院"召开了"支那鸦片需给会议"，做出了"由满洲国和蒙疆供应大东亚共荣圈内的鸦片需要"的决议，据此又在伪满扩大种植面积到三千公顷。据古海估计，至伪满垮台止，伪满共生产了鸦片约达三亿两之多。鸦片利润在一九三八年占伪满财政收入的六分之一，一九四四年利润增至三亿元，为伪满初期的一百倍，是日本侵略战争的军费重要来源之一。吸毒的烟民，仅热河一省就达三十万人左右，全东北平均一百个居民里就有五个中烟毒的人。

那个宪兵队长所坦白的，都是非常具体的事例。他交代出的每件事，都是一幅血腥的图画。

他做过伪满西南地区宪兵队队长。为了镇压人民，宪兵队采取了各种恐怖的手段。杀人，往往是集体屠杀，杀后还召集群众去参观尸体。有时把一些他们认为可疑的人抓了来，站成一排，从中随便挑出一个来，当众用刀劈死。他自己用这种办法就杀了三十多个。抓来的人，要受到各种刑罚的折磨：棍子打，鼻孔里倒灌冷水、辣椒水、煤油，用香火烧，红铁烙，倒挂起来等等。

在许多日本战犯的检举中，惊心动魄的惨剧是数不胜数的。这些惨剧的主演者实在比野兽还要残暴。有一段故事我记得是这样：一个日本兵闯进一户人家，一个年轻的母亲，正坐在锅台边上抱着孩子喂奶，这个兵一把抢走孩子，顺手扔进开水锅里，然后强奸了那母亲，最后用棍子插进阴道，活活弄死。这类的故事当年普遍发生于东北各地和日军的各个占领区内。原来这就是"圣战"的内容，这些"皇军勇士"正是我当年祝福、遥拜、拥护的对象，正是我当年的依靠。

后来，检察人员不断地送来调查材料、统计材料和东北人民的控诉检举材料。当年东北地区的地狱景象，在我面前越来越清晰。我终于明白了在我屈从、谄媚日本关东军的同时，在我力求保存我的"尊号"的同时，有多少善良无辜的人死于非命；同时也明白了在我恬然事敌的时候，正有无数爱国志士抛头颅、洒热血，向敌人进行着抗争。

东北人民所遭受的残害，如果不算直接在日本统治者手里受到的那些，只算经过伪政权和汉奸们那里间接受到的，就可以不费事地举出很多例子和数字来。例如在种种有关粮食的法令、政策，即所谓"粮谷出荷"的规定下，东北人民每年收获的粮食被大批掠走，特别是在伪满后期，东北人民只能靠配给的玉米瓤、豆饼、橡子面等等掺成的"混合面"过日子。被掠去的粮食除了充做军用，大部运往日本。输日数量逐年增加，据伪满官方资料，在一九四四年一年内，即输往日本三百万吨。在伪满的最后六年间，粮食输往日本共计一千一百一十多万吨。

在统制粮谷、棉布、金属等等物资的法令下，人民动不动就成了"经济犯"。例如，大米是绝对不准老百姓吃的，即使从呕吐中被发现是吃了大米，也要算"经济犯"而被加以治罪。仅仅一九四四到一九四五年的一年间，被当作"经济犯"治罪的就有三十一万七千一百人。当然，被抓去挨了一顿痛打之后放出来的，并不在此数之内。

东北农民在粮食被强征的同时，耕地也不断地被侵占着。根据"日满拓植条约"，日本计划于二十年内从日本移民五百万人到东北来。这个计划没有全部实现，日本就战败了，但是在最后两年内移入的三十九万人，就经过伪满政权从东北农民手中夺去了土地三千六百五十万公顷。此外，借口应付抗日联军而实行的"集家并屯"政策，又使东北人民丧失了大量土地，这尚未计算在内。

又例如，日本统治者为了榨取东北的资源，为了把东北建设成它的后方基地，通过伪满政权，巧立了各种名目，残酷地奴役着东北人民，实行了野蛮的奴隶劳动制度，造成了惊人的死亡。自一九三八年用我的名义颁行了"劳动统制法"后，每年强征劳工二百五十万人（不算从关内征集的），强迫进行无偿劳动。大都是在矿山和军事工程中进行劳动，条件十分恶劣，造成了成批死亡。像一九四四年辽阳市的"防水作业"中，二千名青年劳工因劳动过度不到一年就被折磨死的，竟有一百七十人。吉林省蛟河县靠山屯农民王盛才写来一份控诉书，他说：

> 我哥哥王盛有在伪满康德十年[1]旧历一月间，被拉法村公所抓
> 去到东安省[2]当劳工，他在那里吃橡子面，还不让吃饱，夜晚睡在
> 湖地上，还挨打受骂，共去七个月，折磨成病，回来后九个月死
> 去。嫂子改嫁，我父亲终日忧愁，不久死去了。我全家四口，只剩
> 下我一个人，使我家破人亡。

这样的家庭，在当时的东北是非常普遍的。不仅是农民，普通的职
工、学生，以及因检查体格不合乎当兵条件的，即所谓"国兵漏"的青
年，都要定期从事这种奴隶劳动，即所谓"勤劳奉仕"。蛟河县拉法屯
的陈承财控诉说：

> 伪满康德十年的旧历五月初一，伪蛟河县公署把我和我乡"国
> 兵"检查不合格的其他青年共一九八名，编成"勤劳奉仕队"，集
> 中县城。第三日由日本兵押着我们，到东安省勃河县小王站屯做苦
> 工。让我们在野地里挖了一米宽四十米长的沟渠，一栋挨一栋地搭
> 起草席棚子。里边铺些野草，非常潮湿，让我们住在这里。吃的简
> 直不能说了，每天只有橡子面饭团，也不给吃饱。在吃饭前还得排
> 成队，双手举饭"默祷"三分钟。每天重劳动超过十二小时，不管
> 天气炎热与寒冷，叫我们全脱光衣服进行劳动。冬天把我们冻得起
> 疙瘩，夏天晒成脓疮直流水。就在这样劳累苦难的环境下，为伪

---

[1] 康德是溥仪在伪满时期使用的年号，时间为一九三四年至一九四五年，
康德十年是一九四三年。

[2] 位置在今黑龙江省东南部。一九三九年日本侵略者将三江省的饶河、宝
清与牡丹江省的密山、虎林四县划出，与新设立的林口县组成东安省，一九四三年
东安省并入东满总省。

满洲国修所谓"国境道"。我乡富太河屯刘继生家，一家只父子二人，刘继生就是于同年七月十七日死在工地上的。父亲在家听说儿子死了，也上吊自杀了。挨打是经常的事。在同年五月初四逃跑了五名，不幸被鬼子抓回一名，当场把抓回的青年用绳子拴在马脖子上，人骑着马在地里磨，一直把这个人的肚子磨破，肠子流出而死。

处境最惨的是"矫正辅导院"里的人。在伪满后期，日本的统治，已经残酷到接近疯狂的程度。为了解决劳动力不足和镇压人民越来越大的反抗，一九四三年颁布了"思想矫正法"和"保安矫正法"，在全东北各地普遍设立了集中营，名为"矫正辅导院"，以所谓"思想不良"或"社会浮浪"为名，绑架贫苦无业者或被认为有不满情绪的人，从事最苦的劳役。有时候，连任何询问都用不着，把行路人突然拦截起来，统统加上"浮浪者"的罪名，送进矫正辅导院。进去之后，就没有出来的日子。那些熬到伪满垮台的人，今天怀着刻骨的仇恨，向人民政府控诉了伪满政权。鹤岗市翻身街的一个农民，伪满时原在鹤岗"新开基满洲土木"做工，一九四四年被以反满抗日名义抓到伪警察署。同他一起的有十七个人。他们被毒打之后，被送到鹤岗矫正辅导院，强迫到东山煤矿挖煤，每天十二小时，每顿饭只有一个小高粱饭团，没衣服穿，没被子盖，经常受毒打。他说：

我母亲听说我在辅导院押着，就到我做活的地方隔着刺网看我，被辅导警看见，当时把我母亲揪着头发，脚踢拳打了一顿，打得我母亲躺在地下爬不起来。后来又用洋镐打我，打得我浑身是伤，昏迷不醒，七天人事不知。有一次我们因为吃饭不给菜，同押的宋开通拿我的钱向过路人买些葱，被辅导科的汉奸王科长看见，把我和宋开通叫去，在我身上搜出五元钱。他们就打我，把嘴和鼻子打得都流出血，又把我装在麻袋里，不蹲下就敲脑袋，装在麻袋里举起来摔，摔了三下我就昏过去了。每天都死人，每隔三四天就抬出七八个死人，我一同被抓的十七个人就死了九个。我得了肺病，到现在不能做活。那时我母亲也得了疯魔，我三个弟弟那时最大的十一岁，他们每天讨饭过活。

当时在鹤岗矫正辅导院用度科当用度员的尹影，在检举书上写道：

> 伪满鹤岗矫正辅导院从一九四四年成立至一九四五年八月九号，囚禁人数达一千一百九十人。被囚禁之人员大部是由佳木斯、牡丹江、富锦等地区监狱里押送来的。其中有一人叫陈永福，是我认识的。他在街上行走，无故被警察抓来的。在矫正辅导院里的犯人，每天做工十二小时，每人每天只给六两粗粮，穿更生布衣。吃不饱穿不暖，做工时间又长，坑内通风不良，空气非常恶劣。有了病不但不给营养的东西吃，反而将粮食减到四两至三两半，有的人怕减粮就带病上班挖煤。就这样造成大批死亡。在病室里有的死了很长时间才被发现，死后当时并不给抬走，经一二日才抬出去放在停尸场中，用小木牌写上号码拴在手腕上，按井字样堆成垛。一九四五年三月二十号我亲眼看见使用黄毯子卷尸体三十四具，叫患病的人两人抬一个，送到鹤岗东山"万人坑"埋掉，将毯子拿回，再发给别人使用。
>
> 为防止"浮浪者"（被押人）的逃跑，施行恐怖镇压手段，经常由监房提出被押人扒去衣服吊起毒打，打得人浑身发紫，还强迫劳动。我现在还记得有一次富锦县监狱押送来的所谓"浮浪者"刘永才，被打在小便上，提回监房即死。……

伪满的军队、警察、法院、监狱对东北人民的镇压，更是充满了血腥气，造成的惨案更是数不胜数。据检察人员从残余的伪满官方档案里找到的部分材料，就统计出了被伪满军杀害的抗日军民有六万余人，屠杀的居民八千八百余人，烧毁的民房有三千一百余处所。伪满警察、特务机关所杀害的善良人民，那数目是无法计算了。仅据三十六起有案可查的统计，在被逮捕的五千零九十八名爱国人士和无辜群众中，只有三人经不起诉释放，档案中声明判死刑者四百二十一人，未判刑即死于狱中者二百十三人，判徒刑者二千一百七十七人，其余二千二百八十四名则无下落。伪满时期，东北是警察的世界，几乎村村都有警察。一个县的警察署，就等于是个阎王殿。这种地方制造的惨剧，在地狱里也不过如此。肇源县八家子有位六十一岁的农民黄永洪，当年因为给抗日联军送过信，被伪警察署提了去，他经历了一场集体屠杀。他说：

这年阴历二月二十六，伪警察提出我们被押的三十多人，让拿着洋镐到肇源西门外挖坑，天黑又回到监狱。二十七日又提出我和王亚民、高寿三、刘成发四个人，另一批又提二十人，到了西门外，把那二十人枪毙了，又提来二十二个人，又把他们枪毙了。枪毙以后，警察在他们身上倒汽油，点着了烧，在烧的时候，有一个人未死，被火一烧，就出来逃跑，又被警察用枪打死了。烧完之后，叫我们四个人将他们四十二人用土都埋了。现在肇源西门外还有那个大坑，我还能找到那个地方……

这座活地狱，在“执政”“康德皇帝”“王道乐土”等等幌子底下存在了十四年！所有的残酷暴行，都是在我这个“执政”和“皇帝”的标签下进行的。每个受难者都被迫向“御真影”叩拜，背诵“诏书”，感谢“亲邦”和“皇帝”的恩赐。因此，今天每份控诉书后面都有这类的呼声：

"要求人民政府给我们申冤报仇！我们要向日寇和汉奸讨还血债！"

"给我们死去的亲人报仇！惩办日寇和汉奸！"

十一　"自作孽，不可活"

问题之严重，还不仅限于此。

日本战犯的坦白、揭发和东北人民群众的控诉、检举，使我们"一所"激动起来了。尤其是那些年纪轻的人，反应分外强烈。在这种情形下，我遭到了侄子、妹夫和大李的揭发。我陷入了来自四面八方的仇恨中，其中包括了家族的仇恨。我犹如置身镜子的包围中，从各种角度上都可以看到自己不可入目的形象。

这是从我们一所的一次全体大会开始的。那天我们参加过日本战犯的学习大会，工作团的人员把我们召集起来，要大家谈谈感想和认识。许多人从日本战犯大会上感染到的激情犹未消失，这时纷纷起立发言，自动坦白出自己的罪行，并且检举了别人。人们检举比较集中的是前伪满司法大臣张焕相。他在"九一八"事变前，做过东北讲武堂教育长、哈尔滨特区行政长官和东北军航空司令。"九一八"事变后，他从关内跑到抚顺老家，千方百计地巴结日本人，给统治者献计献策，上了四十二件条陈，因此，得到了关东军的赏识，并由军政部嘱托爬上司法大臣的位子。他有许多出名的举动，其中一件是他在被起用之前，在家里首先供奉日本神武天皇的神龛，每逢有日本人来找他，他必先跪在神龛前做好姿势等着。另一件是，他曾在抚顺亲督民工修造神武天皇庙，修成后和他老婆每天亲自打扫。在人们的检举声中，他吓得面无人色。后来人们提到他入所以来的种种对抗举动，例如故意糟蹋饭菜、破坏所内秩序、经常对看守员大喊大叫，等等，引起了全场人的愤怒。有人向他提出警告，如果今后再不老实，还要随时揭发他，政府也不会饶他。

我很怕也被别人这样当场检举，很怕别人也认为我不老实。由于这次检举与认罪，不准彼此透露材料，我怕别人不知道我已做了坦白，觉得有必要在大会上谈谈，表明我的态度。因此，我也发了言。在我讲完了坦白材料之后，刚要说几句结束语，再表明一下认罪决心的时候，不想小固忽然从人丛中站起来，向我提出了质问：

"你说了这么多，怎么不提那个纸条呢？"

我一下怔住了。

"纸条！小瑞的纸条！"小秀也起来了，"那些首饰珍宝你刚才说是自动交出的，怎么不说是小瑞动员的呢？"

"对，对，"我连忙说，"我正要说这件事。这是由于小瑞的启发……"

我匆匆忙忙补充了这件事，而小固、小秀还是怒目相视，好像犹未甘心的样子。幸亏这个大会到此就结束了。

我回到监房里，赶紧提笔写了一个检讨书给所方。我想到所长知道了一定很生气的，心里不由得埋怨小瑞，干什么把这件事告诉小固和小秀呢？小固和小秀未免太无情了，咱们到底是一家人，你们不跟老万和老润学，竟连大李也比不上！过了不久，我看到他们写的书面检举材料，才知道家里人的变化比我估计到的还要可怕。

按照规定，每份检举材料都要本人看过。赵讯问员拿了那堆检举材料，照例地说：

"你看完，同意的签字，不同意的可以提出申辩。"

我先看过了一些伪大臣写的。这都是伪满政权的公开材料，我都签了字。接着便看我的家族写的。我看了不多页，手心就冒汗了。

老万的检举材料里，有一条是这样写着的：

一九四五年八月九日，晚上我入宫见溥仪。溥正在写一纸条，此时张景惠及武部六藏正在外间屋候见。溥向我出示纸条，内容大意是：令全满军民与日本皇军共同作战，击溃来侵之敌人（苏军）。溥谓将依此出示张景惠等，问我有何见解。我答云：只有此一途，别无他策。

我心想这可毁了！我原把这件事算在吉冈的账上了。

大李的检举，更令我吃惊。他不但把我离开天津的详情写了，而且把我写自传前跟他订"攻守同盟"的事情也写上了。

事情不仅仅是如此。他们对我过去的日常行为——我怎么对待日本人，又怎样对待家里的人——揭露得非常具体。如果把这类事情个别地说出一件两件，或者还不算什么，现在经他们这样一集中起来，情形就不同了。例如老万写的有这么一段：

在伪宫看电影时，有天皇出现即起立立正，遇有日兵攻占镜头即大鼓掌。原因是放电影的是日本人。

一九四四年实行节约煤炭时，溥仪曾令缉熙楼停止升火，为的做给吉冈看，但在自己卧室内，背着吉冈用电火取暖。

溥仪逃亡大栗子沟，把倭神与裕仁母亲像放在车上客厅内，他从那里经过必行九十度和，并命我们也如此。

小瑞的检举里有这样一段：

他用的孤儿，有的才十一二岁，有的父母被日寇杀害后收容到博济总会，前后要来使用的有二十名。工作十七八小时，吃的高粱米咸菜，尝尽非刑，打手板是经常的、最轻的。站木笼、跪铁链、罚劳役……平时得互相监视。孤儿长到十八九岁仍和十一二岁一般高矮。溥仪手下人曾将一名孤儿打死，而他却吃斋念佛，甚至不打苍蝇蚊子。

在语气上流露出仇恨的，是大李写的：

> 溥仪这个人既残暴又怕死，特别好疑心，而且很好用权术，十分伪善。他对佣人不当人待，非打即骂，打骂也不是因为犯了什么错，完全是以他个人情绪如何而定。如有点不舒服啦，累一点啦，用的人就倒霉了。拳打脚踢是轻的。可是他见了外人的时候，那种伪善样，就像再好也没有的。
>
> 打人刑具，在天津时有木板子、马鞭子，到伪满又加上许多新花样……
>
> 他把大家都教成他的帮凶，如要是打某人，别人没有动手打，或动作稍慢一些，他都认为是结党袒护，那未动手打的人，要被打得厉害多少倍。侄子与随侍没有没打过人的。一个十二三岁的周博仁（孤儿）有一次被打得两腿烂了一尺长的口子，叫黄子正大夫治了两三个月才好。这孩子治疗时，溥仪叫我送牛奶等物，还让我对孩子说：皇上对你多好呵！你在孤儿院能吃到这么好的东西吗？

我把最后这批检举材料看完，过去那一套为自己做辩护的道理，从根本上发生了动摇。

在从前，我把自己的行为都看作是有理由的。我屈服于日本人的压力，顺从它的意志，是不得已而为之的；我对家里人的作福作威、予取予夺、动辄打骂以至用刑，也当作我的权力。总之，对强者的屈服，对弱者的发威，这都被我看作是自然的、合理的，我相信人人处于我的境地都会那样做。现在，我明白了除了我这样的人，别人并非如此；我的道理是拿不出去的。

说到弱者，没有比被剥夺权利的囚犯更"弱"的了，然而掌握着政权的共产党人对手下的这些囚犯，并没有打，没有骂，没有不当人看。说到强者，具有第一流装备的美国军队可算是"强"的了，然而装备远逊于它的共产党军队硬是不怕它，竟敢于跟它打了三年之久，一直打得它在停战协定上签了字。

就在刚才，我还看到了新的例子。在人民群众的控诉检举材料里，我知道了原来有许多普普通通的人，在强暴压力面前并不曾按着我的信条办事。

巴彦县有个叫李殿贵的农民，受尽了鬼子和汉奸的欺压，他把希望放在抗日联军身上。一九四一年的春节，他给抗联队伍送去了一斗小米、四十七根麻花、一百二十个鸡蛋和两包烟卷。后来被伪警察知道了，把他抓去，成天上"大挂"、吊打、过电，并且把打得血淋淋的死难者放在他身边恐吓他，叫他供出抗联的线索。这个顽强不屈的农民没有吐露出任何关于抗联的口供，在监狱里受尽折磨，一直坚持到光复得救。

姜树发，是天增屯的抗日救国会的副会长，给抗联送过饭，带过路，他被特务们抓去了，一连过了七堂，上"大挂"、打钉板、过电、灌凉水全经过了，没有供出一点线索，特务拿他没法，最后判了他两年徒刑。

萧振芳也是一个普通农民，帮助他叔叔萧坤一同给抗联送饭、带路，做秘密的抗日工作。一九四三年四月二十一日的半夜里，六个伪警察突然闯进他的家，没寻找到他叔叔萧坤，把他绑送到警察署追问。他说："我不知道！"警察们把他打死过去，然后浇凉水，醒过来又打，这样死而复活，活了又打死，折腾到第四次，凉水也浇不活了，就用"卫生车"拉到烂尸岗子，扔在那里。这个顽强的人在烂尸岗又活了，被一个拉卫生车的工人救了去。他的叔父萧坤到后来也被抓了去，至死不屈。他住的那个监狱，就是我在哈尔滨住过的那个地方。

一九四三年，金山屯的李英华还是个孩子，他曾给过路的抗联军队送过鸡蛋，被特务告发，捉到警察署里。特务们先给他点烟、倒茶，请他吃饺子，说："你是个孩子，不懂事，说了就放你。"李英华吸了烟，喝了茶，吃了饺子，然后说："我是庄稼人，啥也不知道！"特务们便把他头朝下挂起来打，又过电、火烧，脱光了身子撞钉板，可是从这个孩子身上什么也没得到。

总之，我知道世界上的人并非骨头都是软的。我过去的所作所为，除了说明是欺软怕硬和贪生怕死之外，没有任何其他别的解释。

我从前还有一条最根本的理由，为欺软怕硬、贪生怕死做解释，就是我的命最贵重，我比任何人都更有存在的价值。几年来，经过洗衣、糊纸盒，我已懂得了自己的价值，今天我更从东北老百姓和家族的检举中看出了自己的价值。

我在镜子的围屏中看出我是有罪的人，是没有光彩的人，是个没有理由可以为自己做任何辩解的人。

我在最后一份材料上签完字，走在甬道上，心中充满了懊悔与悲伤——

"天作孽，犹可违，自作孽，不可活！"

第九章

接受改造

一　怎样做人？

"新的一年开始了，你有什么想法？"

一九五五年的元旦，所长这样问我。

我说唯有束身待罪，等候处理。所长听了，不住摇头，大不以为然地说：

"何必如此消极？应当积极改造，争取重新做人！"

一九五四年年底，我在检察人员拿来的最后的文件上签字时，也听到这样的话："努力改造吧，争取做个新人。"

这些话使我感到了安心，却没有从根本上改变我的悲观消极态度。我陷入了深深自卑的境地里，相形之下，对于宣判的担心倒在其次了。

有一天，在院子里休息的时候，来了一位新闻记者，拿着照相机在球场上照相。"检举认罪"结束之后，管理所里恢复了从前的办法，不再是分组轮流而是全体同时休息，而且比从前多了半小时。院子里很热闹，打排球的、打乒乓球的、谈天说地的、唱歌的，干什么的都有，都被记者收进了镜头。他捧着相机东照西照，后来镜头对着我来了。跟我站在一起看球的一个前伪满人员发现了记者的企图，忽然转身走开，并且说了一句："我可不跟他照在一块儿！"接着，别人也走开了。

三月间，一些解放军高级将领到抚顺来视察沈阳军区管辖下的战犯管理所。所长把我和溥杰叫了去。我一看见满屋是金晃晃的肩章，先以为是要开军事法庭了，后来才知道是将军们要听听我的学习情况。将军们的态度都非常和蔼，听得似乎很有兴趣，并且问了我的童年时代和伪满时期的生活。最后有一位带胡子的首长说："好好学习、改造吧，你将来能亲自看到社会主义建设实况的！"在回去的路上，我想起说话的好像是位元帅，而溥杰告诉我说，其中怕还不止一位元帅。我心中无限感慨，曾经被我看作最不容我的共产党人，事实上从看守员到元帅无一不是拿我当作人看的，可是同犯们连跟我站在一起都觉得不能容忍，好像我连人都不是了。

回到屋里，我把元帅的谈话告诉了同伴们。当过伪满驻日大使的老元，是脑子最快的人，他说："恭喜你啦，老溥！元帅说你看得见社会主义，可见你是保险了！"

别人一听这话全活跃起来，因为像我这样的头号汉奸能保险，他们自然更保险了。

检举认罪结束后，很多人心里都结着个疙瘩，对前途感到不安。老宪从开始检举认罪以来就没笑过，现在也咧开嘴，亲热地拍着我的肩膀说："恭喜恭喜，老溥！"

检举认罪结束后，不但在院中休息时不禁止交谈，而且白天监房不上锁，偶尔也有人串房门，因此这个喜讯很快地传到了别的组，一所里全知道了。到了休息时间，院子里还有人在议论。我这时想起了我的侄子们和大李，从检举认罪以来总不爱搭理我，这个消息必定也会让他们高兴，可以用这个题目找他们叙叙。我听到了小固唱歌的声音——这个最活跃的小伙子，跟看守员和卫兵们已学了不少的歌曲，现在正唱着《二小放牛郎》这支歌。我顺着声音，在操场角上的一棵大树旁找到了他和小秀。可是不等我走到跟前，他们已离开了那地方。

四月间，所方让我们一所按照七所日本战犯那样选举出了学委会。学委会是在所方指导下，由犯人们自己管理自己的学习、生活的组织。学习与生活中发生的问题，学习讨论会和生活检讨会的情况，由它负责集中起来向所方反映，并且要提出它的看法和意见。学委会有委员五名，由选举产生，经所方认定。除一名主委外，四名委员分工管学习、生活、体育和文娱。各组的学习组长和生活组长跟它的学习委员和生活委员每天联系一次，汇报情况。这个组织的成立，让犯人们感到很兴奋，觉得这是所方对我们的改造具有信心的证明，有些人从这上面更意识到了思想改造是自己的事。后来事实证明，这个组织对我们的改造具有重要意义。不过在它刚成立的那段时间里，我的心情却跟别人不一样。这五名委员中，有两名是我的家族，他们是在检举时对我最不留情面、最使我感到无地自容的人：一个是老万，担任主委；一个是小瑞，担任生活委员。

学委会成立不久，便通过了一项决议，要修一座运动场。我们原先用的运动场是日本战犯修的，现在要自己平整出一块地方，做我们一所的运动场。生活委员小瑞负责组织了这次劳动。第一次上工，我就挨了他一顿当众申斥。在站队点名时，我忘了是为了什么琐碎事，照例拖拖拉拉，落在别人后头。我边系着衣扣，边向队伍这里跑着，忽然听见了一声喊："溥仪！"

"来了来了！"我答应着，跑到排尾站下。

"每次集合，你都是迟到，这么多的人只等你一个，一点都不自觉！"他板着脸，大声地向我申斥，"看你这一身上下，邋里邋遢！扣子是怎么扣的？"

我低头看了一下，原来扣子都扣错了眼儿。这时全队的人都扭过头来看着我，我的手指哆嗦得连扣子都摸不准了。

我甚至担心过，生活检讨会的记录到了他们手里，会给我增添一些更不利的注解。这时我们组里的生活检讨会，已经很少有从前那种不是吵嚷一气，就是彼此恭维一番的情形了，比较能做到言之有物，至少是比以前采取了较为认真的态度。其原因，一则是有些人去掉了思想负担，或者是对改造有了些认识，因而出现了积极性，另则是像过去那种隔靴搔痒的发言，到了学委会那里首先过不了关。我这时对生活检讨会感到的变化，是别人对我发言完全没有了顾忌，特别是由于新编进这组来的伙伴中，有一个是最熟悉我的大李，而且当了生活组长。人们批评起我的缺点来，经他一介绍、分析，就更能打中要害，说出病根。有了大李的分析、介绍，加上同组人提出的事实材料，再经学委会里老万和小瑞的注解，我还像个人吗？

我从前在遇到外界的刺激，感到十分沮丧的时候，有时自怨自艾，把这看作是自作自受，有时则怨天尤人，怨命运，怨别人成心跟我过不去，最早的时候，则怨共产党，怨人民政府，怨所方。现在我虽然也怨天尤人，但更多的是怨自作自受，对共产党和政府，对所方，却越来越怨不上了。在检举认罪期间，我看完别人给我写的检举材料，知道我一切不愿人知道的全露出来了，政府方面原先不知道的全知道了，想不到我竟是这样的人，照理说即使不报复我，也要放弃改造我的念头。可是，检察人员、所长以至元帅却仍对我说，要学习、改造，重新做人，而且这种意思贯串在每个工作人员的思想中，表现在每件具体事实上。

操场完工后，学委会决定再美化一下我们的院子，要栽花修树，清除杂草，垫平洼坑，迎接五一节。大家都很高兴地干起来了。我起先参加垫大坑的工作，江看守员说我眼睛不好，恐怕掉到坑里去，便把我的工作改为拔草。我被分配到一块花畦边上，干了一会儿，蒙古人老正走到我身边，忽然一把抢走我手里刚拔下的东西，大叫大嚷起来：

"你拔的是什么？呵？"

"不是叫我拔草吗？"

"这是草吗？你真会挑，拔的全是花秧子！"

我又成了周围人们视线的焦点。我蹲在那里，抬不起头来。我真愿意那些花草全部从世界上消失掉。

"你简直是个废物！"老正拿着我拔的花秧子指着我，继续叫嚷。

这时江看守员走过来了。他从老正手里接过花秧子，看了看，扔到地上。

"你骂他有什么用？"他对老正说，"你应该帮助他，教给他怎么拔，这样他下次才不会弄错。"

"想不到还有人认不出花和草来。"老正讪讪地。

"我原先也想不到，那用不着说。现在看到了，就要想办法帮助。"

从前，我脑子里这"想不到"三个字总是跟可怕的结论连着的："想不到溥仪这样蠢笨——不堪救药！""想不到溥仪这样虚伪，这样坏——不能改造！""想不到溥仪有这样多的人仇恨他——不可存留！"现在，我在"想不到"这三个字后面听到的却是："现在看到了，就要想办法帮助！"

而且是不止一次听到，不只从一个人口中听到，而且说的还不仅是要对我帮助。

有一天，我的眼镜又坏了。我经过一番犹豫，最后还是不得不去求大李。

"请你帮帮忙吧，"我低声下气地对他说，"我自己弄了几次，总也弄不好，别人也不行，求你给修修。"

"你还叫我伺候你！"他瞪眼说，"我还把你伺候的不够吗？你还没叫人伺候够吗？"

说罢，他愤然躲开了我，从桌子的这面转到另一面去了。

我呆呆地立着，恨不得一下子撞在墙上。

过了没有两分钟，只见大李从桌子那面又走回来，气哼哼地拿起了我的眼镜说：

"好，给你修。不过可要说明，这不是为了别的，不过为了帮助你改造。要不是为了这个，我才没工夫呢！"

后来，我在休息时间到新成立的小图书室去想独自散散心，在那里碰见了溥杰。我跟他谈起了心事，说到我曾因为家里人们的态度，难过得整夜睡不着觉。他说："你为什么不跟所方谈谈呢？"我说："谈什么呢？人们从前受够了我的罪，自然应该恨我。"溥杰说："我听说所方也劝过他们，应该不念旧恶，好好帮助你。"我这才明白了大李为什么带着气又从桌子那边转回来。

我那时把帮助分作两类：一类是行动上的，比如像大李给我修眼镜，比如每次拆洗被褥后，别人帮助我缝起来——否则我会弄一天，影响了集体活动；另一类是口头上的，我把别人对我的批评，放在这类里。所方常常说，要通过批评与自我批评，交换意见，进行互相帮助。我很少这样"帮助"人，而且这时也很不愿意接受别人的"帮助"。总之，尽管大李说他修眼镜的目的是帮助我改造，尽管所方说批评是改造思想的互助形式之一，我还是看不出任何一类的帮助与我改造思想、重新做人的关系。不但如此，我认为修眼镜、缝被子只能证明自己的无能，换得别人的鄙夷，在批评中也只能更显出我的伤疤和隐痛。不帮助还好，越帮助越做不得人了。

政府人员每次谈到"做人"，总是跟"改造思想""洗心革面"连着的，但我总想到"脸面"问题，总想到我的家族和社会上如何看待我，能否容忍我。我甚至想到，共产党和人民政府即使要把我留在世上，到了社会上也许还是通不过；即使没有人打我，也会有人骂我、啐我。

所方人员每次谈到思想改造，总是指出：人的行为都受一定思想的支配，必须找到犯罪行为的思想根源，从思想上根本解决它，才不至于再去犯罪。但我总是想，我过去做的那些事是决不会再做了，如果新中国的人容我，我可以保证永不再犯，何须总是挖思想。

我把"做人"的关键问题摆在这上面：对方对我如何，而不是我自己要如何如何。

但是所长却是这样说的：如果改造好，人民会给以宽大。改造不好，不肯改造，人民就不答应。事实上，问题在于自己。

这个事实引起我的注意，或者说，我开始知道一点怎样做人的问题，却是在我苦恼了多少日子之后，从一件小事上开始的。

二 问题在自己身上

星期日，我们照例洗衣服。我洗完衣服，正好是文体活动开始的时间，我没有心情去玩，就到小图书室，想独自看看书。刚坐下来，就听见外面有人说话：

"……你们都不打网球？"

"我不会打。你找溥仪，他会打。"

"他会打可是打不了，他的衣服还不知哪辈子洗完呢！"

"近来他洗得快多了。"

"我才不信呢！"

这可是太气人了。我明明洗完了衣服，而且洗的不比他们少，却还有人不信，好像我天生不能进步一点似的。

我找到了球拍，走进院子。我倒不是真想打球，而是要让人看看我是不是洗完衣服了。

我走到球场上，没找到刚才说话的人，正好另外有人要打网球，我跟他玩了一场。场外聚了一些人观看。我打得很高兴，出了一身汗。

打完球，在自来水管旁洗手时，遇见了所长。星期日遇见所长不是稀有的事，他常常在星期日到所里来。

"溥仪，你今天有了进步。"

"很久没打了。"我有点得意。

"我说的是这个，"他指着晒衣绳上的衣服，"由于你有了进步，洗衣服花费的时间不比人多了，所以你能跟别人一样的享受休息，享受文体活动的快乐。"

我连忙点头，陪他在院子里走着。

"从前，别人都休息，都参加文娱活动去了，你还忙个不了，你跟别人不能平等，心里很委屈，现在你会洗衣服了，这才在这方面有了平等的地位，心里痛快了。这样看来，问题的关键还是在自己身上。用不着担心别人对自己怎样。"

他过了一会儿，又笑着说：

"第二次世界大战，把你这个'皇帝'变成了一个囚犯。现在，你的思想上又遇到一场大战。这场大战是要把'皇帝'变成一个普通劳动者。你已经认识到一些皇帝的本质了，不过，这场战争还没有结束，你心里还没有跟别人平等。应该明白自己呵！"

所长走后，我想了许久许久。我心里承认前一半的话：看来问题确实是在我自己身上；我对后一半话却难于承认，难道我还在端皇帝架子吗？

可是只要承认了前一半，后一半也就慢慢明白了，因为生活回答了这个问题。正如所长所说，这是一场未结束的"战争"。

这一天，我们这一组清除完垃圾（这类的劳动已经比较经常了），回到屋里，生活委员向我们提出批评：

"你们洗完手，水门不关，一直在流。这样太不负责任了，下次可要注意。"

大李听了，立刻问我：

"溥仪，是你最后一个洗手的吧？"

我想了一想，果然不错。

"我大概是忘了关水门了。"

"你什么时候不忘？"

"也有不忘的时候。"

有人立刻咯咯地乐起来了。其中一个是老元，他问：

"那么说，你还有忘的时候，还有几回没关水门。"

我没理他。大李却愤愤地对我说：

"你不害臊，还不知道这个习惯是哪儿来的。你这是从前的皇帝习惯，你从前从来也没自己关过水门。连门轴儿你也没摸过，都是别人给你开门，给你关门。你现在进出房门，只是开，从不随手带门。这是皇帝架子仍没放下！"

"我想起来了，"老元说，"有时看见你开门推门板，有时用报纸垫着门柄，是什么意思？"

"你这是怕脏，是不是？"大李抢着说。

"那地方人人摸，不脏吗？"

谁知这一句话，引起了好几位伙伴的不满。这个说："怎么别人不嫌脏，单你嫌脏？"那个说："应该你讲卫生，别人活该？"这个说："你是嫌门脏，还是嫌别人脏？"那个说："你这是不是高人一等？心里把别人都看低了？"……

我不得不竭力分辩说，绝没有嫌恶别人的意思，但心里不由得挺纳闷，我这是怎么搞的呢？我到底是怎么想的呢？为什么我就跟别人不同？后来又有人提起每次洗澡，我总是首先跳进池子，等别人下去，我就出来了。又有人提起在苏联过年，我总要先吃第一碗饺子。听了这些从来没注意过的琐事，我心中不能不承认大李的分析：

"一句话，心里还没放下架子来。"

今天想起来，大李实在是我那时的一位严肃的教师。不管当时他是怎么想的，他的话总让我想起许多平常想不到的道理。我终于不得不承认，我遇到的苦恼大半要怪我自己。

有一天早晨漱洗的时候，大李关照大家注意，刷牙水别滴在地上，滴了就别忘了擦。因为今天各组联合查卫生，这是竞赛，有一点不干净都扣分。

我低头看看脚下，我的牙粉水滴了不少。我觉得并不显眼，未必算什么污点。大李过来看见了，叫我擦掉。我用鞋底蹭了蹭，就算了。

到了联合检查卫生的时间，各组的生活组长和学委会的生活委员小瑞逐屋进行了检查，按照会议规定的标准，给各组评定分数。检查到我们这间屋，发现了我没蹭干净的牙粉点，认为是个污点，照章扣了分数。最后比较各组总分，我们这个组成绩还不坏，可是大李并不因此忘掉了那个污点，他带来了一把墩布，进了屋先问我：

"你怎么不用墩布擦呢？"

"没想到。"

"没想到？"他粗声说，"你想到了什么呢？你除了自己，根本不想别的！你根本想不到集体！你脑袋里只有权利，没有义务！"

他怒气冲冲地拿起墩布，正待要擦，又改了主意，放下墩布对我说：

"你应当自觉一点！你擦！"

我顺从地执行了他的命令。

自从朝鲜和东北发现了美国的细菌弹，全国展开了爱国卫生运动以来，监狱里每年定期地要搞几次除四害、讲卫生的大规模活动。这种活动给我留下了许多深刻的印象，其中之一，是我和大李在打苍蝇上发生的一件事。

他从外面拿来几个新蝇拍。蝇拍不够分配，许多人都争着要分一把。我没有主动去要，但是大李先给了我一把。这是我头一次拿这东西，似乎有点特殊的感觉，老实说，我还没打死过一个苍蝇哩！

那时，监狱里的苍蝇已经不多，如果用"新京"的标准来说，就算是已经绝迹了。我找了一阵，在窗户框上发现了一个，那窗户是打开了的，我用蝇拍一挥，把它赶出去了。

"你这是干什么？"大李在我身后喊，"你是除四害还是放生？"

别人也许以为他是说笑话，其实我是明白他的意思的。我不禁涨红了脸，不自然地说："谁还放生？"但是心里却也奇怪，我为什么把它赶走了呢？

"你不杀生！你怕报应，是吧？"他瞪着眼问我。我自感心虚，嘴上却强硬：

"什么报应？苍蝇自己跑啦！"

"你自己想想吧！"

这天晚上开检讨会的时候，起初没人理会这件事，后来经过大李的介绍，人们知道了我在长春时不准打苍蝇以及指挥众人从猫嘴里抢耗子的故事，全乐开了。乐完了，一齐批评我的迷信思想。我心里不得不接受，嘴里却不由自主地说：

"我为什么还迷信？我去年不是打了？"

"我想起来了！"老元忍不住笑起来，"你不说去年，我还想不起来。我记得去年你就把蝇拍推让给别人，自己拿张报纸扇呼，苍蝇全给你放走啦！"

在哄笑中只有大李板着脸，用十分厌恶的声调说：

"别人放生是什么意思，我不敢说，你放生我可明白，这完全是自私，为了取得代价，叫佛爷保佑你。别人都可以死光，唯独要保护你一个人。因为你把自己看得最贵重。"

"你说得太过分了。"我抗议说。

"溥仪有时倒是很自卑。"老元说。

"是呀！"我接口说，"我从哪一点看自己也不比别人高。"

"也许，有时自卑，"大李表示了同意，可是接着又说，"有时你又把自己看得比别人高，比别人重要。你这是怎么搞的，我也不明白。"

我后来终于逐渐明白了。因为我是高高在上地活了四十年，一下子掉在地平线上的，所以总是不服气、生气、委屈的慌；又因为许多事实告诉我，我确实不如人，所以又泄气、恼恨、自卑和悲哀。总之，架子被打掉了，标尺还留着。我所以能明白这个道理，是因为后来发现了不能用我的标尺去衡量的人。在明白这一点之前，在跟大李相处的这段时间中，我只懂得了所长的话，渐渐明白了自己在与别人的关系上，是不平等的，就因为如此，我才引起别人的反感，得不到别人平等地看待或尊重，总之，问题是在自己身上。而当我亲眼看到了那些不可衡量的人，并且得到了他们的恩惠，我就更明白自己是什么样的人了。

三　不可衡量的人

一九五六年春节后，有一天所长给我们讲完了国内建设情况，向我们宣布了一项决定：

"你们已经学完了关于第一个五年计划、农业合作化、手工业和私营工商业的社会主义改造这一系列的文件，你们从报上又看到了几个大城市私营企业实现了公私合营的新闻，你们得到的关于社会主义建设的知识还仅限于是书本上的。为了让理论学习与实际联系起来，你们需要看一看祖国社会上的实况，因此政府不久将要组织你们到外面去参观，先看看抚顺，然后再看看别的城市。"

这天管理所里出现了从来没有过的愉快气氛，许多人都感到兴奋，还有人把这件事看作是释放的预兆。而我却与他们不同，我想这对他们也许是可能的，对我则绝无可能。我不但对于释放不敢奢望，就是对于抛头露面的参观，也感到惴惴不安。

这天下午，在花畦边上，我听到有人在议论我所担心的一个问题。

"你们说，老百姓看见咱们，会怎么样？"

"我看有政府人员带着，不会出什么岔子，不然政府不会让咱们出去的。"

"我看难说，老百姓万一激动起来呢？我可看见过，我是小职员出身的。"这是前伪满兴农部大臣老甫说的，他从前做过张作霖军队里的小粮秣官。"老百姓万一闹起来，政府该听谁的呢？"

"放心吧，政府有把握，否则是不会让我们去的。"

这时我们组新任的学习组长，前伪汪政权的外交官老初走了过来，插嘴道："我想政府不会宣布我们的身份，对不对？"

"你以为不宣布，人家就不知道？"老元讥笑他，"你以为东北人不认识你就不要紧了？只要东北老百姓认出一个来，就全明白啦！想认出一个来可不难啊！"

老元的话正说到我心坎上。东北人民从前被迫向"御真影"行礼行了十来年，难道认出我来还费事吗？

东北人民那样恨我，政府怎么就敢相信他们见了我会不激动呢？如果激动起来，会不会向政府要求公审我？老甫问的也对，到那时候"政府听谁的呢？"

那时，在我心目中，老百姓是最无知的、最粗野的人。我认为尽管政府和共产党决定了宽大和改造政策，老百姓却是不管这一套的；他们怀着仇恨，发作起来，只会用最粗暴的手段对付仇人。政府那时是不是有办法应付，我很怀疑。我认为最大的可能，是"牺牲"掉我，以"收民心"。

许多人都以欢欣鼓舞的心情迎接这次参观，我却终日惴惴不安，好像面临着的是一场灾难。我竟没有料到，我在参观中所看到的人，所受到的待遇，完全与我想象的相反。

我在参观中看到了许多出乎意料的事，我将在下一节中再说，现在我要先说说那几个最出乎意料的、不可衡量的人物。

第一个是一位普通的青年妇女。她是当年平顶山惨案的幸存者，现在是抚顺露天矿托儿所的所长。我们首先参观的是抚顺露天矿，矿方人员介绍矿史时告诉了我们这个惨案。

抚顺露天矿大坑的东部，距市中心约四公里，有一座住着一千多户人家的村镇，地名叫平顶山。这里的居民大部分都是穷苦的矿工。日本强盗侵占了东北，抚顺地区和东北各地一样也出现了抗日义勇军，平顶山一带不断地有抗日军出没活动。一九三三年中秋节的夜里，南满抗日义勇军出击日寇。袭击抚顺矿的一路抗日义勇军在平顶山和日寇遭遇，击毙了日寇杨伯堡采炭所长渡边宽一和十几名日本守备队的队员，烧掉了日寇的仓库。在天亮以前，抗日义勇军转移到新宾一带去了。

抗日义勇军走后，日本强盗竟然决定用"通匪"的罪名，向手无寸铁的平顶山居民实行报复。第二天，日本守备队六个小队包围了平顶山，一百九十多名凶手和一些汉奸，端着上了刺刀的步枪，挨门挨户把人们赶出来，全村的男女老幼，一个不留全被赶到村外的山坡上。等全村三千多人全聚齐了，日寇汽车上蒙着黑布的六挺机枪全露了出来，向人群进行了扫射。三千多人，大人和孩子，男人和女人，生病的老人和怀孕的妇女，全倒在血泊里了。强盗凶手还不甘心，又重新挨个用刺刀扎了一遍，有的用皮鞋把没断气的人的肠子都踢出来，有的用刺刀划开孕妇的肚子，挑出未出生的婴儿举着喊："这是小小的大刀匪！"

野兽们屠杀之后，害怕人民的报复，企图掩尸灭迹，用汽油将六七百栋房子全烧光，用大炮轰崩山土，压盖尸体，又用刺网封锁了四周，不准外村人通过。以后还向周围各村严厉宣布，谁收留从平顶山逃出去的人，谁全家就要替死。那天白天烟尘笼罩了平顶山，夜里火光映红了半边天。从此平顶山变成了一座尸骨堆积的荒山。以后，抚顺周围地区流传着一首悲痛的歌谣：

> 当年平顶山人烟茂，
> 一场血洗遍地生野草，
> 捡起一块砖头，
> 拾起一根人骨，
> 日寇杀死我们的父母和同胞，
> 血海深仇永难消！

但是日本强盗杀不绝英雄的平顶山人，也吓不倒英雄的抚顺工人。一个名叫方素荣的五岁小女孩，从血泊里逃出来，被一个残废的老矿工秘密收留下。她活下来了，今天她是血的历史见证人。

我们后来看完了矿场，轮到参观矿上福利事业的时候，便到方素荣工作的托儿所去访问。这天方所长有事到沈阳去了，所里的工作人员向我们谈了昨天日本战犯跟方素荣见面的情形。

日本战犯来参观托儿所，所里的工作人员说："对不起，我们没让所长接待你们，因为她是平顶山人，我们不愿意让她受到刺激。"日本战犯差不多都知道平顶山事件，他们听了这话，一时面面相觑，不知如何是好。后来，他们商议了一下，认为应当向这位受到日本帝国主义者灾难的人表示谢罪，恳求她出来见一见他们。女工作人员很不愿意，但经他们再三恳求，终于把方所长请来了。

日本战犯们全体向她鞠躬表示谢罪之后，请求她把当时的经历讲一讲。方素荣答应了。

"我到现在还记得清清楚楚，"她说，"前前后后都是街坊，爷爷领着我，妈妈抱着我兄弟——他还不会说话。鬼子兵跟汉奸吆喝着说去照相。我问爷爷，照相是什么，爷爷给了我一个刚做好的风车，说别问了，别问了……"

五岁的方素荣就是这样随了全村的人，同做高粱秆风车的爷爷、守寡的妈妈和不会说话的兄弟，到刑场去的。机枪响了的时候，爷爷把她压在身子底下，她还没哭出声便昏了过去。等她醒过来，四周都是血腥，尘烟迷漫在上空，遮掩了天空的星斗。……

八处枪弹和刺刀的创伤使她疼痛难忍，但是更难忍的是恐怖。爷爷已经不说话了，妈妈和兄弟也不见了。她从尸体堆里爬出来，爬向自己的村子，那里只有余烬和烟尘。她连跑带爬，爬出一道刺网，在高粱茬地边用手蒙住脸趴在地上发抖。一个老爷爷把她抱起来，裹在破袄里，她又昏睡过去。

老爷爷是一个老矿工，在抚顺经历了"来到千金寨，就把铺盖卖，新的换旧的，旧的换麻袋"的生活，在矿里被鬼子压榨了一生，弄成残废，又被一脚踢出去，晚年只得靠卖烟卷混饭吃。他把方素荣悄悄地带到单身工人住的大房子，放在一个破麻袋里。这个大房子里二百多人睡在一起，老爷爷占着地头一个角落，麻袋就放在这里，白天扎着口，像所有的流浪汉的破烂包似的，没人察觉，到晚上人们都睡下的时候，他偷偷打开麻袋口，喂小姑娘吃喝。但这终不是长久之计，老爷爷问出她舅舅的地址，装出搬家的模样，挑起麻袋和烟卷箱子，混过鬼子的封锁口，把她送到不远一个屯子上的舅舅家里。舅舅不敢把她放在家里，只好藏在野外的草堆里，每天夜里给她送吃喝，给她调理伤口。这样熬到快要下雪的时候，才又把她送到更远的一个屯子的亲戚家里，改名换姓地活下来。

从心灵到肌肤，无处不是创伤的方素荣，怀着异常的仇恨盼到了日本鬼子投降，但是抚顺的日本守备队换上了国民党的保安团，日本豢养的汉奸换上了五子登科的劫收大员，大大小小的骑在人民头上的贪官污吏。流浪还是流浪，创伤还是创伤，仇恨还是仇恨。旧的血债未清，新的怨仇又写在抚顺人民的心上。为了对付人民的反抗，蒋介石军队在这个地区承继了日本强盗的"三光政策"，灾难重临了方素荣的家乡。方素荣又煎熬了四个年头，终于等到了这一天，她的家乡解放了，她的生命开始见到了阳光。党和人民政府找到了她，她得到了抚养，受到了教育，参加了工作，有了家庭，有了孩子。现在她是抚顺市的一名劳动模范。

今天，这个在仇恨和泪水中长大的，背后有个强大政权的人，面对着一群对中国人犯下滔天罪行的日本战犯，她是怎样对待他们的呢？

"凭我的冤仇，我今天见了你们这些罪犯，一口咬死也不解恨。可是，"她是这样说的，"我是一个共产党员，现在对我更重要的是我们的社会主义事业，是改造世界的伟大事业，不是我个人的恩仇利害。为了这个事业，我们党制定了各项政策，我相信它，我执行它，为了这个事业的利益，我可以永远不提我个人的冤仇。"

她表示的是宽恕！

这是使几百名日本战犯顿时变成目瞪口呆的宽恕，这是使他们流下羞愧悔恨眼泪的宽恕。他们激动地哭泣着，在她面前跪倒，要求中国政府给他们惩罚，因为这种宽恕不是一般的宽恕。

一个普通的青年妇女，能有如此巨大的气度，这实在是难以想象的。然而，我亲身遇到了还有更难以想象的事。假定说，方素荣由于是个共产党员、工作干部，她的职务让她必须如此（这本来就是够难于理解的），那么台山堡农村的普通农民，又是由于什么呢？

台山堡是抚顺郊区一个农业社的所在地。第二天早晨，在去这个农业社的路上，我心中一直七上八下，想着检举材料上那些农民的控诉，想象着怀着深仇的农民将如何对待我。我肯定方素荣对战犯所做到的事，"无知"而"粗野"的农民是决做不到的。昨天在抚顺矿区曾遇到一些工人和工人家属，对我们没有什么"粗野"的举动，甚至于当我们走进一幢大楼，参观工人宿舍时，还有一位老太太像待客人似的想把我让进地板擦得锃亮的屋子。我当时想，这是因为你不知道我们的身份，如果知道了的话，这些文明礼貌就全不会有了。昨天参观工人养老院时，所方让我们分头访问老人们。这都是当了一辈子矿工或者因工伤残废被日本人从矿里踢了出来的人，他们无依无靠，流浪街头，支持到抚顺解放时，只剩了一口气。人民政府一成立，就抢救了他们，用从前日本人的豪华旅店改做这个养老院，让他们安度晚年。他们每天下棋、养花、看报，按自己的兴趣进行各项文娱活动。我和几个伙伴访问的这位老人，向我们谈了他一生的遭遇，那等于一篇充满血泪和仇恨的控诉书。听他说的伪满政权下矿工们的苦难，我一面感到羞耻，一面感到害怕。我生怕他把我认了出来，因此一直躲在角落里，不敢出声。我当时曾注意到，老人的这间小屋的墙上，没有工人宿舍里的那些男女老少的照片，只有一张毛主席的像。显然，老人在世上没有一个亲人，即使有，也不会比这张相片上的人对他更亲。但是毛主席的改造罪犯的政策，在他心里能通得过吗？至少他不会同意宽大那些汉奸吧？

在第一天的参观中，每逢遇到人多的地方，我总是尽量低着头。我发现并非是我一人如此，整个的参观行列中，没有一名犯人是敢大声出气的。在抚顺曾督工修造日本神庙的大下巴，更是面如死灰，始终挤到行列中心，尽量藏在别人身后。我们到达台山堡的时候，简直没有一个人敢抬起头来的。我们就是这样不安地听了农业社主任给我们讲的农业社的历史与现况，然后，又随着他看了新式农具、养鸡场、蔬菜暖房、牲口棚、仓库等处。我们一路上看到的人不多，许多社员都在田间劳动。在参观的几处地方遇到的人，态度都很和善，有的人还放下手中的活，站起来向我们打招呼。我庆幸着人们都没把我认出来，心里祝愿能永远如此。但是到最后，当我访问一家社员时，我就再也无法隐藏我自己了。

我同几个伙伴访问的这家姓刘，一共五口人，老夫妇俩参加农业劳动，大儿子是暖窖的记账员，二儿子读中学，女儿在水电站工作。我们去的时候只有刘大娘一个人在家。她正在做饭，看见社干部领着我们进来，忙着解下围裙，把我们让进了新洋灰顶的北房。她像对待真正的客人似的，按东北的风俗让我们进了里间，坐上炕头。我坐在炕边上，紧靠着西墙根一个躺柜，柜面上摆着带有玻璃罩的马蹄表，擦得晶亮的茶具，对称排列的瓷花瓶和茶叶缸。

陪我们来的一位社干部没有告诉刘大娘我们是什么人，只是对她说："这几位是来参观的，看看咱们社员的生活，你给说说吧！"刘大娘不擅长辞令，但是从她断续而零散的回忆中，我还是听出了这个早先种着七亩地的七口之家，在伪满过的原是像乞丐一样的生活。"种的是稻子，吃的却是橡子面，家里查出一粒大米就是'经济犯'，稻子全出了荷。听说街上有个人，犯病吐出的东西里有大米，叫警察抓去了。……一家人穿的邋里邋遢。可还有不如咱家的,大姑娘披麻袋。有一年过年,孩子肚子里没食,冻的别提,老头子说,咱偷着吃一回大米饭吧,得,半夜警察进屯子啦,一家人吓得像啥似的。原来是抓差,叫去砍树、挖围子,说是防胡子,什么胡子,还不是怕咱们抗日联军!老头子抓去了。这屯子出劳工就没几个能活着回来的。……"

正说着,她的儿子回来了。他的个子很小,仔细一看,才知道他的腿很短,原是个先天残废的人。他回答了我们不少问题,谈到过去,这个青年在旧社会里,先天的残废使他就像一只狗似的活着,如今他却做了暖窖的记账员,像别人一样尊严地工作着。我从这不到三十岁的人的眼睛里,看到了对过去生活的仇恨和愤怒。但是,当话题一转到今天的生活,他和母亲一样,眼神和声调里充满了愉快和自信。他和母亲不同的地方,是谈家里的事比较少,而谈起了社里的暖房蔬菜的生产,则是如数家珍。这个社的蔬菜,主要是供应市区需要,不分四季,全年供应;蔬菜品种大部分是解放前没有的。当他历数着西红柿、大青椒等等品种的产量时,他母亲拦过了话头,说他们这一家从前不用说没见过西红柿,就连普通的大白菜也难得吃到。由蔬菜又谈到从前吃糠咽菜的生活,刘大娘顺手拉开屋角的一只瓮盖,让我们看看里面的大米。这时儿子不禁笑起来,说:"大米有什么可看的?"她立刻反驳道:"现在没什么可看的,可是你在康德那年头看见过几回?"

刘大娘的这句话,沉重地打在我的心上。

我刚走进这家人的房门时,还担心着是不是会有人问起我的姓名,而现在,我觉得如果在跨出这个房门之前再不说出自己的姓名,那简直是不可饶恕的欺骗。

我站立起来,向着刘大娘低头说:

"您说的那个康德,就是伪满的汉奸皇帝溥仪,就是我。我向您请罪。……"

我的话音未完,同来的几个伪大臣和伪将官都立起来了。

"我是那个抓劳工的伪勤劳部大臣……"

"我是搞粮谷出荷的兴农部大臣……"

"我是给鬼子抓国兵的伪军管区司令……"

……

那老大娘呆住了。显然这是出乎她意料的事。即使她知道来参观的是汉奸犯，也未必料到我们的姓名和具体的身份，即使她知道我的姓名、身份，也未必料到会向她请罪，请她发落。

她怎样发落？痛骂吧？痛哭吧？或者走出去，把邻居们都叫来，把过去的死难者的家属都找来，共同地发泄一番怒气吧？

不。她叹息了一声。这是把凝结起来的空气和我的心脏融化开来的叹息：

"事情都过去了，不用再说了吧！"她擦擦眼泪，"只要你们肯学好，听毛主席的话，做个正经人就行了！"

原来我们是默默地垂泪，听了这句话，都放声哭出来了。

"我知道你们是什么人。"半晌没说话的儿子说，"毛主席说，大多数罪犯都能改造过来。他老人家的话是不会错的。你们好好改造认罪，老百姓可以原谅你们！"

这两个普普通通的农民，被我想象成"粗野的、无知的、容易激动地发泄仇恨而又根本不管什么改造和宽大"的农民，就是这样地宽恕了我们！

这是如此伟大的、不可能用我的标尺加以衡量的人。

我用最卑鄙、最可耻的坏心去揣度他们，而他们却用那么伟大、那么高贵的善心对待我们。

他们是今天当家做主的人，强大的政府和军队——共产党所领导的巨大力量全部站在他们身后，他们面前是对他们犯了滔天罪行的罪犯，而他们却给了宽恕！

他们为什么那样相信党和毛主席？他们怎么能把党的改造罪犯政策

从心底上接受下来呢？而共产党和人民政府为什么那样相信人民，相信他们一定会接受它的政策？

这一次的参观也给了我答案。

四　变化说明了一切

三天参观结束归来时的情绪，和第一天出发时正是一个强烈的对比。兴奋的谈论代替了抑郁的沉默。一进监房就开始谈论，吃饭时谈，开小组会时谈，开完会还是谈，第二天也是谈，谈的全是参观。从各号的议论里可以不断听到的是这句话：

"变了！社会全变了，中国人全变了！"

这真是一句最有概括力的话。"变了！"这本是几年来我们从报上，从所方的讲话，以及从通信中常常接触到的事实，但是有些饱经世故者越是间接知道得多，越是想直接地核对一下，我们组里的老元就是这样的人。这回，他也服了。

这天晚上，我们谈到工人保健食堂的蛋糕，那是我们亲自尝过的，谈到工人的伙食，那是我们亲眼看到了的，说到工人宿舍的瓦斯灶，有人说可惜只看见烧水，没看见做的是什么饭，这时候老元接口道："我倒看了一下。"

大家先很惊异，他是和别人一起走的，怎么他会看见？经他一说才明白，原来别人注意工人宿舍里的陈设，他却走到屋子后面，看了人家的垃圾箱。他发现了那里面有鱼骨头、鸡蛋皮以及其他东西。

做过东北军小粮秣官的"兴农部大臣"老南，平常话很少，今天他也显得比平常活跃了，他说："不但在伪满，工人家里找不出鱼肉来，就是'九一八'以前也不多见。我可是小职员出身的……"

从小被日本人培养起来的老正，坦率地说出了心里话："我以前看报纸、学文件，有时信，有时就怀疑，我总想，什么东北工业基地，还不是日本人给留下的？这回看见了工业学校附属的工厂，把日本老皮带式的车床挤到一边，到处都是国产的崭新设备，我才相信真是中国人翻了身。这真是变了！"

变了！——这句话引起我的共鸣，我另有自己的感受。

我受到了人民的宽恕，由于过分出乎意料，这三天参观当中老是想着：这是真的吗？他们受了汉奸那么多的罪，竟肯拉倒了吗？他们相信毛主席的改造罪犯的政策，竟是到了这种程度吗？这是什么原因？

方素荣和台山堡的过去和今天，也是东北人民的过去和今天。标志着这种由悲苦到欢乐的变化的，在抚顺到处都可以遇到。平顶山上的烈士碑和新生的丛林，露天矿四周残留火区的尘烟和新建的电气火车轨道，地下矿一百五十多公里巷道中的每根旧坑木和每段新砌的混凝土顶壁，露天矿旧址上"臭油房"的残迹和人民政府新建的工人宿舍大楼，以及市区里用日本高级旅馆改造的工人养老院，用日本高级员司宿舍改造的托儿所，还有各矿场新建的保健食堂、太阳灯室，等等，总之，每条街道、每座建筑、每台机器、每串数目字以至每块石头，都向我诉说着过去的血泪和今天的幸福，都告诉我这里经历了怎样的天翻地覆的变化。一切都让我思索着，刘大娘为什么要说"过去的让它过去"？那个残废青年为什么会说他相信我们能改造？……

变化说明了一切。

变了！——这句话里包含着抚顺矿工过去多少血泪！

抚顺，这个过去闻名于关内的千金寨（现在露天矿矿址），在大半个世纪之前，关内就有一首歌谣形容它的富饶："都说关外好，千里没荒草，头上另有天，金银挖不了。"但是从一九〇一年开采以来，挖出来的"金银"就不是矿工的，对矿工来说，是另一首歌谣里的生活："一到千金寨，就把铺盖卖，新的换旧的，旧的换麻袋。"一九〇五年帝俄在辽东失败，这地方就成了日本人的囊中物。在整整四十年的岁月中，抚顺矿工被折磨死的据估计有二十五万至三十万人。

从山东、河北被骗来的和东北当地破产的农民，每年成批地来到抚顺矿区，大多数是住在一二百人一间的"大房子"里，无论春夏秋冬只有一身破烂，每天十二小时以上的劳动，得到的有限的工资还得由大柜、把头剥几层。矿工说："鬼子吃咱肉，把头啃骨头，腿子横着走，工人难抬头。"

有家室的工人住在"臭油房"里，过着少吃无穿的生活。有的孩子生下来，光着身子长到几岁；饿死了，还是光着身子埋掉。

更多的人是结不起婚，龙凤矿在解放前百分之七十的人是单身汉。

矿井里谈不上安全设备。爆炸、冒顶、片帮[1]是常事。工人说："要想吃煤饭，就得拿命换。"一九一七年，有一次大山坑发生瓦斯爆炸，日本人为了减少煤炭损失，把坑口封闭，九百十七个矿工被活活烧死在里面。一九二三年，老万坑内发火，又因同样的措施有六十九个工人死在里面。一九二八年大山坑透水，淹死工人四百八十二名。

伪满政权做过统计：一九一六至一九四四年，伤亡人数共计二十五万一千九百九十九名。

每次事故发生，矿工家属从四面八方涌向井边，哭声震野……

矿工被炸死的、烧死的、冻死的、饿死的、病死的，除了在井里埋在煤堆和泥沙里的，全被扔到一个叫南花园的地方的北面山沟里。这个山沟早被死人填满了，因此有了一个"万人坑"的名称。

日本人给工人们除了皮鞭、臭油房之外，还弄了一个叫"欢乐园"的地方，那里有上千名妓女，有赌场，有鸦片馆和吗啡馆，还有老君庙。

抚顺不仅有日本人的华丽的住宅、高耸入云的卷扬塔，还有老君庙

---

[1] 冒顶指矿井顶板自行脱落，片帮指矿井作业面、巷道侧壁变形、脱落，常同时发生，容易引发坍塌事故。

旁成堆的乞丐、杨柏河旁和臭水沟里的死猫和死婴。冬天，天天有新尸体出现在杨柏桥下，——这里是被剥夺得无路可走的失业工人过宿的地方，它的外号叫"大官旅馆"。今夜在这里睡下的人，明早也许就是一具新的"路倒"。

伪满时期，抚顺增添了一个机构：矫正辅导院。这是"反满抗日"的矿工的集中营，进去的人在毒打之后，就在刺刀、机枪、警犬包围下从事奴隶劳动。他们像牲畜一样住在一起，冬天常有人冻死在炕上。

"变了！"这句话又包含着多少翻天覆地的事件！多少令人激动的欢乐！

在露天矿，有日本人在三十一年间给工人建筑的三千五百平方米的臭油房的遗迹，也有解放后七年间新建的十七万平方米的宿舍大楼。

第三天参观龙凤矿，我看见了工人宿舍里面的工人家庭的住室。这家也许就是从前那百分之七十里的一个。墙上的双影照片上，那个中年男人拘谨地微笑着，大概他就是解放后已婚的百分之八十中的一个吧？

在这个家庭的厨房里，我看见了瓦斯灶的蓝色的火苗……

这个给人以安定、温暖感觉的火苗，它原先是多么令人恐怖，它曾毁灭了多少家庭，叫多少妻子哭断肝肠呵！它今天给了人们温暖和幸福，但人们谈起那次征服瓦斯的斗争，人们心中的温暖和幸福，更是无比巨大的！

我们走在空气新鲜的、略觉微风迎面的龙凤矿的巷道里，在一望无际的日光灯照明之下，矿办公室王主任一边走着一边给我们讲了下面这个动人心弦的故事。

瓦斯，这一直是各国采煤史中的最凶恶的敌人，已不知有多少矿工的生命被它夺去。龙凤、胜利、老虎台三矿都是超级瓦斯矿。解放初期，三个矿井仍处在瓦斯的严重的威胁之中，尤其是龙凤矿，被日本鬼子和国民党先后破坏，井下巷道大部崩坍堵塞，窝满了浓烈的瓦斯，以致采煤都不敢用爆破和电动设备。矿区当局为迅速消除瓦斯威胁，保证生产安全，采取了各种措施，依靠有经验的老工人对瓦斯进行了不懈的斗争，取得了初步的胜利，曾使采煤每吨的瓦斯喷出量由六十四点八立米降到三十六立米。后来，在矿区当局工人们不断努力和斗争的情况下，又出现了新的奇迹。

一九四九年秋天，东北工业部门掀起了一个热火朝天的新纪录运动，原龙凤矿的一位工程师向党委提出一项在旧时代根本没有人理睬、而工人们多少年来梦想过的理想，这个具有科学根据的理想是：开辟井下瓦斯巷道，根据瓦斯比空气轻、能透过煤层上升的原理，使煤层中的大量瓦斯自动聚在巷道里，然后用铁管引到地面上来，这样既可以把瓦斯用于福利，也为解决瓦斯为害问题找出了一条道路。

这个建议立刻得到矿区党委的重视，党相信这个建议，并且给工程师以最大的鼓励和支持。这个理想也引起了工人们，特别是老工人们和工人家属的热烈支持，有经验的老工人纷纷表示要为实现这理想贡献自己的全部力量。于是在党委组织下，这位工程师和一批勇敢的工人们进行了伟大的试验。工人党员们走在战斗的最前面，在浓厚的瓦斯巷道里夜以继日地奋战着。起初，他们遇到了不少的困难，受到过多次浓烈瓦斯的包围，也受到过胆怯和保守的议论冷风的吹袭，但一个个困难都被克服了，终于在一九五〇年七月一日前夕完成了试验工程。"七一"进行试验那天，在瓦斯出口管周围附近，自动集聚了越来越多的工人家属和歇班工人，也来了无数的机关干部和上学的孩子们，人们都要亲眼看着自己的梦想如何变成现实。当一根火柴在管口燃起了猛烈的蓝色火苗时，欢呼声响遍了矿区，震动了矿山。人们向工程师和勇敢的工人祝贺。后来，他们的眼睛从蓝色的火焰上移开，都不约而同地集中到卷扬塔上光芒四射的红星上了 [1]。此时老工人和老大娘们个个泪流满面，年轻的工人高呼着："我们又胜利了！"

---

[1] 龙凤矿每逢有重大新成就，卷扬塔上红星即放光，全矿可见。——作者

这个故事立刻让我想起，我在抚顺工人养老院看见的那位残废的老人。这是一次瓦斯爆炸中的幸免者。他逃脱了死亡，但是逃不脱因残废被赶出矿山的厄运。他过着乞讨生活，一直到解放；他几次几乎变成杨柏桥下的"路倒"。老人辛苦一生，没有结过婚，世上没有一个亲人。在他的床头上方，这个照例是放置亲人照片的地方，老人也有一个用精致的镜框镶起的照片，这也是他的房间里唯一的一张照片：毛主席。

这个故事立刻让我想起，上午在一个幼儿院里，系着雪白小围巾的孩子挥动着小胖手唱的歌曲："没有共产党，就没有新中国……"

从这些联想中，使我从老人和孩子那里得到了一个统一的回答。我明白了为什么刘大娘要说过去的让它过去，我明白了为什么她的儿子会相信我们可以改造……

我们随着王主任在巷道里继续前进着。在一个拐角的地方出现了一个灯光耀眼的小卖部——里面有水果点心，毛巾手绢，木梳香皂——王主任在这里停下来，指着小卖部说：

"在伪满时，从这里起是一条长长的臭水沟。沟里沟外到处有老鼠跑，可是谁也不敢碰它，因为那时很多工人很迷信，说它是老君爷的马。工人们都是混过今天不知能不能混过明天的人，因此，有的为了求平安，就敬信了老君爷。那时我们是又受鬼子的气，又受二把头的气，还要受老鼠的气。现在当然谁家也没老君爷了，把老君爷扔了，家家挂上毛主席像了。"

他指着混凝土的干净平整的地面继续说："那时到处是水，浅处也有一尺左右。工人一下井，就得光脚蹚水走。在'掌子[1]'里，工人浑身都不穿一点衣服，精光光的。坑下又闷又热，再说只有一身破烂，烂掉了也没人给你添。"

我们继续向前走，走到电车道旁，载运着发光的煤块的列车开过去

---

[1] 指隧道工程或采矿中掘进的工作面。

了，穿着深蓝色工作服的司机和王主任笑着打个招呼，驶过去了。王主任继续说：

"那时候有电车走的道，没人走的道。电车在这个地方就常撞死人。不过比起爆炸死人，那又不算什么了。矿工过去有句话：说自己是'四块石头夹一块肉'。在井下干了十几个钟头回到井上来，就算这一天又混过来了。在井口外面，天天下工时候有一群女人孩子等着，要是等不到自己的人，那就是完了。连尸首都不一定找到，不是压在石头底下，就是叫水沙埋了。在这里，"他停下了，指着路边说："我亲自看见在这里压死了四个人。我十四岁就下井，自己也说不清跟阎王老子打了多少次交道。"

我这才知道这位精通业务的年轻主任原是矿工出身。他是个爽朗、活泼的人，他最后那句话是笑着说的。我绝没料到站在我们面前的这个爱笑的人，过去的经历是那样悲惨，简直难以想象他是怎么熬过来的。为了生活，当年，这个十四岁的少年每天要干十几个钟头的活，有了病，不敢躺下，因为怕被看作有传染病隔离起来。工人们住的大房子，冬天没有火，大多数人没铺没盖，有条麻袋算好的，吃的也不够，每天每人只有八个蜂窝似的窝窝头，因此，传染病是极容易发生的。一九四二年，这里发生的一场流行病，工人们到今天提起来还是余悸未定。可怕的不是疫病，而是日本人的毒手，日本人曾把发生疫情的工人住宅区用层层刺网封锁起来，不准外出求医，然后又逐家检查，如果谁家有病不报告，日本鬼子就把大门钉起来，把人封锁在里头。如果有病报告了，又不管什么病一律填个霍乱，送进隔离所。人一进了隔离所就不用想出来，外面有电网围着，洋狗看守着，每人每顿一碗粥，有的半死不活，就送到炼人炉里烧死，或者和死人一起扔到万人坑里。

"刚才你们看见的煤车上的那个工人，"王主任脸上的笑容消失了，"他叫邢福山，他的父亲就是被活埋的一个。"

我们慢慢走着，巷道里有轻风迎面拂来，这是清新的温暖的气流，但我的心被过去的事冻结住了。经过一阵短暂的沉默，王主任继续说："从前这里的空气是混浊的，不干活也可以把人闷出病来。有一回我刚从井里上来，闷得要死，有了病了，二把头非叫我再下去不行，我不去，他举起皮鞭打我。我在大房子里最小，大伙全疼我，有人过来要和二把头拼命，那小子一看就吓跑了。日本鬼子和二把头最怕的是特殊工人——这是鬼子送给被俘的八路军战俘的名称，鬼子把他们押到矿上做工，这些战士对鬼子不买账，谁凶他们在井底下就揍谁，揍死了就埋在里面。他们暴动了好多次，鬼子只好让步，给他们吃好一点，客气一点。鬼子和二把头怕普通工人受到特殊工人的影响，总设法隔离开，可是我们也知道了他们的斗争，也就摸透了鬼子和二把头的底，所以二把头只好扔下鞭子跑了，倒真像臭沟里的老鼠一样。从那天起，我就看透这些人日子长不了……"

这个当初生活在爆炸、冒顶和二把头皮鞭下的少年，他怎么熬过来的，我明白了，而且我的问题又一次得到了回答。在他身上有多么强烈的自信！当初他在那样艰难的朝不保夕的生活中，就已经看透了鬼子和二把头的底细，而我在那时是什么样子呢？是已吃腻了荤腥，丢尽了尊严，天天打针吃药，内心充满了末日的情绪。这和当初的这个少年的心情是多么强烈的对照！在那样的日子里，他就把我们这类人看成了老鼠，微不足道，在今天又是怎样呢？

我想起了试验瓦斯胜利的那个故事，想起故事里的老年工人和家属们的眼泪，想起故事里的青年工人高呼的那句话："我们又胜利了！"这句话里充满了多大的自豪和自信！在他们的眼里，社会、人类、自然，一切奥秘都是可以揭穿的，一切都是可以改造的！一个皇帝又算得了什么？未来是他们的！这是为什么方素荣、刘大娘和他的儿子所以能宽恕我的又一个原因。

一切都变了！变化是反映在任何事物上的。从平顶山上的新生的丛林到矿山上的每块石头，都有了变化。变化也反映在我们所看到的各种人身上：养老院里正展开比健康、比长寿的老人是变化，工人宿舍的瓦斯灶和结婚照片是变化，年轻的王主任也是一个变化……一切变化中最根本的，是人的变化。

说明这一切变化发生的原因的，是老人床头的照片，是幼儿园孩子们唱的歌，是龙凤矿卷扬塔上的那颗星……

在那颗红星下发生了这一切——伟大的胸怀，对领袖的无限信仰，看透了一切的自信。有了这一切，才有了那个声出如雷鸣，耀眼如闪电的宽恕。

五 会见亲属

人民可以宽恕，问题在于自己能否"做个正经人"——我从这次参观中明白了这个道理，并且还不只是这一个道理。从前，就是在开始参观的那天，我还用旧的眼光看待今天的政府同群众的关系，认为任何政府同人民之间都没有书上所说的那种一致、那样互相信赖。我总以为共产党之所以有那样强大的军队和有力的政府，是由于"手段"高明和善于"笼络人心"的结果。我所以担心在群众激愤时会牺牲了我，就是由于这种看法。现在我明白了，人民所以拥护党，相信党，实在是由于共产党给人民做了无数好事，这些好事是历史上任何朝代都不可能也不肯于去做的。为矿工——从前被称作"煤黑子"的——做出营养设计，为矿工的安全拿出整个党组织的精力向瓦斯宣战，让"大官旅馆"的命运变成下棋、赏花的晚景，让百分之八十的单身汉从"大房子"搬进新房，让存在了若干世纪的妓院、赌馆、鸦片馆从社会上消失……在过去，哪个政府能够和肯于去做这些事呢？

从前，我有时还这样想：也许在新社会里只有穷人得到好处，那些有钱的人，旧社会里有点地位的人，跟我们这类人有瓜葛的人，以及汉族之外的少数民族，恐怕都说不上满意。参观后不久，我亲眼看到了我的亲属，我才明白了这还是过时了的旧眼光。原来满意这个新社会的，在新社会里找到自己前途出路的，竟包括了那么广泛的阶层，实在是历史上空前的。

我们跟亲属之间的通信，从一九五五年夏天就开始了。人们从家信里知道了亲属并未因自己是罪犯而受到歧视，知道了子女们有的在上学，有的在工作，有的成了专家，有的参加了共青团，甚至还有的加入了共产党。许多人从家信上受到了很大鼓舞，进一步觉出了社会变化对自己的意义。但是也还有某些多疑的人仍然疑信参半，甚至于还有人全凭偏见而加以穿凿附会、妄加曲解。前伪满将官老张，接到儿子第一次来信。这封信头一句是这样写的："张先生：对不住，我只能这样称呼你，不能用别的……"老张看完信大为悲恸，几乎得了精神病。许多人都为他不平，有人暗地里说："这不是新社会教育出来的青年吗？新社会里父亲坐牢，儿子就不要他了。"我不由得想起陈宝琛说过的"共产党无情无义"之类的话。跟溥杰同组的前伪满将官老刘，向来对新社会什么都不相信。他非常想念自己的女儿，很怕她受到社会上的歧视。女儿来信告诉他，她的生活很好，入了团，得到组织的关怀，有许多好朋友，她现在夙愿得偿，国家已按她的升学第一志愿分配她到艺术学院。他看了信，摇晃着满头白发说："说得千真万确，不叫我亲眼看一看我还是不相信。"这些问题，从一九五六年起，都得到了解决，而在我看来，解决的还不只是一家一户的问题，而是整个民族，整个下一代的问题。

三月十日，即参观后的第三天，看守员通知我和溥杰，还有三妹夫、五妹夫和三个侄子，一齐到所长那里去。我们走进了所长的接待室，在这里出乎意料地看见了别离了十多年的七叔载涛和三妹、五妹。

看着健壮如昔的胞叔和穿着棉制服的妹妹们，我好像走进了梦境。

载涛是我的嫡亲长辈中仅存的一个人。在一九五四年选举中，他作为二百多万满族的代表被选入全国人民代表大会。他同时是人民政协全国委员会的委员。他告诉我，在来看我的前几天，在全国人民代表大会第二次会议上，他看见了毛主席。周恩来总理把他介绍给主席，说这是载涛先生，溥仪的叔叔。主席和他握过手，说：听说溥仪学习的还不错，你可以去看看他们……

七叔说到这里，颤抖的语音淹没在哽咽声中，我的眼泪早已无法止住了。一家人都抹着泪，瑞侄竟至哭出了声音……

从这次和家族会见中，我明白了不但是我自己得到了挽救，我们整个的满族和满族中的爱新觉罗氏族也得到了挽救。

七叔告诉我，解放前满族人口登记是八万人，而今天是这个数目的三十倍。

我是明白这个数目变化的意义的。我知道辛亥革命之后，在北洋政府和国民党统治下的旗人是什么处境。那时满族人如果不冒称汉族，找职业都很困难。从那时起，爱新觉罗的子孙纷纷姓了金、赵、罗，我父亲在天津的家，就姓了金。解放后，承认自己是少数民族的一年比一年多。宪法公布之后，满族全都登记了，于是才有了二百四十万这个连满族人自己也出乎意外的数目。

我还记得发生"东陵事件"时的悲愤心情，还记得向祖宗灵牌发过的报仇誓愿。我这个自认的佛库伦[1]后裔和复兴满族的代表人，对自己的种族步步走向消亡的命运，我不但未曾加以扭转，而且只能加速着这种命运的到来。只是在声称扶持满族的日本人和我这个以恢复祖业为天职的集团垮台之后，满族和爱新觉罗氏的后人才有了可靠的前途。由八万变成二百四十万，这就是一个证据！

这个历史性的变化，包含有爱新觉罗的后人，包含有过去的"涛贝勒"和过去的"三格格""五格格"。

七叔这年是六十九岁，身体健壮，精神旺盛，几乎使我看不出他有

[1] 佛库伦，满族传说中的仙女，满洲始祖布库里雍顺的母亲。

什么老态来。我甚至觉得他和我说话的习惯都没有变。解放以后，他以将近古稀之年参加了解放军的马政工作，兴致勃勃地在西北高原上工作了一段时间。在谈到这些活动的时候，他的脸上露出了愉快之色。他又告诉我，他正打算到外地去视察少数民族的工作，以尽他的人大代表的责任。提到这些，他脸上更发出了光彩。

在那数目降到八万的时候，哪个满族的老人的脸上能发出光彩来呢？

解放军刚刚进入北京城的时候，有许多满族的遗老是不安的，特别是爱新觉罗氏的后人，看了约法八章之后还是惴惴然，惶惶然。住在北京的这些老人，大多不曾在"满洲国"和汪精卫政府当过"新贵"，但也有人并非能够忘掉自己"天潢贵胄"的身份，放弃掉对我的迷信，所以在我当了囚犯之后，他们比旧时代更感到不安，加上每况愈下的满族人口的凋落和自身景况的潦倒，他们的生活是黯淡无光的，对解放军是不曾抱什么"幻想"的。最先出乎他们意料的，是听到东北人民政府给满族子弟专门办了学校，后来又看见有满族代表也走进了怀仁堂，和各界人士一同坐在全国人民政治协商会议的会场上，参加了共同纲领的讨论。接着，他们中间不少人的家里来了人民政府的干部，向他们访问，邀请他们做地方政协的代表，请他们为满族也为他们自己表示意见，请他们为新社会的建设提供自己的才能。在北京，我曾祖父（道光帝）的后人以及惇亲王、恭亲王和醇亲王这三支的子弟，溥字辈的除了七叔家的几个弟弟比较年轻之外，其余都已是六十以上的老人。我的堂兄溥忻（字雪斋、惇亲王奕誴之孙、多罗贝勒载瀛之子），擅长绘画、书法和古琴，这时已六十多岁，他没想到又能从墙上摘下原已面临绝响厄运的古琴，他不但自己每星期有一天在北海之滨，能和新朋旧友们沉醉在心爱的古老艺术的享受中，而且也从年轻的弟子身上看见了民族古乐的青春。他当选为古琴研究会的副会长、书法研究会的会长，被邀进了一个区的政协，又是中国画院的画师。溥忻的胞兄弟溥僩也是一位老画家，这时也被聘为北京中国画院的画师，这位年近古稀的老人又挥笔向青年一代传授着中国画。他的亲叔伯兄弟溥修（载濂的次子），是瑞侄的胞叔，他曾做过"乾清门行走"，我在长春时曾委托他在天津看管过房产，后来双目失明，丧失了一切活动能力，生活潦倒无依。解放后，他的经历以及他肚子里的活史料被新社会所重视，聘他为文史馆员。这种文史馆全国各地都普遍设立着，里面有前清的举人、秀才，也有从北洋政府到蒋介石朝代各个时期各个事件的见证人，有辛亥革命以及更早的同盟会举事的参加者，也有最末一个封建宫廷内幕的目击人。经过他们取得了大量的近代珍贵史料，在他们的晚年，也为新社会贡献了自己的力量。双目失明的修二哥对生活有了信心，心满意足地回忆着清代史料，想好一段，口述一段，由别人代为记录下来。

这些已经被新社会视为正常的现象，到了我的心目里却是非常新鲜、印象强烈的新闻。而印象更强烈的，更新鲜的，是我亲眼看到的妹妹们身上的变化。

半年前，我和北京的弟弟妹妹们通了信，从来信中我就感觉到了我的家族正在发生变化，但是我从未对这种变化认真思索过。在伪满时代，除了四弟和六妹、七妹外，其余的弟弟妹妹都住在长春，大崩溃时都随我逃到通化。我做了俘虏之后，曾担心过这些妹妹会因汉奸家属的身份而受到歧视。二妹的丈夫是郑孝胥的孙子，三妹、五妹的丈夫一个是"皇后"的弟弟，一个是张勋的参谋长的儿子，全是伪满中校。四妹夫的父亲是清末因杀秋瑾而出名的绍兴知府。这几个妹夫不是伪满的军官，就是伪政权的官吏，只有六妹夫和七妹夫是两个规规矩矩的读书人，不过她们会不会被汉奸头子的哥哥牵累上呢？我心里也没有底。这类的顾虑是同犯们共有的，我的顾虑比他们更大。后来在通信里，才知道这种顾虑完全是多余。弟弟和妹妹同别人一样有就业机会，孩子们和别人的孩子一样可以入学、升学以及享受助学金的待遇，四弟和七妹还是照旧当着小学教师，六妹是个自由职业者——画家，五妹做了缝纫工人，三妹还是个社会活动家，被街道邻居们选做治安保卫委员。尽管她们自己做饭、照顾孩子，但是她们在信中流露出的情绪总是满意的、愉快的。我放了心。现在，我看到了她们，听着她们和自己的丈夫谈起别后经过，使我联想起了过去。

我还记得五妹夫老万睁着他那双大眼睛问五妹："你真会骑车了？你还会缝纫？"这是在他接到她的来信后就感到十分惊讶的问题，他现在又拿出来问她了。他的惊讶是有根据的。谁料得到从小连跑也不敢跑，长大了有多少仆妇和使女伺候，没进过厨房没摸过剪刀的"五格格"，居然今天能骑上自行车去上班，能拿起剪刀裁制衣服，成了一名自食其力的女缝纫工人呢？

更令我们这位学委会主任惊异的，是他的妻子回答得那么自然："那有什么稀奇？这不比什么都不会好吗？"

要知道，假如过去的"五格格"说这样的话，不但亲戚朋友会嘲笑她，就连她自己也认为是羞耻的。那时候她只应该会打扮，会打麻将，会按着标准行礼如仪，而现在，她拿起了剪刀，像个男子一样骑上自行车，过自食其力的生活了。

三妹的经历比五妹更多一些。日本投降以后，她没有立刻回到北京，因为孩子生病，她和两个保姆一起留在通化。财产是没有了，她恐怕留下的细软财物和自己的身份引人注意，就在通化摆香烟摊，卖旧衣。在此期间，她几乎被国民党特务骗走，她上过商人的当，把划不着的火柴批发给她。她经过这些不平常的生活，到一九四九年才回到北京。解放后，街道上开会，她不断去参加，因为在东北接触过解放军和人民政府，她知道些政府的政策，得到了邻居们的信任，被推选出来做街道工作。她谈起来最高兴的一段工作，是宣传新婚姻法……

这个经历，在别人看来也许平淡无奇，在我可是不小的惊异。她过去的生活比五妹还要"娇贵"，每天只知道玩，向我撒娇，每逢听说我送了别人东西，总要向我打听，讨"赏"，谁料得到，这个娇慵懒散、只知道谢恩讨赏的"三格格"竟会成了一名社会活动家？乍一听来，真是不可思议。但这个变化是可以理解的。我理解她后来为什么那么积极地宣传新婚姻法，为什么她会在向邻居们读报时哭出来，因为我相信她说的这句话："我从前是什么？是个摆设！"

从前，她虽然有着一定文化水平，名义上是个"贵"妇，而实际上生活是空虚的，贫乏的。她和三妹夫在日本住着的时候，我曾去信叫她把日常生活告诉我，她回信说："我现在坐在屋里，下女在旁用熨斗烫衣服，老仆在窗外浇花，小狗瞪着眼珠蹲着，看着一匣糖果……实在没有词儿了。"现在，生活给她打开了眼界，丰富了思想，当邻居那样殷切地等她读报时，她才觉出自己有了存在的意义。

她后来谈过这样一段经历："在通化，有一天民兵找了我去，说老百姓在开会，要我去交代一下。我吓坏了，我以为斗争会斗汉奸是很可怕的。我说，你饶了我吧，叫我干什么都行。后来见了干部，他们说不用怕，老百姓是最讲理的。我没法，到了群众会上吓得直哆嗦，我向人们讲了自己的经历。那次会上人多极了，也有人听说看皇姑，都来了。听我讲完，人们嘁嘁喳喳议论开了，后来有人站起来说：'她自己没干过什么坏事，我们没意见了。'大伙听了都赞成，就散会了。我这才知道，老百姓真是最讲理的。"

她这最后一句话，是我刚刚才懂得的。而她在十年前就懂得了。

在会见的第二天，正巧接到了二妹来的信，信中说，她的大女儿，一个体育学院的二年级生，已经成了业余的优秀汽车教练员，最近驾驶着摩托车完成了天津到汉口的长途训练。她以幸福的语气告诉我，不但这个十二年前小姐式的女儿成了运动健将，其他的几个孩子也都成了优秀生。当我把这些告诉了三妹、五妹，她们又抹了眼泪，并且把自己的孩子的情况讲了一遍。在这里，我发现这才是爱新觉罗的命运的真正变化。

我曾根据一九三七年修订的"玉牒"和妹妹弟弟们提供的材料，做过一个统计。爱新觉罗氏醇王这一支从载字辈算起，婴儿夭折和不成年的死亡率，在清末时是百分之三十四，民国时代是百分之十，解放后十年则是个零。如果把爱新觉罗全家的未成年的死亡率算一下，那就更令人触目惊心。只算我曾祖父的后代，载字与溥字辈未成年的死亡率，男孩是百分之四十强，女孩是百分之五十弱，合计是百分之四十五。在夭亡人口中不足两岁以下的又占百分之五十八强。这就是说道光皇帝的后人每出生十个就有四个半夭折，其中大半又是不到两岁就死了的。

我同七叔和妹妹们会见的时候，还没有做这个统计，但是一听到妹妹们屈起手指讲述每个孩子迥异往昔的现况时，我不由得想起了因被我祖母疼爱以至于活活饿死的伯父，十七岁时就死了的大胞妹，不到两岁就死了的三胞弟，以及我在玉牒上看到的那一连串"未有名"字样（来不及起名就死了）。问题还不仅仅在于死亡与成长的数字上，即使每个孩子都长大，除了提鸟笼什么都不会，或者除了失学、失业就看不见什么别的前途，那比起短命来也没什么更多的意思。在民国时代，八旗子弟的命运大部分正是如此。长一辈的每天除了提着鸟笼溜后门，就是一清早坐着喝茶，喝到中午吃饭时，十个八个碟儿的萝卜条豆腐干摆谱，吃完饭和家里人发威风，此外再也不知道有什么好干；晚一辈的除了请安、服侍长辈、照长辈的样子去仿效之外，也很少有知道再要学些什么的。到后来坐吃山空，就业无能，或者有些才能的却又就业无门，结果还是个走投无路。这类事情我知道的不少，现在是全变了！我从这次会见中，深刻地感受到我们下一代的命运，与前一代是如何的不同，他们受到的待遇，实在是我从前所不敢企望的。在北京的一个弟弟和六个妹妹，共有二十七个孩子，除了未达学龄的以外，都在学校里念书，最大的已进了大学。我七叔那边有十六个孙儿孙女和重孙儿重孙女：二十八岁的长孙是水电站技术员；一个孙女是军医大学学生；一个孙女参加过志愿军，立过三等功，已从朝鲜复员回来，转入大学念书；一个孙女是解放军的文艺工作者；其他的除了幼儿或在校，或就业，没有一个游手好闲的。过去的走马放鹰、提笼逛街的上代人生活，在这一代人眼中成了笑话。

下一代人也有例外的命运，那是生活在另外一个社会里的溥杰的女儿。他有两个女儿，那时跟她们的母亲住在日本，最大的十八岁。在我们这次跟亲属会见的九个月后，溥杰的妻子从日本寄来一个悲痛的消息，这个大女儿因为恋爱问题跟一个男朋友一起自杀了。后来我听到种种传说，不管怎么传说，我相信那男孩子跟我的侄女一样都是不幸的。在不同的时代和不同的社会里，青年们的命运就是如此不同。

从这年起，管理所就不断来人探亲。值得一说的是，顽固的"怀疑派"老刘，看见了他的学艺术的女儿，并且看见了女儿带来的女婿。

女儿对他说："你还不相信，爸爸？我在艺术学院！这就是我的朋友！"他说："我信了。"

女儿说："你明白不明白，如果不是毛主席的领导，我能进艺术学院吗？我能有今天的幸福吗？"他说："这也明白了！"

女儿说："明白了，你就要好好地学习，好好地改造！"

老刘明白了的事情，老张也明白了。他因为儿子叫他先生，几乎发了疯。这时他女儿来看他，带来了儿子的一封信，他把这封信几乎给每个人都看了：

"爸爸：我现在明白了，我有过'左'的情绪。团组织给我的教育，同志们给我的批评，完全是对的，我不应该对您那样……您学习中有什么困难？我想您学习中一定用得上金笔，我买了一支，托姐姐带上……"

六　日本战犯

六七月间，我和几个同伴去沈阳，出席军事法庭，为审判日本战犯向法庭做证。

　　从报上知道，在中国共关押了一千多名日本战犯，一部分在抚顺，一部分在太原，都是日本帝国主义侵华战争时期中的犯罪分子。一九五六年的六月和七月，有四十五名分别在太原和沈阳判了徒刑，其余都受到了免诉处理，由中国红十字会协助他们回了国。在沈阳审判的是押在抚顺的战犯，两批审判共三十六名。有的是我在伪满时即已知名，有的是在抚顺管理所的大会讲坛上看见过。前伪满洲国总务厅次长古海忠之就是其中之一。他和伪总务厅长官武部六藏是我和四名伪满大臣做证的对方。古海是到庭的第一名被告人。他后来被法庭判处徒刑十八年 [1]。

　　我走进这个审判侵略者的法庭的时候，忽然想起了朝鲜战争的胜利，想起了日内瓦谈判的胜利，想起了建国以来的外交关系。如今，在中国的土地上审判日本战犯，这更是历史上从来没有过的事情。

　　在志愿军和朝鲜人民军一起打胜仗的日子，我那时只想到，我除了向中国人民认罪求恕外，别无其他出路。到这次审判日本战犯时，出现在我心头的已不是出路问题，而是远远超过了个人问题的民族自豪感！

　　不，我得到的还不只限于民族自豪感。我从这件巨大的事件中，想到了更多更多的问题。

　　古海在宣判前的最后陈述中说了这样的话：

　　"在东北全境，没有一寸土地没留下惨无人道的日本帝国主义者的暴行痕迹。帝国主义的罪行就是我的罪行。我深深认识到我是一个公然违反国际法和人道原则，对中国人民犯下了重大罪行的战争犯罪分子，我真心地向中国人民谢罪。对于我这样一个令人难以容忍的犯罪分子，六年来，中国人民始终给我以人道主义待遇，同时给了我冷静地认识自己的罪行的机会。由于这些，我才恢复了良心和理性。我知道了真正的人应该走的道路。我认为这是中国人民给我的，我不知道怎样来感激中

---

　　[1] 后于一九六三年二月被提前释放。

国人民。"

我到如今还记得，我在法庭上做证发言后，庭上叫他陈述意见时，他深深鞠了一个躬，流着泪说道：

"证人所说的完全是事实。"

这情景不由我不想起东京国际法庭。在那里，日本战犯通过他们的律师叫嚣着，攻击着证人，为着减轻罪罚，百般设法，掩盖自己的罪行。而在这里，不仅是古海，不仅是我的做证对方而是所有受到审判的战犯全部认罪服刑。

关于日本战犯，我的弟弟和妹夫们，特别是记性好的老万，讲它几天也讲不完。他们从检举认罪开始，便参加翻译日本战犯大量的认罪材料，大批日本战犯遣送回国后，他们又协助管理所翻译大量的日本来信。妹夫们释放之后，这工作由溥杰和老邦几个人担任。从一九五六年起，我就不断地零碎地从他们嘴里听到不少日本战犯的故事。

有个日本战犯，是前陆军将官，在一九五四年检察机关开始调查时，也许是由于他怕，也许是由于敌视，是从他嘴里查不出多少东西的。甚至在大会上，受到他的部下官兵的指控时，他还没放下自己的将官架子。但是这次在法庭上，他承认了指挥他的部队在冀东地区和河南浚县等地，进行过六次集体屠杀和平居民的罪行。例如，一九四二年十月，他属下的一个联队，在潘家戴庄屠杀了一千二百八十多名居民、烧掉民房一千多间的罪行。他在法庭面前承认了所有这些事实。他被判处二十年徒刑之后，向记者说："在进行判决时，我按照我过去的罪行来判断，认为中国对我这样悖逆人道、违反国际公法的人，当然要从严处断，处以死刑。"他又说，在调查犯罪事实的时候，是非常正确而公正的，完全是用了他们在旧社会未曾见闻过的方法进行调查的。他说，尽管自己的罪恶没有什么辩护余地，可是法庭还是派了辩护人来，起诉书也是几天前送交他的，他觉得这是对他的人格的尊重。说到犯罪，他说："当我想到我曾经杀害过很多的中国人民，使他们的遗属的生活遭到困难，而目前照顾我的正是被害者的亲人，这时候我的心有如刀割一般。"

有个日本前大佐，受到了不起诉处分而被释放。我的三妹夫曾翻过一封从日本的来信，是和这位大佐同船回国的一个战犯写的，信里提到日本记者知道了这个大佐在监狱里被他的部下（也是战犯）追问过去的罪行时，很是恼怒，所以在船上访问了他，希望他说点和别人不同的话，因为战犯们对新中国的称赞和感激，已经使某些记者早不耐烦了。他们从大佐的嘴里并没有得到希望得到的任何东西，记者问他："你为什么还是说那些话？你现在还怕中国吗？"他答："我现在是坐在日本船上，对中国有什么怕的？我说的不过是事实罢了。"

三妹夫曾经担任过病号室的组长，他遇见过一个住病号室的日本兵战犯，他整天捣乱，不守监规，经常找护士和看守员的麻烦。到宣布了释放，开送别会的时候，他忽然哭了起来，当众讲出了自己的错误。还有个病号，虽然不像这个小兵那样捣乱，也是根本不想认罪的。他得的是直肠癌，因病情恶化把他送到医院里去急救，动了两次手术，做了人工肛门，而且医生为他输了自己的血，把他救活了。出院之后，他在一次大会上，当众叙述了他过去如何残杀和拷打中国人的罪行，又对照了中国人民在他病危中如何抢救了他。他在台上一面哭一面讲，台下的人也一面哭一面听……

有一天，我们平整场地、修建花坛，从院子里的土坑里挖出了一具白骨，头骨上有一个弹孔。学过西医的老元和老宪都判断死者生前是一个少女。后来，老万翻译了一个日本战犯的文章，这人是从前抚顺监狱的典狱长，他描述了那时关押爱国志士时的地狱景象：那时这里只有拷打声、镣铐声、惨叫声；那时这里又臭又脏，冬天墙上一层冰，夏天到处是蚊蝇；那时每个囚犯每天只给一小碗高粱米，还要终日做苦役，许多人被打死、累死。他说："现在这里只有唱歌声、音乐声、欢笑声，如果有人走到围墙外，决不会想到这里是监狱；现在冬天有暖气，夏天有纱窗，过去苦役工厂成了锅炉房和面包房，从前爱国志士受折磨的暗室现在成了医务室的药房，从前的仓库现在修成了浴室，现在他们的人格受到尊重，他们每天可以学习，可以演奏乐器，可以绘画，可以打球，谁会相信这里是监狱？"他说："现在中国正在建设给全人类带来幸福的事业，让我们走正当道路，不再犯罪，重新做人。"

在不少战犯写的文章中都说过，当他们被苏联送到中国来的时候，是恐惧的，是不服气的，甚至是仇恨的。有的人和我的心理一样，刚来的时候只会用自己的思想方法来推测，完全不理解为什么中国人民这样对待他们。他们看到修建锅炉房时，以为是盖杀人房，看到修建医务所、安装医疗设备时，以为也像他们干的那样，要用俘虏做试验。还有人把宽大和人道待遇看作是软弱。有个宪兵，在刚从苏联押到中国时是被日本战犯看作"日本好男子"的，终日大声叫骂。所方找他谈话，他侧身站在所方干部面前说："我是苏联军队俘虏的，你们有什么资格来问我？"所方的人员对他说："我们中国人民并没有请你到中国来杀人，但是有权利来向你追究你的血债！现在没资格说话的是你。你自己想想去吧。人到世界上来应该给人类做些有益的事，你做的什么呢？"他还以为要给他动刑，再给他一次逞硬的机会，可是就叫他这样去了，再没理他。不久，朝鲜战场上中国人民志愿军胜利的消息接二连三地传来了，他再也不闹了，因为他知道了讲道理的人并不是软弱，而野蛮却正是虚弱的表现。他变成了不声不响，终于自己主动地讲出了他的罪行。

日本战犯这些故事流传出来之前，日本战犯的变化是几乎人人皆知的。但我那时只顾考虑自己的问题，就像从前看报和看家信一样，无心认真去思索。其实从一九五四年前后起，日本战犯们的变化就不断地显露出来。我不如从溥杰的残缺的一九五五年日记里抄些有关段落，借以说明（括弧中的话是我的注解）：

一月二十六日

　　晚间看日本战犯演舞蹈及音乐剧（这是我们第一次看他们表

演，以前是他们自演自看，他们这时已拥有一个相当规模的管弦乐队。乐器是所方为他们筹办的），都是取材我国人民解放军如何爱护人民、反帝及国际主义精神，和反对原子战争的日本人民的奋斗实例而成的。（剧终后）日本战犯们不少声泪俱下的表示反对美帝的原子能垄断（不少战犯说到自己亲人是死在原子弹之下的），并感谢我国人民政府之宽大政策。

五月二日

白天仍是游戏了一天（因为过"五一"节，连着两天举行娱乐庆祝活动），晚间看日本战犯们的歌舞晚会，第六所的及第五所的前佐官级的战犯，也都参加了表演，这是向来所无的事，使我深刻地感到"新社会把鬼变成人"——"白毛女"影片上的话。

五月五日

晚间看了（日本）战犯们的演剧"原爆之子"，才演了一场，因为晚间院内太冷（这天忽然起了风），所方怕出演者及观众（演出者只有日本战犯，观众是全体战犯）受了凉，遂临时中止，俟天气好时再演（这个露天会场，是日本战犯用了不过三四天，就建筑起来的）。

五月六日

今晚看了"原爆之子"……情节颇感动人……（这写的是长崎受到战争惨祸的故事）。

五月十五日

……参加亚洲会议的日本代表二十余人到这里参观，其代表团长声泪俱下地感谢了我国政府之对于战犯们的人道待遇。战犯代表也致答词，声言其改邪归正今后誓为保卫和平而斗争的决心，战犯们有很多人都感动得落下泪。所方并允许该代表团员与所认识的战犯们会见。

六月十一日

终日看（日本）战犯所举行的运动会（这个运动场也是日本战犯自己修的），其组织性并其创意功夫，是可以供我们做参考的（在运动会上，他们的啦啦队很出色）。

七月四日

晚间看（日本）战犯们的歌唱、音乐、舞蹈会。

大约是片山哲[1]来了罢，至深夜仍听到他们在欢呼拍掌。

回想了一下，就觉出了他们的变化是很明显的。为什么这些身为囚犯的人变得那样高兴，那样生气勃勃？为什么在释放之后，坐在兴安丸上，还带着管理所送他们的那套管弦乐器，流着泪向逝去的中国的海岸吹奏？为什么他们最爱唱"东京——北京"？为什么连每个被判刑的人都在反复地说着："我感激中国人民！""我悔恨……"

古海这样说，骂过人的这样说，耍过无赖的也这样说。从日本来的信里，常有这样的话："我从中国知道了应当怎样活着""我认识了人生""在我踏出人生的第一步时，对于祝福我的身心健康与我握手的所长先生，你那手上的温暖是永不会失去的"。

有几个战犯，从日本报纸、杂志上知道美国军队占领了他们的土地之后，出现了一种叫"胖胖女郎"的妇女职业，这是和我国解放前"吉

---

[1] 片山哲（1887年—1978年），1947年5月24日至1948年3月10日任日本首相。1955年访问中国。

普女郎 [1]"类似的现象，他们恼怒起来，骂那些女人不要脸。有人写信给他的妻子，问她是不是也干了这个。这封信经过检查，被所方管教人员留下来，拿着找到他，十分耐心地说："你再考虑考虑，这样给妻子写，合适不合适？不用说你问得毫无根据，即使有根据，你也要想一想，这是谁的罪过？难道要叫一个女人负责吗？"这个战犯听了一声不响，突然他把那封信团起来扔在地上，然后抱头大哭起来。

是的，那些感激中国人民的人，不只是感激中国人民的宽大，他们更感激中国人民给他们认识了真理，明白了许多事情的真相。就像我认识了皇帝是怎么回事似的，他们也明白了军国主义的真相和日本的现实。他们回国之后来信谈到了少年犯罪数字的惊人，谈到了胖胖女郎的命运。在管理所放映过的日本电影《基地的儿童》《战火中的妇女》都是现实。塞班岛的妇女在刺刀逼迫下走进海水，绝望的母亲用双手把自己刚出生的婴儿举到水面上，这些现实刚过去，美军的基地出现了，美国坦克轧着他们的土地，美军的飞机染污他们的天空，美国大兵奸污他们的妇女……

一个回到农村的人，来信沉痛地说："村中一部分青年变了，有当强盗的，有为了妇女问题而杀人的，有的参加了自卫队，沉溺在酒和妇女的堕落生活中。到了夜晚，如不把门窗关好就不敢安然地入睡。文化方面是腐败的，电影也是诲淫诲盗的多，还有从前时代的戏以及剑道柔道和射击的游戏。儿童做着杀人的游戏，对父母的吩咐也是不大听从。物资应有尽有，可是穷人是没钱买的……"

他们在中国认识到了真理，他们回去又看到了自己的祖国蒙受灾难的真相，他们一明白了这些道理，就组织起来、行动起来了。他们到处讲演，讲新中国，讲日本军国主义的罪恶，反对复活军国主义，要求独立民主与和平。他们何以如此呢？他们受到许多的限制、监视，但是他

---

[1] 第二次世界大战时，在军用吉普车上以向官兵出卖色相为生的女人。

们并不畏缩，他们有很多办法对付那些限制。反动派不准他们演出中国的舞蹈，他们就把蒙古舞、扇舞、秧歌舞、红绸舞教给职业歌舞伎座，于是中国的红绸舞和秧歌舞传遍了日本全国各地。他们何以有这些办法呢？力量是哪里来的呢？

从妹夫们零星的但是兴奋的谈话中，我知道了在日本发生的许多关于归国战犯们的故事，这些故事归结出一个事实：他们到处受到日本人民的欢迎，他们把真理告诉了人民，人民支持了他们。

有许多人来信叙述他如何被他的家人、亲友、同乡，以及团体、学校邀请去讲他的监狱生活，讲中国的事情。他们讲了中国人民对日本人民的友情，讲了强大起来的中国对战争是什么态度，中国人民的希望和理想是什么。对他的话，有人怀疑，有人采取保留态度，有人相信。但越来越多的是相信，是肯定，是对于回去的人的信任。对于回去的人，亲美的反动统治者越不喜欢，人民却是越相信他……

他们一回国便出版了一本书：《三光政策》。那些亲身参与了日本军队在中国暴行的人写下了他们如何在中国土地上制造无人区，如何拿中国人民做细菌武器的试验，如何把活人解剖……这本书第一版五万册，在一个星期里便卖光了！

有几位前军人、退伍的将军们，听了他们一位回国的旧同事谈了几年来的生活和感受后，默然良久，最后说："凭了我们的良知和对你的了解，我们相信你所说的每一句话。不过，这些话只能是在屋里说。"

有一个村庄，在听了刚从中国回去的这位同乡说完以后，凡是有什么问题，人们总爱说："找 ×× 去吧。他是我们村里懂得最多的人。"

有一个村庄，他们的刚刚回来的同乡不大爱说话，只是改变过去在家的习惯，乡亲们很诧异这个人为什么如今这样和善，这样爱帮助别人。当知道了这是在中国发生的变化以后，他成了村中更加有威信的人。

还有一个村庄，他们拿着"武运长久"的旗子，像欢迎凯旋的将军似的欢迎回国的人。但是这个受欢迎的人，一下了火车，就向他的乡亲们发表了一篇沉痛的演讲，结果人们明白了广岛的灾难原因，都流下了眼泪，"武运长久"的旗子也跌落在地上了……

有一个母亲，听她被释放回去的儿子讲述了十多年来的生活之后，便问道："北京在哪里？"儿子告诉了她。她于是发现了褥垫放的不对头，不应当让双脚朝着这个方向，便急忙把褥垫调动过来，叫头朝着北京——那里是真理与希望。这是一个母亲的希望。

许许多多的战犯家属——他们许多都是朴实的劳动人民，或者具有良知的人。他们从前有不少人给中国政府写过信，要求释放他们的丈夫或儿子，说他们都是无罪的人。后来他们有人要求到中国来看他们的亲人，他们来了，听了亲人们的讲述，有的听了中国人民在法庭上控诉的录音，他们和监狱里的亲人一齐哭了，他们承认了监狱里的人是有罪的，明白了他们是上了军国主义的当。

日本战犯的变化，犹如我的家族的变化一样，给了我极大的震动。我从这些变化中看出了一个事实：共产党人是以理服人的。

所方担任翻译工作的一位崔科员，他说的一个故事是更有代表性的。在一九五八年全国出现的一次从写文章庆祝建国十周年的运动中，他也写了一篇不曾公开发表的文章（当时各个部门都有自己印行的文集或小报，登载这类作品）记录了这件事。题目是《一封日本来信》。这篇文章虽比我在一九五六年听到的简单些，却更传神些，所以借来摘抄在下面。

　　这两天，办公室里独我一个人，忙着写一份总结。由于精神过分集中，连有人走进屋来都一点也没察觉。

　　"老崔，你的信。"收发员小张拍了我一下肩头，把信扔在桌上，转身就走了。

　　拿起信，一看信封便知道这是从日本寄来的。信封的背面，签署着写信人的名字：荒川文子。日本来信是个很平常的事情，一般说来，只要看看签名便能一下子联想起来信人的一切。可是这个荒川文子是谁呢？我想从记忆中搜寻出这个人的影子，可是想来想去竟没有一点印象。我着急地撕开了信，急急地小声读起来：

这次由于中国人民政府的关怀，管理所各位和崔先生的照顾，使我的老母和我的女儿，与她的亲人荒川武雄做了欢喜的相见。真是太谢谢了。我的老母亲和我的女儿，已经在九月七日从贵国回到家里。老母亲脸上增加了喜悦，逢人就讲她的儿子在中国如何如何的好：我的女儿也比以前更加活泼了，常常欢欢喜喜地把在中国的见闻，一样一样地告诉我："妈妈！中国人都是好心肠的人，他们都很疼爱我……"

看到这，我知道写信人没有来过我国，她是随祖母来探望父亲的小和荣的母亲。这不由得使我回忆起日本战犯家属来所探望战犯时的情形。

那是一九五四年炎热夏天的一个午后，日本战犯家属一行五十六人，来到了战犯管理所。人群中有两个人很引人注意：一位看样子是年过花甲的老妇人，穿一身古铜色的大和服，一副慈祥的脸上布满了皱纹，头总是轻轻地摇动；依在老妇人身边的是一个十一二岁的小姑娘，穿白色的衣裙，脚穿一双小白鞋，看人时小脖一歪，大眼睛滴溜溜的。活像个"小白鸽"。这一老一小是来看战犯荒川武雄的。

我的任务是给家属们当翻译。她们听完所长对监狱情况的简单介绍后，我把她们引到与战犯会见的地方。

接见时，每一家人有一个单独的房间，干干净净。房间里有茶桌，并按人数多少摆上了椅子，还给年龄大一些的家属备上了床铺。这位老妇人一进到房间，就被感动了，连说：

"没有一点儿监狱的感觉，没有一点儿监狱的感觉。"

他们一见面感情都很激动。战犯荒川武雄刚一进门，他母亲扑过去，又惊又喜，呆若木人。荒川抱住他的母亲，一时说不出话来。

"我想一定隔着铁窗说话的。"母亲第一句话就说，"没想到谈话是这么自由！"她又上下打量儿子健壮的身体说，"你是这样的健康。"

"妈妈，从报纸上看到登载你的名字，我真高兴。"儿子激动地说，"妈妈，可是被我杀害的中国人再也不能见到自己的母亲了。"

儿子哭了起来。

"你的姐姐、侄子，都是一九四五年在广岛被美国原子弹炸死了……"老人只顾抹眼泪，好半天才说了这么一句，可是又哽住了。

母子俩陷入沉痛的回忆中。"小白鸽"给惊呆了。

当我第二次来到这个房间时，正赶上日本记者在这里访问。只听荒川向记者说：

"……对中国政府不知怎样感谢才好。过去我对中国人民犯下了不可饶恕的罪行，不但给中国人民带来了深重的灾难，也给日本人民带来了无限的灾难，我的姐姐和侄子……这无疑等于我参与杀死了他们。"

"你如果回国后，打算做什么？"记者问他。

"坚决反对侵略战争，为世界和平事业贡献我的余生。"荒川回答。

显然，这位记者不愿意再听下去，转身向外走去。

"记者的职责是真实报道，我希望你们回去后要真实地报道这里的情况。"荒川高声对记者嚷道，尔后转身把母亲拉到我的面前，介绍说："这位先生姓崔。"

"你们教育了我的孩子，比我这做母亲的还好，实在太谢谢了。"他的母亲用感激的目光上下打量着我，点头鞠躬，嘴里不停地叨念着最后这句话："太谢谢了！太谢谢了！"

荒川给我解释说，刚才给他母亲讲述了他在中国所犯的严重罪行，无论根据什么法律也要判处死刑的，可是中国人民不但没处死他，还耐心地教育他认罪。又说那一次得了重病，生命有危险，管理所及时给他医治，使他恢复了健康。中国人民给了他生命，中国人民是他的再生父母。他母亲听了以后，遥向北京叩了头。

"中国人顶好，管理所先生顶好。"他的老母亲这时无拘束地笑了，感激地说。

"这是共产党和毛主席要我们这样做的。"我这样向她解释。她又操着生硬的中国话说：

"共产党顶好，毛泽东顶好。"

这个"小白鸽"呢，也歪着脖用天真的敬慕的眼睛看我。

半个月以后的一天晚上，我们用汽车从宾馆把战犯家属接来看电影，看完电影已九点多钟了。我随着人群顺着走廊往外走。走廊上有稀疏的灯光，外边天空更显得墨一样的黑。借灯光望去，外头正下着小雨，微风拂柳梢，雨水轻轻地洗涤着园里的菜蔬，菜叶儿显得又大又绿。我默然预想着合作化高潮后的第一个丰收景象。

"崔先生看电影了？"听声音回头一看，原来是战犯荒川的母亲在唤我。还没有等我回答，她又接着说下去："一幕一幕的杀人，太可怕了。我好像看见了我的儿子在中国杀人、放火的情形。这些战犯统统的刽子手，想不到的，太可恶了。"老人的心情是激愤的。随后她的声音又充满了感激："中国政府，彻底地叫他们认识错误，是完全应该的。我相信我的儿子在你们的教育下，会变成诚实、正直的人，太感谢了。"

"小白鸽"走在她祖母的身后。我问她：

"看懂电影没有？"

"爸爸是坏人。"她回答。说着低下了头。

　　我抚摩着她的柔软的头发说:"相信他吧,他是会改好的。"这是个很聪明很可爱的孩子。每逢见到我们时,便老远就喊"中国叔叔",然后跑到我的身边,问这又问那。有一天她看见在监狱附近的空地上,一群小学生们在欢乐愉快地游戏,唱着《东方红》和《少先队员之歌》,有的小孩子的脖上还系着鲜艳的红领巾,她便把她那粉红色的纱巾系在脖子上,还非叫我教她唱歌不可。真没想到,在战犯家属们临别的晚会上,这孩子在台上唱了两支歌:一支是《东京——北京》,一支就是《东方红》……

　　我继续看下去:

　　我的老母亲,已经向我们的亲人们做过好几次报告了。昨天,在一个院落里,居民们聚集三十人,一定要听一听关于中国的事情。母亲又给他们讲了两小时。

　　我的小女儿也总是跟着她的奶奶去,遇到熟人就讲中国人如何好啦,士兵给她糖吃啦,又是和管理所中国叔叔一块唱歌一块跳舞啦。她还跟我说:"还要到中国去,这回妈妈带我去吧!"我自己呢,也在积极地参加反对战争、保卫和平、促进中日友好的斗争。明日我就去参加反对日本军国主义化的游行。我立誓要把和荣抚育成为一个为保卫和平而战的健全的孩子……

七　离　婚

　　那些早就发生着的、在一切方面表现着的变化,从前在我眼里不过是些不相关联的、一个个孤立着的现象。到了一九五六年,我这才看到它们原来是彼此呼应着,奔向同一个大海的激流。我虽然还不能理解它,但已经感觉出了它的不可抗拒的力量。在不可抗拒的冲击下,一切都要变。如果说从前我是在不自觉中随波逐浪,那么,现在就是明白了自己除了一起变，别无出路可走。任你是谁，任你是愿意还是不愿意，只要不想碰壁，你必须如此。一九五六年末时的我对我妻子的态度，就是出于这种感受的结果之一。

在苏联时，从溥杰的妻子来信中知道了婉容在"八一五"后不久死在长春的消息，之后又从这同一消息来源听到李玉琴结了婚的消息。这些消息引起过我一阵悲哀，又都轻轻逝去。我对个人命运的忧虑远超过了对亲人生死的关心。以后几年一直没有听到玉琴的任何消息，偶然想起她来，那个最后消息能又引起我的思绪的，悲哀也次于不快，随即又当作一件已经了却的太虚公案，又轻轻让它在心里消失了。

一九五五年六月，我们的学习组长老普从学委会开会回来传达：所方允许我们和家属通信。这个消息激荡了每个人的心。各号都开起了热烈的小组会，小组会上每个人表示了对政府的感激——特别感激的是政府连失掉通信处的，不明下落的家属都给做了调查。我立即想起了北京的妹妹弟弟。这是我仅有的亲人了。在我正握笔作书的时候，管我们学习的李科员（就是被我们称为学习主任的）走进监房里递给了我一张纸条。

"你的妻子的地址给你查到了。"

"李玉琴？我的妻子？"

"她还等着你哩。"

李科员微笑着。这个年轻的大高个子端正的脸上总带点微笑。这种笑容总好像在说："一切都是很清楚的。"

他把地址交给我，转身去了。我拿着纸条坐在那里，两眼热乎乎的……

我写去了一封信，但是，过了不多天，原信信皮上印着："查无此人。"退回来了。

这天在散步的时候见到所长，我向他表示了对政府的感激，我说她一定嫁了人，也就算了。

"不会的，一定是地址弄错了，我们调查过，她确实没有结婚。"所长很自信地说，并且反对我这消极的态度。又出主意说，"我们可以再调查，你也可以写信给你的妹妹打听一下她的地址。"

我接受了所长的意见。果然五妹寄来了她的地址，这次再发信去，她的回信真来了。

亲爱的溥仪：

十年渴望的人来信了。我真不知高兴得如何是好，我害怕这又是做梦，可是接到北京五妹他们也来信告诉我这个难得的好消息。这可真是朝思暮盼的人来信了……

这封写了六七页的信的开头，立刻在我心头引起一种说不出的滋味，好像我这是有生以来第一次有妻子似的。从前，我有的不是妻子，只不过是"娘娘""贵人"，就像戏台上的那样。她们从来也没对我用过您或者你的字样，我也从来没有像个丈夫似的看待她们。

然而我自己还弄不清，从这封信我感到十分新鲜和十分惊奇的那个生疏的东西究竟是什么。是一个生疏的爱情？还是一个生疏的精神面貌？

她说这十年来为了打听我的音信，曾想尽了一切办法，她因不知我的音信而感到的痛苦，是难以述说的。她说："可是在我内心中，是觉得不会永远看不见的……一天天，一月月，一年年过了十年漫长的岁月，也有了今天了，首先感激政府的温暖、关怀、宽大，我们又能通信了。"她说："谢谢您还记着玉琴，我满意了！"

我感到了一种好像是从小说里看到的情感。这是和记忆中的同德殿里那个十五六岁的女孩子不同的。我对那时的"福贵人"的印象，只有恭顺、谨慎以及畏畏缩缩的形象。她服侍我，顺从我，也许还可以说是崇拜我。她称我为皇上，伺候我的颜色……我曾经因为各种莫名其妙的理由而对她发怒，吓得她下跪求饶。今天，她却在信中流露出了一种令人奇异的感情。

再看下去，我觉得除了语气还可以听出是她的以外，别的地方更加新奇。她叙述了分离后的经过。一九四五年在临江，她和一批伪满官员和眷属遇见了解放军，被收容去了。次年解放军进入长春，她被遣送回到娘家，住了两个月，又到天津投奔给我看管房产的我一位族兄，在这里住了五年半，一直到一九五一年，她才走出这个大门。她在这里表示了很大的愤懑，批评了我这位族兄"非常落后，封建顽固得很，不同意我出去工作，可是生活方面除了吃饭外，连手纸都不给……"说她要找点活做做，还受到讽刺，说"饿死事小，失节事大"。她说：

> 但我终因受到新社会的影响和政府同志的帮助，使我思想逐渐明白，体会到自己还年轻，应当劳动争取独立，不应当再过依赖生活，所以，我不顾他们的阻碍，终于在一九五二年参加了夜校担任速成识字教员。参加革命后……见到许多青年男女都愉快地工作着，为祖国建设奔忙着，他们是多么光荣啊！

这就是在长春同德殿里逐渐长胖起来，逐渐变得满足，娇懒，讲究吃穿，整天向老妈子找碴儿挑错的那个"福贵人"写的吗？我记忆中的形象和今天要求独立生活的呼声，过去的"福贵人"今天对青年男女干部充满欣羡之情，这是多么令人惊异的事！我又想起在我三令五申之下，不准她和外界有任何接触，甚至她的父亲来看她也不准留饭。她为了叫人拿几个苹果给孤儿，受到我的责问，由于和我的侄媳开过那样的玩笑，挨过我的骂。如今，她向我愤愤地批评不让她抛头露面的人，称之为封建顽固落后了！

毫无疑问，今天她的愤懑和她的羡慕都是对的。我感到不安的已经不是这些，而是她对于那个封锁她、统治她，把她看作奴隶似的人，今天表示了这种温情是真实的吗？"亲爱的溥仪"这句开头的称呼，是真情的流露吗？还是被我的去信的开头无意识地引起的？还是由于别的我不知道的原因……

一九五三年，她请假回到长春母亲那里，请求劳动局分配工作，她做了一段时间临时的保育员，写信时正等着区劳动科分配工作。在这封信的末尾，她表示了最大希望：要来看看我。在所长同意下，我的信写去了。不到十天，她突然出现在家属会见室里。

家属会见室是这年新设备的房间，这是认罪检举时讯问员和我谈话的那间小屋改成的。我又在这里感到了一阵紧张，当然是和讯问员第一次时不同的紧张，但毕竟也是紧张。

我面前的那个小女孩，已经是个长成熟的、容光焕发的，美丽而温柔的少妇了。花布衣代替了从前的绫罗绸缎的旗袍，脸上没有了脂粉，梳着两个小辫，正像在报纸和画册上所看到的青年女工那样。脸上已经没有长春时代的稚气和娇态。我第一次看见了最亲切的微笑和想念的泪眼。她给我带来了手绢、袜子、糖果、纸本、相片，就像我从书上看到的探望远地丈夫的妻子所做的那样。

在一年半的时间里，她来探望了我五次，探望的间隔里又不断写信。第一次见面时的谈话，她并不如信里说得多，但说得更富于感情。总之，从第一次会面起，我忽然似乎懂得了什么叫作夫妻，什么叫作恋爱。当一九五六年的春天降临时，我真感到了春天，政府的宽大，人民的宽大，妻子的爱情，这就是我的春天，我的希望。

她在一封信里有这样一段话：

"我们重新建立新社会的幸福家庭，那时我们才是幸福呢！"

这种不自觉中流露出的向往，也令我觉出了她对旧日生活的厌弃。我想起了我们过去的家庭生活。那时是什么家庭生活呢？对于她，我不过是当作一名奴仆，一个工具，一个用来听我说些无处可说的蠢话的收音机，一个用来解闷出气的物件。这可怜的姑娘被我训练成不能有一点儿主见,和对于"夫君"的怀疑。这段回忆对她无疑是不快的和耻辱的,她愿意重新建设和过去不同的生活,因此,她开始向我迂回地表示出她的意见了。

每次看见她出现在我身边,每次看见她的来信,我都怀着一种负疚的心情。这是一种奇怪的经历:越觉得负疚,感情却越是在滋长。我发现,随着见面和通信次数的增加,对她的感情和对未来的向往也逐渐强烈起来。"重新建立新社会的幸福生活",这句话也越来越吸引着我。

她的向往,她的希望,她的一切变化都在吸引着我。我把它也看成了我的幸福和希望。但是,我并未料到,她的变化并没有静止下来。被同德殿两年的噩梦所蒙污过的贫民的女儿的心不过刚在苏醒。短短几年的解放后的生活,还没有让她完全苏醒过来,传统的习惯的影响也还没有从她身上完全消失,因此,她看到的事物还是模糊的,婚姻、家庭等旧日的概念还没有从根底动摇。所以,她只是迂回地表示了对过去的批评,用新的向往来表示对旧的否认。我当时还不明白这些,更不明白那个不可遏制的一个人的变化是怎么在进行的。只是在她后来的来信和会见中,发现她不太谈到未来家庭的生活,而更多的是对过去的怨恨。关于她的过去,有的我知道,有的我不太知道,她似乎不管这些,有时写得很多,显然是感触激发之际,不吐不快,至于对谁谈倒像是次要问题了。

在一九五六年儿童节后,她写了一封很长的信来。她一面说,总没有时间写信给我,但在这封长信里,几乎没有一句再谈到"我们的"未来,全篇写的都是她自己的无限怨苦的过去。

> 看你回来之后,我一直在忙。时间总是不够我用的;再加上筹备"六一"儿童节。我们行政上给了一笔钱,买了许多糖果点心,好为庆祝"六一"儿童节联欢会招待小朋友。"六一"的前夕更是忙。托儿所的全体同志,各有各的任务。有的在教孩子歌舞,准备

在联欢会上演出节目；有的把买来的糖果分装在口袋里；有的布置会场等，午休时间也没休息，还在准备一切，唯恐忘掉某一件事。虽然这样忙得喘不过气来，可是同志们都很高兴。因为今天的儿童是幸福的，所以我们这样忙，给孩子们准备过节。

回想起来，我的童年时代太苦了，是处在日本帝国主义铁蹄践踏之下的东北。而我的家又是最穷苦的。爸爸一天劳动十三四个小时，一家人才不至于饿死。在旧社会里的孩子是父母的累赘负担，哪里能够谈到什么幸福呢！勉强念几天书，还交不起学费。没有学费，学校就要开除。回家跟妈妈哭，妈妈说，"以后下学缝袜子吧，挣钱交学费和买学习用品，不然，你爸爸是没钱供你们念书的。"于是，下学后，除了复习功课之外，还要缝袜子。

孩子都是喜欢玩的。记得有一次，我带着几个同学去到南岭（这是长春的一个地名）西边一个日本的儿童体育场去玩，快要到体育场的时候，碰上了日本鬼子大人，不叫我们去玩，并且放出洋狗吓唬我们，叫洋狗咬我们。把我们吓得哭了起来；跑吧？人没有狗跑得快。于是，小朋友们大哭直喊妈妈。日本鬼子都哈哈大笑起来，孩子们都吓坏了，他们开心地笑起来了。以后回家，有两个小朋友吓出病来了，再也不敢去玩。可是日本孩子玩的体育场，是我们中国劳动人民建筑的，也是中国的东西做的，可是中国孩子不能去玩。当时在幼小的心灵上，引起了无比之愤恨。

我再不能细说旧社会孩子们的痛苦了。说起来使我伤心，真是和连环画中"三毛流浪记"漫画家张乐平作品所说的"人不如狗"一样。旧社会里，大官僚和资本家们家中养的狗，都是喂牛羊肉，大米白面，还有专人饲养。

有一次，我同几个小朋友到"宝山"（现在的长春百货公司）去玩，正赶上来一批消费品，价钱不太贵。先放票（放票是东北话，指发放注有号码的纸或木牌，购货先后以此为据），于是我和小朋友也排着队等着领票，好给妈妈送回去，叫妈妈来买（在伪满时，许多日常生活用品是被禁止的，偶尔百货公司来一点儿，大家抢着买，时常挤伤人）。可是这时有一个官太太牵着一条狗，穿得很阔气，站在队外，对队里一个男人讲："这些穷孩子怎么也来了？今天这些东西是给什么官人家配给的，一般穷户不给！快把这几个穷孩子轰走。小心！穷孩子偷东西。"这个官太太讲一句，那一个男人答一个"是"字。原来那个男人是官太太家里的采买佣人。于是这个男人就像喊狗似的，直冲向我们来了："快走！快走！这不是你们待的地方！"我小声对小朋友们说："不走。买东西还分人家？"可是这时过来几个伪警察，官太太和他们说了几句话，几个警察过来，把我们几个人一把抓住，使劲往外一推，嘴里不干不净地骂："他妈的！谁叫你们穷孩子上这地方来的？是想偷东西吗？穿得这样破，这样脏，还想买东西！这东西是给官家买的。你爸爸干什么的？"我说："不做官，拿钱买还不行吗？再说，这东西我们家也用得啊！"伪警察走前一步，举起拳头说："你再废话，我就打你！"我和小朋友们愤恨地走开了。

不但社会对儿童这样，在家里孩子们也是很苦的。有病了，爸爸没钱买药，说："快死了吧！活着给我添累赘，死了免得受罪。"女孩子在旧社会里不被重视的，就更苦了。父母认为女孩子长大了，也是吃闲饭，不能劳动挣钱养家，所以也不喜欢女孩子念书。

我以上所举的例子是伪满时候的。我和我周围的孩子，百分之九十几都是那样穷苦；百分之几是汉奸的孩子，他们的生活条件是比我们好得多，可是他们受的教育却是极坏的。因为父母的影响，他们的思想品质都是卑鄙无耻的。所以，在帝国主义侵略下的国家，儿童都是不幸的。再看看今天，新中国的儿童是多么幸福啊……

我写这一堆东西，什么都有。你从这里可以知道我这一个时期都做些什么和生活情况。再有，还在每天学习，经过两次考试，我都得五分……可是，就不能有时间多给你写信。我上次千里迢迢去看你，你说："几千句几万句也说不完，说两句就行了！"所以信写不写是没关系的。同时，再去看你也是遥遥无期了。一来我没有时间……再说路费虽少，却也没处弄去；都行了，千里迢迢去了，待不一会儿又得往回走。所以，现在我特别着急，着急的是什么？你也许知道。同时，我在工作中，或遇见为难时，我想起你来，我知道你有什么变化？对工作有什么作用？你体会吧，不用我说了。

我每礼拜日都回家看妈。妈妈总把我看成小孩子那样疼我。我若不回家去，妈要想我的。我回家妈高兴极了！问我生活情况，工作情况，等等，唯恐我在外边受委屈。明天过端午节不放假，可是大哥叫我回家过节去，不回家妈要难过的。可是别人不回家，妈倒不着急。明天下班后回家看看去。

你近来身体好吧？精神也好吧？近来学习情况如何？学习什么东西呢？你每天参加活动时，你参加什么？参加体育活动没有？下次我给你买点儿童连环图画寄去，非常好，对你是很有帮助的。希望你努力学习，争取早日改造好……

如果我当时能把这信仔细地研究一下，就可以明白，是不是真如她所说的"不能有时间多写信"了。显然，那个曾受过鬼子、官太太、洋狗和采买佣人欺负的孩子，已经懂得了更多的事情。显然，她也想起了长春"帝宫"中那些孤儿的遭遇。显然，今天儿童的生活使她想起了自己的童年和长春同德殿内外的噩梦。这些回忆所激起的感情，是和信开头的称呼不和谐的。她说这封信是分做好多次才写成的，究竟是没有时间，还是由于那越来越不能和谐的感情？这也是明显的。但我当时对这些都没有懂得，特别是没有懂得：既然已经没有了值得回忆的过去，那又有什么值得向往的共同的未来呢？

当然，突然明白了这一切时，已经是事情到了最后结束的时候了。

一九五六年十二月中旬，是她第五次来看我。照例的，我走进了那间由讯问室改设的小单间，照例看见她从沙发上站起来迎接我，而且她脸上还浮着照例的微笑。我一坐下来，她便说：

"今天咱们研究一下，咱们生活上的事。"

我不明白有什么生活上的事要研究，但立刻也就明白了。

"你对我现在虽然很不错，可是我们年岁差得这么多，兴趣就很难一致，我喜欢的你不一定喜欢，你喜欢的我也不一定喜欢……我想来想去，还是离了的好……"

这一番话真像一桶冷水似的，直浇到我头上，一年半的往来，忽然有了这样的结果，真是难以令人相信的事。说实话，我对她的感情也正是在这一年半中才有的，我相信她对我也是如此，为什么会出了这样的事呢？我不得不表示了异议，我说出自己的感觉，我说，"我们感情不是很好吗？你说的那些，我并不那样想，为什么兴趣不能一致呢……"

我没想到，她的态度是那样坚定。我这时还不知道她先和所长谈过，当所长说出了调解的话来，她竟是越劝越坚决。我真没意料到的是从前那个百依百顺的人竟是这样。

她对我只是重复着那句话："我想来想去，只好这么着。"

"既然如此，"我最后说，"这是勉强不了你的，我也不能把自己的幸福建筑在你的痛苦上。我希望离开之后，我们还是朋友，像兄妹一样……"

"那是一定的。"她竟然又掉了眼泪，表示了同意，"我们还是朋友，以后感情也不坏。"

送她走出了会见室，我心酸起来了。接着所长找了我，一看所长的表情，我已明白他全知道了。我还是把我们的谈话告诉了他。他听完，沉默了一会儿，问道：

"是不是就不可挽救呢？"

"她很坚决。"我说,"我想我比她也是太老了,她不幸福……"

"你的态度是很好的……且看看她是不是还有信来吧。"

又出乎我意外的是,不多天,她真又来了信,而且说她回去如何痛苦,她的母亲如何责备她,反对她,她方寸已乱,不知怎么才好。

所长又找了我去,出了个主意:"让她来,再谈谈,好不好?"

我的信去不久,她又来了。这时已到了年节,所里放了假,工作人员除了值班的都过年假去了,但是在所长的命令下,给专门布置了一个房间给她,如果她认为必要的话,可以尽量谈下去,明天再走也可以。

我们谈了很久。可是谈来谈去仍是那个结果。

我也明白了,这是不可挽回的事。不但是我没有这个力量,热心肠的所长和慈爱的母亲也都没有办法。她有了完全属于自己的意志,她真变了。

这是我当时唯一所想到的结论。但是,事后所长微笑着对我说:

"一切都在变,你在变,溥仪……不把自己幸福建筑在别人的牺牲上,这是对的!"

八 "世界上的光辉"

从一九五六年下半年起,经常有些外国记者和客人来访问我,还有些外国人写信给我,向我要照片。一九五七年二月,我接到从法国斯梯林—温德尔寄来的一封信,请求我在照片上签字,信里除了附来几张我过去的照片外,还有一篇不知要做什么用的文章,文章全文如下:

监牢里的中国皇帝

世界上的光辉是无意义的,这句话是对一个关在红色中国的抚顺监牢里,等待判决的政治犯人的一生写照。在孩童时期,他穿的是珍贵的衣料，然而现在却穿着破旧的棉布衣服，在监牢的园子里独自散步。这个人的名字是：亨利·溥仪。五十年前，他的诞生伴随着奢华的节日的烟火，但是现在牢房却成了他的住处。亨利在两岁时做了中国的皇帝，但以后中国的六年内战把他从皇帝宝座上推了下来。一九三二年对于这位"天子"来说，又成为一个重要的时期：日本人把他扶起来做满洲国的皇帝。第二次世界大战以后，人们再也没有听到关于他的什么事，一直到现在这张引人注意的照片报道他的悲惨的命运为止……

如果他早两年寄来，或者还能换得我一些眼泪，但是他寄来的太晚了。我在回信中回答他说："对不起，我不能同意你的见解。我不能在照片上签字。"

不久前，在某些外国记者的访问中，我遇过不少奇怪的问题，例如："作为清朝最末一位皇帝，你不觉得悲哀吗？""长期不审判你，你不觉得不公平吗？这不令你感到惊奇吗？"等等，这里面似乎也包含着类似的同情声调。我回答他们说，如果说到悲哀，我过去充当清朝皇帝和伪满皇帝，那正是我的悲哀；如果说到惊奇，我受到这样的宽大待遇，倒是很值得惊奇的。记者先生们对我的答案，似乎颇不理解。我想那位从法国写信来的先生，看到了我的回答必然也有同感。

在我看来，世界上的光辉是什么呢？这是方素荣的那颗伟大的心，是台山堡那家农民的朴素语言，是在我们爱新觉罗下一代身上反映出来的巨大变化，是抚顺矿山的瓦斯灶上的火苗，是工业学校里的那些代替了日本设备的国产机床，是养老院里老工人的晚年，难道这些对我都是没有意义的吗？

难道我被寄予做个正经人的希望和信任，这是对我没有意义的吗？难道这不是最宝贵的审判吗？

我相信，这不仅是我个人的心情，而是许多犯人共同的心情，甚至于是其中一些人早有的心情。事实上，这种争取重新做人的愿望与信念，正逐渐在日益增多的心中生长着（这时我们已经开始把改造当作是自己的事了），否则的话，一九五七年的新年就不会过得那样与前不同。

我们每次逢年过节，在文娱活动方面，除了日常的球、棋、牌和每周看两次的电影之外，照例要组织一次晚会，由几个具有这方面才干的人表演一些小节目，如伪满将官老龙的戏法，小固的快板，老佑的清唱，溥杰的《萧何月下追韩信》，蒙古人老正和老郭的蒙古歌曲，等等。溥杰偶尔也说一次自编的相声，大家有时也来个大合唱。观众就是我们一所的这几十个人，会场就在我们一所的甬道里或者小俱乐部里。甬道里从新年的前几天就开始张灯结彩，布置得花花绿绿。有了这些，再加上年节丰盛的伙食和糖果零食，使大家过得很满意。可是一九五七年这一次不行了，大家觉得别的全好，唯独这个甬道晚会有点令人不能满足；如果能像日本战犯似的在礼堂里组织一次大型晚会，那才过瘾。离着新年还很远，许多人就流露出了这种愿望。到了该着手筹备过年的时候，一些年轻的学委们憋不住了，向所方提出了这个意思。所方表示，倘若有信心，办个大型的也可以，并且说如果能办起来，可以让新调来的三、四两所的蒋介石集团的战犯做观众，把礼堂装得满满的。学委们得到了这样的答复，告诉了各组，于是大家兴高采烈地筹备起来了。

大家之所以高兴，是因为都想过个痛快的新年，而所方之所以支持，是因为这是犯人们进行自我教育的成功的方法之一。学委会是首先接受了这个思想的。他们早从日本战犯的演出得到了启发。日本战犯每次晚会除了一般的歌舞之外，必有一场戏剧演出，剧本大都是根据日本报刊上的材料自己编的。记得一出名叫《原爆之子》的戏，描写的是蒙受原子弹灾祸的日本人民的惨状，这出戏控诉了日本军国主义给世界人民而且也给日本人民造下的罪行，演到末尾，台上台下是一片控诉声和哭泣声。学委会看出了日本战犯们通过演戏的办法，编剧者、演剧者和观剧者达到了互相教育、互相帮助的效果，决心也要在这次晚会上演出一出这样的戏。学委会的计划得到了许多人的拥护，他们很快就把戏的大概内容和剧名都想出来了。一共是两出戏，一出名叫《侵略者的失败》，内容写的是英军侵略埃及、遭到埃及人民的反击而失败的故事，这是一出时事活报剧；另一出是写一个伪满汉奸，从当汉奸到改造的经历，这是一出故事剧，名叫《从黑暗走向光明》。剧作家也有了，这就是溥杰和一个前江伪政权的穆姓官员。事情一决定，他们便马上写起剧本来。

与剧本的创作同时进行的，是其他各项节目的准备工作。"幻术家"老龙的戏法向来最受欢迎，现在他对于以前玩的"帽子取蛋""吞乒乓球"之类的小戏法，觉得不过瘾了，声明要表演几个惊人的大型戏法。蒙古人老正兄弟和老郭等人在准备蒙古歌舞。我们组的学习组长老初，一个前汪伪政权的外交官，是位音乐爱好者，他带了一批人在练习合唱。还有一些人分头准备相声、快板、清唱等等传统节目。这几天最忙的是学委会主任老万，他忙于排节目，找演员，计划节日会场的布置。会场布置由小瑞负责，他是制作纸花和灯笼的巧手，在他的指导下，一些人用各色花纸做了灯笼、纸花以及张灯结彩所必需的一切饰物。全场的照明设备由大李负责，他现在成了一名出色的电工。我的固侄也够忙的，他除了做幻术家的助手之外，还要准备说相声，参加练唱。在各方带动之下，人人被卷入了筹备活动。

以前每次甬道里的晚会，任何一项准备工作都没有我的份。我不会说快板，也不会变戏法，别人也不找我去布置会场。就是帮人家拿拿图钉、递个纸条，人家还嫌我碍事哩。在这次筹备工作中，我原先认为不会有人找我去添麻烦，万没料到，我们的组长老初竟发现我唱歌发音还过得去，把我编进了歌咏队。我怀着感激之情，十分用心地唱熟了《东方红》《歌唱祖国》《全世界人民心一条》。歌曲刚练熟，又来了一件出乎意外的事，学委会主任找我来了。

"溥仪，第一出戏里有个角色，由你扮演吧！并不太难，台词不多，而且，这是文明戏，可以即兴编词，不太受约束。这件工作很有意义，这是自我教育，这……"

"不用说服啦，"我拦住了他，"只要你看我行，我就干！"

"行！"老万高兴得张开大嘴，"你行！你一定行，你的嗓音特别洪亮！你……"

"过奖过奖！你就说我演什么戏吧？"

"《侵略者的失败》——这是剧名。英国侵略埃及，天怒人怨，这是根据报上的一段新闻编的。主角老润，演外交大臣劳埃德。你演一个左派工党议员。"

我到溥杰那里了解了剧情，看了剧本，抄下了我的台词，然后便去挑选戏装。既然是扮演洋人，当然要穿洋装。这类东西在管理所的保管室里是不缺少的，因为许多人的洋装都存在这里。

我拿出了那套在东京法庭上穿过的藏青色西服，拿了衬衣、领带等物，回到了监房。监房里正空无一人，我独自打扮了起来。刚换上了一件箭牌的白府绸衬衣，老元进来了，他吓了一跳，怔了半晌才问我：

"你这是干什么？"

我一半是由于兴奋，一半是由于衬衣的领子太紧，一时说不出话来。

"我要演戏，"我气喘吁吁地说，"来，帮我把马甲后面的带子松一松。"

他给我松了，可是前面的扣子还是系不上，我才知道自己比从前胖了。那双英国惠罗公司的皮鞋也夹脚，我懊恼地问老元：

"我演一个英国工党的议员，不换皮鞋行不行？"

"得了吧！"老元说，"英国工党议员还搽香水哩，难道还能穿棉靴头吗？不要紧，你穿一会儿也许就不紧了，这马甲可以拾掇一下，你先去念台词吧。你也上台演戏，真是奇闻！哈哈！……"

我走到甬道里，还听见他的笑声。但我很高兴。我记着老万告诉我的话，这个演出是自我教育，也是一种互助。我这还是第一次被放在帮助别人的地位，过去我可总是被人帮助的。原来我也和别人一样，有我的才能，在互助中能处于平等的地位呢。

我走到俱乐部，开始背诵抄来的台词。从这一刻起，我无时不在背诵我的台词。老万说得不错，台词很短，大概这是台上说话的演员台词中最少的一个了。按照剧情，演到最后，劳埃德在议会讲台上为他的侵略失败作辩解时，一些反对党的议员们纷纷起立提出质问，后来群起而攻之，这时我在人群中起立，随便驳他几句，然后要说出这么几句话："劳埃德先生，请你不用再诡辩了，事实这就是可耻，可耻，第三个还是可耻！"最后会议沸腾着怒骂声，纷纷要求劳埃德下台，我喊道："滚下去！滚下去！"这个剧没有什么复杂情节，主要是会场辩论，从一个议员提出质问开始，到外交大臣被轰下台，用不了十五分钟。但是我为了那几句台词，费了大概几十倍的时间。我唯恐遗忘掉或说错，辜负了别人的期望。从前我曾为忧愁和恐惧搅得失眠、梦呓，现在我第一次因兴奋和紧张而睡不着觉了。

新年到了。当我走进了新年晚会会场时，我被那节日的气氛和漂亮的舞台完全吸引住了，忘掉了内心的紧张。五彩缤纷的装饰和巧夺天工的花朵，令人赞叹不止。灯光的装置是纯粹内行的章法，舞台的楣幅上红地白字"庆祝新年同乐晚会"，是艺术宋体，老万的手笔。布幕上的"今晚演出节目表"是最吸引人的：一、合唱，二、独唱，三、蒙古歌舞，四、相声，五、快板，六、戏法，七、活报剧《侵略者的失败》，八、话剧《从黑暗走向光明》。一切都不比日本战犯的晚会逊色。看到坐在中间的蒋军战犯的窃窃私语和赞赏的神态，我们这伙人也不禁高兴地互相递眼色。

扩音器里送来了老万的开场白，然后是合唱开始。一个个节目演下去，会场上掌声一阵接着一阵。轮到老龙的大型戏法，会场上的情绪进入了高潮。《大变活人》演到最后，活人小固从空箱子里钻了出来，笑声和掌声响成了一片。后来表演者从一个小纸盘里拉出无限多的彩带，最后拉出一幅彩旗，现出了"争取改造，重新做人"这几个大字时，欢呼声、掌声和口号声响得令人担心天花板会震下来。这时我走进了后台，开始化装。

会场休息片刻后，活报剧开场了。舞台上开始了关于苏伊士运河战争失败的辩论。老润扮的劳埃德像极了，他的鼻子本来就大，这个议会里所有的英国公民，只有他一个人最像英国人。他的表情也很出色，恼恨、忧惧、无可奈何而又外示矜持，活活是个失败的外交大臣。我身旁坐着老元，他也是一位议员，对外交大臣做出很不耐烦的样子。我们工党左派议员共有十几个人，在舞台上占据着正面，舞台侧面是保守党议席，那里的人较少，做出灰溜溜的样子。戏演了十多分钟，老元悄悄地对我说（这姿势是剧本里要求的）："你别那么愣着，来点动作！"我欠欠身，抬头张望了一下台下，这时发现那些观众们似乎对台上注意的不是劳埃德而是我这位左派议员，我心慌起来。在合唱时观众还没有人注意我，现在我成了视线的集中目标了。我的镇静尚未恢复过来，老元碰了我一下子："你说呀，该你说几句驳他了！"我慌忙站了起来，面对信口开河的老润，一时想不起台词来了。正在紧张中，忽然情急智生，我用英文连声向他喊道："NO！NO！NO！……"我这一喊，果然把他的话打断了，同时我也想起了下面的台词，连忙接下去说："劳埃德先生，请你不用再诡辩了，"我一手叉腰，一手指着他："事实这就是可耻，可耻，第三个还是可耻！"接着，我听见了台下一片掌声，台上一片"滚下去！滚下去！"的喊声，外交大臣劳埃德仓皇失措地跑下台去了。

"你演得不错！"老元下了台，第一个称赞了我。"虽然慌了一点，还真不错！"后来其他人也表示很满意，对我的即兴台词笑个不住。还有人提起当年我拒绝会见曾与梅兰芳先生合过影的瑞典王子的事，我也不禁哈哈大笑。

骚动着的会场逐渐平静下来，话剧《从黑暗走向光明》开场了。

这出戏的情节把人们引进了另外一个境界里。第一场写的是东北旧

510

官僚吴奇节、卜世仁二人在东北沦陷时，摇身一变为大汉奸，第二场写他们在日寇投降时正想勾搭国民党，被苏军逮捕了，第三场是被押回国后，在改造中还玩一套欺骗手法，但是终于无效，最后在政府的教育和宽大政策的感召下，认了罪，接受了改造。剧本编得并不算高明，但是战犯们对这个富有代表性的故事非常熟悉，每个人都可以从剧中人找到自己的影子，回忆起自己的过去，因此都被吸引住了，而且越看越觉得羞耻。戏里有一段是汉奸强迫民工修神武天皇庙，大下巴看出这是他的故事，不禁喃喃地说："演这丢人事干什么？"演到汉奸们坐在一间会议室里，给日本人出主意掠夺东北人民的粮食，做出谄媚姿态的时候，我听到旁边有人唉声叹气，说："太丑了！"我感到最丑的还数不上这个剧中人物，而是在那个伪机关会议室里的一个挂着布帘的木龛，那是伪满当时每个机关里不可少的东西，里面供奉着所谓"御真影"——汉奸皇帝的相片。当剧中人入场后对它鞠躬时，我觉得世界上没有比这更丑的东西了。

这出戏演到最后一幕，政府人员出来向吴奇节、卜世仁讲解了改造罪犯的政策时，会场上的情绪达到了整个晚会的最高峰，掌声和口号声超过了以往我听到的任何一次。这与其说是由于剧情，不如说是由于几年来生活的感受，特别是由于最近从家属来信、家属会见、外出参观、日本战犯在中国法庭上认罪等等一系列事情上直接获得的感受，今天一齐发生了作用。在震耳的口号声和鼓掌声中，还有被湮没的哭泣声。在我前面几排处一个矮胖的人，低垂着白头，两肩抽搐着，这是和溥杰同组的老刘，那个不亲眼看见女儿就不相信事实的人。在我后面哭得出了声的是那个恢复了父亲身份的老张，他的胸袋上的金笔正闪闪发光。

晚会上出现的激动情绪，充分地说明了这个世界对我们存在着"光辉"，而且是越来越明亮的光辉。新年过去不久，有一批人得到了免诉处理，被释放了。这一批共十三人，其中有我的三个侄子和大李。在热烈的送别之后，我们又度过了一个更欢腾的春节，我们又组织了更好的晚会（演出第二个自编的剧目《两个时代的春节》，这个剧描写的是一个东北村庄在伪满与解放后不同的景况）。春节过后，第二批四名犯人又得到了释放，其中有我的两个妹夫。在这时候，那位法国人却给我写来了那封说什么"世界上的光辉"的信！

九　再次参观

一九五七年下半年，我们再次出去参观，这次参观，我们到过沈阳、鞍山、长春和哈尔滨四个城市，看了一个水库工地（沈阳大伙房），十八个工厂，六个学术单位和学校，三个医院，两个展览馆，一个体育宫。在哈尔滨访问了受过日本七三一细菌部队灾害的平房区，晋谒了东北烈士馆。这次参观我们获得了比上次更加深刻的印象。我这里只想说说其中的几点观感。

我们看到的企业，除了少数是日本人遗留下来的以外，大多数是新建的。日本人遗留下来的企业在接收时几乎全是一堆破烂，像鞍钢和沈阳机床厂，就都经日本人和国民党破坏过，到了人民政府手里重新恢复、扩建，才成为今天这样巨大的规模。许多见过那些旧日企业规模的伪大臣，都感到非常惊奇。使我最感惊奇的，是从许多新设备上看到了用中国文字写的牌号、规格。我虽然没有别人那样多的阅历，但是从前一提到机器，在心里永远是跟洋文联系着：MADE IN USA（美国制造）、MADE IN GERMANY（德国制造）……现在，我看到了中国自己制造的成套装备，而且这些企业的产品，就有一部分是要出口的。在那些产品上，赫然写着："中华人民共和国制造。"

在鞍山钢铁公司里，我站在庞大的钢铁建筑面前，简直无法想象它是怎样从一堆破烂中恢复和扩建起来的。然而这是事实。日本人在离开的时候说："把鞍山给中国人种高粱去吧！要想恢复，平心静气地说，要二十年！"中国人在这里没有种高粱，三年时间，把它恢复起来了，而且达到了一百三十五万吨的年产量，远远超过了伪满时期的最高纪录，又过了一个五年，年产量达到了五百三十五万吨，等于从一九一七年日本在鞍山创办昭和制钢所起，一直到一九四七年国民党最后撤走止，这三十一年的累计产量。

在鞍钢有个无人不知的老人，他的事迹现在已传遍全国。一九四八年当日本的旧技术人员发出不如种高粱的讥笑的时候，这个有三十二年工龄的老管子匠，回到了几乎吸干了他的血汗的鞍钢。他问比他早回来的工人：

"做什么活？"

"活有的是！光是拔草就够干十天半月的！"

"那是小事！"老人的眼睛望的是铁水凝结在里面的高炉，严肃地说，"先弄这个！"

在蓬蒿塞路、野兔定居的炼铁厂里，一切设备都被国民党接收人员盗卖得残缺不全，能拆的都拆走了，仓库里没有备件，工人手里没有家伙。但是，工人们不种高粱，他们和刚摘下人民解放军胸章、撸起袖子的干部一起，立刻动起手来。跟着出现了一个献纳器材的运动，把自己家的工具、器材都送回了厂子，同时，政府又拿出了钱向收买过"接收大员"的器材的商人们购买那些机器材料。在那个冬季里，老人整天到工厂的废铁堆里，扒开一尺厚的雪层，把一切认为有用的东西都挑出来拿到空仓库里。起先还有人笑他，后来在恢复工程中，人们在他这个仓库里常可以找到擦得铮光煞亮的而且正适用的器材。于是，修理厂工人首先仿效他，把从前废弃的材料都收集了起来。到了一九四九年，开国大典举行的两个月前，被日本技术人员估计要二十年才能恢复的鞍钢炼铁厂，恢复时期才过一年，已经有三座高炉又冒起了浓烟。这三座高炉的全部管道工程，就是老人和他的修理厂用拾来的废弃材料安装成功的，没有花国家一文钱去买材料，也没有领过一文钱的献纳器材奖金。甚至一开始连厂长也不知道这个内幕。有两个经常采访高炉消息的记者，这年冬天每次来到高炉，总看见一个老头在高炉这里爬上爬下，有时在炉内摆弄水管，身上尽是些冰块块，走起路来喊喊咔咔直响，记者发现了他，告诉了厂长。当时，记者们曾问这个劲头像小伙子似的老头：

"你多大年纪了？"

"整五十二岁啦！"

"是谁叫你这样干的？"

"谁也没叫。"

"为啥自己这样干？"

"为啥？"老头觉得问得奇怪："不当亡国奴了嘛，是为自己干的嘛。"

老人当了炼铁厂的修理厂长，但人们提起他，都喜欢叫他老孟泰、老英雄。他和修理厂的工人们放那些捡来废弃器材的屋子，就被人叫作"孟泰仓库"。在恢复时期的头两年里，这个仓库起的作用简直难以估计。但是关于老孟泰的故事，更远不是一座仓库能容得下的。一九五〇年八月，有一次高炉里铁水漏出，与冷却水接触发生了猛烈爆炸，老孟泰闻声不顾危险带头冲上炉台，从浓雾中和不停地爆炸中判明了情况，冒险抢救高炉的有他；在抗美援朝时终日睡在厂里，在第一次空袭警报中勇敢地跑上高炉炉台，提着一根铁管自动去保卫高炉的也是他；一听说产院里床位不够，不费公家一文钱，收拣废水管给产院制作了五十个铁床的也是他……他带出了数不清的徒工，许多人又成了新一代的先进工作者；他不服老，听说青年工人王崇伦发明万能工具胎，一年完成了四年多的任务，他提出了赶王崇伦的口号，回到厂里就和大家研究如何为祖国创造更多的财富，在一个月内，他领导的修理厂就真的搞成了八项重大的技术改进。他不只关心自己的修理厂，修理厂外的事也样样操心。他看见操纵矿石车的小伙子叫六百多摄氏度高温的烧结矿烤得浑身大汗，每十分钟就得浑身浇一次凉水来降温，心里十分着急，就和大伙商量，结果想出了安装水管用环水降温的办法，把矿车内温度由七十摄氏度一下降到三十摄氏度……

这位老管子工常常说的几句话是："国家是咱们的啦！""不做亡国奴了嘛，这是给自己干嘛！"这句话里流露出了老人今天的喜悦、自豪和责任感，也浸透了过去的辛酸愁苦。他生在河北省丰润县的一个贫农的家里，从记事时起，就很少吃过干饭。他少年时给一个举人家当长工，受不了欺压，十六岁时闯关东去了，到了千金寨。到千金寨的第二年（一九一七年）正遇上这里一次瓦斯大爆炸，这次胜利矿死了九百一十七名矿工，他亲眼看见鬼子在矿井周围拉上电网封锁，而成千的妇女小孩围在那里哭声震天，有的女人一看到自己亲人烧成木炭似的尸体，就一头撞上电网，电网里外，全是死人。他在千金寨日本鬼子工头手下做了十年钳工学徒，除了做工还要给鬼子工头做杂役。鬼子吃过饭午睡还要给鬼子捶背，有一次在捶背时碰掉了一个钢锉，挨了一顿耳光。实在受不了了，他又跑到鞍钢，一连干了二十二年的管子工。受气挨打，一直挨到日本鬼子投降，以为好日子来了，可是国民党接收大员只会盗卖器材，工人日子更难过，他只好带着女人孩子到乡下去种地。他三十多岁才娶上亲，一九四六年到妻子娘家海城乡下，国民党又天天抓兵，他只好天天藏到顶棚里躲着，不能做工又种不了地，全家快要饿死的时候，海城乡下解放军到了。从此，一个崭新的生活，在一个饱经沧桑的五十多岁的老人面前展开了。这是由奴隶变成主人的生活，一开始，他还不明白这个变化是怎么回事。他被介绍到后方通化去做工，到了解放区，当迎接他的干部亲切地抚摩着他小女儿头的时候，这第一次受到的兄弟般的待遇，使他老泪盈眶。他看到解放区的铁厂厂长不但毫无架子，而且和工人一起干，一起生活，他明白了这些人是自己的弟兄，是完全的自己人。等他在解放区工作了一年，鞍山解放后又回到鞍山时，在他心里支配一切的只有一个思想："这是给自己干，国家是咱们的啦！"

在我参观的厂矿企业里，到处都有老孟泰式的英雄，也都有类似老孟泰的旧时代奴隶的经历。单单这个鞍钢，我就曾听说过发明反围盘的张明山，会见过创造万能工具胎的王崇伦。王崇伦是个年轻的刨床工人，但是也受过旧社会的折磨。在解放后，他并非立刻明白了周围世界发生了什么变化，甚至在一九五〇年还因为没有涨他的工资，一怒之下三天没去上班。但是当他一想起了旧时代的生活，一想起了在旧时代患了十几年眼病的母亲是解放后的国家治好的，他一明白了这些亲身经历的事实，这个智力和精力惊人的小伙子的劲头马上出来了，连旧的劳动定额都成了他的敌人，一齐被他连同那些旧思想一件一件地丢在脑后。于是，在第一个五年计划的第一年就完成四年多的定额，被人称作走在时间前面的人。一九五七年我在鞍钢看见他的时候，他已是工具车间的主任，正领导他的车间生产着一九五八年和一九五九年的产品。后来在古海忠之谈到中国人民的眉宇间的喜悦和自豪的时候，我就很快想起了这个车间。这个车间的工人，似乎每个人的眉宇间都有着喜悦和自豪呢！

在参观中，我看到了无数这类的例子。每个例子都向我说明：中国人站起来了。中国人不但在战场上可以打胜仗，而且在经济建设上一样能打胜仗。如果不是我亲眼看到这个事实，如果十年前向我做出这样预言，不仅劝中国人种高粱的日本人不信，连我也不信。

在过去的四十年间，我根本忘掉了自己的国籍，忘掉了自己是中国人。我曾随着日本人一起称颂大和民族是最优秀的民族，我曾跟郑孝胥一起幻想由"客卿""外力"来开发中国的资源，我曾与溥杰多次慨叹中国人之愚蠢与白种人之聪明。我进了管理所，还不相信新中国能在世界上站得住。在朝鲜战场上中朝人民军队打了胜仗，我不是觉得扬眉吐气而是提心吊胆，担心美国人会扔原子弹。我不明白，在联合国讲坛上，中国共产党人何以敢于控诉美帝国主义，而不怕把事情闹大。我不明白在板门店的谈判桌上，朝中方面的代表何以敢于对美国人说："从战场上得不到的东西，休想从会议桌上得到。"总之，我患了严重的软骨病。

美国在朝鲜停战协定上签了字，日内瓦会议上显示出新中国在国际事务上的作用，这时我不由地想起了从鸦片战争以来的外交史，想起了西太后"量中华之物力，结与国之欢心"的政策，想起了蒋介石勒令人民对帝国主义凶犯忍辱吞声以表示"泱泱大国民风"的"训示"。中国近代一百零九年的对外史，就是从我曾祖父道光帝到国民党蒋介石的软骨症的病历。从一八七一年清朝为了天津教案事件正式派遣外交使节崇厚到法国去赔礼道歉起，到李鸿章去日本马关，我父亲去德国，以致北洋政府外交官参加巴黎和会，孔祥熙参加英王加冕典礼，哪一个不是去伺候洋人颜色的呢？

在那一百零九年间，那些带着从大炮、鸦片一直到十字架和口香糖的自以为文明、高尚的人，他们到中国来，任意地烧、杀、抢、骗，把军队驻扎在京城、口岸、通都大邑、要道、要塞上，无一不把中国人看作奴隶、野人和靶子。他们在中国的日历上，留下了数不清的"国耻纪念日"。他们和道光帝、西太后、奕劻、李鸿章、袁世凯、段祺瑞、蒋介石订了成堆的变中国人为奴隶的条约。以致在近百年的外交关系史上，出现了各种耻辱的字眼：利益均沾、机会均等、门户开放、最惠国待遇、租借地、关税抵押、领事裁判权、驻军权、筑路权、采矿权、内河航行权、空运权……除此而外，他们得到的还有伤驴一条赔美金百元，杀人一命偿美金八十元，强奸中国妇女而不受中国法庭审判等等特权。

现在，那种屈辱的历史是一去不复返了。中国人扬眉吐气地站起来了，正满怀信心地建设自己的祖国，让一个个发出过耻笑声的"洋人"闭上了嘴。

在长春第一汽车制造厂，我们听到了一个小故事。汽车厂刚开始生产时，有个小学校的孩子们要来参观。汽车厂打算派车去接，孩子们打电话来问是不是新造的车，厂方回答说，新造的是运货卡车，坐着不舒服，准备派去的是进口的大轿车。孩子们表示了不同的看法，说："进口轿车不如运货卡车舒服，我们要坐祖国造的卡车！"

　　祖国，她在孩子们的心里是如何崇高呵！而在我过去的心中，却四十多年一直没个影子。

　　作为一个中国人，今天无论是站在世界上，还是生活在自己的社会里，都是最尊严的。

　　关于别人日常怎么样地生活，我在过去（除了伪满后期一段时间以外）对这问题总怀有好奇心。我有生第一次出去满足这种好奇心，是到我父亲的北府，第二次是借探病为名去看陈宝琛。我对他们的自由自在的生活很羡慕。后来我在天津，从西餐馆和外国娱乐场所观察过那些"高等华人"，觉得他们可能比我"自由"，但是不如我"尊贵"，我不太羡慕他们，但好奇心仍在。在伪满，只顾担忧，不大好奇了。回国之后，起初根本没想过这类问题，别人如何生活，与我无关，后来我感到前途明亮起来，这个问题又对我有了现实性，所以在这次参观中，我特别留心了这个问题。结果是，勾起了我无数回忆，心中起了无限感慨。

　　获得印象最深的是在哈尔滨。哈尔滨儿童公园里的儿童铁道，使我想起了跟蚂蚁打交道的童年。我从儿童医院的婴儿出生统计和保健情况上，看出了这在当年清朝皇族家庭中，也是不可企望的。我坐在哈尔滨太阳岛的条椅上，遥望江中的游艇，听着草地上男女青年们的手风琴声和唱歌声，想起了我前半生的岁月。我不但没高兴地唱过，就连坐在草上晒晒太阳的兴致都没有，更不用说是随意地走走了。那时我担心厨子赚我的菜钱，担心日本人要我的命……而这里，一切都是无忧无虑的。在我前面几丈远的水滨上，有个青年画家在专心致志地写生。我们坐在他身后，一直就没看见他回过一次头。他的提包和备用的画布都堆在条椅脚下，根本没有人替他看管，他似乎很有把握地知道，决没有人会拿走他的东西。这样的事，在旧社会里简直不可想象，而在这里却是个事实。

　　这也是一个事实：公园里的电话亭里，有一个小木箱，上面贴着一张写着"每次四分，自投入箱"的纸条。

据一个同伴说，太阳岛上从前有个俱乐部，上一次厕所都要给小费的。但是现在，家里人来信说，你无论在哪个饭馆、旅店、澡堂等等地方，如果给服务人员小费，那就会被服务员看作是对他们的侮辱。这也是事实。

在哈尔滨最后几天的参观，我从两个地方看出了世界上两类人的不同。一个地方是日本七三一细菌部队造过孽的平房区，另一个地方是东北烈士馆。

二次大战后，日本出版了一本《七三一细菌部队》，作者署名秋山浩，是七三一部队的成员，写的是他在部队时，从一个角落上所看到的事情。据书上说，这是一座周围四公里的建筑群，主楼比日本丸之内大厦大四倍，里面有三千名工作人员，养着数以万计的老鼠，拥有所谓石井式孵育器四千五百具，用鼠血繁殖着天文数字的跳蚤，每月生产鼠疫病菌三百公斤。"工场"里设有可容四五百人的供试验用的活人监狱，囚禁的人都是战俘和抗日爱国的志士们，有中国人，苏联人，也有蒙古人民共和国的公民。这些人不被称为人，只是被他们叫作"木头"。每年至少有六百人被折磨死在里面，受到的试验令人惨不忍闻：有的被剥得净光，在输进冷气的柜子里受冻伤试验，举着冻掉了肌肉只剩下骨头的手臂哆嗦着；有的像青蛙似的放在手术台上，被那些穿着洁白的工作服的人解剖着；有的被绑在柱子上，只穿一件小裤衩，忍受着细菌弹在面前爆炸；有的被喂得很肥壮，然后接受某种病菌的感染，如果不死，就再试验，这样一直到死掉为止……

那个作者在七三一部队时听说，培养这些病菌，威力可超过任何武器，可以杀掉一亿人口，这是日本军人引以自豪的。

在苏联红军进逼哈尔滨的时候，这个部队为了消灭罪证，将遗下的几百名囚犯一次全都毒死，打算烧成灰埋进一个大坑里。由于这些刽子手过于心慌，大部分人没有烧透，坑里埋不下，于是又把半熟的尸体从坑里扒出来，分出骨肉，把肉烧化，把人骨用粉碎机碾碎，然后又用炸药把主建筑炸毁。

不久以后，附近的村庄里有人走过废墟，看到一个破陶瓷罐子里尽是跳蚤。这人受到了跳蚤叮咬，万没想到，刽子手遗下的鼠疫菌已进到他的体内。于是这个村庄便发生了鼠疫。人民政府马上派出了医疗大军进行防治抢救，可是这个一百来户的村子还是被夺去了一百四十二条性命。

这是我访问的一个社员，劳动模范姜淑清亲眼看到的血淋淋的事实。她给我们讲了这个村子在伪满时期受过的罪之后，说："日本小鬼子投了降，缴了枪，人民政府带着咱过上了好日子，有了地，给自个儿收下了庄稼，大伙高高兴兴地都说从这可好了，人民政府领导咱们就要过好日子了，谁知道小鬼子的坏心眼子还没有使完，走了还留下这一手！狠毒哪！"

"人活在世上，总应该做些对人类有益的事，才活得有意义，有把握。"

这是有一次所长说的话。这句话现在从我心底发出了响声。制造鼠疫菌的"瘟神"们和供奉"瘟神"的奴仆们，原是同一类的人，同是为了私欲，使出了一切毒辣和卑鄙的手段，不惜让成亿人走进毁灭。然而，这是枉然的，没有"把握"的。"瘟神"的最科学的武器并不万能，最费心机的欺诈并不能蒙住别人的眼睛。被毁灭的不是人民，而是"瘟神"自己。"瘟神"的武器和它的供奉者没留下来，留下来的是今天正在建设幸福生活的人民，包括曾住在离"瘟神"不过几百米地方的金星农业社这个村庄。这真是活得最有"把握"的人。

由于他们是同样地有"把握"，所以姜大娘说的是台山堡刘大娘同样的话：

"听毛主席的话，好好学习，好好改造吧！"

无论是在姜大娘的干净明亮的小屋里，还是农业社的宽阔的办公室里，我都有这样一个感觉：金星社的社员们谈到过去，是简短的、缓慢的，但是一提到现在和未来，那气氛就完全不同了。谈到今天的收成，特别是他们的蔬菜生产，那真是又仔细，又生动。为了证明他们的话，社员们还领我们去看了他们的暖窖设备，看了新买来的生产资料——排灌机、载重汽车、各种各样的化肥，看了新建的学校、卫生所和新架设的电线。当他们谈到明年的计划指标时，更是神采飞扬。社长说得很谨慎，他向我指着一排一排新建的瓦房说："明年大秋之后，我想可能多盖几间。"他说到几间时，我们谁也不相信那仅仅是三五间或十来间。

在我们离开这个村庄的时候，社员们搬来了整筐的黄瓜、小红萝卜送给我们。"留下吧，这是咱社里刚收的，东西不值钱，可是很新鲜。"社长不顾我们的辞谢，硬把筐子送进我们的车里。

我在车窗口凝视着逐渐远去的金星社新建的瓦房顶，回想着金星社长说到的那几句："我想着……"不知为什么，这句非常平凡的话，听在耳朵里，曾给我一种不同凡响的感觉。现在我明白了。这些曾被我轻视过的认为最没文化的人，他们用自己的双手勤勤恳恳地劳动着，他们做的事情是平凡而又伟大的，因为他们让大地给人类生长出粮食和蔬菜瓜果；他们的理想也是平凡而又伟大的，因为他们要让茅屋变成瓦房，以便让人们生活得更加美好。而那些曾被我敬畏过、看作优秀民族代表的日本军国主义者，他们掌握着近代的科学技术，干的却是制造瘟疫、制造死亡的勾当，他们也有理想，这理想便是奴役和消灭掉被压迫的民族。这两种人，究竟是谁文明谁野蛮呢？

平房区"细菌工场"遗留下的瓦砾，告诉了人们什么叫作丑恶，东北烈士馆里每一件烈士的遗物又告诉了人们什么叫作善良。这里的每件陈列品都在告诉人们：它的主人当初为了人类最美好的理想，如何流尽了最后一滴鲜血，让生命发出了最灿烂的光辉。无论是细菌工场的残砖烂铁还是东北烈士馆里的血衣、遗墨，都是一面镜子，从这面镜子里照出了我们这群参观者过去的丑陋形象。

东北烈士馆是一座庄严的罗马式建筑，当初被伪满哈尔滨警察署占用过十四年。在那血腥的年代里，这里不知有多少骨头最硬的中国人被审问、拷打、送上刑场。陈列在这里的烈士照片和遗物，仅仅是极小的一部分。烈士馆中每件实物和每件事迹，所指出的具体时间和地点，都可以引起一件使我羞愧的回忆。事变发生的第三天——一九三一年九月二十一日，中国共产党满洲省委召开紧急会议，号召东北的党员和一切爱国士兵立即武装起来，和敌人做斗争。那个决议书和哈尔滨小戎街三号省委故居的照片，把我引回到二十多年前静园的日子。为了挽救民族于危亡，东北人民在党的领导下，不顾蒋介石的阻拦，自己起来战斗了，而我在静园里却加紧了卖国的罪恶活动。我想起了土肥原和板垣，郑孝胥父子和罗振玉，汤岗子和旅顺……

在讲解人员介绍杨靖宇将军的事迹的时候，我又回忆起那几次"巡幸"到东边道——杨靖宇、李红光等将军的抗联第一军活动地区——的情形。我在那里看见过长白山的顶峰，看见过朝雾和初升的太阳。祖国的山野美景没动我的心，引起我注意的倒是铁路两侧的日本宪兵、伪满国兵和警察。日本人办的报纸上总在报道东边道的"土匪"已剿净，但是那次"巡幸"到这一带，还是如临大敌，惶惶不安。一直到最后逃亡到通化、大栗子沟，我还听说这里"不太平"。抗日联军在这一带一直战斗到日本投降。最后被消灭的不是抗联，而是自称胜利者的日本皇军。抗联当时面对着强大的关东军和装备优越的伪满国兵，处境的艰苦是难以想象的，但是从陈列的当时使用过的饭锅、水壶、自制斧头、磨得漆皮都没有了的缝纫机等等生活用具上，我似乎看到了这些用具的主人的声容笑貌——这是我从龙凤矿那位青年主任的脸上看见过的，是只有充满着坚强信心的人才可能有的声容笑貌。在一双用桦树皮做的鞋子面前，我似乎听到了那种自信、高亢的声调，唱出了那首流传过的歌谣：

　　桦皮鞋，是国货，自己原料自己做。野麻搓成上鞋绳，皮子就在树上剥。桦皮鞋，不简单，战士穿上能爬山；时髦小姐买不到，有钱太太没福穿。桦皮鞋，真正好，战士穿上满山跑，追得鬼子丧了胆，追得汽车嘟嘟叫！

日本人当初叫我"裁可"一批批的法令，然后据此施行了集家并屯、统制粮谷等等政策，封锁了山区，用尽一切办法去断绝抗联军队与外界的经济联系。它也确实做到了这一点，甚至杨靖宇将军和一部分部队被包围起来了，绝粮的情况是千真万确的事实了，但是战斗还是在继续着，继续到日本人怀疑了自己所有的情报和所有的常识。为什么这些人没有粮还在打？他们吃什么？杨靖宇将军不幸牺牲了，日本人为了解开这个谜，破开了将军的肚子，他们从这个坚强不屈的人的胃里，找到的是草根、树叶……

我记起了吉冈安直发出过的叹息："共产军，真是可怕！"在拥有飞机、坦克的日本皇军眼里，草根竟然是可怕的东西。

在杨靖宇将军和他的战友们歌唱着桦皮鞋，嚼着草根，对着那张旧地图上展望着祖国大地未来的时候，我正在害着怕，怕日本人的抛弃，怕夜间的噩梦，我正吃烦了荤腥，终日打卦念经。

杨靖宇将军遗下的地图、图章、血衣和他小时候写的作文本，在我的眼前模糊起来。在我身后——我的同伴和日本战犯们中间传过来哭泣声，声音越来越响。参观到赵一曼烈士遗像面前的时候，有人从行列中挤了出来，跪在烈士像前一面痛哭一面碰头在地。

"我就是那个伪警署长……"

这是伪勤劳部大臣于镜涛，他原先是这个哈尔滨的警察署长，赵一曼烈士当初就押在这个警察署，就是在这间陈列室里受的审讯，而审讯者之中正有这个于镜涛。

当年的审讯者，今天成了囚犯，受到了历史的审判。不用说，应该哭的决不仅是于镜涛一个人。

十　劳动与乐观

经过这次参观，我深信新社会的大门对我是敞开着的，问题就看我自己了。

我满怀希望地迈进了一九五八年。这时我已经有了乐观情绪。这种情绪最早的出现，是在一九五七年秋季抬煤的时候。

每年秋季，管理所就大量地运来煤炭，一部分准备冬季取暖，一部分制成煤砖供蔬菜温室使用。我们冬季吃的青菜都是自己暖房生产的。

从前每次搬运煤炭和制作煤砖都用不着我们，我们从这年起才开始参加这项劳动。这时我的体质与往年大不相同了。在本组里我和老王、蒙古族老正与一个伪将官年岁较小，凡是重活大都由我们四个人做，我因此得到了锻炼，体质有了显著的增强，从前的毛病已全部消失。在制作煤砖的劳动中，我担任的是比较费力气的抬煤工作。这天因为所长和一些干部都来参加制作煤砖，大伙干得特别起劲。临完工，我和老宪又多抬了三满筐。

交工具的时候，我听见王看守员对一个同伴说：

"我看溥仪干活是实在的。他不挑显眼的干。"

我和老宪放下煤筐，到树杈上拿衣服穿，所长笑着问我：

"溥仪，你的肩膀行不行？"

我看看肩膀，回答说："不痛不肿，只略有点红。"

"你现在的饭量怎样？"

"干饭三大碗，大饺子可以吃三十多个。"

"不失眠了？"

"躺下就睡着，什么病也没有了。"

在场的人不论是所方人员还是伙伴们，全冲我乐起来。显然，这是和从前完全不同的笑声。我觉得受讥笑的日子已成为过去了。

我这时在其他方面，也有了进步，例如学习《政治经济学》和《历史唯物主义》，并不像从前那样吃力了，在自己的衣物整洁方面，跟别人的距离也大大缩小了。不过，我最有信心的还是劳动。只要不叫我做那些像扎纸花之类的细巧活，我的成绩总是第一流的。即使是理论学习成绩最好的人，都不免在这方面对我表示羡慕。

伙伴们的羡慕和我的信心的增长，与其说是由于劳动观点的树立，还不如说是由于社会上新出现的劳动风气的启示。从一九五七年末开始，我们就从报纸、家信以及所内人员的各种新动态上觉出了一种新风气，好像人人都在争着参加体力劳动，把体力劳动看作是最光荣的事。数以万计的干部上山下乡了，学校里增加了劳动课，出现了各式各样的短期义务劳动的队伍。在所里，我们不但看到了干部们做煤砖，而且看到所长和科长们在厨房里洗菜、烧火，以及在南道里挑送饭菜。每天清晨，我们还没起床，院子里就传来了木制车轮声和车上的镐、锹撞击声。这种声音告诉我们，所长和干部们已经出门到后山开荒去了。这一切都在启示我们说：在新社会里，劳动是衡量人的一项标准，当然，在改造中更不能例外。

我忘记了是谁告诉过我，许多人都错误地把劳动看作是上帝对人类的惩罚，只有共产党人才正确地把劳动看作是人类自己的权利。我当时对任何神佛都已丧失了兴趣，看不出劳动和上帝有什么关系。我们每个人都能看出，劳动对于共产党人来说，确实是一件很自然的事。记得有一次我们清除一堆垃圾，文质彬彬的李科员从这里走过，顺手拿起一把铁锹就干起来，干得比我们既轻快又麻利，而且一点不觉得多余。

一九五八年，劳动之受到重视，劳动之成为热潮，给我们的感受就更深了。我从北京的来信中，知道了许多新鲜事。从来闷在家里不问外事的二妹，参加了街道上的活动，兴高采烈地筹备着街道托儿所，准备帮助参加劳动的母亲们看管孩子。在故宫里工作的四妹参加了德胜门外修湖的义务劳动，被评为"五好"积极分子。三妹夫和三妹都参加了区政协的学习。老润和区政协的老头们参加了十三陵水库工程的劳动，这些人的年龄加起来有七百六十六岁，工地上就称他们为"七六六黄忠队"，他因为一件先进经验的创造而得到了表扬。五妹夫老万和五妹，以自豪的口吻报道大儿子的消息，这个学地质的大学生参加了关于利用冰雪问题的科学研究工作，作为向自然进军的尖兵，正在向祖国西北一座雪峰探险攀登。几个侄子和大李都有了工作，在市郊农场做了生产小队长。到处是劳动，到处是欢腾，到处是向自然进军的战鼓声。人人都为了改变祖国的落后面貌的伟大历史运动，贡献出自己的一分力量。伙伴们收到的家信中反映的气氛全是如此。后来，大家知道了毛主席和周总理以及部长们都参加了十三陵水库的劳动，简直就安静不下来了，一致向所方和学委会提出，要求组织生产劳动。

所方满足了大家的要求，先试办了一个电动机工厂，制造小型电动机。后来因为这种生产很有前途，而我们一所的人力既弱又少，又转交给三所、四所的蒋介石集团战犯去办，另给我们安排其他的劳动。这次的安排，是按照各人的体质和知识等条件，并且是从培养生产技能着眼的。我们共编成五个专业组，即畜牧组、食品加工组、园艺组、蔬菜与温室组和医务组。我和老元、老宪、老曲（伪满四平省长）、老罗（伪满驻外使节）五人被编入医务组。我们的工作是每天扫除医务室，承担全部杂务和一部分医务助理工作，边做边学，另外每天有两小时的医学课程，在医务室温大夫的辅导下，自己读书和集体讨论。我的四个同学都当过医生，三人复习西医，老罗和我学的是中医。此外，针灸是五人的共同课。分组劳动了一段时间，我又有了新的信心。

我初到医务组时，医务助理业务远不如那四位同学。我制作外科用的棉球时，做得活像从旧棉絮里拣出来的；我量血压时，注意了看表就忘了听听诊器，或者顾了听又忘了看；我学习操纵血压电疗器械时，起先老是手忙脚乱，总弄不好。只有在干杂活、用体力时，我比他们每人都强。后来，我下定决心非学好业务不可。大夫或护士教过了我，我再找同学们请教，同学们教过了，我独自一人又不停地练习。这样学了一段时间，医务助理业务慢慢地弄会了。那时每天有个日本战犯来电疗，每次完毕之后，他总是向我深深一躬到地，并且说："谢谢大夫先生。"我不禁高兴地想，固然我的白罩衣和眼镜可能引起了误会，但是这也说明我的操作技术得到了患者的信任。第一个学程终了，温大夫对我们进行了测验，结果我和别人一样地得了个满分。

在试制电动机的时候，我曾遇到过很堵心的事。电动机的生产分组名单，是学委会提出的。自老万、小瑞等人释放后，大家新选了前伪满总务厅次长老韦、溥杰、老王和两个伪将官为委员，老韦为主委。凡是带技术性的工作，这个学委会都不给我做，带危险性的也不给我做，缠线圈怕我缠坏，铸铁怕我出事故，结果只把一项最简单的工作交给我，让我跟几个老头捣焦炭——把大块焦炭捣成小块。我把这看作是对我的轻视，交涉几次都没结果。现在，我把医务助理业务学得跟别人一样了，连那个治高血压的日本人都把我误认成大夫，第一次测验又得了个满分，相信自己并不十分笨，这样地学下去，自信必能学得一技之长，没有四百六十八件珍宝，自信照样能生活。

有一天，我要求见所长。这时老所长已经调了工作，这里成了他兼管的单位，不常来上班，接见我的是一位姓金的副所长。这位年轻的副所长精通日文，原是专管日本战犯的，日本战犯大批遣送回国后，他照顾了全所的工作。我对他说：

"我交出的那批首饰，政府应该正式收下来了。存条我也早丢掉了。"

我以为副所长对这件事的过程未必清楚，想从头再说一遍，不料他立刻笑着说：

"这件事我知道。怎么，你已经有了自食其力的信心了？"

这天，我用了一整天的时间讲了四百六十八件珍宝（这些东西后来进了陈列室）的每件的来历，由一位文书人员做了记录。完成了这件工作，我走到院子里，浑身轻松地想：

"副所长的那句话，无疑的是一句宝贵的鉴定。看来，我进步的不错吧？快到了做个正经人的那天了吧？"

十一　考　验

我的自我估计，又过高了。我遇到了考验。

全国各个生产战线上都出现了大跃进的形势，所方在这时向我们提出，为了让思想跟上形势，加紧进行学习改造，有必要进行一次思想检查，清除思想前进途中的障碍。办法是在学习会上每人谈谈几年来思想认识上的变化，谈谈还有些什么问题弄不通。别人可以帮助分析，也可以提出问题要本人讲清楚。在轮到我的时候，发生了问题。

我谈了过去的思想，谈了对许多问题的看法的变化，在征求意见时，有人问我：

"像我们这样出身的人，跟日本帝国主义的关系是深远的，在思想感情上还可能有些藕断丝连。你跟日本人的关系不比我们浅，别人都谈到了这个问题，你怎么一点没谈？难道你就没有吗？"

"我对日本人只有痛恨，没什么感情可言，我跟你们不一样。"

我的话引起了很多人的反感。有人说："你为什么这样不虚心？你是不是还以为比人高一等？"有人说："你现在是什么感情？难道你比谁都进步？"有的人举出许多过去的例子，如我去日本作的诗，我扶日本皇太后上台阶等等，说明我当时比谁都感激日本人，现在却全不承认，令人难以置信。我回答说，我过去与日本人是互相利用，根本不是有感情；我并非看不起在座的人，只是直话直说。

这番解释，并没有人同意。后来，当我谈到逃亡大栗子沟心中惧怕的情形，有人问我：

"日本人要送你去东京，先给你汇走了三亿日元准备着，你不感激日本帝国主义吗？"

"三亿日元？"我诧异起来，"我不知道什么三亿日元！"

其实，这不是一件多大的问题。日本关东军从伪满国库里提走了最后的准备金，对外宣称是给"满洲国皇帝"运到日本去的。这笔钱我连一分钱都没看见过，别人都知道这件事，并不当作我的罪行，不过是想了解一下我当时的思想感情而已。我如果能够冷静地回忆一下，或者虚心地向别人打听一下，我会想起来的，但是我并没有这样做，而是非常自信、非常坚决地宣称："我根本不知道这回事！"

"不知道？"许多知道这回事的人都叫起来了，"这是张景惠和武部六藏经手的事，张景惠这才死，你就不认账啦？"又有人问我："你在认罪时难道没写这事吗？"我说没有，他们就更惊异了："这件事谁不知道呀！""这可不是三百三千，这是三亿呀！"

到了晚上，我这才认真地回忆了一下。这一想，我忽然想起来了。在大栗子沟时，熙洽和我说过，关东军把伪满银行的黄金全弄走了，说是给我去日本准备日后生活用的。这一定就是那三亿日元了。那时我正担心生命的危险，竟没把这回事放在心里。第二天，我又向别人问过，确实是这回事，因此在小组会上向大家说了。

"你从前为什么隐瞒呢？"几个人一齐问。

"谁隐瞒？我本来就是忘了！"

"现在还说忘了？"

"现在想起来了。"

"怎么从前想不起来？"

"忘了就是忘了！不是也有忘事的时候吗？"

这一句话，引起了难以应付的议论：

"时间越久越记得起，越近倒越忘，这真奇怪。""原来明明是有顾虑，却不敢承认。""毫无认错的勇气，怎么改造？""没有人相信你的话。政府保险再不上你的当。""你太喜欢狡辩了，太爱撒谎了！""这样不老实的人，能改造吗？"……

我越辩论，大家越不信，我想这可麻烦了，人人都认为我在坚持错误，坚持说谎了，如果反映到所方去，众口一词，所方还能相信我说的吗？脑子里这样一想，活像有了鬼似的，马上昏了头。我本来没有他们所说的顾虑，现在却真的有了顾虑。"以曾子之贤，曾母之信，而三人疑之，则慈母不能信也！"想起这个故事，我失掉了所有的勇气，于是我的旧病发作了——只要能安全地逃过这个难关，什么原则都不要了。不是检讨一下就可以混过去吗？好，我承认：我从前是由于顾虑到政府惩办，没有敢交代，现在经大家一说，这才没有顾虑了。

三亿元的事固然是真的忘了，然而在这个问题上，却正好把我灵魂深处的东西暴露了出来。

以后小组里再没有人对我的问题发生兴趣了，可是我自己却无法从脑子里把这件事抛开。我越想越不安，觉得事情越糟。明明是忘了，却给说成是隐瞒；我害怕政府说我不老实，偏偏又不老实，说了假话。这件事成了我的心病，我又自作自受地遇到了折磨。

在从前，我心中充满了疑惧，把所方人员每件举动都看成包含敌意的时候，我总被死刑的恐惧所折磨。现在，我明白了政府不但不想叫我死，而且扶植我做人，我心中充满了希望，不想又遇到了另一种折磨。越是受到所方人员的鼓励，这种折磨越是厉害。

有一天，看守员告诉我，所长找我去谈话。我当时以为一定是问我那三亿日元的事。我估计所长可能很恼火，恼我受到如此待遇，却仍旧隐瞒罪行不说。如果是这样，我真不知怎样办才好。但同时也另有一种可能，就是所长会高兴，认为我承认了错误，做了检讨，说不定因此称赞我几句。如果是这样，那就比骂我一顿还难受。我心里这样捣了一阵鬼，等进了所长的接待室，才知道所长谈的完全是另外一件事。

然而由于这次见所长的结果，却使我陷进了更深的苦闷中。

老所长已经许多日子不见了。这次他是陪着另一位首长来的。他们问过我的学习和劳动情况后，又问起我关于除四害的活动情形。

所长说，他听说我在捕蝇方面有了进步，完成了任务，不知在这次开展的捕鼠运动中有什么成绩。我说还没有订计划，不过我想我们组里每人至少可以消灭一只。

"你呢？"坐在所长旁边的那位首长问。我这才认出来，原来这是在哈尔滨时，问我为什么对日本鬼子的屠杀不提抗议的那位首长，不禁有些心慌。没等我回答，他又问："你现在还没开'杀戒'吗？"说罢，他大笑起来。笑声冲散了我的慌乱情绪，我回答说，我早没那些想法了，这次打算在捕鼠运动中一定消灭一只老鼠。

"你的计划太保守了！"他摇头说，"现在连小学生订的计划都不只每人一只。"

"我可以争取消灭两只。"我认真地说。

这时所长接口说，不给我定指标，我可以尽量去做。谈到这里，就叫我回来了。

从所长那里回来，我心头有了一种沉重感。这倒不是因为对平生未试过的捕鼠任务感到为难，而是我由这次谈话联想起许多事情。我想起不久前的一次消灭蚊蝇运动中，所方特意检查过我的计划，我想起了由于学会了洗衣服而受到了所长的鼓励……所方在每件事情上对我一点一滴地下功夫，无非是为了我"做人"。可是，我却又骗了一次人，我想，即使捉到一百只老鼠，也不能抵消我的错误。

刚下班的江看守员见我在俱乐部里独自发呆，问我是不是有了捕鼠办法，并且说他可以帮助我做个捕鼠器。老实说，我不但没办法捉老鼠，就连老鼠藏在哪儿全不懂。我巴不得地接受了他的帮助。在跟他学做捕鼠器的时候，我刚放下的心事又被勾起来了。

我们一边做捕鼠器，一边聊起天来。

江看守员在几个看守员里比较年轻，他不像稍有点岁数的王看守员那么稳重而略带潇洒，也不像满面红光的刘看守员那么从老远就令人觉出一股旺盛的火力，那年送熙洽去医院，熙洽背在他背上就像一个破口袋挂在一块大石头上似的。江看守员不到三十岁，比王看守员矮些，比粗壮的刘看守员瘦些。他平常说话不多，说起来很简短，又很温和，好像一辈子和谁也没吵过嘴。有人说，他很像刚进城不久的农村人，他这是忍受过压抑的、农民的脾气。事实上，他也真是一个农民，但并不是一个能忍受过分的压抑的人。那天我们从东北老鼠谈到了东北的农村，谈到了在北满的他的家乡。

"那个屯子早没有了。集家并屯给并掉了，并到第二个屯子，又要并，这个屯子也没有了……"他说。他原有父亲母亲，七个姊妹，一个兄弟，连他十一口人。九岁那年，抗日联军在他们屯子附近和日本鬼子打仗，日本鬼子把全屯的房子全烧了，把全屯的人赶出去，并到五十多里外的大屯子里。不到一年，因为屯子里百姓给抗日联军送粮，全屯又给鬼子烧光，又把全屯人赶出去并到另一个屯子。这次要过一条大河，鬼子汉奸通知说，限十天搬完，不搬的就杀头。老百姓吓得要命，连东西都顾不得拿。江看守员这一家就只拿出被子，牵了牛就跑出来了。新屯子里房子不够住，搬来的人只好搭窝棚睡，秋天来了，伤寒流行起来，成批地死人。他兄弟姊妹九个，这一年，死得只剩下他一个！

"活人都没衣服穿，死人更是光光的，大人还有个薄板棺材，死了的孩子就是光光的往山沟里一扔！我那死去的八个姊妹兄弟，全是这样扔到山沟里喂了狼……"

住的窝棚，屯子周围还叫挖了壕沟，垒了墙，鬼子兵在四门把着，不让随便出入。屯里五天就大搜查一次，鬼子兵搜起来就用刺刀东挑西戳，爱拿什么拿什么。实在也没什么可拿的，因为人人穿的都像叫花子。他说："我有家亲戚，全家三口只有一条裤子，谁出去谁穿。有钱也买不到布，只有用豆秸做的更生布，穿不多天就破了。有一次说是可以拿户口证去抽签，十家能有一家买到青白布。我去抽签，只抽到几尺花布，就做了条花布裤子，穿了不到一年也破了。拿出荷粮的能买到好布，所以也只有地主家能有布。我家也租不到地，地主觉得雇工比出租合算。后来好不容易租到日本矿上的一垧地，没牲口，用十五个工换了地主的牲口工，收了三石，去了租子和出荷粮，只剩了一石。我父亲又总给鬼子拉去，这年我十三岁，父亲随鬼子讨伐给背东西累死了，就剩下我一个人了。十五六岁那年，鬼子和警察天天来搜粮食，我母亲把剩下的玉米楂子藏在酸菜缸里，警察看见缸里水变了色，查出来了，把我母亲打得快死了。我只得到地主家跪着求少东家行好，借点粮，借了五斗高粱，到秋要还十斗。这年收下的粮连一石都不到，我看是活不成啦。这时同屯的穷人商量，反正是活不了，抢地主的！我母亲听说，拦着不让我去，我拿起口袋和棍子就去啦！这一夜工夫，一百多人抢了他一百五十石粮。我把抢来的半口袋粮给了母亲，就上山找抗联去了……"

"找到了队伍，说我太小，怕吃不了苦。我说，我一家十一口人，就剩下一口半了……这一句话，收下我了。"

这时，他笑起来。然后又说："那时觉悟不高，就知道自己家里死了九口。干革命嘛，那不只是为了一家的冤仇啊！"

这是多么熟悉的响亮的声音！

我们把捕鼠器具做好，他的故事也断了。他领着我去找鼠洞，我默默地跟着他，想着这个被伪满政权夺去七个兄弟生命的青年，何以今天能这样心平气和地帮我捉老鼠？这里所有的看守员都是这样和气，他们过去的境遇又是怎样的？后来，我忍不住地问他：

"王看守员和刘看守员，都在伪满受过罪吗？"

"那时候谁不受罪？"他说，"王看守员给抓了三次劳工，刘看守员被逼得无路可走，投了抗日联军。"

我现在明白了，不用问，东北籍的所方人员在伪满时期全是受过罪的。

我按着他的指导，果然完成了任务，而且是超额两倍。王看守员和刘看守员听说我捉住了老鼠，都像发现了奇迹似的来看我的"俘虏"，都称赞我有了进步。听着他们的称赞，我心里很不受用。这些在伪满时期受够了罪的人，把我的"进步"看得这样重要，而我却仍在骗着他们！

我每天照常到医务室工作，照常打扫屋子，给病人量血压，施行电疗，学习中医，那个矮个子日本战犯照常每天向我鞠躬。可是我听不清他的话了，《中医概论》变得难解起来了，给人量血压时常常要反复几次。妹妹和妹夫们来信继续告诉了他们的新成就，屡次向我表示祝愿，盼望我早日改造好，与他们共享幸福生活。这些话现在听来好像都成了责备。

秋天来了，我们像去年一样突击制作煤砖，副所长和干部们又一齐动手给温室准备过冬燃料。我尽量多抬煤，却尽量不想让所长看见，怕听到他的夸奖。这时如果听到了夸奖是比挨骂还要难受的。

有一天，到了施行电疗的时间，我忙一些别的事，晚到了一步，已经有两个人等在那里了。其中一个是那个每次鞠躬的日本人。我知道他是每次先来的，就让他先做。出乎我的意料，他却向另外那个做了个手势，同时说了一句中国话：

"您请，我不忙。"

"按次序，你先来的。"被他推让的那个蒋介石集团的战犯说。

"不客气，我不忙。我可以多坐一会儿。"他又像解释似的加了一句："我就要释放了。"

我这还是头一次知道他会说这样好的中国话。我给那个蒋介石集团的战犯弄着器械，一边瞟了那日本人几眼。只见他面容严肃地望着对面的墙壁。过了一会儿，他的视线又移向天花板。

"这间屋了，伪满时候是刑讯室的一间，"他用低低的声音说，听不出他是自言自语，还是跟人说话，"不知有多少爱国的中国人，在这里受过刑呵！"

过了一会儿，他又指指屋顶说：

"那时候，这上面吊着铁链。墙上都是血。"他环视着墙壁，目光最后停在玻璃柜上。静默了一会儿又说，"中国的先生们修理这间屋子的时候，我们还以为是恢复刑讯室，报复我们，后来看见穿白衣服的大夫先生，又以为是要拿我们做解剖试验。谁知道，是给我们治病的医务室……"

他的声音哽咽起来。

蒋介石集团的战犯病号疗完走了，我让这日本人电疗。他恭恭敬敬地站立着说：

"我不用了。我是来看看这间屋子。我没有见到温大夫，请您转告他，我没有资格向他致谢，我是替我的母亲谢谢他。谢谢您，大夫先生。"

"我不是大夫，我是溥仪。"

也不知他听见了没有，只见他鞠完躬，弯身退出了房门。

我觉着再也支持不下去了。无论所方如何难于理解，我也要把我的假话更正过来。

正在这时，老所长到管理所来了，要找我谈话。

我推开了接待室的门。书桌后是那个熟悉的头发花白的人。他正看着一堆材料，叫我先坐下。过了一会儿，他合上材料，抬起头来。

"你们小组的记录我看了。怎样？你最近思想上有什么问题没有？"

事到临头，我又犹豫起来了。我望望那些小组记录材料，想起了众口一词的小组会，我不禁想：他听了我一个人的话，总是不相信的，我说了真话，有什么好处？不过，我又怎么好再骗人呢？

"你说说吧，这次小组会开的怎样？"

"很好。"我说，"这是系统的总结思想，结论都是正确的。"

"嗯？"所长扬起了眉毛，"详细说说好不好？"

我觉得自己喘气都不自然了。

"我说的是真话,"我说,"说我有过顾虑,这结论很对,只是个别例子……"

"为什么不说下去?你知道,我是很想多了解一下你的思想情况的。"

我觉得再不能不说了。我一口气把事情的经过说完,心里怦怦地跳个不停。老所长十分注意地听着。听完,他问道:

"这有什么难说的?你是怎样想的?"

"我怕众口一词……"

"只要你说的是实话,怕什么呢?"所长神色十分严肃,"难道政府就不能进行调查研究,不能做出自己的分析判断吗?你还不够明白,做人就是要有勇气的。要有勇气说老实话。"

我流下了眼泪。我没料到在他的眼里,一切都是这样清楚。我还有什么说的呢?

十二 特 赦

中国共产党中央委员会的建议

全国人民代表大会常务委员会:

中国共产党中央委员会向全国人民代表大会常务委员会建议:在庆祝伟大的中华人民共和国成立十周年的时候,特赦一批确实已经改恶从善的战争罪犯、反革命罪犯和普通刑事罪犯。

我国的社会主义革命和社会主义建设已经取得了伟大胜利。我们的祖国欣欣向荣,生产建设蓬勃发展,人民生活日益改善。人民民主专政的政权空前巩固和强大。全国人民的政治觉悟和组织程度空前提高。国家的政治经济情况极为良好。党和人民政府对反革命分子和其他罪犯实行的惩办和宽大相结合、劳动改造和思想教育相结合的政策，已经获得伟大的成绩。

在押各种罪犯中的多数已经得到不同程度的改造，有不少人确实已经改恶从善。根据这种情况，中国共产党中央委员会认为，在庆祝伟大的中华人民共和国成立十周年的时候，对于一批确实已经改恶从善的战争罪犯、反革命罪犯和普通刑事罪犯，宣布实行特赦是适宜的。采取这个措施，将更有利于化消极因素为积极因素，对于这些罪犯和其他在押罪犯的继续改造，都有重大的教育作用。这将使他们感到在我们伟大的社会主义制度下，只要改恶从善，都有自己的前途。

中国共产党中央委员会提请全国人民代表大会常务委员会考虑上述建议，并且做出相应的决议。

中国共产党中央委员会主席毛泽东

一九五九年九月十四日

毛主席的建议和刘主席的特赦令所引起的欢腾景象，我至今是难忘的。

广播员的最后一句话说完，广播器前先是一阵短暂的沉寂，然后是一阵欢呼、口号和鼓掌所造成的爆炸声，好像是一万挂鞭同时点燃，响成一片，持久不停。

从九月十八日清晨这一刻起，全所的人就安静不下来了。

战犯们议论纷纷。有的说党和政府永远是说一是一，说二是二。有的说，这下子可有奔头了。有的说，奔不了多久，出去的日子就到了。有的说，总要分批特赦，有先有后。有的说，也许是全体一齐出去。有的说，第一批里一定有某某、某某……然而更多的人都明白，特赦与否是看改恶从善的表现的，因此不少人对最近以来自己的松懈倾向，有些后悔。同时也有的人口头上"谦虚"地说自己不够标准，暗地里却悄悄整理衣物，烧掉废笔记本，扔掉了破袜子。

休息的时候，院子里人声嘈杂。我听见老元对老宪说：

"头一批会有谁呢？"

"这次学习成绩评比得奖的没问题吧？你很可能。"

"我不行。我看你行。"

"我吗？如果我出去，一定到北京给你们寄点北京土产来。我可真想吃北京蜜枣。"

在院子里的另一头传来了大下巴的声音：

"要放都放，要不放就都别放！"

"你是自己没信心，"有人对他说，"怕把你剩下！"

"剩我？"大下巴又红了眼睛，"除非剩下溥仪，要不剩他就不会剩我。"

他说得不错，连我自己也是这样看的。大概是第二天，副所长问我对特赦的想法，我说：

"我想我只能是最后一个，如果我还能改好的话。但是我一定努力。"

特赦释放，对一般囚犯说来，意味着和父母子女的团聚，但这却与我无太大的关系。我母亲早已去世，父亲殁于一九五一年，最后一个妻子也于一九五六年跟我办了离婚手续。即使这些人仍在，他们又有谁能像这里的人那样了解我呢？把我从前所有认识的人都算上，有谁能像这里似的，能把做人的道理告诉我呢？如果说，释放就是获得自由和"阳光"，那么我要说，我正是在这里获得了真理的阳光，得到了认识世界的自由。

特赦对我说来，就是得到了做人的资格，开始了真正有意义的新生活。

在不久以前，我刚接到老万一封信，那信中说他的学地质的儿子，一个大学的登山队队长，和同学们在征服了祁连山的雪峰之后到了西藏，正巧碰上了农奴主的叛乱，他和同学们立即同农奴们站在一起，进行了战斗。叛乱平息后，他又和同学们向新的雪峰前进了。在老万的充满自豪和幸福的来信中，屡次谈到他的孩子是生长在今天，幸而不是那个值得诅咒的旧时代。今天的时代，给他的孩子铺开了无限光明的前程。如果不是这样的时代，他不会有这样的儿子，他自己也不会有今天，他如今被安排到一个编译工作部门做翻译工作，成了一名工作人员，一名社会主义事业的建设者，和每个真正的中国人一样了。他祝愿我早日能和他一同享受这种从前所不知道的幸福。他相信，这正是我日夜所向往的。……

特赦令颁布的一个月后，我们一所和七所的人一同又外出参观。我们又一次到了大伙房水库。上次一九五七年我们来看大伙房水库时，只看到一望无际的人群，活动在山谷间，那时，我们从桌子上的模型上知道它将蓄水二十一点一亿公方，可以防护千年一遇的洪水（一万零七百立方米每秒），同时还可灌溉八万顷土地。我们这次参观时，已是完工了一年的伟大杰作——一座展开在我们面前的浩瀚的人造海，一条高出地面四十八米、顶宽八米、底宽三百三十米、长达一千三百六十七米的大坝。日本战犯、伪满总务厅次长古海忠之这次参观回来，在俱乐部大厅里向全体战犯发表他的感想时，他说了这样一段话：

"站在大伙房水库的堤坝上四面眺望，我感觉到的是雄伟、美丽、和平，我还深深地感到这是与自然界做斗争的胜利，这是正在继续战胜自然的中国人民的自豪和喜悦。……看到这样的水库，使我脑海里回忆起来，在伪满时代当总务厅主计处长、经济部次长、总务厅次长等职务时，站在水丰水库堤坝上眺望的往事；那时也认为是对大自然做斗争，认为能做这样世界上大工程的在亚洲只有日本人，而感到骄傲；蔑视中国人是绝对不可办到的（那时，为了准备战争非做不可的工作很多，在劳力方面虽强迫征用仍感不足，材料也没有，这个大伙房水库计划就打消了）。中国工人衣服破烂不堪，我认为自己和这些人比，完全是另一种人；我以'伟大的、聪明的、高尚的'人的姿态，傲慢地看着他们。"

"在大伙房水库劳动着的人们，由于他们充满了希望，有着冲天的干劲，忘我的劳动，蓬勃的朝气，眉宇间显示出无比的自豪和喜悦。站在小高堤的一角眺望着的我，就是对中国人民犯下严重罪行的战争罪犯。哪一方面是对的呢？……"

一边站的是"眉宇间显示出无比的自豪和喜悦"的中国人民，一边站的是犯下严重罪行的战犯。我心里向往的就是脱离了后一边，丢掉这一边的身份，站到前一边，即"对的"那一边来。这是我经过十年来的思索，找出的唯一道路。

十年来的经历和学习，使我弄清了根本的是非。这十年间，抗美援朝的胜利，日本战犯的认罪，中国在外交上的胜利和国际声誉的空前提高，国家、社会、民族的变化，包括我的家族以及往最小处说，例如我自己体质上的变化，这一切奇迹都是在共产党——十年以前我对它只有成见、敌意和恐惧——的领导下发生的。这十年来的事实以及一百多年的历史，对我说明：决定历史命运的，正是我原先看不起的人民；我在前半生走向毁灭是必然的，我从前恃靠的帝国主义和北洋反动势力的崩溃也是必然的。我明白了从前陈宝琛、郑孝胥、吉冈安直以及神仙菩萨所不能告诉我的所谓命运，究竟是什么，这就是老老实实做一个自食其力、有益于人类的人。和人民的命运联结在一起的命运，才是最好的命运。

"哪一方面是对的，便站到哪一方面去。"

这是需要勇气的。特赦令给我鼓起了勇气。而且对每个人都一样。

我们学习、劳动更起劲了。许多人等待着下次的学习评比。食品加工组做出的豆腐又白又嫩，畜牧组的猪喂得更上膘了，我们医务组消除了任何差误，甚至连大下巴也老实起来，没跟人吵过嘴。

又一个多月过去了。一天晚上，副所长找我谈话，谈起特赦问题，问我："这两个月你怎么想的？"

我把我前面想的说了，并且认为有几个人改得不坏，我举出了畜牧组的、食品加工组的，以及上次学习评比得奖的几个人。

"你现在比较容易想到别人的长处了。"副所长笑着说，"如果特赦有你，你如何想呢？"

"不可能的。"我笑笑说。

不可能的。我回到屋里还是这样想。"如果……有呢？"一想到这里，我忽然紧张起来。后来想，将来会有的，还要一个相当长的时间。总之，希望是更大了。我不禁幻想起来，幻想着我和老万、小瑞他们一样，列身在一般人之间，做着一般人的事，我幻想着可能由劳动部门分配到一个医疗单位，当一名医务助理员，就像报上所描写的那样……但是，这是需要一个相当长的时间的，需要等到人民批准了我，承认我是他们中间的一分子。想着未来的幸福，我几乎连觉都睡不着了。

第二天，得到了集合的通知，我们走进了俱乐部大厅，迎面看见了台上的巨幅大红横批，我的呼吸急促了。横批上写着的是："抚顺战犯管理所特赦大会"。

台上坐着最高人民法院的代表、两位所长和其他一些人。台下是静悄悄的，似乎可以听见心跳的声音。

首长简短地谈了几句话之后，最高人民法院的代表走到讲台当中，拿出一张纸来，念道：

"爱新觉罗·溥仪！"

我心里激烈地跳动起来。我走到台前，只听上面念道：

中华人民共和国最高人民法院特赦通知书

遵照一九五九年九月十七日中华人民共和国主席特赦令，本院对在押的伪满洲国战争罪犯爱新觉罗·溥仪进行了审查。

罪犯爱新觉罗·溥仪，男性，五十四岁，满族，北京市人。该犯关押已经满十年，在关押期间，经过劳动改造和思想教育，已经有确实改恶从善的表现，符合特赦令第一条的规定，予以释放。

中华人民共和国最高人民法院

一九五九年十二月四日

不等听完，我已痛哭失声。祖国，我的祖国啊，你把我造就成了人！……

十三　告　别

同所被特赦的连我一共十个人，伪满的是郭文林和我，国民党的是周振东、孟昭瀛、唐曦、白玉昆、赵金鹏、杜聚政、业杰强、贺敏等八人。我们暂时要搬到指定的一间空屋里，等候出发。这天晚上，我们伪满的四所开了晚会，第二天，全所又开了一个送别大会。会后在欢声中，国民党战犯把被特赦的八个人高高举起，又向上扔了去，我和郭文林也被伪满的如法炮制一番，大厅里响起了震动屋宇的欢笑声……

下午，代理所长召集我们开了个座谈会。所长说："你们学习了十年，这期间社会起了很大变化，你们不熟悉了，不妨稍住几天，先了解一下再走。当然，愿意马上走的也可以，愿意先参观一下的就留一留。"所长又说，所里正在给我们准备车票，每人都发给回家的路费和路上零用钱，到了家乡，都给安排职业，没有家的愿意留在当地的就给安排在当地工作。到了家里如果有什么困难不好解决，愿意回来的也可以到抚顺就业。有人说，他在所里的电机厂学会了电机制造，对车床也熟悉了，要求就留在电机厂工作。所长说："你是有家的，还是应该回家，至少看看。如果觉得那里不合适，你再回来，给你在抚顺安排一个电机生产的工作。"说到这里，所长又谈起回到家乡可能遇到的问题，说：

"我建议你们，回到家里，先向家乡的人们道个歉，因为你们过去对不住他们。你们道了歉，他们会原谅你们的，也会相信你们已经改好。即使一时还有人怀疑，只要你们用事实表现，怀疑也会消除的。"

"回到自己家里，自然要明白，家庭是个新的家庭，旧的家长制度没有了，不能再拿出旧日的家长态度了。要和睦，互相帮助。"

"你们在这里十年，现在要走了，对管理所有什么意见，也希望你们提给我们，这对我们改进工作是有好处的……"

他的话没完，我们就七嘴八舌地说了，我们没有任何意见，只愿多住几天，听所长再多和我们谈谈，到社会上去要怎么办？我们都成了刚学走路的孩子了……

"我已说了不少了。"所长微笑着，然后又严肃地说："我最后要说的就是：希望你们珍惜自己的新的生命，新的灵魂。改造是长期的，在生活的道路上，每个人都不断地要受到考验，在考验中，或者前进，或者后退。自满，永远是前进的敌人。"

这天晚上，所长又把溥杰叫来，让我们在分别前多聚一会儿。过去的日子对我们都像噩梦一样，那叫什么手足啊！只有这几年，我们才有了真正推心置腹的谈心。我们这次又谈起了他的家庭问题，子女问题。可是在十几年前，我防备着他，他的事也瞒着我……

八日早晨，我们都理了发，领到了零用钱，整理了行装。这时所长拿了一只怀表给我，这是我那堆"赃物"里的东西，我一眼便看了出来。我不肯接受它。所长说，"这不是发还，这是人民交给你的，你今后工作和生活，都是需要它的。"这只法国金表，就是我逃进日本使馆前夕，由庄士敦陪我在东交民巷一家商店里买的。它第一次来到我的手里，是我开始走上投敌叛国的最初道路的时候，第二次又回到我手中来，则是我新的生命的开始。

所长和学习主任陪我们登上了去沈阳的火车。这是我第一次和劳动者坐在一起。这是我和人民在一起的生活开始了。在开始的最初几分钟里，就遇上了一件难忘的事。

我的后座上坐着一位中年妇女，带着一个八九岁的女孩。这个女孩似乎在发烧，显得很不舒服的样子，有人把座位让出来，情愿站着，给女孩子好躺下来。有人关心地询问她的孩子是什么病。经那中年妇女一说大家才明白，她们并非是母女，而是师生。中年妇女是车站附近一个学校的教师，那女孩是她的学生。在上课的时候，女孩突然感到肚子疼，卫生人员担心是阑尾炎，建议到沈阳去检查。因为正好有一班车要开，不过一小时就可以到沈阳的医院，这比到抚顺医院还快些。但是孩子们的父母都在铁路上工作，去寻找已怕来不及，女教师断然做了决定，一面托人给家长送信，一面就把这件事担当起来，亲自送孩子到沈阳医院来了。

"老吾老以及人之老，幼吾幼以及人之幼"，孟子的这句话，陶渊明的"落地为兄弟，何必骨肉亲"的胸怀，在我生活着的时代都不再是空想……

我是生活在一个多么值得骄傲的社会啊！

我默默望着车窗外飞驰而过的景色，激情又从我心底升起。我看着这个赋予我这种骄傲之感的城市的景物，逐渐离我远去，让我想起过去的日子。在那里，我才懂得了什么叫人，什么叫生活，什么叫良心，什么叫是非。

在东北这块神圣的祖国土地上，我犯下了滔天的罪行，我又在这里得到祖国的宽恕和拯救，得到了新的生命。

再见吧，亲爱的抚顺，亲爱的城市和乡村。再见吧，把手伸给我的矿工！再见吧，让我初次发现天良的台山堡的农民！再见吧，平顶山的方素荣！

再见吧，为了教懂我做人而白了头发的老所长！再见吧，一切为我花费过心血的人们！

我永远不会忘记自己过去的罪恶，我一定要继续立功赎罪，为祖国和人民贡献我的一切，直到我的脉搏停止！

相信我的誓言，相信我一定会忠于我的誓言！

附　录

新的一章

列车奔驰着。外面，是白雪覆盖着的平原，光明、辽阔，正如展现在我面前的生活前程。车内，我身前身后都是普通的劳动人民。这是我平生第一次和他们坐在一起，坐在同一列客车上。我将同他们共同生活，共同建设，我将成为他们中间的一个，不，我现在就是他们中间的一个了。

在抚顺上车不久，身旁的一件事情立刻说明我是迈进了一个什么样的社会，我是列身于什么样的人之间。列车员和一位女乘客搀扶着一个小姑娘，走进我们这个车厢找座位。在我身后有个空座，空座旁的一位乘客把自己的位子一齐让了出来，给她们坐。那妇女让孩子在座位上躺好，自己侧身偎靠着她，神情十分焦灼。邻座有人向她探问，孩子是不是有病？有病为什么还要出门？那妇女的回答是出乎人们意料的。原来她是车站附近的一个小学的教师，小姑娘是她的学生，刚才在课堂上小姑娘突然腹痛难忍，学校卫生人员怀疑是阑尾炎，主张立即送医院。小姑娘的父母都在很远的铁路上工作，通知他们来带孩子去看病怕来不及，直接把孩子送到能动手术的矿上医院，也费时间，于是女教师毅然做出决定，立刻带孩子搭这趟客车去沈阳。站台人员让她先上车后补票，同时叫她放心，他们将打电话告诉沈阳照应她们。这个简单的插曲叫我想起了陶渊明说的"落地为兄弟，何必骨肉亲"的胸怀，在今天也已不是少数人的胸怀。我更想起孟子说的"老吾老以及人之老，幼吾幼以及人之幼"，这在今天也已成为现实。我现在所迈进的社会，我现在所参加的行列，原来比我所想象的更高更美啊！

十二月九日，我来到祖国的首都。这是我别离了三十五年的故乡。在辉煌壮丽的北京站台上，我看见了三年多不见的五妹和二十多年不见的四弟。我和他们紧紧地握着手，听到叫喊"大哥"的声音。这是前半生中，妹妹弟弟们从来没对我叫过的称呼。我从这一声称呼中，感到了在自己家族中也开始了新的生命。

我告别了伴随我们来的李科员，也告别了同行的老孟。老孟是我们同所的蒋介石集团的八名蒙受特赦的战犯之一（连我和前伪满将官郭文林，抚顺管理所赦出共十人）。他和前来迎接的妻子走了。四弟给我提起那只黑皮箱，五妹和老万走在我两旁，我们一起走出站台。在站外，我对着站台大钟，掏出我的怀表。离开抚顺前，所长从我献交给政府的那堆东西里面拣出这只表，叫我收下，我说这是我从前用剥削的钱买的，我不能要。所长说现在是人民给你的，你收下吧！这是我在一九二四年从父亲家里逃入东交民巷那天，为了摆脱张文治，在乌利文洋行想主意时买的那只法国金表。从那一刻起，开始了我的可耻的历史。如今，我让它也开始一个新生命，用北京的时间，拨正了它的指针。

所长发给我这只表的那天，对我们蒙赦的十个人说，你们回到了家，见了乡亲们和家里的人，应该给他们道个歉，因为过去对不起他们。他说："我相信，家乡的人会原谅你们，只要你们好好地做人，勤勤恳恳地为人民服务。"我到了五妹和老万的家里，所长的话完全证实了，同院的每个人对我都是和蔼可亲的。第二天早晨，我很想和这些邻居们一起做点什么，我看到有人拿着笤帚去扫胡同，就参加了打扫。我一直扫到胡同口，回来的时候，找不着家门了，结果走进一个陌生的人家。这家人明白了是怎么回事，便十分热情地把我送了回来，并且告诉我用不着道谢，说"咱们还是街坊，就不是街坊，新社会里帮这点忙又算什么呀！"

我还见到了七叔七婶，堂兄堂弟和妹妹、妹夫们。我从七叔这里知道了家族最新的兴旺史，知道了他在人民代表大会上关于少数民族地区视察情况的发言。我听到了忻大哥的古琴，看到了他给我写的字。他的书法造诣确实又达到了新的水平。我还欣赏了個五哥的花鸟新作。我去看了二妹，这时她已办起了街道托儿所，据现任邮电部门工程师的二妹夫说，二妹现在忙得连头晕的老病也没有了。三妹夫妇，四妹、六妹夫妇，七妹夫妇，我也都看到了，三妹夫妇在区政协正参加学习，四妹在故宫档案部门工作，六妹夫妇是一对画家，七妹夫妇是教育工作者。更激动人心的则是第二代。过春节的那天，数不清的红领巾拥满了七叔的屋里屋外。在已经成为青年的第二代中，我见到了立过功勋的前志愿军战士、北京女子摩托车冠军、登山队队长、医生、护士、教师、汽车司机。更多的是正在学着各种专业的和读着中学的学生。这里面有共产党员，共青团员，而其余的人无一例外都在争取获得这个光荣的称号。这些成长起来的青年，又是那些戴红领巾的弟弟妹妹们心目中的榜样。

我还会见了许多旧时代的老朋友。商衍瀛在卧榻上和我见了面。他是文史馆的馆员，因为老病，说话已不清楚。他见了我，面容似乎还有点拘谨的严肃，挣扎着要起来。我拉着他的手说："你是老人而且有病，应该躺着休息。我们是新社会的人，现在的关系才是最正常的关系。等你好了，一块为人民服务。"他脸上拘谨的神色消失了，向我点头微笑，说："我跟着你走。"我说："我跟着共产党走。"他说："我也跟着共产党走。"我更见到了当过太监的老朋友，知道了他们许多人的近况。他们正在民政局为他们专办的养老院中安度晚年。

我第一天见到的人差不多都说："你回来了，要到各处去看看，你还没逛过北京呢！"我说："我先去天安门！"

天安门广场，我是早已从电影、报刊以及家信中熟悉了的。我从银幕上看到过举着各项建设成绩标牌的游行队伍，在这里接受毛主席的检阅；我还看到过这里节日的狂欢活动。我从报刊上还看到过交通民警在这里领着幼儿园的孩子们过马路，看到过停在这里的"红旗"牌和"东风"牌小轿车。我知道了人民大会堂的巨大工程，是在十个月之内完工的，知道了来自世界各国的外宾在这里受到了什么样的感动。今天，我来到了这个朝思暮想的地方。

在我面前，巍峨的天安门是祖国从苦难到幸福的历史见证，也是旧溥仪变成新溥仪的见证。在我左面，是庄严壮丽的人民大会堂，祖国大家庭的重大家务在那里做出决定，其中也有使我获得了新生的决定。在我右面是革命博物馆，在我后面矗立人民英雄纪念碑，它们告诉人们，一个多世纪以来有多少英雄烈士进行了什么样的艰巨斗争，才给我们争得了今天的果实，而我也成了其中的一个分享者！

在天安门广场上，我平生第一次满怀自由、安全、幸福和自豪地散着步。

我和五妹、俭六弟缓步西行。走到白身蓝顶的民族文化宫的时候，五妹关心地说："大哥累不累？这是头一回走这么多路吧？"我说："不累，正因为是头一回，特别不累。"

"头一回"这三个字充满了刚开始的新生活中。"头一回"是很不方便的，但我只觉得兴奋，并不因此有什么不安。

我头一回到理发店去理发——严格地说，这是第二次，因为三十多年前我在天津中原公司理过一次，但是这一次在理发店遇到的事还是头一回。我一坐上座位，就发现了在哈尔滨百货店里看到过的叫不出名称的东西。我问理发员，旁位上呜呜响的是什么，他说："吹风。"我问："先吹风还是先理发？"他一听，怔住了："你没理过发吗？"他还以为我开玩笑哩！后来弄明白了，我们都不禁大笑起来。等到我头上也响起了那呜呜之声时，我心里更乐了。

我头一回坐公共汽车，给俭六弟造成了一场虚惊。我排队上车，看到人们让老人小孩先上，我也把身旁一位妇女让了上去，却不知这是位售票员。她看我不上，就跨上了车，车门随着关上，车子也开走了。过了一会儿，俭六弟从下一站下了车跑来，我们俩离着还老远就彼此相对大笑起来。笑过之后，我信心十足地对他说："不用担心，决出不了事！"在这么多人的关怀下，我有什么可担心的呢？就在这天上午，我从三妹家附近一个商店里，刚找回来昨天丢在那里的一个皮夹子。难道我这个人还会丢了吗？

北京市民政局为了帮助我们了解北京，熟悉生活，组织了特赦后住北京的一些人，包括从前的国民党将军杜聿明、王耀武、宋希濂等人，进行了一系列的参观。我们看了一些新建的工厂、扩建的各种公用事业以及城市的人民公社等单位，历时约两个月。最后，经同伴们的请求，游了故宫，由我临时充当了一次解说员。

令我惊异的是，我临离开故宫时的那副陈旧、衰败的景象不见了。到处都油缮得焕然一新，连门帘、窗帘以及床幔、褥垫、桌围等等都是新的。打听了之后才知道，这都是故宫的自设工厂仿照原样重新织造的。故宫的玉器、瓷器、字画等等古文物，历经北洋政府和国民党政府以及包括我在内的监守自盗，残剩下来的是很少了，但是，我在这里发现了不少解放后又经博物院买回来或是收藏家献出来的东西。例如，张择端的《清明上河图》，是经我和溥杰盗运出去的，现在又买回来了。

在御花园里，我看到那些在阳光下嬉戏的孩子，在茶座上品茗的老人。我嗅到了古柏喷放出来的青春的香气，感到了这里的阳光也比从前明亮了。我相信故宫也获得了新生。

一九六〇年三月，我被分配到中国科学院植物研究所的北京植物园，开始了每天半日劳动、半日学习的生活。这是我走上为人民服务岗位前的准备阶段。在技术员的指导下，我在温室里学习下种、育苗、移植等工作。其余的半天有时学习，有时进行这本书的写作。

我在前半生中，不知"家"为何物。在抚顺的最后几年里，我开始有了"家"的感觉。到了植物园不久，我觉得又有了第二个"家"。我处在自上而下互助友爱的气氛中。有一次我从外面游逛之后回来，发现那只表不见了，不免十分惋惜，觉得在这么长的路线上，无法去寻找，只好作罢。同屋的总务员老刘知道了这件事，他本来正该休息，连休息也忘了，问清了我游逛的路线，立刻就出去了。许多人都知道了这件事，休息着的人都去找表，我被弄得很不好意思。后来老刘从四季青人民公社一个大队的食堂前找到了它，非常高兴地拿了回来。这时，我觉得我接过来的不是一只表，而是一颗火热的心。

这年的夏季，植物园里建立了民兵，每天进行操练。我报名参加，别人都说我年岁超过了标准。我说："作为祖国大家庭的一员，我也应当站在保卫祖国的岗位上。"后来人们被我说服了，我参加了操练，当上了一名超龄民兵。

我站在植物园的民兵排里，心里想着我们的队伍有多大。这里是几十个人，但整个民兵队伍却是若干若干万。我想，我什么时候才可以列入那个像洪流的队伍中，在天安门前经过呢？

这个愿望很快得到了实现。我参加了支援日本人民反对"日美安全条约"斗争的千百万人的队伍。这不仅是一百万，而是全世界参加共同斗争的千百万人的一部分。我们高声呼着口号，走过了天安门。在天安门上刻着我们的心声：

"中华人民共和国万岁！""全世界人民大团结万岁！"

从此我开始了社会活动。从这些活动中，我感觉到自己同全国人民，全世界争取和平、民主、民族独立和社会主义的人民连在一起了。

一九六〇年十一月二十六日，我拿到了那张写着"爱新觉罗·溥仪"的选民证，我觉得把我有生以来所知道的一切珍宝加起来，也没有它贵重。我把选票投进了那个红色票箱，从那一刹那起，我觉得自己是世界上最富有的人。我和我国六亿五千万同胞一起，成了这块九百六十万平方公里土地上的主人。从这块土地上伸向世界各地被压迫人民和被压迫民族的手，是一只巨大的可靠的手。

一九六一年三月，我结束了准备阶段，走上了为人民服务的正式岗位，在全国政协文史资料研究委员会担任专员职务。我做了一名文史工作者。

我参加的这部分工作是处理清末和北洋政府时代的文史资料。我在自己的工作中，经常遇到我所熟悉的名字，有时还遇到与我的往事牵连着的历史事件。资料的作者大多是历史事件的亲历或目击者。对这段时期的历史来说，我和他们都是见证人。我从丰富的资料中，从我的工作中，更清楚地看出时代的变化。那些被历史所抛弃的人物——叶赫那拉氏（慈禧）、袁世凯、段祺瑞、张作霖等等在当时似乎是不可一世的，被他们宰割压榨的人民似乎是无能为力的。像胡适之流的文人们曾为他们捧场，遗老、遗少们曾把复辟幻想寄托在他们身上，而他们自己更自吹为强大，认为他们背后的列强是永远可恃的依靠。但是，他们都是纸老虎，终于被历史烧掉了。历史，这就是人民。"看起来，反动派的样子是可怕的，但是实际上并没有什么了不起的力量。从长远的观点看问题，真正强大的力量不属于反动派，而是属于人民。"我的经验使我接受了这项真理，我的工作使我更加相信了这项真理。我还要通过我的工作和我的见证人的身份，向人民宣扬这项真理。

我在工作之余，继续写《我的前半生》。

为了写作，我看了不少资料。我的工作单位给了我种种便利，供给我许多宝贵的文史资料，我在许多外界朋友的热情帮助下看到了许多图书、档案部门的宝贵材料，得到了许多专门调查材料。有的材料是不相识的朋友给我从珍贵的原件中一字一字抄下来的，有的材料是出版界的同志给我到远地调查核实的，有的材料是几位老先生根据自己的亲历目击认真回忆记录下来的。有不少难得的资料则是档案、图书部门提供的。特别要提到的是国家档案馆、历史博物馆、北京图书馆和首都图书馆的同志特意为我设法寻找，以及专门汇集的。我受到这样多的关怀和支援很感不安。其实，这在我们的国家里，早已是平常的现象了。

在我们的国家里，只要做的是有益于人民的事情，只要是宣扬真理，就会得到普遍的关心和支持，更不用说党和政府了。

我的写作也引起了许多外国朋友的兴趣。曾有许多外国记者和外国客人访问过我，问我前半生的经历，特别注意打听我十年来的改造情形。一位拉丁美洲的朋友对我说："从这件事情上，我又一次感到了毛泽东思想的伟大。把你的事情快些写成书吧！"一些亚洲的朋友说："希望你这本书的英文版出版后立刻送我一部，我要把它译成我国文字，让我国人民都看到这个奇迹。"

一九六二年，我们对来自国内外的困难所进行的艰巨斗争，取得了辉煌的成就。这一年对我来说，还有更多的喜事临门。四月间，我被邀列席人民政协全国委员会，并旁听了全国人民代表大会关于祖国建设的报告。五月一日，我和我的妻子李淑贤建立了我们自己的小家庭。这是一个普通的而对我却是不平凡的真正的家庭。

这就是我的新的一章。我的新生就是这样开始的。看看我的家，看看我的选民证，面对着无限广阔的未来，我永远不能忘记我的新生是怎样得到的。

我在这里要补充一段，关于给我新生命的伟大的改造罪犯政策的故事。用我瑞侄的话说："这不写到书里是不行的。"

一九六〇年夏天，我和小瑞游香山公园，谈起了我们每个人最初的思想变化，哪一件事引起了思想的最初震动。

小瑞先谈了小固和小秀。据他知道，小固在绥芬河车站上发现中国列车由中国司机驾驶，感到了第一次的震动，小秀则是从沈阳车站上群众对一个失掉一只手的女工的迎接，感到过去自己生活的无味。说到他自己，他说："我难忘的事情很多。第一件事是我刚干活不久，有一回揩窗子打破了一块玻璃。玻璃掉在地上，看守员听声就跑来了，我吓得要死，谁知他过来问我：你伤着了没有？我说人没伤，可是玻璃破了。他说，玻璃破了不要紧，下次留神，别伤着人。"

"这类事我也遇到过。"我说，"可是对我说来，最初我最关心的是生死问题，是宽大政策对我有无效验的问题。让我最初看到生机的，从此一步步看到希望的，是交出了那箱子夹底的东西后，受到了出乎意料的宽免。说起这个，不能不感激你的帮助。"

"我的帮助？"小瑞睁大了眼睛，"你还不知道那是怎么回事吗？难道所长没跟你说吗？"

"说过这件事。检举认罪时，因为小固质问，我在大会上交代之后，向所长做了检讨，过了年，我又向所长说，我交东西的时候没敢说收过你的纸条，是因为怕你受处分。所长说，这件事他全知道，是他让你写那纸条来帮助，以便促使我主动交代。这是所长的苦心，但也有你的帮助啊！"

"这么说你还不知道其中详细情形。你根本不知道，写那纸条本来是不合我心意的，我的意思是搜查你，没收东西，好好惩罚你一下。可是……这件事我得告诉你，这不写到你的书里是不行的！"

这件事的详细过程，我这时才明白。原来小瑞早就向所方谈出了我的箱底的秘密，要求所方搜查没收。所长却不这么干，他说："搜查是很容易的，但这并不见得利于他的改造。等等吧，搜查不如他自动交代，要他自觉才好。"以后等了好久，小瑞又找所长谈，要求搜查。所长说，每个人思想发展速度不同，不能急。共产党人相信，在人民掌握的政权下，大多数罪犯是可以改造的，但每人有每人的过程。问题不在于珠宝和监规，而是要看怎样更利于对一个人的改造。所长说："你要知道，由于他的特殊身份，他很难立即相信政府的坦白从宽的政策。如果我们去搜查了他，这就是让他失去了一次体验政策的机会。还是把主动让给他吧！你着急搜查，不如用用脑子设法来促进他自觉。"结果，就想出了由他写纸条给我的办法。纸条递出之后，多日不见动静，小瑞又急了，对所长说："溥仪这人至死不悟，既然毫不自觉，为什么不搜他？"所长说："原来不能着急，现在更不能着急。"后来的情形就是那样，结果是我着急了，交出了那批东西。我从那时开始看到了一条新的出路。

"从那时起，我就明白了，政府是坚定地相信多数人可以改造的。"小瑞激动地说，"你自己知道，那时你还一个劲儿地对抗、欺骗，可是所方早知道了你那些事。我们几个人还在检察人员到来之前，全都告诉了政府！可是从那时起，所方就相信你是可以改造的，就为你的学习、改造操着心了。"

我站在香山的山腰上，遥望太阳照耀着的北京城，我心中十年来的往事又被一件件勾起。我想起老所长的花白头发，年轻的副所长的爽朗语音，我想起了每位看守员，每位大夫、护士，每位所方人员。在我欺骗他们的时候，在我用各种可耻的方法进行对抗的时候，在我完全暴露出自己的无知、无能、愚蠢的时候，在我对自己都已感到绝望到极点、不能活下去的时候，他们，这些共产党人，始终坚定地相信我可以改造，耐心地引导我重新做人。

"人"，这是我在开蒙读本《三字经》上认识的第一个字，可是在我前半生中一直没有懂得它。有了共产党人，有了改造罪犯的政策，我今天才明白了这个庄严字眼的含义，才做了真正的人。

从我的经历揭露日本军国主义的罪行
——纪念"九一八"事变三十周年[1]

"九一八"三十周年快到来了。我回首往事,百感交集。感谢中国共产党、人民政府和祖国人民对我的宽大处理和教育改造,使我走上新生的道路。

今天,当"九一八"三十周年纪念日快到来的时候,我追忆自己过去背叛祖国的行为,真是感到无比的痛心和羞愧。"九一八"事变发生后不久,我到了被日本帝国主义者所侵占的祖国的东北,在日本帝国主义的操纵下成立了伪"满洲国"政权,以后又当了傀儡"皇帝"。回想起当年日本军国主义分子侵略中国的滔天罪行,特别使我愤慨的是,当年曾经给中国人民、日本人民和亚洲人民带来深重灾难的日本军国主义势力,现在在美帝国主义的扶植下又死灰复燃、重新抬头了!因此,我想通过自己的亲身经历,来揭露日本军国主义的狰狞面目和血腥罪行。

"九一八"事变是怎样发生的呢?日本军国主义分子为了抵赖他们的侵略罪责,一直咬定说:由于中国军队当时在柳条沟爆破了日本经营的铁路,因而迫使日本军队不得不采取"自卫"手段。

多么无耻的谎言啊!很多日本战犯后来在他们的供词中已经供认,当时占领我国的东北是日本军国主义分子既定的"国策",所谓"柳条沟爆破事件",只不过是日本侵略者为了出兵的借口而制造出来的。我个人的遭遇,也可以充分证明这一点。

记得是在一九三一年夏季,当时我住在天津。我的弟弟溥杰正在

---

[1] 原文发表于 1961 年 9 月 17 日的《人民日报》第五版。

日本东京读书，因为放暑假就回国了。他告诉我，在他回国之前，曾经在日本天津驻屯军司令部任职的吉冈安直中佐邀他到鹿儿岛去玩，临别时并且神秘地对他说："你回到天津之后，请对令兄说，现在张学良搞得实在太不像话了，也许就会发生什么事情也未可知。请令兄多加保重罢！他不是没有前途的！"这是什么意思呢？很快真相就大白了。就在一两个月以后，"九一八"事变爆发了，日本军国主义出兵东北。而在这不久以后，日本关东军司令部参谋板垣征四郎的亲信上角利一给我带来了当时已经投降日寇的大汉奸熙洽的一封信，劝我"速赴东北主持大计"。接着，臭名四溢的日本大特务土肥原贤二又以让我主持一个"新国家"等等甜言蜜语为诱饵，把我骗到了东北。难道"九一八"事变像日本军国主义分子所说的那样是什么"偶然事件"吗？不，决不！从以上一系列事实里，就可以清楚地看到，制造事变作为借口而出兵占领我国东北，这是日本军国主义分子处心积虑地经过周密布置然后采取的行动。

占领我国的东北然后进一步鲸吞中国，这是日本军国主义由来已久的野心。早在十九世纪末叶，日本军国主义分子就不断叫嚷中国的东北是日本的"生命线"，并且日益嚣张地在东北扩展他们的侵略势力。一九二七年的所谓"田中奏折"更是赤裸裸地暴露了日本军国主义的侵略野心。这个"奏折"明目张胆地写道："欲征服中国必先征服满蒙，而欲征服世界就必须征服中国。"正因为这样，他们长时期来一直在中国物色和豢养能够为他们的侵略政策效劳的对象。而我，一个已经被人民赶下台来但是又怀着"重建祖业"这种复辟思想的清朝逊帝，也就成为中选的人了。

在清朝被推翻以后，日本军国主义者就把郑孝胥、罗振玉这一类封建余孽抓在他们手里。一九二四年，当我被驱逐出原来的皇宫以后，日本军国主义者马上通过这帮"遗老"的牵线，把我包围起来——先是在北京的日本公使馆，后来又迁到天津的日本租界。日本军国主义分子对我还进行了一系列的训练工作。一方面，他们口口声声地把我叫作"皇帝"，让我在公使馆和租界里"开疆辟土"建立一个空头的"清宫小朝廷"，并且千方百计地利用和挑动我的复辟思想，使我日益与祖国人民对立。例如，日本的一个"华族"（"明治维新"后的贵族）水野子爵当时就曾送我一把扇子，上面别有用心地题上"天莫空勾践，时非无范蠡"这样两句诗，暗示我要"卧薪尝胆"待机东山再起。另一方面，历任日本天津驻屯军参谋都定期给我"讲解"国内外形势，每逢日本军队检阅时都要让我去参加，向我灌输日本"皇军"实力强大、天下无敌的思想，使我养成根深蒂固的崇日恐日心理。这一切，显然就是为了让我在"九一八"事变以后去东北"主持大计"而做的准备工作。

谈到我在东北"主持"的"大计"，真可以说是历史上最可耻可鄙的丑剧之一。

尽管土肥原贤二曾经向我一口保证，"在东北成立'新国家'后，日本一定尊重其领土主权；一切都可以由你自主。"可是，我一到东北，日本军国主义者就露出了真正的脸色。日本关东军司令官本庄繁派他的参谋板垣征四郎正式通知我，要我当所谓"满洲国"的"执政"；同时还斩钉截铁地说，这是一个包括满、汉、蒙、日、朝五个民族的"新国家"，日本人也要在这个"国家"里充当官员。不但如此，这个"国家"的所谓"首都""国旗"以及"政府"的班底，也早由关东军司令部一手安排好了。

就在这种情况下，伪"满洲国"在一九三二年三月成立，我当了伪"执政"，一九三四年三月一日我又在日本主子的首肯下成了伪"皇帝"。十四年中，我所需要做的事就是：在日本关东军司令部替我拟订好的卖国条约或者"诏书"上签名，按照日本关东军司令部替我写出的台词发言……为了使我的一言一行都不至于稍违日本主子的意志，日本关东军的参谋吉冈安直——也就是前面谈到的那个从鹿儿岛给我带来"好消息"的人——从一九三四年开始十年来一直以"皇室御用挂"（即"皇帝"的私人秘书）的身份，几乎寸步不离地"监护"着我。他曾经用严厉的口吻告诫我说："日本天皇陛下就是你的父亲，关东军是代表日本天皇的，所以，你得事事听它的话！"

至于伪"满洲国"的各级"政府"，不消说情况也是完全一样。在名义上，最高行政机关是伪"国务院"，伪"政府首脑""国务总理"由中国人担任；但是实际上，一切权力由"国务院"下的"总务厅"掌握，而"总务厅长官"必须由日本人担任。"国务院"各部都有一名日本"次长"，伪"大臣"完全听命于这些"次长"，伪"国务院"的"各部联席会议"（即总务厅次长会议）要讨论一切事宜，都必须等待"次长联席会议"先做出决定才行。在伪地方"政权"中，省有日人的"副省长"，县有日人的"副县长"，来主持一切。总之，当年在祖国的东北，从上到下，完全是日本侵略者在发号施令。

说来也骇人听闻，日本军国主义者在"承认"这样一个傀儡"政权"时，还乘机勒索了惊人的代价。一九三二年二月我刚当上伪"执政"，日本关东军司令官本庄繁就通过郑孝胥之手，要我签订一张卖国密约。根据这张条约，伪"满洲国"要把所有矿山、港湾、航运、铁路等方面的权利完全"奉献"给日本侵略者，要把大量最肥沃的土地交给日本帝国主义者作移民之用；在所谓"日满经济同盟"的名义下，伪"满洲国"的经济完全要由日本垄断资本来控制；在聘请日本人充当"最高顾问"的名义下，伪"满洲国"要把一切行政权力交给日本军国主义者掌握。总之，祖国东北的一切，从天上到地下，从政治到经济，在这张密约中都卖尽送绝了。比起袁世凯所签订的遗臭万年的二十一条卖国条约来，我所签订的这张卖国条约真是有过之而无不及啊！而在这以后不久，新任日本关东军司令官兼驻伪满大使武藤信义又和伪"满洲国""国务总理"郑孝胥签订了所谓"日满议定书"，把卖国密约进一步具体化了，并且以"日满共同防卫"的名义承认日本军国主义在东北永远驻兵的权利。

　　但是，这一切还不能满足日本军国主义者对中国东北的侵略野心。他们妄图使东北彻头彻尾地变成日本的一部分。由日本关东军司令部派来做我的"监护人"的吉冈安直一再"劝说"我和日本女子结婚，并且要求我：如果今后我有了儿子，养到五六岁时就必须送到日本去留学。这种行动都是有阴险的政治目的的。在我弟弟溥杰结婚后不久，伪满政府就制定了一个"帝位继承法"，规定"皇帝死后由其子继之，无子时以其孙继之。无子和孙时以其弟继之。无弟则以其弟之子继之。"原来，在这些迷信于君权皇道的日本军国主义者眼中，使伪"满洲国"的"皇室"逐步融化于日本的皇室，这是准备连伪"满洲国"的伪装形式也不要了，从形式上也完全合并于日本的一个重要步骤。不仅如此，日本军国主义者还妄想同化东北的所有中国人民。为了做到这一点，他们授意我把据说是日本皇室的祖先而后来成了神的所谓"天照大神"迎来，并且在东北各地普设"神庙"，大肆宣传"唯神之道"，强迫人民敬拜，甚至颁布刑律要惩办对"神道"犯有"大不敬"之罪的人。更毒辣的是，日本军国主义者还通过伪满文教部竭力实施奴化教育，规定日本语是伪"满洲国"的国语，日语课是从小学一年级开始就有的必学课目。在社会上也普遍推行日语，例如在伪满军队里就规定，一切官兵在训练时都得讲日语，连士兵要去大小便也必须用日语请示。总之，这些万恶的日本军国主义者采用了宗教、教育和其他各种手段，企图使东北人民逐步成为忘记自己祖先、不懂本国语言的地地道道的日本顺民。

　　在日本侵略者铁蹄的践踏下，十四年来东北人民一直生活在水深火热的灾难中。

　　日本军国主义者用了"开发""振兴"等等动听的名词，对东北的经济进行了无所不及的统制和敲骨吸髓的掠夺。祖国宝贵的资源大量被运往日本，农民收下的粮食大部被"皇军"征走，而人民则吃不饱穿不暖，呻吟在死亡的边缘。当然，在当时还能从日本军国主义者手里分得一些残羹的我，对这一点是没有什么体会的。但是，可以让一些数字和事实来说明问题。一九四三年伪"奉天省"各城市的粮食配给情况是：辽阳市最高，成年人每人每月十公斤，小孩每人每月两公斤；奉天、营口、铁岭、本溪和各县成年人都是每月七公斤；而抚顺市成年人每月六公斤，小孩每月只有一公斤。这些配给的粮食，大都是入腹后难以消化的橡子面。中国人私吃大米白面，在当时是要被当作"经济犯"办罪的。我曾经听说过这样一件事：有一个中国人因为有病而找了一些大米煮粥吃，不幸由于在路上呕吐而被日本宪兵发现了，结果坐了好久的牢，并且受到严刑拷打。

日本军国主义者为了推行移民政策，还在东北霸占大量肥沃土地，计划在二十年内从日本移民一百万户、五百万人。仅仅从一九三七年到一九三九年，就强收人民土地约三千余万垧 [1]，使得中国农民二十余万户、一百余万人失去了土地，无家可归，到处流亡。

日本军国主义者还在东北实行了劳动力统制政策，让中国人像牛马一样地供他们驱使。根据"勤劳奉公""国民皆劳"等等全民奴役的恶毒办法，整个东北从十八岁到五十五岁的人，全被统制管理起来，日本军国主义者随时可以征用。每年强征的劳工总数估计平均在二百五十万人。被抓去当"劳工"的，少吃没穿却要起早摸黑地干重活，累死的人不计其数。不但如此，被抓去为日本关东军修建军事设施的"劳工"，在完工以后还往往遭到集体屠杀。这样的事实，甚至被日本主子豢养在"深宫"之内的我也有所耳闻。有一次，伪宫内府警卫处长佟济煦悄悄告诉我说：他亲戚伪警卫官金贤有一个熟人，被日本军队抓去修筑军事要塞；完工以后，日本军队为了保守这个工事的秘密，把所有工人全都杀了，只有他亲戚的那个熟人在九死一生中逃了出来。

日本军国主义者对中国人民的生命，简直是视同草芥。从一九三二年到一九四四年，据不完全统计就以"反满抗日"的罪名杀害了爱国人

---

[1] 旧时土地面积的单位，各地有所不同，东北地区一垧合一公顷。

民六万七千多人。至于集体屠杀、秘密屠杀中的受害者，更是不胜其数了。当我成为战犯而到抚顺参观时，就听到人们叙述一九三二年日本侵略军队在平顶山把三千居民驱聚在一起而用机枪全部杀害的血腥惨案的事实。

日本军国主义者在东北干下的罪行真是罄竹难书。然而，身受日本军国主义者之害的又何止是东北三千多万人民呢？正如"田中奏折"中所暴露的，日本军国主义的野心是要征服整个中国和向世界各地进行侵略，占领东北不过是第一步而已。因此，他们不仅把东北作为掠夺资源、榨取利润的殖民地，而且还把东北作为进一步发动侵略战争的军事基地，为日本军国主义提供炮灰、军需品。一九三七年，就是利用东北这个基地，日本军国主义者发动了全面侵略中国的战争。在八年中，使祖国一千多万同胞牺牲了，损失了五百亿美元财产。接着，印度支那、缅甸等很多东南亚国家也都受到日本军国主义者的蹂躏。

中国人民和亚洲人民永远不能忘记也不会忘记这场可怕的灾难。当然，罪魁祸首是日本军国主义者；至于日本人民，他们正如同中国人民和亚洲人民一样，也是日本军国主义的受害者。他们在国内受到了残酷的剥削和压迫，不少人又被迫走上战场，而在侵略战争中丧失了生命。我在当傀儡"皇帝"的时候当然不能理解这一点，但是也有一次遭遇使我接触到这样的事实。这是在一九四五年，日本军国主义者临近失败的时候，当时日本关东军中的一批"肉弹"被调到东南亚战场去。这里需要说明，所谓"肉弹"，是日本军国主义者创造的一个血淋淋的名词，意思就是这些士兵应该用自己的血肉之躯向敌人的堡垒、坦克作舍命的进攻，或驾着飞机冲撞敌人的军舰。由于被当作"肉弹"的士兵不愿意去送死，关东军司令部就指定我这个傀儡"皇帝"为他们送行以"鼓舞士气"。我在奉命而去的时候，发现那些士兵的脸上充满了悲惨凄凉的神情，有些人甚至忍不住在潸然掉泪。当时我已经暗暗感到有一种说不出的沉重空气在压迫着我。现在回想起来，我就比较能理解这些日本士兵的感情了。

在谈到这一切的时候，我痛切地感到：日本军国主义对人类意味着多么巨大的灾难；展开反对日本军国主义复活的斗争在今天是多么的必要。

在第二次世界大战中遭到覆灭的日本军国主义正在复活，这是铁一般的事实。看，不少过去曾经欠下中国人民血债的罪犯，不是又在嚣张一时了吗？吉田茂，当年我进天津日本租界时的日本驻天津总领事，在田中内阁时曾经以外务次官的职衔行使外务大臣的权力，是推行"田中奏折"中规定的侵略方针的一员急先锋。岸信介，过去被称为"满洲五巨头"之一，曾经在伪满任"产业部次长"和伪总务厅次长，大量掠夺中国东北的物资。这两个战犯，战后都先后当了日本首相，竭力推行复活军国主义的政策，下台后仍然在为加强日本军国主义势力而奔走呼号。至于过去是关东军中的要员，而今天又成为日本重新武装的骨干，更是不乏其人。

特别值得注意的是，日本军国主义者侵略中国的野心，在今天又开始暴露了。池田政府不是在叫嚷什么"台湾归属未定"吗？外相小坂不是公然表示要"支持自由台湾"吗？卖国贼廖文毅不是被豢养在日本准备作为建立所谓"台湾独立国"时所用的傀儡吗？这和当年日本军国主义者主张"满洲独立"和把我豢养起来作为建立伪"满洲国"时所用的傀儡，手法如出一辙。

今天，日本军国主义是在美帝国主义的扶植和支持下复活的。记得我被拘留在苏联的时候，一九四六年八月曾经到日本东京远东国际军事法庭给日寇侵略我国东北的战犯裁判做证。当我揭露日本战犯罪行的时候，往往有些美国籍的律师就露骨地袒护日本战犯而对我大加训斥。有一次，一个美国籍律师甚至对我咆哮着说："你说日本战犯犯了罪，可是你不也是对中国犯下了罪吗？你将来回国后，也还是要受到中国法庭制裁的！"这番话的言外之意很清楚，就是威胁我把那些日本战犯的罪行隐瞒下来。当时我不能理解这是什么原因，现在看来就很明显了。这是因为，美帝国主义在战争一结束就打定主意，要复活日本军国主义作为在亚洲的侵略工具了！

但是，中国人民、日本人民以及全世界的人民决不允许日本军国主义再来横行逞凶了。目前的时代和三十年前的时代已经大大不同了。东风已经压倒西风，人民的力量已经压倒帝国主义力量。中国像巨人一样站起来了，中国人民完全有力量击败一切侵略者——和三十年前的情况对比，这一点使我有着多么深刻的印象和巨大的激动啊！同时，日本人民已经觉醒了。反对日美"安全条约"和反对日本军国主义复活的声势浩大的斗争向人们表明，他们再也不允许军国主义者把他们当作"肉弹"送上侵略战场了。甚至有一些当年的军事将领也认识了过去的罪恶而改变了自己的态度，像过去在日本关东军中当过参谋副长的远藤将军现在也参加了反对日美"安全条约"的斗争。

因此，在"九一八"三十周年快到来的时候，我在回顾往事之余，不禁要提醒妄图卷土重来的日本军国主义分子和他们的扶植者美帝国主义：三十年前猖狂一时的日本军国主义已经遭到了可耻的命运，你们还要重走这条老路，难道可能设想会有比他们更好的下场吗？

五十三年大事记

1906 年　出生于北京。（清廷宣布预备立宪，时间未定。萍、醴、浏大起义失败。）

1907 年　（民党于钦、廉起事失败。清廷禁在京师聚众开会演说。）

1908 年　（西太后与光绪帝死。）即皇帝位，年号宣统。（载沣以摄政王监国。清廷宣布将于宣统八年立宪。）

1909 年　（清廷罢黜袁世凯。各省成立咨议局。）

1910 年　（国民党谋炸摄政王案败露。日本灭朝鲜。资政院开院。清廷宣布提前于宣统五年开议院。）

1911 年　（黄花岗起义失败，七十二烈士殉难。）开始毓庆宫读书，受业于陆润庠、陈宝琛、伊克坦。（武昌新军起义。清廷起用袁世凯。颁布宪法信条十九条。摄政王退位。）

1912 年　隆裕太后接受优待条件，颁"退位诏"。（孙中山辞中华民国临时大总统职，袁世凯继任。同盟会改组为国民党。）

1913 年　（隆裕太后死。张勋攻陷南京，"二次革命"失败。袁世凯强迫国会选为正式总统。光绪"奉安"。）

1914 年　（袁世凯公布中华民国约法，即袁记民三约法，设政事堂，任徐世昌为国务卿。第一次世界大战开始。）

1915 年　（日本提出企图灭亡中国的"二十一条"。筹安会成立。清室表示赞成袁世凯称帝。袁世凯申令清室优待条件永不变更，定明年为洪宪元年。）

1916 年　（云南发动"护法战争"。袁世凯帝制失败后死。副总统黎元洪代理大总统。段祺瑞任国务总理。清室授陈宝琛太保，朱益藩、梁鼎芬毓庆宫行走。巴布扎布在日本军人及浪人资助下叛乱，旋平息。）

1917 年　（劳乃宣化装来京密陈联德复清之策。奕劻死。东北"黑风会"、"宗社党"在日本军人及浪人资助下叛乱，旋平息。"府院交恶"，段祺瑞被黎元洪解职。）接见陆荣廷。张勋拥扶复辟，二次"登基"，共十二天。

（黎元洪逃日使馆，段祺瑞率"讨逆军"入京。冯国璋代理总统。北京政府对德宣战。社会主义十月革命爆发。）

1918 年　（段祺瑞复任国务总理。北京政府授吴佩孚为孚威将军，张作霖为东三省巡阅使。）生母瓜尔佳氏自杀。第一次出紫禁城。（徐世昌就任总统。）

1919 年　（清室赐张宗昌"紫禁城内骑马"。）开始学英语，庄士敦任教。（五四运动发生。冯国璋死。）

1920 年　（梁鼎芬死。）

1921 年　（庄和皇太妃死。中国共产党成立。）

1922 年　（世续死。）剪去发辫。（徐世昌辞总统职。）与溥杰合谋偷运珍宝古籍出宫。（授陈宝琛为太傅，朱益藩为少保，庄士敦头品顶戴。）结婚。

1923 年　（建福宫失火。）裁撤太监。派员至日使馆慰问日本震灾，以价值三十万美元之古玩助赈。（张勋死。曹锟以重贿当选总统。）

1924 年　（中国共产党、国民党合作，改组国民党，发表"中国国民党第一次全国代表大会宣言"。议员李燮阳等提出取消优待情况。）留参与婚礼的"遗老"柯劭忞、罗振玉等十余人授南书房、懋勤殿行走，授郑孝胥及金梁内务府大臣。郑整顿内务府失败，仍回懋勤殿行走，金梁回东北。

（端康皇贵太妃死。冯玉祥倒戈入京。）接受冯军修正优待条件。迁入"北府"，旋逃往日本公使馆。（段祺瑞任临时执政。）

1925 年　（北京成立"反对优待清室大同盟"。）离日本公使馆潜往

565

天津。（孙中山在北京逝世。上海"五卅"惨案发生。康有为至天津。北京政府任张宗昌山东军务督办。清室善后委员会公布甲子复辟文证。）

1926年　（日军舰炮击大沽口国民军。北京"三一八"惨案发生。"遗老"向吴佩孚请愿恢复旧优待条件。北伐军占领长沙、岳阳、武昌，吴佩孚军全面崩溃。张作霖发表反共宣言，组织安国军政府改称大元帅。）

1927年　（康有为死。蒋介石发动"四一二"反革命叛变。日本田中组阁。王国维自杀。）

1928年　（张作霖被日本炸死。孙殿英盗掘东陵。张宗昌滦河兵败。张学良宣布东北易帜。）

1929年　送溥杰赴日本。派商衍瀛去东北活动复辟。

1930年　（载泽死。陕西大旱灾。）

1931年　（豫、皖、粤、湘、鄂大水灾。"九一八"事变。）与文绣离婚。派远山猛雄致书日相南次郎、黑龙会头山满等联络，以求援助复辟。先后秘密接见罗振玉，关东军代表上角利一及土肥原、金梁等，接受土肥原条件，与郑孝胥父子搭日轮离津赴东北。（祖母刘佳氏死。升允死。）

1932年　在长春任伪执政，定年号为"大同"。接见李顿调查团。（郑孝胥任伪满国务院总理。伪满成立协和会。武藤信义任关东军司令官兼驻满大使。武藤与郑孝胥签订"日满议定书"。）

1933年　（日本退出国际联盟。菱刈隆任关东军司令官兼驻伪满大使。熙洽纠集汉奸请愿实行帝制。）

1934年　即"皇帝"位，改元康德，吉冈安直任御用挂。（日本外务省发言人天羽发表欲独吞中国的非正式声明。南次郎继任关东军司令官兼驻伪满大使。）

1935年　（东北抗日联军发表"统一建制宣言"。）第一次访日，发表"回銮训民诏书"。（郑孝胥去总理职，由张景惠继任。溥杰就职伪满军队。中国工农红军胜利完成二万五千里长征。关内爆发"一二·九"运动。)

1936年 （日本外相广田发表对华"三原则"的演说。伪满颁布"帝位继承法"。植田谦吉任关东军司令官兼驻伪满大使。西安事变。）

1937年 （中共中央致电国民党提出实现合作抗日的主张，国民党三中全会通过接受中共提议。抗日民族统一战线形成。）封谭玉龄为"庆贵人"。（溥杰与嵯峨浩结婚。护军被缴械，警卫处长佟济煦被免职，由日人继任。卢沟桥事变，抗日战争开始。）发表第一次"时局诏书"。（意大利承认伪满。）

1938年 （希特勒德国承认伪满。日寇发动张鼓峰事件失败。郑孝胥死。抗日联军李兆麟部攻克讷河、北兴、克山。）

1939年 （张景惠在长春与日德意签订"防共协定加盟"。英法对日宣战，第二次世界大战爆发。梅津美治郎任关东军司令官兼驻伪满大使。日寇发动诺门坎事件失败。抗日联军攻破肇州、肇源的"三肇事件"震动全满。）

1940年 （抗日联军杨靖宇将军牺牲。）第二次访日，迎回"天照大神"，发表国本奠定诏书。（日满汪"宣言"公布。）

1941年 （德寇进攻苏联。日本东条内阁成立。）发表第二次"时局诏书"。

1942年 发表"建国十周年诏书"。（张景惠赴日谢恩。）谭玉龄死。（公布"国民勤劳奉公法""学生勤劳奉公法"。）给裕仁写"亲书"，称日本为"亲邦"。

1943年 封李玉琴为"福贵人"。（公布"金属类回收法"。意大利无条件投降。伪满实行集家并屯。）

1944年 （反击法西斯战争的第二战场开辟。山田乙三任关东军司令官兼驻伪满大使。）

1945年 （张景惠带三十万吨大米赴日慰问。德寇无条件投降。苏联对日宣战。）逃亡通化，第三次发"退位诏书"。（日本无条件投降。）被苏军逮捕。押往苏联赤塔。（国、共缔结"双十协定"。）

1946 年　到东京"国际军事法庭"做证。（蒋介石撕毁"双十协定"，发动对解放区军事进攻，全面内战爆发。中国共产党领导解放区人民进行自卫战争。）

1947 年　（解放战争转入战略进攻，发表"中国人民解放军宣言"。）

1948 年　（东北全境解放。）

1949 年　（中华人民共和国诞生。）

1950 年　（中苏两国政府缔结友好同盟互助条约。）押解回国，到抚顺战犯监狱。（抗美援朝。土地改革。）转移哈尔滨。（荣源死。）

1951 年　载沣去世。（镇压反革命运动。）开始值日——擦地、洗碗、分菜。第一次交代历史——自传。（三反运动。）

1952 年　第一次缝洗衣服。交出匿藏的珍宝。学习"由于封建社会，中国怎样沦为殖民地、半殖民地"。交代"九一八"事变前后与日寇勾结的历史真相。（熙洽死。）

1953 年　（新中国第一个五年计划开始执行。）第一次劳动——糊纸盒。（志愿军某军长来所讲述抗美援朝。朝鲜停战协定签字。）

1954 年　由哈尔滨迁回抚顺。学习"帝国主义论"。最高人民检察院工作团来所进行调查讯问。回抚顺后开第一次生活检讨会。（《中华人民共和国宪法》草案公布。第一届全国人民代表大会第一次会议在北京举行。）

1955 年　第一次看日本战犯演出歌舞剧。伪满战犯成立学委会。学习政治经济学、历史唯物主义。参观日本战犯运动会。开始与亲属通信。在最高人民检察院总结意见书上签字。李玉琴首次来所探望。

1956 年　（农业、手工业、资本主义工商业社会主义改造出现高潮。）参观抚顺露天、龙凤煤矿，台山堡农业社等工矿企业，市容，学校，商店。会见亲属。（全国人民代表大会常务委员会决定按宽大政策分别处理悔罪的日本战犯。最高人民检察院对日本战犯三百三十五名宣布免予起诉并立即释放。）沈阳最高人民法院军事法庭审讯日本战犯，出庭做证。（中国共产党召开第八次代表大会。）与英法记者会面。（伪满战犯第一次演出话剧"从黑暗走向光明"。）和李玉琴离婚。开始抬煤扫雪等较重体力劳动。

1957年　侄子妹夫等获释。到沈阳、哈尔滨、长春、鞍山等地参观工、矿、农、商、学等三十一个单位。（社会上开展"反右派"的斗争。）战犯改造学委会成立，溥杰当选学委委员。满族参观团来所。伪满战犯分组学技术：参加医务室学中医。（臧式毅死。）

1958年　（第二个五年计划开始执行。）看国民党战犯演出新京剧"三十年如一梦"。（中共八大第二次会议制定了建设社会主义总路线的方针。）参观抚顺大跃进展览馆等三个展览会。战犯电机工厂开工。（中共中央扩大会议通过关于在农村建立人民公社的决议。）张景惠死。

1959年　在沈阳、抚顺两次参观。（刘少奇主席颁布特赦令。）获特赦。来到北京。